해커스 토익 스타트 Listening 200% 활용법!

KB100684

듣기가 쉬워지는 받아쓰기&쉐도잉 프로그램

방법 해커스인강(HackersIngang.com) 접속 ▶
상단 메뉴 [MP3/자료 → 받아쓰기&쉐도잉 프로그램] 클릭 ▶
본 교재의 [받아쓰기&쉐도잉 프로그램] 클릭하여 이용하기

단어암기 자료

들으면서 외우는 단어암기자료(단어암기 MP3 + 단어암기장)

방법 해커스인강(HackersIngang.com) 접속 ▶
상단 메뉴 [MP3/자료 → 무료 MP3/자료] 클릭 ▶
본 교재의 [단어암기 MP3 & 단어장] 클릭하여 다운받기

* QR코드로 MP3/자료 바로가기

실전 모의고사

실전 감각 UP! 온라인 실전모의고사

방법 해커스인강(HackersIngang.com) 접속 ▶
상단 메뉴 [MP3/자료 → 온라인 모의고사] 클릭 ▶
본 교재의 [온라인 모의고사] 클릭하여 이용하기

진단고사 해석&해설

교재 진단고사 해석&해설

방법1 해커스토익(Hackers.co.kr) 접속 ▶ 상단 메뉴의 [교재/무료 MP3 → 토익 →
해커스 토익 스타트 리스닝] 클릭 ▶ [진단고사 테스트 해석&해설] 클릭하여 이용하기

방법2 [해커스토익] 어플 다운로드 및 실행 ▶
메인의 [교재해설] 클릭하여 이용하기

* QR코드로 [진단고사 무료 해설자료] 바로 이용하기

MP3

교재 MP3 다운로드 방법

방법 해커스인강(HackersIngang.com) 접속 ▶
상단 메뉴 [MP3/자료 → 문제풀이 MP3] 클릭 ▶
본 교재의 [문제풀이 MP3] 클릭하여 다운받기

* QR코드로 교재 MP3 바로가기

해커스 토익 스타트 리스닝 토익시험 포인트 연속 적중!
실제로 적중하는 해커스 토익 입문서
이미 지나간 문제 말고, 앞으로 시험에 나올 문제로 학습하자!

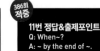

▼ 적중내역 보러가기

388회 적중
20번 정답&출제포인트
Q: Why~?
A: ~ To ~.

적중 p.149
Q: Why~?
A: ~ To ~.

387회 적중
8번 정답&출제포인트
Q: Who~?
A: ~ is doing ~.

적중 p.132
Q: Who~?
A: ~ is doing ~.

386회 적중
11번 정답&출제포인트
Q: When~?
A: ~ by the end of ~.

적중 p.107
Q: When~?
A: ~ by the end of ~.

HACKERS

해커스
토익스타트
Listening LC

최신개정판

초보를 위한 토익 입문서

해커스 어학연구소

토익, 시작은 해커스입니다!

≪해커스 토익 스타트≫는 영어에 대한 막막함과 두려움을 가진 수많은 토익 입문자들이 '토익을 통한 영어 기초 확립'을 할 수 있게 돕고자 하는 마음에서 시작되었습니다. 좋은 집을 짓기 위해서는 단단한 뼈대를 세워야 하는 것처럼, 영어 실력 향상과 토익 고득점을 달성하기 위해서는 기초 학습을 완벽하게 소화해야 합니다. 요령이 아닌 탄탄한 기초를 쌓아야 토익 고득점을 보장할 수 있고, 나아가 실력이 동반된 고급 영어까지 구사할 수 있기 때문입니다.

따라서 토익 입문자들이 탄탄하게 영어 실력을 향상하고 토익 고득점을 위한 기초를 완성할 수 있도록 ≪해커스 토익 스타트 Listening≫을 출간하게 되었습니다.

토익을 시작하는 초보 학습자를 위한 최고의 입문서, 「해커스 토익 스타트」

≪해커스 토익 스타트 Listening≫은 토익을 시작하는 초보 학습자들에게 꼭 필요한 내용만을 오랜 기간 연구 · 분석하여 한 권으로 압축한 토익 입문서입니다. 출간 이래 지속적으로 베스트셀러 자리를 지키고 있는 해커스 토익 시리즈들을 통해 쌓아온 해커스만의 know-how 중, 초보자에게 맞는 핵심 포인트만을 친절한 해설과 함께 정리하였습니다. 또한, 토익 리스닝을 철저하게 분석하고, 이를 교재에 완벽하게 반영함으로써 입문자들이 토익에 자연스럽게 대비할 수 있도록 하였습니다. 진단 테스트를 통해 수준에 맞는 학습 플랜에 따라 4주 동안 꾸준히 학습한다면 탄탄한 기본기를 바탕으로 한 실력 향상을 기대하실 수 있을 것입니다. 온라인에서 무료 제공하는 받아쓰기&쉐도잉 프로그램으로 교재 내용을 받아쓰고 쉐도잉(듣고 따라 말하기)하며 외국어 학습에서 가장 중요한 반복 학습을 게임하듯 진행함으로써, 학습한 내용과 표현을 쉽고 완벽하게 체득할 수 있을 것입니다. 이는 결국 실생활에서의 영어 활용으로도 이어질 수 있을 것이라 확신합니다.

더불어 ≪해커스 토익 스타트 Listening≫을 대한민국 영어학습 커뮤니티의 선두주자인 해커스토익 사이트(www.Hackers.co.kr)의 다양한 컨텐츠들과 병행하여 학습한다면, 학습 재미와 효과는 배가 될 것입니다.

해커스의 땀과 열정, 그리고 핵심 정보 공유의 철학이 담긴 ≪해커스 토익 스타트 Listening≫을 통해 단순히 원하는 토익 점수를 획득하는 것에 그치지 않고, 실제 영어 실력을 향상시켜 우리가 살고 있는 사회와 함께 나누시길 바랍니다.

David Cho

목차

Part 3

Part 4

책의 특징

01
| 토익 리스닝 최신 출제 경향 반영

토익 리스닝 최신 출제 경향을 철저하게 연구·분석하여 교재에 반영하였으며, 이를 통해 토익 입문자들이 영어 실력을 향상시키면서 자연스럽게 토익 리스닝에 대비할 수 있도록 하였습니다.

02
| 초보를 위한 토익 입문서

영어 초보자를 위한 토익 입문서로, 토익 리스닝에 꼭 필요한 내용을 선별하여 기초를 다질 수 있도록 구성하였습니다. 리스닝 전반에 걸쳐 토익 입문자들이 기초를 확실히 다질 수 있는 내용을 학습 플랜과 함께 제시하고 있습니다.

03
| 듣기 실력 향상을 위한 받아쓰기&쉐도잉 프로그램 제공 – HackersIngang.com

해커스인강(HackersIngang.com)에서 무료로 제공되는 받아쓰기&쉐도잉 프로그램에 수록된 받아쓰기와 쉐도잉 (듣고 따라하기)을 통해 교재에서 학습한 표현 및 문장을 반복 학습하여 듣기 실력을 향상시킬 수 있을 뿐만 아니라 실생활에서 활용할 수 있도록 하였습니다.

04
| 온라인 토익 모의고사 및 단어암기 MP3 무료 제공 – HackersIngang.com

해커스인강(HackersIngang.com)에서 제공되는 온라인 토익 모의고사를 통해 학습자들이 토익 시험 전 자신의 실력을 미리 점검할 수 있습니다. 또한 교재에 수록된 단어를 따라 읽으면서 반복 학습할 수 있도록 단어암기장과 단어암기 MP3를 무료로 제공합니다.

05 | 토익 리스닝 기초 4주 완성

파트별 기초 학습을 포함하여 네 개의 리스닝 파트를 4주 학습 분량으로 구성하여 체계적으로 학습할 수 있도록 하였습니다. 또한 학습 플랜을 따라 꾸준히 학습하면, 중급 수준의 토익 리스닝 실력을 갖출 수 있습니다.

06 | 실전 감각을 길러주는 토익 실전모의고사 수록

4주 분량의 학습을 마친 후, 학습 내용을 총정리하며 자신의 실력을 점검할 수 있도록 토익 실전모의고사를 별책으로 수록하였습니다. 토익 실전모의고사를 통해 시험 전 실전 감각을 기를 수 있습니다.

07 | 왕초보를 위한 토익 기초 코너

왕초보 학습자를 위해 토익 리스닝에 반드시 필요한 기초 발음과 문법을 학습할 수 있는 코너를 마련하였습니다. 본격적인 파트별 학습 전에 토익 기초 코너를 학습함으로써 파트별로 필수적으로 필요한 기본기를 먼저 다질 수 있습니다.

08 | 상세한 해설과 끊어 듣기별 해석 수록

모든 문제에 스텝별 전략을 바탕으로 한 상세한 해설을 제공하였습니다. 뿐만 아니라 모든 연습 문제의 지문에 끊어 듣기별 해석을 수록하여 문장 구조를 정확하게 파악하고 이해할 수 있도록 하였으며, 정답의 단서가 되는 곳을 별도의 색으로 표시하여 혼자서도 쉽게 학습할 수 있도록 하였습니다.

책의 구성

토익 기초

토익 리스닝을 푸는 데 필요한 기초 발음 및 문법 학습으로 구성하여 토익 리스닝의 기초를 탄탄히 다질 수 있습니다.

빈출 어휘 및 표현

유형별 핵심 어휘 및 필수 표현이 삽화와 함께 구성되어 있어 쉽고 재미있게 어휘 및 표현을 익힐 수 있습니다.

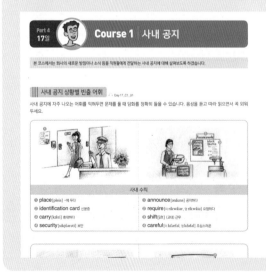

전략 및 전략 적용

유형에 따른 스텝별 전략을 익힌 후 전략을 실제 문제에 적용하며 자연스럽게 습득할 수 있습니다.

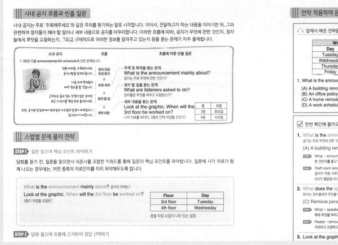

연습문제

한 Course를 학습한 뒤에 전략을 적용하며 문제를 풀어보는 연습을 할 수 있습니다.

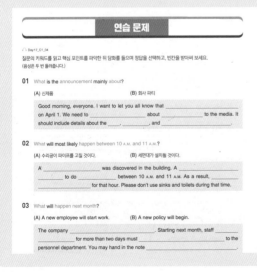

[05-06]

05 What is the purpose of the talk?

(A) To increase productivity
(B) To discuss company activities
(C) To announce a shift change
(D) To explain a new product

06 What is mentioned about the training session?

(A) It has been canceled.
(B) It will be held on Monday.
(C) It will be scheduled soon.
(D) It must be attended by all staff.

May I have your attention, please? I have some _____.
The _____ will be held on Monday morning at 10:30 A.M. This is a _____, so I hope _____. Next, the regional manager has requested leadership training for all employees. This will start next Friday at 2 P.M. and _____. Finally, our _____ is next Saturday. I will post more details about the event tomorrow.

[07-08]

07 What will the IT team do on the weekend?

(A) Upgrade software

08 Look at the graphic. What entrance should employees use?

책의 구성

실전 문제

하루 학습 뒤에 학습한 내용을 적용하며 문제를 풀어보고 실전에 대비할 수 있습니다.

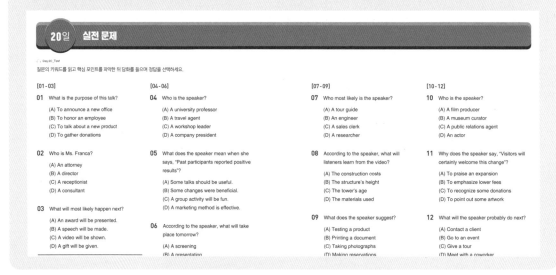

20일 실전 문제

♪ Day 20_Test

질문의 키워드를 읽고 핵심 포인트를 파악한 뒤 담화를 들으며 정답을 선택하세요.

[01 - 03]

01 What is the purpose of this talk?

(A) To announce a new office
(B) To honor an employee
(C) To talk about a new product
(D) To gather donations

02 Who is Ms. Franca?

(A) An attorney
(B) A director
(C) A receptionist
(D) A consultant

03 What will most likely happen next?

(A) An award will be presented.
(B) A speech will be made.
(C) A video will be shown.
(D) A gift will be given.

[04 - 06]

04 Who is the speaker?

(A) A university professor
(B) A travel agent
(C) A workshop leader
(D) A company president

05 What does the speaker mean when she says, "Past participants reported positive results"?

(A) Some talks should be useful.
(B) Some changes were beneficial.
(C) A group activity will be fun.
(D) A marketing method is effective.

06 According to the speaker, what will take place tomorrow?

(A) A screening
(B) A presentation

[07 - 09]

07 Who most likely is the speaker?

(A) A tour guide
(B) An engineer
(C) A sales clerk
(D) A researcher

08 According to the speaker, what will listeners learn from the video?

(A) The construction costs
(B) The structure's height
(C) The tower's age
(D) The materials used

09 What does the speaker suggest?

(A) Testing a product
(B) Printing a document
(C) Taking photographs
(D) Making reservations

[10 - 12]

10 Who is the speaker?

(A) A film producer
(B) A museum curator
(C) A public relations agent
(D) An actor

11 Why does the speaker say, "Visitors will certainly welcome this change"?

(A) To praise an expansion
(B) To emphasize lower fees
(C) To recognize some donations
(D) To point out some artwork

12 What will the speaker probably do next?

(A) Contact a client
(B) Go to an event
(C) Give a tour
(D) Meet with a coworker

Part Test

각 파트가 끝날 때마다 실제 토익과 같은 문제 형식으로 구성된 Part Test가 있어 실제 토익에 대비할 수 있습니다.

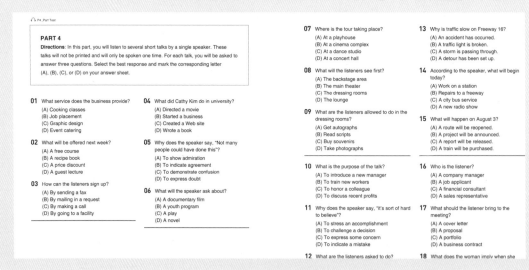

♪ P4 _Part Test

PART 4
Directions: In this part, you will listen to several short talks by a single speaker. These talks will not be printed and will only be spoken one time. For each talk, you will be asked to answer three questions. Select the best response and mark the corresponding letter (A), (B), (C), or (D) on your answer sheet.

01 What service does the business provide?

(A) Cooking classes
(B) Job placement
(C) Graphic design
(D) Event catering

02 What will be offered next week?

(A) A free course
(B) A recipe book
(C) A price discount
(D) A guest lecture

03 How can the listeners sign up?

(A) By sending a fax
(B) By mailing in a request
(C) By making a call
(D) By going to a facility

04 What did Cathy Kim do in university?

(A) Directed a movie
(B) Started a business
(C) Created a Web site
(D) Wrote a book

05 Why does the speaker say, "Not many people could have done this"?

(A) To show admiration
(B) To indicate agreement
(C) To demonstrate confusion
(D) To express doubt

06 What will the speaker ask about?

(A) A documentary film
(B) A youth program
(C) A play
(D) A novel

07 Where is the tour taking place?

(A) At a playhouse
(B) At a cinema complex
(C) At a dance studio
(D) At a concert hall

08 What will the listeners see first?

(A) The backstage area
(B) The main theater
(C) The dressing rooms
(D) The lounge

09 What are the listeners allowed to do in the dressing rooms?

(A) Get autographs
(B) Read scripts
(C) Buy souvenirs
(D) Take photographs

10 What is the purpose of the talk?

(A) To introduce a new manager
(B) To train new workers
(C) To honor a colleague
(D) To discuss recent profits

11 Why does the speaker say, "it's sort of hard to believe"?

(A) To stress an accomplishment
(B) To challenge a decision
(C) To express some concern
(D) To indicate a mistake

12 What are the listeners asked to do?

13 Why is traffic slow on Freeway 16?

(A) An accident has occurred.
(B) A traffic light is broken.
(C) A storm is passing through.
(D) A detour has been set up.

14 According to the speaker, what will begin today?

(A) Work on a station
(B) Repairs to a freeway
(C) A city bus service
(D) A new radio show

15 What will happen on August 3?

(A) A route will be reopened.
(B) A project will be announced.
(C) A report will be released.
(D) A train will be purchased.

16 Who is the listener?

(A) A company manager
(B) A job applicant
(C) A financial consultant
(D) A sales representative

17 What should the listener bring to the meeting?

(A) A cover letter
(B) A proposal
(C) A portfolio
(D) A business contract

18 What does the woman imply when she

정답 · 해석 · 해설

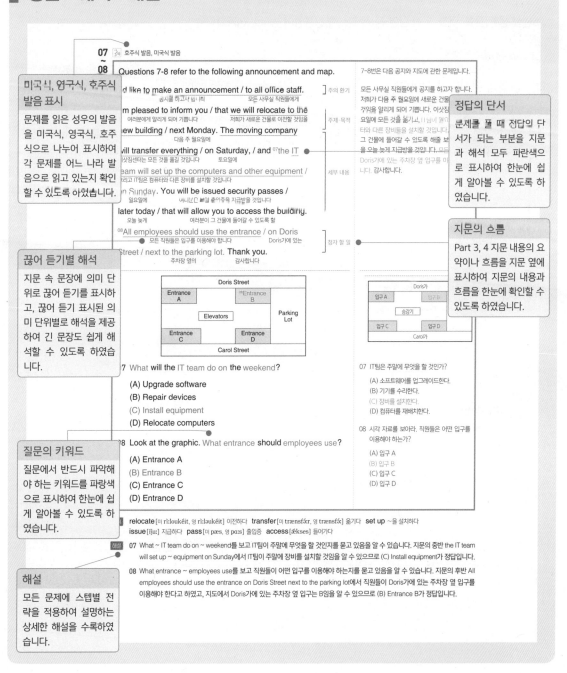

미국식, 영국식, 호주식 발음 표시

문제를 읽은 성우의 발음을 미국식, 영국식, 호주식으로 나누어 표시하여 각 문제를 어느 나라 발음으로 읽고 있는지 확인할 수 있도록 하였습니다.

끊어 듣기별 해석

지문 속 문장에 의미 단위로 끊어 듣기를 표시하고, 끊어 듣기 표시된 의미 단위별로 해석을 제공하여 긴 문장도 쉽게 해석할 수 있도록 하였습니다.

질문의 키워드

질문에서 반드시 파악해야 하는 키워드를 파랑색으로 표시하여 한눈에 쉽게 알아볼 수 있도록 하였습니다.

정답의 단서

문제를 풀 때 정답의 단서가 되는 부분을 지문과 해석 모두 파란색으로 표시하여 한눈에 쉽게 알아볼 수 있도록 하였습니다.

지문의 흐름

Part 3, 4 지문 내용의 요약이나 흐름을 지문 옆에 표시하여 지문의 내용과 흐름을 한눈에 확인할 수 있도록 하였습니다.

해설

모든 문제에 스텝별 전략을 적용하여 설명하는 상세한 해설을 수록하였습니다.

07~08 호주식 발음, 미국식 발음

Questions 7-8 refer to the following announcement and map.

I'd like to make an announcement / to all office staff. 주의 환기
공지를 하고자 합니다   모든 사무실 직원들에게

I'm pleased to inform you / that we will relocate to the 주제·목적
여러분에게 알리게 되어 기쁩니다   저희가 새로운 건물로 이전할 것임을

new building / next Monday. The moving company
다음 주 월요일에

will transfer everything / on Saturday, / and ⁰⁷the IT 세부 내용
이삿짐센터는 모든 것을 옮길 것입니다   토요일에

team will set up the computers and other equipment /
그리고 IT팀은 컴퓨터와 다른 장비를 설치할 것입니다

on Sunday. You will be issued security passes /
일요일에   여러분은 보안 출입증을 지급받을 것입니다

later today / that will allow you to access the building.
오늘 늦게   여러분이 그 건물에 들어갈 수 있도록 할

⁰⁸All employees should use the entrance / on Doris 청자 할 일
모든 직원들은 입구를 이용해야 합니다   Doris가에 있는

Street / next to the parking lot. Thank you.
주차장 옆의   감사합니다

7-8번은 다음 공지와 지도에 관한 문제입니다.

모든 사무실 직원들에게 공지를 하고자 합니다. 저희가 다음 주 월요일에 새로운 건물로 이전할 것임을 알리게 되어 기쁩니다. 이삿짐센터는 토요일에 모든 것을 옮길 것이고, IT팀은 일요일에 컴퓨터와 다른 장비들을 설치할 것입니다. 오늘 늦게 여러분이 그 건물에 들어갈 수 있도록 해줄 보안 출입증을 지급받을 것입니다. 모든 직원들은 주차장 옆 Doris가에 있는 입구를 이용해야 합니다. 감사합니다.

map (English):

Doris Street		
Entrance A	⁰⁸Entrance B	Parking Lot
	Elevators	
Entrance C	Entrance D	
Carol Street		

map (Korean):

Doris가		
입구 A	입구 B	
	승강기	
입구 C	입구 D	
Carol가		

07 What will the IT team do on the weekend?

(A) Upgrade software
(B) Repair devices
(C) Install equipment
(D) Relocate computers

08 Look at the graphic. What entrance should employees use?

(A) Entrance A
(B) Entrance B
(C) Entrance C
(D) Entrance D

07 IT팀은 주말에 무엇을 할 것인가?

(A) 소프트웨어를 업그레이드한다.
(B) 기기를 수리한다.
(C) 장비를 설치한다.
(D) 컴퓨터를 재배치한다.

08 시각 자료를 보아라. 직원들은 어떤 입구를 이용해야 하는가?

(A) 입구 A
(B) 입구 B
(C) 입구 C
(D) 입구 D

relocate[미 ri:loukéit, 영 ri:ləukéit] 이전하다 transfer[미 trænsfər, 영 trænsfə́:] 옮기다 set up ~을 설치하다
issue[íʃu:] 지급하다 pass[미 pæs, 영 pɑːs] 출입증 access[ǽkses] 들어가다

07 What ~ IT team do on ~ weekend를 보고 IT팀이 주말에 무엇을 할 것인지를 묻고 있음을 알 수 있습니다. 지문의 중반 the IT team will set up ~ equipment on Sunday에서 IT팀이 주말에 장비를 설치할 것임을 알 수 있으므로 (C) Install equipment가 정답입니다.

08 What entrance ~ employees use를 보고 직원들이 어떤 입구를 이용해야 하는지를 묻고 있음을 알 수 있습니다. 지문의 후반 All employees should use the entrance on Doris Street next to the parking lot에서 직원들이 Doris가에 있는 주차장 옆 입구를 이용해야 한다고 하였고, 지도에서 Doris가에 있는 주차장 옆 입구는 B임을 알 수 있으므로 (B) Entrance B가 정답입니다.

토익 소개

토익이란 무엇인가요?

TOEIC은 Test Of English for International Communication의 약자로 영어가 모국어가 아닌 사람들을 대상으로 한 시험입니다. 언어 본래의 기능인 '커뮤니케이션' 능력에 중점을 두고 회사 생활(채용, 물품 구매, 계약 등) 또는 일상 생활(문화, 건강, 외식 관련 등)에 필요한 실용영어 능력을 평가합니다.

토익은 이렇게 구성되어 있어요.

구성		내용	문항수	시간	배점
Listening Test	Part 1	사진 묘사	6문항	45분	495점
	Part 2	질의 응답	25문항		
	Part 3	짧은 대화	39문항, 13지문		
	Part 4	짧은 담화	30문항, 10지문		
Reading Test	Part 5	단문 빈칸 채우기 (문법/어휘)	30문항	75분	495점
	Part 6	장문 빈칸 채우기 (문법/어휘/문장 고르기)	16문항, 4지문		
	Part 7	지문 독해 - 단일 지문 - 이중 지문 - 삼중 지문	54문항, 15지문 - 29문항, 10지문 - 10문항, 2지문 - 15문항, 3지문		
Total		7 Parts	200문항	120분	990점

토익은 이렇게 접수해요.

1. 접수 기간을 TOEIC위원회 인터넷 사이트(www.toeic.co.kr) 혹은 공식 애플리케이션에서 확인하세요.
2. 추가시험은 연중 상시로 시행되니 시험 일정을 인터넷으로 확인하고 접수하세요.
3. 접수 시, jpg 형식의 사진 파일이 필요하므로 미리 준비해 두세요.

토익 시험날, 준비물은 모두 챙기셨나요?

| 신분증 | 연필&지우개 | 시계 | 수험번호를 적어둔 메모 |

※ 시험 당일 신분증이 없으면 시험에 응시할 수 없으므로, 반드시 ETS에서 요구하는 신분증(주민등록증, 운전면허증, 공무원증 등)을 지참해야 합니다.
   ETS에서 인정하는 신분증 종류는 TOEIC위원회 인터넷 사이트(www.toeic.co.kr)에서 확인 가능합니다.

토익 시험 당일 일정이 어떻게 되나요?

정기시험/추가시험(오전)	추가시험(오후)	내용
AM 09:30 ~ 09:45	PM 2:30 ~ 2:45	답안지 작성 오리엔테이션
AM 09:45 ~ 09:50	PM 2:45 ~ 2:50	쉬는 시간
AM 09:50 ~ 10:10	PM 2:50 ~ 3:10	신분 확인 및 문제지 배부
AM 10:10 ~ 10:55	PM 3:10 ~ 3:55	듣기 평가(Listening Test)
AM 10:55 ~ 12:10	PM 3:55 ~ 5:10	독해 평가(Reading Test)

※ 추가시험은 토요일 오전 또는 오후에 시행되므로 이 사항도 꼼꼼히 확인합니다.
※ 당일 진행 순서에 관한 더 자세한 내용은 해커스토익(Hackers.co.kr)에서 확인할 수 있습니다.

토익 성적은 이렇게 확인해요.

성적 발표일	시험일로부터 약 10일 이후 (성적 발표 기간은 회차마다 상이함)
성적 확인 방법	TOEIC위원회 인터넷 사이트(www.toeic.co.kr) 혹은 공식 애플리케이션
성적표 수령 방법	우편 수령 또는 온라인 출력 (시험 접수 시 선택) * 온라인 출력은 성적 발표 즉시 발급 가능하나, 우편 수령은 약 7일가량의 발송 기간이 소요될 수 있음

파트별 문제 유형

Part 1 사진 묘사

사진을 보고 네 개의 보기를 들은 후 사진을 가장 잘 묘사한 보기를 선택하는 유형입니다. 1번부터 6번까지 총 6문제가 출제됩니다.

※ Part 1에서는 사람이 부각되어 나오는 사진, 사물이나 풍경이 부각되어 나오는 사진이 출제됩니다.

DIRECTION 리스닝 시험 전체 디렉션, Part 1 디렉션과 하나의 예제가 인쇄되어 있습니다.

LISTENING TEST
In this section, you must demonstrate your ability to understand spoken English. This section is divided into four parts and will take approximately 45 minutes to complete. Do not mark the answers in your test book. Use the answer sheet that is provided separately.

PART 1
Directions: For each question, you will listen to four short statements about a picture in your test book. These statements will not be printed and will only be spoken one time. Select the statement that best describes what is happening in the picture and mark the corresponding letter (A), (B), (C) or (D) on the answer sheet.

Sample Answer
Ⓐ ● Ⓒ Ⓓ

The statement that best describes the picture is (B), "The man is sitting at the desk." So, you should mark letter (B) on the answer sheet.

- • **디렉션을 들려주는 시간** ┃ 약 1분 30초
- • **디렉션의 내용** ┃
  LISTENING TEST: 4개의 파트로 구성된 리스닝 테스트를 45분에 걸쳐 진행하겠다는 내용

  Part 1 Directions: 사진을 보고 네 개의 보기를 들은 후 사진을 가장 잘 묘사한 문장을 고르는 유형이라는 내용
- • **디렉션이 나오는 동안 해야 할 일** ┃
  Part 3의 문제와 보기를 읽으며 중요 부분에 밑줄을 쳐둡니다.

  * Now, Part 1 will begin이라는 방송이 들리면 바로 1번으로 돌아와 문제를 기다립니다.

문제지 문제지에는 사진만 인쇄되어 있습니다.

1.

- • **문제지를 보며 해야 할 일** ┃
  보기를 음성으로 들려주기 전에 사진을 미리 파악해 둡니다.

음성 네 개의 보기를 음성으로 들려줍니다.

🎧 Look at the picture marked number 1 in your test book.

    (A) He is copying some documents.
    (B) He is talking on a phone.
    (C) He is writing a letter.
    (D) He is using a computer.

- • **음성을 들으며 해야 할 일** ┃
  사진 옆에 ○ X ? 등을 표시하며 음성을 듣습니다.

  정답은 문제지에 표시해 놓고 리스닝 시험이 모두 끝난 후 답안지에 마킹합니다.

Part 2 질의 응답

하나의 질문에 대한 세 개의 응답을 들은 후 질문에 가장 자연스러운 응답을 한 보기를 선택하는 유형입니다. 7번부터 31번까지 총 25문제가 출제됩니다.

※ Part 2에서는 질문이 의문사로 시작하는 의문사 의문문, Be 동사나 조동사로 시작하는 일반 의문문, 의문문의 형태는 아니지만 상대방의 응답을 요구하는 평서문이 출제됩니다.

DIRECTION 예제 없이 Part 2 디렉션만 인쇄되어 있습니다.

PART 2
Directions: For each question, you will listen to a statement or question followed by three possible responses spoken in English. They will not be printed and will only be spoken one time. Select the best response and mark the corresponding letter (A), (B), or (C) on your answer sheet.

- **디렉션을 들려주는 시간** | 약 30초
- **디렉션의 내용** |
  질문을 듣고 세 개의 보기를 들은 후 질문에 가장 잘 응답한 보기를 고르라는 내용
- **디렉션이 나오는 동안 해야 할 일** |
  Part 1 디렉션을 들려주던 시간에 보던 Part 3 문제와 보기를 이어서 읽으면서 중요 부분에 밑줄을 쳐둡니다.
  * Now, let us begin with question number 7 이라는 방송이 들리면 바로 7번으로 돌아와 문제를 기다립니다.

문제지 문제지에는 질문과 응답이 인쇄되어 있지 않습니다.

---

7. Mark your answer on your answer sheet.

- **문제지를 보며 해야 할 일** |
  질문의 첫 부분을 놓치지 않도록 최대한 집중하며 음성을 기다립니다.

음성 질문과 세 개의 응답을 음성으로 들려줍니다.

🎧 Who is speaking at the lecture?

(A) About property development.
(B) Mr. Jones, I believe.
(C) At the conference hall.

- **음성을 들으며 해야 할 일** |
  문제를 풀며 동시에 답안지에 마킹합니다.

Part 3 짧은 대화

두 명 이상의 화자가 참여하는 대화를 듣고 그에 관련된 세 개의 문제를 푸는 유형입니다. 32번부터 70번까지 총 39문제가 출제됩니다.

※ Part 3에서는 대화의 전반적인 사항과 관련된 내용을 묻는 문제, 대화에서 언급된 세부 사항과 관련된 내용을 묻는 문제, 화자의 말에 담긴 의도나 뜻을 묻는 문제, 제시된 시각 자료를 보고 푸는 문제가 출제됩니다.

DIRECTION 예제 없이 Part 3 디렉션만 인쇄되어 있습니다.

PART 3
Directions: In this part, you will listen to several conversations between two or more speakers. These conversations will not be printed and will only be spoken one time. For each conversation, you will be asked to answer three questions. Select the best response and mark the corresponding letter (A), (B), (C), or (D) on your answer sheet.

- **디렉션을 들려주는 시간** | 약 30초
- **디렉션의 내용** |
  두 명 이상의 화자가 참여하는 대화를 듣고 관련된 세 개의 질문에 가장 잘 응답한 보기를 고르라는 내용
- **디렉션이 나오는 동안 해야 할 일** |
  기억을 되살리기 위해 Part 1, 2 디렉션을 들려주던 시간에 읽었던 첫 번째 대화의 문제와 보기들을 다시 한 번 읽어둡니다.

문제지 한 대화당 세 개의 문제와 보기가 인쇄되어 있습니다.

32. What are the speakers discussing?

(A) Employee recruitment
(B) A travel agency's services
(C) Interview questions
(D) An upcoming trip

33. Why does the man say, "I use an employment agency"?

(A) To provide a recommendation
(B) To make an inquiry
(C) To respond to an offer
(D) To follow up on a request

34. What does the woman ask for?

(A) Directions to a building
(B) Contact information
(C) An application form
(D) An e-mail address

- **문제지를 보며 해야 할 일** |
  대화의 첫 부분을 놓치지 않도록 최대한 집중하며 음성을 기다립니다.

  문제지에 시각 자료가 함께 나오는 경우에는, 어떤 자료인지를 빠르게 확인한 뒤 음성을 기다립니다.

음성 대화를 들려준 후 그에 해당하는 질문을 들려줍니다.

🎧 Questions 32 through 34 refer to the following conversation.

M: Have you found an assistant yet?
W: No. None of the applicants are qualified.
M: Well, I use an employment agency.
W: Maybe I should try them. Do you have their phone number?
M: I'll write it down.

32. What are the speakers discussing?
33. Why does the man say, "I use an employment agency"?
34. What does the woman ask for?

- **음성을 들으며 해야 할 일** |
  대화를 들으며 동시에 정답을 문제지에 표시합니다.

  세 문제를 모두 풀었으면 다음 세트의 문제와 보기를 미리 읽어둡니다.

  정답은 문제지에 표시해 놓고 리스닝 시험이 모두 끝난 후 답안지에 마킹합니다.

Part 4 짧은 담화

하나의 담화를 듣고 그에 관련된 세 개의 문제를 푸는 유형입니다. 71번부터 100번까지 총 30문제가 출제됩니다.

※ Part 4에서는 담화의 전반적인 사항과 관련된 내용을 묻는 문제, 담화에서 언급된 세부 사항과 관련된 내용을 묻는 문제, 화자의 말에 담긴 의도나 뜻을 묻는 문제, 제시된 시각 자료를 보고 푸는 문제가 출제됩니다.

DIRECTION 예제 없이 Part 4 디렉션만 인쇄되어 있습니다.

PART 4

Directions: In this part, you will listen to several short talks by a single speaker. These talks will not be printed and will only be spoken one time. For each talk, you will be asked to answer three questions. Select the best response and mark the corresponding letter (A), (B), (C), or (D) on your answer sheet.

● 디렉션을 들려주는 시간 | 약 30초

● 디렉션의 내용 |
짧은 담화를 듣고 관련된 세 개의 질문에 가장 잘 응답한 보기를 고르라는 내용

● 디렉션이 나오는 동안 해야 할 일 |
첫 번째 담화의 문제와 보기들을 미리 읽어둡니다.

문제지 한 담화당 세 개의 문제와 보기가 인쇄되어 있습니다.

Schedule	
Loading docks	2:00 P.M.
Assembly lines	3:00 P.M.
Waste disposal	4:00 P.M.
Storage facilities	5:00 P.M.

71. Who most likely are the listeners?

(A) Corporate executives
(B) Safety inspectors
(C) Tour participants
(D) Factory workers

72. Look at the graphic. Which area will be visited first?

(A) Loading docks
(B) Assembly lines
(C) Disposal units
(D) Storage facilities

● 문제지를 보며 해야 할 일 |
담화의 첫 부분을 놓치지 않도록 최대한 집중하며 음성을 기다립니다.

문제지에 시각 자료가 함께 나오는 경우에는, 어떤 자료인지를 빠르게 확인한 뒤 음성을 기다립니다.

음성 담화를 들려준 후 그에 해당하는 질문을 들려줍니다.

🎧 Questions 71 through 73 refer to the following announcement.

May I have your attention, please? We have important clients touring our factory today. A schedule has been posted, but it contains an error. They will visit the loading docks last, and begin the tour with the next area. Please tidy up your work areas before they arrive. Thank you.

71. Who most likely are the listeners?

72. Look at the graphic. Which area will be visited first?

73. What does the speaker ask the listeners to do?

● 음성을 들으며 해야 할 일 |
담화를 들으며 동시에 정답을 문제지에 표시합니다.

세 문제를 모두 풀었으면 다음 세트의 문제와 보기를 미리 읽어둡니다.

정답은 문제지에 표시해 놓고 리스닝 시험이 모두 끝난 후 답안지에 마킹합니다.

수준별 학습 플랜

진단 테스트 🎧 진단 테스트

아래의 진단 테스트를 풀어본 뒤, 맞은 개수에 따른 가장 효과적인 학습 플랜을 선택하여 학습해 보세요.

음성을 듣고 문장 내에 사용된 단어를 선택하세요. 음성은 두 번 들려 드립니다. (1~5)

1. Please turn on your (light / right).
2. They will e-mail you a list of items we need on the (farm / form).
3. The resort is famous for a large (pool / full).
4. He was very pleased with (his office supplies / his surprise).
5. I can help (direct her / the director) tomorrow morning.

대화를 듣고 각 문제에 해당하는 사람이 누구인지 맞춰 보세요. 음성은 한 번만 들려 드립니다. (6~8)

6. Joe는 누구인가요?
7. Tracy는 누구인가요?
8. Sam은 누구인가요?

질문을 듣고 가장 자연스러운 답변을 골라 연결하세요. 음성은 한 번만 들려 드립니다. (9~12)

9. •   ⓐ Later this week.
10. •   ⓑ I'm an accountant.
                       ⓒ It's very nice.

11. •   ⓐ I don't mind.
12. •   ⓑ Help yourself.
                       ⓒ Yes, some coffee please.

대화를 듣고 각 문제에 해당하는 장소를 선택하세요. 음성은 한 번만 들려 드립니다. (13~15)

13. Angela는 어디에서 왔나요?
14. Tony와 Angela는 지금 어디에 있나요?
15. 이들이 가려는 곳은 어디인가요?

대화를 듣고 Amy의 계획표를 완성하세요. 음성은 한 번만 들려 드립니다. (16~18)

Mon	Tue	Wed
16. ( )	17. ( )	18. ( )

ⓐ Andrew 만나기   ⓒ 치과 가기
ⓑ 고객과의 약속   ⓓ 영화 보기

음성을 듣고 해당하는 보기를 고르세요. 음성은 한 번만 들려 드립니다. (19~20)

19. 화자의 직업에 해당하는 보기를 고르세요.

ⓐ   ⓑ   ⓒ

20. 광고하는 물건에 해당하는 보기를 고르세요.

ⓐ   ⓑ   ⓒ

맞은 개수: _____개   수고하셨어요. (정답은 20페이지에)

*진단 테스트 무료 해설은 해커스토익(Hackers.co.kr) 또는 모바일 페이지에서 확인할 수 있습니다.

맞은 개수 14 ~ 20개

4주 학습 플랜

1. 아래의 학습 플랜에 해당되는 부분의 표현을 음성만 들으며 뜻을 머릿속으로 떠올려 봅니다.

2. 그 후 전략을 익히고 익힌 전략을 예제에 적용시켜 봅니다.

3. 연습 및 실전 문제를 풀며 앞서 학습한 표현과 전략을 토대로 문제를 풀어 봅니다.

4. 틀린 문제는 왜 틀렸는지 확인한 후 음성을 들으면서 따라 말하며 익혀 봅니다.

5. 그 후 해커스인강(HackersIngang.com)에서 제공하는 받아쓰기&쉐도잉 프로그램 및 단어암기장과 단어암기 MP3를 활용하여 그날 배운 내용을 복습합니다.

	1일	2일	3일	4일	5일	6일
Week 1	1일 Course 1, 2, 실전 문제 ☐	2일 Course 1, 2, 실전 문제 ☐	3일 Course 1, 2, 실전 문제 ☐	4일 Course 1, 2, 실전 문제 ☐	Part 1 Part Test ☐	5일 Course 1, 2, 실전 문제 ☐
Week 2	6일 Course 1, 2, 실전 문제 ☐	7일 Course 1, 2, 실전 문제 ☐	8일 Course 1, 2, 실전 문제 ☐	9일 Course 1, 2, 실전 문제 ☐	10일 Course 1, 2, 실전 문제 ☐	Part 2 Part Test ☐
Week 3	11일 Course 1, 2, 실전 문제 ☐	12일 Course 1, 2, 실전 문제 ☐	13일 Course 1, 2, 실전 문제 ☐	14일 Course 1, 2, 실전 문제 ☐	15일 Course 1, 2, 실전 문제 ☐	Part 3 Part Test ☐
Week 4	16일 Course 1, 2, 실전 문제 ☐	17일 Course 1, 2, 실전 문제 ☐	18일 Course 1, 2, 실전 문제 ☐	19일 Course 1, 2, 실전 문제 ☐	20일 Course 1, 2, 실전 문제 ☐	Part 4 Part Test, 토익 실전모의고사

수준별 학습 플랜

맞은 개수 7 ~ 13개

6주 학습 플랜

1. 아래의 학습 플랜에 해당되는 부분의 표현을 음성을 들으며 학습합니다.
2. 그 후 전략을 익히고 익힌 전략을 예제에 적용시켜 봅니다.
3. 연습 및 실전 문제를 풀며 앞서 학습한 표현과 전략을 토대로 문제를 풀어 봅니다.
4. 틀린 문제나 모호한 문제들은 왜 틀렸는지 확인한 후 음성을 들으면서 따라 말하며 익혀 봅니다.
5. 그 후 해커스인강(HackersIngang.com)에서 제공하는 받아쓰기&쉐도잉 프로그램 및 단어암기장과 단어암기 MP3를 활용하여 그날 배운 내용을 복습합니다.

	1일	2일	3일	4일	5일	6일
Week 1	1일 Course 1, 2 ☐	1일 실전 문제, 2일 Course 1 ☐	2일 Course 2, 실전 문제 ☐	3일 Course 1, 2 ☐	3일 실전 문제, 4일 Course 1 ☐	4일 Course 2, 실전 문제 ☐
Week 2	Part 1 Part Test ☐	5일 Course 1, 2 ☐	5일 실전 문제, 6일 Course 1 ☐	6일 Course 2, 실전 문제 ☐	7일 Course 1, 2 ☐	7일 실전 문제, 8일 Course 1 ☐
Week 3	8일 Course 2, 실전 문제 ☐	9일 Course 1, 2 ☐	9일 실전 문제, 10일 Course 1 ☐	10일 Course 2, 실전 문제 ☐	Part 2 Part Test ☐	11일 Course 1, 2 ☐
Week 4	11일 실전 문제, 12일 Course 1 ☐	12일 Course 2, 실전 문제 ☐	13일 Course 1, 2 ☐	13일 실전 문제, 14일 Course 1 ☐	14일 Course 2, 실전 문제 ☐	15일 Course 1, 2 ☐
Week 5	15일 실전 문제, 16일 Course 1 ☐	Part 3 Part Test ☐	16일 Course 2, 실전 문제 ☐	17일 Course 1, 2 ☐	17일 실전 문제, 18일 Course 1 ☐	18일 Course 2, 실전 문제 ☐
Week 6	19일 Course 1, 2 ☐	19일 실전 문제, 20일 Course 1 ☐	20일 Course 2, 실전 문제 ☐	Part 4 Part Test ☐	토익 실전모의고사 ☐	토익 실전모의고사 오답 복습 ☐

진단 테스트 정답

1. light　　2. form　　3. pool　　4. his office supplies　　5. the director　　6. ⓒ　　7. ⓓ　　8. ⓔ　　9. ⓒ　　10. ⓐ

11. ⓒ　　12. ⓑ　　13. ⓒ　　14. ⓐ　　15. ⓑ　　16. ⓐ　　17. ⓑ　　18. ⓒ　　19. ⓑ　　20. ⓐ

맞은 개수 0 ~ 6개

8주 학습 플랜

1. 아래의 학습 플랜에 해당되는 부분의 표현을 음성을 들으며 학습합니다.
2. 그 후 전략을 익히고 익힌 전략을 예제에 적용시켜 봅니다.
3. 연습 및 실전 문제를 풀며 앞서 학습한 표현과 전략을 토대로 문제를 풀어 봅니다.
4. 틀린 문제나 모호한 문제들은 왜 틀렸는지 확인한 후 완벽히 들릴 때까지 듣고 따라 읽으며 익힙니다.
5. 그 후 해커스인강(HackersIngang.com)에서 제공하는 받아쓰기&쉐도잉 프로그램 및 단어암기장과 단어암기 MP3를 활용하여 그날 배운 내용을 복습합니다.

	1일	2일	3일	4일	5일	6일
Week 1	1일 Course 1, 2, 실전 문제 ☐	2일 Course 1, 2, 실전 문제 ☐	3일 Course 1 ☐	3일 Course 2, 실전 문제 ☐	4일 Course 1 ☐	4일 Course 2, 실전 문제 ☐
Week 2	Part 1 Part Test ☐	토익 기초, Part 1 복습 ☐	5일 Course 1 ☐	5일 Course 2, 실전 문제 ☐	6일 Course 1 ☐	6일 Course 2, 실전 문제 ☐
Week 3	7일 Course 1 ☐	7일 Course 2, 실전 문제 ☐	8일 Course 1 ☐	8일 Course 2, 실전 문제 ☐	9일 Course 1 ☐	9일 Course 2, 실전 문제 ☐
Week 4	10일 Course 1 ☐	10일 Course 2, 실전 문제 ☐	Part 2 Part Test ☐	Part 2 복습 ☐	11일 Course 1 ☐	11일 Course 2, 실전 문제 ☐
Week 5	12일 Course 1 ☐	12일 Course 2, 실전 문제 ☐	13일 Course 1 ☐	13일 Course 2, 실전 문제 ☐	14일 Course 1 ☐	14일 Course 2, 실전 문제 ☐
Week 6	15일 Course 1 ☐	15일 Course 2, 실전 문제 ☐	Part 3 Part Test ☐	Part 3 복습 ☐	16일 Course 1 ☐	16일 Course 2, 실전 문제 ☐
Week 7	17일 Course 1 ☐	17일 Course 2, 실전 문제 ☐	18일 Course 1 ☐	18일 Course 2, 실전 문제 ☐	19일 Course 1 ☐	19일 Course 2, 실전 문제 ☐
Week 8	20일 Course 1 ☐	20일 Course 2, 실전 문제 ☐	Part 4 Part Test ☐	Part 4 복습 ☐	토익 실전모의고사 ☐	토익 실전모의고사 오답 복습 ☐

성향별 학습 방법

개별학습

"혼자 할 때 공부가 잘 된다!"

교재·홈페이지·무료 MP3를 활용하여 스스로 학습의 효율을 높일 수 있습니다.

| 교재 | 표현 및 전략 학습 → 연습/실전 문제에 적용 → 해설집을 보며 모르는 부분 체크 → 받아쓰기&쉐도잉 프로그램으로 반복 학습
| Hackers.co.kr | 매일실전LC풀기에서 연습 → 교재/무료 MP3 > 해커스 토익 스타트 리스닝 > 교재 Q&A에서 어려움 해결
| HackersIngang.com | 무료 MP3/자료에서 단어암기장과 단어암기 MP3를 다운받아 암기 → 온라인 토익 모의고사에서 실전 감각 키우기

스터디학습

"친구들과의 토론이 즐겁다!"

스터디 팀원끼리 스피커로 연습/실전 문제를 풀어본 다음 모르는 부분은 토론을 통해 이해할 수 있습니다.

| 교재 | 교재 예습 → 팀원들과 함께 실제 시험처럼 스피커로 연습/실전 문제 풀기 → 토론 → 안 들리거나 틀린 문제 반복해서 들으며 익히기 →
받아쓰기&쉐도잉 프로그램으로 반복 학습
| Hackers.co.kr | 매일실전LC풀기에서 연습 → 교재/무료 MP3 > 해커스 토익 스타트 리스닝 > 교재 Q&A에서 어려움 해결
| HackersIngang.com | 무료 MP3/자료에서 단어암기장과 단어암기 MP3를 다운받아 암기 → 온라인 토익 모의고사에서 실전 감각 키우기

동영상학습

"학원에 다니고 싶은데 여유가 없다!"

계획한 대로 강의를 들으며, 막히는 부분은 '선생님께 질문하기'를 통해 하나하나 짚어가며 학습할 수 있습니다.

| 교재 표현 및 전략 학습 → 연습/실전 문제에 적용 → 해설집을 보며 모르는 부분 체크 → 받아쓰기&쉐도잉 프로그램으로 반복 학습
| Hackers.co.kr 매일실전LC풀기에서 연습 → 교재/무료 MP3 > 해커스 토익 스타트 리스닝 > 교재 Q&A에서 어려움 해결
| HackersIngang.com 강의를 보며 몰랐던 부분을 확실히 학습 → 핵심 내용 노트 정리 → 해커스 토익 스타트 리스닝 > 선생님께 질문하기
에서 모르는 부분 질문하여 이해하기 → 무료 MP3/자료에서 단어암기장과 단어암기 MP3를 다운받아 암기 → 온라인
토익 모의고사에서 실전 감각 키우기

학원학습

"선생님의 생생한 강의를 직접 듣고 싶다!"

선생님과 상호 작용을 통해 모르는 문제를 바로바로 해결할 수 있습니다.

| 교재 수업에 빠지지 않고, 쉬는 시간을 이용해 선생님께 질문하여 해결 → 복습 및 받아쓰기&쉐도잉 프로그램으로 점검
| Hackers.ac 반별 게시판에서 선생님 및 학생들과 상호 작용
| Hackers.co.kr 매일실전LC풀기에서 연습 → 교재/무료 MP3 > 해커스 토익 스타트 리스닝 > 교재 Q&A에서 어려움 해결
| HackersIngang.com 무료 MP3/자료에서 단어암기장과 단어암기 MP3를 다운받아 암기 → 온라인 토익 모의고사에서 실전 감각 키우기

받아쓰기&쉐도잉 프로그램 활용법

받아쓰기&쉐도잉 프로그램은 토익 스타트 리스닝 교재에 수록된 핵심 어휘와 빈출 표현 및 문장을 받아쓰기와 쉐도잉을 통해 완벽히 복습하도록 해커스 어학연구소에서 제작한 프로그램입니다. 받아쓰기를 통해 잘 들리지 않는 표현을 반복 학습할 수 있으며, 받아쓴 문장을 따라 읽는 쉐도잉 연습을 통해 영어의 연음과 억양에 자연스럽게 익숙해지고, 영어를 의미 단위로 빠르게 이해할 수 있습니다. 본 프로그램을 교재와 함께 매일매일 꾸준히 학습한다면 듣기 실력 향상에 큰 도움이 될 것입니다.

프로그램 활용법 화면

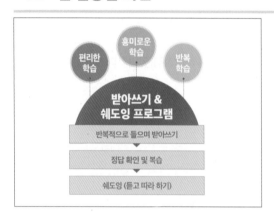

받아쓰기가 시작되면 음성을 반복적으로 들으며 빈칸을 채워본 뒤, 정답과 자신이 쓴 답을 비교해보고 해석을 확인 합니다. 마지막으로 받아쓰기를 하는 동안 잘 들리지 않았 던 부분에 신경 쓰며 최대한 녹음된 음성과 같은 리듬과 억 양, 발음으로 따라 읽는 *쉐도잉 연습을 해봅니다.

메뉴 화면

교재로 학습한 부분을 클릭하고 그날 학습한 내용을 받아 쓰기와 쉐도잉을 통해 복습합니다.

* 쉐도잉이란?
Shadow(그림자)에서 유래한 말로 구나 절 단위로 문장 을 끊어서 듣고, 그림자처럼 들리는 대로 따라 말하는 영어학습 방법을 의미합니다.

받아쓰기 화면

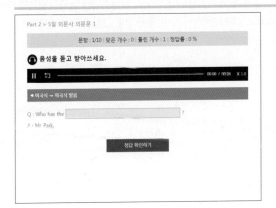

음성을 들으며 빈칸, 혹은 문장을 받아 적어본 후 여러번 들으며 수정합니다. 자신이 적은 것과 음성이 일치한다고 생각되면 정답 확인 화면으로 넘어갑니다.

정답 확인 화면

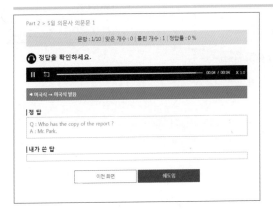

자신이 쓴 답을 정답과 비교해 봅니다. 틀린 경우 발음을 몰라서 틀린 것인지 모르는 표현이라 틀린 것인지를 점검하여 틀린 부분을 확실히 익힌 후 쉐도잉으로 넘어갑니다.

쉐도잉 화면

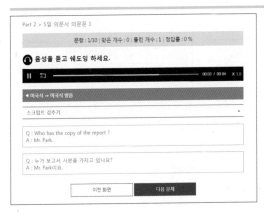

듣기 학습에 효과적인 쉐도잉을 통해 받아쓰기로 익힌 문장을 실제로 발음해 봅니다. 이를 통해 표현과 발음을 모두 정확히 익혀둡니다.

미국식 · 영국식 발음 차이

butter를 미국 사람들은 '버러ㄹ', 영국 사람들은 '버터'라고 발음합니다. 토익에서는 이처럼 미국식 발음뿐만 아니라 영국식, 호주식 발음을 사용한 문제가 출제됩니다. 호주식 발음은 영국식 발음에 더 가깝습니다. 미국식 발음보다는 영국식 발음이 다소 낯설게 들릴 수 있으므로 각 발음의 차이를 알고 적응하여 토익 리스닝에 대비하는 것이 좋습니다. 그럼 미국식 발음과 영국식 발음의 차이점에 대하여 함께 살펴볼까요?

자음

1. 음절의 끝소리 /r/ 🎧 미국영국발음01

미국식 영어에서는 강세를 받지 않는 음절의 끝소리 /r/을 혀를 말아 올려 [r]로 발음하는 반면, 영국식 영어에서는 발음하지 않습니다.

	미국식	영국식
car	[카아ㄹ]	[카아]
sure	[슈어ㄹ]	[슈어]
cashier	[캐쉬어ㄹ]	[캐쉬어]
working hour	[워ㄹ킹 아우어ㄹ]	[워킹 아우어]

아래 문장의 빈칸을 채우세요. 음성은 미국식, 영국식 각각 한 번씩 들려 드립니다.

① I'm _____ that he has the file. 저는 그가 그 파일을 가지고 있다고 확신해요.

② The _____ is being towed. 그 차는 견인되고 있습니다.

③ My _____ are from nine to five. 저의 근무 시간은 9시부터 5시까지예요.

2. 모음 사이 소리 /t/ 🎧 미국영국발음02

미국식 영어에서는 강세를 받지 않는 모음 사이 소리 /t/를 [d] 또는 [r]로 발음하는 반면, 영국식 영어에서는 정확히 [t]로 발음합니다.

	미국식	영국식
meeting	[미이링 or 미이딩]	[미이팅]
computer	[컴퓨우러ㄹ or 컴퓨우더ㄹ]	[컴퓨우터]
notice	[노우리ㅅ or 노우디ㅅ]	[노우티ㅅ]
better	[베러ㄹ or 베더ㄹ]	[베터]

아래 문장의 빈칸을 채우세요. 음성은 미국식, 영국식 각각 한 번씩 들려 드립니다.

④ The _____ isn't working today. 오늘 컴퓨터가 작동하지 않아요.

⑤ She posted the _____ on the board. 그녀는 그 공지를 게시판에 올렸어요.

⑥ The _____ will be postponed until tomorrow. 회의는 내일까지 연기될 거예요.

모음

1. /o/ 🎧 미국영국발음03

미국식 영어에서는 /o/를 [ɑ]로 발음하는 반면, 영국식 영어에서는 [ɔ]로 발음합니다.

	미국식	영국식
topic	[타픽]	[토픽]
document	[다큐먼트]	[도큐먼트]
bottle	[바틀]	[보틀]
parking lot	[파아ㄹ킹 라트]	[파이킹 로드]

아래 문장의 빈칸을 채우세요. 음성은 미국식, 영국식 각각 한 번씩 들려 드립니다.

① The _____ will be expanded. 주차장이 확장될 것입니다.

② What is the _____ of the meeting? 회의의 주제가 무엇인가요?

③ I left the _____ on your desk. 저는 그 서류를 당신의 책상 위에 남겨 두었어요.

2. /a/ 🎧 미국영국발음04

미국식 영어에서는 /a/를 [æ]로 발음하는 반면, 영국식 영어에서는 [ɑ:]로 발음합니다.

	미국식	영국식
pass	[패쓰]	[파아쓰]
broadcast	[브로오드캐스트]	[브로오드카스트]
answer	[앤써ㄹ]	[안써]
task	[태스크]	[타아스크]

아래 문장의 빈칸을 채우세요. 음성은 미국식, 영국식 각각 한 번씩 들려 드립니다.

④ Please choose only one _____. 한 개의 답만 선택하세요.

⑤ The _____ will be tonight at 10 P.M. 그 방송은 오늘 밤 10시에 나올 거예요.

⑥ Could you _____ me that folder? 그 폴더 좀 저에게 전해 주시겠어요?

정답	자음	① sure	② car	③ working hours	④ computer	⑤ notice	⑥ meeting
	모음	① parking lot	② topic	③ document	④ answer	⑤ broadcast	⑥ pass

토익 기초

Hackers **TOEIC** Start Listening

토익 기초 소개

토익 기초에서는 토익 리스닝 파트를 푸는 데 있어 반드시 필요한 기초 학습인 유사 발음 듣기, 연음 듣기, 내용어·기능어 구분하기, 끊어 듣기, 시제와 태에 대해서 미리 학습합니다.

Part 2, 3, 4 기초 듣기	유사 발음 듣기	1일 Course 1
	연음 듣기	1일 Course 2
	내용어·기능어 구분하기	1일 Course 2
	끊어 듣기	1일 Course 2
Part 1 기초 문법	시제 익히기	2일 Course 1
	태 익히기	2일 Course 2

학습 목표

유사 발음 듣기

Part 2의 오답 유형으로 빈번히 사용되는 유사 발음을 구분할 수 있습니다.

Part 2에서는 질문에서 사용된 단어와 유사한 발음을 사용한 보기가 오답으로 출제됩니다. 이러한 유사 발음을 미리 익혀둔다면 오답을 빠르고 정확히 걸러낼 수 있습니다.

연음 듣기, 내용어·기능어 구분하기, 끊어 듣기

Part 3, 4의 대화나 담화에서 사용되는 긴 문장을 정확하게 파악할 수 있습니다.

Part 3, 4에서는 긴 문장을 사용한 대화나 담화가 출제됩니다. 연음 규칙 및 내용어와 기능어 구분법, 그리고 끊어 듣는 방법을 미리 익혀둔다면 긴 대화나 담화를 정확히 파악할 수 있습니다.

시제와 태 익히기

Part 1의 보기의 의미를 정확히 파악할 수 있습니다.

Part 1의 보기는 현재진행형이나 수동태와 같은 특정 시제나 태가 사용된 문장으로 출제됩니다. 이러한 특정 시제나 태를 미리 익혀둔다면 보기의 의미를 정확히 파악할 수 있습니다.

토익 기초
Hackers TOEIC Start Listening

1일

Part 2, 3, 4 기초 듣기

1일에서는 Part 2, 3, 4의 보기와 지문 듣기에
필요한 기초 듣기에 대해 살펴보겠습니다.
Part 2의 오답 구분에 주로 사용되는 '유사 발음 듣기'와
Part 3, 4의 긴 문장 듣기에 필요한
'연음, 내용어·기능어,
끊어 듣기'로 나누어 익혀보도록 하겠습니다.

Course 1 유사 발음 듣기
Course 2 연음, 내용어·기능어, 끊어 듣기

무료 MP3 다운로드 및 스트리밍 바로 듣기
(HackersIngang.com)

무료MP3 바로듣기

Course 1 | 유사 발음 듣기

copy를 coffee로 잘못 이해했군요. copy와 coffee의 발음은 비슷해서 이처럼 혼동을 일으킬 수 있습니다. Part 2에는 이러한 유사한 발음을 이용한 보기가 문제의 오답으로 자주 출제됩니다. 본 코스에서는 이러한 혼동하기 쉬운 유사 발음에 대해 익혀보도록 하겠습니다.

혼동하기 쉬운 자음과 모음 듣기

1. [p] & [f] 🎧 Day01_C1_01

[p]는 두 입술을 맞붙였다가 떼며 내는 소리로 'ㅍ'와 비슷하게 들리고, [f]는 윗니로 아랫입술을 살짝 물었다 놓으며 숨을 내쉬게 하여 내는 소리로 'ㅍ'와 'ㅎ'의 중간 소리처럼 들립니다.

| [p] | copy [kάpi] 복사하다 | pile [pail] 쌓다 | pool [pu:l] 수영장 |
| [f] | coffee [kɔ́:fi] 커피 | file [fail] 철하다 | full [ful] 가득 찬 |

토익 다음과 같은 문제가 출제돼요.

Where can I make a copy? 복사를 어디에서 할 수 있나요?

(A) On the second floor. (O) 2층에서요.
(B) A dollar for coffee. (×) 커피 한 잔에 1달러예요.

→ (B)는 질문에서 사용된 copy와 발음이 유사한 coffee를 사용하여 혼동을 주는 오답입니다.

2. [b] & [v] 🎧 Day01_C1_02

[b]는 두 입술을 맞붙였다가 떼며 내는 소리로 'ㅂ'와 비슷하게 들리고, [v]는 윗니로 아랫입술을 살짝 물었다 놓으며 내는 소리로 'ㅂ'보다 바람 새는 소리가 더 들립니다.

| [b] | best [best] 최고의 | ban [bæn] 금지하다; 금지 | boat [bout] 배, 보트 |
| [v] | vest [vest] 조끼 | van [væn] 밴, 승합차 | vote [vout] 투표하다 |

토익 다음과 같은 문제가 출제돼요.

What is the best way to go to the food store? 식품점에 가는 가장 좋은 방법이 무엇인가요?

(A) Take highway 52. (O) 52번 고속도로를 타세요.
(B) I like his vest. (×) 전 그의 조끼가 좋아요.

→ (B)는 질문에서 사용된 best와 발음이 유사한 vest를 사용하여 혼동을 주는 오답입니다.

3. [l] & [r] 🎧 Day01_C1_03

[l]는 혀끝을 앞니 뒤에 대었다가 떼며 내는 소리로 '(을)르'와 비슷하게 들리고, [r]는 입술을 둥글게 해서 혀를 입천장 가까이 가져가며 내는 소리로 '(우)르'와 비슷하게 들립니다.

[l]	late[leit] 늦은	load[loud] (짐을) 싣다	lead[liːd] 이끌다
[r]	rate[reit] 가격, 비율	road[roud] 도로	read[riːd] 읽다

토익 다음과 같은 문제가 출제돼요.

Why are you late? 왜 늦으셨어요?

(A) It's a good rate. (✕) 좋은 가격이네요.

(B) I missed the bus. (○) 버스를 놓쳤어요.

→ (A)는 질문에서 사용된 late와 발음이 유사한 rate를 사용하여 혼동을 주는 오답입니다.

4. [ou] & [ɔː] 🎧 Day01_C1_04

[ou]는 입을 동그랗게 해서 내는 소리로 '오우'와 비슷하게 들리고, [ɔː]는 입을 동그랗게 한 채 발음하는 소리로 '오'와 '아'의 중간 소리처럼 들립니다.

[ou]	cold[kould] 차가운	won't[wount] ~않을 것이다	boat[bout] 배
[ɔː]	called[kɔːld] 전화했다(call의 과거형)	want[wɔːnt] 원하다	bought[bɔːt] 샀다(buy의 과거형)

토익 다음과 같은 문제가 출제돼요.

It's cold outside, isn't it? 밖이 춥죠, 안 그런가요?

(A) Yes, you should wear a sweater. (○) 네, 당신은 스웨터를 입는 게 좋겠어요.

(B) I called him last night. (✕) 제가 지난밤에 그에게 전화했어요.

→ (B)는 질문에서 사용된 cold와 발음이 유사한 called를 사용하여 혼동을 주는 오답입니다.

5. [i] & [iː] 🎧 Day01_C1_05

[i]는 짧게 끊어서 내는 소리로 '이'처럼 들리고, [iː]는 입술을 옆으로 크게 벌리고 길게 내는 소리로 '이-'와 비슷하게 들립니다.

[i]	fill[fil] 채우다	list[list] 목록	live[liv] 살다
[iː]	feel[fiːl] 느끼다	least[liːst] 가장 적은	leave[liːv] 떠나다

토익 다음과 같은 문제가 출제돼요.

Can I fill out this application form by hand? 이 지원서를 손으로 작성해도 되나요?

(A) Sure, no problem. (○) 물론이죠, 문제없어요.

(B) I feel fine. (✕) 전 괜찮아요.

→ (B)는 질문에서 사용된 fill과 발음이 유사한 feel을 사용하여 혼동을 주는 오답입니다.

혼동하기 쉬운 단어 듣기

1. 발음이 일부 혹은 전체가 같은 단어 🎧 Day01_C1_06

다음은 토익에서 오답으로 자주 출제되는 발음이 일부 혹은 전체가 같은 단어들입니다. 음성과 함께 익혀두면 오답을 피해가는 데에 큰 도움이 됩니다.

발음이 일부 같은 단어

[stɛər]	upstairs [ʌ̀pstɛ́ərz] 위층에	[wiːk]	weekend [wíːkènd] 주말
	stare [stɛər] 바라보다, 응시하다		weekly [wíːkli] 매주의
[taim]	overtime [óuvərtàim] 초과근무	[máːrkit]	supermarket [súːpərmàːrkit] 슈퍼마켓
	time [taim] 시간		marketing [máːrkitiŋ] 마케팅

발음이 같은 단어

[eit]	ate [eit] 먹었다(eat의 과거형)	[auər]	our [auər] 우리의
	eight [eit] 여덟		hour [auər] 시간
[tuː]	two [tuː] 둘	[njuː]	new [njuː] 새로운
	too [tuː] 역시, 또한		knew [njuː] 알았다(know의 과거형)

토익 다음과 같은 문제가 출제돼요.

What's causing the noise upstairs? 무엇이 위층 소음을 일으키나요?

(A) The neighbors are moving the furniture. (○) 이웃들이 가구를 옮기고 있어요.

(B) She is staring out the window. (×) 그녀는 창밖을 바라보고 있어요.

→ (B)는 질문에서 사용된 upstairs와 발음이 일부 같은 staring를 사용하여 혼동을 주는 오답입니다.

2. 발음이 유사한 단어 🎧 Day01_C1_07

다음은 토익에서 오답으로 자주 출제되는 발음이 비슷한 단어들입니다. 음성과 함께 익혀두면 오답을 피해가는 데에 큰 도움이 됩니다.

---

supplies [səpláiz] 물품, 지급품	apply [əplái] 지원하다
surprise [sərpráiz] 뜻밖의 일	supply [səplái] 공급하다
apartment [əpáːrtmənt] 아파트	computer [kəmpjúːtər] 컴퓨터
department [dipáːrtmənt] 부서	commuter [kəmjúːtər] 통근자
inspect [inspékt] 조사하다	annual [ǽnjuəl] 연례의
expect [ikspékt] 기대하다	manual [mǽnjuəl] 안내서
projector [prədʒéktər] 영사기, 프로젝터	construction [kənstrʌ́kʃən] 건설
project [prάdʒekt] 프로젝트	instruction [instrʌ́kʃən] 지시 사항

토익 다음과 같은 문제가 출제돼요.

Will you order supplies tomorrow? 물품들을 내일 주문하실 건가요?

(A) It was a surprise. (×) 뜻밖의 일이었어요.

(B) I did it yesterday. (○) 제가 어제 했어요.

→ (A)는 질문에서 사용된 supplies와 발음이 유사한 surprise를 사용하여 혼동을 주는 오답입니다.

🎧 Day01_C1_08

유사 발음에 유의하여 빈칸에 알맞은 단어를 고르세요. (음성은 세 번 들려줍니다.)

01 The _____ machine is broken.

(A) copy   (B) coffee

02 They are difficult to _____.

(A) lead   (B) read

03 I don't want to _____ here.

(A) live   (B) leave

04 She just moved to a new _____.

(A) department   (B) apartment

05 Factory managers _____ production every day.

(A) inspect   (B) expect

유사 발음에 유의하여 알맞은 의미를 고른 후 빈칸을 받아써 보세요. (음성은 세 번 들려줍니다.)

06 (A) 나는 서류를 쌓고 있다.   (B) 나는 서류를 철하고 있다.

I'm _____.

07 (A) 나는 도로에서 운전 중이다.   (B) 나는 짐을 싣고 있다.

I'm _____.

08 (A) 음식이 승합차에 실리고 있다.   (B) 도서관에서 음식은 금지되어 있다.

Food is _____.

09 (A) 제가 매년 사용자들을 확인하겠습니다.   (B) 제가 사용자 안내서를 확인하겠습니다.

I'll _____.

10 (A) 그들은 어제 두 대의 컴퓨터를 구입했다.   (B) 그들도 어제 컴퓨터를 구입했다.

They _____.

정답·해석·해설 p.332

토익 기초

Part 1

Part 2

Part 3

Part 4

해커스 토익 스타트 Listening

토익 기초 1일 Course 2 | 연음, 내용어·기능어, 끊어 듣기

For those of you who like to shop at home visit us at our Web site and you will receive free delivery on any online purchases…

허…
뭐라는 거야…

긴 문장의 내용을 이해하지 못했군요. 문장이 길어지면 이처럼 내용 파악이 어려울 수 있습니다. Part 3, 4에는 이러한 긴 문장을 사용한 대화나 지문이 출제됩니다. 본 코스에서는 이러한 긴 문장의 뜻을 파악하는 연음, 내용어·기능어, 끊어 듣기에 대해 익혀 보도록 하겠습니다.

연음 듣기

1. 연음 시 탈락되는 소리 🎧 Day01_C2_01

두 단어 사이에 발음이 같거나 유사한 자음이 나란히 나오면 앞의 자음이 탈락되어 뒤의 자음만 들립니다.

---

bus + stop ⟶ bus stop

[bʌs] + [stap] → [bʌs stap] → [bʌ́stap]
↓ ↓ ↓
앞 자음 뒷 자음 앞 자음 탈락

bus의 마지막 자음 [s]와 stop의 첫 자음 [s]가 나란히 오는 경우 앞 자음 [s]가 탈락되어 '버스 스탑'이 아닌 '버스탑'으로 들립니다.

next to [nékstu]	need to [níːtu]
want to [wɔ́ːntu]	should try [ʃutrái]
about twenty [əbautwénti]	expected to [ikspéktitu]
at least two [ætlíːstuː]	front desk [frʌndésk]
was supposed [wʌsəpóuzd]	sit down [sídaun]
gas station [gǽsteiʃən]	product development [prʌ̀dʌkdivéləpmənt]

토익 자주 출제되는 연음 현상이 일어나는 문장을 익혀 보세요.

① The bus stop is next to the gas station. 버스 정류장은 주유소 옆에 있습니다.
② I don't want to spend more than 50 dollars. 저는 50달러 이상은 지출하고 싶지 않습니다.
③ We need to wait for Mr. Chan. 저희는 Mr. Chan을 기다려야 합니다.
④ The presentation is expected to last for two hours. 발표는 2시간 동안 계속될 것으로 예상됩니다.

2. 연음 시 하나되는 소리 🎧 Day01_C2_02

앞에 나온 단어의 끝 자음과 뒷 단어의 첫 모음이 이어져 새로운 하나의 소리로 들립니다.

fix + it ⟶ fix it

[fiks] + [it] → [fiks it] → [fíksit]
   ↓   ↓   ↓
  자음   모음   이어짐

fix의 끝 자음 [s]와 it의 첫 모음 [i]가 이어지는 경우 'f픽스 잇'이 아닌 'f픽싯'이라는 새로운 단어처럼 들립니다.

pick up[píkʌp]	hand out[hǽndaut]	for a break[fɔrəbréik]
ends at seven[enzætsévən]	rest a while[réstəwail]	a cup of[əkʌ́pʌv]

토익 자주 출제되는 연음 현상이 일어나는 문장을 익혀 보세요.

① The bus will pick up the tourists in front of the lobby. 버스가 로비 앞에서 관광객들을 태울 것입니다.
② The sales staff will hand out the fliers. 판매 직원이 전단지를 나누어드릴 것입니다.
③ A cup of our cream soup is two dollars. 크림 수프 한 컵은 2달러입니다.

3. 연음 시 변화되는 t 🎧 Day01_C2_03

모음과 모음 사이에 [t]가 오면 우리말 'ㄹ'와 비슷한 소리로 들립니다.

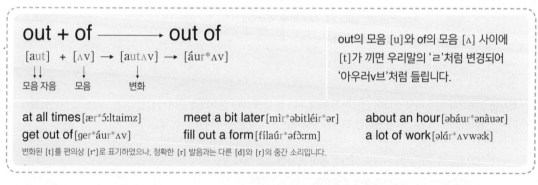

out + of ⟶ out of

[aut] + [ʌv] → [autʌv] → [áur*ʌv]
 ↓ ↓   ↓   ↓
모음 자음 모음   변화

out의 모음 [u]와 of의 모음 [ʌ] 사이에 [t]가 끼면 우리말의 'ㄹ'처럼 변경되어 '아우러v브'처럼 들립니다.

at all times[ær*ɔ́:ltaimz]	meet a bit later[mìr*əbitléir*ər]	about an hour[əbáur*ənàuər]
get out of[ger*áur*ʌv]	fill out a form[fílaúr*əfɔ̀:rm]	a lot of work[əlár*ʌvwəːk]

변화된 [t]를 편의상 [r]로 표기하였으나, 정확한 [r] 발음과는 다른 [d]와 [r]의 중간 소리입니다.

* 영국식 발음에서는 모음과 모음 사이에 t가 와도 'ㄹ'와 비슷하게 들리지 않고 그대로 [t]로 들립니다. 예) out of[autʌv]

토익 자주 출제되는 연음 현상이 일어나는 문장을 익혀 보세요.

① You must wear the uniform at all times. 항상 유니폼을 착용해야 합니다.
② The copier is out of paper. 복사기에 종이가 떨어졌어요.
③ Please fill out a form. 양식을 작성해주세요.

내용어 · 기능어, 끊어 듣기

1. 내용어와 기능어 구분하기 🎧 Day01_C2_04

문장에서 핵심 내용을 담고 있는 내용어는 크고 정확하게 들리지만, 내용어를 이어주는 역할을 하는 기능어는 약하고 빠르게 지나갑니다. 강하게 들리는 내용어만 집중하여 들어도 화자가 전달하고자 하는 내용을 쉽게 파악할 수 있습니다.

	내용어	기능어
품사	명사, 동사, 형용사, 부사, 의문사	대명사, 전치사, 관사, 접속사, 조동사
역할	중요한 내용을 청자에게 전달	단어들을 문법적으로 자연스럽게 연결

The shipment is scheduled to arrive tomorrow. 선적품이 내일 도착할 예정이다.

내용어	shipment, scheduled, arrive, tomorrow
핵심 내용	선적품 내일 도착 예정

토익 자주 출제되는 문장에서 내용어를 통해 전달하고자 하는 핵심 내용을 파악해 보세요.

① The new factory will be completed at the end of the month. 새로운 공장이 월말에 완성될 것이다.

내용어	new factory, completed, end, month
핵심 내용	새로운 공장 월말 완성

② Applicants will submit their résumé by e-mail. 지원자들은 그들의 이력서를 이메일로 제출할 것이다.

내용어	Applicants, submit, résumé, e-mail
핵심 내용	지원자들 이력서 이메일 제출

2. 끊어 듣기 🎧 Day01_C2_05

화자는 말하고자 하는 바를 정확히 전달하기 위해 구와 절 등의 의미 덩어리로 끊어서 말합니다. 그러므로 실제로 들을 때에도 이러한 의미 덩어리로 끊어서 듣는다면 화자가 전달하는 의미를 정확히 파악할 수 있습니다.

구　두 단어 이상이 모인 의미 덩어리로 주어 동사를 포함하지 않는 것
Food and beverages are allowed / in the lobby.
　　음식과 음료가 허용됩니다　　　　　　　　로비에서

절　두 단어 이상이 모인 의미 덩어리로 주어 동사를 포함하는 것
If the bus tickets are sold out, / you can take the train.
　　버스 표가 매진되었다면　　　　　　　당신은 기차를 탈 수 있습니다

토익 자주 출제되는 문장을 의미 단위로 끊어 들어 보세요.

① Dinner reservations can be made / by calling the restaurant.
　　저녁 식사 예약을 할 수 있습니다　　　　　식당에 전화해서
　　　　　기본 문장　　　　　　　　　　　　　구

② Employees must show their ID / when they enter the building.
　　직원들은 그들의 신분증을 보여 주어야 합니다　　그들이 건물에 들어갈 때
　　　　　기본 문장　　　　　　　　　　　절

③ Tickets can be purchased / on the train, / if nobody is at the ticket window.
　　표는 구입할 수 있습니다　　　기차에서　　　매표소에 아무도 없다면
　　　　기본 문장　　　　　　　구　　　　　　　　절

🎧 Day01_C2_06

앞서 학습한 연음 규칙에 따라 빈칸에 알맞은 단어를 받아써 보세요. (음성은 세 번 들려줍니다.)

01 _____   **02** _____

03 _____   **04** _____

05 The meeting will last _____.

06 I'll take _____.

07 I'd like to _____.

의미 단위로 끊어 들으며 내용어를 통해 알맞은 뜻을 고르고 내용어를 받아써 보세요. (음성은 세 번 들려줍니다.)

08 (A) 나는 이 계약서에 그의 서명을 받아야 한다.
  (B) 나는 그 회사와 계약을 했다.
  I _____ his _____ on this _____.

09 (A) 비행기의 연착으로 회의에 참석할 수 없었다.
  (B) 비행기는 궂은 날씨로 인해 연착되었다.
  The _____ was _____ because of the _____.

10 (A) 나는 지난 12년간 아주 다양한 종류의 회사와 일했다.
  (B) 나는 지난 12년간 하나의 회사에서 근무했다.
  I've _____ with _____ types of _____ in the past _____.

정답·해석·해설 p.333

토익 기초

Part 1

Part 2

Part 3

Part 4

해커스 토익 스타트 Listening

🎧 Day 01_Test

질문에 가장 알맞은 응답을 고르세요.

01 My laptop won't start.

(A)   (B)

02 I'll send you a price list.

(A)   (B)

03 How long have you worked at our company?

(A)   (B)

04 We have a meeting at two.

(A)   (B)

05 남자는 무엇을 해주겠다고 하는가?

(A) 도서 할인
(B) 도서 주문

06 여자는 어떤 정보를 요청하는가?

(A) 일련번호
(B) 전화번호

07 Gary Warren은 누구인가?

(A) 부동산 전문가
(B) 리포터

*받아쓰기&쉐도잉 프로그램으로 꼭 복습하세요.
정답·해석·해설 p.334

토익 기초
Hackers **TOEIC** Start Listening

2일

Part 1 기초 문법

2일에서는 Part 1에 나오는 보기 문장을
정확히 이해하는 데 필요한 기초 문법인
시제와 태에 대해서 살펴보겠습니다.

Course 1 시제 익히기
Course 2 태 익히기

무료 MP3 다운로드 및 스트리밍 바로 듣기
(HackersIngang.com)

무료MP3 바로듣기

Course 1 | 시제 익히기

> 사람들이 기차역에 있어요. (현재 시제)
> 사람들이 기차에 탑승 중이에요. (현재 진행 시제)
> 기차가 정차했어요. (현재 완료 시제)

정차한 기차에 사람들이 탑승을 하고 있군요. 이처럼 사진을 묘사할 때에는 현재 시제를 사용합니다. Part 1에서도 이러한 현재 시제를 사용하여 사진을 묘사합니다. 본 코스에서는 이러한 사진 묘사에 사용되는 현재를 나타내는 시제에 대해 익혀보도록 하겠습니다.

1. 현재 시제 🎧 Day02_C1_01

현재 시제는 사람들이 해변에 있거나 화분이 방 한 모퉁이에 있는 것과 같이 사람이나 사물의 위치를 묘사하거나, 의자 몇 개가 비어 있는 것과 같은 사물의 상태를 묘사할 때 주로 사용됩니다.

> 형태   주어 + is/are + 전치사구/형용사
>   There + is/are + 주어 + 전치사구/형용사
> 의미   주어가 ~에 있다, 주어가 ~한 상태이다
>
>
> People <u>are</u> <u>at the beach</u>. 사람들이 해변에 있다.
>   현재 시제   전치사구
>
> 해변가에 있는 사람들의 위치를 현재 시제와 전치사구(at the beach)를 사용하여 묘사하였습니다.

토익 Part 1에 출제되는 현재 시제 문장을 익혀 보세요.

① **A plant** is in the corner. 식물이 구석에 있다.
② **Some seats** are empty. 몇몇 자리들이 비어 있다.
③ There are **some vehicles** on the street. 몇몇 차들이 거리에 있다.

2. 현재 진행 시제 🎧 Day02_C1_02

현재 진행 시제는 여자가 피아노를 치거나 트럭이 다리를 건너는 것과 같이 사람이나 사물이 동적인 동작을 진행 중인 모습을 묘사하거나, 여자가 코트를 입고 있거나 그림이 벽에 걸려있는 것과 같이 사람이나 사물의 정적인 상태를 유지하고 있는 모습을 묘사할 때 주로 사용됩니다.

형태　주어 + is/are + 동사 -ing
의미　주어가 ~하는 중이다, 주어는 ~하고 있는 상태이다

She is playing the piano. 그녀는 피아노를 치고 있다.
　　　현재 진행 시제

피아노를 치고 있는 여자의 진행 중인 동작을 현재 진행 시제를 사용하여 묘사하였습니다.

> **토익** Part 1에 출제되는 현재 진행 시제 문장을 익혀보세요.
>
> ① **Some trucks** are crossing **a bridge.** 몇몇 트럭들이 다리를 건너고 있다.
> ② **A man** is putting on **a coat.** 한 남자가 코트를 입고 있다. (동작)
> ③ **A woman** is wearing **a coat.** 한 여자가 코트를 입고 있다. (상태)
>
> * putting on과 wearing은 모두 우리말로는 '입고 있다'라고 해석되지만 putting on은 입는 '동작'을, wearing은 입고 있는 '상태'를 나타냅니다.

3. 현재 완료 시제 🎧 Day02_C1_03

현재 완료 시제는 기차가 역에 방금 들어온 것과 같이 진행되던 동작이 막 완료된 상황을 묘사할 때 주로 사용됩니다. 이러한 현재 완료 시제는 사진만으로 판단하기 어려운 경우가 많아 오답으로 자주 출제됩니다.

형태　주어 + has/have + p.p.
의미　주어가 ~했다, 주어는 ~되어 있다 (과거부터 현재까지의 상태)

A train has stopped at a station. 기차가 역에 멈춰 있다.
　　　현재 완료 시제

과거에 멈춘 기차가 현재까지 멈춰 있는 상태를 현재 완료 시제를 사용하여 묘사하였습니다.

> **토익** Part 1에 출제되는 현재 완료 시제 문장을 익혀보세요.
>
> ① **The car** has stopped **near the crosswalk.** 차가 건널목 근처에 멈춰 있다.
> ② **The man** has stepped **out of the car.** 남자가 차에서 내렸다.
> ③ **He** has set **the table.** 그는 식탁을 차렸다.

🎧 Day02_C1_04

다음 사진을 시제에 맞게 묘사한 보기를 고르세요.

01

(A) They are eating a meal.

(B) They have eaten a meal.

02

(A) They are preparing food.

(B) They have prepared food.

03

(A) She is putting on glasses.

(B) She is wearing glasses.

04

(A) The man is working on the painting.

(B) The man has painted a picture.

정답·해석·해설 p.336

Course 2 | 태 익히기

> 그는 자동차 문을 열어요. (능동)
> 자동차 문이 그에 의해 열렸어요. (수동)

자동차 문이 열렸군요. 이처럼 동작을 당한 자동차 문을 중심으로 이야기할 때에는 수동태를 사용합니다. Part 1에서도 이러한 수동태를 사용하여 사진을 묘사합니다. 본 코스에서는 이러한 사진 묘사에 사용되는 수동태에 대해 익혀보도록 하겠습니다.

1. 현재 수동태 🎧 Day02_C2_01

현재 수동태는 제품이 선반 위에 진열되어 있는 것과 같은 사물의 위치나 상태를 묘사할 때 주로 사용됩니다. 이러한 현재 수동태는 사물이 주어로 쓰이며, 사람이 등장하지 않는 사진에 자주 출제됩니다.

> 형태   주어 + is/are + p.p. + 전치사구
> 의미   주어가 ~되어 있다
>
>
>
> The merchandise is displayed on the shelves.
>   현재 수동태   전치사구
>
> 상품이 선반 위에 진열되어 있다.
>
> 상품이 진열되어져 있는 현재 상태를 현재 수동태와 전치사구(on the shelves)를 사용하여 묘사하였습니다.

토익 Part 1에 출제되는 현재 수동태 문장을 익혀보세요.

① Dishes are placed on the table. 접시들이 탁자 위에 놓여 있다.
② The truck is parked next to the container. 트럭이 컨테이너 옆에 주차되어 있다.
③ The tables are covered with newspapers. 탁자들이 신문으로 덮여 있다.

2. 현재 진행 수동태 🎧 Day 02_C2_02

현재 진행 수동태는 벽이 칠해지는 것과 같이 사람이 사물에 동작을 가하고 있는 모습을 묘사할 때 주로 사용됩니다. 이러한 현재 진행 수동태는 현재 동작이 행해지고 있는 상태를 묘사하므로 주로 동작을 가하고 있는 사람이 등장한 사진에 자주 출제됩니다.

> 형태   주어 + is/are + being + p.p.
> 의미   주어가 ~되고 있다, 주어가 ~되고 있는 중이다
>
>
>
> The wall <u>is being painted</u>. 벽이 페인트칠 되고 있다.
>   현재 진행 수동태
>
> 남자에 의해 벽이 페인트칠 되고 있는 현재의 동작을 현재 진행 수동태를 사용하여 묘사하였습니다.

토익 Part 1에 출제되는 현재 진행 수동태 문장을 익혀보세요.

① **The windows** are being cleaned. 창문이 닦이고 있다.
② **Plants** are being sprinkled **with a hose.** 식물에 호스로 물이 뿌려지고 있다.
③ **Lines** are being painted **on a street.** 선들이 도로 위에 그려지고 있다.

3. 현재 완료 수동태 🎧 Day 02_C2_03

현재 완료 수동태는 식탁이 차려져 있는 것과 같이 과거에 사물에 행해진 행위가 현재까지 지속되고 있는 상태를 묘사할 때 주로 사용됩니다. 이러한 현재 완료 수동태는 현재 수동태와 같이 사물의 위치나 상태를 묘사할 때 주로 사용됩니다.

> 형태   주어 + has/have + been + p.p.
> 의미   주어가 ~되어 있다
>
>
>
> The tables <u>have been set</u>. 식탁이 차려져 있다.
>   현재 완료 수동태
>
> 과거에 차려진 식탁이 현재까지 그대로 차려져 있는 상태를 현재 완료 수동태를 사용하여 묘사하였습니다.

토익 Part 1에 출제되는 현재 완료 수동태 문장을 익혀보세요.

① **The car** has been parked **on the street.** 차가 도로에 주차되어 있다.
② **Some magazines** have been left **on the floor.** 몇몇 잡지들이 바닥에 놓여져 있다.

🎧 Day 02_C2_04

다음 사진을 태에 맞게 묘사한 보기를 고르세요.

01

(A) The vehicles are parked in rows.

(B) Drivers are parking the cars.

02

(A) The window is being broken.

(B) The window is broken.

03

(A) The grass is being cut.

(B) The grass has been cut.

04

(A) Books have been placed on the shelves.

(B) Books are being placed on the shelves.

정답·해석·해설 p.337

🎧 Day 02_Test

다음 사진을 시제와 태에 맞게 묘사한 보기를 고르세요.

01

(A) The car is being washed.
(B) The car has been washed.

02

(A) They have cups in their hands.
(B) They are on the steps.

03

(A) The bus is being parked.
(B) The bus has stopped near the sidewalk.

04

(A) The room has been cleaned.
(B) The room is being cleaned.

05

(A) The grass is being watered.
(B) The grass has been watered.

06

(A) A worker is stacking some logs.
(B) Wood has been stacked on the ground.

*받아쓰기&쉐도잉 프로그램으로 꼭 복습하세요.
정답·해석·해설 p.338

무료 토익 · 토스 · 오픽 · 취업 자료 제공
Hackers.co.kr

Part 1

Hackers TOEIC Start Listening

Part 1 소개

문제 형식

1번부터 6번까지 총 6문제로, 사진을 보고 네 개의 보기를 들은 후 사진을 가장 잘 묘사한 보기를 선택하는 유형입니다.

사진 유형

Part 1에 출제되는 사진에는 각각의 사진 유형에 따라 자주 출제되는 표현이나 상황, 문제 풀이법이 있습니다. 따라서 본 교재에서 제시하는 각각의 사진 유형별 빈출 표현 및 문제 풀이 전략을 미리 익혀둔다면 Part 1을 쉽게 공략할 수 있습니다.

사람 중심 사진	한 사람 사진	3일 Course 1
	여러 사람 사진	3일 Course 2
사물(풍경) 중심 사진	사물(풍경) 사진	3일 Course 1
	사물(풍경) · 사람 사진	3일 Course 2

Part 1 학습 전략 및 문제 풀이 전략

학습 전략

사진 유형별 빈출 표현 미리 익혀두기

Part 1에 출제되는 각 사진 유형에 따라 자주 등장하는 빈출 표현을 미리 익혀두면 실제 시험에서 사진을 묘사하는 보기가 잘 들려 정확하게 답을 고를 수 있게 됩니다.

문제 풀이 전략

Step 1 사진 보며 표현 연상하기

보기를 듣기 전 주어진 짧은 시간 동안 사진을 보며 등장하는 사람이나 사물의 동작, 상태, 위치 등을 빠르게 파악하고 관련 표현을 연상해 둡니다. 이러한 표현 연상은 보기를 들으며 정답을 선택하는 Step 2를 용이하게 할 것입니다.

Step 2 보기 들으며 정답 선택하기

보기를 들으며 사진에 등장하는 사람이나 사물의 동작, 상태, 위치 등을 가장 정확하게 묘사한 보기를 정답으로 선택합니다. 이때, 오답이라고 생각되는 보기를 하나씩 소거해가며 정답을 골라냅니다.

> **Part 1에 자주 등장하는 오답 유형**
> 사진에 없는 사람이나 사물을 언급한 보기
> 사진에 등장한 사람이나 사물의 동작, 상태를 잘못 묘사한 보기

3일

사람 중심 사진

3일에서는 사람이 부각되어 나오는 사진,
즉 '사람 중심 사진'에 대해 살펴보겠습니다.
이러한 사람 중심 사진을 한 사람이 나오는 '한 사람 사진'과
2명 이상의 사람이 나오는 '여러 사람 사진'으로
나누어 익혀보도록 하겠습니다.

Course 1 한 사람 사진
Course 2 여러 사람 사진

Course 1 | 한 사람 사진

본 코스에서는 한 사람이 컴퓨터 앞에 앉아 일하고 있는 모습과 같은 한 사람 사진에 대해 살펴보도록 하겠습니다.

한 사람 사진 상황별 빈출 표현   Day03_C1_01

한 사람 사진에 자주 나오는 상황별 빈출 표현을 익혀두면 문제를 풀 때 보기가 잘 들려 정답을 쉽게 고를 수 있습니다. 음성을 듣고 따라 읽으면서 꼭 외워두세요.

컴퓨터를 하는 모습	사무기기를 사용하는 모습
❶ typing on the keyboard 키보드로 타자를 치고 있다	❶ using a photocopier 복사기를 사용하고 있다
❷ looking at the computer screen 컴퓨터 화면을 보고 있다	❷ operating a machine 기계를 작동하고 있다
❸ sitting in front of the computer 컴퓨터 앞에 앉아 있다	❸ standing at a copier 복사기 곁에 서 있다

* type [taip] (타자를) 치다   look at ~을 보다   in front of ~ 앞에   use [juːz] 사용하다
photocopier [미 fóutəkàpiər, 영 fə́utəukɔ̀piə] 복사기   operate [미 ápərèit, 영 ɔ́pəreit] 작동하다   machine [məʃíːn] 기계

서류 작업을 하는 모습	게시판 앞에 서 있는 모습
❶ holding a pen 펜을 들고 있다	❶ looking at some information on the board 게시판의 자료를 보고 있다
❷ writing on the paper 종이에 쓰고 있다	❷ reading a note on the bulletin board 게시판의 쪽지를 읽고 있다
❸ working on a document 서류 작업을 하고 있다	❸ be near a display board 게시판 근처에 있다

* hold [미 hould, 영 həuld] 들다   write [rait] 쓰다   work [미 wəːrk, 영 wəːk] 작업하다   document [미 dákjumənt, 영 dɔ́kjumənt] 서류, 문서
information [미 ìnfərméiʃən, 영 ìnfəméiʃən] 자료, 정보   note [미 nout, 영 nəut] 쪽지   bulletin board 게시판   display board 게시판

트럭에서 일하는 모습	공사 장비로 일하는 모습
① **moving a chair** 의자를 옮기고 있다	① **working with a tool** 공구로 작업하고 있다
② **unloading some chairs** 몇몇 의자들을 내리고 있다	② **working at a construction site** 공사 현장에서 일하고 있다
③ **standing inside the vehicle** 차 안에 서 있다	③ **wearing a safety helmet** 안전모를 쓰고 있다

* move[muːv] 옮기다 unload[미 ʌ̀nlóud, 영 ʌnlóud] (짐을) 내리다 inside[미 ìnsáid, 영 insáid] ~ 안에 vehicle[미 víːikl, 영 víəkl] 차, 탈것
tool[tuːl] 공구 construction[kənstrʌ́kʃən] 공사 site[sait] 현장 wear[미 wɛər, 영 weə] 쓰다, 입다 safety helmet 안전모

책장 앞에 있는 모습	실험 기구를 작동하고 있는 모습
① **reaching for a book** 책을 향해 손을 뻗고 있다	① **looking into a microscope** 현미경을 들여다보고 있다
② **standing in front of a bookshelf** 책장 앞에 서 있다	② **adjusting some equipment** 장비를 조정하고 있다
③ **facing some shelves** 책장을 향하고 있다	③ **wearing a lab coat** 실험복을 입고 있다

* reach for ~을 향해 손을 뻗다 bookshelf[미 búkʃèlf, 영 búkʃelf] 책장, 책꽂이 face[feis] (얼굴이) 향하다 shelf[ʃelf] 책장
look into 들여다보다 microscope[미 máikrəskòup, 영 máikrəskəup] 현미경 adjust[ədʒʌ́st] 조정하다 equipment[ikwípmənt] 장비

스텝별 문제 풀이 전략

STEP 1 사진 보며 표현 연상하기

한 사람 사진이 나오면 등장인물이 무엇을 하고 있는지(동작), 무엇을 입고 있는지(옷차림) 등을 관찰하면서 관련 표현을 연상합니다.

컴퓨터 화면을 보고 있다
looking at a computer screen

재킷을 입고 있다
wearing a jacket

전화기를 들고 있다
holding a phone

테이블에 앉아 있다
sitting at a table

STEP 2 보기 들으며 오답 소거하고 정답 선택하기

보기를 들으며 오답은 소거하고 등장인물의 동작이나 옷차림 등을 가장 잘 묘사한 보기를 정답으로 선택합니다.

(A) He is holding a phone. (O) ──────────→ 남자가 전화기를 들고 있는 모습을 정확히 묘사하였으므로 정답입니다.
그는 전화기를 들고 있다.

(B) He is reading a newspaper. (X) ──────────→ 남자가 컴퓨터 화면을 보고 있으므로 reading a newspaper(신문을
그는 신문을 읽고 있다.   읽고 있다)는 잘못된 묘사입니다.

Possible | He is sitting at a table. 그는 테이블에 앉아 있다.
Answers | He is looking at a computer screen. 그는 컴퓨터 화면을 보고 있다.
         | He is wearing a jacket. 그는 재킷을 입고 있다.

Tips

1. 한 사람 사진에서는 한 사람만을 묘사하므로 주어는 모두 같고 동사가 다릅니다. 따라서 주어보다 동사를 주의 깊게 듣습니다.

2. 한 사람 사진은 주로 현재 진행 시제(is + -ing)를 사용하여 현재 진행 중인 동작이나 옷차림을 묘사합니다.

앞에서 배운 전략을 적용하여 다음 문제를 풀어 보세요.

(A)   (B)   (C)   (D)

☑ 한번 확인해 볼까요?

STEP 1 사진 보며 표현 연상하기

안전모를 쓰고 있다
wearing a safety helmet

장갑을 끼고 있다
wearing some gloves

목재를 나르고 있다
carrying a piece of lumber

STEP 2 보기 들으며 오답 소거하고 정답 선택하기

(A) He is climbing the tree. (X) ──────→ 남자가 목재를 나르고 있으므로 climbing the tree(나무를 올라가고
그는 나무를 올라가고 있다.   있다)는 잘못된 묘사입니다.

(B) He is holding a tool box. (X) ──────→ 사진에 공구 상자가 없으므로 사진에 없는 사물을 사용한 오답입니다.
그는 공구 상자를 들고 있다.

(C) He is wearing a safety helmet. (O) ──────→ 남자가 안전모를 쓰고 있는 모습을 정확히 묘사하였으므로 정답입니다.
그는 안전모를 쓰고 있다.

(D) He is opening the truck door. (X) ──────→ 남자가 목재를 나르고 있으므로 opening the truck door(트럭 문을
그는 트럭 문을 열고 있다.   열고 있다)는 잘못된 묘사입니다.

Possible | He is wearing some gloves. 그는 장갑을 끼고 있다.
Answers | He is carrying a piece of lumber. 그는 목재를 나르고 있다.

Day 03_C1_03

사진을 보며 관련 표현을 연상한 뒤 사진을 적절히 묘사한 문장을 모두 고르고, 빈칸을 받아써 보세요. (음성은 세 번 들려줍니다.)

01
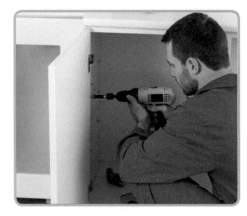

(A)   (B)

(A) He is _____ a _____.
(B) He is _____.

02

(A)   (B)

(A) He is _____ a page.
(B) He is _____ a _____.

03

(A)   (B)

(A) She is _____ a _____.
(B) She is _____ a _____.

토익 기초

Part 1

Part 2

Part 3

Part 4

해커스 토익 스타트 Listening

04

(A)   (B)   (C)   (D)

(A) The woman is _____ a desk.

(B) The woman is _____ on a keyboard.

(C) The woman is _____ a computer.

(D) The woman is _____ a file cabinet.

05

(A)   (B)   (C)   (D)

(A) He is _____ to a colleague.

(B) He is _____ a notice on the board.

(C) He is _____ at some information on the board.

(D) He is _____ near a bulletin board.

06

(A)   (B)   (C)   (D)

(A) The man is _____ in a _____.

(B) The man is _____ a picture.

(C) The man is _____ a chart.

(D) The man is _____ a microscope.

정답·해석·해설 p.340

Course 2 | 여러 사람 사진

본 코스에서는 여러 사람이 함께 모여 서류를 검토하는 모습과 같은 여러 사람 사진에 대해 살펴보도록 하겠습니다.

▍▍▍ 여러 사람 사진 상황별 빈출 표현   🎧 Day03_C2_01

여러 사람 사진에 자주 나오는 상황별 빈출 표현을 익혀두면 문제를 풀 때 보기가 잘 들려 정답을 쉽게 고를 수 있습니다. 음성을 듣고 따라 읽으면서 꼭 외워두세요.

문서를 보고 있는 모습	마주보고 있는 모습
❶ **examining a document** 문서를 검토하고 있다	❶ **shaking hands** 악수를 하고 있다
❷ **holding the back of a chair** 의자 등받이를 잡고 있다	❷ **greeting each other** 서로 인사하고 있다
❸ **pointing at something on a piece of paper** 종이에 무언가를 가리키고 있다	❸ **carrying a bag** 가방을 들고 있다

＊ **examine**[igzǽmin] 검토하다   **point**[pɔint] 가리키다   **shake hands** 악수하다   **greet**[griːt] 인사하다   **each other** 서로
carry[kǽri] 들다

발표하는 모습	물건을 구매하는 모습
❶ **watching a presentation** 발표를 보고 있다	❶ **using a cash register** 금전 출납기를 사용하고 있다
❷ **sitting next to each other** 서로 옆에 앉아 있다	❷ **paying for some merchandise** 몇몇 제품의 값을 지불하고 있다
❸ **giving a presentation** 발표를 하고 있다	❸ **putting something into a bag** 무언가를 가방에 넣고 있다

＊ **watch**[미 wɑtʃ, 영 wɔtʃ] 보다   **presentation**[미 prìːzəntéiʃən, 영 prèzəntéiʃən] 발표   **next to** 옆에   **cash register** 금전 출납기
pay[pei] 지불하다   **merchandise**[미 mə́ːrtʃəndàiz, mə́ːtʃəndais] 제품   **put**[put] 넣다

일하고 있는 모습

❶ **working together**
함께 일하고 있다

❷ **holding a ladder**
사다리를 잡고 있다

❸ **changing a light bulb**
전구를 교체하고 있다

자전거를 타는 모습

❶ **standing by bicycles**
자전거 옆에 서 있다

❷ **riding bicycles**
자전거를 타고 있다

❸ **waving her hand**
손을 흔들고 있다

* **together** [미 təgéðər, 영 təgéðə] 함께, 같이 **ladder** [미 lǽdər, 영 lǽdə] 사다리 **change** [tʃeindʒ] 교체하다, 교환하다 **light bulb** 전구 **stand** [stænd] 서다 **bicycle** [báisikl] 자전거 **ride** [raid] 타다 **wave** [weiv] 흔들다; (흔들어) 인사하다

휴식을 취하는 모습

❶ **relaxing on the grass**
잔디밭에서 쉬고 있다

❷ **resting with a magazine on his lap**
무릎에 잡지를 올려놓고 쉬고 있다

❸ **sitting around a tree**
나무 주변에 앉아 있다

계단을 올라가는 모습

❶ **walking up the stairs**
계단을 올라가고 있다

❷ **going up the steps**
계단을 올라가고 있다

❸ **be on a stairway**
계단 위에 있다

* **relax** [rilǽks] 쉬다 **grass** [미 græs, 영 grɑːs] 잔디밭, 초원 **rest** [rest] 쉬다 **magazine** [mǽgəzíːn] 잡지 **lap** [læp] 무릎 **stair** [미 stɛər, 영 steə] 계단 **go up** 올라가다 **stairway** [미 stɛ́ərwèi, 영 stéəwèi] 계단

토익 기초

Part 1

Part 2

Part 3

Part 4

해커스 토익 스타트 Listening

스텝별 문제 풀이 전략

STEP 1 사진 보며 표현 연상하기

여러 사람 사진이 나오면 등장인물들이 공통적으로 무엇을 하고 있는지(공통 동작), 개별적으로 무엇을 하고 있는지(개별 동작), 어디에 있는지(위치) 등을 관찰하면서 관련 표현을 연상합니다.

그들, 함께 일하고 있다
They, working together

한 여자, 테이블 옆에 서 있다
A woman, standing by the table

그들, 모니터를 보고 있다
They, looking at a monitor

한 남자, 의자에 앉아 있다
A man, sitting in a chair

STEP 2 보기 들으며 오답 소거하고 정답 선택하기

보기를 들으며 오답은 소거하고 등장인물들의 공통 동작이나 개별 동작 및 위치를 가장 잘 묘사한 보기를 정답으로 선택합니다.

(A) They are working together. (O) ────────▶ 사람들이 함께 일하고 있는 모습을 정확히 묘사하였으므로 정답입니다.
그들은 함께 일하고 있다.

(B) They are filing some papers. (X) ────────▶ 사람들이 모니터를 보고 있으므로 They are filing some papers
그들은 몇몇 서류를 철하고 있다.　　　　　　　　　　(그들은 몇몇 서류를 철하고 있다)는 잘못된 묘사입니다.

Possible | A man is sitting in a chair. 한 남자가 의자에 앉아 있다.
Answers | They are looking at a monitor. 그들은 모니터를 보고 있다.
　　　　　 | A woman is standing by the table. 한 여자가 테이블 옆에 서 있다.

Tips

1. 여러 사람 사진에서는 등장인물들이 서로 다른 행동을 할 수 있기 때문에 보기의 주어가 다를 수 있습니다. 따라서 주어와 동사를 모두 주의깊게 듣습니다.

2. 여러 사람 사진은 주로 현재 진행 시제(is/are + -ing)를 사용하여 현재 진행 중인 동작을 묘사합니다.

🎧 Day03_C2_02

🎧 앞에서 배운 전략을 적용하여 다음 문제를 풀어 보세요.

(A)　　　　(B)　　　　(C)　　　　(D)

✅ 한번 확인해 볼까요?

STEP 1 사진 보며 표현 연상하기

그들, 상점에 있다
They, in a store

여자, 가방을 들고 있다
A woman, carrying a bag

남자, 물건을 들고 있다
A man, holding an item

STEP 2 보기 들으며 오답 소거하고 정답 선택하기

(A) They are cutting some fruit. (X) ──────→ 사람들이 대화를 하고 있으므로 They are cutting some fruit(그들
그들은 과일을 자르고 있다.　　　　　　　　　　은 과일을 자르고 있다)은 잘못된 묘사입니다.

(B) The woman is carrying a bag. (O) ──────→ 여자가 가방을 들고 있는 모습을 정확히 묘사하였으므로 정답입니다.
여자가 가방을 들고 있다.

(C) They are browsing in a store. (X) ──────→ 사람들이 대화를 하고 있으므로 They are browsing in a store
그들은 상점에서 둘러보고 있다.　　　　　　　　(그들은 상점에서 둘러보고 있다)는 잘못된 묘사입니다.

(D) The man is putting on an apron. (X) ──────→ 남자가 이미 앞치마를 입고 있는 상태이므로 The man is putting
남자가 앞치마를 착용하고 있다.　　　　　　　　on an apron(남자가 앞치마를 착용하고 있다)은 잘못된 묘사입니다.

Possible | They are in a shop. 그들은 상점에 있다.
Answers | A man is holding an item. 한 남자가 물건을 들고 있다.

연습 문제

사진을 보며 관련 표현을 연상한 뒤 사진을 적절히 묘사한 문장을 모두 고르고, 빈칸을 받아써 보세요. (음성은 세 번 들려줍니다.)

01

(A)   (B)

(A) They are _____ some documents.
(B) They are _____ some papers.

02

(A)   (B)

(A) They are _____.
(B) They are _____.

03

(A)   (B)

(A) Some people are _____ bicycles.
(B) They are _____ the street.

토익기초

Part 1

Part 2

Part 3

Part 4

해커스 토익 스타트 Listening

04

(A)   (B)   (C)   (D)

(A) They are _____ the steps.
(B) They are _____ on the street.
(C) They are _____ by a door.
(D) They are _____ .

05

(A)   (B)   (C)   (D)

(A) They are _____ a room.
(B) A man is _____ documents.
(C) A man is _____ .
(D) They are _____ their hands.

06

(A)   (B)   (C)   (D)

(A) They are _____ their bags.
(B) A woman is _____ .
(C) The men are _____ .
(D) A man is _____ .

정답·해석·해설 p.342

🎧 Day 03_Test

사진을 보며 관련 표현을 연상한 뒤, 사진을 가장 잘 묘사한 보기를 고르세요.

01

(A)　　(B)　　(C)　　(D)

02

(A)　　(B)　　(C)　　(D)

03

(A)　　(B)　　(C)　　(D)

04

(A)　　(B)　　(C)　　(D)

05

(A)　　(B)　　(C)　　(D)

06

(A)　　(B)　　(C)　　(D)

＊ 받아쓰기&쉐도잉 프로그램으로 꼭 복습하세요.

정답·해석·해설 p.344

Part 1

Hackers **TOEIC** Start Listening

4일 사물(풍경) 중심 사진

4일에서는 사물이나 풍경이 부각되어 나오는 사진
즉, '사물(풍경) 중심 사진'에 대해 살펴보겠습니다.
이러한 사물(풍경) 중심 사진을 사람 없이
사물이나 풍경만 나오는 '사물(풍경) 사진'과
사람과 사물(풍경)이 함께 나오는
'사물(풍경)·사람 사진'으로 나누어
익혀보도록 하겠습니다.

Course 1 사물(풍경) 사진
Course 2 사물(풍경) · 사람 사진

본 코스에서는 아무도 없는 거실에 테이블과 의자가 있는 모습과 같은 사물(풍경) 사진에 대해 살펴보도록 하겠습니다.

📖 사물(풍경) 사진 상황별 빈출 표현 🎧 Day04_C1_01

사물(풍경) 사진에 자주 나오는 상황별 빈출 표현을 익혀두면 문제를 풀 때 보기가 잘 들려 정답을 쉽게 고를 수 있습니다. 음성을 듣고 따라 읽으면서 꼭 외워두세요.

거실에 의자, 테이블 등이 있는 모습	호텔 프런트에 시계, 서류 등이 있는 모습
① be next to the table 테이블 옆에 있다	① hanging on the wall 벽에 걸려 있다
② be in the corner of the room 방 한구석에 있다	② have been placed on the counter 카운터 위에 놓여 있다
③ be arranged around the table 테이블 주위에 정렬되어 있다	③ be in a vase on the counter 카운터 위 꽃병 안에 있다

* **corner**[미 kɔ́ːrnər, 영 kɔ́ːnə] 구석 **arrange**[əréindʒ] 정렬시키다 **around**[əráund] 주위에 **hang**[hæŋ] 걸다 **wall**[wɔːl] 벽 **place**[pleis] 놓다, 두다 **counter**[미 káuntər, 영 káuntə] 카운터 **vase**[미 veis, 영 vɑːz] 꽃병

창고에 상자가 쌓여 있는 모습	공사장에 공사 장비와 자재가 있는 모습
① be nearly full 거의 가득 차 있다	① be under construction 공사 중이다
② be stacked on the shelves 선반들에 쌓여 있다	② be at the construction site 공사장에 있다
③ be on the ground 바닥에 놓여 있다	③ have been piled up 쌓여 있다

* **nearly**[미 níərli, 영 níəli] 거의 **full**[ful] 가득 찬 **stack**[stæk] 쌓다 **shelf**[ʃelf] 선반 **ground**[graund] 바닥 **under construction** 공사 중인 **construction site** 공사장 **pile**[pail] 쌓다

도로에 차와 건물이 있는 모습

❶ be lined up near a building
건물 가까이 줄지어 있다

❷ be parked along the street
길을 따라 주차되어 있다

❸ surrounding the building
건물을 둘러싸고 있다

---

* be lined up 줄지어 있다 park[미 paːrk, 영 paːk] 주차하다 along[미 əlɔ́ːŋ, 영 əlɔ́ŋ] ~을 따라서 surround[səráund] 둘러싸다
next to ~옆에 dock[미 daːk, 영 dɔk] 부두 in a row 열을 지어, 일렬로 beach[biːtʃ] 해변, 바닷가

부둣가에 배가 정박해 있는 모습

❶ be next to the dock
부두 옆에 있다

❷ be lined up in a row
열을 지어 있다

❸ be near the beach
해변 근처에 있다

강에 다리가 있는 모습

❶ overlooking the water
물을 내려다보고 있다

❷ be over the water
물 위에 있다

❸ crossing the bridge
다리를 건너고 있다

---

* overlook[미 òuvərlúk, 영 ə̀uvəlúk] 내려다보다 over[미 óuvər, 영 áuvə] 위에 cross[미 krɔːs, 영 krɔs] 건너다 bridge[bridʒ] 다리
building[bíldiŋ] 건물 hill[hil] 언덕 pave[peiv] (길을) 포장하다

언덕 및 숲에 건물과 길이 있는 모습

❶ be in front of the buildings
건물들 앞에 있다

❷ be on the hill
언덕 위에 있다

❸ have been paved
포장되어 있다

토익 기초

Part 1

Part 2

Part 3

Part 4

해커스 토익 스타트 Listening

스텝별 문제 풀이 전략

STEP 1 사진 보며 표현 연상하기

사물(풍경) 사진이 나오면 사물이 어디에 있는지(위치), 어떻게 있는지(상태) 등을 관찰하면서 관련 표현을 연상합니다.

책상, 창문 옆에 있다
desk, by the window

액자, 벽에 걸려 있다
frame, hanging on the wall

베개, 침대 위에 있다
pillow, on a bed

STEP 2 보기 들으며 오답 소거하고 정답 선택하기

보기를 들으며 오답은 소거하고 사물의 위치 및 상태 등을 가장 잘 묘사한 보기를 정답으로 선택합니다.

(A) A desk is by the window. (O) ————————▶ 책상이 창문 옆에 있는 모습을 정확히 묘사하였으므로 정답입니다.
책상이 창문 옆에 있다.

(B) Books have been spread out on the floor. (X) ——▶ 책들이 선반 위에 놓여 있으므로 Books have been spread
책들이 바닥에 널려 있다. out on the floor(책들이 바닥에 널려 있다)는 잘못된 묘사입니다.

Possible | **A pillow is on a bed.** 베개가 침대 위에 있다.
Answers | **A frame is hanging on the wall.** 액자가 벽에 걸려 있다.

Tips

1. 사물(풍경) 사진에서는 사람이 나오지 않으므로 보기에 사람 주어가 나오면 오답입니다.

2. 사물(풍경) 사진에서는 현재 시제(is/are), 현재 수동태(is/are + p.p.), 현재 완료 수동태(has/have + been + p.p.)와 전치사구를 사용하여 사물의 위치 및 상태를 묘사합니다.

🎧 앞에서 배운 전략을 적용하여 다음 문제를 풀어 보세요.

(A)　　　(B)　　　(C)　　　(D)

☑ 한번 확인해 볼까요?

STEP 1 사진 보며 표현 연상하기

구름, 하늘에 있다
clouds, be in the sky

나무, 물가에 있다
trees, be on the shore

건물, 언덕 위에 있다
buildings, be on a hill

배, 물에 있다
boats, in the water

STEP 2 보기 들으며 오답 소거하고 정답 선택하기

(A) People are swimming in the water. (X) ⟶ 사진에 사람이 없으므로 사진에 등장하지 않은 사람을 언급한 오답입
사람들이 물속에서 수영하고 있다. 니다.

(B) Boats are in the water. (O) ⟶ 배들이 물에 있는 모습을 정확히 묘사하였으므로 정답입니다.
배들이 물에 있다.

(C) Some docks are being built. (X) ⟶ 부두가 건설되고 있는 중이 아니므로 Some docks are being built
몇몇 부두가 건설되고 있다. (몇몇 부두가 건설되고 있다)는 잘못된 묘사입니다.

(D) Sailors are boarding the ship. (X) ⟶ 사진에 사람이 없으므로 사진에 등장하지 않은 사람을 언급한 오답입
선원들이 배에 탑승하고 있다. 니다.

Possible | There are clouds in the sky. 하늘에 구름이 있다.
Answers | There are buildings on a hill. 건물들이 언덕 위에 있다.
| Trees are on the shore. 나무들이 물가에 있다.

토익 기초

Part 1

Part 2

Part 3

Part 4

해커스 토익 스타트 Listening

🎧 Day04_C1_03

사진을 보며 관련 표현을 연상한 뒤 사진을 적절히 묘사한 문장을 모두 고르고, 빈칸을 받아써 보세요. (음성은 세 번 들려줍니다.)

01

(A)   (B)

(A) The pillows are _____ on the floor.
(B) The picture is _____ on the wall.

02

(A)   (B)

(A) Workers are _____.
(B) The building is _____.

03

(A)   (B)

(A) The buildings _____.
(B) Many people are _____.

04

(A)   (B)   (C)   (D)

(A) Some cars _____ near the buildings.
(B) The vehicles are _____ along the road.
(C) People are _____ a building.
(D) A car is _____ an intersection.

05

(A)   (B)   (C)   (D)

(A) The shelves are _____.
(B) The workers are _____ some boxes.
(C) Boxes are _____ on shelves.
(D) The boxes _____.

06

(A)   (B)   (C)   (D)

(A) Guests are _____ on the sofa.
(B) A clock is _____ on the wall.
(C) A door is _____.
(D) A counter _____ with documents.

정답·해석·해설 p.346

토익 기초

Part 1

Part 2

Part 3

Part 4

해커스 토익 스타트 Listening

Course 2 | 사물(풍경)·사람 사진

본 코스에서는 기차가 들어오고 있는 승강장에 사람들이 서 있는 모습과 같은 사물(풍경)·사람 사진에 대해 살펴보도록 하겠습니다.

사물(풍경)·사람 사진 상황별 빈출 표현 🎧 Day04_C2_01

사물(풍경)·사람 사진에 자주 나오는 상황별 빈출 표현을 익혀두면 문제를 풀 때 보기가 잘 들려 정답을 쉽게 고를 수 있습니다.
음성을 듣고 따라 읽으면서 꼭 외워두세요.

테이블에서 서빙을 하고 있는 모습

❶ pouring water into the glass
물을 잔에 따르고 있다

❷ has been set for a meal
식사를 위해 차려져 있다

❸ be left on the dishes
접시에 남겨져 있다

침실에서 가방을 싸고 있는 모습

❶ packing a suitcase
여행 가방을 싸고 있다

❷ be full of clothes
옷으로 가득하다

❸ be on both sides of the bed
침대 양쪽에 있다

---

* pour [미 pɔːr, 영 pɔː] 따르다   glass [미 glæs, 영 glɑːs] (유리)잔   meal [미 miːl, 영 miəl] 식사   pack [pæk] (짐 등을) 싸다, 꾸리다
suitcase [미 súːtkèis, 영 súːtkeis] 여행 가방   clothes [미 klouz, 영 kləuðz] 옷   both [미 bouθ, 영 bəuθ] 양쪽의

상점에서 물건을 고르고 있는 모습

❶ hanging in a shop
가게 안에 걸려 있다

❷ be displayed for sale
판매용으로 진열되어 있다

❸ pushing a cart
카트를 밀고 있다

도로에 사람과 차들이 있는 모습

❶ crossing the road
길을 건너고 있다

❷ getting on a bus
버스에 올라타고 있다

❸ be on the street
거리에 있다

---

* display [displéi] 진열하다   for sale 판매용의   push [puʃ] 밀다   cart [미 kɑːrt, 영 kɑːt] 카트, 손수레   cross [미 krɔːs, 영 krɔs] 건너다
get on 올라타다   street [striːt] 거리

정비소에서 차를 수리하는 모습

❶ working on a vehicle
차를 수리하고 있다

❷ fixing a wheel
바퀴를 고치고 있다

❸ being repaired
수리되고 있다

* fix [fiks] 고치다   wheel [wiːl] 바퀴   repair [미 ripɛ́ər, 영 ripɛ́ə] 수리하나   track [træk] 선로   enter [미 éntər, 영 éntə] 들어오다
station [stéiʃən] 역   platform [미 plǽtfɔːrm, 영 plǽtfɔːm] 승상장

역에서 기차를 기다리는 모습

❶ standing near the tracks
선로 근처에 서 있다

❷ entering the station
역에 들어오고 있다

❸ be on the platform
승강장에 있다

공항에 비행기와 승객이 있는 모습

❶ be parked in front of a plane
비행기 앞에 주차되어 있다

❷ be on the ground
지면에 있다

❸ boarding an airplane
비행기에 탑승하고 있다

* park [미 pɑːrk, 영 pɑːk] 주차하다   ground [graund] 지면, 땅   board [미 bɔːrd, 영 bɔːd] 탑승하다   lie [lai] (물건이) 놓이다
hose [미 houz, 영 həuz] (물을 끄는) 호스, 수도용 관   push [puʃ] 밀다   wheelbarrow [미 wíːlbæ̀rou, 영 wíːlbæ̀rəu] 수레

정원에서 일하고 있는 모습

❶ lying next to the hose
호스 옆에 놓여 있다

❷ pushing a wheelbarrow
수레를 밀고 있다

❸ working near the tree
나무 근처에서 일하고 있다

STEP 1 사진 보며 표현 연상하기

사물(풍경)·사람 사진이 나오면 등장인물이 무엇을 하고 있는지(동작), 무엇을 입고 있는지(옷차림)와 사물이 어디에 있는지(위치), 어떻게 있는지(상태) 등을 관찰하면서 관련 표현을 연상합니다.

웨이트리스, 유니폼을 입고 있다
waitress, wearing a uniform

웨이트리스, 유리잔에 물을 따르고 있다
waitress, pouring water into a glass

접시들, 테이블 위에 정리되어 있다
dishes, arranged on a table

테이블, 차려져 있다
table, has been set

STEP 2 보기 들으며 오답 소거하고 정답 선택하기

보기를 들으며 오답은 소거하고 등장인물의 동작, 옷차림과 사물의 위치 및 상태를 가장 잘 묘사한 보기를 정답으로 선택합니다.

(A) A waitress is pouring water into a glass. (O) ──→ 웨이트리스가 유리잔에 물을 따르고 있는 모습을 정확히 묘사하였으
웨이트리스가 유리잔에 물을 따르고 있다. 　　　　　　　　므로 정답입니다.

(B) The silverware is being polished. (X) ──────→ 은식기가 닦이고 있는 중이 아니므로 The silverware is being
은식기가 닦이고 있다. 　　　　　　　　　　　　　polished(은식기가 닦이고 있다)는 잘못된 묘사입니다.

Possible | A waitress is wearing a uniform. 웨이트리스가 유니폼을 입고 있다.
Answers | Dishes have been arranged on a table. 접시들이 테이블 위에 정리되어 있다.
　　　　　| A table has been set for a meal. 테이블이 식사를 위해 차려져 있다.

Tips

1. 사물(풍경)·사람 사진에서는 사람과 사물이 모두 등장하므로, 보기에 사람과 사물 주어가 모두 나옵니다. 이때, 주어가 사물인 현재 진행 수동태(is/are + being + p.p.)를 사용하여 사람의 동작을 묘사하기도 합니다.

2. 사물(풍경)·사람 사진에서는 현재 진행 시제(is/are + -ing), 현재 진행 수동태(is/are + being + p.p.), 현재 완료 수동태(has/have + been + p.p.)를 사용하여 사람과 사물을 묘사합니다.

🎧 앞에서 배운 전략을 적용하여 다음 문제를 풀어 보세요.

(A)   (B)   (C)   (D)

☑ 한번 확인해 볼까요?

STEP 1 사진 보며 표현 연상하기

남자, 자전거를 타고 있다
A man, riding a bike

표지판, 길가에 있다
sign, on the side of a road

차, 도로를 지나가고 있다
A car, driving down the street

STEP 2 보기 들으며 오답 소거하고 정답 선택하기

(A) A man is putting up a sign. (X) ──────→ 남자가 자전거를 타고 있으므로 A man is putting up a sign(한 남
한 남자가 표지판을 걸고 있다.   자가 표지판을 걸고 있다)은 잘못된 묘사입니다.

(B) A man is standing in the grass. (X) ──────→ 남자가 자전거를 타고 있으므로 A man is standing in the grass
한 남자가 잔디 위에 서 있다.   (한 남자가 잔디 위에 서 있다)는 잘못된 묘사입니다.

(C) A car is driving down the street. (O) ──────→ 차가 도로를 지나가고 있는 모습을 정확히 묘사하였으므로 정답입니다.
차가 도로를 지나가고 있다.

(D) Some bicycles are being locked up. (X) ──→ 자전거들이 잠가지고 있는 중이 아니므로 Some bicycles are
몇몇 자전거들이 잠가지고 있다.   being locked up(몇몇 자전거들이 잠가지고 있다)은 잘못된 묘사입
                                           니다.

Possible | **A man is riding a bike.** 한 남자가 자전거를 타고 있다.
Answers | **There is a sign on the side of a road.** 길가에 표지판이 있다.

Day 04_C2_03

사진을 보며 관련 표현을 연상한 뒤 사진을 적절히 묘사한 문장을 모두 고르고, 빈칸을 받아써 보세요. (음성은 세 번 들려줍니다.)

01

(A)　　　(B)

(A) The man is _____ a _____.
(B) A tire is _____.

02

(A)　　　(B)

(A) The woman is _____ on the platform.
(B) A train is _____ the _____ .

03

(A)　　　(B)

(A) He is _____ a _____.
(B) A window is _____ .

04

(A)   (B)   (C)   (D)

(A) People are _____.
(B) Wine is _____.
(C) A man is _____.
(D) The food _____.

05

(A)   (B)   (C)   (D)

(A) Some people are _____.
(B) A woman is _____.
(C) A man is _____.
(D) Some people are _____
_____.

06

(A)   (B)   (C)   (D)

(A) The women are _____.
(B) The products are _____.
(C) Merchandise is _____.
(D) Customers are _____
_____.

정답·해석·해설 p.348

🎧 Day 04_Test

사진을 보며 관련 표현을 연상한 뒤, 사진을 가장 잘 묘사한 보기를 고르세요.

01

(A)　　(B)　　(C)　　(D)

02

(A)　　(B)　　(C)　　(D)

03

(A)　　(B)　　(C)　　(D)

04

(A)　　(B)　　(C)　　(D)

05

(A)　　(B)　　(C)　　(D)

06

(A)　　(B)　　(C)　　(D)

＊받아쓰기&쉐도잉 프로그램으로 꼭 복습하세요.

정답·해석·해설 **p.350**

Part 1

Hackers TOEIC Start Listening

Part Test

Part 1 Part Test에서는
지금까지 익힌 각각의 사진 유형에 따른
표현과 전략을 바탕으로 실제 토익 Part 1과
같은 구성의 한 회분을 풀어보도록 하겠습니다.

* Answer Sheet는 329페이지에 있습니다.
Part 1은 Answer Sheet의 1번~6번에 해당합니다.

무료 MP3 다운로드 및 스트리밍 바로 듣기
(HackersIngang.com)

무료MP3 바로듣기

LISTENING TEST

In this section, you must demonstrate your ability to understand spoken English. This section is divided into four parts and will take approximately 45 minutes to complete. Do not mark the answers in your test book. Use the answer sheet that is provided separately.

PART 1

Directions: For each question, you will listen to four short statements about a picture in your test book. These statements will not be printed and will only be spoken one time. Select the statement that best describes what is happening in the picture and mark the corresponding letter (A), (B), (C) or (D) on the answer sheet.

Sample Answer

The statement that best describes the picture is (B), "The man is sitting at the desk." So, you should mark letter (B) on the answer sheet.

1.

2.

GO ON TO THE NEXT PAGE ➡

3.

4.

5.

6.

토익기초

Part 1

Part 2

Part 3

Part 4

해커스 토익 스타트 Listening

Part 2

Hackers **TOEIC** Start Listening

Part Test

문제 형식

7번부터 31번까지 총 25문제로, 하나의 질문에 세 개의 응답을 들은 후 질문에 가장 자연스러운 응답을 한 보기를 선택하는 유형입니다.

질문 유형

Part 2에 출제되는 질문에는 각각의 질문 유형에 따라 전형적인 응답 유형과 문제 풀이법이 있습니다. 따라서 본 교재에서 제시하는 각각의 질문 유형에 따른 적절한 응답 유형과 문제 풀이 전략을 미리 익혀둔다면 Part 2를 쉽게 공략할수 있습니다.

의문사 의문문	5, 6, 7일
일반 의문문	8일
부가 및 선택 의문문	9일
제안·요청 의문문	10일 Course 1
평서문	10일 Course 2

Part 2 학습 전략 및 문제 풀이 전략

학습 전략

질문 유형별 응답 유형 미리 익혀두기

Part 2에 출제되는 각 질문 유형에 적절한 응답 유형을 미리 익혀두면 실제 시험에서 질문에 알맞은 보기를 정확하게 답으로 고를 수 있게 됩니다.

문제 풀이 전략

Step 1 질문 들으며 핵심 포인트 파악하기

질문을 들으며 응답과 직접적으로 연관되는 의문사를 포함한 키워드를 통해 무엇을 묻고 있는지를 파악합니다. 이러한 핵심 포인트 파악은 보기를 들으며 정답을 선택하는 Step 2를 용이하게 할 것입니다.

Step 2 보기 들으며 정답 선택하기

보기를 들으며 핵심 포인트에 맞게 응답한 보기나 모른다, 정해지지 않았다 등의 간접적으로 응답한 보기를 정답으로 선택합니다. 이때, 오답이라고 생각되는 보기를 하나씩 소거해가며 정답을 골라냅니다.

> **Part 2에 자주 등장하는 오답 유형**
> 의문사 의문문에 Yes/No로 응답한 보기
> 의문사 의문문에 다른 의문사 의문문에 맞게 응답한 보기
> 질문에서 사용된 단어나 그와 유사한 발음의 단어를 함정으로 사용한 보기

Part 2

Hackers **TOEIC** Start Listening

5일

의문사 의문문 1

5일에서는 의문사로 시작하는
'의문사 의문문' 중 'Who 의문문'과
'What · Which 의문문'에 대해 살펴보겠습니다.

Course 1 Who 의문문

Course 2 What · Which 의문문

무료 MP3 다운로드 및 스트리밍 바로 듣기
(HackersIngang.com)

무료MP3 바로듣기

Course 1 | Who 의문문

본 코스에서는 "누가(Who) 보고서 사본을 가지고 있나요?"와 같은 Who 의문문에 대해 살펴보도록 하겠습니다.

빈출 어휘 🎧 Day05_C1_01

Who 의문문에 자주 나오는 빈출 어휘 및 유사 발음 어휘를 익혀두면 문제를 풀 때 질문과 보기를 정확히 들을 수 있습니다.
음성을 듣고 따라 읽으면서 꼭 외워두세요.

필수 어휘	오답으로 출제되는 유사 발음 어휘
직책명	work [wə:rk] 일하다 **work**ing late at the office 사무실에서 늦게까지 일하다 walk [wɔ:k] 걷다 **walk**ing along the beach 해변을 따라 걷다
❶ secretary [미 sékrətèri, 영 sékrətri] 비서	
❷ president [미 prézədənt, 영 prézidənt] 사장	
❸ manager [미 mǽnidʒər, 영 mǽnidʒə] 부장	fix [fiks] 고치다 **fix** the flat tire 바람 빠진 타이어를 고치다 fax [fæks] 팩스로 보내다 **fax** the report 보고서를 팩스로 보내다
❹ director [미 diréktər, 영 dairéktə] 이사, 임원	
❺ supervisor [미 sú:pərvàizər, 영 sú:pəvaizə] 감독자	
❻ assistant [əsístənt] 조수, 보조	contact [미 kɑ́:ntækt, 영 kɔ́ntækt] 연락하다 **contact** a representative 직원에게 연락하다 contract [미 kɑ́:ntrækt, 영 kɔ́ntrækt] 계약서 sign a **contract** 계약서에 서명하다
부서명	
❼ human resources department 인사부(=HR)	
❽ accounting office 회계부	print [print] 출력하다 **print** out the forms 양식을 출력하다 printer [미 príntər, 영 príntə] 프린터 turn the **printer** off 프린터를 끄다
❾ sales department 영업부	
❿ maintenance department 관리부	
⓫ technology department 기술부	summer [sʌ́mər] 여름 take a **summer** vacation 여름 휴가를 보내다 summarize [sʌ́məràiz] 요약하다 **summarize** the research details 연구 세부내용을 요약하다
⓬ shipping department 배송부	
⓭ marketing department 마케팅부	
⓮ customer service department 고객 서비스부	

Who 의문문 빈출 질문 및 응답   🎧 Day05_C1_02

Who 의문문에 자주 나오는 빈출 질문 및 응답을 익혀두면 문제를 풀 때 정답을 쉽게 고를 수 있습니다. 음성을 듣고 따라 읽으면서 꼭 익혀두세요.

사람 이름으로 응답하는 경우

사람 이름을 사용하여 응답하는 경우가 정답으로 가장 자주 나옵니다.

Q Who has **the copy of the** report? 누가 보고서 사본을 가지고 있나요?
A **Mr. Park.** Mr. Park이요.
A Emily **from the sales department.** 영업부의 Emily요.

부서명으로 응답하는 경우

department(부서)를 사용히여 ~ department(~ 부서) 또는 Call ~ department(~ 부서에 전화해 보세요) 등으로 응답하는 경우가 정답으로 나옵니다.

Q Who should I talk **to about** arranging **the conference?** 회의 준비에 관해서 누구와 이야기해야 하나요?
A **The** marketing department. 마케팅 부서요.
A **Call the** public relations department. 홍보 부서에 전화해봐요.

직책명으로 응답하는 경우

manager(부장)나 secretary(비서)와 같은 직책명을 사용하여 응답하는 경우가 정답으로 나옵니다.

Q Who spoke **with the client?** 누가 고객과 이야기했나요?
A **Ms. Carson's** secretary. Ms. Carson의 비서가요.
A **The** customer service manager **did.** 고객 서비스 부장이 했어요.

회사명으로 응답하는 경우

회사 이름을 사용하여 응답하는 경우가 정답으로 나옵니다.

Q Who arranges **your company's seminars?** 누가 당신 회사의 세미나를 준비하나요?
A Edu-business **does it for us.** Edu-business사가 해줘요.

인칭 대명사로 응답하는 경우

인칭 대명사로 응답하는 경우, I를 사용하여 I take care of it(제가 담당해요), I'll do it(제가 할게요) 등으로 응답하는 경우가 주로 정답으로 나옵니다.

Q Who is **in charge of** ordering **office supplies?** 누가 사무용품 주문을 맡고 있나요?
A I **usually take care of it.** 보통 제가 담당하고 있어요.

STEP 1 질문 들으며 핵심 포인트 파악하기

의문사 Who를 포함한 키워드를 들으며 핵심 포인트(누가 ~인지, 누가 ~하는지)를 파악합니다.

> **Q** Who made the brochure? 누가 만들었나?

STEP 2 보기 들으며 오답 소거하고 정답 선택하기

사람 이름이나 **부서명, 직책명, 회사명,** 혹은 **인칭 대명사**를 사용하여 응답한 보기를 정답으로 선택합니다.

A (A) Mr. Kane, I believe. (O) ──────→ Mr. Kane이라는 사람 이름으로 응답하였으므로 정답입니다.
　　Mr. Kane이라고 생각해요.

　　(B) Usually at 7 o'clock. (X) ──────→ 누구인지를 묻는 질문에 at 7 o'clock(7시에)이라는 시점으로 응답하
　　보통 7시요.　　　　　　　　　　　　　　　였으므로 오답입니다.

Possible Answers	부서명 The marketing department. 마케팅 부서요.	직책명 My manager did it. 저희 부장님이 만들었어요.
	회사명 Watercraft Company. Watercraft사가요.	인칭 대명사 I made it. 제가 만들었어요.

||| 전략 적용하여 문제 풀어 보기　🎧 Day 05_C1_03

🎧 앞에서 배운 전략을 적용하여 다음 문제를 풀어 보세요.

(A)　　　　(B)　　　　(C)

☑ 한번 확인해 볼까요?

STEP 1 질문 들으며 핵심 포인트 파악하기

Who is responsible for delivering the mail? 누가 배달을 책임지나?

의문사를 포함한 키워드 Who, responsible, delivering을 듣고 누가 배달을 책임지고 있는지를 묻는 Who 의문문임을 파악합니다.

STEP 2 보기 들으며 오답 소거하고 정답 선택하기

(A) My assistant is. (O) ──────→ assistant(조수)라는 직책명으로 응답하였으므로 정답입니다.
　　제 조수가요.

(B) This evening. (X) ──────→ 누구인지를 묻는 질문에 This evening(오늘 저녁)이라는 시점으로 응
　　오늘 저녁이요.　　　　　　　　답하였으므로 오답입니다.

(C) Yes, it has arrived. (X) ──────→ 의문사 의문문에 Yes로 응답하였으므로 오답입니다.
　　네, 그것은 도착했어요.

질문의 키워드를 듣고 핵심 포인트를 파악하여 정답을 선택한 후, 빈칸을 받아써 보세요. (받아쓰기할 문장은 세 번 들려줍니다.)

01 (A) Mr. Wilson, I believe.
   (B) Near the supermarket.

   _____ will be our new _____?

02 (A) The legal department.
   (B) At 9 o'clock.

   _____ the _____ for this morning?

03 (A) Del-Ray Electronics is doing it.
   (B) In the main work area.
   (C) That's right.

   _____ is _____ the new _____?

04 (A) No, it's under the desk.
   (B) It's time to leave.
   (C) I told them I would.

   _____ is _____ today?

05 (A)   (B)   (C)

   _____ do you want to _____?

06 (A)   (B)   (C)

   _____ is _____ the _____ today?

정답 · 해석 · 해설 p.354

Course 2 | What · Which 의문문

본 코스에서는 "회의 주제가 무엇(What)인가요?"와 같은 What 의문문과 "어느(Which) 것이 당신의 책상인가요?"와 같은 Which 의문문에 대해 살펴보도록 하겠습니다.

빈출 어휘 🎧 Day05_C2_01

What · Which 의문문에 자주 나오는 빈출 어휘 및 유사 발음 어휘를 익혀두면 문제를 풀 때 질문과 보기를 정확히 들을 수 있습니다. 음성을 듣고 따라 읽으면서 꼭 외워두세요.

필수 어휘	오답으로 출제되는 유사 발음 어휘
비용 ❶ **price**[prais] 가격 ❷ **cost**[미 kɔːst, 영 kɔst] 비용 ❸ **charge**[미 tʃɑːrdʒ, 영 tʃɑːdʒ] 비용; (요금을) 청구하다 ❹ **fee**[fiː] 요금 (=fare)	price[prais] 가격 a low **price** 낮은 가격 prize[praiz] 상 win a **prize** 상을 받다
의견 ❺ **think of** ~에 대해 생각하다	leave[liːv] 떠나다 **leave** the office at 6:00 6시에 퇴근하다 live[liv] 살다 **live** in a country 시골에 살다
색깔 ❻ **light**[lait] 밝은 ❼ **dark**[미 dɑːrk, 영 dɑːk] 어두운, 짙은	weather[미 wéðər, 영 wéðə] 날씨 warm and sunny **weather** 따뜻하고 맑은 날씨 whether[미 hwéðər, 영 wéðə] ~인지 아닌지 **whether** or not we will attend 우리가 참석할지 안 할지
날씨 ❽ **rainy**[réini] 비가 오는 ❾ **sunny**[sʌ́ni] 맑은 ❿ **stormy**[미 stɔ́ːrmi, 영 stɔ́ːmi] 폭풍이 치는	fare[fɛər] 요금 a business class **fare** 비즈니스석 요금 fair[fɛər] 박람회 a trade **fair** 무역 박람회
기타 ⓫ **topic**[미 tɑ́pik, 영 tɔ́pik] 주제 ⓬ **type**[taip] 종류(=kind)	rain[rein] 비가 내리다 **rain** a lot on the weekend 주말에 많은 비가 내리다 train[trein] 교육하다 **train** new employees 신입 직원들을 교육하다

What · Which 의문문 빈출 질문 및 응답

Day05_C2_02

What · Which 의문문에 자주 나오는 빈출 질문 및 응답을 익혀두면 문제를 풀 때 정답을 쉽게 고를 수 있습니다. 음성을 듣고 따라 읽으면서 꼭 익혀두세요.

What 의문문

색깔 · 시각을 묻는 경우

색깔을 나타내는 키워드 color를 사용한 질문에는 red(빨간색)와 같이 색깔명을 이용하여 응답하고, 시각을 나타내는 키워드 time을 사용한 질문에는 at 3 o'clock(3시에)과 같이 시각을 나타내는 표현을 이용하여 응답합니다.

Q What color would you like for the carpet? (색깔) 카펫으로 어떤 색깔이 좋으세요?
A I prefer brown. 갈색이 좋아요.

Q What time is the meeting supposed to begin? (시각) 회의가 몇 시에 시작하기로 되어 있나요?
A It starts at 3 o'clock. 3시에 시작합니다.

* 몇 시인지, 즉 시각을 묻는 질문에 It takes 10 minutes(10분이 소요된다)라고 소요 시간으로 답하는 오답 보기가 자주 출제되므로 주의하세요.

비용 · 날씨를 묻는 경우

비용을 나타내는 기워드 price, charge, fee, fare를 사용한 질문에는 2 dollars(2달러)와 같이 정확한 금액으로 응답하고, 날씨를 나타내는 키워드 weather를 사용한 질문에는 rainy(비가 오는)와 같이 날씨를 나타내는 표현을 이용하여 응답합니다.

Q What's the delivery charge? (비용) 배송비가 얼마인가요?
A Five dollars per package. 한 상자당 5달러예요.

Q What's the weather forecast for tomorrow? (날씨) 내일 일기예보가 어떤가요?
A It's going to be cloudy. 날씨가 흐릴 거예요.

의견 · 주제 · 방법을 묻는 경우

의견을 나타내는 키워드 think를 사용한 질문에는 seem(~인 것 같다)과 같은 표현을 자주 사용하여 응답하고, 주제를 나타내는 키워드 topic과 방법을 나타내는 키워드 way를 사용한 질문에는 다양한 주제나 방법으로 응답합니다.

Q What do you think of our new manager? (의견) 우리의 새로운 부장님에 대해 어떻게 생각하나요?
A She seems very professional. 그녀는 매우 전문적인 것 같아요.

Q What's the topic of the convention? (주제) 회의 주제가 무엇인가요?
A It's about saving energy. 에너지 절약에 관한 것이에요.

Q What's the best way to get to the hotel? (방법) 호텔에 가는 가장 좋은 방법은 무엇인가요?
A Try the 106 bus. 106번 버스를 이용해 보세요.

Which 의문문

The one을 사용하여 응답하는 경우

Which 의문문은 주로 The one을 사용하여 하나를 고르는 내용으로 응답합니다.

Q Which seat is yours? 어느 것이 당신의 좌석인가요?
A The one next to the window. 창문 옆에 있는 것이요.

||| 스텝별 문제 풀이 전략

STEP 1 질문 들으며 핵심 포인트 파악하기

의문사 What을 포함한 키워드를 들으며 핵심 포인트를 파악합니다. What 의문문은 키워드를 통해 **색깔, 시각, 비용, 날씨, 의견, 주제, 방법** 등 질문의 핵심 포인트를 정확히 파악할 수 있습니다.

> **Q** What time **does your train arrive?** 몇 시인가?

STEP 2 보기 들으며 오답 소거하고 정답 선택하기

질문의 핵심 포인트에 가장 적절하게 응답한 보기를 정답으로 선택합니다.

A (A) By bus. (X) ────────→ 시간을 묻는 질문에 By bus(버스로)라는 이동 수단으로 응답하였으므
버스로.   로 오답입니다.

(B) At 9:30. (O) ────────→ At 9:30(9시 30분에)라는 시각으로 응답하였으므로 정답입니다.
9시 30분에요.

Possible | **Between 6:00 and 6:30.** 6시와 6시 30분 사이에요.
Answers | **In 10 minutes.** 10분 후에요.

||| 전략 적용하여 문제 풀어 보기   🎧 Day 05_C2_03

🎧 앞에서 배운 전략을 적용하여 다음 문제를 풀어 보세요.

(A)   (B)   (C)

☑ 한번 확인해 볼까요?

STEP 1 질문 들으며 핵심 포인트 파악하기

What's the delivery fee for this order? 비용은?
의문사를 포함한 키워드 What, fee를 듣고 비용이 얼마인지를 묻고 있음을 파악합니다.

STEP 2 보기 들으며 오답 소거하고 정답 선택하기

(A) It's 70 dollars. (O) ────────→ 70 dollars(70달러)라는 금액으로 응답하였으므로 정답입니다.
그것은 70달러예요.

(B) Yes, I've paid for it already. (X) ───→ 의문사 의문문에 Yes로 응답하였으므로 오답입니다.
네, 저는 이미 지불했어요.

(C) I'm free to do it. (X) ────────→ 질문에서 사용된 fee와 발음이 유사한 free를 사용하여 혼동을 주는
저는 그것을 할 시간이 있어요.   오답입니다.

Day 05_C2_04

질문의 키워드를 듣고 핵심 포인트를 파악하여 정답을 선택한 후, 빈칸을 받아써 보세요. (받아쓰기할 문장은 세 번 들려줍니다.)

01 (A) I like those colors.
(B) Something blue would be nice.

_____ will you _____ your walls?

02 (A) I live in Seoul.
(B) Around 5 o'clock.

_____ does your flight _____?

03 (A) The one on the corner.
(B) It was delicious.
(C) I don't eat much meat.

_____ are we _____ at?

04 (A) The projector is broken.
(B) They're beginning in March.
(C) It's about 20,000 dollars.

_____ is our _____ for the _____?

05 (A)　　　(B)　　　(C)

_____ I should _____?

06 (A)　　　(B)　　　(C)

_____ going to _____ this weekend?

정답·해석·해설 p.356

토익 기초

Part 1

Part 2

Part 3

Part 4

해커스 토익 스타트 Listening

🎧 Day 05_Test

질문의 키워드를 듣고 핵심 포인트를 파악하여 정답을 선택하세요.

01 (A)　　　(B)　　　(C)　　　　　　**07** (A)　　　(B)　　　(C)

02 (A)　　　(B)　　　(C)　　　　　　**08** (A)　　　(B)　　　(C)

03 (A)　　　(B)　　　(C)　　　　　　**09** (A)　　　(B)　　　(C)

04 (A)　　　(B)　　　(C)　　　　　　**10** (A)　　　(B)　　　(C)

05 (A)　　　(B)　　　(C)　　　　　　**11** (A)　　　(B)　　　(C)

06 (A)　　　(B)　　　(C)　　　　　　**12** (A)　　　(B)　　　(C)

* 받아쓰기&쉐도잉 프로그램으로 꼭 복습하세요.
정답·해석·해설 **p.358**

6일

의문사 의문문 2

6일에서는 의문사로 시작하는
'의문사 의문문' 중 'Where 의문문'과
'When 의문문'에 대해 살펴보겠습니다.

Course 1 Where 의문문
Course 2 When 의문문

무료 MP3 다운로드 및 스트리밍 바로 듣기
(HackersIngang.com)

무료MP3 바로듣기

본 코스에서는 "휴일에 어디(Where) 가세요?"와 같은 장소를 묻는 Where 의문문에 대해 살펴보도록 하겠습니다.

빈출 어휘 🎧 Day06_C1_01

Where 의문문에 자주 나오는 빈출 어휘 및 유사 발음 어휘를 익혀두면 문제를 풀 때 질문과 보기를 정확히 들을 수 있습니다.
음성을 듣고 따라 읽으면서 꼭 외워두세요.

필수 어휘	오답으로 출제되는 유사 발음 어휘
장소 관련 표현	copy[미 ká:pi, 영 kɔ́pi] 복사본; 복사하다 a **copy** of the document 문서의 복사본
❶ over there 저쪽에	coffee[미 kɔ́:fi, 영 kɔ́fi] 커피 **coffee** with cream and sugar 크림과 설탕을 넣은 커피
❷ in the cabinet 캐비닛 안에	
❸ in the auditorium 관람석에서	manager[mǽnidʒər] 부장 talk to the **manager** 부장과 이야기를 하다
❹ near the park 공원 근처에	manage[mǽnidʒ] 관리하다 **manage** a workload 업무량을 관리하다
❺ at the store 가게에서	
❻ in the office 사무실에서	station[stéiʃən] 역 at the **station** across the street 길 건너 역에서
❼ in front of the lobby 로비 앞에서	demonstration[dèmənstréiʃən] 시연, 전시 a **demonstration** of a new product 신제품 시연
❽ on the third floor 3층에	
❾ to Japan 일본으로	hand[hænd] 건네주다 **hand** menus to diners 식당 손님들에게 메뉴를 건네주다
❿ on my desk 내 책상 위에	land[lænd] 착륙하다 **land** in an hour 한 시간 후에 착륙하다
⓫ across the street 길 건너	
⓬ next to the department store 백화점 옆에	inspect[inspékt] 점검하다 **inspect** the factory 공장을 점검하다
⓭ **locate**[미 lóukeit, 영 ləukéit] 위치하다	expect[ikspékt] 예상하다, 기대하다 **expect** the delivery in two days 이틀 후 배송될 것을 예상하다
⓮ **store**[미 stɔːr, 영 stɔː] 상점	
⓯ **nearest**[níərist] 가장 가까운	

토익 기초

Part 1

Part 2

Part 3

Part 4

해커스 토익 스타트 Listening

||| Where 의문문 빈출 질문 및 응답   🎧 Day06_C1_02

Where 의문문에 자주 나오는 빈출 질문 및 응답을 익혀두면 문제를 풀 때 정답을 쉽게 고를 수 있습니다. 음성을 듣고 따라 읽으면서 꼭 익혀두세요.

장소 표현으로 응답하는 경우

> street(거리), floor(층) 등 장소를 나타내는 표현을 전치사와 함께 사용하여 응답한 경우가 정답으로 가장 자주 나옵니다.
>
> **Q** Where **can I** buy **a new** desk? 어디에서 새 책상을 살 수 있나요?
> **A** **There is a shop** across the street. 길 건너에 가게가 하나 있어요.
>
> **Q** Where **is the** photocopier? 복사기는 어디에 있나요?
> **A** On the third floor. 3층에요.
>
> **Q** Where **are we holding the** seminar? 세미나를 어디에서 열 건가요?
> **A** In meeting room D. D 회의실에서요.
>
> **Q** Where **is Justin's new** office? Justin의 새로운 사무실은 어디에 있나요?
> **A** **Over there** by the park. 저쪽 공원 옆에요.

사람으로 응답하는 경우

> 특정 사람이 물건이나 정보를 가지고 있는 경우 '~에게 물어보세요', '~가 빌려갔어요', '~가 가지고 있어요'와 같이 사람으로 응답한 경우도 정답으로 나옵니다. 장소를 묻는 Where 의문문에 사람으로 응답하기도 합니다.
>
> **Q** Where **can I** get **that** brochure? 그 소책자를 어디에서 구할 수 있나요?
> **A** Ask the receptionist. 접수 담당자에게 물어보세요.
> **A** Amy **has a few copies.** Amy가 몇 부 가지고 있어요.

간접적으로 응답하는 경우

> 위치를 모르거나 장소를 결정하지 않았을 때 '모르겠다', '아직 결정하지 않았다'와 같이 간접적으로 응답하는 경우도 정답으로 나옵니다.
>
> **Q** Where **are you** going **for your** holiday? 휴일에 어디에 가세요?
> **A** We haven't decided yet. 저희는 아직 결정하지 않았어요.

스텝별 문제 풀이 전략

STEP 1 질문 들으며 핵심 포인트 파악하기

의문사 Where를 포함한 키워드를 들으며 핵심 포인트(어디인지, 어디에서 ~하는지)를 파악합니다.

> **Q** Where **is the nearest** train station? 기차역은 어디인가?

STEP 2 보기 들으며 오답 소거하고 정답 선택하기

장소 표현으로 응답한 보기를 정답으로 선택합니다. 이때, 특정 사람이 물건을 소지하고 있거나 물건의 위치를 알고 있는 경우, **사람**으로 응답하는 경우가 정답이 되기도 합니다.

A (A) Yes, a round trip ticket. (X)   ⟶   의문사 의문문에 Yes로 응답하였으므로 오답입니다.
네, 왕복 여행권 한 장이요.

    (B) In front of the park. (O)   ⟶   In front of the park(공원 앞)라는 장소로 응답하였으므로 정답입니다.
공원 앞이요.

Possible   **장소 표현** There is one across the street. 길 건너에 하나 있어요.
Answers   **사람** The security guard might know. 경비원이 아마 알 거예요.   **간접 응답** I don't know. 몰라요.

전략 적용하여 문제 풀어 보기 🎧 Day06_C1_03

🎧 앞에서 배운 전략을 적용하여 다음 문제를 풀어 보세요.

(A)   (B)   (C)

☑ 한번 확인해 볼까요?

STEP 1 질문 들으며 핵심 포인트 파악하기

Where **can I** get **some** paper? 어디서 종이를 얻나?
의문사를 포함한 키워드 Where, get, paper를 듣고 종이를 얻는 장소가 어디인지를 묻는 Where 의문문임을 파악합니다.

STEP 2 보기 들으며 오답 소거하고 정답 선택하기

(A) In the supply closet. (O)   ⟶   In the supply closet(물품 보관실에서)이라는 장소로 응답하였으
물품 보관실에서요.   므로 정답입니다.

(B) Next week. (X)   ⟶   장소를 묻는 질문에 Next week(다음 주)라는 시점으로 응답하였으
다음 주에요.   므로 오답입니다.

(C) Use a paper clip. (X)   ⟶   질문에서 사용된 paper를 사용하여 혼동을 주는 오답입니다.
종이 클립을 사용하세요.

🎧 Day06_C1_04

질문의 키워드를 듣고 핵심 포인트를 파악하여 정답을 선택한 후, 빈칸을 받아써 보세요. (받아쓰기할 문장은 세 번 들려줍니다.)

01 (A) He is in a meeting.
(B) At the café.

_____ do you want to _____ tomorrow?

02 (A) In Washington, DC, I think.
(B) This month.

_____ does Mr. Kelvin _____?

03 (A) Yes, I'll take a rest.
(B) That was an excellent meal.
(C) Across the street.

_____ is the _____?

04 (A) I parked already.
(B) No, I can't find my car.
(C) The office on the left.

_____ can I _____ a _____?

05 (A)　　　　(B)　　　　(C)

_____ are the _____?

06 (A)　　　　(B)　　　　(C)

_____ do you want to _____ for the _____?

정답·해석·해설 p.362

본 코스에서는 "제안서의 마감이 언제(When)인가요?"와 같은 시점을 묻는 When 의문문에 대해 살펴보도록 하겠습니다.

빈출 어휘 🎧 Day06_C2_01

When 의문문에 자주 나오는 빈출 어휘 및 유사 발음 어휘를 익혀두면 문제를 풀 때 질문과 보기를 정확히 들을 수 있습니다.
음성을 듣고 따라 읽으면서 꼭 외워두세요.

필수 어휘	오답으로 출제되는 유사 발음 어휘
시간 ❶ in an hour 한 시간 후에 ❷ at 9 o'clock 9시에 ❸ between 6:00 and 9:00 6시와 9시 사이에 ❹ this morning / afternoon / evening 　오늘 아침에 / 오후에 / 저녁에	arrive [əráiv] 도착하다 **arrive** for the meeting 회의에 도착하다 drive [draiv] 운전하다 **drive** to the office 사무실에 운전해서 가다
요일 ❺ on Thursday 목요일에 ❻ by Tuesday 화요일까지	approve [əprú:v] 승인하다 **approve** the proposal 제안을 승인하다 improve [imprú:v] 개선하다 **improve** the quality of a product 제품의 질을 개선하다
날짜 ❼ last / this / next week 지난 / 이번 / 다음 주 ❽ in October 10월에 ❾ on the first of November 11월 1일에 ❿ by the end of the month 월말까지	director [diréktər] 이사 call the **director** of human resources 인사부 이사에게 전화하다 directly [diréktli] 바로, 직접적으로 go **directly** to the registration desk 접수처로 바로 가다
그 외 표현 ⓫ two years ago 2년 전에 ⓬ soon [su:n] 곧 ⓭ after presentation 발표 후에	meet [mi:t] 만나다 **meet** at 9 o'clock 9시에 만나다 meeting [mí:tiŋ] 회의 schedule a **meeting** for tomorrow 내일 회의 일정을 잡다 complete [kəmplí:t] 완료하다 **complete** a progress report 진행 상황 보고서를 완료하다 competitive [미 kəmpétətiv, 영 kəmpétitiv] 경쟁적인 a **competitive** sports event 경쟁적인 스포츠 경기

When 의문문 빈출 질문 및 응답 🎧 Day06_C2_02

When 의문문에 자주 나오는 빈출 질문 및 응답을 익혀두면 문제를 풀 때 정답을 쉽게 고를 수 있습니다. 음성을 듣고 따라 읽으면서 꼭 익혀두세요.

시간으로 응답하는 경우

주로 at 1 o'clock과 같은 정확한 시각으로 응답하거나, in an hour(한 시간 후에) 혹은 between 1:00 and 3:00(1시와 3시 사이)와 같은 대략의 시간으로 응답하는 경우가 정답으로 나옵니다. 또한 in the morning(아침에)과 같이 아침, 점심, 저녁 시간으로 응답하기도 합니다.

Q When **is the proposal** due? 제안서의 마감이 언제인가요?
A In an hour. 한 시간 후에요.
A Tomorrow morning. 내일 아침이요.

요일로 응답하는 경우

on, by와 같은 전치사나 last(지난), this(이번), next(다음)와 같은 수식어를 사용하여 on Tuesday(화요일에), last Thursday(지난 목요일) 등의 요일로 응답하는 경우가 정답으로 나옵니다. 또한 yesterday(어제), today(오늘), tomorrow(내일) 등으로 응답하기도 합니다.

Q When **do you expect to** arrive **in Mumbai?** 언제 뭄바이에 도착할 기라고 예상하나요?
A This Friday. 이번 금요일이요.
A Earlier today. 오늘 일찍이요.

날짜로 응답하는 경우

특정 날짜를 week(주)나 month(달) 혹은 October(10월) 등과 함께 사용하여 응답하는 경우가 정답으로 나옵니다.

Q When **will the new factory** open? 새 공장은 언제 개장하나요?
A On the first of October. 10월 1일에요.
A At the end of the next month. 다음 달 말에요.

그 외 표현으로 응답하는 경우

before(~ 전에), after(~ 이후에), soon(곧), ago(~ 전에)와 같이 시점을 나타내는 전치사, 부사 등을 사용하여 after meeting(회의 후), soon(곧), a week ago(일주일 전)와 같이 응답하는 경우가 정답으로 나옵니다.

Q When **did Mr. Baker** leave? Mr. Baker는 언제 떠났나요?
A Before lunch. 점심 전에요.
A A week ago. 일주일 전에요.

토익 기초

Part 1

Part 2

Part 3

Part 4

해커스 토익 스타트 Listening

STEP 1 질문 들으며 핵심 포인트 파악하기

의문사 When을 포함한 키워드를 들으며 핵심 포인트(언제 ~인지, 언제 ~을 하는지)를 파악합니다.

> **Q** When **will the package** arrive? 언제 도착하는가?

STEP 2 보기 들으며 오답 소거하고 정답 선택하기

시간, 요일, 날짜로 응답하거나 before, after, soon, ago 등을 사용하여 응답한 보기를 정답으로 선택합니다.

A (A) Next Friday. (O) ──────────────→ Next Friday(다음 주 금요일)라는 시점으로 응답하였으므로 정답입니다.
　　　다음 주 금요일이에요.

　　(B) No, they can't drive. (X) ────────→ 질문에서 사용된 arrive와 발음이 일부 유사한 drive를 사용하여 혼동
　　　아니요, 그들은 운전을 못 해요.　　　　　　을 주는 오답입니다.

Possible ｜ **시간** In a few hours. 몇 시간 후에요. **요일** On Tuesday at 5 o'clock. 화요일 5시에요.
Answers ｜ **날짜** By the end of the month. 이번 달 말에요. 　그 외 Soon, I think. 곧 도착할 것 같아요.

전략 적용하여 문제 풀어 보기　🎧 Day06_C2_03

🎧 앞에서 배운 전략을 적용하여 다음 문제를 풀어 보세요.

(A)　　　(B)　　　(C)

☑ 한번 확인해 볼까요?

STEP 1 질문 들으며 핵심 포인트 파악하기

When **will Harry** start **his new job?** 언제 시작하는가?
의문사를 포함한 키워드 When, start를 듣고 시작하는 시점이 언제인지를 묻는 When 의문문임을 파악합니다.

STEP 2 보기 들으며 오답 소거하고 정답 선택하기

(A) He will begin in August. (O) ──────→ in August(8월에)라는 시점으로 응답하였으므로 정답입니다.
　　그는 8월에 시작할 거예요.

(B) Yes, he did. (X) ────────────────→ 의문사 의문문에 Yes로 응답하였으므로 오답입니다.
　　네, 그가 했어요.

(C) On the second floor. (X) ──────────→ 시점을 묻는 질문에 On the second floor(2층에서)라는 장소로 응답
　　2층에서요.　　　　　　　　　　　　　　하였으므로 오답입니다.

Day06_C2_04

질문의 키워드를 듣고 핵심 포인트를 파악하여 정답을 선택한 후, 빈칸을 받아써 보세요. (받아쓰기할 문장은 세 번 들려줍니다.)

01 (A) At 10 A.M. on Wednesday.
(B) I'll take four, please.

_____ is Mr. Green _____ for Berlin?

02 (A) Yes, I worked as an intern.
(B) About two weeks ago.

_____ did you _____ at this company?

03 (A) In less than a week.
(B) I don't know him well.
(C) At the new building.

_____ will the _____ be _____?

04 (A) I haven't called.
(B) Near the entrance.
(C) In half an hour.

_____ will Lucy _____?

05 (A)　　　(B)　　　(C)

_____ do you expect the _____ to be _____?

06 (A)　　　(B)　　　(C)

_____ are you _____ the _____?

정답·해석·해설 p.364

🎧 Day06_Test

질문의 키워드를 듣고 핵심 포인트를 파악하여 정답을 선택하세요.

01 (A)   (B)   (C)   **07** (A)   (B)   (C)

02 (A)   (B)   (C)   **08** (A)   (B)   (C)

03 (A)   (B)   (C)   **09** (A)   (B)   (C)

04 (A)   (B)   (C)   **10** (A)   (B)   (C)

05 (A)   (B)   (C)   **11** (A)   (B)   (C)

06 (A)   (B)   (C)   **12** (A)   (B)   (C)

*받아쓰기&쉐도잉 프로그램으로 꼭 복습하세요.
정답·해석·해설 p.366

7일

의문사 의문문 3

7일에서는 의문사로 시작하는
'의문사 의문문' 중 'How 의문문'과
'Why 의문문'에 대해 살펴보겠습니다.

Course 1 How 의문문
Course 2 Why 의문문

무료 MP3 다운로드 및 스트리밍 바로 듣기
(HackersIngang.com)

무료MP3 바로듣기

본 코스에서는 "그 기계는 어떻게(How) 끄나요?"와 같은 방법 등을 묻는 How 의문문에 대해 살펴보도록 하겠습니다.

빈출 어휘 🎧 Day07_C1_01

How 의문문에 자주 나오는 빈출 어휘 및 유사 발음 어휘를 익혀두면 문제를 풀 때 질문과 보기를 정확히 들을 수 있습니다.
음성을 듣고 따라 읽으면서 꼭 외워두세요.

필수 어휘	오답으로 출제되는 유사 발음 어휘
❶ flight [flait] 비행	go [gou] 가다 **go** to the lobby 로비에 가다
❷ machine [məʃíːn] 기계	ago [əgóu] ~ 전에
❸ business trip 출장	**7 years ago** 7년 전에
❹ inspection [inspékʃən] 점검	
❺ presentation [미 prìːzentéiʃən, 영 prèzəntéiʃən] 발표	commute [kəmjúːt] 통근하다 **commute** by train 기차로 통근하다
❻ proposal [미 prəpóuzəl, 영 prəpə́uzəl] 제안	communication [kəmjùːnəkéiʃən] 대화, 의사소통
❼ plan [plæn] 계획	**communication** with clients 고객과의 대화
❽ turn off (전원 등을) 끄다	
❾ press [pres] 누르다	art [미 ɑːrt, 영 ɑːt] 미술, 예술 visit an **art** gallery 미술관을 방문하다
❿ attend [əténd] 참석하다	article [미 ɑ́ːrtikl, 영 ɑ́ːtikl] 기사
⓫ get to ~에 도착하다	read the newspaper **article** 신문 기사를 읽다
⓬ commute [kəmjúːt] 통근하다	
⓭ fix [fiks] 고치다, 수리하다	yet [jet] 아직 haven't finished **yet** 아직 끝나지 않았다
⓮ check [tʃek] 확인하다	met [met] 만났다(meet의 과거형)
⓯ handle [hændl] 다루다, 처리하다	just **met** this morning 오늘 아침에 막 만났다
⓰ organize [미 ɔ́ːrgənàiz, 영 ɔ́ːgənaiz] 준비하다, 조직하다	
⓱ done [dʌn] 완료된, 끝친	file [fail] 파일; 철하다 leave the **file** on the desk 책상 위에 파일을 두다
⓲ challenging [tʃǽlindʒiŋ] 도전적인	pile [pail] 쌓여 있는 더미
⓳ successful [səksésfəl] 성공적인	stack the documents in a **pile** 문서를 더미로 쌓아두다

How 의문문에 자주 나오는 빈출 질문 및 응답을 익혀두면 문제를 풀 때 정답을 쉽게 고를 수 있습니다. 음성을 듣고 따라 읽으면서 꼭 익혀두세요.

수단을 묻는 경우

이동 수단을 묻는 질문에는 bus(버스), taxi(택시), shuttle(셔틀버스) 등의 교통 수단을 사용하여 응답합니다.

Q How **are we** going **to the hotel?** 호텔에 어떻게 갈 건가요?
A By shuttle. 셔틀버스로요.

방법을 묻는 경우

제품 등의 사용 방법을 묻는 질문에는 방법을 제시하여 응답합니다.

Q How **can I** turn off **the machine?** 그 기계는 어떻게 끄나요?
A Press **that button.** 그 버튼을 누르세요.

상태를 묻는 경우

직장이나 업무 진행 상황이 어떠한지를 묻는 질문에는 go well(잘 되고 있다)과 같이 상태를 나타내는 표현을 사용하여 응답합니다.

Q How's **the new** job? 새로운 일은 어떤가요?
A It's going well **so far.** 지금까지는 잘 되고 있어요.

정도를 묻는 경우

How long (기간) 얼마나 오래 ~?

기간을 묻는 질문에는 전치사 for와 함께 기간을 나타내는 표현을 사용하여 응답합니다. 질문에서 사용된 long을 사용하여 혼동을 주는 오답이 자주 출제되므로 주의하세요.

Q How long **will you be away?** 얼마나 오래 떠나 있을 건가요?
A For two days. 이틀 동안이요.

How many (수량) 몇 개(명) ~?

수량을 묻는 질문에는 정확한 숫자를 사용하여 응답합니다. 주로 참석 인원수 등을 묻는 질문이 자주 출제됩니다.

Q How many **people are attending the awards dinner?** 몇 명의 사람들이 시상식 만찬에 참석하나요?
A About **one hundred.** 약 100명이요.

How much (가격) 얼마 ~?

가격을 묻는 질문에는 주로 dollar를 사용하여 응답합니다.

Q How much **is the shirt?** 그 셔츠는 얼마인가요?
A Thirty **dollars.** 30달러에요.

How often (빈도) 얼마나 자주 ~?

빈도를 묻는 질문에는 once, twice, three times와 같은 표현을 사용하여 '~번'으로 응답합니다. 이때, once a month(한 달에 한 번)처럼 특정 기간 내의 빈도수로 응답하는 경우가 자주 출제됨을 알아두세요.

Q How often **do you eat out?** 얼마나 자주 외식을 하나요?
A Twice **a week.** 일주일에 두 번이요.

스텝별 문제 풀이 전략

STEP 1 질문 들으며 핵심 포인트 파악하기

의문사 How를 포함한 키워드를 들으며 **수단**, **방법**, **상태**, **기간**, **수량**, **가격**, **빈도** 등의 핵심 포인트를 파악합니다.

> **Q** How long **is the ride to the airport?** 얼마나 걸리는가?

STEP 2 보기 들으며 오답 소거하고 정답 선택하기

질문의 핵심 포인트에 가장 적절하게 응답한 보기를 정답으로 선택합니다.

A (A) About 30 minutes. (O) ⟶ 30 minutes(30분)라는 기간으로 응답하였으므로 정답입니다.
약 30분이요.

(B) By air. (X) ⟶ 기간을 묻는 질문에 By air(비행기로)라는 이동 수단으로 응답하였으므로 오답입니다.
비행기로요.

Possible Answers	It usually takes an hour. 보통 1시간 걸려요.
	Just under an hour. 1시간 미만이요.

전략 적용하여 문제 풀어 보기 🎧 Day07_C1_03

🎧 앞에서 배운 전략을 적용하여 다음 문제를 풀어 보세요.

(A)　　　(B)　　　(C)

☑ 한번 확인해 볼까요?

STEP 1 질문 들으며 핵심 포인트 파악하기

How **will you** get to **the train station?** 어떻게 갈 것인가?
의문사를 포함한 키워드 How, get to를 듣고 이동 수단을 묻는 How 의문문임을 파악합니다.

STEP 2 보기 들으며 오답 소거하고 정답 선택하기

(A) I will get it. (X) ⟶ 질문에서 사용된 will, get을 사용하여 혼동을 주는 오답입니다.
제가 받을게요.

(B) By taxi. (O) ⟶ By taxi(택시로)라는 이동 수단으로 응답하였으므로 정답입니다.
택시로요.

(C) Yes, tonight. (X) ⟶ 의문사 의문문에 Yes로 응답하였으므로 오답입니다.
네, 오늘밤에요.

Day 07_C1_04

질문의 키워드를 듣고 핵심 포인트를 파악하여 정답을 선택한 후, 빈칸을 받아써 보세요. (받아쓰기할 문장은 세 번 들려줍니다.)

01 (A) On Friday.
(B) He's driving a car.

_____ is Lee _____ the convention center?

02 (A) It's hot in this room.
(B) Press the button at the bottom.

_____ do I _____ the air conditioner?

03 (A) Sure, I'll go with you.
(B) Every morning.
(C) To do some exercise.

_____ does Sara _____ to the _____?

04 (A) About our products.
(B) Yes, you need to.
(C) Just a couple.

_____ brochures do you _____?

05 (A)   (B)   (C)

_____ did the _____?

06 (A)   (B)   (C)

_____ do I _____ for the _____?

정답·해석·해설 p.370

토익 기초

Part 1

Part 2

Part 3

Part 4

해커스 토익 스타트 Listening

Course 2 | Why 의문문

본 코스에서는 "배송이 왜(Why) 늦었나요?"와 같은 이유를 묻는 Why 의문문에 대해 살펴보도록 하겠습니다.

빈출 어휘 🎧 Day07_C2_01

Why 의문문에 자주 나오는 빈출 어휘 및 유사 발음 어휘를 익혀두면 문제를 풀 때 질문과 보기를 정확히 들을 수 있습니다. 음성을 듣고 따라 읽으면서 꼭 외워두세요.

필수 어휘	오답으로 출제되는 유사 발음 어휘
❶ look for ~을 찾다	bright[brait] 밝은 paint a **bright** color 밝은 색을 칠하다
❷ renovation[rènəvéiʃən] 수리	
❸ direction[미 dirékʃən, 영 dairékʃən] 방향	right[rait] 옳은, 오른쪽의 the **right** answer 정답
❹ invoice[ínvɔis] 송장	
❺ bring[briŋ] 가져오다	light[lait] 전등, 빛 turn off the **light** 전등을 끄다
❻ delay[diléi] 연기하다	
❼ prepare[미 pripέər, 영 pripéə] 준비하다	right[rait] 오른쪽의, 옳은 on the **right** side of the street 길의 오른편에
❽ transfer[미 trænsfə́:r, 영 trænsfə́:] 이동하다	
❾ close[미 klouz, 영 kləuz] 닫다; 가까운	phone[미 foun, 영 fəun] 전화 hang up the **phone** 전화를 끊다
❿ confirm[미 kənfə́:rm, 영 kənfə́:m] 확인하다	
⓫ submit[səbmít] 제출하다	fun[fʌn] 즐거운 have a **fun** vacation 즐거운 휴가를 보내다
⓬ late[leit] 늦은	
⓭ early[미 ə́:rli, 영 ə́:li] 일찍	plan[plæn] 계획하다; 계획 **plan** the schedule 일정을 계획하다
⓮ wrong[미 rɔːŋ, 영 rɔŋ] 잘못된	
⓯ right[rait] 옳은	plant[plænt] (나무 등을) 심다 **plant** some flowers 꽃을 심다
⓰ loud[laud] 시끄러운	
	move[muːv] 이사하다, 옮기다 **move** to a new apartment 새 아파트로 이사하다
	remove[rimú:v] 치우다 **remove** chairs 의자를 치우다

Why 의문문에 자주 나오는 빈출 질문 및 응답을 익혀두면 문제를 풀 때 정답을 쉽게 고를 수 있습니다. 음성을 듣고 따라 읽으면서 꼭 익혀두세요.

Because (of)를 사용하여 응답하는 경우

Because (of)를 사용하여 응답한 보기가 정답으로 나옵니다.

Q Why is our flight delayed? 우리 항공편이 왜 지연되었나요?
A Because of the poor weather. 나쁜 날씨 때문에요.

Q Why did you send Mr. Kim the catalog? Mr. Kim에게 왜 카탈로그를 보냈나요?
A Because he asked for one. 그가 하나를 요청했기 때문이에요.

Because (of)를 생략하여 응답하는 경우

Because (of)를 생략하여 응답한 보기가 정답으로 나옵니다. 따라서 보기가 질문의 핵심 포인트에 알맞은 이유를 설명하는지 잘 파악하며 듣습니다.

Q Why are you waiting here? 왜 여기서 기다리고 있나요?
A I have an appointment. 약속이 있어요.

Q Why did Ms. Hobs bring her suitcase? Ms. Hobs는 왜 여행 가방을 가져왔나요?
A She's going to Japan. 그녀는 일본에 갈 거예요.

To 부정사로 응답하는 경우

to 부정사를 사용하여 '~하기 위해서'라고 응답한 경우도 정답으로 나옵니다.

Q Why did Mr. Vanessa leave early? Mr. Vanessa는 왜 일찍 떠났나요?
A To catch the train. 기차를 타기 위해서요.

Q Why is Ms. Thompson looking for another job? Ms. Thompson은 왜 다른 직업을 찾고 있나요?
A To find a better paying job. 더 나은 임금을 주는 직업을 찾기 위해서요.

간접적으로 응답하는 경우

'모르겠다', '알아보겠다'와 같이 간접적으로 응답하는 경우도 정답으로 나옵니다.

Q Why was the product launch delayed? 상품 출시가 왜 연기되었나요?
A I don't know. 모르겠어요.

Q Why isn't my bonus included in this month's paycheck? 제 보너스가 왜 이번 달 월급에 포함되지 않았나요?
A I'll call and ask. 제가 전화해서 물어볼게요.

스텝별 문제 풀이 전략

STEP 1 질문 들으며 핵심 포인트 파악하기

의문사 Why를 포함한 키워드를 들으며 핵심 포인트(왜 ~인지, 왜 ~ 하는지)를 파악합니다.

> **Q** Why **is Mr. Downer** staying late? 왜 늦게까지 있나?

STEP 2 보기 들으며 오답 소거하고 정답 선택하기

Because (of)나 To 부정사를 사용하여 이유를 제시한 보기를 정답으로 선택합니다. 이때, Because (of)를 **생략**하거나 **간접적으로 응답**하는 경우가 정답이 되기도 합니다.

A (A) Because he has to finish the report. (O) ⟶ Because he has to finish the report(그는 보고서를 끝내야 하기 때문이다)라는 이유로 응답하였으므로 정답입니다.
그가 보고서를 끝내야 하기 때문이에요.

(B) Around 11 o'clock. (X) ⟶ 이유를 묻는 질문에 11 o'clock(11시)이라는 시점으로 응답하였으므로 오답입니다.
11시경에요.

| Possible Answers | Because (of)를 생략한 응답 His research is due tomorrow. 그의 연구는 내일이 마감일이에요. |
| | To 부정사로 응답 To complete the report. 보고서를 완성하기 위해서요.   간접적 응답 I'm not sure. 잘 모르겠어요. |

전략 적용하여 문제 풀어 보기   ◁ Day 07_C2_03

🎧 앞에서 배운 전략을 적용하여 다음 문제를 풀어 보세요.

(A)   (B)   (C)

☑ 한번 확인해 볼까요?

STEP 1 질문 들으며 핵심 포인트 파악하기

Why **did the restaurant** close early? 왜 일찍 닫았나?

의문사를 포함한 키워드 Why, close early를 듣고 일찍 닫은 이유를 묻는 Why 의문문임을 파악합니다.

STEP 2 보기 들으며 오답 소거하고 정답 선택하기

(A) It's a holiday. (O) ⟶ It's a holiday(휴일이다)라는 이유로 응답하였으므로 정답입니다.
휴일이에요.

(B) It's very close. (X) ⟶ 질문에서 사용된 close를 사용하여 혼동을 주는 오답입니다.
그것은 매우 가까워요.

(C) No, I got up late. (X) ⟶ 의문사 의문문에 No로 응답하였으므로 오답입니다.
아니요, 저는 늦게 일어났어요.

연습 문제

질문의 키워드를 듣고 핵심 포인트를 파악하여 정답을 선택한 후, 빈칸을 받아써 보세요. (받아쓰기할 문장은 세 번 들려줍니다.)

01 (A) For one week.

(B) To meet with clients.

_____ are you _____ to Seoul?

02 (A) I have no idea.

(B) Yes, a lot.

_____ is it so _____ in the office today?

03 (A) Yes, I did.

(B) That's a good computer.

(C) We need it for the presentation.

_____ did you _____ your _____?

04 (A) The scientists need good lighting.

(B) It's the room on the right.

(C) No, it's wrong.

_____ are the _____ so _____ in the lab?

05 (A)   (B)   (C)

_____ did the client _____ a different _____?

06 (A)   (B)   (C)

_____ do we have to _____ so many _____?

정답·해석·해설 p.372

🎧 Day 07_Test

질문의 키워드를 듣고 핵심 포인트를 파악하여 정답을 선택하세요.

01 (A) (B) (C)   **07** (A) (B) (C)

02 (A) (B) (C)   **08** (A) (B) (C)

03 (A) (B) (C)   **09** (A) (B) (C)

04 (A) (B) (C)   **10** (A) (B) (C)

05 (A) (B) (C)   **11** (A) (B) (C)

06 (A) (B) (C)   **12** (A) (B) (C)

*받아쓰기&쉐도잉 프로그램으로 꼭 복습하세요.
정답·해석·해설 **p.374**

8일

일반 의문문

8일에서는 Be 동사나 조동사로 시작하는
'일반 의문문'을 '일반 의문문'과
'의문사가 포함된 일반 의문문'으로
나누어 살펴보겠습니다.

무료 MP3 다운로드 및 스트리밍 바로 듣기
(HackersIngang.com)

무료MP3 바로듣기

Part 2 8일 | Course 1 │ 일반 의문문

본 코스에서는 "그 뮤지컬을 봤나요?"와 같은 일반 의문문에 대해 살펴보도록 하겠습니다.

빈출 어휘 🎧 Day08_C1_01

일반 의문문에 자주 나오는 빈출 어휘 및 유사 발음 어휘를 익혀두면 문제를 풀 때 질문과 보기를 정확히 들을 수 있습니다.
음성을 듣고 따라 읽으면서 꼭 외워두세요.

필수 어휘	오답으로 출제되는 유사 발음 어휘
❶ **excellent**[éksələnt] 훌륭한	think [θiŋk] 생각하다 **think** about something 무언가에 대해 생각하다
❷ **repairperson**[미 ripéərpə̀:rsn, 영 ripéəpə̀:sn] 수리공 (=repairman)	sink [siŋk] 싱크대 put dishes in the **sink** 싱크대에 그릇들을 두다
❸ **laboratory**[미 lǽbərətɔ̀:ri, 영 ləbɔ́rətri] 실험실	
❹ **receipt**[risí:t] 영수증	refreshment [rifréʃmənt] 다과, 가벼운 음식물 serve **refreshments** to the guests 다과를 손님에게 접대하다
❺ **passport**[미 pǽspɔ:rt, 영 pá:spɔ:t] 여권	
❻ **believe**[bilí:v] 믿다	fresh [freʃ] 신선한 sell **fresh** vegetables 신선한 채소를 팔다
❼ **take a break** 휴식을 취하다	
❽ **return**[미 ritə́:rn, 영 ritə́:n] 돌려주다, 답신하다	call [kɔːl] 전화하다 **call** the client 고객에게 전화하다
❾ **send**[send] (우편 등을) 보내다	
❿ **fit**[fit] (치수, 모양 따위가) ~에 꼭 맞다	cold [kould] 추운 extremely **cold** weather 매우 추운 날씨
⓫ **review**[rivjú:] 검토하다	
⓬ **promise**[미 prá:mis, 영 prɔ́mis] 약속하다	way [wei] 방법 a faster **way** to go 더 빠르게 가는 방법
⓭ **cancel**[kǽnsəl] 취소하다	
⓮ **sold out** 매진된	away [əwéi] 떠나, 떨어져서 go **away** for a few days 며칠 동안 떠나다
⓯ **broken**[미 bróukən, 영 bráukən] 고장 난	
⓰ **busy**[bízi] 바쁜	firm [미 fə:rm, 영 fə:m] 회사 work at a law **firm** 변호사 사무실에서 일하다
⓱ **ready**[rédi] 준비된	
⓲ **probably**[미 prá:bəbli, 영 prɔ́bəbli] 아마도	form [미 fɔ:rm, 영 fɔ:m] 양식 submit a **form** 양식을 제출하다

일반 의문문 빈출 질문 및 응답

일반 의문문에 자주 나오는 빈출 질문 및 응답을 익혀두면 문제를 풀 때 정답을 쉽게 고를 수 있습니다. 음성을 듣고 따라 읽으면서 꼭 익혀두세요.

긍정의 의미로 응답하는 경우 – Yes 사용

Yes를 사용하여 긍정의 의미로 응답한 뒤, 적절한 부연 설명을 덧붙인 경우가 정답으로 가장 많이 나옵니다.

Q Have you seen the musical? 그 뮤지컬을 봤나요?

A Yes, last week. 네, 지난주에요.

Q Aren't the employee evaluations due soon? 직원 평가 마감이 곧 있지 않나요?

A Yes, they need to be finished on Monday. 네, 그것들은 월요일에 끝나야 해요.

부정의 의미로 응답하는 경우 – No 사용

No를 사용하여 부정의 의미로 응답한 뒤, 적절한 부연 설명을 덧붙인 경우가 정답으로 나옵니다.

Q Will you be going to Beijing tomorrow? 내일 베이징에 가나요?

A No, I am leaving next week. 아니요, 다음 주에 갈 거예요.

Q Haven't you had lunch? 점심을 안 먹었나요?

A No, I didn't have time. 아니요, 시간이 없었어요.

긍정의 의미로 응답하는 경우 – Yes 생략

Yes를 생략하고 긍정의 의미로 응답하는 경우도 정답으로 나옵니다.

Q Do you want me to help you with those brochures? 제가 그 소책자 작업을 도와주길 원하나요?

A That would help me a lot. (네,) 그러면 큰 도움이 될 거예요.

Q Weren't there enough programs for the attendees? 참석자들을 위한 프로그램이 충분히 있지 않았나요?

A There were just enough for everyone. (네,) 모든 사람에게 딱 알맞게 있었어요.

부정의 의미로 응답하는 경우 – No 생략

No를 생략하거나 Sorry와 같은 표현을 사용해서 부정의 의미로 응답하는 경우도 정답으로 나옵니다.

Q Don't you ever take a break? 당신은 쉬지도 않나요?

A I have too much work to do. (아니요,) 저는 할 일이 너무 많아요.

Q Are there any flights available for this evening? 오늘 저녁 이용 가능한 항공편이 있나요?

A Sorry, we're fully booked. 죄송하지만, 예약이 꽉 찼습니다.

토익 기초

Part 1

Part 2

Part 3

Part 4

해커스 토익 스타트 Listening

STEP 1 질문 들으며 핵심 포인트 파악하기

Be 동사(Is, Are, Isn't 등) / Have 동사(Have, Haven't) / 조동사(Do, Will, Can 등)를 포함한 키워드를 들으며 핵심 포인트를 파악합니다.

> **Q** Is **the cafeteria** open after 8 P.M.? 오후 8시 이후에 열려 있는가?

STEP 2 보기 들으며 오답 소거하고 정답 선택하기

Yes나 No로 응답한 뒤, 적절한 부연 설명을 덧붙인 보기를 정답으로 선택합니다. 이때, Yes나 No를 생략하여 응답하기도 합니다.

> **A** (A) No, it closes at 6 P.M. (O) ──────→ No로 응답한 뒤, closes at 6 P.M.(오후 6시에 문을 닫는다)라고 부연
> 아니요, 오후 6시에 닫아요. 설명하였으므로 정답입니다.
>
> (B) I usually eat at 1 o'clock. (X) ──────→ 질문에서 사용된 cafeteria(구내 식당)와 내용이 연관된 eat(먹다)을
> 저는 보통 1시에 먹어요. 사용하여 혼동을 주는 오답입니다.
>
> | Possible
Answers | 긍정 응답 Yes, it's open from 10:00 A.M. to 9:00 P.M. 네, 오전 10시부터 오후 9시까지 열어요. |
> |---|---|
> | | 부정 응답 It's open only until 7:00. 7시까지만 열어요. |

전략 적용하여 문제 풀어 보기   🎧 Day08_C1_03

> 🎧 앞에서 배운 전략을 적용하여 다음 문제를 풀어 보세요.
>
> (A)   (B)   (C)

> ☑ 한번 확인해 볼까요?
>
> **STEP 1** 질문 들으며 핵심 포인트 파악하기
>
> Did **you** contact **the** repairperson? 수리공에게 연락했는가?
> Be 동사/조동사를 포함한 키워드 Did, contact, repairperson을 듣고 수리공에게 연락했는지를 묻고 있는 일반 의문문임을 파악합니다.
>
> ──────────────────────────────
>
> **STEP 2** 보기 들으며 오답 소거하고 정답 선택하기
>
> (A) I need repairs. (X) ──────→ 질문에서 사용된 repairperson과 발음이 일부 같은 repairs를 사용
> 수리가 필요해요. 하여 혼동을 주는 오답입니다.
>
> (B) Yes, I made a phone call. (O) ──────→ Yes로 응답한 뒤, I made a phone call(전화했다)이라고 부연 설명
> 네, 전화했어요. 하였으므로 정답입니다.
>
> (C) It's broken. (X) ──────→ 질문에서 사용된 repairperson(수리공)과 내용이 연관된 broken(고
> 그것은 고장 났어요. 장 난)을 사용하여 혼동을 주는 오답입니다.

Day08_C1_04

질문의 키워드를 듣고 핵심 포인트를 파악하여 정답을 선택한 후, 빈칸을 받아써 보세요. (받아쓰기할 문장은 세 번 들려줍니다.)

01 (A) Not yet.

(B) We got a receipt.

_____ an invitation?

02 (A) I'll copy the papers.

(B) Yes, next to the computer.

_____ the _____ ___ on my _____?

03 (A) Yes, I have to do it this afternoon.

(B) I ate already.

(C) He is moving the boxes.

_____ need to _____?

04 (A) No, she's probably busy.

(B) The meeting was long.

(C) About the agenda.

_____ with Ms. Lewis _____?

05 (A)   (B)   (C)

_____ these _____ are _____?

06 (A)   (B)   (C)

_____ to _____ at 1 P.M.?

정답·해석·해설 p.378

토익 기초

Part 1

Part 2

Part 3

Part 4

해커스 토익 스타트 Listening

본 코스에서는 "회의가 언제(When) 시작될 지 아세요?"와 같은 의문사가 포함된 일반 의문문에 대해 살펴보도록 하겠습니다.

빈출 어휘
Day08_C2_01

의문사가 포함된 일반 의문문에 자주 나오는 빈출 어휘 및 유사 발음 어휘를 익혀두면 문제를 풀 때 질문과 보기를 정확히 들을 수 있습니다. 음성을 듣고 따라 읽으면서 꼭 외워두세요.

필수 어휘	오답으로 출제되는 유사 발음 어휘
❶ **drawer** [미 drɔ:ər, 영 drɔ:] 서랍	**purchase** [미 pə́:rtʃəs, 영 pə́:tʃəs] 구입품, 구입 a receipt for your **purchase** 구입품의 영수증
❷ **deadline** [미 dédlàin, 영 dédlain] 마감일	
❸ **shift** [ʃift] 근무시간	**purse** [미 pə:rs, 영 pə:s] 지갑 keep cash in your **purse** 지갑에 현금을 넣어 두다
❹ **reservation** [미 rèzərvéiʃən, 영 rèzəvéiʃən] 예약	
❺ **decision** [disíʒən] 결정	**bus** [bʌs] 버스 take the **bus** 버스를 타다
❻ **appointment** [əpɔ́intmənt] 약속	
❼ **document** [미 dá:kjumənt, 영 dɔ́kjəmənt] 문서	**box** [미 ba:ks, 영 bɔks] 상자 put the merchandise in a **box** 상품을 상자에 넣다
❽ **safety** [séifti] 안전	
❾ **standard** [미 stǽndərd, 영 stǽndəd] 기준	**bag** [bæg] 가방 carry a shopping **bag** 쇼핑백을 들다
❿ **expire** [미 ikspáiər, 영 ikspáiə] (유효기간 등이) 만료하다	
⑪ **finish** [fíniʃ] 완료하다 (=complete)	**tag** [tæg] 상표 look at the price **tag** 가격표를 보다
⑫ **be supposed to** ~하기로 되어 있다	
⑬ **begin** [bigín] 시작하다 (=start)	**fax** [fæks] 팩스로 보내다 **fax** some documents 문서를 팩스로 보내다
⑭ **introduce** [미 ìntrədjú:s, 영 ìntrədʒú:s] 소개하다	
⑮ **discuss** [diskʌ́s] 토론하다	**facts** [fækts] 사실들 find out the **facts** 사실들을 알아내다
⑯ **admit** [미 ædmít, 영 ədmít] 인정하다	
⑰ **useful** [jú:sfəl] 유용한	**show** [ʃou] 상영, 연극, 전람회 go to the late **show** 늦은 상영을 보러 가다
⑱ **later** [미 léitər, 영 léitə] 나중에	
	shoe [ʃu:] 신발 shop at the **shoe** store 신발 가게에서 물건을 사다

의문사가 포함된 일반 의문문 빈출 질문 및 응답

의문사가 포함된 일반 의문문에 자주 나오는 빈출 질문 및 응답을 익혀두면 문제를 풀 때 정답을 쉽게 고를 수 있습니다. 음성을 듣고 따라 읽으면서 꼭 익혀두세요.

Yes, No 없이 응답하는 경우

Yes, No 없이 문장 중간에 나오는 의문사를 포함한 키워드에 가장 알맞게 응답한 경우가 정답으로 가장 많이 나옵니다.

Q Do you know who took the files? 누가 그 파일들을 가져갔는지 아세요?
A The accountant did. 회계사가요.

Q Can you tell me how to get to the city hall? 시청에 어떻게 가는지 말해주시겠어요?
A The 402 bus goes there directly. 402번 버스가 그곳으로 곧장 가요.

Q Do you know where I can buy stamps? 우표를 어디에서 살 수 있는지 아세요?
A At the post office across the street. 길 건너에 있는 우체국에서요.

Yes, No를 사용하여 응답하는 경우

의문사가 포함된 일반 의문문은 일반 의문문으로 시작하기 때문에, Yes나 No로 응답한 뒤 의문사 의문문에 적절한 부연 설명을 덧붙인 경우도 정답으로 나옵니다.

Q Can you tell me why Mr. Perez left? Mr. Perez가 왜 떠났는지 말해주시겠어요?
A Yes, he had an appointment. 네, 그는 약속이 있었어요.

Q Do you remember when I sent you the bill? 제가 언제 당신에게 청구서를 보냈는지 기억하세요?
A Yes, it was last Thursday. 네, 지난주 목요일이었어요.

Q Do you know where the public library is? 공공 도서관이 어디에 있는지 아세요?
A No, I'm not sure. 아니요, 잘 모르겠어요.

간접적으로 응답하는 경우

when이나 who와 같은 의문사를 사용하여 '~이 있을 시점'이나 '~이 될 사람'을 아는지 물어보는 질문에 '아직 결정되지 않았다'와 같이 간접적으로 응답하는 경우도 정답으로 나옵니다.

Q Do you know when the meeting will begin? 회의가 언제 시작될지 아세요?
A They'll tell us later. 그들이 나중에 알려줄 거예요.

Q Have you heard who will run the new Tokyo branch? 누가 새 도쿄 지사를 경영할지 들으셨어요?
A It hasn't been decided yet. 아직 결정되지 않았어요.

STEP 1 질문 들으며 핵심 포인트 파악하기

질문을 들을 때 일반 의문문 중간에 나오는 의문사를 포함한 키워드를 정확히 들으며 핵심 포인트를 파악합니다.

> **Q** Do you know why Ms. Daniel called? 전화한 이유는?

STEP 2 보기 들으며 오답 소거하고 정답 선택하기

의문사를 포함한 핵심 포인트에 적절하게 응답한 보기를 정답으로 선택합니다. **Yes로 대답한 뒤, 적절한 부연 설명을 덧붙인** 보기나 '**모른다**', '**아직 결정되지 않았다**'와 같이 간접적으로 응답하는 보기도 정답이 됩니다.

A (A) To make a reservation. (O) ──────→ To make a reservation(예약하기 위해)이라는 이유로 응답하였으므
예약을 하기 위해서요. 로 정답입니다.

(B) Today at 2 o'clock. (X) ──────→ 전화한 이유를 묻는 질문에 at 2 o'clock(2시)이라는 시점으로 응답하
오늘 2시요. 였으므로 오답입니다.

Possible | Yes를 사용한 응답 Yes, to cancel an appointment. 네, 약속을 취소하려고요.
Answers | 간접 응답 You should ask the secretary. 비서에게 물어봐야 할 거예요.

||| 전략 적용하여 문제 풀어 보기 🎧 Day 08_C2_03

🎧 앞에서 배운 전략을 적용하여 다음 문제를 풀어 보세요.

(A) (B) (C)

☑ 한번 확인해 볼까요?

STEP 1 질문 들으며 핵심 포인트 파악하기

Do you know who will write the reports? 누가 보고서를 작성하는가?

질문 중반의 의문사를 포함한 키워드 who, write, reports를 듣고 보고서를 작성하는 사람이 누구인지를 아는지 묻고 있음을 파악합니다.

STEP 2 보기 들으며 오답 소거하고 정답 선택하기

(A) Yes, Ms. Alba will. (O) ──────→ Yes로 응답한 뒤, Ms. Alba라는 사람 이름으로 응답하였으므로 정
네, Ms. Alba가 할 거예요. 답입니다.

(B) They are here. (X) ──────→ 누가 보고서를 작성할지 묻는 질문에 They are here(그것들은 여기 있
네, 그것들은 여기 있어요. 다)라는 위치로 대답하였으므로 오답입니다.

(C) I wrote an e-mail. (X) ──────→ 질문에서 사용된 write(쓰다)의 과거형인 wrote를 사용하여 혼동을 주
저는 이메일을 썼어요. 는 오답입니다.

🎧 Day 08_C2_04

질문의 키워드를 듣고 핵심 포인트를 파악하여 정답을 선택한 후, 빈칸을 받아써 보세요. (받아쓰기할 문장은 세 번 들려줍니다.)

01 (A) Yes, he's at the dentist's.
(B) He hasn't done it yet.

Do you know _____?

02 (A) My computer won't switch on.
(B) I can ask him for you.

May I ask you _____ the _____ _____?

03 (A) I walk there every day.
(B) I finish at six.
(C) No, I haven't been told.

Have you heard _____?

04 (A) Let me check the program.
(B) We are both members.
(C) I can't hear him either.

Do you remember _____ the _____?

05 (A)　　　 (B)　　　 (C)

Do you know _____?

06 (A)　　　 (B)　　　 (C)

Can you tell me _____?

정답 · 해석 · 해설 p.380

Day 08_Test

질문의 키워드를 듣고 핵심 포인트를 파악하여 정답을 선택하세요.

01 (A)   (B)   (C)   **07** (A)   (B)   (C)

02 (A)   (B)   (C)   **08** (A)   (B)   (C)

03 (A)   (B)   (C)   **09** (A)   (B)   (C)

04 (A)   (B)   (C)   **10** (A)   (B)   (C)

05 (A)   (B)   (C)   **11** (A)   (B)   (C)

06 (A)   (B)   (C)   **12** (A)   (B)   (C)

＊받아쓰기&쉐도잉 프로그램으로 꼭 복습하세요.
정답·해석·해설 p.382

Part 2

Hackers **TOEIC** Start Listening

9일

부가 및 선택 의문문

9일에서는 동의를 구하거나
사실을 확인하는 '부가 의문문'과
두 가지 선택 사항으로 묻는
'선택 의문문'에 대해 살펴보겠습니다.

Course 1 부가 의문문
Course 2 선택 의문문

무료 MP3 다운로드 및 스트리밍 바로 듣기
(HackersIngang.com)

무료MP3 바로듣기

Course 1 | 부가 의문문

본 코스에서는 "보고서가 이해하기 어려워요, 안 그런가요?"와 같은 동의를 구하거나, 사실을 확인하는 부가 의문문에 대해 살펴보도록 하겠습니다.

빈출 어휘 🎧 Day09_C1_01

부가 의문문에 자주 나오는 빈출 어휘 및 유사 발음 어휘를 익혀두면 문제를 풀 때 질문과 보기를 정확히 들을 수 있습니다. 음성을 듣고 따라 읽으면서 꼭 외워두세요.

필수 어휘	오답으로 출제되는 유사 발음 어휘
❶ work on (작업에) 착수하다	due[dju:] 마감 기한의 project is due on Monday 프로젝트는 월요일이 마감 기한이다
❷ time off 휴식 시간	
❸ ride[raid] 태워주기; 타고 가다	do[du:] 하다 do some exercise 운동하다
❹ conversation[미 kà:nvərséiʃən, 영 kɔ̀nvəséiʃən] 대화	
❺ microscope[미 máikrəskòup, 영 máikrəskəup] 현미경	receptionist[risépʃənist] 접수원, 안내원 the receptionist at the front desk 프런트에 있는 접수원
❻ design[dizáin] 디자인하다	receive[risíːv] 받다 receive a monthly bill 월 청구서를 받다
❼ understand[미 ʌ̀ndərstǽnd, 영 ʌ̀ndəstǽnd] 이해하다	
❽ hire[미 haiər, 영 haiə] 고용하다	friend[frend] 친구 a friend of mine 내 친구들 중 한 명
❾ turn on (전원 등을) 켜다	friendly[fréndli] 우호적인, 친절한 friendly relationship 우호적인 관계
❿ install[instɔ́:l] 설치하다	
⓫ wait[weit] 기다리다	
⓬ out of ink 잉크가 떨어진	reserve[rizə́ːrv] 예약하다 reserve a table in a restaurant 식당의 자리를 예약하다
⓭ different[dífərənt] 다른	service[sə́ːrvis] 서비스 provide excellent service 훌륭한 서비스를 제공하다
⓮ confusing[kənfjú:ziŋ] 혼란스러운	
⓯ impressive[imprésiv] 인상적인	warn[wɔːrn] 경고하다 warn residents of a water shortage 물 부족에 대해 거주자에게 경고하다
⓰ hard[미 hɑːrd, 영 hɑːd] 어려운	warm[wɔːrm] 따뜻한 warm summer weather 따뜻한 여름 날씨
⓱ instead[instéd] 대신에	

부가 의문문 빈출 질문 및 응답　🎧 Day09_C1_02

부가 의문문에 자주 나오는 빈출 질문 및 응답을 익혀두면 문제를 풀 때 정답을 쉽게 고를 수 있습니다. 음성을 듣고 따라 읽으면서 꼭 익혀두세요.

긍정의 의미로 응답하는 경우 - Yes 사용

> Yes를 사용하여 긍정의 의미로 응답한 뒤, 적절한 부연 설명을 덧붙인 경우가 정답으로 가장 많이 나옵니다.
>
> **Q** The report is hard to understand, isn't it? 보고서가 이해하기 어려워요, 안 그런가요?
> **A** Yes, it is. / Yes, it's very confusing. 네, 그러네요. / 네, 매우 헷갈려요.

부정의 의미로 응답하는 경우 - No 사용

> No를 사용하여 부정의 의미로 응답한 뒤, 적절한 부연 설명을 덧붙인 경우가 정답으로 나옵니다.
>
> **Q** Melanie already finished the research, didn't she? Melanie는 그 조사를 이미 끝냈죠, 안 그랬나요?
> **A** No, she didn't. / No, she ran out of time today. 아니요, 안 끝냈어요. / 아니요, 그녀는 오늘 시간이 없었어요.

Yes / No를 생략하여 응답하는 경우

> Yes / No를 생략하고 긍정 / 부정의 의미로 응답하는 경우도 정답으로 나옵니다.
>
> **Q** The marketing seminar is taking place in Bangkok, right? 마케팅 세미나는 방콕에서 열리죠, 그렇죠?
> **A** It is hosted there every year. (네,) 그것은 매년 거기에서 열려요.
>
> **Q** Mr. Lee doesn't like roses, does he? Mr. Lee는 장미를 좋아하지 않아요, 그렇죠?
> **A** He prefers daisies. (아니요,) 그는 데이지를 좋아해요.

간접적으로 응답하는 경우

> '잘 모르겠다'나 '확인해 보겠다' 등과 같이 간접적으로 응답하는 경우도 정답으로 나옵니다.
>
> **Q** The printer is out of ink, isn't it? 이 프린터는 잉크가 떨어졌어요, 안 그런가요?
> **A** I'm not sure. 잘 모르겠어요.
>
> **Q** Lewis will be on a business trip tomorrow, won't he? Lewis는 내일 출장을 갈 거예요, 안 그런가요?
> **A** I'll have to check. 확인해봐야 해요.

스텝별 문제 풀이 전략

STEP 1 질문 들으며 핵심 포인트 파악하기

평서문의 키워드를 들으며 핵심 포인트를 파악하고 뒤따르는 isn't it, do you 등과 같은 'Be 동사 / 조동사 + (not) + 주어'를 듣고 부가 의문문임을 파악합니다.

> **Q** **She is a** new manager, isn't she? 그녀가 새 부장이죠, 안 그런가요?

STEP 2 보기 들으며 오답 소거하고 정답 선택하기

Yes나 No로 응답한 뒤, **적절한 부연 설명**을 덧붙인 보기를 정답으로 선택합니다. 이때, Yes나 No를 **생략**하여 응답하기도 합니다.

> **A** (A) Yes, she just started last week. (O) ──────▶ Yes로 응답한 뒤, started last week(지난주에 시작했다)라고 부연 설
> 　　네, 그녀는 지난주에 막 업무를 시작했어요. 　　　　　　　　　명하였으므로 정답입니다.
>
> 　　(B) It isn't very old. (X) ──────────────────▶ 질문에서 사용된 new(새로운)와 내용이 연관된 old(오래된)를 사용하여
> 　　그것은 그렇게 오래되지 않았어요. 　　　　　　　　　　　혼동을 주는 오답입니다.
>
> | Possible | 긍정 응답 **I believe so.** 그런 것 같아요. |
> | Answers | 부정 응답 **No, she is the receptionist.** 아니요, 그녀는 접수원이에요. |

전략 적용하여 문제 풀어 보기　🎧 Day09_C1_03

> 🎧 앞에서 배운 전략을 적용하여 다음 문제를 풀어 보세요.
>
> (A)　　　　(B)　　　　(C)

> ✅ 한번 확인해 볼까요?
>
> **STEP 1** 질문 들으며 핵심 포인트 파악하기
>
> **Mr. Kaito is** designing the office, isn't he? 그가 사무실을 설계하고 있죠?
>
> 키워드 designing, office와 isn't he를 듣고 그가 사무실을 설계하고 있는지 사실 여부를 확인하고 있는 부가 의문문임을 파악합니다.
>
> ──
>
> **STEP 2** 보기 들으며 오답 소거하고 정답 선택하기
>
> (A) Yes, it's near the office. (X) ──────────▶ 질문에서 사용된 office를 사용하여 혼동을 주는 오답입니다.
> 　　네, 사무실 근처에 있어요.
>
> (B) The sign on the wall. (X) ──────────────▶ 질문에서 사용된 designing과 발음이 일부 같은 sign을 사용하여 혼
> 　　벽에 걸린 표지판이요. 　　　　　　　　　　　동을 주는 오답입니다.
>
> (C) No, Mr. Raymond is doing it. (O) ────────▶ No로 응답한 뒤, Mr. Raymond가 하고 있다고 부연 설명하고 있으
> 　　아니요, Mr. Raymond가 그것을 하고 있어요. 　　　　　므로 정답입니다.

Day09_C1_04

질문의 키워드를 듣고 핵심 포인트를 파악하여 정답을 선택한 후, 빈칸을 받아써 보세요. (받아쓰기할 문장은 세 번 들려줍니다.)

01 (A) I didn't see it.
(B) Yes, he was there this morning.

Daniel _____ the new store, _____ ?

02 (A) No, she was too busy.
(B) You should use the copier.

Ms. Lee _____ _____ today, _____ ?

03 (A) She was quite rude.
(B) Ms. Carl received it last night.
(C) My friends were here for me.

The _____, _____ ?

04 (A) I'll place the order.
(B) Some printer paper.
(C) Let me check the mail room.

The _____ haven't _____ yet, _____ ?

05 (A)   (B)   (C)

The _____ is _____, _____ ?

06 (A)   (B)   (C)

_____ tomorrow, _____ ?

정답·해석·해설 p.386

토익 기초

Part 1

Part 2

Part 3

Part 4

해커스 토익 스타트 Listening

본 코스에서는 "실내 자리와 실외 자리 중 어디가 좋으세요?"와 같은 두 가지 선택 사항으로 묻는 선택 의문문에 대해 살펴보도록 하겠습니다.

빈출 어휘 🎧 Day09_C2_01

선택 의문문에 자주 나오는 빈출 어휘 및 유사 발음 어휘를 익혀두면 문제를 풀 때 질문과 보기를 정확히 들을 수 있습니다. 음성을 듣고 따라 읽으면서 꼭 외워두세요.

필수 어휘	오답으로 출제되는 유사 발음 어휘
❶ **prefer**[미 prifə́:r, 영 prifə́:] ~을 더 좋아하다	ride[raid] 태워주기; 태워주다 **give a ride** 태워주다
❷ **patio**[미 pǽtiòu, 영 pǽtiəu] 테라스	write[rait] 쓰다 **write an e-mail** 이메일을 쓰다
❸ **floor**[미 flɔːr, 영 flɔː] 바닥	
❹ **stair**[미 stɛər, 영 steə] 계단	rest[rest] 쉬다 **rest after work** 퇴근 후 쉬다
❺ **closet**[미 klάːzit, 영 klɔ́zit] 옷장	restaurant[réstərənt] 식당 **have lunch at a restaurant** 식당에서 점심을 먹다
❻ **book**[buk] 예약하다	
❼ **register**[미 rédʒistər, 영 rédʒistə] 등록하다	new[njuː] 새로운 **a new computer model** 새로운 컴퓨터 모델
❽ **pay**[pei] 지불하다	knew[njuː] 알았다(know의 과거형) **knew about the information** 그 정보에 대해 알았다
❾ **go ahead** 망설이지 않고 진행시키다	
❿ **reach**[riːtʃ] ~에게 연락하다	highway[háiwèi] 고속도로 **drive down the highway** 고속도로를 운전하다
⓫ **order**[미 ɔ́ːrdər, 영 ɔ́ːdə] 주문하다	hallway[hɔ́ːlwèi] 복도 **walk down the hallway** 복도를 걷다
⓬ **mop**[미 mɑp, 영 mɔp] (자루 걸레로) 닦다	
⓭ **a number of** 많은	mop[미 mɑːp, 영 mɔp] (자루 걸레로) 닦다 **mop the floors** 바닥을 걸레로 닦다
⓮ **expensive**[ikspénsiv] 비싼	map[mæp] 지도 **find the street on the map** 지도에서 거리를 찾다
⓯ **inside**[미 ìnsáid, 영 insáid] 실내의	
⓰ **together**[미 təgéðər, 영 təgéðə] 함께	
⓱ **immediately**[imíːdiətli] 즉시	

선택 의문문에 자주 나오는 빈출 질문 및 응답을 익혀두면 문제를 풀 때 정답을 쉽게 고를 수 있습니다. 음성을 듣고 따라 읽으면서 꼭 익혀두세요.

A, B 중 하나를 선택하여 응답하는 경우

A 또는 B를 선택하여 응답하는 경우가 정답으로 가장 많이 나옵니다. 이때, 질문의 A 또는 B가 정답에서 그대로 사용되는 경우도 있으나, 비슷한 의미의 단어로 바꾸어 쓰이는 경우도 많습니다.

Q Would you like an indoor or outdoor table? 실내와 실외 테이블 중 어디가 좋으세요?
A I'll take the table inside. 실내 테이블로 할게요.

A, B 중 아무거나 괜찮다고 응답하는 경우

either와 같은 표현을 사용하여 '둘 중 아무거나 괜찮다'와 같이 응답하는 경우가 정답으로 나옵니다.

Q Should I buy a house or rent an apartment? 집을 사야 하나요, 아니면 아파트를 임대해야 하나요?
A Either option seems fine. 두 개의 옵션 중 아무거나 괜찮을 것 같아요.

A, B 둘 다 거절하여 응답하는 경우

neither를 사용하여 A, B 둘 다 거절하여 응답하는 경우가 정답으로 나옵니다.

Q Would you rather have red or white wine with your meal?
레드 와인과 화이트 와인 중 어느 것을 식사와 함께 드시길 원하시나요?
A Neither. I don't drink. 둘 다 됐어요. 전 술을 마시지 않아요.

제3의 선택으로 응답하는 경우

A도 B도 아닌 제3의 선택으로 응답하는 경우도 정답으로 나옵니다.

Q Do you plan to take the train or fly to the conference? 회의에 기차를 타고 가시나요, 아니면 비행기를 타고 가실 건가요?
A Actually, I'm taking the bus. 사실, 저는 버스를 타고 갈 거예요.

간접적으로 응답하는 경우

내용과 관련된 질문으로 응답하거나 '모르겠다', ' 확인하겠다' 등과 같이 간접적으로 응답하는 경우도 정답으로 나옵니다.

Q Would you like to meet at the hotel or the convention center? 호텔과 컨벤션 센터 중 어디서 만날까요?
A Which one is more convenient for you? 어디가 더 편하신가요?

Q Can you meet our client on Thursday or are you busy? 목요일에 고객을 만날 수 있나요, 아니면 바쁘신가요?
A I will let you know later. 제가 나중에 알려드릴게요.

STEP 1 질문 들으며 핵심 포인트 파악하기

A or B에서 키워드 A, B를 들으며 핵심 포인트를 파악합니다.

> **Q** **Do you prefer this** green shirt or **the** red one**?** 초록색 셔츠, 아니면 빨간색 셔츠?

STEP 2 보기 들으며 오답 소거하고 정답 선택하기

A · B 중 하나 선택, A · B 중 아무거나 선택, A · B 둘 다 거절, 제3의 선택 등으로 응답한 보기를 정답으로 선택합니다.

A (A) I like the green one. (O) ─────────→ green one(초록색 셔츠)을 선택하여 응답하였으므로 정답입니다.
전 초록색 셔츠가 좋아요.

(B) Yes, a pair of pants. (X) ─────────→ 질문의 shirt(셔츠)와 내용이 연관된 pants(바지)를 사용하여 혼동을 주
네, 바지 한 벌이요. 는 오답입니다.

Possible   **A, B 중 아무거나 선택** I like both of them. 둘 다 좋아요.
Answers   **제3의 선택** Actually, I like that blue shirt. 사실, 저는 저 파란 셔츠가 좋아요.

||| 전략 적용하여 문제 풀어 보기   🎧 Day 09_C2_03

🎧 앞에서 배운 전략을 적용하여 다음 문제를 풀어 보세요.

(A)   (B)   (C)

☑ 한번 확인해 볼까요?

STEP 1 질문 들으며 핵심 포인트 파악하기

Will you go to the convention center first**, or** check into the hotel**?** 컨벤션 센터 먼저, 아니면 호텔에 먼저?

키워드 convention center first, or, hotel을 듣고 컨벤션 센터에 먼저 갈지 아니면 호텔에 먼저 갈지를 묻고 있는 선택 의문문임을 파악합니다.

STEP 2 보기 들으며 오답 소거하고 정답 선택하기

(A) I want to check in first. (O) ─────────→ I want to check in(체크인을 하고 싶다)을 선택하여 응답하였으
전 체크인을 먼저 하고 싶어요. 므로 정답입니다.

(B) It starts at about 8 o'clock. (X) ─────────→ 무엇을 먼저 할지 묻는 질문에 at about 8 o'clock(8시쯤에)이라는
그건 8시쯤에 시작해요. 시점으로 응답하였으므로 오답입니다.

(C) You were the first person to arrive. (X) ──→ 질문에서 사용된 first를 사용하여 혼동을 주는 오답입니다.
당신이 처음 도착한 사람이었어요.

Day 09_C2_04

질문의 키워드를 듣고 핵심 포인트를 파악하여 정답을 선택한 후, 빈칸을 받아써 보세요. (받아쓰기할 문장은 세 번 들려줍니다.)

01 (A) I'll book a flight.
(B) Order it now, please.

Should I _____ the _____ or _____?

02 (A) A table for three.
(B) Neither. I don't eat meat.

Would you like the _____ or the _____?

03 (A) I don't feel like walking.
(B) They just fixed the elevator.
(C) He's staring at you.

Do you want to _____ or _____?

04 (A) He dropped it.
(B) I know where it is.
(C) I stayed at the hotel.

Do you know _____ the _____, or should I _____?

05 (A)　　　(B)　　　(C)

Can I _____ or do you want _____?

06 (A)　　　(B)　　　(C)

Would you like to _____ a _____ or _____?

정답·해석·해설 p.388

🎧 Day 09_Test

질문의 키워드를 듣고 핵심 포인트를 파악하여 정답을 선택하세요.

01 (A)   (B)   (C)   **07** (A)   (B)   (C)

02 (A)   (B)   (C)   **08** (A)   (B)   (C)

03 (A)   (B)   (C)   **09** (A)   (B)   (C)

04 (A)   (B)   (C)   **10** (A)   (B)   (C)

05 (A)   (B)   (C)   **11** (A)   (B)   (C)

06 (A)   (B)   (C)   **12** (A)   (B)   (C)

＊받아쓰기&쉐도잉 프로그램으로 꼭 복습하세요.
정답·해석·해설 p.390

10일 제안·요청 의문문 및 평서문

10일에서는 제안이나 요청에 사용되는
'제안·요청 의문문'과 상대방의 응답을 요구하는
'평서문'에 대해 살펴보겠습니다.

Course 1 제안·요청 의문문

Course 2 평서문

무료 MP3 다운로드 및 스트리밍 바로 듣기
(HackersIngang.com)

무료MP3 바로듣기

Part 2
10일

Course 1 | 제안·요청 의문문

본 코스에서는 "공원에서 점심을 먹는 게 어때요?"와 같은 제안이나 요청에 사용되는 제안·요청 의문문에 대해 살펴보도록 하겠습니다.

빈출 어휘 🎧 Day 10_C1_01

제안·요청 의문문에 자주 나오는 빈출 어휘 및 유사 발음 어휘를 익혀두면 문제를 풀 때 질문과 보기를 정확히 들을 수 있습니다. 음성을 듣고 따라 읽으면서 꼭 외워두세요.

필수 어휘	오답으로 출제되는 유사 발음 어휘
❶ **unfortunately** [미 ʌnfɔ́ːrtʃənətli, 영 ʌnfɔ́ːtʃənətli] 유감스럽게도	wait [weit] 기다리다 **wait** for a moment 잠시 기다리다
❷ **material** [mətíəriəl] 재료	weigh [wei] 무게를 재다 **weigh** the fruit 과일의 무게를 재다
❸ **supply** [səplái] 공급품, 필수품	
❹ **expense** [ikspéns] 비용	banquet [bǽŋkwit] 연회 organize an awards **banquet** 시상식 연회를 준비하다
❺ **leave a message** 메시지를 남기다	bank [bæŋk] 은행 make a deposit at the **bank** 은행에 예금하다
❻ **share** [미 ʃɛər, 영 ʃeə] 공유하다	
❼ **break** [breik] 깨뜨리다; 쉬는 시간	breakfast [brékfəst] 아침 식사 eat some **breakfast** 아침 식사를 하다
❽ **recommend** [rèkəménd] 추천하다	fast [fæst] 빠른 a **fast** delivery service 빠른 배송 서비스
❾ **turn down** 소리를 줄이다	
❿ **drop** [미 drɑːp, 영 drɔp] 떨어뜨리다	bus [bʌs] 버스 catch the **bus** on the corner 모퉁이에서 버스를 타다
⓫ **make a decision** 결정하다	box [bɑːks] 상자 put the **boxes** on the shelves 선반 위에 상자를 두다
⓬ **stop by** 방문하다	
⓭ **fill out** 작성하다	sit [sit] 앉다 **sit** on the sofa 소파에 앉다
⓮ **address** [ədrés] 연설하다; 주소	seat [siːt] 자리 have a **seat** 자리에 앉다
⓯ **go over** 검토하다	
⓰ **revise** [riváiz] 고치다	
⓱ **follow** [미 fáːlou, 영 fɔ́ləu] 따르다	
⓲ **helpful** [hélpfəl] 도움이 되는	
⓳ **already** [ɔːlrédi] 이미	

토익기초

Part 1

Part 2

Part 3

Part 4

해커스 토익 스타트 Listening

제안·요청 의문문 빈출 질문 및 응답 🎧 Day 10_C1_02

제안·요청 의문문에 자주 나오는 빈출 질문 및 응답을 익혀두면 문제를 풀 때 정답을 쉽게 고를 수 있습니다. 음성을 듣고 따라 읽으면서 꼭 익혀두세요.

제안 의문문

수락의 의미로 응답하는 경우

제안 의문문에는 That's a good idea(좋은 생각이에요), Sure(물론이죠), OK(좋아요)와 같은 표현을 사용하여 제안을 수락하는 의미로 응답한 경우가 정답으로 자주 나옵니다.

Q Would you like to walk **to the convention center?** 컨벤션 센터까지 걸을래요?
A That sounds like a great idea. 좋은 생각인 것 같아요.

거절의 의미로 응답하는 경우

No(아니요), Sorry(죄송해요)와 같은 표현을 사용하여 제안을 거절하는 의미로 응답한 경우가 정답으로 나옵니다.

Q Why don't we eat **lunch in the park?** 우리 공원에서 점심을 먹는 게 어때요?
A Sorry, but I can't. 죄송하지만, 안될 것 같아요.

관련 질문으로 응답하는 경우

제안 의문문의 내용과 관련된 질문으로 응답하는 경우가 정답으로 나옵니다.

Q How about inviting **Rebecca to the presentation?** 발표에 Rebecca를 초대하는 게 어때요?
A Is she in the office today? 그녀가 오늘 사무실에 있나요?

요청 의문문

수락의 의미로 응답하는 경우

요청 의문문에는 주로 Sure(물론이죠), No problem(문제없어요), I'd be happy to(기꺼이 해드릴게요)와 같은 표현을 사용하여 요청을 수락하는 의미로 응답하는 경우가 정답으로 나옵니다.

Q Would you give **this letter to the accountant?** 이 편지를 회계사에게 전해주실래요?
A Sure, I'd be happy to. 물론이죠, 기꺼이 해드릴게요.

거절의 의미로 응답하는 경우

Sorry(죄송해요)와 같은 거절의 의미를 담은 표현을 사용하여 요청을 거절하는 의미로 응답한 경우가 정답으로 나옵니다.

Q Could you order **four of these chairs?** 이 의자 네 개를 주문해줄래요?
A Sorry, I'm too busy to do that. 죄송해요, 그 일을 하기엔 너무 바빠요.

관련 질문으로 응답하는 경우

요청 의문문의 내용과 관련된 질문으로 응답하는 경우가 정답으로 나옵니다.

Q Can you give me **your flight reservation number?** 항공편 예약 번호를 알려주시겠어요?
A Where is it listed? 그것이 어디에 적혀 있나요?

STEP 1 질문 들으며 핵심 포인트 파악하기

How about ~, Could you ~ 등과 같은 제안·요청의 표현을 포함한 키워드를 들으며 핵심 포인트를 파악합니다.

> **Q** Could you give me a ride **to the office?** 태워 주실래요?

STEP 2 보기 들으며 오답 소거하고 정답 선택하기

수락 또는 **거절의 의미**나 **내용과 관련된 질문**으로 응답하는 보기를 정답으로 선택합니다.

A (A) Sure, no problem. (O) ⟶ Sure(물론이다)라는 수락의 의미로 응답하였으므로 정답입니다.
물론이죠, 문제없어요.

    (B) I gave it to the secretary. (X) ⟶ 질문에서 사용된 give의 과거형인 gave를 사용하여 혼동을 주는 오답입니다.
저는 그것을 비서에게 주었어요.

Possible   거절 Sorry, I'm not going to the office today. 죄송하지만, 저는 오늘 회사에 안 갈 거예요.
Answers   관련 질문 What time do you want to leave? 몇 시에 나가고 싶으세요?

전략 적용하여 문제 풀어 보기 🎧 Day 10_C1_03

> 🎧 앞에서 배운 전략을 적용하여 다음 문제를 풀어 보세요.
>
> (A)   (B)   (C)

☑️ 한번 확인해 볼까요?

STEP 1 질문 들으며 핵심 포인트 파악하기

Why don't you take a taxi **with us?** 택시를 타는 게 어때요?
키워드 Why don't you와 take a taxi를 듣고 택시를 타고 갈 것을 제안하는 제안 의문문임을 파악합니다.

STEP 2 보기 들으며 오답 소거하고 정답 선택하기

(A) That's a great idea. (O) ⟶ That's a great idea(좋은 생각이다)라는 수락의 의미로 응답하였으므로 정답입니다.
좋은 생각이네요.

(B) I've taken it many times. (X) ⟶ 질문에서 사용된 take와 발음이 일부 같은 taken을 사용하여 혼동을 주는 오답입니다.
전 그것을 많이 타 봤어요.

(C) Nobody took the bus. (X) ⟶ 질문에서 사용된 taxi(택시)와 내용이 연관된 bus(버스)를 사용하여 혼동을 주는 오답입니다.
아무도 버스를 타지 않았어요.

🎧 Day 10_C1_04

질문의 키워드를 듣고 핵심 포인트를 파악하여 정답을 선택한 후, 빈칸을 받아써 보세요. (받아쓰기할 문장은 세 번 들려줍니다.)

01 (A) Some of the accounts.
(B) Sure, I'll do it today.

_____ this _____ to the accountant?

02 (A) That would be nice.
(B) The steak and salad, please.

_____ _____ for _____ at 7 o'clock?

03 (A) Sorry, but I'm too busy now.
(B) She can fix it.
(C) No, because it is broken.

_____ taking a quick _____?

04 (A) Yes, it was 12 dollars.
(B) We'd like some menus, please.
(C) Yes, that sounds nice.

_____ have _____ together?

05 (A)　　　(B)　　　(C)

_____ me your _____?

06 (A)　　　(B)　　　(C)

_____ this book to the head designer?

정답·해석·해설 p.394

토익 기초

Part 1

Part 2

Part 3

Part 4

해커스 토익 스타트 Listening

본 코스에서는 "지갑을 잃어버린 것 같아요."와 같은 상대방의 응답을 요구하는 평서문에 대해 살펴보도록 하겠습니다.

빈출 어휘 ♪ Day 10_C2_01

평서문에 자주 나오는 빈출 어휘 및 유사 발음 어휘를 익혀두면 문제를 풀 때 질문과 보기를 정확히 들을 수 있습니다. 음성을 듣고 따라 읽으면서 꼭 외워두세요.

필수 어휘	오답으로 출제되는 유사 발음 어휘
❶ congratulation [미 kəngrætʃuléiʃən, 영 kən-grætʃəléiʃən] 축하	quite [kwait] 꽤 **quite** a lot of work 꽤 많은 일
❷ client [kláiənt] 고객	quiet [kwaiət] 조용한 a **quiet** library 조용한 도서관
❸ traffic light 신호등	
❹ bookstore [미 búkstɔ̀:r, 영 búkstɔ:] 서점	concert [미 ká:nsərt, 영 kɔ́nsət] 콘서트 attend a **concert** 콘서트에 참석하다
❺ pass [미 pæs, 영 pɑ:s] 지나치다	concerned [미 kənsə́:rnd, 영 kənsə́:nd] 걱정되는 **concerned** about safety 안전에 대해 걱정되는
❻ lost [미 lɔ:st, 영 lɔst] 잃어버렸다 (lose의 과거형)	
❼ bother [미 bá:ðər, 영 bɔ́ðə] 귀찮게 하다	pair [미 pɛər, 영 peə] 한 쌍 a **pair** of gloves 장갑 한 켤레
❽ increase [inkrí:s] 오르다	repair [미 ripɛ́ər, 영 ripéə] 수리하다 **repair** the computer monitor 컴퓨터 모니터를 수리하다
❾ postpone [미 poustpóun, 영 pəustpə́un] 연기하다	
❿ noisy [nɔ́izi] 시끄러운	pass [pæs] 지나가다 **pass** the building 건물을 지나가다
⓫ excited [iksáitid] 흥분된	past [pæst] 지난 **past** work projects 지난 프로젝트
⓬ delicious [dilíʃəs] 맛있는	
⓭ boring [bɔ́:riŋ] 지루한	
⓮ comfortable [미 kʌ́mftəbl, 영 kʌ́mfətəbl] 편리한	retire [ritáiər] 퇴직하다 **retire** after 40 years 40년 후에 퇴직하다
⓯ available [əvéiləbl] 가능한	tire [taiər] 타이어 a flat **tire** 바람 빠진 타이어
⓰ full [ful] 가득 찬	
⓱ ahead [əhéd] 앞쪽에	
⓲ really [미 rí:əli, 영 ríəli] 정말로	

평서문에 자주 나오는 빈출 질문 및 응답을 익혀두면 문제를 풀 때 정답을 쉽게 고를 수 있습니다. 음성을 듣고 따라 읽으면서 꼭 익혀두세요.

동의의 의미로 응답하는 경우

Yes를 사용하여 화자의 말에 동의하는 내용으로 응답하는 경우가 정답으로 나옵니다.

Q The neighbors **upstairs are so** noisy. 위층에 사는 사람들은 너무 시끄러워요.
A Yes, **they certainly are.** 네, 정말 그래요.

반대의 의미로 응답하는 경우

No를 사용하여 화자의 말에 반대하는 내용으로 응답하는 경우가 정답으로 나옵니다.

Q I think we already passed **the** restaurant. 우리는 이미 그 레스토랑을 지나친 것 같아요.
A No, **it's a few blocks ahead.** 아니에요, 그곳은 몇 블록 앞에 있어요.

부연 설명을 하여 응답하는 경우

화자가 말하는 사실이나 의견에 추가적인 정보를 제공하며 부연 설명을 하는 경우가 정답으로 나옵니다.

Q **Our** clients **from Thailand will** arrive at 3 P.M. 태국에서 오는 고객들이 오후 3시에 도착해요.
A I'll be at the airport to pick them up. 제가 공항으로 마중 나갈 거예요.

해결책을 제시하여 응답하는 경우

화자가 말하는 문제점에 대한 해결책을 제시하는 응답이 정답으로 나옵니다.

Q **She** lost **her** boarding pass. 그녀는 탑승권을 잃어버렸어요.
A I'll call the ticketing desk. 제가 발권 창구에 전화해 볼게요.

관련 질문으로 응답하는 경우

화자가 말하는 사실이나 의견에 대한 내용과 관련된 질문으로 응답하는 경우가 정답으로 나옵니다.

Q I can't find **my** purse. 제 지갑을 찾을 수가 없어요.
A Do you remember where you left it? 그것을 어디에 두었는지 기억하세요?

스텝별 문제 풀이 전략

STEP 1 문장 들으며 핵심 포인트 파악하기

키워드를 들으며 사실, 의견, 문제점 등 화자가 전달하고자 하는 핵심 포인트를 파악합니다.

> **Q** You must be excited about your trip to London. 여행으로 들떠 있겠군요.

STEP 2 보기 들으며 오답 소거하고 정답 선택하기

화자의 말에 동의·반대하거나, **부연 설명, 해결책 제시** 또는 관련 질문으로 응답한 보기를 정답으로 선택합니다.

A (A) Yes, I can hardly wait. (O) ──────→ 여행으로 들떠 있겠다는 화자의 의견에 can hardly wait(너무 기다려
　　네, 너무 기다려져요. 　　　　　　　　　　　진다)라는 동의의 의미로 응답하였으므로 정답입니다.

　　(B) For five days. (X) ──────→ 질문에서 사용된 trip(여행)과 내용이 연관된 For five days(5일 동안)
　　5일 동안이요. 　　　　　　　　　　　　를 사용하여 혼동을 주는 오답입니다.

Possible　반대 Not really, I'll be working the whole time. 그렇지 않아요, 가서 계속 일할 거니까요.
Answers　부연 설명 Actually, I'm going to Paris as well. 사실, 저는 파리에도 가요.
　　　　　질문 How did you know I'm going to London? 제가 런던에 간다는 것을 어떻게 알았어요?

전략 적용하여 문제 풀어 보기　🎧 Day 10_C2_03

🎧 앞에서 배운 전략을 적용하여 다음 문제를 풀어 보세요.

(A)　　　(B)　　　(C)

✓ 한번 확인해 볼까요?

STEP 1 질문 들으며 핵심 포인트 파악하기

I heard there's a staff meeting this morning. 오늘 아침에 회의가 있다고 들었어요.

키워드 heard, meeting, this morning을 듣고 오늘 아침에 회의가 있다고 들었다는 사실을 전달하고 있음을 파악합니다.

STEP 2 보기 들으며 오답 소거하고 정답 선택하기

(A) It starts in 10 minutes. (O) ──────→ Yes가 생략된 형태로 It starts in 10 minutes(10분 후에 시작한다)
　　10분 후에 시작해요. 　　　　　　　　　　　라고 부연 설명하여 응답하였으므로 정답입니다.

(B) It's very loud. (X) ──────→ 질문에서 사용된 heard(들었다)와 내용이 연관된 loud(시끄러운)를
　　매우 시끄럽네요. 　　　　　　　　　　　사용하여 혼동을 주는 오답입니다.

(C) The staff seems very nice. (X) ──────→ 질문에서 사용된 staff를 사용하여 혼동을 주는 오답입니다.
　　직원이 매우 친절한 것 같아요.

Day 10_C2_04

질문의 키워드를 듣고 핵심 포인트를 파악하여 정답을 선택한 후, 빈칸을 받아써 보세요. (받아쓰기할 문장은 세 번 들려줍니다.)

01 (A) At 2 o'clock.

(B) Yes, good idea.

We have to _____ the _____.

02 (A) At the convention center.

(B) Check with the information desk.

I think _____.

03 (A) Neither do I.

(B) It takes 30 minutes.

(C) She's late this morning.

I don't like _____.

04 (A) I'm very concerned about her.

(B) You can park anywhere in the garage.

(C) Actually, it was last night.

I heard _____ in the park.

05 (A)   (B)   (C)

The _____ we saw yesterday _____.

06 (A)   (B)   (C)

_____ is being _____, so I _____ to the _____.

정답 · 해석 · 해설 p.396

🎧 Day 10_Test

질문의 키워드를 듣고 핵심 포인트를 파악하여 정답을 선택하세요.

01 (A)　　(B)　　(C)　　　　**07** (A)　　(B)　　(C)

02 (A)　　(B)　　(C)　　　　**08** (A)　　(B)　　(C)

03 (A)　　(B)　　(C)　　　　**09** (A)　　(B)　　(C)

04 (A)　　(B)　　(C)　　　　**10** (A)　　(B)　　(C)

05 (A)　　(B)　　(C)　　　　**11** (A)　　(B)　　(C)

06 (A)　　(B)　　(C)　　　　**12** (A)　　(B)　　(C)

*받아쓰기&쉐도잉 프로그램으로 꼭 복습하세요.

정답·해석·해설 p.398

Part 2

Hackers **TOEIC** Start Listening

Part Test

Part 2 Part Test에서는
지금까지 익힌 각각의 질문 유형에 따른
어휘와 전략을 바탕으로 실제 토익 Part 2와
같은 구성의 한 회분을 풀어보도록 하겠습니다.

* Answer Sheet는 329페이지에 있습니다.
Part 2는 Answer Sheet의 7번~31번에 해당합니다.

무료 MP3 다운로드 및 스트리밍 바로 듣기
(HackersIngang.com)

무료MP3 바로듣기

> **PART 2**
>
> **Directions**: For each question, you will listen to a statement or question followed by three possible responses spoken in English. They will not be printed and will only be spoken one time. Select the best response and mark the corresponding letter (A), (B), or (C) on your answer sheet.

01 Mark your answer on your answer sheet.

02 Mark your answer on your answer sheet.

03 Mark your answer on your answer sheet.

04 Mark your answer on your answer sheet.

05 Mark your answer on your answer sheet.

06 Mark your answer on your answer sheet.

07 Mark your answer on your answer sheet.

08 Mark your answer on your answer sheet.

09 Mark your answer on your answer sheet.

10 Mark your answer on your answer sheet.

11 Mark your answer on your answer sheet.

12 Mark your answer on your answer sheet.

13 Mark your answer on your answer sheet.

14 Mark your answer on your answer sheet.

15 Mark your answer on your answer sheet.

16 Mark your answer on your answer sheet.

17 Mark your answer on your answer sheet.

18 Mark your answer on your answer sheet.

19 Mark your answer on your answer sheet.

20 Mark your answer on your answer sheet.

21 Mark your answer on your answer sheet.

22 Mark your answer on your answer sheet.

23 Mark your answer on your answer sheet.

24 Mark your answer on your answer sheet.

25 Mark your answer on your answer sheet.

정답 · 해석 · 해설 p.402

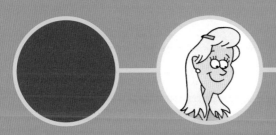

Part 3

Hackers **TOEIC** Start Listening

Part 3 소개

문제 형식

32번부터 70번까지 총 39문제로, 두 명이나 세 명의 대화를 듣고 그와 관련된 세 개의 문제를 푸는 유형입니다.

대화 상황

Part 3에 출제되는 대화에는 각각의 대화 상황에 따라 자주 출제되는 대화 주제, 표현 및 단어들이 있습니다. 따라서 본 교재에서 제시하는 각각의 대화 상황 및 상황별 빈출 표현을 미리 익혀둔다면 Part 3를 쉽게 공략할 수 있습니다.

회사 생활	인사 업무	11일 Course 1
	사내 업무	11일 Course 2
	회의	12일 Course 1
	사업 계획	12일 Course 2
	고객 상담	13일 Course 1
	시설 관리	13일 Course 2
일상 생활	쇼핑 시설	14일 Course 1
	편의 시설	14일 Course 2
	여가	15일 Course 1
	교통 및 주거	15일 Course 2

Part 3 학습 전략 및 문제 풀이 전략

학습 전략

대화 상황별 빈출 단어 및 표현 미리 익혀두기

Part 3에 출제되는 대화 상황과 각 대화 상황에 따라 자주 출제되는 단어 및 표현을 미리 익혀두면 실제 시험에서 대화의 내용이 쉽게 파악되어 대화를 들으며 문제의 답을 정확하게 고를 수 있게 됩니다.

문제 풀이 전략

Step 1 질문 읽으며 핵심 포인트 파악하기

대화를 듣기 전 주어진 짧은 시간 동안 질문을 읽으며 의문사를 포함한 키워드를 통해 무엇을 묻고 있는지를 파악합니다. 질문에 시각 자료가 함께 나오는 경우에는, 어떤 자료인지를 미리 파악해두도록 합니다. 이러한 핵심 포인트 파악은 대화를 들으며 답이 될 부분을 찾는 Step 2를 용이하게 할 것입니다.

Step 2 대화 들으며 정답 선택하기

대화를 들으며 Step 1에서 파악한 질문에 답이 될 부분을 듣고 가장 적절한 보기를 정답으로 선택합니다. 대화의 서두에 대화의 상황에 대한 정보가 담겨 있으므로, 서두를 잘 듣는다면 Step 1에서 파악한 질문의 핵심 포인트에 대한 정보가 나올 부분을 예상할 수 있을 것입니다.

Part 3

Hackers **TOEIC** Start Listening

11일

회사 생활 1

11일에서는 '회사 생활'에서
일어날 수 있는 여러 가지
대화 상황 중 '인사 업무'와
'사내 업무' 관련 대화에 대해
살펴보겠습니다.

Course 1 인사 업무
Course 2 사내 업무

무료 MP3 다운로드 및 스트리밍 바로 듣기
(HackersIngang.com)

무료MP3 바로듣기

Course 1 | 인사 업무

본 코스에서는 회사에 지원하거나, 승진을 하는 등의 상황을 담은 인사 업무 관련 대화에 대해 살펴보도록 하겠습니다.

║║║ 인사 업무 관련 대화의 상황별 빈출 어휘 🎧 Day 11_C1_01

인사 업무 관련 대화에 자주 나오는 어휘를 익혀두면 문제를 풀 때 대화를 정확히 들을 수 있습니다. 음성을 듣고 따라 읽으면서 꼭 외워두세요.

채용

❶ candidate [미 kǽndidèit, 영 kǽndidət] 지원자

❷ hire [미 haiər, 영 haiə] 채용하다

❸ offer [미 ɔ́:fər, 영 ɔ́fə] 제공하다

❹ supervisor [미 súːpərvàizər, 영 súːpəvaizə] 상사

지원

❶ application [미 æ̀pləkéiʃən, 영 æ̀plikéiʃən] 지원, 지원서

❷ submit [səbmít] 제출하다

❸ human resources department 인사부

❹ degree [digríː] 학위

승진

❶ career [미 kəríər, 영 kəríə] 경력, 직업

❷ employee [implɔ́iiː] 직원, 고용인

❸ hardworking [미 hàːrdwə́ːrkiŋ, 영 hàːdwə́ːkiŋ] 열심히 일하는

❹ win [win] (상을) 받다, 획득하다

❺ promotion [미 prəmóuʃən, 영 prəmə́uʃən] 승진

❻ manage [mǽnidʒ] 경영하다, 운영하다

❼ executive [미 igzékjutiv, 영 igzékjətiv] 관리자

❽ accomplish [미 əkáːmpliʃ, 영 əkʌ́mpliʃ] 이루다, 성취하다

인사 업무 관련 대화의 상황별 빈출 표현 🎧 Day 11_C1_02

인사 업무 관련 대화에 자주 나오는 상황과 표현을 익혀두면 문제를 풀 때 대화의 흐름 파악이 쉬워져 질문에 맞는 정답을 쉽게 고를 수 있습니다. 음성을 듣고 따라 읽으면서 꼭 익혀두세요.

채용

채용 담당자들이 직원을 채용하기(hire employees) 위해 특정 학위를 소지한(have a degree in) 사람들만 지원할 수 있다는 등의 지원 자격이나 면접을 실시할(conduct interviews) 계획에 대해 이야기하는 내용이 나옵니다.

hire employees 직원을 채용하다	The personnel department hires employees for all sections of the company. 인사부는 회사 모든 부서에 직원을 채용합니다.
have a degree in ~ ~ 학위를 소지하다	We are only interested in applicants who have a degree in business. 우리는 경영학 학위를 소지한 지원자들에게만 관심이 있습니다. *be interested in ~에 관심 있다 applicant [ǽplikənt] 지원자, 응모자
conduct interviews 면접을 실시하다	The company will conduct interviews with selected applicants. 회사는 선발된 지원자들과 면접을 실시할 것입니다.

지원

지원하려는 회사에서 주는 봉급(offer a salary) 등의 근무 조건에 대해 이야기하거나, 화자가 지원하는(apply for) 직종, 지원서를 보내는(send an application form) 방법 등에 대해 이야기하는 내용이 나옵니다.

offer a salary 봉급을 주다	The agency offers a generous salary along with annual bonuses. 그 대행사는 연간 상여금과 함께 높은 봉급을 줍니다.
apply for ~ ~에 지원하다	I'm applying for the office manager position. 저는 사무장 직에 지원할 것입니다. *position [pəzíʃən] (직무상의) 직책
send an application form 지원서를 보내다	Please send us an application form by fax or mail. 지원서를 팩스나 우편으로 저희에게 보내주세요.

승진

직장 동료가 어떤 직위로 승진하거나(be promoted to) 새로운 직책을 맡고(take a position) 그 직위에서 새롭게 추진하는 업무에 대해 이야기하는 내용이 나옵니다.

be promoted to ~ ~로 승진하다	Ms. Wu was promoted to director of sales. Ms. Wu가 영업 이사로 승진했습니다. *director [미 diréktər, 영 diréktə] 이사, 관리자
take a position 직책을 맡다	Carol Smith took the position as the human resources manager. Carol Smith는 인사부장 직을 맡았습니다.

토익기초 Part 1 Part 2 Part 3 Part 4 해커스 토익 스타트 Listening

인사 업무 관련 대화와 빈출 질문

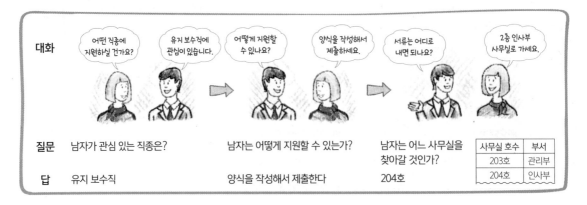

사무실 호수	부서
203호	관리부
204호	인사부

스텝별 문제 풀이 전략

STEP 1 질문 읽으며 핵심 포인트 파악하기

대화를 듣기 전, 질문을 읽으면서 의문사를 포함한 키워드를 통해 질문의 핵심 포인트를 파악합니다. 질문에 시각 자료가 함께 나오는 경우에는, 어떤 종류의 자료인지를 미리 파악해두도록 합니다.

What type of job **is the** man interested in? 남자가 관심 있는 직종은?

How **can the** man apply for **the** position? 남자가 지원할 수 있는 방법은?

Look at the graphic. Which office **will the** man probably go to? 남자가 찾아갈 사무실은?

Office Number	Department
203	Maintenance
204	Personnel

부서별 사무실 호수가 나와 있는 목록

STEP 2 대화 들으며 정답 선택하기

대화를 들으며 미리 읽어두었던 핵심 포인트와 시각 자료를 바탕으로 질문의 답이 되는 부분을 파악하고, 그 파악한 내용을 적절히 표현하고 있는 보기를 정답으로 선택합니다.

M: I'm interested in applying for the maintenance job.

W: OK. You'll have to fill out this form and submit it by Friday.

Q. What type of job **is the** man interested in?

(A) Personnel
(B) Maintenance

→ 남자의 말 I'm interested in applying for the maintenance job에서 유지 보수직에 관심 있는 것을 알 수 있으므로 (B) Maintenance가 정답입니다.

앞에서 배운 전략을 적용하여 다음 문제를 풀어 보세요.

Name	Room Number
Bill Fisher	401
Beth Adams	402
Anne Johnson	403
John Dubois	404

1. What job is the woman interested in?

   (A) Receptionist   (B) Office manager
   (C) Accountant   (D) Personnel director

2. How can the woman apply for the position?

   (A) By contacting the editor
   (B) By submitting documents
   (C) By calling a number
   (D) By sending a fax

3. Look at the graphic. Where is the personnel director's office?

   (A) Room 401   (B) Room 402
   (C) Room 403   (D) Room 404

☑ 한번 확인해 볼까요?

1. What job is the woman interested in?
여자는 무슨 직업에 관심이 있는가?

(C) Accountant 회계직

STEP 1 What job ~ woman interested in을 보고 여자가 관심 있는 직업이 무엇인지를 묻고 있음을 알 수 있습니다.

STEP 2 여자의 말 I'm interested in ~ accounting job에서 회계직에 관심이 있음을 알 수 있으므로 (C)가 정답입니다.

2. How can the woman apply for the position?
여자는 어떻게 그 직종에 지원할 수 있는가?

(B) By submitting documents 서류들을 제출함으로써

STEP 1 How ~ woman apply for ~ position을 보고 여자가 직종에 어떻게 지원할 수 있는지를 묻고 있음을 알 수 있습니다.

STEP 2 남자의 말 You can ~ submit it along with ~ résumé에서 서류들을 제출하여 지원할 수 있음을 알 수 있으므로 (B)가 정답입니다.

3. Look at the graphic. Where is the personnel director's office?
시각 자료를 보아라. 인사부장의 사무실은 어디인가?

(C) Room 403 403호

이름	사무실 호수
Bill Fisher	401호
Beth Adams	402호
Anne Johnson	403호
John Dubois	404호

STEP 1 Where ~ personnel director's office를 보고 인사부장의 사무실이 어디인지를 묻고 있음을 알 수 있으며, 시각 자료를 보고 담당자별 사무실 호수가 나와 있는 목록임을 알 수 있습니다.

STEP 2 남자의 말 He's the personnel director와 Mr. Fisher just switched offices with Anne Johnson에서 인사 부장 Bill Fisher가 Anne Johnson과 사무실을 바꿨다고 하였고, 목록에서 Anne Johnson의 사무실이 403호였음을 알 수 있으므로 (C)가 정답입니다.

Questions 1-3 refer to the following conversation and list.
1-3번은 다음 대화와 목록에 관한 문제입니다.

W: Hello. ¹I'm interested in applying for the accounting job.
안녕하세요. 저는 회계직에 지원하는 것에 관심이 있어요. — 지원 직종

M: Certainly. ²You can fill out this form and submit it along with a copy of your résumé to Bill Fisher by Friday. ³He's the personnel director.
좋습니다. 이 양식을 작성하시고 이력서 한 부와 함께 금요일까지 Bill Fisher에게 제출해주세요. 그가 인사부장이에요. — 지원서 제출 방법

W: Thanks. Um, where's his office?
감사해요. 음, 그의 사무실은 어디인가요?

M: It's on the fourth floor.
4층에 있어요.

W: OK. I'll just check the directory by the elevator.
알겠습니다. 엘리베이터 옆에 있는 안내판을 확인해 볼게요. — 지원서 제출 장소

M: Sure. But keep in mind that ³Mr. Fisher just switched offices with Anne Johnson.
그래요. 그런데 Mr. Fisher는 이제 막 Anne Johnson과 사무실을 바꿨다는 것을 명심하세요.

연습 문제

질문의 키워드를 읽고 핵심 포인트를 파악한 뒤 대화를 들으며 정답을 선택하고, 빈칸을 받아써 보세요.
(음성은 두 번 들려줍니다.)

01 What does the man ask about?

(A) 승진 기회   (B) 직원 봉급

W: Thanks for _____. Do you have any questions about the job?

M: Actually, does your law firm _____?

02 What position is the woman interested in?

(A) 편집직   (B) 판매직

W: I'm planning to _____ at the head office.

M: Are you? I didn't know there was _____.

W: Yes, it's for the news magazine department.

03 Who most likely is Deanna?

(A) A business consultant   (B) A marketing director

M: Do you know who _____ will be?

W: I heard Deanna will be promoted to that position.

M: Oh, good. She's _____ and will help our team a lot.

04 Why does the man want to hire more employees?

(A) A shop is very busy.   (B) He opened a new store.

M: _____ these days. We need to hire more sales staff.

W: I agree. Almost everyone is _____.

M: I will discuss the problem with our manager.

[05-06]

05 What problem are the speakers discussing?

(A) The facility is dirty.
(B) The guests are complaining.
(C) The rooms are expensive.
(D) The hotel is understaffed.

06 What does the woman suggest?

(A) Speaking to a guest
(B) Hiring a new receptionist
(C) Talking to a supervisor
(D) Changing a reservation

W: We have so many guests at the hotel these days. I think _____

_____.

M: I agree. It's so busy during the summer. We definitely need more help. Maybe we should

_____.

W: _____?

[07-08]

Annual Profits

07 What is the conversation mainly about?

(A) A colleague's promotion
(B) A new employee
(C) A company's expansion
(D) A salary change

08 Look at the graphic. Which branch will Dale manage?

(A) Oakland
(B) San Francisco
(C) San Diego
(D) Los Angeles

M: _____. He's _____
at one of our branch offices in California.

W: Really? I thought he wasn't interested in relocating.

M: Yes. But, uhm . . . the company offered him a good salary.

W: I guess the CEO was happy with Dale's performance as project manager last year.

M: Also, that branch needs his help. _____
out of all our California offices.

정답·해석·해설 p.411

본 코스에서는 보고서를 작성하거나, 업무 교육을 받는 등의 상황을 담은 사내 업무 관련 대화에 대해 살펴보도록 하겠습니다.

사내 업무 관련 대화의 상황별 빈출 어휘
🎧 Day 11_C2_01

사내 업무 관련 대화에 자주 나오는 어휘를 익혀두면 문제를 풀 때 대화를 정확히 들을 수 있습니다. 음성을 듣고 따라 읽으면서 꼭 외워두세요.

보고서 작성

❶ **deadline** [미 dédlàin, 영 dédlain] 마감 기한

❷ **postpone** [미 pous/póun, 영 pəustpáun] 연기하다

❸ **extend** [iksténd] 연장하다

❹ **draft** [미 dræft, 영 drɑːft] 초안

❶ **review** [rivjúː] 검토하다

❷ **report** [미 ripɔ́ːrt, 영 ripɔ́ːt] 보고서

❸ **material** [mətíəriəl] 자료

❹ **copy** [미 kɑ́ːpi, 영 kɔ́pi] 한 부, 사본

업무 교육

❶ **seminar** [미 sémənàːr, 영 séminɑː] 세미나

❷ **training department** 교육부

❸ **participant** [미 pɑːrtísəpənt, 영 pɑːtísipənt] 참가자, 참여자

❹ **registration** [rèdʒistréiʃən] 등록

❶ **presenter** [미 prizéntər, 영 prizéntə] 발표자

❷ **market trend** 시장 동향

❸ **improve** [imprúːv] 나아지다, 개선하다

❹ **point** [pɔint] 요점

사내 업무 관련 대화의 상황별 빈출 표현

사내 업무 관련 대화에 자주 나오는 상황과 표현을 익혀두면 문제를 풀 때 대화의 흐름 파악이 쉬워져 질문에 맞는 정답을 쉽게 고를 수 있습니다. 음성을 듣고 따라 읽으면서 꼭 익혀두세요.

보고서 작성

직원들이 보고서를 제출해야(turn in) 하는 마감일이 언제인지(due on)에 대해 이야기하거나, 보고서 작성이 늦어지는 경우 동료가 부장에게 마감일 연장을 요청해 보라(ask the manager for an extension)고 제안하는 내용이 나옵니다.

turn in 제출하다	Make sure to turn in your quarterly evaluations today. 오늘 반드시 분기별 평가서를 제출하세요.
due on ~ ~이 마감일이다	The reports are due on Wednesday. 보고서는 수요일이 마감일이에요.
ask the manager for an extension 부장에게 연장을 요청하다	If you need more time, ask the manager for an extension. 시간이 더 필요하다면, 부장님에게 연장을 요청해 보세요.

업무 교육

직원들이 업무와 관련된 사내 교육에 등록하거나(sign up for), 수업을 듣기(take a class)도 하고, 직원들을 위한 워크숍(workshop for)에서 어떤 내용이 다루어질(be covered) 것이며, 발표자가 무엇에 대해 강연할(speak about) 것인지 이야기하는 내용이 나옵니다.

sign up for ~ ~에 등록하다	I'm going to sign up for the course. 저는 그 수업에 등록할 것입니다.
take a class 수업을 듣다	Mr. Jenson took a class on international trade regulations. Mr. Jenson은 국제 거래 조약에 대한 수업을 들었습니다.
workshop for ~ ~를 위한 워크숍	I'm happy there are workshops for new employees. 신입 사원들을 위한 워크숍이 있어서 좋습니다.
be covered 다루어지다	Marketing trends will be covered during the workshop. 워크숍 동안에 마케팅 트렌드가 다루어질 것입니다.
speak about ~ ~에 대해 강연하다	The lecturer spoke about recent manufacturing innovations. 강연자는 최근의 제조업 혁신에 대해 강연했습니다.

사내 업무 관련 대화와 빈출 질문

대화	보고서는 끝냈나요?		아직이요. 금요일에 제출할 수 있을 것 같아요.	부장님께 마감을 연장해 달라고 할까요?	아뇨. 금요일까지는 끝낼 수 있어요.
질문	화자들은 무엇에 대해 이야기하는가?		남자는 금요일에 무엇을 할 계획인가?		여자는 무엇을 해주겠다고 하는가?
답	보고서 작성		보고서 제출		마감 연장을 요청하는 것

스텝별 문제 풀이 전략

STEP 1 질문 읽으며 핵심 포인트 파악하기

대화를 듣기 전, 질문을 읽으면서 의문사를 포함한 키워드를 통해 질문의 핵심 포인트를 파악합니다.

> What **are the** speakers discussing? 대화의 주제는?
> What **will the** man **probably** do on Friday? 남자가 금요일에 할 것은?
> What **does the** woman offer to do? 여자가 해주겠다고 하는 것은?

STEP 2 대화 들으며 정답 선택하기

대화를 들으며 미리 읽어두었던 핵심 포인트를 바탕으로 질문의 답이 되는 부분을 파악하고, 그 파악한 내용을 적절히 표현하고 있는 보기를 정답으로 선택합니다.

> W: Will you complete the evaluation report by Thursday?
>
> M: I'm working on it now. It is taking longer than I expected, but I can probably hand it in on Friday.
>
> Q. What **will the** man **probably** do on Friday?
>
> (A) Attend a meeting
> (B) Submit a report
>
> → 남자의 말 I can probably hand it in on Friday에서 금요일에 보고서를 제출할 것임을 알 수 있으므로 (B) Submit a report가 정답입니다.

🎧 앞에서 배운 전략을 적용하여 다음 문제를 풀어 보세요.

1. What are the speakers mainly discussing?
   (A) A customer complaint
   (B) Customer service
   (C) An upcoming workshop
   (D) Online sales

2. What does the man say he has to submit?
   (A) A seminar schedule
   (B) An online application
   (C) A customer survey
   (D) A sales report

3. What does the woman offer to do?
   (A) Postpone a workshop
   (B) Help with a report
   (C) Take some notes
   (D) Contact a customer

✅ 한번 확인해 볼까요?

1. What are the speakers mainly discussing?
화자들은 주로 무엇에 대해 이야기하고 있는가?

(A) A customer complaint 고객 불만
(B) Customer service 고객 서비스
(C) An upcoming workshop 다가오는 워크숍
(D) Online sales 온라인 판매

STEP1 What ~ speakers ~ discussing을 보고 화자들이 무엇에 대해 이야기하고 있는지를 묻고 있음을 알 수 있습니다.

STEP2 여자의 말 Are you attending ~ workshop에서 워크숍에 대해 이야기하고 있음을 알 수 있으므로 (C)가 정답입니다.

2. What does the man say he has to submit?
남자는 무엇을 제출해야 한다고 하는가?

(A) A seminar schedule 세미나 일정
(B) An online application 온라인 신청서
(C) A customer survey 고객 설문지
(D) A sales report 판매 보고서

STEP1 What ~ man ~ has to submit을 보고 남자가 무엇을 제출해야 하는지를 묻고 있음을 알 수 있습니다.

STEP2 남자의 말 I need to hand in a sales report on Wednesday에서 판매 보고서를 제출해야 함을 알 수 있으므로 (D)가 정답입니다.

3. What does the woman offer to do?
여자는 무엇을 해주겠다고 하는가?

(A) Postpone a workshop 워크숍을 연기한다.
(B) Help with a report 보고서를 도와준다.
(C) Take some notes 필기를 한다.
(D) Contact a customer 고객에게 연락한다.

STEP1 What ~ woman offer to do를 보고 여자가 무엇을 해주겠다고 하는지를 묻고 있음을 알 수 있습니다.

STEP2 여자의 말 I can take some notes for you, if you'd like에서 필기를 해주겠다고 하였으므로 (C)가 정답입니다.

Questions 1-3 refer to the following conversation.
1-3번은 다음 대화에 관한 문제입니다.

W: ¹Are you attending the customer service workshop Tuesday morning? I'm planning to go.
화요일 아침에 고객 서비스 워크숍에 참석할 건가요? 저는 갈 계획이에요.

〔워크숍 참석〕

M: I'd like to, but ²I need to hand in a sales report on Wednesday afternoon. I don't know if I'll have enough time.
저도 가고 싶지만, 수요일 오후에 판매 보고서를 제출해야 해요. 충분한 시간이 있을지 모르겠네요.

〔다른 업무 일정〕

W: That's too bad. Ms. Thomas is going to speak about online customers. ³I can take some notes for you, if you'd like.
그것 참 안됐네요. Ms. Thomas가 온라인 고객들에 대해 강연할 거예요. 원한다면, 당신을 위해서 필기를 해다 줄게요.

〔워크숍 주제 및 제안사항〕

🎧 Day 11_C2_04

질문의 키워드를 읽고 핵심 포인트를 파악한 뒤 대화를 들으며 정답을 선택하고, 빈칸을 받아써 보세요.
(음성은 두 번 들려줍니다.)

01 What does the man say he will do?

(A) 제안서를 읽는다.   (B) 공사 현장에 간다.

    M: How's your construction proposal coming along?
    W: It's done. But could you _____ before _____ tomorrow?
    M: Sure. Just _____ and I'll _____ this
        afternoon.

02 Who most likely is Samantha Danes?

(A) 세미나 강사   (B) 광고 이사

    W: There's a seminar _____ Friday. Who's going to be the instructor?
    M: It will be Samantha Danes from Rex Consulting. I think she'll _____
        _____.

03 What does the woman need to do by Friday?

(A) Submit a report   (B) Contact a reporter

    W: Mr. Lee, the deadline for my evaluation report is tomorrow. Could I _____
        _____?
    M: Sure, but be sure to _____.

04 What is the main topic of the conversation?

(A) A software program   (B) A delayed workshop

    M: I heard the training department has _____.
    W: Yes, it will be next Monday instead of tomorrow. I _____, but
        I can't go because I'm busy Monday.

05 Why does the woman invite the man to dinner?

(A) To meet a client
(B) To talk about sales
(C) To thank him for his help
(D) To introduce a colleague

06 What did the man forget about?

(A) Some sales figures
(B) A task scheduling change
(C) A meeting with his client
(D) Some meal preparations

W: Kyle, could you join Gina and me for dinner this evening? We'd like to _____

_____ .

M: I'd like to, but I have to stay late to _____ for Ms. Walton.

W: Didn't you hear _____ to Thursday? She won't present it to

the client until Friday.

M: Oh, I am so busy that I've _____ . That means I can meet you for

dinner after all.

[07-08]

07 Who most likely is the man?

(A) A seminar organizer
(B) A community leader
(C) A service representative
(D) A guest speaker

08 What does the man ask the woman to do?

(A) Cancel a seminar
(B) Bring more seats
(C) Sign up quickly
(D) Contact Ms. Daniels

W: What will be covered _____ for

tomorrow?

M: I've scheduled Ms. Daniels to speak about community service.

W: That sounds interesting. Maybe I should attend. Can anyone participate?

M: Sure. You can _____ in the training department. But

seating is limited, so please _____ .

정답·해석·해설 p.415

Day 11_Test

질문의 키워드를 읽고 핵심 포인트를 파악한 뒤 대화를 들으며 정답을 선택하세요.

[01 - 03]

01 What is the conversation mainly about?

(A) Hiring procedures
(B) New research
(C) Training sessions
(D) Work schedules

02 What does the woman mention about her new assistants?

(A) They were sent schedules.
(B) They will attend an event.
(C) They are from different teams.
(D) They have requested assistance.

03 What will the woman probably receive?

(A) An instruction manual
(B) A message
(C) An electronic device
(D) A schedule

[04 - 06]

04 What are the speakers mainly discussing?

(A) Starting a sales project
(B) Organizing a staff meeting
(C) Hiring an employee
(D) Working overtime

05 Why does the man say, "we used a staffing agency last time"?

(A) To identify a problem
(B) To express agreement
(C) To reject a proposal
(D) To give a suggestion

06 What will the man probably do next?

(A) Contact an assistant
(B) Hold an interview
(C) Review some plans
(D) Go to a luncheon

[07-09]

07 What is the problem?

(A) A document was not published.
(B) Research has not been finished.
(C) A file has been deleted.
(D) Some equipment is not working.

08 What does Chris agree to do?

(A) Apply for an internship
(B) Contact a manager
(C) Change a deadline
(D) Review a report

09 What will the woman do next?

(A) Write some reports
(B) Collect a sample
(C) Inspect some equipment
(D) Reserve a facility

[10-12]

10 What are the speakers discussing?

(A) A new executive
(B) A candidate's résumé
(C) An application form
(D) A job position

11 What does the woman suggest?

(A) Taking a business trip
(B) Reviewing some applications
(C) Talking to the personnel director
(D) Contacting the Madrid office

12 What is the man concerned about?

(A) He isn't good at managing people.
(B) He doesn't have enough experience.
(C) He cannot find an office.
(D) His transfer request was rejected.

[13-15]

13 Where do the speakers most likely work?

(A) At a convention center
(B) At a publishing company
(C) At a clothing firm
(D) At a department store

14 Why is the woman worried?

(A) Clothing line sales are down.
(B) A report contains incorrect information.
(C) She may not be able to attend an event.
(D) She forgot about an appointment.

15 What will the woman most likely do next?

(A) Speak to a superior
(B) Attend a presentation
(C) Go to the retail outlet
(D) Cancel a meeting

[16-18]

Name	Department	Office Extension
Janet Lee	Accounting	223
James Tan	Accounting	224
Bill Adams	HR	344
Steve Marks	HR	345

16 What is the conversation mainly about?

(A) A department relocation
(B) Some policy changes
(C) Some employee evaluations
(D) A staff promotion

17 What will take place on Friday?

(A) A party
(B) A workshop
(C) A conference
(D) A competition

18 Look at the graphic. Which extension will the man call?

(A) 223
(B) 224
(C) 344
(D) 345

* 받아쓰기&쉐도잉 프로그램으로 꼭 복습하세요.
정답·해석·해설 p.419

12일

회사 생활 2

12일에서는 '회사 생활'에서
일어날 수 있는 여러 가지
대화 상황 중 '회의'와
'사업 계획' 관련 대화에 대해
살펴보겠습니다.

Course 1 회의

Course 2 사업 계획

 무료 MP3 다운로드 및 스트리밍 바로 듣기
(HackersIngang.com)

무료MP3 바로듣기

본 코스에서는 회의 안건에 대해 이야기하거나, 회의를 준비하는 등의 상황을 담은 회의 관련 대화에 대해 살펴보도록 하겠습니다.

||| 회의 관련 대화의 상황별 빈출 어휘 🎧 Day 12_C1_01

회의 관련 대화에 자주 나오는 어휘를 익혀두면 문제를 풀 때 대화를 정확히 들을 수 있습니다. 음성을 듣고 따라 읽으면서 꼭 외워두세요.

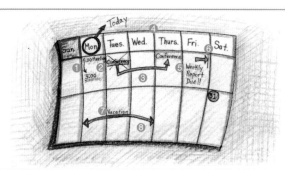

회의 안건·일정	
❶ ahead [əhéd] 앞서, 앞의	❺ weekly [wíːkli] 매주의
❷ meeting [míːtiŋ] 회의	❻ by [bai] ~까지
❸ reschedule [미 rìːskédʒuːl, 영 rìːʃédjuːl] 일정을 조정하다	❼ appointed [əpɔ́intid] 예정된
❹ calendar [미 kǽləndər, 영 kǽlində] 달력, 행사표	❽ through [미 θru, 영 θruː] ~까지

회의 준비	
❶ agenda [ədʒéndə] 회의 의제, 주제	❺ room [ruːm] 공간
❷ quarterly [미 kwɔ́ːrtərli, 영 kwɔ́ːtəli] 분기별의	❻ arrange [əréindʒ] 정리하다, 배열하다
❸ conference [미 káːnfərəns, 영 kɔ́nfərəns] 회의, 협의회	❼ prepare [미 pripéər, 영 pripéə] 준비하다
❹ hold [미 hould, 영 həuld] 개최되다, 열리다	❽ auditorium [미 ɔ̀ːdətɔ́ːriəm, 영 ɔ̀ːditɔ́ːriəm] 강당, 대강의실

회의 관련 대화에 자주 나오는 상황과 표현을 익혀두면 문제를 풀 때 대화의 흐름 파악이 쉬워져 질문에 맞는 정답을 쉽게 고를 수 있습니다. 음성을 듣고 따라 읽으면서 꼭 외워두세요.

회의 안건·일정

회의 안건이 무엇인지(what's on the agenda) 물어보면 예산에 대해 논의한다(discuss the budget)는 등의 회의 주제에 대해 이야기합니다. 또한 어떤 사람과 회의를 하는지(have a meeting with), 회의 일정은 언제로 예정되어 있는지(scheduled for)에 대해 이야기하기도 합니다.

what's on the agenda 안건이 무엇인지	Do you know what's on the agenda for the meeting? 회의의 안건이 무엇인지 아시나요?
discuss the budget 예산에 대해 논의하다	Ms. Hobbs will discuss the budget at tomorrow's conference. Ms. Hobbs가 내일 회의에서 예산에 대해 논의할 것입니다.
have a meeting with ~ ~와 회의를 하다	I have a meeting with our Chinese clients this afternoon. 저는 중국 고객들과 오늘 오후에 회의를 합니다. ＊client [kláiənt] 고객
scheduled for ~로 예정된	I just heard we have a meeting scheduled for Friday afternoon. 저는 방금 금요일 오후로 예정된 회의가 있다고 들었습니다.

회의 준비

회의 참가자(conference participants)가 몇 명인지, 누가 회의에 참석할 것으로 예상되는지(be expected to attend) 등 회의 참석자에 대해 이야기하고, 회의실을 준비하거나(set up), 필요한 사항을 확인하여(check on) 여분의 의자를 구비하거나(get extra chairs) 음식 등을 추가로 준비하는 내용이 나옵니다.

conference participants 회의 참가자	Conference participants will receive a brochure when they register. 회의 참가자들은 등록할 때 소책자를 받을 것입니다. ＊participant [미 pɑːrtísəpənt, 영 pɑːtísipənt] 참가자 register [미 rédʒistər, 영 rédʒistə] 등록하다
be expected to attend 참석할 것으로 예상되다	Accounting staff are expected to attend the department's monthly meetings. 회계부 직원들은 부서 월례 회의에 참석할 것으로 예상됩니다.
set up 준비하다, 설치하다	The conference room needs to be set up for the weekly meeting. 회의실은 주간 회의를 위해 준비되어야 합니다.
check on ~ ~를 확인하다	Can you check on the auditorium's seating capacity? 강당의 좌석 수를 확인해주시겠어요?
get extra chairs 여분의 의자를 구비하다	We need to get some extra chairs from the staff room. 우리는 직원실에서 여분의 의자 몇 개를 구비해와야 합니다. ＊extra [ékstrə] 여분의

토익기초

Part 1

Part 2

Part 3

Part 4

해커스 토익 스타트 Listening

회의 관련 대화와 빈출 질문

스텝별 문제 풀이 전략

STEP 1 질문 읽으며 핵심 포인트 파악하기

대화를 듣기 전, 질문을 읽으면서 의문사를 포함한 키워드를 통해 질문의 핵심 포인트를 파악합니다. 질문에 시각 자료가 함께 나오는 경우에는, 어떤 종류의 자료인지를 미리 파악해두도록 합니다.

What **is the** conversation **mainly** about? 대화의 주제는?

What **is the** man's problem? 남자의 문제는?

Look at the graphic. What branch **will the** speakers discuss?
화자들이 논할 지점은?

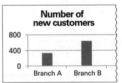

지점별 신규 고객 수가 나와 있는 도표

STEP 2 대화 들으며 정답 선택하기

대화를 들으며 미리 읽어두었던 핵심 포인트와 시각 자료를 바탕으로 질문의 답이 되는 부분을 파악하고, 그 파악한 내용을 적절히 표현하고 있는 보기를 정답으로 선택합니다.

W: Are you ready for our meeting today?

M: I'm not finished preparing the reference materials yet.

W: I can help you with that.

Q. What is the man's problem?

(A) He cannot attend a meeting.

(B) He does not have some notes ready.

→ 남자의 말 I'm not finished preparing the reference materials yet에서 자료 준비를 마치지 못했음을 알 수 있으므로 (B) He does not have some notes ready가 정답입니다.

전략 적용하여 문제 풀어 보기 🎧 Day 12_C1_03

🎧 앞에서 배운 전략을 적용하여 다음 문제를 풀어 보세요.

1. What is the conversation mainly about?

(A) A project schedule (B) A team meeting
(C) A client presentation (D) A sales strategy

2. What problem does the woman mention?

(A) She did not meet a deadline.
(B) She has a schedule conflict.
(C) She never received an e-mail.
(D) She has lost a major client.

3. Look at the graphic. Which product will be discussed?

(A) A   (B) B
(C) C   (D) D

✅ 한번 확인해 볼까요?

1. What is the conversation mainly about?
대화는 주로 무엇에 관한 것인가?

(B) A team meeting 팀 회의

STEP 1 What ~ conversation ~ about을 보고 대화가 무엇에 관한 것인지를 묻고 있음을 알 수 있습니다.

STEP 2 여자의 말 The manager wants to have a meeting with our team에서 팀 회의에 관한 것임을 알 수 있으므로 (B)가 정답입니다.

2. What problem does the woman mention?
여자는 어떤 문제를 언급하는가?

(B) She has a schedule conflict. 그녀는 일정이 겹친다.

STEP 1 What problem ~ woman mention을 보고 여자가 언급하는 문제가 무엇인지를 묻고 있음을 알 수 있습니다.

STEP 2 여자의 말 I have an appointment ~ at 11에서 오전에 다른 약속이 있음을 알 수 있으므로 (B)가 정답입니다.

3. Look at the graphic. Which product will be discussed?
시각 자료를 보아라. 어느 제품이 논의될 것인가?

(C) C C

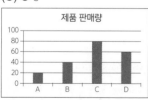

STEP 1 Which product ~ discussed를 보고 어느 제품이 논의될 것인지를 묻고 있음을 알 수 있으며, 시각 자료를 보고 제품 매출이 나와 있는 도표임을 알 수 있습니다.

STEP 2 남자의 말 It's about our best-selling product에서 가장 잘 팔리는 제품에 관한 것이라고 하였고, 도표에서 C의 매출 수치가 가장 높음을 알 수 있으므로 (C)가 정답입니다.

Questions 1-3 refer to the following conversation and graph.
1-3번은 다음 대화와 도표에 관한 문제입니다.

W: [1]The manager wants to have a meeting with our team this morning.
부장님이 오전에 우리 팀과 회의를 하고 싶어 해요. 회의 일정

M: Yeah. He sent an e-mail about it yesterday.
맞아요. 그가 어제 그것에 대해 이메일을 보냈어요.

W: But [2]I have an appointment with a client at 11.
하지만 저는 11시에 고객과 약속이 있어요. 다른 업무 일정

M: You shouldn't miss this meeting. [3]It's about our best-selling product. We need to keep up sales.
당신은 이 회의에 빠지면 안 돼요. 이 회의는 우리의 가장 잘 팔리는 제품에 관한 거예요. 우리는 매출이 떨어지지 않도록 해야 해요. 회의 주제

W: It must be important, then. I'd better call my client.
그렇다면 그건 중요한 것이 분명하네요. 제 고객에게 전화해야겠어요.

🎧 Day 12_C1_04

질문의 키워드를 읽고 핵심 포인트를 파악한 뒤 대화를 들으며 정답을 선택하고, 빈칸을 받아써 보세요.
(음성은 두 번 들려줍니다.)

01 What does the woman suggest?

(A) 함께 점심 먹기　　　　　　　　　　(B) 예산안 수정하기

M: Vivian, do you have time to _____ this morning?

W: Sorry, but I have appointments all morning. Why don't we _____ and _____ ?

02 What are the speakers discussing?

(A) 발표 준비　　　　　　　　　　(B) 회의 안건

M: Wendy, did you _____ for _____ ?

W: Yes, I did it this morning. Everything is ready.

M: Thanks. Oh, and can you _____ ?

W: Of course. I'll do it right now.

03 What does the man suggest?

(A) Arranging a meeting　　　　　　　　(B) Changing an appointment

W: What's on the agenda for tomorrow's team meeting?

M: Details on our development project.

W: Really? That sounds important, but I _____ .

M: I'd suggest _____ .

04 When will the man most likely meet with Ms. Lee?

(A) On Thursday　　　　　　　　(B) On Friday

M: I have a meeting scheduled for Friday with Ms. Lee. I was wondering if _____

_____ .

W: _____ . Yes, she's free to meet with you at 3 o'clock. Would that work better?

[05-06]

05 What problem are the speakers discussing?

(A) Guest complaints
(B) Low sales figures
(C) A delayed meeting
(D) A lack of handouts

06 What will the woman most likely do next?

(A) Make some copies
(B) Call a company
(C) Attend a seminar
(D) Type a report

W: More people are attending _____. I don't think we _____.

M: _____. Everyone needs to have a handout in order to see the sales figures.

W: Do we have time to make duplicates?

M: I think so. Go downstairs and _____. And ask Thomas to help you staple them together.

[07-08]

Material	Cost
Wood	$3,000
Lighting	$1,500
Windows	$2,500
Floor tiles	$1,000

07 What does the woman want to prepare?

(A) A schedule
(B) An offer
(C) A receipt
(D) A contract

08 Look at the graphic. Which cost is incorrect?

(A) $3,000
(B) $1,500
(C) $2,500
(D) $1,000

M: Donna, _____ Ms. Yang about the renovations?

W: Friday. But I haven't arranged a time yet. I _____.

M: Good idea. Let's also provide a cost estimate for materials.

W: I already made one.

M: Really?

W: Yes. However, _____ about the price of the third item. It should _____.

M: OK. I'll fix that.

정답·해석·해설 p.425

12일 회사 생활 2 | **Course 1** 회의 **177**

Part 3
12일

Course 2 | 사업 계획

본 코스에서는 마케팅에 대해 이야기하거나, 계약을 맺는 등의 상황을 담은 사업 계획 관련 대화에 대해 살펴보도록 하겠습니다.

||| 사업 계획 관련 대화의 상황별 빈출 어휘 🎧 Day 12_C2_01

사업 계획 관련 대화에 자주 나오는 어휘를 익혀두면 문제를 풀 때 대화를 정확히 들을 수 있습니다. 음성을 듣고 따라 읽으면서 꼭 외워두세요.

마케팅

❶ **proposal**[미 prəpóuzəl, 영 prəpə́uzəl] 제안서

❷ **management**[mǽnidʒmənt] 경영진

❸ **approve**[əprúːv] 승인하다

❹ **market research** 시장 조사

❺ **suggest**[미 səgdʒést, 영 sədʒést] 제안하다

❻ **strategy**[strǽtədʒi] 전략

❼ **custom-made**[kʌ̀stəmméid] 주문 생산 방식의

❽ **appeal**[əpíːl] 마음에 들다

계약

❶ **reasonable**[ríːzənəbl] (가격 등이) 합리적인

❷ **estimate**[미 éstəmət, 영 éstimət] 견적

❸ **contract**[미 káːntrækt, 영 kɔ́ntrækt] 계약

❹ **supplier**[미 səpláiər, 영 səpláiə] 공급업자

❶ **budget**[bʌ́dʒit] 예산

❷ **cost**[미 kɔːst, 영 kɔst] 비용; 비용이 들다

❸ **charge**[미 tʃaːrdʒ, 영 tʃaːdʒ] (요금을) 청구하다

❹ **upgrade**[미 ʌpgréid, 영 ʌpgréid] 개량하다, 개선하다

토익기초

Part 1

Part 2

Part 3

Part 4

해커스 토익 스타트 Listening

사업 계획 관련 대화의 상황별 빈출 표현

🎧 Day 12_C2_02

사업 계획 관련 대화에 자주 나오는 상황과 표현을 익혀두면 문제를 풀 때 대화의 흐름 파악이 쉬워져 질문에 맞는 정답을 쉽게 고를 수 있습니다. 음성을 듣고 따라 읽으면서 꼭 외워두세요.

마케팅

현재 회사의 사업이 어떻게 되어 가는지(how is ~ going) 질문하거나, 판매량이 얼마만큼 증가하였는지(rise by) 등의 사업 상황에 대해 이야기합니다. 또한 앞으로의 사업과 관련하여 사업 전략이 필요하므로(need a strategy), 조사를 하거나(do research) 새로운 아이디어를 제안하는(come up with) 내용이 나옵니다.

how is ~ going ~이 어떻게 되어 가나요	How's the work going on our project estimate? 프로젝트 견적 작업이 어떻게 되어 가나요? ∗estimate [미 éstəmət, 영 éstimət] 견적, 추정
rise by ~ ~만큼 증가하다	The company's sales rose by 3 percent last year. 회사의 매출이 작년에 3퍼센트만큼 증가했습니다.
need a strategy 전략이 필요하다	The store needs a new strategy for raising profits. 그 상점은 수익을 증가시킬 새로운 전략이 필요합니다. ∗profit [미 prɑ́:fit, 영 prɔ́fit] 수익
do research 조사를 하다	Mr. Lyle will do research on new packaging designs. Mr. Lyle은 새로운 포장 디자인에 대해 조사할 거예요. ∗packaging [pǽkidʒiŋ] 포장, 포장지
come up with ~ ~을 제안하다, ~이 떠오르다	We've come up with a few ideas for a new marketing campaign. 우리는 새 마케팅 캠페인을 위한 몇가지 아이디어를 제안했습니다.

계약

타 회사에 비해 경쟁력 있는 가격을 제공한다(offer competitive rates)는 등 회사가 제공하는 서비스에 대해 이야기하거나, 계약을 맺기 위해 견적을 받고(get an estimate), 계약서를 작성하는(draft a contract) 내용이 나옵니다.

offer competitive rates 경쟁력 있는 가격을 제공하다	The agency offers competitive rates on travel tickets. 그 대리점은 여행 티켓에 경쟁력 있는 가격을 제공합니다.
get an estimate 견적을 받다	I can contact our supplier and get a price estimate. 저는 우리의 공급업자에게 연락해서 가격 견적을 받을 수 있어요. ∗contact [미 kɑ́:ntækt, 영 kɔ́ntækt] 연락하다 supplier [미 səplɑ́iər, 영 səplɑ́iə] 공급업자
draft a contract 계약서를 작성하다	We will draft a contract after we negotiate a cost. 우리는 가격을 협상한 후에 계약서를 작성할 거예요.

사업 계획 관련 대화와 빈출 질문

대화	카메라 회사의 광고는 어떻게 되어 가나요?	내일이면 끝날 것 같아요.	제안서는 언제 발표하죠?	금요일에 발표할 거예요.
질문	화자들은 무엇에 대해 이야기하는가?	작업은 언제 끝나는가?		여자는 금요일에 무엇을 하는가?
답	광고	내일		제안서 발표

스텝별 문제 풀이 전략

STEP 1 질문 읽으며 핵심 포인트 파악하기

대화를 듣기 전, 질문을 읽으면서 의문사를 포함한 키워드를 통해 질문의 핵심 포인트를 파악합니다.

> What **are the** speakers **mainly** discussing? 화자들이 이야기하는 것은?
> When **will the** work **be** done? 작업이 끝날 시점은?
> What **will the** woman do on Friday? 여자가 금요일에 할 일은?

STEP 2 대화 들으며 정답 선택하기

대화를 들으며 미리 읽어두었던 핵심 포인트를 바탕으로 질문의 답이 되는 부분을 파악하고, 그 파악한 내용을 적절히 표현하고 있는 보기를 정답으로 선택합니다.

M: How is the work going on the advertising campaign for the camera company?

W: Very well. I'll show you our ideas later tomorrow. We will present our proposal to their board members on Friday.

Q. What **will the** woman do on Friday?

(A) Show the man some ideas
(B) Make a presentation

→ 여자의 말 We will present ~ on Friday에서 금요일에 제안서를 발표할 것임을 알 수 있으므로 (B) Make a presentation이 정답입니다.

🎧 앞에서 배운 전략을 적용하여 다음 문제를 풀어 보세요.

1. What are the speakers discussing?

   (A) Submitting a contract
   (B) An upcoming trip
   (C) Working overtime
   (D) A new director

2. When will the personnel director leave?

   (A) Today
   (B) Tomorrow
   (C) Next week
   (D) Next month

3. What will the woman most likely do next?

   (A) Change a booking
   (B) Make contract copies
   (C) Purchase flight tickets
   (D) Sign a contract

✅ 한번 확인해 볼까요?

1. What **are the** speakers discussing?
화자들은 무엇에 대해 이야기하고 있는가?

   (A) Submitting a contract 계약서를 제출하는 것
   (B) An upcoming trip 곧 있을 여행
   (C) Working overtime 초과 근무하는 것
   (D) A new director 새로운 부장

   STEP 1 What ~ speakers discussing을 보고 화자들이 무엇에 대해 이야기하고 있는지를 묻고 있음을 알 수 있습니다.

   STEP 2 남자의 말 Do you have any questions about the contract와 여자의 말 When do you need ~ submit the signed copy에서 계약서 제출에 대해 이야기하고 있음을 알 수 있으므로 (A)가 정답입니다.

2. When **will the** personnel director leave?
인사 부장은 언제 떠날 것인가?

   (A) Today 오늘
   (B) Tomorrow 내일
   (C) Next week 다음 주
   (D) Next month 다음 달

   STEP 1 When ~ personnel director leave를 보고 인사 부장이 언제 떠날지를 묻고 있음을 알 수 있습니다.

   STEP 2 남자의 말 The personnel director ~ tomorrow morning에서 인사 부장이 내일 아침에 떠날 것임을 알 수 있으므로 (B)가 정답입니다.

3. What **will the** woman **most likely** do next?
여자는 다음에 무엇을 할 것 같은가?

   (A) Change a booking 예약을 변경한다.
   (B) Make contract copies 계약서를 복사한다.
   (C) Purchase flight tickets 비행기 표를 구매한다.
   (D) Sign a contract 계약서에 서명한다.

   STEP 1 What ~ woman ~ do next를 보고 여자가 다음에 할 일이 무엇인지를 묻고 있음을 알 수 있습니다.

   STEP 2 여자의 말 I'll sign it ~ right now에서 여자가 계약서에 서명할 것임을 알 수 있으므로 (D)가 정답입니다.

Questions 1-3 refer to the following conversation.
1-3번은 다음 대화에 관한 문제입니다.

M: [1]Do you have any questions about the contract?
계약서에 대해 질문이 있나요?

W: No, everything seems clear. [1]When do you need me to submit the signed copy?
아니요, 모든 게 명확한 것 같아요. 제가 언제 서명된 사본을 제출해야 하나요?

〔서류 제출 일정〕

M: By the end of the day. [2]The personnel director is leaving on a business trip tomorrow morning. She wants everything done before she goes. Do you need more time?
오늘까지요. 인사부장님이 내일 아침에 출장을 갈 거예요. 그녀는 떠나기 전에 모든 것이 다 되어 있기를 원해요. 시간이 더 필요한가요?

〔요구 사항〕

W: That's OK. [3]I'll sign it and take it over to her office right now.
괜찮아요. 지금 바로 서명해서 그것을 그녀의 사무실에 가져다 둘게요.

〔서류 제출〕

🎧 Day 12_C2_04

질문의 키워드를 읽고 핵심 포인트를 파악한 뒤 대화를 들으며 정답을 선택하고, 빈칸을 받아써 보세요.
(음성은 두 번 들려줍니다.)

01 Why is the man calling?

(A) 서비스에 대해 문의하기 위해   (B) 비용에 대해 묻기 위해

  M: Good morning. I'm calling to _____ for my new office.

  W: Of course, sir. We offer _____ for small businesses. Let me tell
      you about our terms of service.

02 What is the problem?

(A) 매출액이 낮다.   (B) 품질이 나쁘다.

  M: The _____ for our new clothing line in South America are _____.
      What happened?

  W: I don't think _____ properly.

03 Why will the man meet with the owner?

(A) To see an office space   (B) To discuss a lease

  W: We have to _____ this week. The owner wants to meet with you
      to discuss it.

  M: Oh, yes. He _____ last week. Can you call and arrange an
      appointment with him?

04 What does the man want to do?

(A) Conduct research   (B) Offer discounts

  W: I really think we need to _____.
      Fewer customers are visiting our store.

  M: I'd like to _____. That might help us _____
      _____.

05 What is the man planning to do?

(A) Expand the menu

(B) Release a marketing campaign

(C) Provide delivery service

(D) Offer a lunch buffet

06 What does the man say about the restaurant?

(A) It is already successful.

(B) It is in a business area.

(C) It has been renovated.

(D) It has several branches.

W: How is the marketing campaign for your new restaurant coming along?

M: Good. I'm going to _____ tomorrow.

W: Great. And what is _____?

M: Mostly our lunch and dinner menus. However, since _____

_____, we expect the lunch menus will appeal to a lot

more people. So that's our main focus.

[07-08]

07 Where do the speakers most likely work?

(A) At a packaging company

(B) At a convention center

(C) At a department store

(D) At a cosmetics manufacturer

08 What does the woman offer to do?

(A) Call a supplier

(B) Register for a fair

(C) Visit a factory

(D) Write a contract

M: First, I'd like to discuss our production. Our factory needs to find ways to _____

_____. Our _____.

W: Well, I think we should _____.

M: I agree. I think we spend too much on _____. I met a

supplier at a trade fair, and she offered good prices.

W: Do you have her phone number? _____.

정답·해석·해설 p.429

토익 기초

Part 1

Part 2

Part 3

Part 4

해커스 토익 스타트 Listening

Day 12_Test

질문의 키워드를 읽고 핵심 포인트를 파악한 뒤 대화를 들으며 정답을 선택하세요.

[01 - 03]

01 What are the speakers discussing?

(A) A medical examination
(B) A new manager
(C) A company meeting
(D) A monthly report

02 Why is the woman worried?

(A) She forgot about a presentation.
(B) She may be late for a meeting.
(C) She is in trouble with a manager.
(D) She can't find the budget report.

03 What will the woman most likely do next?

(A) Reschedule an appointment
(B) Speak to a supervisor
(C) Attend a meeting
(D) Copy a report

[04 - 06]

04 What do the men say will happen next week?

(A) A report will be completed.
(B) A product will be released.
(C) A design will be revised.
(D) An event will be scheduled.

05 What does the woman suggest?

(A) Printing some flyers
(B) Marketing on social media
(C) Contacting some publications
(D) Advertising on television

06 What does the woman agree to do?

(A) Provide some information
(B) Extend a deadline
(C) Review a design
(D) Answer some messages

[07-09]

07 What type of event are the speakers preparing for?

(A) An inspection
(B) A conference
(C) A contest
(D) A celebration

08 Why does the man say, "My afternoon is pretty open"?

(A) To express confidence in a design
(B) To show interest in an event
(C) To accept an appointment time
(D) To offer help with a task

09 What will the woman do next?

(A) Make some note cards
(B) Message a team leader
(C) Get a device
(D) Watch a demonstration

[10-12]

10 Where do the speakers most likely work?

(A) At an accounting firm
(B) At a marketing agency
(C) At a manufacturing plant
(D) At a broadcasting station

11 Why was the man unable to attend the presentation?

(A) He was completing some work.
(B) He was meeting a customer.
(C) He was out of town.
(D) He was on leave.

12 What does the woman say about Eliza's idea?

(A) It will impress a client.
(B) It will be shared later today.
(C) It will cost a lot of money.
(D) It will attract young people.

[13-15]

13 What will take place on Friday?

(A) A company dinner
(B) An investors' gathering
(C) A training session
(D) An advertising workshop

14 Where will the meeting be held?

(A) In an auditorium
(B) In a hotel hall
(C) At a local university
(D) At a restaurant

15 What does the man recommend?

(A) Moving the venue
(B) Delaying the meeting
(C) Contacting investors
(D) Getting a food delivery

[16-18]

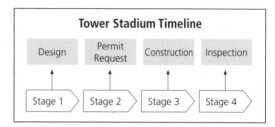

16 Who is Shelley Lowe?

(A) A secretary
(B) A contractor
(C) An inspector
(D) An engineer

17 Look at the graphic. Which stage are the speakers concerned about?

(A) Stage 1
(B) Stage 2
(C) Stage 3
(D) Stage 4

18 Why does the woman have to leave?

(A) To visit a project site
(B) To deliver a form
(C) To get ready for a trip
(D) To talk with a coworker

*받아쓰기&쉐도잉 프로그램으로 꼭 복습하세요.
정답·해석·해설 p.433

Part 3

Hackers **TOEIC** Start Listening

13일

회사 생활 3

13일에서는 '회사 생활'에서
일어날 수 있는 여러 가지
대화 상황 중 '고객 상담'과
'시설 관리' 관련 대화에 대해
살펴보겠습니다.

Course 1 고객 상담
Course 2 시설 관리

무료 MP3 다운로드 및 스트리밍 바로 듣기
(HackersIngang.com)

무료MP3 바로듣기

Part 3
13일

Course 1 | 고객 상담

본 코스에서는 물품의 배송 상태에 대해 문의하거나, 제품의 사용법을 묻는 등의 상황을 담은 고객 상담 관련 대화에 대해 살펴보도록 하겠습니다.

⫿⫿⫿ 고객 상담 관련 대화의 상황별 빈출 어휘 🔊 Day13_C1_01

고객 상담 관련 대화에 자주 나오는 어휘를 익혀두면 문제를 풀 때 대화를 정확히 들을 수 있습니다. 음성을 듣고 따라 읽으면서 꼭 외워두세요.

배송 상담

❶ **order** [미 ɔ́ːrdər, 영 ɔ́ːdə] 주문하다

❷ **ready** [rédi] 준비된

❸ **ship** [ʃip] 수송하다, 보내다

❹ **send** [send] 보내다

❺ **order number** 주문번호

❻ **order status** 주문 상태

❼ **deliver** [미 dilívər, 영 dilívə] 배달하다

❽ **receive** [risíːv] 받다

기타 상담

❶ **warranty** [미 wɔ́ːrənti, 영 wɔ́rənti] (품질) 보증, 보증서

❷ **serial number** 일련번호

❸ **defective** [diféktiv] 결함이 있는

❹ **merchandise** [미 mə́ːrtʃəndàiz, 영 mə́ːtʃəndais] 제품

❺ **instruction** [instrʌ́kʃən] 설명서

❻ **receipt** [risíːt] 영수증

❼ **describe** [diskráib] (문제를) 설명하다

❽ **customer service department** 고객 서비스부

고객 상담 관련 대화의 상황별 빈출 표현

고객 상담 관련 대화에 자주 나오는 상황과 표현을 익혀두면 문제를 풀 때 대화의 흐름 파악이 쉬워져 질문에 맞는 정답을 쉽게 고를 수 있습니다. 음성을 듣고 따라 읽으면서 꼭 외워두세요.

배송 상담

고객이 고객 센터에 전화하면 직원이 '무엇을 도와드릴까요(how can I help you)'라며 전화를 받습니다. 고객이 자신의 주문품이 어디에 있는지(where my shipment is) 물어보거나 배송되기로 되어 있는(be supposed to) 물건이 아직 도착하지 않았다고 말하면, 직원이 배송이 지연된 이유와 며칠 내로(within a couple of days) 도착할 것이라며 상품 도착일 등에 대해 이야기하는 내용이 나옵니다.

how can I help you 무엇을 도와드릴까요	Renfrew Publishing. This is Dan Kim speaking. How can I help you? Renfrew 출판사입니다. 저는 Dan Kim입니다. 무엇을 도와드릴까요?
where my shipment is 나의 주문품이 어디에 있는지	Do you know where my shipment is and when it might get here? 제 주문품이 어디에 있는지와 언제쯤 여기에 도착할지를 아시나요? *shipment [ʃípmənt] 주문품, 선적
be supposed to ~ ~ 하기로 되어 있다	The order was supposed to be delivered yesterday. 주문품은 어제 배달되기로 되어 있었습니다.
within a couple of days 며칠 내로	You should receive the desks within a couple of days. 며칠 내로 책상을 받으실 수 있을 겁니다.

기타 상담

주로 고객이 전화를 걸어 주문한 물건에 문제가 있어(have problems with) 제품을 수리해야(have ~ fixed) 한다고 하거나 자세한 사용 설명서(the detailed instruction manual)를 따라해 봤지만 기계가 작동하지 않는다고 문의하면, 직원이 사용법을 알려주는 내용이 나옵니다. 때로는 고객 센터 직원이 고객에게 전화를 걸어 대금 지불이(pay a bill) 안 되었다는 등의 문제점을 이야기하는 내용이 나옵니다.

have problems with ~ ~에 문제가 있다	I'm having problems with the computer I ordered last month. 제가 지난달에 주문한 컴퓨터에 문제가 있습니다.
have ~ fixed ~를 수리하다	I must have my mobile phone fixed by this afternoon. 저는 오늘 오후까지 제 휴대전화를 꼭 수리해야 합니다.
the detailed instruction manual 자세한 사용 설명서	I read and followed the detailed instruction manual. 저는 자세한 사용 설명서를 읽고 따라 해봤습니다. *follow [미 fáːlou, 영 fɔ́ləu] 따라 하다
pay a bill 대금을 지불하다	You haven't paid your bill, so Internet service was disconnected. 당신이 대금을 지불하지 않아서, 인터넷 서비스가 끊겼습니다.

고객 상담 관련 대화와 빈출 질문

대화	고객 서비스입니다. 무엇을 도와드릴까요?	며칠 전에 키보드를 구입했는데, 작동이 안 돼요.	키보드 뒷면의 제품번호를 불러주시겠어요?
질문	남자는 어느 부서에 전화했는가?	무엇이 문제인가?	제품번호는 어디에 있는가?
답	고객 서비스부	키보드가 작동하지 않는다	키보드 뒷면에

스텝별 문제 풀이 전략

STEP 1 질문 읽으며 핵심 포인트 파악하기

대화를 듣기 전, 질문을 읽으면서 의문사를 포함한 키워드를 통해 질문의 핵심 포인트를 파악합니다.

> What department **is the** man calling? 남자가 전화하고 있는 부서는?
> What **is the** problem? 문제점은?
> Where **is the** product code? 제품번호의 위치는?

STEP 2 대화 들으며 정답 선택하기

대화를 들으며 미리 읽어두었던 핵심 포인트를 바탕으로 질문의 답이 되는 부분을 파악하고, 그 파악한 내용을 적절히 표현하고 있는 보기를 정답으로 선택합니다.

> W: Hello, this is customer service at Mason Computers. What can I do for you?
>
> M: The keyboard on my computer doesn't seem to be working.
>
> Q. What department **is the** man calling?
>
> (A) Shipping and handling
> (B) Customer service
>
> → 여자의 말 this is customer service에서 남자가 고객 서비스부에 전화하고 있음을 알 수 있으므로 (B) Customer service가 정답입니다.

Day 13_C1_03

앞에서 배운 전략을 적용하여 다음 문제를 풀어 보세요.

1. What department is the man calling?

(A) Shipping
(B) Technical assistance
(C) Public relations
(D) Accounting

2. What is the man calling about?

(A) A new product
(B) A delivery time
(C) An order cancellation
(D) A billing error

3. What will the woman most likely do next?

(A) Review some records
(B) Pay for a product
(C) Call a customer
(D) Request a refund

✓ 한번 확인해 볼까요?

1. What department is the man calling?
남자는 어떤 부서에 전화하고 있는가?

(A) Shipping 배송부
(B) Technical assistance 기술 지원부
(C) Public relations 홍보부
(D) Accounting 회계부

STEP1 ▶ What department ~ man calling을 보고 남자가 어떤 부서에 전화하고 있는지를 묻고 있음을 알 수 있습니다.

STEP2 ▶ 여자의 말 Blake Furniture's shipping department에서 남자가 전화하고 있는 부서가 배송부임을 알 수 있으므로 (A)가 정답입니다.

2. What is the man calling about?
남자는 무엇에 대해 전화하고 있는가?

(A) A new product 신상품
(B) A delivery time 배송 시기
(C) An order cancellation 주문 취소
(D) A billing error 청구 오류

STEP1 ▶ What ~ man calling about을 보고 남자가 무엇에 대해 전화하고 있는지를 묻고 있음을 알 수 있습니다.

STEP2 ▶ 남자의 말 I'd like to know when my sofa ~ arrive에서 소파가 언제 도착하는지를 문의하기 위해 전화하고 있음을 알 수 있으므로 (B)가 정답입니다.

3. What will the woman most likely do next?
여자는 다음에 무엇을 할 것 같은가?

(A) Review some records 몇몇 기록들을 살펴본다.
(B) Pay for a product 상품에 대한 돈을 지불한다.
(C) Call a customer 고객에게 전화한다.
(D) Request a refund 환불을 요청한다.

STEP1 ▶ What ~ woman ~ do next를 보고 여자가 다음에 할 일이 무엇인지를 묻고 있음을 알 수 있습니다.

STEP2 ▶ 여자의 말 I'll review our records에서 기록들을 살펴볼 것임을 알 수 있으므로 (A)가 정답입니다.

Questions 1-3 refer to the following conversation.
1-3번은 다음 대화에 관한 문제입니다.

W: You've reached [1]Blake Furniture's shipping department. How can I help you?
Blake 가구사의 배송부로 연락주셨습니다. 무엇을 도와드릴까요?

고객 센터

M: Hello. [2]I'd like to know when my sofa is going to arrive. I bought one today, but didn't receive any shipping information.
안녕하세요. 저는 제 소파가 언제 도착할지 알고 싶습니다. 오늘 소파 하나를 샀는데, 아무런 배송 정보를 받지 못했어요.

배송 정보 요청

W: What is the purchase number? [3]I'll review our records to see when it will be sent out for delivery. Items generally take three days to arrive after they are sent.
구매번호가 어떻게 되세요? 소파가 언제 배송을 위해 발송될지 기록들을 살펴보겠습니다. 상품들은 보내진 후에 도착하기까지 일반적으로 3일이 걸립니다.

배송 예정일

🎧 Day 13_C1_04

질문의 키워드를 읽고 핵심 포인트를 파악한 뒤 대화를 들으며 정답을 선택하고, 빈칸을 받아써 보세요.
(음성은 두 번 들려줍니다.)

01 What is the woman calling about?

(A) 배송 정보 (B) 파손된 영사기

W: My name is Kim Taylor, and I _____ Star Clothing. Can you _____
_____ I'm waiting for?

M: Of course, Ms. Taylor. What's the shipping number?

02 Who most likely is the woman?

(A) 접수 담당자 (B) 매니저

W: Rudd Tires, _____. This is Lucy speaking. What may I do for you?

M: Hello. I purchased a set of truck tires on Monday. When is the shipment _____
_____?

03 What is mentioned about the watch?

(A) It is currently on sale. (B) It has not arrived yet.

W: Hello. I was supposed to receive my new watch last Friday. It's Monday and _____
_____.

M: Sorry about the delay, ma'am. _____ in our processing
department. It should arrive within a couple of days.

04 What is the purpose of the call?

(A) To place an order (B) To report a problem

W: Good morning. I'm trying to _____ from your company.
However, a part _____.

M: My apologies, ma'am. Could you tell me which part you need?

[05 - 06]

05 What is the man's problem?

(A) He was charged twice.
(B) He doesn't like a purchase.
(C) He lost his receipt.
(D) He broke an item.

06 What does the man need to do?

(A) Select a replacement
(B) Make a payment
(C) Call another department
(D) Fill out a form

> W: This is Better Bags. How can I help you?
>
> M: Hello. I ordered a backpack from your store, but _____. Can I _____ it?
>
> W: That shouldn't be an issue, sir. _____ _____ and mail it along with the product back to us. Once we have it, we will send another bag to you.

[07 - 08]

07 What type of products does the company most likely sell?

(A) Vehicle parts
(B) Living room furniture
(C) Kitchen equipment
(D) Medical supplies

08 What problem does the man mention?

(A) A product was damaged.
(B) An order hasn't arrived.
(C) The wrong item was sent.
(D) The bill has an error.

> W: This is D&P Appliances. How may I assist you?
>
> M: My name is Peter Chang. The stove _____ online still _____. I'd like to know how much longer it'll take.
>
> W: I'm so sorry about the delay. My records show that _____ _____. Let me _____ to see what happened.

정답·해석·해설 p.439

본 코스에서는 사무기기나 사내 시설의 고장에 대해 이야기하는 등의 상황을 담은 시설 관리 관련 대화에 대해 살펴보도록 하겠습니다.

시설 관리 관련 대화의 상황별 빈출 어휘 🎧 Day 13_C2_01

시설 관리 관련 대화에 자주 나오는 어휘를 익혀두면 문제를 풀 때 대화를 정확히 들을 수 있습니다. 음성을 듣고 따라 읽으면서 꼭 외워두세요.

사무기기 고장

❶ **technician** [tekníʃən] 기술자

❷ **repair** [미 ripέər, 영 ripéə] 수리하다

❸ **jam** [dʒæm] 막다, 끼이다

❹ **broken** [미 bróukən, 영 brə́ukən] 고장 난

❺ **photocopier** [미 fóutoukà:piər, 영 fə́utəukɔ̀piə] 복사기

❻ **fax machine** 팩스기

❼ **projector** [미 prədʒéktər, 영 prədʒéktə] 프로젝터

❽ **equipment** [ikwípmənt] 장비

사내 시설 고장

❶ **damaged** [dǽmidʒd] 손상된, 하자가 생긴

❷ **request** [rikwést] 요청하다

❸ **facility manager** 시설 관리자

❹ **maintenance** [méintənəns] 유지보수

❺ **install** [instɔ́:l] 설치하다

❻ **work** [미 wəːrk, 영 wəːk] (기계 등이) 작동하다

❼ **satisfied** [미 sǽtisfàid, 영 sǽtisfaid] 만족한

❽ **replace** [ripléis] 교체하다

토익 기초

Part 1

Part 2

Part 3

Part 4

해커스 토익 스타트 Listening

시설 관리 관련 대화의 상황별 빈출 표현   🎧 Day 13_C2_02

시설 관리 관련 대화에 자주 나오는 상황과 표현을 익혀두면 문제를 풀 때 대화의 흐름 파악이 쉬워져 질문에 맞는 정답을 쉽게 고를 수 있습니다. 음성을 듣고 따라 읽으면서 꼭 외워두세요.

사무기기 고장

프린터나 팩스와 같은 사무기기가 고장 나거나(out of order) 문제가 있어서(have some trouble with) 업무 차질이 생긴 데 대해 동료가 '~하는 것이 어때요(why don't you)' 등의 말로 해결책을 제안하는 내용이 나옵니다.

out of order 고장 난	My printer is out of order, so can I use yours? 제 프린터가 고장 났는데, 당신 것을 써도 되나요?
have some trouble with ~ ~에 문제가 있다	I've had some trouble with Internet connection. 저는 인터넷 연결에 문제가 있었습니다. ＊connection [kənékʃən] 연결
why don't you ~ ~하는 것이 어때요	Why don't you use the copier on the third floor? 3층에 있는 복사기를 사용하는 것이 어때요?

사내 시설 고장

에어컨과 같은 사내 시설이 작동을 멈추거나(stop working) 창문이나 문이 고장 나 수리 담당자에게 점검해달라(could you look at)는 등의 수리 서비스를 요청하기(put in a service request)도 하고, 수리 담당자가 자신의 업무 일정을 말해주며 언제 수리를 시작하겠다(get started on)는 수리 시기에 대해 이야기하는 내용이 나옵니다.

stop working 작동을 멈추다	The air conditioner in the conference room has stopped working. 회의실의 에어컨이 작동을 멈췄습니다. ＊air conditioner 에어컨 conference [미 kάːnfərəns, 영 kɔ́nfərəns] 회의
could you look at 점검해주시겠어요	Could you look at the fan and see what the problem is? 선풍기를 점검하고 무슨 문제가 있는지 봐주시겠어요?
put in a service request 수리 서비스를 요청하다	The secretary called maintenance and put in a service request. 비서가 유지보수 부서에 전화해서 수리 서비스를 요청했습니다. ＊secretary [미 sékrətèri, 영 sékrətəri] 비서
get started on ~ ~를 시작하다	After replacing the lights, the maintenance workers will get started on the elevator. 전구들을 교체한 후에, 유지보수 작업자들은 엘리베이터 작업을 시작할 것입니다.

시설 관리 관련 대화와 빈출 질문

대화	회의실 의자가 고장 났는데 확인해주시겠어요?	지금은 마케팅부의 창문을 교체 중인데요. 잠시 기다려 주시겠어요?	잠시 후 중요한 회의가 있어서 빨리 고쳐야 해요.	그래요? 그럼 바로 회의실로 가서 고쳐드릴게요.
질문	여자는 어떤 문제점을 언급하는가?	남자는 누구일 것 같은가?		남자는 다음에 무엇을 할 것 같은가?
답	의자가 고장 났다	시설 관리 직원		회의실로 간다

스텝별 문제 풀이 전략

STEP 1 질문 읽으며 핵심 포인트 파악하기

대화를 듣기 전, 질문을 읽으면서 의문사를 포함한 키워드를 통해 질문의 핵심 포인트를 파악합니다.

> What problem **does the** woman mention? 여자가 언급하는 문제는?
> Who **most likely is the** man? 남자의 직업은?
> What **will the** man probably do next? 남자가 다음에 할 일은?

STEP 2 대화 들으며 정답 선택하기

대화를 들으며 미리 읽어두었던 핵심 포인트를 바탕으로 질문의 답이 되는 부분을 파악하고, 그 파악한 내용을 적절히 표현하고 있는 보기를 정답으로 선택합니다.

W: Could you look at my office chair? I think it has a broken wheel.

M: Of course. But, I need to help someone downstairs first. Can I check it after lunch?

Q. What problem **does the** woman mention?

(A) Her chair needs to be fixed.
(B) She cannot locate an office.

→ 여자의 말 Could you look at my office chair ~ it has a broken wheel에서 의자가 고장 났음을 알 수 있으므로 (A) Her chair needs to be fixed가 정답입니다.

🎧 앞에서 배운 전략을 적용하여 다음 문제를 풀어 보세요.

1. What is the conversation mainly about?

(A) A malfunctioning machine
(B) A canceled meeting
(C) A delayed trip
(D) An incomplete report

2. What does the man say he has to do?

(A) Attend a branch meeting
(B) Print a document
(C) Complete a report
(D) Contact a supplier

3. What will the woman most likely do next?

(A) Speak to a client
(B) Fix a machine
(C) Call a colleague
(D) Go downstairs

☑ 한번 확인해 볼까요?

1. What is the conversation mainly about?
대화는 주로 무엇에 관한 것인가?

(A) A malfunctioning machine 고장 난 기계
(B) A canceled meeting 취소된 회의
(C) A delayed trip 지연된 여행
(D) An incomplete report 미완성된 보고서

STEP 1 What ~ conversation ~ about을 보고 대화가 무엇에 관한 것인지를 묻고 있음을 알 수 있습니다.

STEP 2 남자의 말 I'm having trouble with the printer에서 프린터에 문제가 있음을 알 수 있으므로 (A)가 정답입니다.

2. What does the man say he has to do?
남자는 무엇을 해야 한다고 말하는가?

(A) Attend a branch meeting 지점 회의에 참가한다.
(B) Print a document 서류를 인쇄한다.
(C) Complete a report 보고서를 완료한다.
(D) Contact a supplier 공급업자에게 연락한다.

STEP 1 What ~ man say ~ has to do를 보고 남자가 무엇을 해야 한다고 말하는지를 묻고 있음을 알 수 있습니다.

STEP 2 남자의 말 I really need to print a contract에서 계약서를 인쇄해야 함을 알 수 있으므로 (B)가 정답입니다.

3. What will the woman most likely do next?
여자는 다음에 무엇을 할 것 같은가?

(A) Speak to a client 고객에게 이야기한다.
(B) Fix a machine 기계를 고친다.
(C) Call a colleague 동료에게 전화한다.
(D) Go downstairs 아래층으로 내려간다.

STEP 1 What ~ woman ~ do next를 보고 여자가 다음에 할 일이 무엇인지를 묻고 있음을 알 수 있습니다.

STEP 2 여자의 말 I'll walk downstairs에서 아래층에 내려갈 것임을 알 수 있으므로 (D)가 정답입니다.

Questions 1-3 refer to the following conversation.
1-3번은 다음 대화에 관한 문제입니다.

M: ¹I'm having trouble with the printer, and ²I really need to print a contract.
제 프린터에 문제가 생겼는데, 저는 계약서를 꼭 인쇄해야만 해요.

W: That's strange. John printed something a few minutes ago. Are you using it correctly?
이상하네요. John은 몇 분 전에 무언가를 인쇄했어요. 제대로 사용하고 있는 건가요?

사무기기 고장 및 업무 차질

M: I think so. Maybe someone should take a look at it.
그렇다고 생각해요. 아마도 누군가가 봐주셔야 할 것 같아요.

W: OK. There's actually a repairperson in the building right now. ³I'll walk downstairs and see if he can do anything to help before he leaves.
알겠습니다. 사실 지금 이 건물에 수리공이 있어요. 제가 아래층에 내려가서 그가 떠나기 전에 도와줄 수 있는 것이 있을지 볼게요.

수리 요청

🎧 Day 13_C2_04

질문의 키워드를 읽고 핵심 포인트를 파악한 뒤 대화를 들으며 정답을 선택하고, 빈칸을 받아써 보세요.
(음성은 두 번 들려줍니다.)

01 What **does the** woman need to do?

(A) 파일에 접근한다.　　　　　　　　(B) 회의를 취소한다.

W: What's wrong with this computer? I can't _____.
M: You can use my computer.
W: No, I need to _____ on this computer before my meeting. I hope someone can help me.

02 Why **is the** woman calling?

(A) 장비를 고치기 위해　　　　　　　(B) 새로운 장치를 요청하기 위해

W: Hello. This is Rita. The air conditioner _____. I think it might be broken.
M: I'll send someone down to _____. It's going to be hot this week.

03 What **is the** problem?

(A) An elevator isn't working.　　　　(B) The stairs are blocked off.

M: Our elevator _____ on the third floor. There's nobody on it, so it isn't urgent. But we'll have to _____ for now.
W: I'll put in a service request and _____ today.

04 What **will the** woman do during lunch?

(A) Reconnect the Internet　　　　　(B) Contact a colleague

M: I think _____ with the Internet in the office. My computer won't connect to it.
W: I _____ that too. It is probably disconnected. _____ Larry in the technical office about it during lunch.

[05 - 06]

05 Why is the woman calling?

(A) To order a fax machine
(B) To ask about a schedule
(C) To request a repair
(D) To check on work progress

06 What does the woman ask the man to do?

(A) Deliver a machine
(B) Adjust a schedule
(C) File a report
(D) Send an assistant

M: Good morning, this is the technical department. How can I help you?

W: Hi, this is Irene in accounting. The fax machine in our office _____. Could you come check it?

M: _____ this morning. I can't look at it until this afternoon.

W: But I need to send out an important file soon. Could you _____?

[07 - 08]

07 What is the problem?

(A) Some speakers are malfunctioning.
(B) A computer won't turn on.
(C) A door won't open.
(D) Some phones must be replaced.

08 What did the man do?

(A) Checked some equipment
(B) Ordered some parts
(C) Contacted a maintenance worker
(D) Made an announcement

W: The speakers in the lobby are _____. I think something might be wrong with them.

M: Yeah, I heard that too. I _____, and she said she'd look at them in an hour.

W: OK. Hopefully it won't take too long. Everyone _____.

정답·해석·해설 p.443

토익 기초

Part 1

Part 2

Part 3

Part 4

해커스 토익 스타트 Listening

Day 13_Test

질문의 키워드를 읽고 핵심 포인트를 파악한 뒤 대화를 들으며 정답을 선택하세요.

[01 - 03]

01 What most likely is the woman's job?

(A) A phone company employee
(B) A sales consultant
(C) An instruction manual writer
(D) A retail cashier

02 What does the woman offer to do?

(A) Copy some documents
(B) Attend a program
(C) Send the man a manual
(D) Ship the man a new telephone

03 What will the man most likely do next?

(A) Send in an order form
(B) Call a supervisor
(C) Forward a bill
(D) Provide an address

[04 - 06]

04 Who most likely is the man?

(A) A staff supervisor
(B) A salesperson
(C) A maintenance worker
(D) A receptionist

05 What problem does the woman mention?

(A) A technician is late.
(B) A room is unavailable.
(C) A device is broken.
(D) A fee is too high.

06 What will the man do this afternoon?

(A) Rent a vehicle
(B) Repair a computer
(C) Organize a team meeting
(D) Make a phone call

07 What are the speakers mainly discussing?

(A) A business logo
(B) A product design
(C) A shop location
(D) A contract revision

08 What does the woman agree to do?

(A) Review a notice
(B) Buy merchandise
(C) Meet with a designer
(D) Make a change

09 What do the men say about a sample?

(A) It will not be used.
(B) It has been approved.
(C) It will be sent to a client.
(D) It has been posted online.

[10-12]

10 What is the conversation mainly about?

(A) A changed deadline
(B) A canceled meeting
(C) A technical issue
(D) A client's information

11 Why does the woman need to use the copier?

(A) A client meeting will take place.
(B) A report was requested.
(C) A new project will be introduced.
(D) A correction was required.

12 What does the man mean when he says, "there's a print shop across the street"?

(A) Equipment does not need to be replaced.
(B) He is worried about a competitor.
(C) Online orders are not necessary.
(D) He can make copies for the woman.

[13-15]

13 What is the woman's problem?

(A) She bought a broken item.
(B) She never received a product.
(C) She did not make a payment.
(D) She wants to cancel an order.

14 Where will the woman go on Friday?

(A) To Texas
(B) To California
(C) To Utah
(D) To New York

15 What does the man offer to do?

(A) Refund a purchase
(B) Contact another department
(C) Ship a package quickly
(D) Speak with a manager

[16-18]

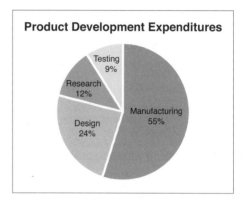

Product Development Expenditures

- Testing 9%
- Research 12%
- Design 24%
- Manufacturing 55%

16 What is the purpose of the conversation?

(A) To review a cost increase
(B) To schedule a meeting
(C) To propose a budget
(D) To discuss a presentation

17 What did the man do this morning?

(A) Prepared a video
(B) Made some slides
(C) Conducted an analysis
(D) Created some handouts

18 Look at the graphic. Which expense does the man say can be reduced?

(A) Research
(B) Design
(C) Manufacturing
(D) Testing

* 받아쓰기&쉐도잉 프로그램으로 꼭 복습하세요.
정답 · 해석 · 해설 p.447

Part 3

Hackers **TOEIC** Start Listening

14일

일상 생활 1

14일에서는 '일상 생활'에서
일어날 수 있는 여러 가지
대화 상황 중 '쇼핑 시설'과
'편의 시설' 관련 대화에 대해
살펴보겠습니다.

Course 1 쇼핑 시설
Course 2 편의 시설

무료 MP3 다운로드 및 스트리밍 바로 듣기
(HackersIngang.com)

무료MP3 바로듣기

본 코스에서는 제품을 구입하거나, 제품의 위치를 점원에게 묻는 등의 상황을 담은 쇼핑 시설 관련 대화에 대해 살펴보도록 하겠습니다.

||| 쇼핑 시설 관련 대화의 상황별 빈출 어휘 🎧 Day 14_C1_01

쇼핑 시설 관련 대화에 자주 나오는 어휘를 익혀두면 문제를 풀 때 대화를 정확히 들을 수 있습니다. 음성을 듣고 따라 읽으면서 꼭 외워두세요.

 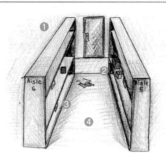

제품 요청

❶ **sample** [미 sǽmpl, 영 sɑ:mpl] 샘플, 견본

❷ **display** [displéi] 전시, 진열; 전시하다

❸ **catalog** [미 kǽtəlɔ̀:g, 영 kǽtəlɔg] 카탈로그, 제품 목록

❹ **branch** [미 bræntʃ, 영 brɑ:ntʃ] 지점

❶ **stockroom** [미 stɑ́:krùːm, 영 stɔ́kruːm] 창고

❷ **stock** [미 stɑːk, 영 stɔk] 재고

❸ **insufficient** [ìnsəfíʃənt] 부족한, 불충분한

❹ **aisle** [ail] 통로, 복도

제품 위치

❶ **refund** [미 rifʌ́nd, 영 rìːfʌ́nd] 환불하다

❷ **exchange** [ikstʃéindʒ] 교환하다

❸ **locate** [미 lóukeit, 영 ləukéit] (물건의 위치를) 알아내다

❹ **clerk** [미 kləːrk, 영 klɑːk] 점원

❺ **pay** [pei] 지불하다

❻ **release** [rilíːs] 발매; 발매하다, 개봉하다

❼ **purchase** [미 pə́ːrtʃəs, 영 pə́ːtʃəs] 구매하다

❽ **section** [sékʃən] 구획, 부분

쇼핑 시설 관련 대화에 자주 나오는 상황과 표현을 익혀두면 문제를 풀 때 대화의 흐름 파악이 쉬워져 질문에 맞는 정답을 쉽게 고를 수 있습니다. 음성을 듣고 따라 읽으면서 꼭 외워두세요.

제품 요청

상점에서 고객이 어떤 제품을 찾으면(look for), 점원은 제품이 있을 경우 해당 상품이 진열되어 있거나(on display), 제공되고 (come in) 있다고 말하고, 제품의 재고가 없는(not in stock) 경우 특별 주문을 해주거나(put in a special order) 창고나 다른 지점에 있는지 확인해 보겠다(let me check and see)는 내용이 나옵니다.

look for ~ ~을 찾다	I'm looking for some new running shoes. 저는 몇 개의 신상 운동화를 찾고 있습니다.
on display 진열된	The new line of products is on display. 새로운 상품 라인이 진열되어 있습니다.
come in (상품이) 제공되다	These bags come in three different colors. 이 가방들은 3개의 다른 색상으로 제공됩니다.
not in stock 재고가 없는	We sold all of them, so they are not in stock at the moment. 저희가 그것들을 모두 팔아서, 현재 재고가 없습니다. *at the moment 현재, 지금
put in a special order 특별 주문하다	I can put in a special order for some more chairs. 제가 몇 개의 더 많은 의자를 특별 주문할 수 있습니다.
let me check and see 확인해 보겠습니다	Let me check and see if there's a larger size in our stockroom. 제가 창고에 더 큰 사이즈가 있는지 확인해 보겠습니다.

제품 위치

서점이나 상점에서 고객이 자신이 찾고 있는 제품이 어디에 있는지 알려달라(could you tell me where)고 묻는 등 제품의 위치를 물어보면, 점원이 몇 번 통로에 있다(in aisle)고 하거나, 몇 층에 있다고 하는 등 제품의 진열 위치를 안내하는 내용이 나옵니다.

could you tell me where ~ ~이 어디에 있는지 알려주시겠습니까	Could you tell me where I can find the clocks? 어디에서 시계를 찾을 수 있는지 알려주시겠습니까?
in aisle ~ ~번 통로에	Our dairy products are in aisle 12. 우리의 유제품들은 12번 통로에 있습니다.

쇼핑 시설 관련 대화와 빈출 질문

대화	*In My Mind*라는 소설을 찾고 있는데요. 어디에 있는지 알려주시겠어요?	*Paul Strand*가 쓴 것 맞죠?	그 책은 문학 코너에 있습니다.
질문	화자들은 어디에 있는 것 같은가?	Paul Strand는 누구인가?	남자는 다음에 무엇을 할 것 같은가?
답	서점에서	작가	문학 코너로 간다

스텝별 문제 풀이 전략

STEP 1 질문 읽으며 핵심 포인트 파악하기

대화를 듣기 전, 질문을 읽으면서 의문사를 포함한 키워드를 통해 질문의 핵심 포인트를 파악합니다.

> Where **most likely are the** speakers? 화자들이 있는 장소는?
> Who **is** Paul Strand? Paul Strand의 직업은?
> What **will the** man **probably** do next? 남자가 다음에 할 일은?

STEP 2 대화 들으며 정답 선택하기

대화를 들으며 미리 읽어두었던 핵심 포인트를 바탕으로 질문의 답이 되는 부분을 파악하고, 그 파악한 내용을 적절히 표현하고 있는 보기를 정답으로 선택합니다.

> M: I'm looking for a novel called *In My Mind*. Do you know where it's located?
>
> W: The one written by Paul Strand? It's in the literature section.
>
> Q. What will the man probably do next?
>
> (A) Go to the literature section
> (B) Pay for a purchase
>
> → 여자의 말 It's in the literature section에서 남자가 문학 코너로 갈 것임을 알 수 있으므로 (A) Go to the literature section이 정답입니다.

⌒ 앞에서 배운 전략을 적용하여 다음 문제를 풀어 보세요.

1. What does the woman want to do?

(A) Buy a piece of luggage
(B) Exchange a purchase
(C) Book a flight ticket
(D) Check in some baggage

2. Where most likely are the speakers?

(A) At a warehouse facility
(B) At a retail outlet
(C) At a check-in counter
(D) At a travel agency

3. What will the man probably do next?

(A) Return some luggage
(B) Call a supplier
(C) Go to a storage area
(D) Exchange an item

✓ 한번 확인해 볼까요?

1. What does the woman want to do?
여자는 무엇을 하고 싶어 하는가?

(A) Buy a piece of luggage 짐가방 하나를 산다.
(B) Exchange a purchase 물건을 교환한다.
(C) Book a flight ticket 비행기 표를 예약한다.
(D) Check in some baggage 수하물을 맡긴다.

STEP 1 What ~ woman want to do를 보고 여자가 하고 싶어 하는 것이 무엇인지를 묻고 있음을 알 수 있습니다.

STEP 2 여자의 말 I'm ~ interested in this suitcase에서 여행 가방을 구입하고 싶어 함을 알 수 있으므로 (A)가 정답입니다.

2. Where most likely are the speakers?
화자들은 어디에 있는 것 같은가?

(A) At a warehouse facility 창고 시설에
(B) At a retail outlet 소매점에
(C) At a check-in counter 탑승 수속 창구에
(D) At a travel agency 여행사에

STEP 1 Where ~ speakers를 보고 화자들이 있는 곳이 어디인지를 묻고 있음을 알 수 있습니다.

STEP 2 여자의 말 Does it ~ other colors와 남자의 말 it comes in black and gray에서 화자들이 상점에 있음을 알 수 있으므로 (B)가 정답입니다.

3. What will the man probably do next?
남자는 다음에 무엇을 할 것 같은가?

(A) Return some luggage 몇몇 수하물을 돌려보낸다.
(B) Call a supplier 공급업자에게 전화한다.
(C) Go to a storage area 창고에 간다.
(D) Exchange an item 상품을 교환한다.

STEP 1 What ~ man ~ do next를 보고 남자가 다음에 할 일이 무엇인지를 묻고 있음을 알 수 있습니다.

STEP 2 남자의 말 Let me check and see in our stockroom에서 창고에 갈 것임을 알 수 있으므로 (C)가 정답입니다.

Questions 1-3 refer to the following conversation.
1-3번은 다음 대화에 관한 문제입니다.

W: ¹I'm traveling on a business trip to Europe next week and am interested in this suitcase. ²Does it come in other colors?
저는 다음 주에 유럽으로 출장을 가는데 이 여행 가방에 관심이 있습니다. 이 가방이 다른 색상들로도 나오나요? 제품 문의

M: I think ²it comes in black and gray. ³Let me check and see in our stockroom.
검정색과 회색으로 나오는 것 같습니다. 제가 창고에 가서 확인해 보겠습니다.

W: Oh, thank you. Could I look at both of them, please? Then I can decide which color I like best.
오, 감사합니다. 제가 그 두 개를 다 볼 수 있을까요? 그러면 제가 어떤 색을 가장 좋아하는지 결정할 수 있을 것 같아요. 재고 확인

M: Certainly. Just wait here for a minute and I will be right back.
물론입니다. 여기서 잠시만 기다려주시면 금방 돌아오겠습니다.

🎧 Day 14_C1_04

질문의 키워드를 읽고 핵심 포인트를 파악한 뒤 대화를 들으며 정답을 선택하고, 빈칸을 받아써 보세요.
(음성은 두 번 들려줍니다.)

01 Who most likely is the woman?

(A) 가게 점원　　　　　　　　　　　　(B) 식당 주인

W: Hello. I'd like to purchase _____.
M: We have several kinds on display. Are you looking for a particular kind?
W: They should be _____.

02 Where can the newspapers be found?

(A) 입구 근처　　　　　　　　　　　　(B) 잡지 코너

W: Excuse me. I don't see a copy of *These Times* _____.
M: Oh, you can get newspapers _____.

03 What does the woman say about the shoes?

(A) They are not in stock.　　　　　(B) They may be too small.

W: Do you have these shoes in a size 7? I'm buying them for my daughter and I think
_____.
M: I believe that's all we have, but I can _____ anyway.

04 What will the man probably do next?

(A) Show some other products　　　(B) Give the woman a discount

W: Pardon me, is the sofa in your window _____? It would look great in my
apartment.
M: Sorry, it isn't. But I can _____ that are very comfortable and
stylish.

[05 - 06]

05 Where most likely is the conversation taking place?

(A) In a supermarket
(B) In a clothing outlet
(C) In a shopping mall
(D) In a bookshop

06 What does the woman want to purchase?

(A) Office supplies
(B) A backpack
(C) Sports equipment
(D) A magazine

W: Hello. I'm _____ for school. Could you tell me where they are located?
M: Yes, they are in the sporting goods department. Just so you know, _____ _____ this week.
W: Oh, really? Where can I find them?
M: They are _____ near the checkout.

[07 - 08]

07 What is the purpose of the call?

(A) To ask about delivery fees
(B) To request directions
(C) To inquire about some products
(D) To make a reservation

08 What does the man ask the woman to do?

(A) Deliver some furniture
(B) Change a booking
(C) Make a payment
(D) Exchange a purchase

M: Hello, this is Bruce from the Somerset Avenue branch. One of our customers _____ _____ the Victoriana table and chairs. Do you have any in stock?
W: Yes, we still have two sets available.
M: Great! Could you _____ to our store as soon as possible?
W: No problem. I'll _____.

본 코스에서는 은행에서 계좌를 개설하거나, 자동차 수리 견적을 묻는 등의 상황을 담은 편의 시설 관련 대화에 대해 살펴보도록 하겠습니다.

편의 시설 관련 대화의 상황별 빈출 어휘 🎧 Day 14_C2_01

편의 시설 관련 대화에 자주 나오는 어휘를 익혀두면 문제를 풀 때 대화를 정확히 들을 수 있습니다. 음성을 듣고 따라 읽으면서 꼭 외워두세요.

부동산

❶ **real estate agent** 부동산 중개업자

❷ **property** [미 prá:pərti, 영 prɔ́pəti] 부동산

❸ **residence** [미 rézədəns, 영 rézidəns] 주택

❹ **rent** [rent] 임대하다

은행

❶ **identification** [미 aidèntəfikéiʃən, 영 aidèntifikéiʃən] 신분증

❷ **bank account** 은행 예금 계좌

❸ **income** [ínkʌm] 소득

❹ **loan** [미 loun, 영 ləun] 대출

우체국

❶ **mail** [meil] 우편으로 부치다

❷ **fragile** [미 frǽdʒəl, 영 frǽdʒail] 깨지기 쉬운

❸ **package** [pǽkidʒ] 소포

❹ **postal rates** 우편 요금

정비소

❶ **mechanic** [məkǽnik] 수리공, 정비공

❷ **examine** [igzǽmin] 조사하다

❸ **garage** [미 gərá:ʒ, 영 gǽrɑ:ʒ] 자동차 정비소

❹ **vehicle** [미 ví:ikl, 영 víəkl] 차, 탈 것

편의 시설 관련 대화의 상황별 빈출 표현

편의 시설 관련 대화에 자주 나오는 상황과 표현을 익혀두면 문제를 풀 때 대화의 흐름 파악이 쉬워져 질문에 맞는 정답을 쉽게 고를 수 있습니다. 음성을 듣고 따라 읽으면서 꼭 외워두세요.

부동산

고객이 부동산 중개업자로부터 합리적인 가격의(reasonably priced) 아파트나 사무실을 임대하려는(rent an office) 내용이 나옵니다.

reasonably priced 합리적인 가격의	The new apartment complex offers reasonably priced units. 새로운 아파트 단지는 합리적인 가격의 아파트들을 제공합니다.
rent an office 사무실을 임대하다	We rented an office in the financial district. 우리는 상업 지구에 사무실을 임대했습니다.

은행

은행 계좌를 개설하거나(open a bank account) 대출을 신청하면, 그와 관련된 서류를 작성하는(fill out) 내용이 나옵니다.

open a bank account 은행 계좌를 개설하다	I want to open a bank account for our company. 저는 우리 회사의 은행 계좌를 개설하고 싶습니다.
fill out 작성하다	You can fill out this form to open a savings account. 당신은 예금 계좌를 개설하기 위해 이 양식을 작성하실 수 있습니다.

우체국

우체국에서 우편물을 부칠 때 배송 기간이 며칠까지 걸릴 것(take up to)이라고 이야기하거나, 배송 속도를 빨리할(speed up) 수 있는 서비스를 제공한다는 내용이 나옵니다.

take up to ~ ~까지 걸리다	It can take up to five business days for a delivery to arrive. 배달이 도착하는 데 영업일로 5일까지 걸릴 수 있습니다.
speed up 빨리하다	We offer express service to speed up delivery. 우리는 배송을 빨리하기 위해 속달 우편 서비스를 제공합니다. ＊express service 속달 우편 서비스

정비소

자동차의 수리가 필요할(need repairs) 경우 정비소에 수리를 맡기면서 시간은 얼마나 걸리는지 물어보거나, 작업 비용이 얼마나 드는지(how much the work will cost) 등의 견적을 요청하는 내용이 나옵니다.

need repairs 수리가 필요하다	The mechanic said the car only needs minor repairs. 수리공은 그 차가 작은 수리만 필요하다고 말했습니다.
how much the work will cost 작업 비용이 얼마나 드는지	Could you give me an estimate of how much the work will cost? 작업 비용이 얼마나 드는지 견적을 내주실 수 있나요? ＊estimate [미 éstəmət, 영 éstimət] 견적

해커스 토익 스타트 Listening

편의 시설 관련 대화와 빈출 질문

대화			
Billington 부동산입니다. 무엇을 도와드릴까요?	방 두 개짜리 아파트를 임대하고 싶은데, 가능한 곳이 있나요?	마침 새로 지은 건물이 있습니다.	임대료가 어떻게 되나요?

질문	여자는 어디에서 일하는 것 같은가?	남자는 무엇을 원하는가?	남자는 무엇을 물어보는가?
답	부동산 중개소	아파트 임대	임대료

스텝별 문제 풀이 전략

STEP 1 질문 읽으며 핵심 포인트 파악하기

대화를 듣기 전, 질문을 읽으면서 의문사를 포함한 키워드를 통해 질문의 핵심 포인트를 파악합니다.

> Where **most likely does the** woman work? 여자가 일하는 곳은?
> What **does the** man want to do? 남자가 하고 싶어 하는 것은?
> What **does the** man ask about? 남자가 물어보는 것은?

STEP 2 대화 들으며 정답 선택하기

대화를 들으며 미리 읽어두었던 핵심 포인트를 바탕으로 질문의 답이 되는 부분을 파악하고, 그 파악한 내용을 적절히 표현하고 있는 보기를 정답으로 선택합니다.

W: You've reached Billington Realty. **This is Ellen speaking.**

M: Hi, my name is Mike Rich. Do you have any two-bedroom apartments available?

Q. Where **most likely does the** woman work?

(A) At a property agency

(B) At a law firm

→ 여자의 말 You've reached Billington Realty에서 여자가 부동산에서 일하고 있음을 알 수 있으므로 (A) At a property agency가 정답입니다.

🎧 앞에서 배운 전략을 적용하여 다음 문제를 풀어 보세요.

1. What are the speakers mainly discussing?

   (A) A school registration
   (B) A delayed meeting
   (C) Some required materials
   (D) Some missing forms

2. What will the woman need to provide?

   (A) An identity card copy
   (B) A registration form
   (C) A bank statement
   (D) A service payment

3. What does the man suggest?

   (A) Mailing some documents
   (B) Filling out a loan application
   (C) Contacting the university
   (D) Giving information in person

☑ 한번 확인해 볼까요?

1. What are the speakers mainly discussing?
   화자들은 주로 무엇에 대해 이야기하고 있는가?

   (A) A school registration 학교 등록
   (B) A delayed meeting 지연된 회의
   (C) Some required materials 몇몇 필요한 자료들
   (D) Some missing forms 몇몇 빠져있는 양식들

   STEP 1) What ~ speakers ~ discussing을 보고 화자들이 이야기 하고 있는 것이 무엇인지를 묻고 있음을 알 수 있습니다.

   STEP 2) 여자의 말 Is there ~ bring과 남자의 말 we will need ~ card에서 필요한 자료들에 대해 이야기하고 있음을 알 수 있으 므로 (C)가 정답입니다.

2. What will the woman need to provide?
   여자는 무엇을 제출해야 할 것인가?

   (A) An identity card copy 신분증 사본
   (B) A registration form 등록 양식
   (C) A bank statement 입출금 내역서
   (D) A service payment 서비스 비용

   STEP 1) What ~ woman need to provide를 보고 여자가 무엇을 제 출해야 할 것인지를 묻고 있음을 알 수 있습니다.

   STEP 2) 남자의 말 we will need ~ a copy of ~ identification card에서 학생증 사본이 필요할 것임을 알 수 있으므로 (A)가 정답입니다.

3. What does the man suggest?
   남자는 무엇을 제안하는가?

   (A) Mailing some documents 몇몇 서류를 보내는 것
   (B) Filling out a loan application
       대출 신청서를 작성하는 것
   (C) Contacting the university 대학교에 연락하는 것
   (D) Giving information in person 정보를 직접 주는 것

   STEP 1) What ~ man suggest를 보고 남자가 무엇을 제안하는지를 묻고 있음을 알 수 있습니다.

   STEP 2) 남자의 말 I suggest giving it ~ in person에서 연락처를 직접 주는 것을 제안하고 있음을 알 수 있으므로 (D)가 정답입니다.

Questions 1-3 refer to the following conversation.
1-3번은 다음 대화에 관한 문제입니다.

W: This is Lea Thomas calling. I have an appointment on Thursday with Ms. Andrews about a student loan. ¹Is there anything I need to bring?
   저는 Lea Thomas입니다. 저는 목요일에 Ms. Andrews와 학자금 대출에 관한 약속이 있 습니다. 제가 가져야야 할 것들이 있나요?

   필요한 대출 서류 문의

M: Yes, ¹/²we will need contact information for your university and a copy of your student identification card.
   네, 저희는 당신의 대학교의 연락처와 학생증 사 본이 필요할 것입니다.

   필요 서류

W: I can give you the contact information now, if you'd like.
   만약 당신이 원하신다면, 지금 바로 연락처를 드 릴 수 있습니다.

   서류 제출

M: ³I suggest giving it to Ms. Andrews in person.
   저는 연락처를 Ms. Andrews에게 직접 주시는 것을 제안드립니다.

토익 기초 · Part 1 · Part 2 · Part 3 · Part 4 · 해커스 토익 스타트 Listening

🎧 Day 14_C2_04

질문의 키워드를 읽고 핵심 포인트를 파악한 뒤 대화를 들으며 정답을 선택하고, 빈칸을 받아써 보세요.
(음성은 두 번 들려줍니다.)

01 How **can the** man send money quickly?

(A) 온라인에 계좌를 개설해서　　　　　　(B) 은행 지점에 방문해서

M: What is the best way to send money to my brother? He lives overseas.
W: That depends. ＿＿＿＿＿＿＿＿＿＿＿＿＿＿, but you'll need an ＿＿＿＿＿＿＿＿＿
　　for that. ＿＿＿＿＿＿＿＿＿＿＿＿＿＿, but they're available to everyone.

02 Where **most likely does the** man work?

(A) 주차장　　　　　　　　　　　　(B) 정비소

M: Hello. Can I help you with anything?
W: Yes.　I'm　having ＿＿＿＿＿＿＿＿＿＿＿＿＿＿＿＿. ＿＿＿＿＿＿＿＿＿＿＿＿
　　＿＿＿＿＿＿＿＿＿＿＿＿. Do you have time to check it for me?

03 What **most likely is the** woman's job?

(A) A real estate agent　　　　　　(B) An office supply salesperson

M: Good morning. Is ＿＿＿＿＿＿＿＿＿ on Clayton Street still available?
W: Sorry, sir, but ＿＿＿＿＿＿＿＿＿＿＿＿＿＿ last week. However, we do have two
　　other vacant units in the same area.

04 What **does the** man ask **the** woman about?

(A) A postage fee　　　　　　　　(B) Package contents

M: ＿＿＿＿＿＿＿＿＿＿＿＿＿＿＿ this package to Canada by airmail?
W: Let me check. ＿＿＿＿＿＿＿ to Canada are high, so it will ＿＿＿＿＿＿＿＿.

[05 - 06]

05 What does the woman say about Elaine Lima?

(A) She changed her schedule.
(B) She canceled her lunch appointment.
(C) She is responsible for closing accounts.
(D) She is away on vacation.

06 Why is the man unable to return at 1 P.M.?

(A) He is leaving on a trip.
(B) He has an interview.
(C) He is visiting a friend.
(D) He has a meeting.

> M: I'd like to speak to someone about _____.
> W: Actually, Elaine Lima _____ _____, and she's out for lunch. Can you come back at 1 o'clock?
> M: I _____ _____ for that time. How late are you open?
> W: We close at 5 o'clock. If you can't return today, we open at 10 A.M. tomorrow.

[07 - 08]

07 What is the man's problem?

(A) His vehicle requires repairs.
(B) He got into a minor accident.
(C) His parking spot is filled.
(D) He can't find his car key.

08 What does the man ask the woman about?

(A) The duration of repairs
(B) The cost of some work
(C) The fee for a rental
(D) The location of a parking area

> M: Hello. I left my car here earlier because I was _____.
> W: Oh, yes. Our mechanic examined your vehicle. He says _____ _____.
> M: I see. How much will the work cost?
> W: It will be around $400 _____.

🎧 Day 14_Test

질문의 키워드를 읽고 핵심 포인트를 파악한 뒤 대화를 들으며 정답을 선택하세요.

[01 - 03]

01 Where does the woman work?

(A) At a video store
(B) At a production studio
(C) At a theater
(D) At a bookstore

02 What does the woman say about a display?

(A) It is being set up.
(B) It is near a cash register.
(C) It is being replaced.
(D) It is next to a television.

03 What does the woman offer to do?

(A) Replace a product
(B) Call a manager
(C) Place an order
(D) Lower a fee

[04 - 06]

04 What is the problem?

(A) An office in the building is closed.
(B) A payment for a purchase wasn't sent.
(C) A bill for a utility contains an error.
(D) A machine at the bank isn't working.

05 What does the man ask for?

(A) An identification number
(B) A driver's license
(C) A bank card
(D) An application form

06 What does the man suggest the woman do?

(A) Apply online
(B) Visit a Web site
(C) File a report
(D) Pay by credit card

[07-09]

07 Where is the conversation taking place?

(A) At a parking garage
(B) At an auto repair shop
(C) At a vehicle rental agency
(D) At a car dealership

08 What does the woman say about a business?

(A) It is busy on weekends.
(B) It has extended Saturdays hours.
(C) It is a new business.
(D) It has few employees.

09 What will most likely happen at 6:00 P.M.?

(A) A customer will be called.
(B) Parts will be delivered.
(C) Work will be completed.
(D) A car will be dropped off.

[10-12]

10 What is the woman looking for?

(A) Camping gear
(B) Outdoor furniture
(C) Home appliances
(D) Gardening tools

11 What does the woman mean when she says, "I just came from Aisle 5"?

(A) A row has been mislabeled.
(B) A product is no longer on sale.
(C) An item is not in an area.
(D) A sign has not been updated.

12 What will the man probably do next?

(A) Unpack some boxes
(B) Call a manager
(C) Guide a customer
(D) Set up a display

[13 - 15]

13 Where does the woman most likely work?

(A) At a travel company

(B) At a hotel office

(C) At a rental agency

(D) At a moving company

14 What does the woman ask about?

(A) A moving schedule

(B) The location of a building

(C) A rental fee

(D) The cost of a ticket

15 What will most likely take place in May?

(A) A unit will be renovated.

(B) The man will start a job.

(C) A trip will conclude.

(D) An agreement will be signed.

[16 - 18]

> **Sender:** Janice Williams
> **Weight:** 4.2 kilograms
> **Address:** 1432 Central Street
>   Cleveland, OH
> **Postcode:** 441

16 What does the woman want to send?

(A) A product return

(B) A business letter

(C) A gift item

(D) A payment

17 What does the man ask about?

(A) Mailing preference

(B) The weight of a parcel

(C) Package contents

(D) The details of an address

18 Look at the graphic. Which information is incorrect?

(A) Sender

(B) Weight

(C) Address

(D) Postcode

*받아쓰기&쉐도잉 프로그램으로 꼭 복습하세요.
정답 · 해석 · 해설 p.461

Part 3

Hackers **TOEIC** Start Listening

일상 생활 2

15일에서는 '일상 생활'에서
일어날 수 있는 여러 가지
대화 상황 중 '여가'와
'교통 및 주거' 관련 대화에 대해
살펴보겠습니다.

Course 1 여가
Course 2 교통 및 주거

무료 MP3 다운로드 및 스트리밍 바로 듣기
(HackersIngang.com)

무료MP3 바로듣기

Course 1 | 여가

본 코스에서는 여행사에 여행 상품을 물어보거나, 식당 예약을 하는 등의 상황을 담은 여가 관련 대화에 대해 살펴보도록 하겠습니다.

⫼ 여가 관련 대화의 상황별 빈출 어휘 🎧 Day 15_C1_01

여가 관련 대화에 자주 나오는 어휘를 익혀두면 문제를 풀 때 대화를 정확히 들을 수 있습니다. 음성을 듣고 따라 읽으면서 꼭 외워두세요.

여행	
❶ **historic** [미 histɔ́:rik, 영 histɔ́rik] 역사적으로 유명한	❶ **check-in counter** 탑승 수속대
❷ **sightseeing** [sáitsi:iŋ] 관광	❷ **business class** 이등석 (=비즈니스 석)
❸ **crowded** [kráudid] 붐비는	❸ **direct flight** 직항편
❹ **tourist center** 관광 안내소	❹ **connecting flight** 연결 항공편

공연·전시	외식
❶ **afford** [미 əfɔ́:rd, 영 əfɔ́:d] ~할 여유가 있다	❶ **restaurant** [미 réstərənt, 영 réstrɔnt] 식당
❷ **director** [미 diréktər, 영 dairéktə] 지휘자, 감독	❷ **set** [set] (식탁 등을) 차리다
❸ **cinema** [sínəmə] 영화관	❸ **seat** [si:t] 좌석
❹ **review** [rivjú:] 공연평	❹ **reservation** [미 rèzərvéiʃən, 영 rèzəvéiʃən] 예약

토익 기초

Part 1

Part 2

Part 3

Part 4

해커스 토익 스타트 Listening

여가 관련 대화의 상황별 빈출 표현 🎧 Day 15_C1_02

여가 관련 대화에 자주 나오는 상황과 표현을 익혀두면 문제를 풀 때 대화의 흐름 파악이 쉬워져 질문에 맞는 정답을 쉽게 고를 수 있습니다. 음성을 듣고 따라 읽으면서 꼭 외워두세요.

여행

고객이 여행사나 공항에서 여행 상품에 대한 정보를 얻고 싶다(I'd like some information)고 하거나, 가장 이른 비행편(the earliest flight)이 몇 시에 있는지, 이용 가능한 좌석이 있는지(do you have any seats available) 등을 물어보면, 직원이 여행 상품이나 항공편 관련 정보를 알려주는 내용이 나옵니다.

I'd like some information 정보를 얻고 싶다	I'd like some information on your package tours. 귀사의 패키지 여행에 관한 정보를 얻고 싶습니다.
the earliest flight 가장 이른 비행편	Could you tell me what time your earliest flight to Boston is? 보스턴으로 가는 가장 이른 비행편이 몇 시인지 알려주실 수 있나요?
do you have any seats available 이용 가능한 좌석이 있나요	Do you have any seats available for today's flight to Rio De Janeiro? 오늘 리우데자네이루로 가는 비행편에 이용 가능한 좌석이 있나요?

공연·전시

영화·전시회·음악회 등의 공연이 어떤 비평을 받았는지(get a review) 이야기하면서 관람을 제안하거나, 공연 등이 볼만한 가치가 있다(be worth ~ing)는 등의 관람 내용에 대해 이야기하는 내용이 나옵니다.

get a review 비평을 받다	The film got a good review in yesterday's newspaper. 그 영화는 어제 신문에서 좋은 비평을 받았습니다.
be worth ~ing ~할 가치가 있다	The Louvre in Paris is worth visiting. 파리에 있는 루브르는 방문할 가치가 있습니다.

외식

일행(in one's party)의 수, 예약 날짜, 예약자의 이름 등을 말하면서 식당을 예약하거나(make a reservation), 식당 음식이나 서비스를 이야기하면서 새로 생긴 식당에 가보자(why don't we try)고 제안하는 내용이 나옵니다.

in one's party 일행	How many people will be in your party? 일행이 몇 명인가요?
make a reservation 예약하다	I'd like to make a reservation for lunch tomorrow. 저는 내일 점심 식사를 예약하고 싶습니다.
why don't we try ~ ~하는 것이 어때요	Why don't we try the coffee shop across the street? 길 건너에 있는 커피숍에 가보는 것이 어때요?

||| 스텝별 문제 풀이 전략

STEP 1 질문 읽으며 핵심 포인트 파악하기

대화를 듣기 전, 질문을 읽으면서 의문사를 포함한 키워드를 통해 질문의 핵심 포인트를 파악합니다.

> What **are the** speakers discussing? 화자들이 이야기하는 것은?
> Where **is the** Japanese restaurant located? 일식집의 위치는?
> When **will the** speakers meet? 화자들이 만날 시간은?

STEP 2 대화 들으며 정답 선택하기

대화를 들으며 미리 읽어두었던 핵심 포인트를 바탕으로 질문의 답이 되는 부분을 파악하고, 그 파악한 내용을 적절히 표현하고 있는 보기를 정답으로 선택합니다.

> M: I don't know where we should go for our lunch break.
>
> W: Have you been to the new Japanese restaurant near Central Station?
>
> M: You mean Genzo? I heard the food there is great. Let's give it a try.

> Q. What **are the** speakers discussing?
>
> (A) Lunch plans
> (B) A business meeting
>
> → 남자의 말 I don't know where we ~ go for our lunch break와 여자의 말 Have you been to ~ Japanese restaurant을 통해 점심 계획에 대해 이야기하고 있음을 알 수 있으므로 (A) Lunch plans가 정답입니다.

🎧 앞에서 배운 전략을 적용하여 다음 문제를 풀어 보세요.

1. Where does the woman probably work?

(A) At a hotel
(B) At an airline
(C) At a train station
(D) At a rental agency

2. What does the man ask the woman to do?

(A) Cancel a reservation
(B) Delay a meeting
(C) Make a booking
(D) Contact a client

3. What is the man supposed to do tomorrow?

(A) Return from a trip
(B) Meet with a client
(C) Start a tour
(D) Drive to Stockholm

☑️ 한번 확인해 볼까요?

1. Where does the woman probably work?
여자는 어디에서 일하는 것 같은가?

(A) At a hotel 호텔에서
(B) At an airline 항공사에서
(C) At a train station 기차역에서
(D) At a rental agency 대여점에서

STEP1 Where ~ woman ~ work를 보고 여자가 일하는 곳이 어디인지를 묻고 있음을 알 수 있습니다.

STEP2 남자의 말 Do you have ~ flight와 여자의 말 That flight is full에서 여자가 항공사에서 일하는 것을 알 수 있으므로 (B)가 정답입니다.

2. What does the man ask the woman to do?
남자는 여자에게 무엇을 하라고 요청하는가?

(A) Cancel a reservation 예약을 취소한다.
(B) Delay a meeting 회의를 연기한다.
(C) Make a booking 예약을 한다.
(D) Contact a client 고객에게 연락한다.

STEP1 What ~ man ask ~ woman to do를 보고 남자가 여자에게 무엇을 하라고 요청하는지를 묻고 있음을 알 수 있습니다.

STEP2 남자의 말 Will you ~ make the reservation에서 남자가 여자에게 예약을 해달라고 요청하고 있음을 알 수 있으므로 (C)가 정답입니다.

3. What is the man supposed to do tomorrow?
남자는 내일 무엇을 하기로 되어 있는가?

(A) Return from a trip 여행에서 돌아온다.
(B) Meet with a client 고객과 만난다.
(C) Start a tour 여행을 시작한다.
(D) Drive to Stockholm 스톡홀름으로 운전해 간다.

STEP1 What ~ man supposed to do tomorrow를 보고 남자가 내일 무엇을 하기로 되어 있는지를 묻고 있음을 알 수 있습니다.

STEP2 남자의 말 I have a client meeting ~ tomorrow에서 남자가 내일 고객과 회의가 있음을 알 수 있으므로 (B)가 정답입니다.

Questions 1-3 refer to the following conversation.
1~3번은 다음 대화에 관한 문제입니다.

M: Hello. ¹Do you have any seats available for the 8 o'clock flight this evening to Stockholm?
안녕하세요. 오늘 밤 8시 스톡홀름행 비행기에 이용 가능한 좌석이 있나요?

W: Sorry, sir. ¹That flight is full. However, we do have one tomorrow at 6:30 A.M.
죄송합니다, 고객님. 그 비행기는 꽉 찼습니다. 그러나, 내일 오전 6시 30분에 하나 있습니다.

〔비행기 좌석 문의〕

M: ²Will you go ahead and make the reservation? ³I have a client meeting at 9 o'clock tomorrow. I hope I can get there on time.
예약을 진행해주시겠어요? 저는 내일 9시에 고객과 회의가 있어요. 거기에 제시간에 도착할 수 있었으면 좋겠어요.

W: Of course. The flight only takes one hour, so you won't be late for your meeting.
물론입니다. 비행편이 한 시간밖에 걸리지 않으므로, 회의에 늦지 않으실 겁니다.

〔항공편 예약〕

🎧 Day 15_C1_04

질문의 키워드를 읽고 핵심 포인트를 파악한 뒤 대화를 들으며 정답을 선택하고, 빈칸을 받아써 보세요.
(음성은 두 번 들려줍니다.)

01 What **are the** speakers discussing?

(A) 극장 쇼   (B) 티켓 가격

> M: I have an _____ at Brownville Theater tonight. Do you
>
>   want to come?
>
> W: I'd love to. What's the show?

02 Where **does the** woman want to go?

(A) 서울   (B) 뉴욕

> W: Excuse me. Do you have _____?
>
> M: No, but _____ New York and catch a connecting flight.

03 What **does the** woman want to do?

(A) Book a ticket   (B) Order a meal

> W: Hello, I'd like to _____ for _____. Are you _____
>
>   _____ now?
>
> M: Yes, we began serving it at 11:30.
>
> W: Great. Can I have the chicken sandwich, then?

04 What **will the** woman do tomorrow?

(A) Take a trip   (B) Attend a concert

> M: Lisa, this is Rob calling. I have some tickets for the rock concert tonight. Do you want
>
>   to go?
>
> W: I'm _____, so I need to get ready.

05 What are the speakers discussing?

(A) Flight routes
(B) Vacation schedules
(C) Available cruises
(D) Tour destinations

06 Why does the woman prefer to leave on Saturday?

(A) It is a less expensive trip.
(B) Her vacation begins that weekend.
(C) The cruise has more stops.
(D) She has to be home by Monday.

W: I'd like _____ to Alaska.

M: Of course. We have three cruises departing every week. One of them departs on Monday and the others leave on Saturday.

W: _____, so Saturday is best for me.

[07-08]

07 Where does the woman want to go?

(A) To a movie
(B) To a concert
(C) To a play
(D) To a restaurant

08 What is the woman concerned about?

(A) Traveling by herself at night
(B) Arriving late to the performance
(C) Finding a parking space
(D) Paying too much for a ticket

M: I'm _____ at the Galaxy Theater this weekend. You should come!

W: It has been getting excellent reviews, and I really _____. But ____ _____.

M: Well, I'm taking my car so I can drive you home after the show.

W: Oh, thanks. In that case, I'll come.

정답·해석·해설 p.467

Course 2 | 교통 및 주거

본 코스에서는 길을 묻거나, 새로 이사한 집에 대해 이야기하는 등의 상황을 담은 교통 및 주거 관련 대화에 대해 살펴보도록 하겠습니다.

||| 교통 및 주거 관련 대화의 상황별 빈출 어휘   🎧 Day 15_C2_01

교통 및 주거 관련 대화에 자주 나오는 어휘를 익혀두면 문제를 풀 때 대화를 정확히 들을 수 있습니다. 음성을 듣고 따라 읽으면서 꼭 외워두세요.

길 묻기

❶ **lost**[미 lɔːst, 영 lɒst] 길을 잃은

❷ **taxi stand** 택시 승강장

❸ **running late** 늦은

❹ **direction**[미 dirékʃən, 영 dairékʃən] 방향

❺ **block**[미 blɑːk, 영 blɔk] 블록, (도시) 구획

❻ **nearby**[미 nìərbái, 영 nìəbái] 가까운 곳에

❼ **cross**[미 krɔːs, 영 krɔs] 건너다

❽ **get**[get] (장소에) 도달하다

교통편 제공

❶ **commute**[kəmjúːt] 통근; 통근하다, 출퇴근하다

❷ **take**[teik] (차를) 타다

❸ **ride**[raid] 태워주기; 태워주다

❹ **by**[bai] (운송 수단) ~으로

이사·주변 환경

❶ **neighborhood**[미 néibərhùd, 영 néibəhud] 주위 환경, 동네, 이웃

❷ **unpack**[미 ʌ̀npǽk, 영 ʌnpǽk] 짐을 풀다

❸ **move**[muːv] 이사하다

❹ **walk**[wɔːk] 보행 거리; 걷다

교통 및 주거 관련 대화의 상황별 빈출 표현 🎧 Day 15_C2_02

교통 및 주거 관련 대화에 자주 나오는 상황과 표현을 익혀두면 문제를 풀 때 대화의 흐름 파악이 쉬워져 질문에 맞는 정답을 쉽게 고를 수 있습니다. 음성을 듣고 따라 읽으면서 꼭 외워두세요.

길 묻기

길을 물어보면 우회전(turn right) 하자마자 바로 옆에(right next to) 어떤 건물이 있다는 등의 길을 알려주는(give directions) 내용이 나옵니다.

turn right 우회전하다	Cross this street and turn right on Green Avenue. 이 길을 건너서 Green가에서 우회전하세요.
right next to ~ ~ 바로 옆에	You'll see it right next to the post office. 우체국 바로 옆에 있는 것을 볼 것입니다.
give directions 길을 알려주다	Could you give me directions to the nearest subway station? 가장 가까운 지하철역으로 가는 길을 알려주시겠어요?

교통편 제공

사를 태워달라(give a ride)는 요청에 태워주지 못하는 이유를 설명하며 기차를 타라(take a train)는 등 이용 가능한 다른 교통 수단에 대해 이야기하는 내용이 나옵니다.

give a ride 태워다주다	Can you give me a ride to the bus terminal? 버스 터미널까지 저를 태워줄 수 있나요?
take a train 기차를 타다	I'm not driving my car down. I'm taking a train. 제 차를 가져가지 않을 겁니다. 기차를 탈 거예요.

이사 · 주변 환경

이사한(move into) 후 통근에 얼마만큼의 시간을 소비한다(spend ~ commuting)는 등의 출퇴근 상황이나 이사한 곳의 주변 환경에 대해 이야기하는 내용, 또는 주변 건물을 헐고(tear down) 새 건물을 짓고 있다는 등의 도시나 마을의 개발에 따른 주변 환경의 변화에 대해 이야기하는 내용이 나옵니다.

move into 이사하다	I heard you moved into a new house last week. 저는 당신이 지난주에 새집으로 이사했다고 들었어요.
spend ~ commuting 통근에 ~만큼의 시간을 소비한다	I spend an hour commuting to work every day. 저는 매일 통근에 1시간을 소비해요.
tear down (건물 등을) 헐다	The construction company tore down the old museum and built a new structure. 건설 회사는 오래된 박물관을 헐고 새로운 건물을 지었습니다.

토익 기초

Part 1

Part 2

Part 3

Part 4

해커스 토익 스타트 Listening

교통 및 주거 관련 대화와 빈출 질문

대화	Williams office Tower가 어디에 있는지 아시나요?	그 건물은 저쪽 Jackson가에 있어요.	15분 후에 거기서 면접이 있는데 늦었어요. 여기서 가까운가요?	네, 저기 보이는 시청 바로 옆 건물이에요.
질문	여자는 무엇에 대해 묻는가?		여자는 왜 서두르는가?	Williams Office Tower는 어느 건물인가?
답	건물의 위치		면접이 있다	건물 A

스텝별 문제 풀이 전략

STEP 1 ▶ 질문 읽으며 핵심 포인트 파악하기

대화를 듣기 전, 질문을 읽으면서 의문사를 포함한 키워드를 통해 질문의 핵심 포인트를 파악합니다. 질문에 시각 자료가 함께 나오는 경우에는, 어떤 종류의 자료인지를 미리 파악해두도록 합니다.

> What **does the** woman ask about? 여자가 묻는 것은?
> Why **is the** woman in a hurry? 여자가 서두르는 이유는?
> **Look at the graphic.** Which building **is the** Williams
> Office Tower? Williams Office Tower 건물은?

Jackson가의 건물들이 나와 있는 지도

STEP 2 ▶ 대화 들으며 정답 선택하기

대화를 들으며 미리 읽어두었던 핵심 포인트와 시각 자료를 바탕으로 질문의 답이 되는 부분을 파악하고, 그 파악한 내용을 적절히 표현하고 있는 보기를 정답으로 선택합니다.

> W: Pardon me. Do you know where Williams Office Tower is?
> M: It's on Jackson Avenue.
>
> Q. What **does the** woman ask about?
> (A) The schedule of an event
> (B) The location of a building
> → 여자의 말 Do you know where Williams Office Tower is에서 건물의 위치를 묻고 있음을 알 수 있으므로 (B) The location of a building이 정답입니다.

🎧 앞에서 배운 전략을 적용하여 다음 문제를 풀어 보세요.

Park Street

1. What does the woman say about the gallery?

(A) It is too small. (B) It closes early today.
(C) It attracts many tourists. (D) It is open on weekends.

2. What did the man do recently?

(A) Visited a local park
(B) Moved to a new city
(C) Purchased a subway pass
(D) Viewed an exhibit

3. Look at the graphic. Where will the man go?

(A) Location A (B) Location B
(C) Location C (D) Location D

☑ 한번 확인해 볼까요?

1. What does the woman say about the gallery?
여자는 미술관에 대해 무엇이라 말하는가?

(C) It attracts many tourists. 많은 관광객들을 불러 모은다.

STEP 1 What ~ woman say about ~ gallery를 보고 여자가 미술관에 대해 무엇이라 말하는지를 묻고 있음을 알 수 있습니다.

STEP 2 여자의 말 That gallery is popular with tourists에서 미술관이 관광객들에게 유명함을 알 수 있으므로 (C)가 정답입니다.

2. What did the man do recently?
남자는 최근에 무엇을 했는가?

(B) Moved to a new city 새로운 도시로 이사했다.

STEP 1 What ~ man do recently를 보고 남자가 최근에 무엇을 했는지를 묻고 있음을 알 수 있습니다.

STEP 2 남자의 말 I moved here recently에서 최근에 이사를 왔음을 알 수 있으므로 (B)가 정답입니다.

3. Look at the graphic. Where will the man go?
시각 자료를 보아라. 남자는 어디로 갈 것인가?

(D) Location D 장소 D

Park가

STEP 1 Where ~ man go를 보고 남자가 갈 곳이 어디인지를 묻고 있음을 알 수 있으며, 시각 자료를 보고 Park가의 건물들이 나와 있는 지도임을 알 수 있습니다.

STEP 2 여자의 말 Do you see the City Hall? The gallery is ~ one block farther ~ across from the subway station에서 미술관이 시청에서 한 블록 멀고 지하철역 건너편이라 하였고, 지도에서 그곳이 장소 D임을 알 수 있으므로 (D)가 정답입니다.

Questions 1-3 refer to the following conversation and map.
1-3번은 다음 대화와 지도에 관한 문제입니다.

M: Excuse me. Do you know where the Carter Art Gallery is?
실례합니다. Carter 미술관이 어디에 있는지 아시나요?

W: It's right here on Park Street. ¹That gallery is popular with tourists. Are you visiting the city?
바로 여기 Park가에 있어요. 그 미술관은 관광객들에게 유명하죠. 이 도시를 방문 중이신 건가요?

M: Actually, ²I moved here recently. Anyway, you say the gallery is on this street? Where?
사실, 저는 최근에 이곳으로 이사를 왔어요. 그나저나, 미술관이 이 거리에 있다는 거죠? 어디요?

W: ³Do you see the City Hall? The gallery is . . . ah . . . one block farther. It's directly across from the subway station.
시청이 보이시나요? 미술관은... 어... 한 블록 더 멀어요. 지하철역 바로 건너편에 있어요.

M: Is City Hall that big white building?
시청이 저 큰 흰색 건물인가요?

W: That's right. Just keep walking toward it. You can't miss it.
맞아요. 그쪽으로 계속 걸어가세요. 찾기 쉬우실 거예요.

길 묻기

길 안내

🎧 Day 15_C2_04

질문의 키워드를 읽고 핵심 포인트를 파악한 뒤 대화를 들으며 정답을 선택하고, 빈칸을 받아써 보세요.
(음성은 두 번 들려줍니다.)

01 What **is the** man's problem?

(A) 건물을 찾을 수 없다.　　　　　　(B) 박물관 티켓을 잃어버렸다.

M: Excuse me, ma'am. _____ the Columbia Building is?
　 I'm _____.
W: Of course. It's on Pendleton Avenue right next to the museum.

02 What **does the** man offer to do?

(A) 이사를 돕는다.　　　　　　(B) 업체에 연락한다.

M: When are you planning to move into your new house, Erica?
W: Actually, the apartment will be ready on Saturday, but the _____
　 _____.
M: I can _____, if you'd like.

03 What **does the** man need to do on Monday?

(A) Make a presentation　　　　(B) Travel to Atlanta

M: I _____ in Atlanta _____. Flights are fully
　 booked.
W: Oh really? I managed to get a flight on Air Concordia. You should try them.

04 What **is the main** topic of the conversation?

(A) Neighborhood changes　　　(B) Building policies

M: Is that library new? I _____.
W: Yes. They tore down the old building and made a new one. This _____
　 _____.
M: I know. I also saw a new train station and shopping mall.

05 What will the man do tonight?

(A) Make reservations
(B) Take a train
(C) Drive his car
(D) Catch a flight

06 Why is the woman unable to give the man a ride?

(A) She will be out of town.
(B) She is meeting a friend.
(C) She is going to the airport.
(D) She has to work late.

M: Carol, are you free tonight? I _____ at 7:30 and was hoping you could give me a ride.

W: Actually, I _____. But why don't you ask Dave for a ride?

M: I did, and he's busy too.

W: You can take an airport shuttle. There's a stop right next to our office.

[07 - 08]

Bus	Departure Time
104	3:50
305	4:10
456	4:50
504	5:30

07 What does the man ask for?

(A) The address of a store
(B) Directions to a building
(C) The schedule for a meeting
(D) Information about an event

08 Look at the graphic. Which bus will the man probably take?

(A) Bus 104
(B) Bus 305
(C) Bus 456
(D) Bus 504

M: Hi. _____ to the Plaza Center?

W: It's a bit far. You'll need to take a bus.

M: I have an appointment at 5:30. Will I be late?

W: Don't worry. _____, like the 305 or the 504.

M: Oh, there is more than one?

W: Yes. _____ to _____.

정답·해석·해설 p.471

🎧 Day 15_Test

질문의 키워드를 읽고 핵심 포인트를 파악한 뒤 대화를 들으며 정답을 선택하세요.

[01 - 03]

01 What are the speakers talking about?

(A) A truck rental
(B) An upcoming move
(C) A shipping company
(D) A new neighborhood

02 What does the woman offer to do?

(A) Help the man unpack
(B) Drive the man to an appointment
(C) Call the landlord
(D) Pick up lunch

03 What does the man say he will do?

(A) Find another vehicle
(B) Help pack some boxes
(C) Give the woman a ride
(D) Call the woman later

[04 - 06]

04 Who is Daniel Gray?

(A) A director
(B) A performer
(C) A critic
(D) A journalist

05 What does the man suggest the woman do?

(A) Go see a movie
(B) Reserve show tickets
(C) Read an article
(D) Delay a trip

06 Why is the woman unavailable tonight?

(A) She is leaving on a trip.
(B) She has to work late.
(C) She is meeting a relative.
(D) She has to attend a show.

[07-09]

07 What does the woman request?

(A) A schedule for a trip
(B) A ride to an event
(C) Information on tickets
(D) Directions to a center

08 What problem does the man mention?

(A) A convention was canceled.
(B) A train is running late.
(C) An event is sold out.
(D) An accident has occurred.

09 What will the woman probably do next?

(A) Board a bus
(B) Contact a manager
(C) Book some tickets
(D) Drive a car

[10-12]

10 Why does the man contact the woman?

(A) To deal with a complaint
(B) To respond to an inquiry
(C) To change an itinerary
(D) To upgrade a room

11 What does the man say about the Pacific Princess?

(A) It is almost fully booked.
(B) It will not depart on time.
(C) It is offering discount.
(D) It has spacious cabins.

12 What does the woman imply when she says, "My friend already has a ticket for that ship?"

(A) She will not consider other ships.
(B) She will contact another agent.
(C) She will cancel a trip.
(D) She will not reserve a ticket.

[13-15]

13 What is the conversation mainly about?

(A) A personal trip
(B) A refund policy
(C) A business convention
(D) A team budget

14 What does the man suggest?

(A) Traveling by train
(B) Visiting a beach
(C) Using a credit card
(D) Getting prior approval

15 What does Rachel offer to do?

(A) Purchase some luggage
(B) Book a plane ticket
(C) Contact a travel agent
(D) Research some accommodation

[16-18]

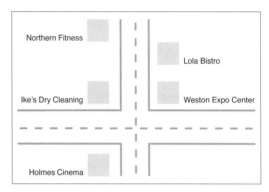

16 What does the woman ask about?

(A) The man's schedule
(B) The man's destination
(C) The time of a show
(D) The location of a bus stop

17 What does the man want to do?

(A) Visit an office
(B) Meet a colleague
(C) Go to a store
(D) Attend an event

18 Look at the graphic. Where will the man be dropped off?

(A) Northern Fitness
(B) Lola Bistro
(C) Ike's Dry Cleaning
(D) Holmes Cinema

＊받아쓰기&쉐도잉 프로그램으로 꼭 복습하세요.
정답·해석·해설 p.475

Part 3

Hackers **TOEIC** Start Listening

Part Test

Part 3 Part Test에서는
지금까지 익힌 상황별 빈출 어휘와
대화 상황에 따른 전략을 바탕으로
실제 토익 Part 3와 같은 구성의 한 회분을
풀어보도록 하겠습니다.

* Answer Sheet는 329페이지에 있습니다.
Part 3는 Answer Sheet의 32번~70번에 해당합니다.

무료 MP3 다운로드 및 스트리밍 바로 듣기
(HackersIngang.com)

무료MP3 바로듣기

PART 3

Directions: In this part, you will listen to several conversations between two or more speakers. These conversations will not be printed and will only be spoken one time. For each conversation, you will be asked to answer three questions. Select the best response and mark the corresponding letter (A), (B), (C), or (D) on your answer sheet.

01 What does the man ask the woman about?

(A) Workshop attendance
(B) Construction progress
(C) Deadline extensions
(D) Residential trends

02 What does the woman need to submit?

(A) A street plan
(B) A building proposal
(C) A daily schedule
(D) A home renovation

03 Why was the due date extended?

(A) A proposal was not approved.
(B) Some workers will be unavailable.
(C) A supervisor asked for an extension.
(D) Some clients changed their minds.

04 What is the reason for the woman's visit?

(A) A presentation
(B) A survey
(C) A consultation
(D) An interview

05 What did the woman do last week?

(A) Submitted a sales report
(B) Left a voice mail
(C) Arranged an appointment
(D) Stopped by a branch

06 What will the woman probably do next?

(A) Send a message
(B) Sign a document
(C) Head to an office
(D) Wait in a lobby

07 Why does the woman recommend a unit?

(A) It is near a main road.
(B) It is fairly priced.
(C) It is in a new building.
(D) It has several bathrooms.

08 What does the man mean when he says, "I've been wanting to have a home office"?

(A) He wants to see more spaces.
(B) He is pleased with a unit's size.
(C) He is unhappy about a building's location.
(D) He wants to change a design.

09 What will the woman do next?

(A) Fill out a form
(B) Copy a document
(C) Check a price
(D) Make a phone call

10 Who most likely are the speakers?

(A) Production managers
(B) Accessory designers
(C) Customer service workers
(D) Marketing specialists

11 What is the woman currently working on?

(A) Advertising ideas
(B) Product development
(C) Consumer research
(D) Building plans

12 What does the man offer to do?

(A) Contact some customers
(B) Provide a report
(C) Conduct some research
(D) Review a plan

13 What is the problem?

(A) A flyer contains errors.
(B) A document hasn't been sent.
(C) A machine isn't working.
(D) A work schedule is incorrect.

14 What does the woman ask the man to do?

(A) Make some copies
(B) Repair a photocopier
(C) Purchase new equipment
(D) Request repairs

15 Why should the woman go to the legal department?

(A) To submit a report
(B) To use another machine
(C) To request legal assistance
(D) To inspect a photocopier

16 What does the woman ask about?

(A) The location of an item
(B) The cost of a product
(C) The duration of a sale
(D) The hours of operation

17 What items are currently unavailable?

(A) Office lamps
(B) Desk chairs
(C) Cash registers
(D) Fax machines

18 What does the man offer to do?

(A) Place a product order
(B) Call another store
(C) Show the woman a display
(D) Deliver some furniture

19 What did the man read?

(A) Some flyers
(B) Some reviews
(C) An e-mail
(D) A newsletter

20 What does the woman mean when she says, "tickets will be discounted on Sunday"?

(A) She regrets a recent purchase.
(B) She wants to invite people to a performance.
(C) She shared incorrect information.
(D) She wants to see a show on another day.

21 What does the man suggest?

(A) Inviting a coworker
(B) Reviewing an event
(C) Reading a program
(D) Canceling a reservation

22 What is the man concerned about?

(A) A product may have to be returned.
(B) Payment has not been received.
(C) Some items have not arrived.
(D) A delivery may be canceled.

23 What does the woman say about a delivery?

(A) It was delayed by a system error.
(B) It was sent to the wrong address.
(C) It is not ready yet.
(D) It is expected to arrive next week.

24 What does the woman say she will do?

(A) Contact another department
(B) Send some replacements
(C) Cancel an order
(D) Provide a full refund

토익 기초

Part 1

Part 2

Part 3

Part 4

해커스 토익 스타트 Listening

GO ON TO THE NEXT PAGE

25 What is the conversation mainly about?

(A) Potential clients
(B) Equipment malfunctions
(C) Scheduling changes
(D) Meeting preparations

26 What is mentioned about the clients?

(A) They will be late.
(B) They canceled the meeting.
(C) They are from Tokyo.
(D) They will attend a trade fair.

27 Why will James go to the third floor?

(A) To retrieve some chairs
(B) To locate a device
(C) To prepare a presentation
(D) To print some documents

---

28 What did the woman recently do?

(A) Bought a new car
(B) Moved into a new home
(C) Got a subway pass
(D) Started a new position

29 What does the woman imply about a subway station?

(A) Its location is inconvenient.
(B) It is newly constructed.
(C) It is unreliable.
(D) Its platform is crowded.

30 How will the woman probably commute to her office?

(A) By using public transportation
(B) By going on foot
(C) By taking a bike
(D) By riding with the man

Paradise Tours	
Departure Time	**Destination**
8:30 A.M.	Summer Palace
9:00 A.M.	Great Wall
10:30 A.M.	Summer Palace
11:00 A.M.	Great Wall

31 Why is the man calling?

(A) To change some seats
(B) To confirm a booking
(C) To upgrade a service
(D) To purchase some tickets

32 Look at the graphic. What time will the man leave for his tour tomorrow?

(A) 8:30 A.M.
(B) 9:00 A.M.
(C) 10:30 A.M.
(D) 11:00 A.M.

33 What does the man ask for?

(A) A receipt
(B) A discount
(C) A refund
(D) An itinerary

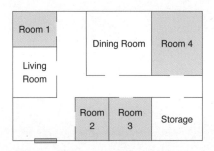

34 Look at the graphic. Which room will be painted?

(A) Room 1
(B) Room 2
(C) Room 3
(D) Room 4

35 What does the man suggest?

(A) Buying some supplies
(B) Comparing color options
(C) Removing some furniture
(D) Leaving an apartment

36 What will the woman do in the morning?

(A) Take some photos
(B) Leave a window open
(C) Make a phone call
(D) Write some instructions

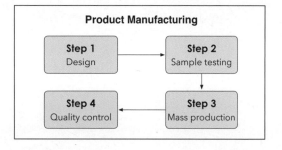

37 Look at the graphic. Which step are the speakers in?

(A) Step 1
(B) Step 2
(C) Step 3
(D) Step 4

38 What does the woman want the man to do?

(A) Explain a process
(B) Train some new personnel
(C) Submit a report
(D) Review a budget

39 What does the man ask for?

(A) Some sample devices
(B) Some more staff
(C) A different deadline
(D) An updated blueprint

정답 · 해석 · 해설 p.481

Part 4

Hackers TOEIC Start Listening

Part 4 소개

문제 형식

71번부터 100번까지 총 30문제로, 하나의 담화를 듣고 그와 관련된 세 개의 문제를 푸는 유형입니다.

담화 유형

Part 4에 출제되는 담화에는 각각의 담화 유형에 따라 전형적인 흐름과 문제 유형, 그리고 표현들이 있습니다. 따라서 본 교재에서 제시하는 각각의 담화 유형에 따른 흐름과 관련 문제 및 표현을 미리 익혀둔다면 Part 4를 쉽게 공략할 수 있습니다.

메시지(Message)	16일
공지(Announcement)	17일
방송(Broadcast)	18일
보도(Report)	19일
연설(Speech/Talk)	20일

Part 4 학습 전략 및 문제 풀이 전략

학습 전략

담화 상황별 흐름, 빈출 문제 및 표현 미리 익혀두기

Part 4에 출제되는 담화 상황과 각 상황별 흐름 및 빈출 문제, 그리고 관련 표현을 미리 익혀두면 실제 시험에서 담화의 내용과 흐름이 쉽게 파악되어 문제의 답을 정확하게 고를 수 있게 됩니다.

문제 풀이 전략

Step 1 질문 읽으며 핵심 포인트 파악하기

담화를 듣기 전 질문을 읽으며 의문사를 포함한 키워드를 통해 무엇을 묻고 있는지를 파악합니다. 질문에 시각 자료가 함께 나오는 경우에는, 어떤 자료인지를 미리 파악해두도록 합니다. 이러한 핵심 포인트 파악은 담화를 들으며 답이 될 부분을 찾는 Step 2를 용이하게 할 것입니다.

Step 2 담화 들으며 흐름에 근거하여 정답 선택하기

담화를 들으며 Step 1에서 파악한 핵심 포인트 부분을 디렉션과 서두를 통해 파악한 담화의 흐름에 근거하여 파악한 후 그에 적절한 보기를 정답으로 선택합니다.

16일

메시지(Message)

16일에서는 전화기에 남겨져 있는
'메시지'에 대해 살펴보겠습니다.
이러한 메시지를 업무차 개인에게 남겨놓은
'음성 메시지'와 기업이나 기관이 고객들에게
지시의 정보를 제공하는 '자동 응답 시스템'으로
나누어 익혀보도록 하겠습니다.

Course 1 음성 메시지
Course 2 자동 응답 시스템

무료 MP3 다운로드 및 스트리밍 바로 듣기
(HackersIngang.com)

무료MP3 바로듣기

Course 1 | 음성 메시지

본 코스에서는 예약을 확인하거나 면접 일정을 전달하는 등의 내용을 담은 음성 메시지에 대해 살펴보도록 하겠습니다.

음성 메시지 상황별 빈출 어휘 🎧 Day 16_C1_01

음성 메시지에 자주 나오는 어휘를 익혀두면 문제를 풀 때 담화를 정확히 들을 수 있습니다. 음성을 듣고 따라 읽으면서 꼭 외워 두세요.

예약 확인

❶ **schedule** [미 skédʒuːl, 영 ʃédʒuːl] 일정(표)

❷ **cancel** [kǽnsəl] 취소하다

❸ **confirm** [미 kənfə́ːrm, 영 kənfə́ːm] 확인하다

❹ **appointment** [əpɔ́intmənt] 약속, 예약

❺ **delay** [diléi] 연기하다

면접 일정 전달

❶ **interview** [미 íntərvjùː, 영 íntəvjuː] 면접

❷ **interviewee** [미 ìntərvjuːíː, 영 ìntəvjuíː] 면접자

❸ **interviewer** [미 íntərvjùːər, 영 íntəvjuːə] 면접관

❹ **résumé** [미 rézuməi, 영 rézjuːmei] 이력서

❺ **application** [미 ǽpləkéiʃən, 영 ǽplikéiʃən] 지원서, 지원

주문 확인

❶ **shipment** [ʃípmənt] 화물, 선적

❷ **delivery** [dilívəri] 배달

❸ **estimate** [미 éstəmət, 영 éstimət] 견적서

수리·공사 진행 상황 전달

❶ **mechanic** [məkǽnik] 수리공

❷ **repair** [미 ripέər, 영 ripέə] 수리하다(=fix)

❸ **problem** [미 práːbləm, 영 prɔ́bləm] 문제

음성 메시지에 자주 나오는 상황과 표현을 익혀두면 문제를 풀 때 담화의 흐름 파악이 쉬워져 질문에 맞는 정답을 쉽게 고를 수 있습니다. 음성을 듣고 따라 읽으면서 꼭 익혀두세요.

예약 확인

병원 등에서 근무하는 직원이 고객에게 전화를 걸어 예약 날짜를 상기시키거나(remind ~ of …), 서류를 작성해야(fill out) 하니 조금 더 일찍 오라는 내용이 나옵니다.

remind ~ of … ~에게 …를 상기시키다	I'm calling to remind you of your appointment scheduled for Friday. 귀하에게 금요일로 예정된 예약을 상기시켜드리기 위해 전화드립니다. ＊scheduled for ~로 예정된
fill out 작성하다	You can fill out the necessary forms at the front desk. 안내 데스크에서 필요한 서류들을 작성하실 수 있습니다. ＊form [미 fɔːrm, 영 fɔːm] 서류

면접 일정 전달

인사부 직원이 특정 직책을 위한 지원서(application for)를 살펴본 뒤, 지원자에게 면접을 보러 오라(come in for an interview)고 면접 일정을 알리는 내용이 나옵니다.

application for ~ ~을 위한 지원서	We received your application for the secretary position. 저희는 비서직을 위한 당신의 지원서를 받았습니다. ＊receive [risíːv] 받다　secretary [미 sékrətèri, 영 sékrətri] 비서
come in for an interview 면접을 보러 오다	We would like you to come in for an interview on Monday. 월요일에 면접을 보러 오셨으면 합니다.

주문 확인

배송부 직원이 제품 품절(out of stock)로 인해 고객이 주문한(put in an order) 물품 배송이 지연됨을 알리거나, 구매부 직원이 고객에게 전화하여 주문 내역을 확인해야 하니 다음의 전화번호로 연락 달라(reach ~ at …)고 요청하는 내용이 나옵니다.

out of stock 품절의	The desks you ordered are out of stock and won't be available until May 10. 당신이 주문한 책상은 품절되어서 5월 10일이 되어서야 이용 가능합니다. ＊order [미 ɔ́ːrdər, 영 ɔ́ːdə] 주문하다; 주문　available [əvéiləbl] 이용 가능한
put in an order 주문하다	You put in an order for two bookcases on Tuesday. 당신은 화요일에 책장 두 개를 주문했습니다.
reach ~ at … ~에게 …로 연락하다	You can reach me at 555-8567, extension number 27. 555-8567로 걸어서 내선번호 27번으로 제게 연락할 수 있습니다. ＊extension number 내선번호

수리·공사 진행 상황 전달

수리공이 기기 수리 진행 상황이나 수리 중 발견된 문제를 고객에게 알리면서, 다시 전화하라(give ~ a call back at …)고 요청하는 내용이 나옵니다.

give ~ a call back at … ~에게 …로 다시 전화하다	Please give me a call back at 555-5304 if you have any further questions. 질문이 더 있으면 555-5304로 제게 다시 전화 주시기 바랍니다.

음성 메시지 흐름과 빈출 질문

음성 메시지는 주로 전화한 사람이 '~씨 안녕하세요'와 같은 인사로 시작합니다. 이어서, 화자가 자신을 소개하고 본격적으로 전화한 이유를 이야기한 뒤, 전화한 이유와 관련하여 상대방에게 무언가를 요청하며 메시지를 마무리합니다. 이러한 흐름에 따라, 누가 전화했는지, 왜 전화했는지, 그리고 청자에게 무엇을 요청하는지 등을 묻는 문제가 자주 출제됩니다.

음성 메시지	흐름	흐름에 따른 빈출 질문

1-3번은 다음 telephone message에 관한 문제입니다.

안녕하세요, Ms. Kim. → **청자 언급** → 전화한 사람을 묻는 문제
Who most likely is the caller?
전화한 사람은 누구인 것 같은가?

Edgewood 병원의 Andrew Petrov인데요. → **전화한 사람 소개** → 전화 목적을 묻는 문제
What is the purpose of the message?
메시지의 목적은 무엇인가?

내일 예약 확인차 연락 드렸습니다. → **전화 목적**

작성해야 할 양식이 있으니 일찍 와주세요. → **청자 할 일** → 청자 할 일을 묻는 문제
What does the caller ask Ms. Kim to do?
전화한 사람은 Ms. Kim에게 무엇을 하라고 요청하는가?

음성 메시지에서는 다음과 같이 흐름을 알려주는 전형적인 표현들이 있으므로 잘 알아두세요.

- 화자(전화한 사람) 소개: This is 이름 (calling) from 근무처   저는 ~에서 근무하는 …입니다
- 전화 목적: I'm calling to/about ~, I'd like to ~   ~하려고 전화했습니다, ~하고 싶습니다
- 청자 할 일: Please ~, Don't forget to ~   ~해주세요, ~하는 것을 잊지 마세요

스텝별 문제 풀이 전략

STEP 1 질문 읽으며 핵심 포인트 파악하기

담화를 듣기 전에 질문을 읽으면서 의문사를 포함한 키워드를 통해 질문의 핵심 포인트를 파악합니다.

> What **is the** purpose of **the** message? 메시지의 목적은?

STEP 2 담화 들으며 흐름에 근거하여 정답 선택하기

담화가 시작되기 전 디렉션(Questions ~ refer to the following **telephone message**)과 청자를 언급하면서 전화한 사람을 소개하는 서두를 듣고 음성 메시지임을 파악합니다. 음성 메시지의 흐름을 떠올리며 질문의 답이 되는 부분을 잘 듣고, 그 내용을 적절히 표현하고 있는 보기를 정답으로 선택합니다.

Questions 1-3 refer to the following telephone message.

Hello, Ms. Kim. This is Andrew Petrov calling from Edgewood Medical Clinic. [청자 언급 및 전화한 사람 소개] I want to remind you of your appointment tomorrow at 9:30 A.M. [전화 목적] We also have a form for you to fill in, so please arrive early. [청자 할 일]

Q. What **is the** purpose of **the** message?

(A) To give a reminder
(B) To request a form

→ I want to remind you of your appointment에서 약속을 상기시키기 위해 전화했음을 알 수 있으므로 (A) To give a reminder가 정답입니다.

🎧 앞에서 배운 전략을 적용하여 다음 문제를 풀어 보세요.

1. Who most likely is the caller?

   (A) A rental agent
   (B) A tour guide
   (C) A hotel clerk
   (D) A bank employee

2. What is the purpose of the message?

   (A) To cancel a booking
   (B) To confirm a reservation
   (C) To request a room
   (D) To provide a schedule

3. What does the speaker ask Ms. Rogers to do?

   (A) Cancel a payment
   (B) Provide information
   (C) Send an itinerary
   (D) Delay a trip

✅ 한번 확인해 볼까요?

1. Who most likely is the caller?
전화한 사람은 누구인 것 같은가?

(A) A rental agent 대여 업체 직원
(B) A tour guide 여행 가이드
(C) A hotel clerk 호텔 종업원
(D) A bank employee 은행 직원

STEP 1 Who ~ caller를 보고 전화한 사람이 누구인지를 묻고 있음을 알 수 있습니다.

STEP 2 I'm calling from Denton Rentals에서 Denton Rentals 라는 대여 업체에서 전화했음을 알 수 있으므로 (A)가 정답입니다.

2. What is the purpose of the message?
메시지의 목적은 무엇인가?

(A) To cancel a booking 예약을 취소하기 위해
(B) To confirm a reservation 예약을 확인하기 위해
(C) To request a room 방을 요청하기 위해
(D) To provide a schedule 일정을 제공하기 위해

STEP 1 What ~ purpose of ~ message를 보고 메시지의 목적이 무엇인지를 묻고 있음을 알 수 있습니다.

STEP 2 I'd like to confirm your booking에서 예약을 확인하기 위해 전화했음을 알 수 있으므로 (B)가 정답입니다.

3. What does the speaker ask Ms. Rogers to do?
화자는 Ms. Rogers에게 무엇을 하라고 요청하는가?

(A) Cancel a payment 결제를 취소한다.
(B) Provide information 정보를 제공한다.
(C) Send an itinerary 여행 일정표를 보낸다.
(D) Delay a trip 여행을 연기한다.

STEP 1 What ~ speaker ask Ms. Rogers to do를 보고 화자가 Ms. Rogers에게 하라고 요청하는 것이 무엇인지를 묻고 있음을 알 수 있습니다.

STEP 2 Please contact me ~ with that information에서 정보와 함께 연락하라고 하였으므로 (B)가 정답입니다.

Questions 1-3 refer to the following telephone message.
1-3번은 다음 전화 메시지에 관한 질문입니다.

Hello, Ms. Rogers. My name is Marlene Casper, and [1]I'm calling from Denton Rentals.
안녕하세요, Ms. Rogers. 저는 Marlene Casper이고, Denton Rentals에서 전화드렸습니다.

〕 청자 언급 및 전화한 사람 소개

[2]I'd like to confirm your booking. I received your request for a car reservation in Boston from May 3 to May 5. Luckily, the vehicle you requested is available on those dates.
저는 당신의 예약을 확인하고자 합니다. 보스턴에서 5월 3일부터 5일까지의 차 예약 요청을 받았습니다. 다행히도, 그날에 요청하신 차가 이용 가능합니다.

〕 전화 목적

To process your booking, we require a credit card number. [3]Please contact me at 555-4393 with that information. I look forward to hearing from you.
예약을 진행하기 위해, 신용카드 번호가 필요합니다. 그 정보와 함께 555-4393으로 연락해주시기 바랍니다. 연락을 기다리겠습니다.

〕 청자 할 일

🎧 Day 16_C1_04

질문의 키워드를 읽고 핵심 포인트를 파악한 뒤 담화를 들으며 정답을 선택하고, 빈칸을 받아써 보세요.
(음성은 두 번 들려줍니다.)

01 What is the purpose of the message?

(A) 예약을 상기시키기 위해   (B) 약속을 취소하기 위해

Hello Ms. Carson. This is Melanie from Bella Salon. I'm calling to _____ _____ scheduled for tomorrow at 3:30 P.M. If you can't make it, please _____ at 555-0076.

02 What does Ms. Davis ask Mr. Moncton to do?

(A) 이메일을 보낸다.   (B) 전화한다.

This message is for Daniel Moncton. It's Rachel Davis from Secondo Bakery. I'm calling to find out if you are _____ tomorrow at 4:30 P.M. for the baker position. Please _____ and _____.

03 Where most likely is the speaker?

(A) At a car rental company   (B) At an auto repair shop

Good morning, Mr. Samuels. This is Jennifer Cole calling from Speedy Auto Center. I wanted to _____ that _____ _____. It will need _____. Give me a call back at 555-7824 to let us know if you'd like us to _____.

04 What problem does the speaker mention?

(A) Some items are unavailable.   (B) Some supplies were not sent.

Hello, this is Rob Danson calling from Venture Office Supplies. The conference room chairs you requested are currently _____. However, _____ _____ from our supplier. Let me know what you would like to do.

05 Who most likely is the speaker?

(A) A restaurant owner

(B) A job applicant

(C) A clinic receptionist

(D) A personnel director

06 Why is the speaker unavailable?

(A) He was invited to an interview.

(B) He has no means of transportation.

(C) He is returning from a business trip.

(D) He has a doctor's appointment.

Good morning, this is Louis Carlson calling for Ms. Chen. I received your message about the _____. Unfortunately, I'm _____ at 9:30 A.M. _____ in the morning until 10 o'clock. Would it be possible to _____ at 10:30 instead? If that time doesn't work for you, _____ after 1 P.M. I look forward to hearing back from you.

[07 - 08]

07 Which product did Mr. Worthington order?

(A) A TV

(B) A watch

(C) A computer

(D) A printer

08 What will happen in two days?

(A) A shipment will arrive.

(B) A refund will be issued.

(C) An order will be canceled.

(D) A store will reopen.

This message is for Peter Worthington. I _____ a day ago. Unfortunately, the _____ at the moment. However, we expect to _____ in two days. Once it arrives, _____ immediately. We are sorry for the inconvenience and really appreciate your understanding.

정답·해석·해설 p.494

Course 2 | 자동 응답 시스템

본 코스에서는 정전이나 단수 등의 문제에 대한 해결 상황을 전달하거나, 자동 예약을 안내하는 등의 내용을 담은 자동 응답 시스템에 대해 살펴보도록 하겠습니다.

자동 응답 시스템 상황별 빈출 어휘 🎧 Day 16_C2_01

자동 응답 시스템에 자주 나오는 어휘를 익혀두면 문제를 풀 때 담화를 정확히 들을 수 있습니다. 음성을 듣고 따라 읽으면서 꼭 외워두세요.

문제 해결 상황 보고

❶ **power outage** 정전

❷ **inconvenience**[미 ìnkənvíːnjəns, 영 ìnkənvíːniəns] 불편

❸ **apologize**[미 əpáːlədʒàiz, 영 əpɔ́lədʒaiz] 사과하다

❹ **fix**[fiks] 수리하다

❺ **engineer**[미 èndʒiníər, 영 èndʒiníə] 기술자

❻ **promptly**[미 práːmptli, 영 prɔ́mptli] 즉시

❼ **resolve**[미 rizáːlv, 영 rizɔ́lv] 해결하다

❽ **restore**[미 ristɔ́ːr, 영 ristɔ́ː] 재개하다, 복구하다

업체 정보 전달	자동 예약 안내
❶ **repeat**[ripíːt] 반복하다	❶ **agent**[éidʒənt] 상담원
❷ **business hours** 영업 시간	❷ **automatic**[ɔ̀ːtəmǽtik] 자동의
❸ **information**[미 ìnfərméiʃən, 영 ìnfəméiʃən] 정보	❸ **reservation**[미 rèzərvéiʃən, 영 rèzəvéiʃən] 예약
❹ **extension**[iksténʃən] 내선	❹ **press**[pres] 누르다

자동 응답 시스템 상황별 빈출 표현 🎧 Day 16_C2_02

자동 응답 시스템에 자주 나오는 상황과 표현을 익혀두면 문제를 풀 때 담화의 흐름 파악이 쉬워져 질문에 맞는 정답을 쉽게 고를 수 있습니다. 음성을 듣고 따라 읽으면서 꼭 익혀두세요.

문제 해결 상황 보고

정전 및 단수 등으로 문제를 겪고(experience problems with) 있는 고객이 문의 전화를 하면, 해당 문제를 해결(fix the problem) 중인 회사가 진행 상황을 전달하면서 불편을 끼친 것에 대해 사과하는(apologize for the inconvenience) 내용이 나옵니다.

experience problems with ~ ~로 문제를 겪다	**We are** experiencing problems with **electrical power outages.** 우리는 정전으로 문제를 겪고 있습니다. ＊electrical power outage 정전
fix the problem 문제를 해결하다	**Engineers are on their way to** fix the problem. 기술자들이 그 문제를 해결하는 중입니다. ＊on one's way ~하는 중인
apologize for the inconvenience 불편을 끼친 것에 대해 사과하다	**Thanks for calling and we** apologize for the inconvenience. 전화 주셔서 감사드리며 불편을 끼친 것에 대해 사과드립니다.

업체 정보 전달

업체로 연락되었음(You've reached ~)을 알린 뒤, 몇 시부터 몇 시까지 영업한다(open from ~ to …)는 등의 영업 시간이나 정기 휴일과 같이 고객들이 알아두어야(be aware) 할 사항을 전달하는 내용이 나옵니다.

You've reached ~ ~로 연락했다	You've reached **Adderton Interior Designs.** 당신은 Adderton 인테리어 디자인으로 연락하셨습니다.
open from ~ to … ~시부터 …시까지 영업하다	**Our office is** open **every weekday** from 9 A.M. to 6 P.M. 저희 사무실은 평일 오전 9시부터 오후 6시까지 영업합니다.
be aware ~ ~을 알아두다	**Please** be aware **that our office will be closed on Friday, July 3.** 저희 사무실이 7월 3일 금요일에 문을 닫을 것임을 알아두세요. ＊close [미 klouz, 영 kləuz] (문을) 닫다

자동 예약 안내

예약을 하고(make a reservation), 상담원과 이야기하거나(speak to an agent), 메시지를 남기려면(leave a message) 각각 몇 번을 눌러야 한다는 등의 지시사항을 고객에게 알려주는 내용이 나옵니다.

make a reservation 예약하다	**To** make a reservation, **please stay on the line.** 예약을 하시려면, 수화기를 들고 기다려주십시오.
speak to an agent 상담원과 이야기하다	**If you would like to** speak to an agent, **please press two.** 상담원과 이야기하고 싶으시면, 2번을 누르세요. ＊would like to ~하고 싶다
leave a message 메시지를 남기다	**To** leave a message, **please press one now.** 메시지를 남기시려면, 지금 1번을 누르세요.

토익 기초 / Part 1 / Part 2 / Part 3 / Part 4 / 해커스 토익 스타트 Listening

자동 응답 시스템 흐름과 빈출 질문

자동 응답 시스템은 주로 '~사에 연락 주셔서 감사합니다'와 같은 감사 인사로 시작합니다. 이어서, 전달하고자 하는 내용을 이야기하고 그와 관련하여 청자들이 해야 할 일을 알려준 뒤, 마침 인사로 메시지를 마무리합니다. 이러한 흐름에 따라, 누가 자동 응답 메시지를 녹음했는지, 자동 응답 메시지가 무엇에 관한 것인지, 그리고 그와 관련하여 어떠한 정보를 알려 주고 있는지 등을 묻는 문제가 자주 출제됩니다.

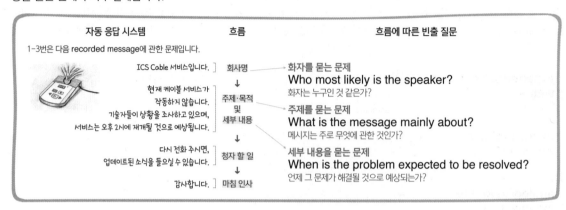

스텝별 문제 풀이 전략

STEP 1 질문 읽으며 핵심 포인트 파악하기

담화를 듣기 전에 질문을 읽으면서 의문사를 포함한 키워드를 통해 질문의 핵심 포인트를 파악합니다.

What **is the** message **mainly** about? 메시지의 주제는?

STEP 2 담화 들으며 흐름에 근거하여 정답 선택하기

담화가 시작되기 전 디렉션(Questions ~ refer to the following **recorded message**)과 '~로 연락 주셔서 감사합니다'와 같은 내용으로 회사명을 알려주는 서두를 듣고 자동 응답 시스템임을 파악합니다. 자동 응답 시스템의 흐름을 떠올리며 질문의 답이 되는 부분을 잘 듣고, 그 내용을 적절히 표현하고 있는 보기를 정답으로 선택합니다.

Questions 1-3 refer to the following recorded message.

You have reached ICS Cable Services. Our 〕 회사명
cable service is not working at the moment. 〕 주제·목적
Our technicians are looking into the situation 및
and the service is expected to resume at 2 P.M. 세부 내용

Q. What **is the** message **mainly** about?

(A) A service interruption
(B) A technical request

→ Our cable service is not working at the moment에서 서비스가 지금 작동하지 않는다고 하였으므로 (A) A service interruption이 정답입니다.

전략 적용하여 문제 풀어 보기

🎧 앞에서 배운 전략을 적용하여 다음 문제를 풀어 보세요.

1. Who most likely is the speaker?

   (A) A travel agent
   (B) An airport employee
   (C) A flight attendant
   (D) A weather forecaster

2. What is the problem?

   (A) An airport has been closed.
   (B) Flights are delayed.
   (C) A trip was canceled.
   (D) A plane needs repair.

3. What should the listeners do to get updates?

   (A) Visit a Web site
   (B) Check an application
   (C) Make a phone call
   (D) Listen to a report

☑ 한번 확인해 볼까요?

1. Who **most likely is the** speaker?
화자는 누구인 것 같은가?

(A) A travel agent 여행사 직원
(B) An airport employee 공항 직원
(C) A flight attendant 승무원
(D) A weather forecaster 일기 예보자

STEP1 Who ~ speaker를 보고 화자가 누구인지를 묻고 있음을 알 수 있습니다.

STEP2 You have reached ~ Airport에서 화자가 공항 직원임을 알 수 있으므로 (B)가 정답입니다.

2. What **is the** problem?
문제는 무엇인가?

(A) An airport has been closed. 공항이 문을 닫았다.
(B) Flights are delayed. 항공편이 연기되었다.
(C) A trip was canceled. 여행이 취소되었다.
(D) A plane needs repair. 비행기에 수리가 필요하다.

STEP1 What ~ problem을 보고 문제가 무엇인지를 묻고 있음을 알 수 있습니다.

STEP2 Flights ~ have been delayed에서 항공편이 연기되었음을 알 수 있으므로 (B)가 정답입니다.

3. What should **the** listeners do to get updates?
청자들은 업데이트를 얻기 위해 무엇을 해야 하는가?

(A) Visit a Web site 웹사이트를 방문한다.
(B) Check an application 어플리케이션을 확인한다.
(C) Make a phone call 전화를 한다.
(D) Listen to a report 보도를 듣는다.

STEP1 What should ~ listeners do to get updates를 보고 청자들이 업데이트를 얻기 위해 무엇을 해야 하는지를 묻고 있음을 알 수 있습니다.

STEP2 Please call back ~ to get updates에서 업데이트를 얻으려면 전화하라고 하였으므로 (C)가 정답입니다.

Questions 1-3 refer to the following recorded message.
1-3번은 다음 녹음 메시지에 관한 문제입니다.

[1]You have reached Paineville Regional Airport.
Paineville 지역 공항으로 연락하셨습니다. | 회사명

[2]Flights scheduled for departure this morning have been delayed **because of poor weather conditions.**
오늘 오전에 출발 예정이었던 항공편들이 악천후로 인해 연기되었습니다. | 주제·목적

Weather experts expect the winter storm to end by noon. At that point, the airport will start rescheduling flights.
기상 전문가들은 겨울 폭풍이 정오에 잠잠해질 것으로 예상합니다. 그때, 공항은 비행 일정을 다시 잡기 시작할 것입니다. | 세부 내용

[3]Please call back at 1 P.M. to get updates on new flight schedules. We apologize for the inconvenience.
새로운 비행 일정에 대한 업데이트를 얻기 위해 오후 1시에 다시 전화 주십시오. 불편을 끼쳐드려 죄송합니다. | 청자 할 일

Day 16_C2_04

질문의 키워드를 읽고 핵심 포인트를 파악한 뒤 담화를 들으며 정답을 선택하고, 빈칸을 받아써 보세요.
(음성은 두 번 들려줍니다.)

01 What is the purpose of the message?

(A) 서비스에 대한 정보를 제공하기 위해   (B) 회원 번호를 확인하기 위해

Thank you for calling Sharp Fitness Center. Customers can now _____
_____ at _____ . All you have to do is call 555-3998 and
update your account. Also, visit our Web site and _____ .

02 What is the problem?

(A) 서비스를 이용할 수 없다.   (B) 연결 항공편이 지연되었다.

Hello, this is Fountainhead Wireless Services. Residents of the Ridgemont area are
currently experiencing a problem with their _____ . We _____
_____ and our staff is working hard to solve the problem. This
message _____ every 30 minutes.

03 How often will the information be updated?

(A) Every five minutes   (B) Every ten minutes

You have reached the Seattle Traffic hotline. _____ on
Highway 5. _____ on Highway 40, so drivers are _____ to take
that route. Call this number for regular updates _____ .

04 Where most likely does the speaker work?

(A) A car rental firm   (B) A transport company

Thank you for calling Blue Hood _____ . If you _____
a taxi pick-up, please press one. If you are calling to inquire _____ ,
press two. _____ , please stay on the line
to speak to one of our agents.

토익 기초

Part 1

Part 2

Part 3

Part 4

해커스토익 스타트 Listening

[05-06]

05 Who most likely is the speaker?

(A) A bookstore worker
(B) A city official
(C) A library employee
(D) A crew member

06 When will the library reopen?

(A) November 7
(B) November 8
(C) November 9
(D) November 18

This is the Dayton City Library. Our facility will _____ beginning November 7. The library will _____ on November 18. When the renovation is complete, our hours will be from 9 A.M. to 8 P.M. Until then, _____ the Bayview Public Library. We are sorry for any trouble this may cause, and _____ .

[07-08]

07 What is the information mostly about?

(A) Membership benefits
(B) A transport service
(C) Scheduling changes
(D) A fare increase

08 How can the listeners get information on arrival times?

(A) By pressing two
(B) By pressing three
(C) By speaking to an agent
(D) By calling another number

Thank you for calling the Nanaimo Ferry Terminal. To hear a list of today's _____ _____ ferries, please press two. For information on _____ , press three. To speak with an agent about any other questions, please stay on the line. One of our representatives will answer your call as soon as possible. Once you are connected to a representative, you can _____ _____ for an _____ .

정답·해석·해설 p.498

질문의 키워드를 읽고 핵심 포인트를 파악한 뒤 담화를 들으며 정답을 선택하세요.

[01 - 03]

01 What is the purpose of the message?

(A) To reply to an inquiry
(B) To notify a customer of a payment
(C) To change a reservation date
(D) To cancel a booking

02 What problem does the speaker mention?

(A) A hotel is fully booked.
(B) A type of room is unavailable.
(C) A pool is closed.
(D) A trip has been delayed.

03 What does the caller ask Ms. Simms to do?

(A) Contact the hotel
(B) Delay a trip
(C) Call another facility
(D) Send a payment

[04 - 06]

04 What did the listener recently order?

(A) Some brakes
(B) Some tires
(C) Some engine parts
(D) Some mirrors

05 According to the speaker, what does Vehicle Central provide?

(A) Free installations
(B) Rush deliveries
(C) Membership discounts
(D) Extended warranties

06 Why should the listener bring a receipt?

(A) To exchange an item
(B) To fix a mistake
(C) To receive a service
(D) To get money back

토익 기초

Part 1

Part 2

Part 3

Part 4

해커스 토익 스타트 Listening

[07-09]

07 Who most likely are the listeners?

(A) Delivery staff
(B) Laundry service clients
(C) Equipment technicians
(D) Clothing store shoppers

08 What will probably happen tomorrow?

(A) A promotional event will take place.
(B) A machine will be installed.
(C) A business will reopen.
(D) A new product will be announced.

09 Why would customers call the facility?

(A) To request pick-up
(B) To inquire about order status
(C) To provide a delivery address
(D) To ask about locations

[10-12]

10 What problem does the speaker mention?

(A) A document is missing.
(B) A meeting has been canceled.
(C) A manager is not available.
(D) An opening has been filled.

11 Why does the man say, "one of our computer analysts resigned"?

(A) To make an offer
(B) To explain a decision
(C) To indicate a problem
(D) To request assistance

12 What does the speaker ask the listener to do?

(A) Submit an application
(B) Return a call
(C) Set up a program
(D) Talk with a coworker

[13 - 15]

13 What type of business does the speaker work for?

(A) A bicycle repair shop
(B) A delivery company
(C) An auto center
(D) A parts supplier

14 What did the speaker find?

(A) A defective part
(B) A better model
(C) Cheaper brakes
(D) A discount coupon

15 How can Mr. Lee arrange for a replacement?

(A) By sending a message
(B) By calling a number
(C) By filling out a form
(D) By contacting a supplier

[16 - 18]

Gift Card Type	Amount
Bronze	up to $99
Silver	up to $299
Gold	up to $499
Platinum	more than $500

16 What is the purpose of the message?

(A) To announce a software update
(B) To notify customers of issues
(C) To promote an online deal
(D) To explain a process

17 What will most likely happen on December 12?

(A) A new branch will open.
(B) Customers will receive prizes.
(C) An announcement will be made.
(D) Online bookings will be available.

18 Look at the graphic. Who is eligible for travel credits?

(A) Bronze cardholders
(B) Silver cardholders
(C) Gold cardholders
(D) Platinum cardholders

*받아쓰기&쉐도잉 프로그램으로 꼭 복습하세요.
정답·해석·해설 p.502

17일

공지 (Announcement)

17일에서는 사람들에게 무엇인가를 알리는
'공지'에 대해 살펴보겠습니다.
이러한 공지를 직원들에게 회사 소식 등을 전달하는
'사내 공지'와 공공 장소에서 주의사항 등을 알리는
'공공 장소 공지'로 나누어 익혀보도록 하겠습니다.

Course 1 사내 공지

Course 2 공공 장소 공지

무료 MP3 다운로드 및 스트리밍 바로 듣기
(HackersIngang.com)

무료MP3 바로듣기

본 코스에서는 회사의 새로운 방침이나 소식 등을 직원들에게 전달하는 사내 공지에 대해 살펴보도록 하겠습니다.

사내 공지 상황별 빈출 어휘　🎧 Day 17_C1_01

사내 공지에 자주 나오는 어휘를 익혀두면 문제를 풀 때 담화를 정확히 들을 수 있습니다. 음성을 듣고 따라 읽으면서 꼭 외워두세요.

사내 수칙

❶ **place** [pleis] ~에 두다

❷ **identification card** 신분증

❸ **carry** [kǽri] 휴대하다

❹ **security** [sikjúərəti] 보안

❶ **announce** [ənáuns] 공지하다

❷ **require** [미 rikwáiər, 영 rikwáiə] 요청하다

❸ **shift** [ʃift] (교대) 근무

❹ **careful** [미 kéərfəl, 영 kéəfəl] 조심스러운

수리·공사

❶ **main entrance** 정문

❷ **maintenance personnel** 보수 요원

❸ **electrical work** 전기 공사

사내 뉴스

❶ **increase** [inkríːs] 상승하다, 오르다

❷ **inform** [미 infɔ́ːrm, 영 infɔ́ːm] 알리다

❸ **demand** [미 dimǽnd, 영 dimáːnd] 수요

사내 공지에 자주 나오는 상황과 표현을 익혀두면 문제를 풀 때 담화의 흐름 파악이 쉬워져 질문에 맞는 정답을 쉽게 고를 수 있습니다. 음성을 듣고 따라 읽으면서 꼭 익혀두세요.

사내 수칙

전 직원은 유니폼을 착용해야 한다(need to)거나 사내 출입 시 ID 카드를 소지하도록 요구된다(be required to)는 회사의 수칙이나, 회사의 장비를 조심스럽게 다루어(deal with) 달라는 등의 요청사항을 직원들에게 공지하는 내용이 나옵니다.

need to ~ ~해야 한다	Employees need to wear their uniforms at all times. 직원들은 항상 유니폼을 착용해야 합니다. ＊at all times 항상
be required to ~ ~하도록 요구되다	Employees are required to carry their ID cards. 직원들은 ID 카드를 소지하도록 요구됩니다.
deal with ~ ~을 다루다	Please take extra care when dealing with large machinery. 큰 기계를 다룰 때 특별히 조심하세요. ＊take care 조심하다　machinery [məʃíːnəri] 기계

수리 · 공사

회사 내부를 수리하는(do repairs) 과정에서, 정문으로 통행하는 것이 금지될 것이므로 옆문을 이용하라(use the side entrance)고 하거나, 전기 공사를 할 예정이므로 모든 장비의 전원을 끄라(turn off)는 등의 수리 및 공사 관련 내용이 나옵니다.

do repairs 수리하다	We will be shutting down the assembly line to do some repairs. 저희는 몇몇 수리를 하기 위해 조립 라인을 폐쇄할 것입니다. ＊shut down 폐쇄하다　assembly line 조립 라인
use the side entrance 옆문을 이용하다	Our front entrance will be closed and staff will need to use the side entrance. 정문이 폐쇄될 것이므로 직원들은 옆문을 이용해야 합니다.
turn off (전원 등을) 끄다	All employees are requested to turn off all computer equipment before leaving the office. 모든 직원들은 사무실을 떠나기 전에 모든 컴퓨터 장비를 끄도록 요구됩니다. ＊be requested to ~하도록 요구되다　equipment [ikwípmənt] 장비

사내 뉴스

전 사무실 직원을 위한(for all office staff) 사내 건강 검진, 야유회 등의 행사가 열릴 것(event will be held)이라는 소식을 전달하면서 특정 부서나 담당자에게 참석 여부를 알리라(let ~ know)고 하는 내용이 나옵니다.

for all office staff 전 사무실 직원을 위해	The personnel department has organized a picnic for all office staff. 인사부가 전 사무실 직원을 위해 야유회를 준비했습니다. ＊personnel department 인사부　organize [미 ɔ́ːrɡənàiz, 영 ɔ́ːɡənaiz] (행사 등을) 준비하다, 계획하다
event will be held 행사가 열릴 것이다	The event will be held this Saturday at Brook Park, starting at 11 A.M. 행사는 이번 주 토요일 오전 11시부터 Brook 공원에서 열릴 것입니다.
let ~ know ~에게 알리다	If you are attending, please let the personnel office know you are coming. 참석하시려면, 오신다는 것을 인사부에 알리십시오.

사내 공지 흐름과 빈출 질문

사내 공지는 주로 '주목해주세요'와 같은 주의를 환기하는 말로 시작합니다. 이어서, 전달하고자 하는 내용을 이야기한 뒤, 그와 관련하여 청자들이 해야 할 일이나 세부 내용으로 공지를 마무리합니다. 이러한 흐름에 따라, 공지가 무엇에 관한 것인지, 청자들에게 무엇을 요청하는지, 그리고 구체적으로 어떠한 정보를 알려주고 있는지 등을 묻는 문제가 자주 출제됩니다.

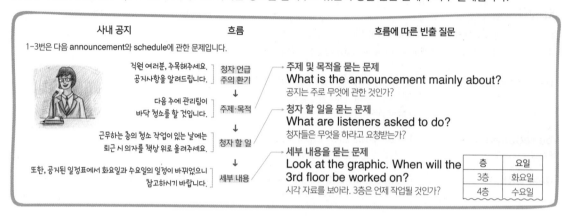

스텝별 문제 풀이 전략

STEP 1 질문 읽으며 핵심 포인트 파악하기

담화를 듣기 전, 질문을 읽으면서 의문사를 포함한 키워드를 통해 질문의 핵심 포인트를 파악합니다. 질문에 시각 자료가 함께 나오는 경우에는, 어떤 종류의 자료인지를 미리 파악해두도록 합니다.

What **is the** announcement **mainly** about? 공지의 주제는?

Look at the graphic. When will the 3rd floor **be** worked on?
3층이 작업될 요일은?

Floor	Day
3rd floor	Tuesday
4th floor	Wednesday

층별 작업 요일이 나와 있는 일정

STEP 2 담화 들으며 흐름에 근거하여 정답 선택하기

담화가 시작되기 전 디렉션(Questions ~ refer to the following **announcement/talk**)과 '주목하세요' 등으로 주의를 환기하는 서두를 듣고 사내 공지임을 파악합니다. 사내 공지의 흐름을 떠올리며 질문의 답이 되는 부분을 잘 듣고, 그 내용을 적절히 표현하고 있는 보기를 정답으로 선택합니다.

Questions 1-3 refer to the following announcement and schedule.

Attention, employees. I have a quick announcement. 주의 환기 / 청자 언급
Janitorial staff will be cleaning the floors next week. 주제·목적
Please put your chair on your desk the night your floor will be cleaned. Also, there's a change to the previous timetable. Tuesday's schedule has been switched with Wednesday's. 청자 할 일 / 세부 내용

Q. What **is the** announcement **mainly** about?

(A) Equipment installations
(B) Floor cleaning

→ Janitorial staff will be cleaning the floors next week에서 공지가 다음 주 바닥 청소에 관한 것임을 알 수 있으므로 (B) Floor cleaning 이 정답입니다.

🎧 앞에서 배운 전략을 적용하여 다음 문제를 풀어 보세요.

Work Schedule	
Day	**Work**
Tuesday	Demolition
Wednesday	Build wall
Thursday	Lay carpeting
Friday	Clean Room

1. What is the announcement mainly about?

(A) A building renovation
(B) An office policy
(C) A home remodeling
(D) A work schedule

2. What does the speaker ask listeners to do?

(A) Hand in forms
(B) Use another machine
(C) Remove personal items
(D) Speak to supervisors

3. Look at the graphic. When will the photocopier be returned?

(A) On Tuesday
(B) On Wednesday
(C) On Thursday
(D) On Friday

☑ 한번 확인해 볼까요?

1. What is the announcement mainly about?
공지는 주로 무엇에 관한 것인가?

(A) A building renovation 건물 수리

STEP 1 What ~ announcement ~ about을 보고 공지가 무엇에 관한 것인지를 묻고 있음을 알 수 있습니다.

STEP 2 Staff room remodeling work will begin tomorrow에서 공지가 직원 사무실의 리모델링에 관한 것임을 알 수 있으므로 (A)가 정답입니다.

2. What does the speaker ask listeners to do?
화자는 청자들에게 무엇을 하라고 요청하는가?

(C) Remove personal items 개인 물품들을 치운다.

STEP 1 What ~ speaker ask listeners to do에서 화자가 청자들에게 무엇을 하라고 요청하는지를 묻고 있음을 알 수 있습니다.

STEP 2 Please ~ remove all your items in the room에서 물품들을 치우라고 요청하고 있음을 알 수 있으므로 (C)가 정답입니다.

3. Look at the graphic. When will the photocopier be returned?
시각 자료를 보아라. 복사기는 언제 돌려놓아질 것인가?

작업 일정	
요일	작업
화요일	철거
수요일	벽 세우기
목요일	카펫 깔기
금요일	사무실 청소

(D) On Friday 금요일에

STEP 1 When ~ photocopier ~ returned를 보고 복사기가 언제 돌려놓아질 것인지를 묻고 있음을 알 수 있으며, 시각 자료를 보고 요일별 작업 계획이 나와 있는 일정임을 알 수 있습니다.

STEP 2 the crew ~ move it back the day after the carpeting is laid에서 카펫을 깐 다음 날 복사기를 돌려놓을 것이라 하였고, 일정에서 목요일에 카펫을 깔 것임을 알 수 있으므로 (D)가 정답입니다.

Questions 1-3 refer to the following announcement and schedule.
1–3번은 다음 공지와 일정에 관한 문제입니다.

Can I have your attention, please?] 주의 환기
주목해주시겠습니까?

¹Staff room remodeling work will begin tomorrow.] 주제·목적
직원 사무실의 리모델링 작업이 내일 시작될 것입니다.

²Please make sure to remove all your items in the room.] 청자 할 일
사무실에 있는 여러분의 모든 물품들을 반드시 치우시기 바랍니다.

Any items left behind in the cupboards or the refrigerator will be thrown away. Also, the photocopier will be moved to the lobby. However, ³the crew is going to move it back the day after the carpeting is laid. I've posted a schedule on the bulletin board. Please see it for more details.] 세부 내용
찬장이나 냉장고 안에 남아 있는 물품들은 모두 버려질 것입니다. 또한, 복사기는 로비로 옮겨질 것입니다. 하지만, 카펫을 깔고 난 다음 날에 작업반이 복사기를 제자리로 돌려놓을 것입니다. 제가 일정을 게시판에 게재했습니다. 더 자세한 사항은 그것을 보시기 바랍니다.

토익기초 Part 1 Part 2 Part 3 Part 4 해커스 토익 스타트 Listening

🎧 Day 17_C1_04

질문의 키워드를 읽고 핵심 포인트를 파악한 뒤 담화를 들으며 정답을 선택하고, 빈칸을 받아써 보세요.
(음성은 두 번 들려줍니다.)

01 What **is the** announcement **mainly** about?

(A) 신제품   (B) 회사 파티

Good morning, everyone. I want to let you all know that _____
on April 1. We need to _____ about _____ to the media. It
should include details about the _____, _____, and _____.

02 What **will most likely** happen between 10 A.M. and 11 A.M.?

(A) 수리공이 파이프를 고칠 것이다.   (B) 세면대가 설치될 것이다.

A _____ was discovered in the building. A _____
_____ to do _____ between 10 A.M. and 11 A.M. As a result, _____
_____ for that hour. Please don't use sinks and toilets during that time.

03 What **will** happen next month?

(A) A new employee will start work.   (B) A new policy will begin.

The company _____. Starting next month, staff _____
_____ for more than two days must _____ to the
personnel department. You may hand in the note _____.
Thank you for your cooperation.

04 What **will** happen on Saturday?

(A) A new branch will open.   (B) An office will be painted.

I have an announcement to make. The _____ this Saturday,
so it will be closed. The office will be open again the following day. Please cover your desks.
Also, remember to _____ on Friday night.

05 What is the purpose of the talk?

(A) To increase productivity

(B) To discuss company activities

(C) To announce a shift change

(D) To explain a new product

06 What is mentioned about the training session?

(A) It has been canceled.

(B) It will be held on Monday.

(C) It will be scheduled soon.

(D) It must be attended by all staff.

May I have your attention, please? I have some _____. The _____ will be held on Monday morning at 10:30 A.M. This is a _____, so I hope _____. Next, the regional manager has requested leadership training for all employees. This will start next Friday at 2 P.M. and _____. Finally, our _____ _____ is next Saturday. I will post more details about the event tomorrow.

[07-08]

07 What will the IT team do on the weekend?

(A) Upgrade software

(B) Repair devices

(C) Install equipment

(D) Relocate computers

08 Look at the graphic. What entrance should employees use?

(A) Entrance A

(B) Entrance B

(C) Entrance C

(D) Entrance D

I'd like to _____. I'm pleased to inform you that _____ next Monday. _____ _____ on Saturday, and the _____ _____ on Sunday. You will be issued security passes later today that will allow you to access the building. _____ on Doris Street next to the parking lot. Thank you.

정답·해석·해설 p.508

Course 2 | 공공 장소 공지

본 코스에서는 상점에서 할인 안내를 하거나, 공연장에서 주의사항을 알리는 등의 공공 장소 공지에 대해 살펴보도록 하겠습니다.

||| 공공 장소 공지 상황별 빈출 어휘 🎧 Day 17_C2_01

공공 장소 공지에 자주 나오는 어휘를 익혀두면 문제를 풀 때 담화를 정확히 들을 수 있습니다. 음성을 듣고 따라 읽으면서 꼭 외워두세요.

상점	컨퍼런스
❶ **customer** [미 kʌ́stəmər, 영 kʌ́stəmə] 고객(=shopper)	❶ **convention** [kənvénʃən] 회의
❷ **shop** [미 ʃɑːp, 영 ʃɔp] 구입하다	❷ **event** [ivént] 행사
❸ **spend** [spend] 소비하다	❸ **attend** [əténd] 참가하다
❹ **receipt** [risíːt] 영수증	❹ **participant** [미 pɑːrtísəpənt, 영 pɑːtísipənt] 참석자

공항·기내	공연장
❶ **destination** [미 dèstənéiʃən, 영 dèstinéiʃən] 목적지	❶ **renowned** [rináund] 유명한
❷ **land** [lænd] 착륙하다	❷ **performance** [미 pərfɔ́ːrməns, 영 pəfɔ́ːməns] 공연
❸ **seat belt** 안전벨트	❸ **permit** [미 pərmít, 영 pəmít] 허용하다
❹ **fasten** [미 fǽsn, 영 fɑ́ːsn] (벨트를) 매다	❹ **theater** [미 θíːətər, 영 θíətə] 극장, 공연장

공공 장소 공지 상황별 빈출 표현

 Day17_C2_02

공공 장소 공지에 자주 나오는 상황과 표현을 익혀두면 문제를 풀 때 담화의 흐름 파악이 쉬워져 질문에 맞는 정답을 쉽게 고를 수 있습니다. 음성을 듣고 따라 읽으면서 꼭 익혀두세요.

상점

슈퍼마켓 등의 상점에서 고객에게 할인을 제공한다(offer a discount)는 사실이나 영업 종료 시간 등에 대한 정보를 알리고, 궁금한 점이 있으면 문의사항에 대해 직원에게 물어보라(ask our staff about)고 공지하는 내용이 나옵니다.

offer a discount 할인을 제공하다	Our shop is offering a 20 percent discount on everything in stock. 저희 가게는 모든 재고품에 대해 20퍼센트 할인을 제공하고 있습니다. ＊in stock 재고의
ask our staff about ~ 직원에게 ~에 대해 묻다	For those purchasing larger items, ask our staff about our home delivery service. 부피가 큰 상품을 구입하시는 분들은, 저희 직원에게 택배 서비스에 대해 물어보세요.

컨퍼런스

연례 회의나 컨퍼런스와 같은 행사에 온 것을 환영하는(welcome to) 인사로 시작하여, 비행기 연착 등의 이유로 연설자가 불참하게 되었다는 사실이나, 변경된 회의 일정 및 장소, 회의 후 식사할 장소 등을 공지하겠다(I'd like to announce)는 내용이 나옵니다.

welcome to ~ ~에 온 것을 환영하다	Welcome to our 12th annual conference on international trade. 국제 무역에 관한 저희의 제12회 연례 회의에 오신 것을 환영합니다. ＊conference [미 káːnfərəns, 영 kɔ́nfərəns] 회의 trade [treid] 무역
I'd like to announce ~ ~을 공지하고자 하다	I'd like to announce that lunch will be at the Chinese restaurant. 중국 음식점에서 점심 식사를 할 것임을 공지하고자 합니다.

공항·기내

공항에서 어떤 비행편으로 여행하는(travel on ~ to …) 고객들에게 비행편이 취소되었거나(flight has been canceled) 연기되었음을 공지하는 내용이 자주 나옵니다.

travel on ~ to … …행 ~비행편으로 여행하다	This announcement is for all passengers traveling on Blue Airline 28 to New York. 이 공지는 뉴욕행 Blue 항공 28편으로 여행하시는 모든 승객들을 위한 것입니다. ＊announcement [ənáunsmənt] 공지 passenger [미 pǽsəndʒər, 영 pǽsəndʒə] 승객
flight has been canceled 비행편이 취소되다	Because of mechanical problems, our flight to New York has been canceled. 기계적인 문제들 때문에, 뉴욕행 비행편이 취소되었습니다.

공연장

관람객들에게 몇 가지 알릴 것이 있다(have a few reminders)고 하면서 공연 중에는 음식물 섭취가 허용되지 않으며, 건물 내에서는 흡연이 허용되지 않는다(be not permitted)는 등의 주의사항을 알리는 내용이 나옵니다.

have a few reminders 몇 가지 알릴 것이 있다	We have a few reminders about our theater policies. 저희 극장 수칙들에 대해 몇 가지 알릴 것이 있습니다. ＊policy [미 páːləsi, 영 pɔ́ləsi] 수칙, 정책
be not permitted 허용되지 않다	Smoking is not permitted anywhere in the building. 흡연은 건물 내 어디에서도 허용되지 않습니다.

공공 장소 공지 흐름과 빈출 질문

공공 장소 공지는 주로 '여러분, 집중해주세요'와 같은 주의를 환기하는 말로 시작하여 '~에 오신 것을 환영합니다'와 같이 장소를 예상할 수 있는 내용을 포함한 전달사항을 이야기합니다. 이어서, 그와 관련된 구체적인 내용을 이야기한 뒤, 청자들에게 무엇인가를 부탁하며 공지를 마무리합니다. 이러한 흐름에 따라, 공지의 대상이나 장소가 어디인지, 무엇을 공지하고 있는지, 그리고 그와 관련하여 어떠한 정보를 알려주고 있는지 등을 묻는 문제가 자주 출제됩니다.

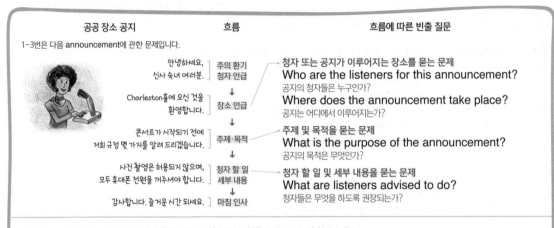

공공 장소 공지	흐름	흐름에 따른 빈출 질문

1-3번은 다음 announcement에 관한 문제입니다.

안녕하세요, 신사 숙녀 여러분. → **주의 환기 청자 언급** → 청자 또는 공지가 이루어지는 장소를 묻는 문제
Who are the listeners for this announcement?
공지의 청자들은 누구인가?
Where does the announcement take place?
공지는 어디에서 이루어지는가?

Charleston홀에 오신 것을 환영합니다. → **장소 언급**

콘서트가 시작되기 전에 저희 규정 몇 가지를 알려 드리겠습니다. → **주제·목적** → 주제 및 목적을 묻는 문제
What is the purpose of the announcement?
공지의 목적은 무엇인가?

사진 촬영은 허용되지 않으며, 모두 휴대폰 전원을 꺼주셔야 합니다. → **청자 할 일 세부 내용** → 청자 할 일 및 세부 내용을 묻는 문제
What are listeners advised to do?
청자들은 무엇을 하도록 권장되는가?

감사합니다. 즐거운 시간 되세요. → **마침 인사**

공공 장소 공지에서는 다음과 같이 흐름을 알려주는 전형적인 표현들이 있으므로 잘 알아두세요.

· 주제·목적: I'd like to announce ~, we have some reminders about ~   ~을 알려드리고 싶습니다, ~에 대해 상기시켜드릴 것이 있습니다
· 청자 할 일: Please ~, You should ~, Don't forget to ~   ~해주세요, ~해야만 해요, ~하는 것을 잊지 마세요

스텝별 문제 풀이 전략

STEP 1 질문 읽으며 핵심 포인트 파악하기

담화를 듣기 전에 질문을 읽으면서 의문사를 포함한 키워드를 통해 질문의 핵심 포인트를 파악합니다.

Where **does this** announcement take place? 공지 장소는?

STEP 2 담화 들으며 흐름에 근거하여 정답 선택하기

담화가 시작되기 전 디렉션(Questions ~ refer to the following **announcement**)과 '신사 숙녀 여러분, ~에 오신 것을 환영합니다'와 같이 주의를 환기하고 청자나 장소 등을 언급하는 서두를 듣고 공공 장소 공지임을 파악합니다. 공공 장소 공지의 흐름을 떠올리며 질문의 답이 되는 부분을 잘 듣고, 그 내용을 적절히 표현하고 있는 보기를 정답으로 선택합니다.

Questions 1-3 refer to the following announcement.

Hello ladies and gentlemen, and welcome to Charleston Hall. Before the concert begins, please remember that picture-taking is not permitted. Also, we ask you to switch off your mobile phones at this time. Thank you.

청자 및 장소 언급 / 주제·목적 청자 할 일 / 마침 인사

Q. Where **does the** announcement take place?
(A) At a concert hall
(B) At a conference center

→ Before the concert begins에서 콘서트가 시작되기 전이라고 하였으므로 (A) At a concert hall이 정답입니다.

🎧 앞에서 배운 전략을 적용하여 다음 문제를 풀어 보세요.

1. Where does this announcement take place?

   (A) At a film festival
   (B) At a theater
   (C) At an award ceremony
   (D) At an art gallery

2. What is the purpose of this announcement?

   (A) To make requests
   (B) To ask for support
   (C) To explain changes
   (D) To talk about the actors

3. What does the speaker ask listeners to do?

   (A) Sign up for memberships
   (B) Keep their tickets with them
   (C) Find their seats immediately
   (D) Wait till the show's end to clap

☑ 한번 확인해 볼까요?

1. Where **does this** announcement take place?
공지는 어디에서 이루어지는가?

(A) At a film festival 영화제에서
(B) At a theater 극장에서
(C) At an award ceremony 시상식에서
(D) At an art gallery 미술관에서

> **STEP 1** Where ~ announcement take place를 보고 공지가 이루어지는 장소가 어디인지를 묻고 있음을 알 수 있습니다.

> **STEP 2** Thank you all for coming to Paris City Theater에서 극장에 와주셔서 감사하다고 하였으므로 (B)가 정답입니다.

- - - - - - - - - - - - - - - - - - - -

2. What **is** the purpose of **this** announcement?
공지의 목적은 무엇인가?

(A) To make requests 요청하기 위해
(B) To ask for support 도움을 요청하기 위해
(C) To explain changes 변경사항들을 설명하기 위해
(D) To talk about the actors 배우들에 대해 이야기하기 위해

> **STEP 1** What ~ purpose of ~ announcement를 보고 공지의 목적이 무엇인지를 묻고 있음을 알 수 있습니다.

> **STEP 2** Before the show begins, we have a few requests에서 쇼가 시작하기 전에 몇 가지 요청사항을 전달하고 있으므로 (A)가 정답입니다.

- - - - - - - - - - - - - - - - - - - -

3. What **does the** speaker ask listeners to do?
화자는 청자들에게 무엇을 하라고 요청하는가?

(A) Sign up for memberships 회원에 가입한다.
(B) Keep their tickets with them 티켓을 가지고 있는다.
(C) Find their seats immediately 즉시 자리에 찾아 간다.
(D) Wait till the show's end to clap
   박수를 치려면 쇼가 끝날 때까지 기다린다.

> **STEP 1** What ~ speaker ask listeners to do를 보고 화자가 청자들에게 요청하는 것이 무엇인지 묻고 있음을 알 수 있습니다.

> **STEP 2** hold your applause until the end of the performance에서 공연이 끝날 때까지 박수를 치지 말라고 하였으므로 (D)가 정답입니다.

Questions 1-3 refer to the following announcement.
1-3번은 다음 공지에 관한 문제입니다.

¹Thank you all for coming to Paris City Theater.
Paris 시립 극장에 와주셔서 감사합니다. ⟧ 장소 언급

²Before the show begins, we have a few requests.
쇼가 시작되기 전에, 몇 가지 요청사항들이 있습니다. ⟧ 주제·목적

First, please do not enter or exit the theater while the play is taking place, as this can disturb the actors. Second, ³hold your applause until the end of the performance.
첫째, 배우들을 방해할 수 있기 때문에, 연극이 진행되는 동안에는 극장에 들어오거나 나가지 말아 주시기 바랍니다. 둘째, 공연이 끝날 때까지 박수를 치지 말아주십시오. ⟧ 청자 할 일 및 세부 내용

Thanks for listening.
들어주셔서 감사합니다. ⟧ 마침 인사

🎧 Day 17_C2_04

질문의 키워드를 읽고 핵심 포인트를 파악한 뒤 담화를 들으며 정답을 선택하고, 빈칸을 받아써 보세요.
(음성은 두 번 들려줍니다.)

01 What is the announcement mainly about?

(A) 환불 정책 변경   (B) 특별 할인 행사

May I have your attention? For today only, Thrifty Clothes is _____
_____. All jeans are _____. Plus, sports
jackets are also _____. Be sure to take advantage of these great prices today!

02 Why was the flight to Hudson canceled?

(A) 공항이 문을 닫았다.   (B) 날씨가 좋지 않다.

Good afternoon, customers. All passengers _____ flight 23 to Montreal
should go to gate 1 now. Passengers are currently boarding and the plane _____
_____. Also, the flight to Hudson has been _____ in
that city. Have a pleasant trip.

03 What does the speaker suggest?

(A) Buying a book   (B) Registering for an event

Thank you all for attending this year's conference. Dr. Carla Cline is going to give today's
first talk. Following her speech, we will have a break. I'd also like to announce that Dr. Cline's
book is _____ in the lobby. I _____.

04 What will happen in five minutes?

(A) There will be a break.   (B) The show will begin.

Hello, everyone. Tonight, singer Alex Kuzak _____.
However, we have a few reminders before _____ in five minutes.
Flash photography is not allowed, because it disturbs the performers. Also, cell phones
should be turned off _____. Now, sit back and enjoy yourselves.

[05-06]

05 What is the main purpose of the announcement?

(A) To provide exhibit details
(B) To inform listeners of rules
(C) To describe artwork
(D) To introduce an artist

06 What can the listeners get at the front desk?

(A) A catalog
(B) A pamphlet
(C) A snack
(D) A schedule

> Welcome to the Capital Gallery. _____ that _____ of East Asian art is _____. You may _____ on the second floor. If you'd like more information on _____, come to the front desk _____. Please enjoy your visit.

[07-08]

07 Where is the announcement being made?

(A) At a movie screening
(B) At a film company
(C) At an awards show
(D) At a live performance

08 Who is Mark Glove?

(A) A ceremony host
(B) A film director
(C) An event planner
(D) A movie critic

> Tonight's _____ of *Animal Games* will begin shortly. But first, I'd like to announce _____, Mark Glove, is going to give a talk _____. Mr. Glove has _____ over the years for _____. He is here to discuss the meaning behind *Animal Games*. Audience members will be allowed to ask questions during that time. We hope you enjoy the movie!

정답·해석·해설 p.512

토익기초 Part 1 Part 2 Part 3 Part 4 해커스 토익 스타트 Listening

🎧 Day 17_Test

질문의 키워드를 읽고 핵심 포인트를 파악한 뒤 담화를 들으며 정답을 선택하세요.

[01-03]

01 What is the announcement mainly about?

(A) Construction work
(B) Door installation
(C) Staff schedules
(D) Event preparations

02 What does the speaker ask the listeners to do?

(A) Stay away from the windows
(B) Take shorter breaks
(C) Be friendly to workers
(D) Use another entrance

03 Why should the door remain closed?

(A) To reduce noise
(B) To keep the office clean
(C) To keep the building cool
(D) To prevent an accident

[04-06]

04 Where most likely are the listeners?

(A) At a convention center
(B) At a dental clinic
(C) At a trade fair
(D) At a train station

05 What does the woman imply when she says, "It's hard to say"?

(A) She cannot explain a delay.
(B) She cannot contact a speaker.
(C) She cannot confirm a time.
(D) She cannot send a schedule.

06 What will some listeners most likely do next?

(A) Participate in a survey
(B) Request a ticket refund
(C) Go to a hall
(D) Look at a schedule

[07-09]

07 What is the purpose of the announcement?

(A) To confirm a relocation
(B) To describe a sale
(C) To explain a policy
(D) To discuss a retreat

08 According to the speaker, what will be provided to employees?

(A) Maps
(B) Gifts
(C) Handbooks
(D) Coupons

09 What should the listeners do before they leave today?

(A) Organize meetings
(B) Visit some sites
(C) Confirm a schedule
(D) Contact some clients

[10-12]

10 Where is the announcement most likely being made?

(A) At a furniture store
(B) At a photo studio
(C) At a hotel
(D) At a factory

11 What are the listeners asked to do online?

(A) Fill out a form
(B) Make a purchase
(C) Read a review
(D) Look at a map

12 What will happen on June 15?

(A) A business will close.
(B) A product will be released.
(C) A promotion will end.
(D) A Web site will be updated.

[13 - 15]

13 What is the talk mainly about?

(A) Workplace policies
(B) Issues with management
(C) Upcoming projects
(D) New benefit plans

14 What are the listeners now able to do?

(A) Request additional leave
(B) Take longer breaks
(C) Work flexible hours
(D) Receive bonuses

15 What is mentioned about Julie?

(A) She is away on vacation.
(B) She wants higher pay.
(C) She works in the personnel department.
(D) She has volunteered.

[16 - 18]

Departure Board	
Destination	**Departure time**
Paris	10:10 a.m.
Lisbon	10:50 a.m.
Berlin	11:25 a.m.
Florence	11:45 a.m.

16 Look at the graphic. What is Flight 567's destination?

(A) Paris
(B) Lisbon
(C) Berlin
(D) Florence

17 According to the speaker, what can some listeners receive?

(A) A voucher
(B) A refund
(C) A new ticket
(D) A free meal

18 According to the speaker, what can the listeners do?

(A) Go to an information desk
(B) Eat at a restaurant
(C) Request a discount
(D) Visit a lounge

* 받아쓰기&쉐도잉 프로그램으로 꼭 복습하세요.
정답 · 해석 · 해설 p.516

18일

방송(Broadcast)

18일에서는 라디오에서 들을 수 있는
'방송'에 대해 살펴보겠습니다.
이러한 방송을 상품이나 서비스를 홍보하는
'광고'와 초대 손님을 소개하는
'라디오 방송'으로 나누어 익혀보도록 하겠습니다.

Course 1 광고
Course 2 라디오 방송

무료 MP3 다운로드 및 스트리밍 바로 듣기
(HackersIngang.com)

무료MP3 바로듣기

본 코스에서는 여행 상품이나 영화 등의 서비스 이용을 촉진하거나 음료나 전자 제품 등의 제품 구매를 유도하는 광고에 대해 살펴보도록 하겠습니다.

광고 상황별 빈출 어휘 🎧 Day 18_C1_01

광고에 자주 나오는 어휘를 익혀두면 문제를 풀 때 담화를 정확히 들을 수 있습니다. 음성을 듣고 따라 읽으면서 꼭 외워두세요.

여행사	서비스 업체
❶ **travel agency** 여행사	❶ **cleaning** [klíːniŋ] 청소, 세탁
❷ **specialize** [미 spéʃəlàiz, 영 spéʃəlaiz] 전문화하다	❷ **offer** [미 ɔ́ːfər, 영 ɔ́fə] 제공하다
❸ **pamphlet** [pǽmflət] 소책자	❸ **innovative** [미 ínəvèitiv, 영 ínəvətiv] 혁신적인, 새로운
❹ **book** [buk] 예약하다	❹ **convenient** [미 kənvíːnjənt, 영 kənvíːniənt] 편리한

상점	제품
❶ **annual sale** 연례 할인	❶ **beverage** [bévəridʒ] 음료수
❷ **customer service** 고객 서비스	❷ **alternative** [미 ɔːltə́ːrnətiv, 영 ɔltə́ːnətiv] 대체 상품, 대안
❸ **locate** [미 lóukeit, 영 ləukéit] 위치하다	❸ **wholesome** [미 hóulsəm, 영 hə́ulsəm] 건강에 좋은
❹ **discount** [미 dískaunt, 영 diskáunt] 할인하다	❹ **equipment** [ikwípmənt] 기구

광고 상황별 빈출 표현

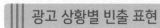 Day 18_C1_02

광고에 자주 나오는 상황과 표현을 익혀두면 문제를 풀 때 담화의 흐름 파악이 쉬워져 질문에 맞는 정답을 쉽게 고를 수 있습니다. 음성을 듣고 따라 읽으면서 꼭 익혀두세요.

여행사

지루한 일상을 탈출하는 데 관심이 있느냐(be interested in)며 소비자의 호기심을 유발하고, 숙박 시설을 할인가로 제공하는 (offer discount rates) 행사를 진행 중인 여행사를 홍보하며 서둘러 예약하라(make a reservation)고 광고하는 내용이 자주 나옵니다.

be interested in ~ ~에 관심이 있다	Are you interested in discount airfares? 항공 요금 할인에 관심이 있으신가요? ＊airfare [미 ɛ́ərfɛ̀ər, 영 éəfeə] 항공 요금
offer discount rates 할인가를 제공하다	The agency offers discounted travel rates on hotels and flights. 대행사가 호텔과 비행기에 대해 여행 할인가를 제공합니다.
make a reservation 예약하다	Make your reservations by calling 555-8751. 555-8751로 전화해서 예약하세요.

서비스 업체

청소나 설거지 같은 집안일 및 일상 생활에 싫증이 나거나(be tired of), 새로운 사업 및 경험에 도전하고 싶어하는 사람들을 도와주는 일을 전문으로 하는(specialize in) 서비스 업체를 홍보하는 내용이 나옵니다.

be tired of ~ ~에 싫증나다	Are you tired of looking at carpets that are dull and dusty? 칙칙하고 먼지투성이인 카펫을 바라보는 것에 싫증이 나시나요?
specialize in ~ ~을 전문으로 하다	Festa Company specializes in business event planning. Festa사는 비즈니스 행사 기획을 전문으로 합니다.

상점

고객들에게 최고의 서비스를 제공하거나(provide ~ with …) 최상품만을 취급하는 등 여러 가지 이유로 유명해진(be known for) 상점을 홍보하는 내용이 나옵니다.

provide ~ with … ~에게 …를 제공하다	Rustic Catering provides customers with quality food products. Rustic 출장 연회 회사는 고객들에게 훌륭한 식품을 제공합니다.
be known for ~ ~로 유명하다	Ren-Trade Store is known for its high level of customer service. Ren-Trade 상점은 높은 수준의 고객 서비스로 유명합니다.

제품

특정 고객에게 적합한(perfect for) 제품을 광고하면서, 충전기나 품질 보증서와 같은 부수 요소가 딸려 있음(come with)을 전달하고, 어떤 제품을 구입하면 한 개를 무료로 얻을 수 있다(get another one for free)고 홍보하는 내용이 나옵니다.

perfect for ~ ~에게 적합한	Our products are perfect for the traveling businessperson. 저희 제품은 출장을 다니는 사업가들에게 적합합니다.
come with ~ ~이 딸려 있다	Our products come with a one year warranty. 저희 제품에는 1년간의 품질 보증서가 딸려 있습니다. ＊warranty [미 wɔ́:rənti, 영 wɔ́rənti] 품질 보증서
get another one for free 한 개를 무료로 얻다	With the purchase of any item at the regular price, get another one for free. 어떤 제품도 정가로 구입하시면, 다른 한 개를 무료로 얻으실 수 있습니다. ＊purchase [미 pə́:rtʃəs, 영 pə́:tʃəs] 구입 ＿item [áitəm] 제품 ＿at regular price 정가로

토익 기초

Part 1

Part 2

Part 3

Part 4

해커스 토익 스타트 Listening

광고 흐름과 빈출 질문

광고는 주로 '~을 찾고 계신가요'와 같은 호기심을 자극하는 멘트로 시작합니다. 이어서, 광고하는 상품과 그것의 특징을 이야기한 뒤, 상품을 구하는 방법이나 상품 관련 추가 정보를 알려주며 방송을 마무리합니다. 이러한 흐름에 따라, 광고하는 상품이 무엇인지, 그 상품의 특징에는 무엇이 있는지, 그리고 그 상품과 관련된 추가 정보에는 무엇이 있으며 정보를 어떻게 얻을 수 있는지 등을 묻는 문제가 자주 출제됩니다.

스텝별 문제 풀이 전략

STEP 1 질문 읽으며 핵심 포인트 파악하기

담화를 듣기 전, 질문을 읽으면서 의문사를 포함한 키워드를 통해 질문의 핵심 포인트를 파악합니다. 질문에 시각 자료가 함께 나오는 경우에는, 어떤 종류의 자료인지를 미리 파악해두도록 합니다.

What type of business **is being** advertised? 광고되는 업종은?
Look at the graphic. What **is** next month's special offer?
다음 달의 특별 혜택은?

Month	Benefits
February	Discounts on early bookings
March	Extra bonus points

월별 혜택이 나와 있는 목록

STEP 2 담화 들으며 흐름에 근거하여 정답 선택하기

담화가 시작되기 전 디렉션(Questions ~ refer to the following **advertisement**)과 의문문으로 호기심을 유발하는 서두를 듣고 광고임을 파악합니다. 광고의 흐름을 떠올리며 질문의 답이 되는 부분을 잘 듣고, 그 내용을 적절히 표현하고 있는 보기를 정답으로 선택합니다.

Questions 1-3 refer to the following advertisement and list.

Are you looking for a package tour? Then try Universal Tours! We offer a variety of travel packages at low prices. And this month, there are discounts on early bookings. You can check out next month's offer at www.universaltours.com.

> 호기심 유발 및 광고 상품
> 상품 특징
> 상품 관련 추가 정보

Q. What type of business **is being** advertised?

(A) A hotel chain
(B) A travel agency

→ Then try Universal Tours에서 Universal 여행사를 이용하라고 하였으므로 (B) A travel agency가 정답입니다.

🎧 앞에서 배운 전략을 적용하여 다음 문제를 풀어 보세요.

Service	Price
Standard cleaning	$6
Express cleaning	$14
Economy cleaning	$4
Special cleaning	$9

1. What type of business is being advertised?

(A) A car wash
(B) A laundry facility
(C) A dental office
(D) A housekeeping service

2. What is mentioned about the business?

(A) It offers same-day service.
(B) It has a membership program.
(C) It has several locations.
(D) It is open seven days a week.

3. Look at the graphic. What service is currently discounted?

(A) Standard cleaning
(B) Express cleaning
(C) Economy cleaning
(D) Special cleaning

✓ 힌번 확인해 볼까요?

1. What type of business is being advertised?
어떤 업종이 광고되고 있는가?

(B) A laundry facility 세탁 시설

STEP 1 What type of business ~ advertised를 보고 광고되고 있는 업종이 무엇인지를 묻고 있음을 알 수 있습니다.

STEP 2 Then try Perry Dry Cleaning에서 드라이클리닝 업체가 광고되고 있음을 알 수 있으므로 (B)가 정답입니다.

2. What is mentioned about the business?
업체에 대해 무엇이 언급되는가?

(A) It offers same-day service. 당일 서비스를 제공한다.

STEP 1 What ~ mentioned about ~ business를 보고 업체에 대해 언급되는 것이 무엇인지를 묻고 있음을 알 수 있습니다.

STEP 2 You can ~ drop your clothes off ~ and pick them up on the same evening에서 오전에 옷을 맡기고 그날 저녁에 찾아갈 수 있음을 알 수 있으므로 (A)가 정답입니다.

3. Look at the graphic. What service is currently discounted?
시각 자료를 보아라. 어떤 서비스가 현재 할인되는가?

(B) Express cleaning 급속 세탁

서비스	비용
일반 세탁	6달러
급속 세탁	14달러
간편 세탁	4달러
특수 세탁	9달러

STEP 1 What service ~ currently discounted를 보고 현재 어떤 서비스가 할인되는지를 묻고 있음을 알 수 있으며, 시각 자료를 보고 서비스별 비용이 나와 있는 목록임을 알 수 있습니다.

STEP 2 Any service over $10 ~ is offered at a 20 percent discount에서 비용이 10달러가 넘는 서비스에 20퍼센트 할인이 제공된다고 하였고, 목록에서 10달러가 넘는 서비스가 급속 세탁임을 알 수 있으므로 (B)가 정답입니다.

Questions 1-3 refer to the following advertisement and list.
1-3번은 다음 광고와 목록에 관한 문제입니다.

Are you tired of doing your own laundry?
직접 세탁하는 것이 지겨우신가요?   ] 호기심 유발

[1]Then try Perry Dry Cleaning!
We're Parkdale's most convenient cleaners.
그렇다면 Perry 드라이클리닝을 이용해보세요! 저희는 Parkdale에서 가장 편리한 세탁소입니다.   ] 광고 상품

[2]You can simply drop your clothes off on any weekday morning and pick them up on the same evening. And we're currently having a special promotion. [3]Any service over $10 in price is offered at a 20 percent discount—but only until July 15.
당신은 평일 오전에 언제든 간단히 당신의 옷을 맡기고 같은 날 저녁에 옷을 찾아가실 수 있습니다. 그리고 저희는 현재 특별 프로모션을 진행하고 있습니다. 어떤 서비스든 비용이 10달러가 넘는 것은 20퍼센트 할인이 제공됩니다, 단 7월 15일까지만 입니다.   ] 상품 특징

To learn more, visit us at www.perrydrycleaning.com.
더 알아보시려면, www.perrydrycleaning.com을 방문해주십시오.   ] 상품 관련 추가 정보

토익 기초   Part 1   Part 2   Part 3   Part 4   해커스 토익 스타트 Listening

🎧 Day 18_C1_04

질문의 키워드를 읽고 핵심 포인트를 파악한 뒤 담화를 들으며 정답을 선택하고, 빈칸을 받아써 보세요.
(음성은 두 번 들려줍니다.)

01 What **is being** advertised?

(A) 식료품　　　　　　　　　　　(B) 새로운 식당

Would you like to spend less time _____? Well, Quick Eats can help!
We specialize in delicious and affordable _____. Our dinners _____
_____. They are perfect for people with busy schedules. Try our
frozen meals today!

02 What **can the** listeners receive with **a** purchase?

(A) 상품권　　　　　　　　　　　(B) 무료 액세서리

Do you have trouble finding clothes _____? Come visit Sally's Closet! Our
knowledgeable staff will help you find an amazing outfit. Plus, right now _____
_____. So come down to Sally's Closet today!

03 According to the advertisement, what service **does the** company provide?

(A) Hair styling　　　　　　　　　(B) Yard work

Do you need someone _____? True Lawns is here to serve you!
We are known as the _____. We do everything from
_____ to _____. To book an appointment for our
services, contact us at 555-8365.

04 According to the advertisement, where **can the** listeners travel for $400?

(A) To Rome　　　　　　　　　　(B) To Boston

Are you tired of expensive travel packages? If so, Boston Travel is the right place for
you. We offer great service throughout the year. Right now, we have a promotion _____
_____. You can take a _____.
Read our pamphlet for more information.

[05 - 06]

05 What is being advertised?

    (A) A rental agency

    (B) A packing service

    (C) A shopping outlet

    (D) A painting company

06 Why should the listeners call today?

    (A) To subscribe for a service

    (B) To ask about business hours

    (C) To receive a special offer

    (D) To get a free item

If you plan to move into a new home soon, contact Speedy Boxers. We are experts _____ to make your move easier. Speedy Boxers promises _____. Why waste your time packing? We can do it for you! If you call us today, _____ _____.

[07 - 08]

07 What does Track Star sell?

    (A) Camping gear

    (B) Footwear

    (C) Energy drinks

    (D) Sports jerseys

08 What will customers who spend over $500 receive?

    (A) A free item

    (B) A membership card

    (C) A discount

    (D) A voucher

_____, Track Star is located downtown across from Edwards Gardens. Right now, we are having our annual sale on running shoes. Plus, we're offering customers a variety of gifts depending on the amount they purchase. And as an added bonus, _____ _____ who spend $500 or more on merchandise. These deals last until June 30, so _____.

정답·해석·해설 p.522

토익 기초

Part 1

Part 2

Part 3

Part 4

해커스 토익 스타트 Listening

본 코스에서는 라디오 방송 진행자가 교수나 작가, 의사 등 특정 분야의 전문가를 소개하는 라디오 방송에 대해 살펴보도록 하겠습니다.

라디오 방송 상황별 빈출 어휘 🎧 Day 18_C2_01

라디오 방송에 자주 나오는 어휘를 익혀두면 문제를 풀 때 담화를 정확히 들을 수 있습니다. 음성을 듣고 따라 읽으면서 꼭 외워두세요.

직업 관련 어휘

❶ **athlete** [숙θli:t] 운동선수
❷ **researcher** [미 risə́:rtʃər, 영 risə́:tʃə] 연구원
❸ **filmmaker** [미 fílmmèikər, 영 fílmmèikə] 영화 제작자(=director)
❹ **physician** [fizíʃən] 내과 의사
❺ **scientist** [sáiəntist] 과학자
❻ **author** [미 ɔ́:θər, 영 ɔ́:θə] 작가
❼ **financial advisor** 재정 상담가
❽ **professor** [미 prəfésər, 영 prəfésə] 교수

라디오 방송

❶ **host** [미 houst, 영 həust] 진행자
❷ **welcome** [wélkəm] 환영하다
❸ **introduce** [미 ìntrədjú:s, 영 ìntrədʒú:s] 소개하다
❹ **well-known** [미 wèlnóun, 영 wèlnə́un] 잘 알려진
❺ **invite** [inváit] 초대하다
❻ **discuss** [diskʌ́s] 토론하다
❼ **highlight** [미 hàiláit, 영 háilait] 주요 뉴스
❽ **join** [dʒɔin] 참여하다

라디오 방송 상황별 빈출 표현

🎧 Day 18_C2_02

라디오 방송에 자주 나오는 상황과 표현을 익혀두면 문제를 풀 때 담화의 흐름 파악이 쉬워져 질문에 맞는 정답을 쉽게 고를 수 있습니다. 음성을 듣고 따라 읽으면서 꼭 익혀두세요.

라디오 방송 1

라디오 프로그램 진행자가 다양한 업계에 종사하는 전문가와 이야기하겠다(speak with)며 초대 손님이 어떤 상의 수상자(the winner of ~ award)라거나, 지식이나 경험 등을 바탕으로(based on) 책을 집필했다는 등 최근 업적 및 경력 등을 소개하는 내용이 나옵니다.

speak with ~ ~와 이야기하다	We'll be speaking with Tom Lewis, a professional swimmer. 우리는 수영 선수인 Tom Lewis와 이야기할 것입니다.
the winner of ~ award ~ 상의 수상자	Mr. Clyburn was the winner of the Peacock Award for new writers. Mr. Clyburn은 신인 작가들을 위한 Peacock 상의 수상자였습니다.
based on ~ ~을 바탕으로	Owen Jones wrote a book based on his experience as a banker. Owen Jones는 은행가로서의 경험을 바탕으로 책을 저술하였습니다. ＊experience[ikspíəriəns] 경험　banker[미 bǽŋkər, 영 bǽŋkə] 은행가

라디오 방송 2

진행자는 초대 손님이 청취자들의 궁금증을 해결하는 방법(a way to)에 대한 정보를 알고 있다(have tips on)고 말하며, 전화 연결을 할(open the phone lines)테니 청취자들에게 주제에 대해 본인의 의견을 말하라(give a comment on)고 합니다. 이렇게 초대 손님에 대한 소개가 끝난 다음에는 참여해주셔서 감사하다(thanks for joining us)는 말로 프로그램을 시작하는 내용이 나옵니다.

a way to ~ ~하는 방법	A simple way to stay in shape is to walk to work. 건강을 유지하는 간단한 방법은 걸어서 출근하는 것입니다. ＊simple[simpl] 간단한　stay in shape 건강을 유지하다
have tips on ~ ~에 대한 정보를 알고 있다	He has several tips on keeping your children healthy. 그는 아이들의 건강을 유지하는 것에 대한 몇 가지 정보를 알고 있습니다. ＊healthy[hélθi] 건강한, 건강에 좋은
open the phone lines 전화 연결을 하다	After the break, we will open the phone lines for listeners' questions. 쉬는 시간 후에, 청취자들의 질문을 위해 전화 연결을 하겠습니다.
give a comment on ~ ~에 대해 의견을 말하다	Call us now if you'd like to give a comment on today's show. 오늘의 쇼에 대해 의견을 말하고 싶으시면 지금 전화주세요.
thanks for joining us 참여해주셔서 감사하다	Thanks for joining us on *Global Environment* today, Mr. Choi. Mr. Choi, 오늘 저희 *Global Environment*에 참여해주셔서 감사합니다.

토익 기초

Part 1

Part 2

Part 3

Part 4

해커스 토익 스타트 Listening

라디오 방송 흐름과 빈출 질문

라디오 방송은 주로 '~ 쇼에 오신 것을 환영합니다'와 같은 인사와 진행자 소개로 시작합니다. 이어서, 초대 손님 소개 및 무엇에 대해 이야기할지를 알려준 뒤, 다음 방송을 소개하거나 초대 손님을 맞이하며 방송을 마무리합니다. 이러한 흐름에 따라, 말하고 있는 사람의 직업이 무엇인지, 초대 손님에 대해 무엇이 소개되었는지, 그리고 초대 손님과 무엇에 대해 이야기를 나눌지 등을 묻는 문제가 자주 출제됩니다.

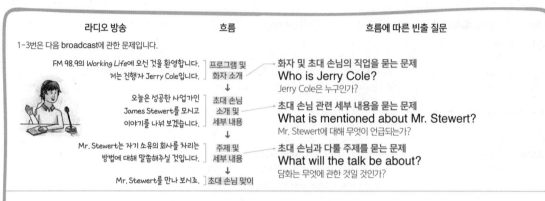

라디오 방송	흐름	흐름에 따른 빈출 질문

1-3번은 다음 broadcast에 관한 문제입니다.

FM 98.9의 *Working Life*에 오신 것을 환영합니다. 저는 진행자 Jerry Cole입니다. — 프로그램 및 화자 소개 → 화자 및 초대 손님의 직업을 묻는 문제
Who is Jerry Cole?
Jerry Cole은 누구인가?

오늘은 성공한 사업가인 James Stewert를 모시고 이야기를 나눠 보겠습니다. — 초대 손님 소개 및 세부 내용 → 초대 손님 관련 세부 내용을 묻는 문제
What is mentioned about Mr. Stewert?
Mr. Stewert에 대해 무엇이 언급되는가?

Mr. Stewert는 자기 소유의 회사를 차리는 방법에 대해 말씀해주실 것입니다. — 주제 및 세부 내용 → 초대 손님과 다룰 주제를 묻는 문제
What will the talk be about?
담화는 무엇에 관한 것일 것인가?

Mr. Stewert를 만나 보시죠. — 초대 손님 맞이

라디오 프로그램에서는 다음과 같이 흐름을 알려주는 전형적인 표현들이 있으므로 잘 알아두세요.
- 라디오 프로그램과 진행자(화자) 소개: **Welcome to ~. I'm your host …** ~에 오신 것을 환영합니다. 저는 여러분의 진행자 …입니다
- 초대 손님 소개: **We'll be talking to(speaking with) ~** ~와 이야기를 나눠 보겠습니다
- 초대 손님과 함께 다룰 주제: **He(She)'ll talk(speak/tell us) about ~** 그(그녀)는 ~에 대해 이야기할 것입니다

스텝별 문제 풀이 전략

STEP 1 질문 읽으며 핵심 포인트 파악하기

· 담화를 듣기 전에 질문을 읽으면서 의문사를 포함한 키워드를 통해 질문의 핵심 포인트를 파악합니다.

> **Who is** James Stewert? James Stewert의 직업은?

STEP 2 담화 들으며 흐름에 근거하여 정답 선택하기

담화가 시작되기 전 디렉션(Questions ~ refer to the following **(radio) broadcast/talk**)과 프로그램 및 화자 소개가 언급되는 서두를 듣고 라디오 방송임을 파악합니다. 라디오 방송의 흐름을 떠올리며 질문의 답이 되는 부분을 잘 듣고, 그 내용을 적절히 표현하고 있는 보기를 정답으로 선택합니다.

> Questions 1-3 refer to the following broadcast.
>
> You're listening to *Working Life* on 98.9 FM. I'm your host, Jerry Cole. Today we're speaking with James Stewert. Mr. Stewert is a successful business owner. He will explain to us how we can start our own companies.
>
> 프로그램 및 화자 소개 / 초대 손님 소개 및 세부 내용 / 주제
>
> Q. **Who is** James Stewert?
> (A) An author
> (B) A businessperson
> → Mr. Stewert is a successful business owner 라고 하였으므로 (B) A businessperson이 정답입니다.

🎧 앞에서 배운 전략을 적용하여 다음 문제를 풀어 보세요.

1. Who is Samantha Nelson?

(A) A musician
(B) A politician
(C) A university professor
(D) A radio host

2. What is mentioned about Samantha Nelson?

(A) She wants to attend college.
(B) She received an award.
(C) She left her last job.
(D) She gives free lessons.

3. What will be the topic of today's program?

(A) The need to relax
(B) The future of chemistry
(C) The problems with school
(D) The importance of science

✅ 한번 확인해 볼까요?

1. Who is Samantha Nelson?
Samantha Nelson은 누구인가?

(A) A musician 음악가
(B) A politician 정치가
(C) A university professor 대학 교수
(D) A radio host 라디오 진행자

STEP 1 Who ~ Samantha Nelson을 보고 Samantha Nelson이 누구인지를 묻고 있음을 알 수 있습니다.

STEP 2 Ms. Nelson is a professor ~ at ~ University에서 Ms. Nelson이 대학 교수라고 하였으므로 (C)가 정답입니다.

2. What is mentioned about Samantha Nelson?
Samantha Nelson에 대해 무엇이 언급되는가?

(A) She wants to attend college.
그녀는 대학에 다니고 싶어 한다.
(B) She received an award. 그녀는 상을 받았다.
(C) She left her last job. 그녀는 그녀의 전 직장을 떠났다.
(D) She gives free lessons. 그녀는 무료 강의를 제공한다.

STEP 1 What ~ mentioned about Samantha Nelson을 보고 Samantha Nelson에 대해 언급되는 것이 무엇인지를 묻고 있음을 알 수 있습니다.

STEP 2 she was the winner of the Instructor of the Year Award에서 그녀가 올해의 강사상을 수상했다고 하였으므로 (B)가 정답입니다.

3. What will be the topic of today's program?
오늘 프로그램의 주제는 무엇일 것인가?

(A) The need to relax 휴식의 필요성
(B) The future of chemistry 화학의 미래
(C) The problems with school 학교의 문제점
(D) The importance of science 과학의 중요성

STEP 1 What ~ topic of ~ program을 보고 오늘 프로그램의 주제가 무엇일 것인지를 묻고 있음을 알 수 있습니다.

STEP 2 she's going to talk ~ why science is so valuable에서 과학이 가치 있는 이유에 대해 이야기할 것이라고 하였으므로 (D)가 정답입니다.

Questions 1-3 refer to the following radio broadcast.
1-3번은 다음 라디오 방송에 관한 문제입니다.

Thank you for tuning in to WXYM Radio. This is Dan Hammer. ⌉ 프로그램 및 화자 소개
WXYM 라디오를 청취해주셔서 감사합니다. 저는 Dan Hammer입니다.

For today's program, we have Samantha Nelson with us. ⌉ 초대 손님 소개
오늘의 프로그램을 위해, 저희는 Samantha Nelson과 함께 있습니다.

[1]Ms. Nelson is a professor of chemistry at Harten University. Just last month, [2]she was the winner of the Instructor of the Year Award. ⌉ 손님 관련 세부 내용
Ms. Nelson은 Harten 대학의 화학 교수입니다. 바로 지난달에, 그녀는 올해의 강사상을 수상하였습니다.

This afternoon, [3]she's going to talk about why science is so valuable to our lives. ⌉ 주제
오늘 오후에, 그녀는 왜 과학이 우리의 삶에 그렇게 가치 있는지에 대해 이야기할 것입니다.

Thanks for coming, Ms. Nelson. ⌉ 초대 손님 맞이
Ms. Nelson, 와주셔서 감사합니다.

토익 기초　Part 1　Part 2　Part 3　Part 4　해커스 토익 스타트 Listening

🎧 Day 18_C2_04

질문의 키워드를 읽고 핵심 포인트를 파악한 뒤 담화를 들으며 정답을 선택하고, 빈칸을 받아써 보세요.
(음성은 두 번 들려줍니다.)

01 Who is Ms. Gross?

(A) 상점 주인   (B) 디자이너

I am happy to welcome Nancy Gross this evening. Ms. Gross is _____
_____. Her _____ in stores and malls around the world. She will
talk to us tonight about her long career.

02 Why was Mr. Hitch invited on the show?

(A) 그의 생각을 이야기하기 위해   (B) 사업체들에 팁을 주기 위해

Mr. Mike Hitch will be joining us later today. He's a _____ at the Carlton
Policy Organization. He studies how the government influences the national economy. Mr.
Hitch is here _____ on the new business laws.

03 What will the interview be about?

(A) A popular movie   (B) An art exhibit

Later this morning, artist Jade Stone will be with us. She is _____
_____, *The Sands of Time*. After the interview, the phone lines
_____. Feel free to call us with your questions.

04 Who is Mr. Florence?

(A) A game programmer   (B) A radio interviewer

Thanks for tuning in to *City Entertainment*. This is your host, Christine Chang. I'm _____
_____ Steve Florence, _____.
He's here to _____ including Space Team.
Thanks for coming, Mr. Florence.

05 What is mentioned about Ms. Blend?

(A) She owns a clothing store.

(B) She works as a stylist.

(C) She is the host of *Fashion Corner*.

(D) She will give a live performance.

06 What did Ms. Blend recently do?

(A) Released a clothing collection

(B) Attended a fashion show

(C) Launched a magazine

(D) Moved to Los Angeles

This is *Fashion Corner* on 109 FM with Ray Colton. This afternoon, I'm happy to welcome Diane Blend, _____ in Los Angeles. _____, Ms. Blend _____, *Simple Look*. She is here today to talk a little bit about _____. Ms. Blend, can you tell us about _____?

[07 - 08]

07 Who is Matt Pike?

(A) A basketball coach

(B) A sports trainer

(C) A news announcer

(D) A radio broadcaster

08 What will the listeners most likely ask Larry Smith about?

(A) His personal diet

(B) His career

(C) His new book

(D) His company

This is Matt Pike with *Sports Time* on 98.8 FM. I'm _____ Larry Smith, a Hall of Fame athlete. Mr. Smith retired from professional basketball three years ago after winning a national title. He's here today _____ as a head coach. _____, we'll _____ for people to call in. Listeners _____ about Mr. Smith's time playing with the Red Birds. Thank you for joining us today, Mr. Smith.

정답·해석·해설 p.526

토익 기초 · Part 1 · Part 2 · Part 3 · Part 4 · 해커스 토익 스타트 Listening

🎧 Day 18_Test

질문의 키워드를 읽고 핵심 포인트를 파악한 뒤 담화를 들으며 정답을 선택하세요.

[01 - 03]

01 What is Brandon Muller known for?

    (A) His photography
    (B) His filming technique
    (C) His painting style
    (D) His book

02 What did some listeners do during the break?

    (A) E-mailed some questions
    (B) Made phone calls
    (C) Visited a Web site
    (D) Bought some tickets

03 What does the speaker say about Brandon Muller?

    (A) He relocated to study.
    (B) He will exhibit his work.
    (C) He received a major prize.
    (D) He teaches art courses.

[04 - 06]

04 What is being advertised?

    (A) A furniture store
    (B) An appliance brand
    (C) A renovation service
    (D) An art gallery

05 How can customers receive a discount?

    (A) By using a coupon
    (B) By spending over a specific amount
    (C) By ordering appliances
    (D) By registering for membership

06 Why should the listeners make a call?

    (A) To make a purchase
    (B) To arrange a consultation
    (C) To request a delivery
    (D) To inquire about products

토익 기초

Part 1

Part 2

Part 3

Part 4

해커스 토익 스타트 Listening

[07 - 09]

07 What type of business is being advertised?

(A) A bakery
(B) A hotel
(C) A coffee shop
(D) A grocery store

08 What does the speaker mean when he says, "You should stop by Winston's early"?

(A) A promotion is about to expire.
(B) Some merchandise just arrived.
(C) An event will end at noon.
(D) Some items sell out fast.

09 What must the listeners do to receive a free coffee?

(A) Install an application
(B) Purchase an item
(C) Apply for a membership
(D) Post a review

[10 - 12]

10 Who is the speaker?

(A) A radio host
(B) An actor
(C) A spokesperson
(D) A scriptwriter

11 When will the movie be released?

(A) On August 4
(B) On August 5
(C) On August 6
(D) On August 7

12 What is mentioned about Mr. Isley?

(A) He plays an instrument.
(B) He has many hobbies.
(C) He lives in New York City.
(D) He appears in an upcoming film.

[13 - 15]

13 According to the speaker, why do customers use the services of Global Voyages?

(A) It has friendly staff.
(B) It guarantees satisfaction.
(C) It allows group bookings.
(D) It has years of experience.

14 What is available online?

(A) Registration forms
(B) Confirmation codes
(C) Pictures
(D) Comments

15 Which destination can be booked at a discount this week?

(A) Brazil
(B) Mexico
(C) Jamaica
(D) Puerto Rico

[16 - 18]

California Now Guest List			
Tuesday	Wednesday	Thursday	Friday
Dr. James Singh	Dr. Wendell Jackson	Mayor Serena Fraser	Janice Quinn

16 Look at the graphic. What day is it today?

(A) Tuesday
(B) Wednesday
(C) Thursday
(D) Friday

17 According to the speaker, what will be discussed?

(A) A proposed bill
(B) An upcoming meeting
(C) A recent study
(D) A past vote

18 Why should the listeners call in?

(A) To share their experiences
(B) To ask questions
(C) To make suggestions
(D) To take part in a survey

＊받아쓰기&쉐도잉 프로그램으로 꼭 복습하세요.
정답·해석·해설 p.530

19일

보도(Report)

19일에서는 새로운 소식을 알리는
'보도'에 대해 살펴보겠습니다.
이러한 보도를 도로 상황이나 날씨 등을 알려주는
'교통방송 및 일기예보'와 정부의 새로운 정책 등을
전달하는 '뉴스'로 나누어 익혀보도록 하겠습니다.

Course 1 교통방송 및 일기예보

Course 2 뉴스

본 코스에서는 공사로 인한 도로의 정체나 주말의 날씨 등을 전달하는 교통방송 및 일기예보에 대해 살펴보도록 하겠습니다.

교통방송 및 일기예보 상황별 빈출 어휘 Day 19_C1_01

교통방송 및 일기예보에 자주 나오는 어휘를 익혀두면 문제를 풀 때 담화를 정확히 들을 수 있습니다. 음성을 듣고 따라 읽으면서 꼭 외워두세요.

교통방송	
❶ **repave** [ripéiv] (도로를) 재포장하다	❺ **avoid** [əvɔ́id] 피하다
❷ **highway** [미 háiwèi, 영 háiwei] 고속도로	❻ **route** [ru:t] 길, 노선
❸ **reopen** [미 rì:óupən, 영 rì:óupən] 재개장하다	❼ **head** [hed] ~로 향하다
❹ **alternate** [미 ɔ́:ltərnət, 영 ɔltɔ́:nət] 우회의, 다른	❽ **commuter** [미 kəmjú:tər, 영 kəmjú:tə] 통근자

일기예보	
❶ **rain shower** 소나기	❺ **drop** [미 drɑːp, 영 drɔp] (온도 등이) 떨어지다
❷ **stormy** [미 stɔ́:rmi, 영 stɔ́:mi] 폭풍우의	❻ **clear** [미 kliər, 영 kliə] 맑게 갠
❸ **humidity** [hju:mídəti] 습도, 습기	❼ **sunny** [sʌ́ni] 맑은
❹ **temperature** [미 témpərətʃər, 영 témprətʃə] 온도	❽ **expect** [ikspékt] 기대하다, 예상하다

교통방송 및 일기예보 상황별 빈출 표현 🎧 Day 19_C1_02

교통방송 및 일기예보에 자주 나오는 상황과 표현을 익혀두면 문제를 풀 때 담화의 흐름 파악이 쉬워져 질문에 맞는 정답을 쉽게 고를 수 있습니다. 음성을 듣고 따라 읽으면서 꼭 익혀두세요.

교통방송

교통방송(traffic report)임을 알린 후, 도로 공사 또는 안개 등의 악천후로 교통체증(heavy traffic)이 있으니 특정 도로를 이용하라(take ~)고 제안하거나, 공사 중인 도로가 재개통될 것으로 예상된다(be expected to reopen)는 소식을 전달하며 채널을 고정하고(stay tuned) 다음 방송을 들으라는 내용이 나옵니다.

traffic report 교통방송	And now, the morning traffic report on WNPN Radio. 그리고 이제, WNPN 라디오의 아침 교통방송입니다.
heavy traffic 교통체증	Heavy traffic is reported in the downtown area. 도심 지역에 교통체증이 보고되고 있습니다. ＊report[미 ripɔ́:rt, 영 ripɔ́:t] 보고하다
take ~ ~를 이용하다	Those traveling in the Barron Avenue area are advised to take Pender Street instead. Barron가에서 운전 중인 분들은 Pender가를 대신 이용할 것이 권장됩니다. ＊instead[instéd] 대신
be expected to reopen 재개통될 것으로 예상되다	Drivers will be pleased to hear that the road is expected to reopen this weekend. 운전자들은 도로가 이번 주말에 재개통될 것으로 예상된다는 소식에 기뻐할 것입니다.
stay tuned 채널을 고정하다	Stay tuned for our next traffic report in 10 minutes. 10분 후에 있을 다음 교통방송을 위해 채널을 고정하세요.

일기예보

일기예보(weather forecast)를 알려주겠다는 말로 시작하여 오늘과 내일의 날씨 및 주말 내내(throughout the weekend) 날씨가 어떨지를 예보하고, 악천후에 대비해 우산이나 모자 등을 준비하거나 운전을 조심하도록 권하는(be advised to) 내용이 나옵니다. 예보 후에는 다시 스튜디오로 돌아간다(now back to)는 내용이 나오기도 합니다.

weather forecast 일기예보	It is 6 o'clock and here is the WBNT weather forecast. 현재 시각은 6시이며, 여기는 WBNT 일기예보입니다.
throughout the weekend 주말 내내	Snow will fall throughout the weekend. 주말 내내 눈이 내릴 것입니다.
be advised to ~하도록 권해지다	Listeners are advised to prepare for extremely low temperatures. 청취자들은 매우 낮은 기온에 대비하도록 권장됩니다. ＊prepare[미 pripɛ́ər, 영 pripéə] 대비하다　extremely[ikstrí:mli] 매우, 극히
now back to ~로 돌아가다	This was your evening weather report. Now back to Ellen in the studio. 지금까지 저녁 일기예보였습니다. 이제 스튜디오에 있는 Ellen에게 돌아가겠습니다.

교통방송 및 일기예보 흐름과 빈출 질문

교통방송은 주로 프로그램 소개 인사로 시작합니다. 이어서, 교통 상황을 전달하고 막히는 도로에 대해 다른 길을 이용하라는 등의 제안을 한 뒤, 다음 방송에 대해 언급하며 마무리합니다. 일기예보 또한 주로 프로그램 소개로 시작하여 현재 및 앞으로의 날씨에 대해 알려주고, 비가 올 것에 대비하여 우산을 챙기라는 등의 제안을 한 뒤 다음 방송에 대해 언급하며 마무리합니다. 이러한 흐름에 따라, 언급된 세부 내용이나 제안사항이 무엇인지, 다음 방송이 무엇인지 등을 묻는 문제가 자주 출제됩니다.

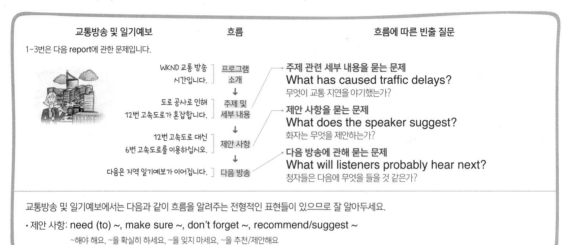

교통방송 및 일기예보에서는 다음과 같이 흐름을 알려주는 전형적인 표현들이 있으므로 잘 알아두세요.

• 제안 사항: need (to) ~, make sure ~, don't forget ~, recommend/suggest ~

　　　　　~해야 해요, ~을 확실히 하세요, ~을 잊지 마세요, ~을 추천/제안해요

스텝별 문제 풀이 전략

STEP 1 질문 읽으며 핵심 포인트 파악하기

담화를 듣기 전에 질문을 읽으면서 의문사를 포함한 키워드를 통해 질문의 핵심 포인트를 파악합니다.

What **does the** speaker suggest? 화자의 제안은?

STEP 2 담화 들으며 흐름에 근거하여 정답 선택하기

담화가 시작되기 전 디렉션(Questions ~ refer to the following **(radio) broadcast/report**)과 프로그램을 소개하는 서두를 듣고 교통방송 또는 일기예보임을 파악합니다. 교통방송 및 일기예보의 흐름을 떠올리며 질문의 답이 되는 부분을 잘 듣고, 그 내용을 적절히 표현하고 있는 보기를 정답으로 선택합니다.

Questions 1-3 refer to the following report.

You're listening to this morning's traffic report on WKND. Roadwork on Highway 12 is creating traffic problems. Drivers are recommended to take Highway 6 instead. Stay tuned for our weather report coming up next.

프로그램
소개
주제 및
세부 내용
제안 사항
다음 방송

Q. What **does the** speaker suggest?

(A) Taking another route
(B) Staying indoors

→ Drivers are recommended to take Highway 6 instead에서 6번 고속도로를 대신 이용하라고 제안하고 있으므로 (A) Taking another route가 정답입니다.

🎧 앞에서 배운 전략을 적용하여 다음 문제를 풀어 보세요.

1. When are clear skies expected?

(A) Today
(B) Tomorrow
(C) On Friday
(D) On Saturday

2. What does the speaker suggest?

(A) Staying inside
(B) Carrying umbrellas
(C) Wearing special clothes
(D) Riding public transportation

3. What will listeners probably hear next?

(A) A commercial
(B) A traffic report
(C) An interview
(D) A news program

✅ 한번 확인해 볼까요?

1. When are clear skies expected?
언제 맑은 하늘이 예상되는가?

(A) Today 오늘
(B) Tomorrow 내일
(C) On Friday 금요일에
(D) On Saturday 토요일에

STEP1 When ~ clear skies expected를 보고 언제 맑은 하늘이 예상되는지를 묻고 있음을 알 수 있습니다.

STEP2 we will have clear skies on Saturday에서 토요일에 맑은 하늘이 예상됨을 알 수 있으므로 (D)가 정답입니다.

2. What does the speaker suggest?
화자는 무엇을 제안하는가?

(A) Staying inside 실내에 있는 것
(B) Carrying umbrellas 우산을 가지고 다니는 것
(C) Wearing special clothes 특별한 옷을 입는 것
(D) Riding public transportation 대중교통을 타는 것

STEP1 What ~ speaker suggest를 보고 화자가 제안하는 것이 무엇인지를 묻고 있음을 알 수 있습니다.

STEP2 You may wish to wear your raincoats에서 비옷을 입으라고 제안하고 있으므로 (C)가 정답입니다.

3. What will listeners probably hear next?
청자들은 다음에 무엇을 들을 것 같은가?

(A) A commercial 광고
(B) A traffic report 교통방송
(C) An interview 인터뷰
(D) A news program 뉴스 프로그램

STEP1 What ~ listeners ~ hear next를 보고 청자들이 다음에 들을 것이 무엇인지를 묻고 있음을 알 수 있습니다.

STEP2 Now back to ~ local news update에서 다음에 지역 뉴스를 들을 것임을 알 수 있으므로 (D)가 정답입니다.

Questions 1-3 refer to the following broadcast.
1-3번은 다음 방송에 관한 문제입니다.

Thank you for listening to Radio Current's weather forecast. ⟩ 프로그램 소개
Radio Current의 일기예보를 들어주셔서 감사합니다.

Right now we are experiencing heavy rain which is causing flooding. The rain should continue for a couple of days. By Friday, the storms will pass and [1]we will have clear skies on Saturday. ⟩ 주제 및 세부 내용
지금 홍수를 일으키는 많은 비가 내리고 있습니다. 이 비는 이틀 동안 계속될 것입니다. 금요일까지, 폭풍우가 지나갈 것이고 토요일에는 맑은 하늘을 볼 수 있을 것입니다.

[2]You may wish to wear your raincoats and rubber boots for the next few days. ⟩ 제안 사항
청취자분들께서는 앞으로 며칠간 비옷과 고무 장화를 착용하시기 바랍니다.

[3]Now back to Chuck Hegel with your local news update. ⟩ 다음 방송
이제 Chuck Hegel의 지역 뉴스 업데이트로 돌아갑니다.

🎧 Day 19_C1_04

질문의 키워드를 읽고 핵심 포인트를 파악한 뒤 담화를 들으며 정답을 선택하고, 빈칸을 받아써 보세요.
(음성은 두 번 들려줍니다.)

01 According to the report, why should the listeners drive carefully?

(A) 앞을 보기가 어려워서　　　　　　　(B) 도로가 젖어서

We will have heavy winds throughout the day. The wind is blowing snow around and
_____. So please drive with caution. Now,
here is Rudy Oats with more music.

02 What does the speaker suggest?

(A) 교통 질서를 따른다.　　　　　　　(B) 다른 길을 이용한다.

This is Radio JAMS with the _____. Highway 44 is closed
today because it is being repaved. This has caused major delays. To avoid the heavy traffic,
_____. Tune in _____.

03 What started this afternoon?

(A) Temperature rise　　　　　　　(B) Snowfall

This is the evening weather forecast on WPOP 103. We've had _____
which will continue into the night but should _____. Once it ends, we
will experience _____ until Tuesday. Now back to Sam Schultz with
sports.

04 What is the problem?

(A) The bridge is closed.　　　　　　　(B) A traffic light is broken.

Now it's time for our traffic update. Because of an accident, Hanson Bridge _____
_____. Right now, emergency crews are on the scene. The
situation will take about an hour _____. Until then, use Franklin Avenue to get
downtown.

[05-06]

05 What does the speaker recommend?

(A) Leaving early

(B) Avoiding a bridge

(C) Taking another route

(D) Driving carefully

06 What will happen at 9 P.M.?

(A) A report will be given.

(B) A parade will start.

(C) A project will begin.

(D) A road will open.

You're listening to KBAS Radio's traffic report. Due to the parade this evening, Steven Road _____. This has caused light congestion in the area. Drivers are _____ to cross the river. Steven Road is _____ by 9 P.M. tonight. However, traffic is normal in the rest of the city.

[07-08]

07 Who is the speaker?

(A) A talk show host

(B) A weather reporter

(C) A local musician

(D) A famous actor

08 What will the listeners probably hear next?

(A) A news program

(B) A traffic update

(C) A sports report

(D) An advertisement

I'm Charles Miner, and this is Radio FLASH's _____. Expect unusually _____ today. Because of the _____, people are advised to stay indoors. The _____ for another couple of days. By this weekend, however, we will have _____. Until then, keep out of the sun. Now, stay tuned for more music after _____.

정답·해석·해설 p.536

본 코스에서는 정부의 새로운 정책이나 회사의 인수 합병 등의 소식을 전달하는 뉴스에 대해 살펴보도록 하겠습니다.

뉴스 상황별 빈출 어휘 🎧 Day 19_C2_01

뉴스에 자주 나오는 어휘를 익혀두면 문제를 풀 때 담화를 정확히 들을 수 있습니다. 음성을 듣고 따라 읽으면서 꼭 외워두세요.

에너지 절약

❶ efficient [ifíʃənt] 효율적인

❷ energy consumption 에너지 소비

❸ reduce [미 ridjúːs, 영 ridʒúːs] 감소하다

❹ save [seiv] 절약하다

❺ conserve [미 kənsə́ːrv, 영 kənsə́ːv] 절약하다

❻ waste [weist] 쓰레기

❼ recycle [미 riːsáikl, 영 riːsáikl] 재활용

❽ cost [미 kɔːst, 영 kɔst] 비용

건설	비즈니스

❶ construction [kənstrʌ́kʃən] 건설

❷ connect [kənékt] 연결하다

❸ public transportation 대중교통

❹ traffic congestion 교통체증

❶ industry [índəstri] 산업

❷ headquarters [미 hédkwɔ̀ːrtərz, 영 hèdkwɔ́ːtəz] 본사, 본부

❸ expert [미 ékspəːrt, 영 ékspəːt] 전문가

❹ negotiate [미 nigóuʃièit, 영 nəgóuʃieit] 협상하다

뉴스 상황별 빈출 표현 🎧 Day 19_C2_02

뉴스에 자주 나오는 상황과 표현을 익혀두면 문제를 풀 때 담화의 흐름 파악이 쉬워져 질문에 맞는 정답을 쉽게 고를 수 있습니다. 음성을 듣고 따라 읽으면서 꼭 익혀두세요.

에너지 절약

정부나 기업이 에너지 비용을 절약하는(save on energy costs) 방침을 발표하면서 재활용품과 쓰레기를 분리하는(separate ~ from …) 등의 정책을 전달하는 뉴스가 출제됩니다.

save on energy costs 에너지 비용을 절약하다	An easy way to save on energy costs is to turn off all lights when not at home. 에너지 비용을 절약하는 쉬운 방법은 집에 있지 않을 때 모든 전등을 끄는 것입니다. ＊turn off (기계를) 끄다
separate ~ from … ~를 …로부터 분리하다	All businesses will be required to separate recyclable materials from their trash. 모든 업체는 재활용품을 쓰레기로부터 분리하도록 요구될 것입니다. ＊be required to ~하도록 요구되다　recyclable materials 재활용품

건설

정부나 기업이 교통 혼잡을 줄이기(reduce congestion) 위해 지역 간을 연결하는(connect ~ with …) 다리 및 도로의 시공 및 완공이 언제쯤으로 예정되어 있는지(be scheduled for)를 발표했다(announce that)는 뉴스가 출제됩니다.

reduce congestion 교통 혼잡을 줄이다	Officials believe the new highway will reduce congestion. 당국은 새로운 고속도로가 교통 혼잡을 줄일 것이라고 생각합니다.
connect ~ with … ~와 …를 연결하다	The new bridge will connect the residential area with the financial district. 새로운 다리가 주택가와 금융가를 연결할 것입니다. ＊residential area 주택가　financial district 금융가
be scheduled for ~ ~로 예정되다	The construction work on Chester Avenue is scheduled for the first week of November. Chester가의 건설 작업이 11월 첫째 주로 예정되어 있습니다. ＊construction [kənstrʌ́kʃən] 건설
announce that ~ ~을 발표하다	The department of transportation announced that construction work will begin tomorrow. 교통부는 건설 작업이 내일 시작될 것이라고 발표했습니다. ＊department of transportation 교통부

비즈니스

회사 간에 매입 및 합병 등을 제안하고(make an offer), 전문가가 예상하는(experts anticipate that) 결과를 전달하는 등의 비즈니스 관련 내용이 출제됩니다.

make an offer 제안하다	In business news today, Gen-Ex has made an offer to buy Polson Electronics. 오늘의 비즈니스 뉴스입니다. Gen-Ex사가 Polson Electronics사의 매입을 제안했습니다.
experts anticipate that 전문가가 ~을 예상하다	Industry experts anticipate that Clancy Manufacturing will make a profit this year. 업계 전문가들은 Clancy 제조사가 올해 이익을 낼 것이라고 예상합니다. ＊profit [미 prά:fit, 영 prɔ́fit] 이익

토익 기초

Part 1

Part 2

Part 3

Part 4

해커스 토익 스타트 Listening

||| 뉴스의 흐름과 빈출 질문

뉴스는 주로 '~ 뉴스입니다'와 같은 프로그램을 소개하는 말로 시작합니다. 이어서, 전달하고자 하는 소식을 알려준 뒤, 전달한 소식에 대한 구체적인 내용을 이야기하며 보도를 마무리합니다. 이러한 흐름에 따라, 말하고 있는 사람이 누구인지, 무엇에 대한 소식을 전달하고 있는지, 그리고 보도하고 있는 내용과 관련된 세부사항이 무엇인지 등을 묻는 문제가 자주 출제됩니다.

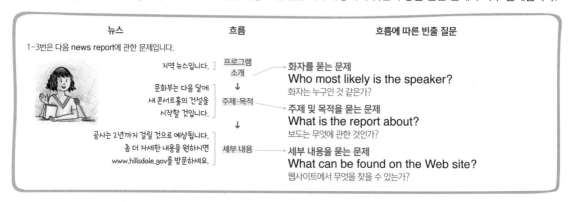

||| 스텝별 문제 풀이 전략

STEP 1 질문 읽으며 핵심 포인트 파악하기

담화를 듣기 전에 질문을 읽으면서 의문사를 포함한 키워드를 통해 질문의 핵심 포인트를 파악합니다.

> Who **most likely is the** speaker? 화자의 직업은?

STEP 2 담화 들으며 흐름에 근거하여 정답 선택하기

담화가 시작되기 전 디렉션(Questions ~ refer to the following **(news) report/(radio) broadcast**)과 프로그램을 소개하는 서두를 듣고 뉴스임을 파악합니다. 뉴스의 흐름을 떠올리며 질문의 답이 되는 부분을 잘 듣고, 그 내용을 적절히 표현하고 있는 보기를 정답으로 선택합니다.

Questions 1-3 refer to the following news report.

In local news, the Department of Culture will start construction on a new concert hall next month. Work is expected to last for up to two years. For more information, please go to www.hillsdale.gov.

> 프로그램 소개
> 주제·목적
> 세부 내용

Q. Who **most likely is the** speaker?

(A) A news announcer
(B) A construction manager

→ In local news에서 화자가 뉴스를 진행하고 있음을 알 수 있으므로 (A) A news announcer가 정답입니다.

🎧 앞에서 배운 전략을 적용하여 다음 문제를 풀어 보세요.

1. Who most likely is the speaker?

(A) A city official
(B) A news reporter
(C) A city spokesperson
(D) A local homeowner

2. What is the purpose of the talk?

(A) To outline a mayor's plan
(B) To provide energy-saving tips
(C) To announce a power shortage
(D) To describe construction work

3. How can listeners get additional information?

(A) By calling a number
(B) By viewing a Web site
(C) By requesting a brochure
(D) By visiting an office

☑ 한번 확인해 볼까요?

1. Who most likely is the speaker?
화자는 누구인 것 같은가?

(A) A city official 시 공무원
(B) A news reporter 뉴스 리포터
(C) A city spokesperson 시 대변인
(D) A local homeowner 지역 주택 소유자

STEP1 Who ~ speaker를 보고 화자가 누구인지를 묻고 있음을 알 수 있습니다.

STEP2 This is Mike Beal ~ with your evening report에서 화자가 뉴스 리포터임을 알 수 있으므로 (B)가 정답입니다.

2. What is the purpose of the talk?
담화의 목적은 무엇인가?

(A) To outline a mayor's plan
　시장의 계획을 알려주기 위해
(B) To provide energy-saving tips
　에너지 절약 팁을 제공하기 위해
(C) To announce a power shortage
　전력 부족을 발표하기 위해
(D) To describe construction work
　공사 작업을 설명하기 위해

STEP1 What ~ purpose of ~ talk를 보고 담화의 목적이 무엇인지를 묻고 있음을 알 수 있습니다.

STEP2 Mayor ~ announced ~ lower energy usage에서 시장의 계획을 알려주고 있음을 알 수 있으므로 (A)가 정답입니다.

3. How can listeners get additional information?
청자들은 어떻게 추가적인 정보를 얻을 수 있는가?

(A) By calling a number 전화를 함으로써
(B) By viewing a Web site 웹사이트를 봄으로써
(C) By requesting a brochure 안내 책자를 요청함으로써
(D) By visiting an office 사무실을 방문함으로써

STEP1 How ~ get additional information을 보고 어떻게 추가적인 정보를 얻을 수 있는지를 묻고 있음을 알 수 있습니다.

STEP2 For further details ~ please visit www.savepower.com에서 더 자세한 내용을 위해 웹사이트를 방문해야 함을 알 수 있으므로 (B)가 정답입니다.

Questions 1-3 refer to the following news report.
1-3번은 다음 뉴스 보도에 관한 문제입니다.

[1]This is Mike Beal from WYCN with your evening report.
여러분의 저녁 보도와 함께 하는 WYCN의 Mike Beal입니다.
　프로그램 및 화자 소개

[2]Mayor Dan Thomas announced today that the city will try to lower energy usage starting next month.
Dan Thomas 시장은 도시가 다음 달부터 에너지 사용량을 낮추기 위해 노력할 것이라고 오늘 발표했습니다.
　주제·목적

First, the city plans to reduce street light usage after 10 P.M. Also, it hopes to limit air-conditioning in public buildings. [3]For further details about the plan, please visit www.savepower.com.
우선, 도시는 저녁 10시 이후부터 가로등 사용을 줄이기로 계획했습니다. 또한, 공공 건물에서의 에어컨 사용을 제한하기를 원합니다. 계획에 대한 더 자세한 내용을 위해서는, www.savepower.com을 방문해 주시기 바랍니다.
　세부 내용

🎧 Day 19_C2_04

질문의 키워드를 읽고 핵심 포인트를 파악한 뒤 담화를 들으며 정답을 선택하고, 빈칸을 받아써 보세요.
(음성은 두 번 들려줍니다.)

01 What is the report mainly about?

(A) 전시회 정보   (B) 새로운 박물관

This is the evening news. The Galloway Museum _____
_____ and open on August 13. The museum will have two stories and will
_____.

02 What is being installed?

(A) 신호등   (B) 상수도 시설

Plans have been approved for _____ in parts of Grover Town. The
system will _____ to six local neighborhoods. The town mayor will
join us for an interview later tonight. He will answer questions about the project then.

03 How does the city plan to solve the problem?

(A) By creating a program   (B) By raising money

In local news, experts are claiming that Chicago residents create too much waste. To solve
this problem, the city is _____. The
program will educate residents on _____ and
improve the environment.

04 What is the report mainly about?

(A) A transportation system   (B) A construction company

In today's news, work on the city's _____. This comes
after nearly four years of construction and over $500 million in costs. The _____
_____ will allow residents in Daytonville to travel to 12 destinations in the city. The
_____ on June 3.

05 What are building owners being asked to do?

(A) Relocate some offices
(B) Schedule an inspection
(C) Make recommendations
(D) Submit to training

06 How can the listeners get more information?

(A) By contacting building owners
(B) By listening to a later report
(C) By checking with authorities
(D) By calling a phone number

In an effort to improve energy efficiency, the city government is requiring local buildings _____. Owners of buildings within the city are asked to _____. City engineers will _____ _____ _____ and provide a list of necessary improvements. Building owners will have one year to make _____ _____. For further information about _____, owners _____ 555-0239.

[07 - 08]

07 Who most likely is speaking?

(A) A researcher
(B) A businessperson
(C) A company owner
(D) A reporter

08 Why is the company opening a factory in Thailand?

(A) To expand business
(B) To sell in new markets
(C) To save money
(D) To avoid taxes

In _____, Plex Corporation announced that it will move its manufacturing plant to Thailand. The purpose of the move is _____, as _____ in Thailand. Experts believe it will save the company over $50 million per year. CEO Susan said the relocation is the only way Plex can compete in the industry. However, the closing of factories here will result in the loss of 5,000 jobs. The new factory will open next year.

정답·해석·해설 p.540

토익 기초

Part 1

Part 2

Part 3

Part 4

해커스 토익 스타트 Listening

🎧 Day 19_Test

질문의 키워드를 읽고 핵심 포인트를 파악한 뒤 담화를 들으며 정답을 선택하세요.

[01 - 03]

01   What is under construction?

(A) A highway
(B) A subway station
(C) A public library
(D) A bridge

02   What did Mayor Flint do?

(A) Toured a building
(B) Visited a worksite
(C) Increased a budget
(D) Hired a company

03   What does the speaker say about the structure?

(A) It will be completed in August.
(B) It will cost less than expected.
(C) It will require some inspections.
(D) It will be named soon.

[04 - 06]

04   According to the report, what have recent weather conditions caused?

(A) Traffic accidents
(B) Flight cancellations
(C) Bridge damage
(D) Office closures

05   What is mentioned about local schools?

(A) They are not open today.
(B) They are being renovated.
(C) They are all flooded.
(D) They are located downtown.

06   What does the speaker suggest the listeners do?

(A) Use public transportation
(B) Take an alternative route
(C) Get information online
(D) Contact a government office

[07-09]

07 What was published yesterday?

(A) A press release
(B) A job posting
(C) A quarterly report
(D) An online editorial

08 What does the speaker say about the deal?

(A) It will decrease sales.
(B) It involves three businesses.
(C) It will be reviewed by directors.
(D) It is widely supported.

09 What are some experts concerned about?

(A) The demand for a product
(B) The quality of a service
(C) The cost of a proposal
(D) The size of a company

[10-12]

10 What is the problem?

(A) There is an accident.
(B) A tunnel needs repairs.
(C) A route is closed.
(D) There is a lot of traffic.

11 What is mentioned about the bridge?

(A) It was built long ago.
(B) Its pavement is being replaced.
(C) It was recently opened.
(D) Its lanes are always congested.

12 What will happen on May 3?

(A) A storm will end.
(B) A bridge will reopen.
(C) Roadwork will begin.
(D) There will be an event.

[13 - 15]

13 What is the subject of the report?

(A) The need for better roads
(B) Plans for decreasing pollution
(C) The future of public buses
(D) Causes of high gas prices

14 Why does the city want to invest in public transport?

(A) To lower pollution levels
(B) To respond to demand
(C) To create jobs
(D) To increase city profits

15 How does the city plan to reduce the number of drivers?

(A) By increasing insurance
(B) By raising fuel costs
(C) By lowering fares
(D) By adding buses

[16 - 18]

Thursday	Friday	Saturday	Sunday
☀️	🌧️	☀️	☁️

16 What is mentioned about Wilbur Fawkes?

(A) He announced a new album.
(B) He recently joined a band.
(C) He plans to retire.
(D) He started an organization.

17 Look at the graphic. Which day was the fundraiser originally scheduled for?

(A) Thursday
(B) Friday
(C) Saturday
(D) Sunday

18 What does the speaker suggest that people with tickets do?

(A) Confirm a date
(B) Reserve a seat
(C) Visit a Web site
(D) Call a promoter

* 받아쓰기&쉐도잉 프로그램으로 꼭 복습하세요.
정답·해석·해설 p.544

20일

연설(Speech/Talk)

20일에서는 청중들 앞에서의
'연설'에 대해 살펴보겠습니다.
이러한 연설을 시상식에서의 감사 인사와 같은
'행사 연설'과 관광 가이드의 주의사항과 같은
'가이드의 안내'로 나누어 익혀보도록 하겠습니다.

Course 1 행사 연설
Course 2 가이드의 안내

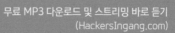 무료 MP3 다운로드 및 스트리밍 바로 듣기
(HackersIngang.com)

 무료MP3 바로듣기

본 코스에서는 시상식에서 수상자가 감사 인사를 하거나, 회사의 새로운 직원을 소개하는 등의 행사 연설에 대해 살펴보도록 하겠습니다.

행사 연설 상황별 빈출 어휘 ♪ Day20_C1_01

행사 연설에 자주 나오는 어휘를 익혀두면 문제를 풀 때 담화를 정확히 들을 수 있습니다. 음성을 듣고 따라 읽으면서 꼭 외워 두세요.

외부 행사

❶ **present** [prizént] 소개하다

❷ **speech** [spi:tʃ] 연설

❸ **donation** [미 dounéiʃən, 영 dəunéiʃən] 기부

❹ **sponsor** [미 spáːnsər, 영 spɔ́nsə] 후원자

❺ **support** [미 səpɔ́ːrt, 영 səpɔ́ːt] 후원하다, 지지하다

❻ **applause** [əplɔ́ːz] 박수

❼ **celebrate** [미 séləbrèit, 영 séləbreit] 축하하다

❽ **reception** [risépʃən] 피로연

회사 직원 소개	워크숍
❶ **retirement** [미 ritáiərmənt, 영 ritáiəmənt] 퇴직	❶ **workshop** [미 wə́ːrkʃɑ̀:p, 영 wə́ːkʃɔp] 워크숍
❷ **dedication** [dèdikéiʃən] 헌신, 공헌	❷ **goal** [미 goul, 영 gəul] 목표
❸ **field** [fi:ld] 분야	❸ **explain** [ikspléin] 설명하다
❹ **award** [미 əwɔ́ːrd, 영 əwɔ́ːd] 상	❹ **proposal** [미 prəpóuzəl, 영 prəpə́uzəl] 제안, 제안서

행사 연설 상황별 빈출 표현   🎧 Day20_C1_02

행사 연설에 자주 나오는 상황과 표현을 익혀두면 문제를 풀 때 담화의 흐름 파악이 쉬워져 질문에 맞는 정답을 쉽게 고를 수 있습니다. 음성을 듣고 따라 읽으면서 꼭 익혀두세요.

외부 행사

전시회 개막식과 같은 외부 행사에 참석한 사람들을 환영하며(welcome ~ to the opening of …) 재정 지원 및 도움을 준 사람들에게 감사를 전하고(give thanks to), 저녁 만찬 등에 초대하는(invite ~ to …) 내용이 나옵니다.

welcome ~ to the opening of ... … 개관식에 온 ~를 환영하다	I'm pleased to welcome you to the opening of the gallery. 미술관 개관식에 오신 여러분을 진심으로 환영합니다.
give thanks to ~ ~에게 감사를 전하다	I want to give thanks to the person who sponsored this event. 이 행사를 후원해주신 분께 감사를 전하고 싶습니다. *sponsor [미 spάːnsər, 영 spɔ́nsə] 후원하다
invite ~ to … …에 ~을 초대하다	We now invite you to our special dinner. 이제 우리의 특별 만찬에 당신을 초대합니다.

회사 직원 소개

다른 회사에서 이직해 온 직원이나 은퇴하는 직원, 혹은 우수 직원상을 받게 된 사람을 소개하고 싶다(I'd like to introduce you to)는 말을 시작으로, 그 직원이 지난 몇 년 동안(for the past ~ years) 어떤 회사에서 어떤 직책으로 일했는지(work at ~ as a …) 경력 및 업무 성과 등을 발표하고, 환영 및 감사 인사를 전하는 내용이 나옵니다.

I'd like to introduce you to ~ 여러분에게 ~을 소개하고 싶다	I'd like to introduce you to Charles Blake, our new director. 여러분에게 우리의 새로운 이사님이신 Charles Blake를 소개하고 싶습니다. *director [미 diréktər, 영 dairéktə] 이사
for the past ~ years 지난 ~년 동안	Ms. Smith has managed our Tokyo branch for the past 10 years. Ms. Smith는 지난 10년 동안 저희 도쿄 지사를 경영했습니다. *manage [mǽnidʒ] 경영하다 branch [미 bræntʃ, 영 brɑːntʃ] 지사
work at ~ as a … ~에서 …로 일하다	Mr. Wright worked at Herrera Products as a sales manager. Mr. Wright는 Herrera Products사에서 영업부장으로 일했습니다.

워크숍

워크숍이나 직원 교육 등에서 회사의 신규 프로그램 및 제품에 대한 구체적인 정보를 알려주거나, 기술의 진보에 뒤처지지 않게 유지하는(keep up with) 것이 중요하다는 등 업무 능력에 대해 설명하고 설문지나 자료를 나눠주는(give out) 내용이 나옵니다.

keep up with ~ ~에 뒤처지지 않게 유지하다	Keeping up with current technology is a difficult challenge. 현재의 기술에 뒤처지지 않게 유지하는 것은 힘든 과제입니다. *current [미 kə́ːrənt, 영 kʌ́rənt] 현재의 challenge [tʃǽlindʒ] 과제
give out 나눠주다	Before we begin, I'll give out copies of our proposal. 시작하기 전에, 제안서를 나눠드리겠습니다. *proposal [미 prəpóuzəl, 영 prəpə́uzəl] 제안서, 제안

행사 연설 흐름과 빈출 질문

행사 연설은 주로 '~에 오신 것을 환영합니다'와 같이 행사가 일어나는 장소를 알려주는 인사로 시작하여, 화자가 자신을 소개하고 감사의 뜻이나 신제품 소개 등 전달하고자 하는 내용을 이야기합니다. 이어서, 그와 관련된 구체적인 세부 내용을 전달한뒤, 연설 후에 있을 행사를 알려주며 연설을 마무리합니다. 이러한 흐름에 따라, 화자 및 청자가 누구인지, 전달하고자 하는 내용이 무엇인지, 그리고 연설 후 일어날 일이 무엇인지 등을 묻는 문제가 자주 출제됩니다.

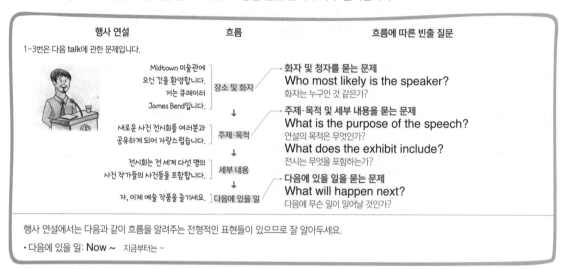

행사 연설에서는 다음과 같이 흐름을 알려주는 전형적인 표현들이 있으므로 잘 알아두세요.

• 다음에 있을 일: **Now ~**   지금부터는 ~

스텝별 문제 풀이 전략

STEP 1 질문 읽으며 핵심 포인트 파악하기

담화를 듣기 전에 질문을 읽으면서 의문사를 포함한 키워드를 통해 질문의 핵심 포인트를 파악합니다.

> What **does the** exhibit include? 전시회가 포함하는 것은?

STEP 2 담화 들으며 흐름에 근거하여 정답 선택하기

담화가 시작되기 전 디렉션(Questions ~ refer to the following **speech/(excerpt from a) talk/introduction**)과 장소 및 화자를 소개하는 서두를 듣고 행사 연설임을 파악합니다. 행사 연설의 흐름을 떠올리며 질문의 답이 되는 부분을 잘 듣고, 그 내용을 적절히 표현하고 있는 보기를 정답으로 선택합니다.

Questions 1-3 refer to the following talk.

Welcome to the Midtown Gallery. I'm James
Bend, the curator. Today, we are proud to share a
new photography exhibit with you. It includes the
pictures taken by five photographers from around
the world. Now, I invite you all to walk around and
enjoy the artwork.

장소 및 화자
주제·목적
세부 내용
다음에
있을 일

Q. What **does the** exhibit include?

(A) Photographs
(B) Paintings

→ we are proud to share a new photography
exhibit에서 전시회가 사진을 포함하고 있음을 알
수 있으므로 (A) Photographs가 정답입니다.

🎧 앞에서 배운 전략을 적용하여 다음 문제를 풀어 보세요.

1. Who is the speech most likely for?

(A) Chefs
(B) New employees
(C) Business sponsors
(D) Customers

2. What is the purpose of the speech?

(A) To provide restaurant information
(B) To thank a manager
(C) To discuss a program
(D) To describe a special menu

3. What will listeners most likely do next?

(A) Leave the restaurant
(B) Eat lunch
(C) Tour the building
(D) Gather outside

✅ 한번 확인해 볼까요?

1. Who is the speech most likely for?
연설은 누구를 위한 것 같은가?

(A) Chefs 요리사들
(B) New employees 신입 직원들
(C) Business sponsors 사업 후원자들
(D) Customers 고객들

STEP 1 Who ~ speech ~ for를 보고 연설이 누구를 위한 것인지를 묻고 있음을 알 수 있습니다.

STEP 2 Our goal ~ is to provide customers ~ with great food에서 연설이 음식점 고객들을 위한 것임을 알 수 있으므로 (D)가 정답입니다.

2. What is the purpose of the speech?
연설의 목적은 무엇인가?

(A) To provide restaurant information
레스토랑에 대한 정보를 제공하기 위해
(B) To thank a manager 매니저에게 감사를 표하기 위해
(C) To discuss a program 프로그램에 대해 이야기하기 위해
(D) To describe a special menu
특별 메뉴를 설명하기 위해

STEP 1 What ~ purpose of ~ speech를 보고 연설의 목적이 무엇인지를 묻고 있음을 알 수 있습니다.

STEP 2 Our goal ~ is to provide ~ with great food와 all of our pizzas are half price에서 레스토랑에 대한 다양한 정보를 제공하고 있음을 알 수 있으므로 (A)가 정답입니다.

3. What will listeners most likely do next?
청자들은 다음에 무엇을 할 것 같은가?

(A) Leave the restaurant 식당을 떠난다.
(B) Eat lunch 점심을 먹는다.
(C) Tour the building 빌딩을 둘러본다.
(D) Gather outside 밖에서 모인다.

STEP 1 What ~ listeners ~ do next를 보고 청자들이 다음에 할 일이 무엇인지를 묻고 있음을 알 수 있습니다.

STEP 2 So I invite everyone to enjoy ~ lunch에서 청자들이 점심을 먹을 것임을 알 수 있으므로 (B)가 정답입니다.

Questions 1-3 refer to the following speech.
1-3번은 다음 연설에 관한 문제입니다.

Welcome to the opening of Pizza Planet. I'm the manager, Luke Smith. ┐ 장소 및 화자
Pizza Planet의 개업식에 오신 것을 환영합니다. 저는 매니저인 Luke Smith입니다.

[1/2]Our goal here at Pizza Planet is to provide customers like you with great food. ┐ 주제·목적
이곳 Pizza Planet의 목표는 여러분과 같은 고객분들께 좋은 음식을 제공하는 것입니다.

That is why we use only quality ingredients. And in honor of our grand opening, [2]all of our pizzas are half price. ┐ 세부 내용
그것이 저희가 질 좋은 재료만을 사용하는 이유입니다. 그리고 개점을 기념하여, 저희의 모든 피자들이 반값입니다.

[3]So I invite everyone to enjoy a delicious lunch! ┐ 다음에 있을 일
그래서 저는 모든 분이 맛있는 점심을 즐길 수 있도록 초대합니다!

🎧 Day 20_C1_04

질문의 키워드를 읽고 핵심 포인트를 파악한 뒤 담화를 들으며 정답을 선택하고, 빈칸을 받아써 보세요.
(음성은 두 번 들려줍니다.)

01 What will happen next?

(A) 기업가가 이야기한다.   (B) 상이 주어진다.

> Hello and welcome to the CEO Awards Ceremony. Today we are _____ the country's most successful corporate managers. We are celebrating these people for their hard work and dedication. Nancy Swanson, _____, would now like to _____.

02 What is the purpose of the speech?

(A) 직원의 은퇴를 알리기 위해   (B) 직원을 소개하기 위해

> I would like _____ Mary Gould, _____. Ms. Gould _____ as a manager in the publishing field _____. She will bring a lot of experience and knowledge to our company. Now, let's all give Ms. Gould a warm welcome.

03 What are the listeners asked to do?

(A) Wear name tags   (B) Register for a workshop

> Thank you for attending this workshop on office communication. Today's topic is healthy interactions with coworkers. Specifically, we'll discuss the types of conversations you should avoid. Before we begin, I'm _____. Please _____ to _____.

04 Where is the speech most likely being given?

(A) At a product launch   (B) At a staff gathering

> Thanks for coming to our _____. Without you, our company's success wouldn't have been possible. I would also like to _____ Michael Drum for organizing this event. We _____. In the meantime, cocktails will be served.

[05-06]

05 What is mentioned about Dan Evans?

(A) He directs movies.

(B) He owns a company.

(C) He needs a job.

(D) He specializes in fashion.

06 What is the workshop about?

(A) Job opportunities

(B) Clothing industry trends

(C) Affordable stores

(D) Famous designers

I'm Dan Evans, _____. I'm here _____

_____ _____. In a moment, I'm going to give out catalogs _____

_____. I want you all to discuss _____ _____

with those sitting next to you. But first, let me play a brief video about a successful fashion

designer.

[07-08]

07 Where did Mr. Glade previously work?

(A) At a marketing firm

(B) At an investment company

(C) At a publishing house

(D) At an art museum

08 What will Mr. Glade probably do next?

(A) Give a talk

(B) Announce a project

(C) Introduce a product

(D) Take a break

Good morning and thanks for meeting on such short notice. I'd like to introduce Andrew

Glade. Mr. Glade has been hired _____. He previously

worked at True Investment _____. Mr. Glade has much experience

and is excited to join our team. Before we return to work, _____

_____. Let's all give him a warm welcome.

정답·해석·해설 p.550

토익 기초

Part 1

Part 2

Part 3

Part 4

해커스 토익 스타트 Listening

Course 2 | 가이드의 안내

본 코스에서는 관광지나 공장 등에서 주의사항을 알려주거나 일정을 전달하는 등의 가이드의 안내에 대해 살펴보도록 하겠습니다.

||| 가이드의 안내 상황별 빈출 어휘 🎧 Day20_C2_01

가이드의 안내에 자주 나오는 어휘를 익혀두면 문제를 풀 때 담화를 정확히 들을 수 있습니다. 음성을 듣고 따라 읽으면서 꼭 외워두세요.

관광지 방문

❶ **photograph** [미 fóutəgræf, 영 fóutəgrɑːf] 사진

❷ **wild animal** 야생 동물

❸ **tour guide** 여행 가이드

❹ **last** [미 læst, 영 lɑːst] 지속되다

❺ **souvenir shop** 기념품점

❻ **view** [vjuː] 보다

❼ **drink** [driŋk] 음료

❽ **exhibit** [igzíbit] 전시회, 전시관

❾ **closed** [미 klouzd, 영 kləuzd] (문이) 닫힌

❿ **site** [sait] 장소

공장 견학

❶ **factory** [fǽktəri] 공장

❷ **quality** [미 kwάːləti, 영 kwɔ́ləti] 품질

❸ **machine** [məʃíːn] 기계

❹ **prepare** [미 pripέər, 영 pripéə] 준비하다

❺ **process** [미 prάːses, 영 práuses] 공정, 과정

❻ **follow** [미 fάːlou, 영 fɔ́ləu] 따르다

가이드의 안내 상황별 빈출 표현 🎧 Day20_C2_02

가이드의 안내에 자주 나오는 상황과 표현을 익혀두면 문제를 풀 때 담화의 흐름 파악이 쉬워져 질문에 맞는 정답을 쉽게 고를 수 있습니다. 음성을 듣고 따라 읽으면서 꼭 익혀두세요.

관광지 방문

유적지, 동물원 등의 관광을 시작하기 전에 가이드가 소책자를 읽어 보라거나, 더우니 물을 많이 마실 것을 권하기도(we recommend that) 하고, 동물들에게 음식을 주지 말라(please do not)는 등 금지 사항을 전달하기도 합니다. 또한 사진을 찍을(take pictures) 수 있는 장소나 관광 후에(following the tour) 있을 일정에 대해 알려주는 내용이 나옵니다.

we recommend that ~ ~을 권하다	We recommend that you read through the brochure before the tour. 관광 전에 소책자를 꼼꼼히 읽어 보실 것을 권합니다. ＊read through 꼼꼼히 읽다　brochure[미 brouʃúər, 영 bróuʃə] 소책자　tour[미 tuər, 영 tuə] 관광; 관광하다
please do not ~ ~하지 말아주세요	Please do not use flash photography. 사진기의 플래시를 사용하지 말아주세요.
take pictures 사진을 찍다	We'll provide you with several opportunities to take pictures. 여러분에게 사진 찍을 여러 번의 기회를 제공할 것입니다. ＊provide A with B A에게 B를 제공하다　opportunity[미 ὰːpərtjúːnəti, 영 ɔ̀pətjúːnəti] 기회
following the tour 관광 후에	Following the tour, we will visit the gift shop. 관광 후에, 기념품점에 들를 것입니다.

공장 견학

전체적인 관람 일정을 이야기하면서 오늘은 공장으로 향할(head toward) 것이라는 사실을 알려줍니다. 공장에 도착한 후에는 제조 공정이 어떻게 이루어지는지 보여주겠다(let me show you)고 말하거나, 안전을 위해 특정 마스크나 옷을 착용할(put on) 것을 요청합니다. 관람이 끝난 후에는 다음 견학 장소로 이동하겠다(move on to)고 말하는 내용이 나옵니다.

head toward ~ ~로 향하다	After we pick you up from your hotel, we will head toward the factory. 호텔에서 여러분을 태운 뒤, 공장으로 향할 것입니다. ＊pick up ~를 태우다
let me show you 당신에게 보여주겠다	Please follow me and let me show you how our assembly line works. 저를 따라오시면 저희 조립 라인이 어떻게 작동하는지 보여드리겠습니다. ＊assembly line 조립 라인　work[미 wəːrk, 영 wəːk] 작동하다
put on 착용하다	For your safety, please put on your protective masks. 여러분의 안전을 위해서, 보호 마스크를 착용해주세요. ＊safety[séifti] 안전　protective[prətéktiv] 보호의
move on to ~ ~로 이동하다	For the next part of our tour, we'll move on to our production plant. 다음 관광을 위해, 생산 공장으로 이동할 것입니다. ＊production plant 생산 공장

가이드의 안내 흐름과 빈출 질문

가이드의 안내는 주로 '~에 오신 것을 환영합니다'와 같이 해당 장소를 알려주는 인사로 시작하여, 화자가 자신을 소개하고 관광지에 대해서 설명합니다. 이어서, 관광지에서 지켜야 할 사항들을 알려준 뒤, 앞으로의 일정에 대해 전달하며 안내를 마무리합니다. 이러한 흐름에 따라, 말하고 있는 사람은 누구인지, 관광하고 있는 장소는 어디인지, 그리고 관광객들은 무엇을 해야 하는지 등을 묻는 문제가 자주 출제됩니다.

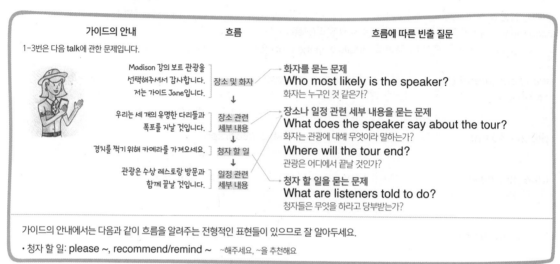

가이드의 안내	흐름	흐름에 따른 빈출 질문

1-3번은 다음 talk에 관한 문제입니다.

Madison 강의 보트 관광을 선택해주셔서 감사합니다. 저는 가이드 Jane입니다. — 장소 및 화자

화자를 묻는 문제
Who most likely is the speaker?
화자는 누구인 것 같은가?

우리는 세 개의 유명한 다리들과 폭포를 지날 것입니다. — 장소 관련 세부 내용

장소나 일정 관련 세부 내용을 묻는 문제
What does the speaker say about the tour?
화자는 관광에 대해 무엇이라 말하는가?

경치를 찍기 위해 카메라를 가져오세요. — 청자 할 일

Where will the tour end?
관광은 어디에서 끝날 것인가?

관광은 수상 레스토랑 방문과 함께 끝날 것입니다. — 일정 관련 세부 내용

청자 할 일을 묻는 문제
What are listeners told to do?
청자들은 무엇을 하라고 당부받는가?

가이드의 안내에서는 다음과 같이 흐름을 알려주는 전형적인 표현들이 있으므로 잘 알아두세요.

· 청자 할 일: please ~, recommend/remind ~   ~해주세요, ~을 추천해요

스텝별 문제 풀이 전략

STEP 1 질문 읽으며 핵심 포인트 파악하기

담화를 듣기 전에 질문을 읽으면서 의문사를 포함한 키워드를 통해 질문의 핵심 포인트를 파악합니다.

What **are** listeners told to do? 청자들이 할 일은?

STEP 2 담화 들으며 흐름에 근거하여 정답 선택하기

담화가 시작되기 전 디렉션(Questions ~ refer to the following **talk/introduction/tour information**)과 guide, tour와 같은 관광 관련 표현 및 장소에 대한 정보를 제공하는 서두를 듣고 가이드의 안내임을 파악합니다. 가이드의 안내의 흐름을 떠올리며 질문의 답이 되는 부분을 잘 듣고, 그 내용을 적절히 표현하고 있는 보기를 정답으로 선택합니다.

Questions 1-3 refer to the following talk.

Thanks for choosing Madison River Boat Tours. My name is Jane and I'll be your tour guide today. — 장소 및 화자

During our ride, we'll pass three famous bridges and a waterfall. — 장소 관련 세부 내용

Be sure to bring a camera in order to take pictures of the views. — 청자 할 일

The tour will end with a visit to a floating restaurant. — 일정 관련 세부 내용

Q. What **are** listeners told to do?

(A) Stay on the boat
(B) Bring a camera

→ Be sure to bring a camera에서 카메라를 가져오라고 하였으므로 (B) Bring a camera가 정답입니다.

🎧 앞에서 배운 전략을 적용하여 다음 문제를 풀어 보세요.

1. Who most likely is the speaker?

  (A) A tour guide
  (B) A gardener
  (C) A college instructor
  (D) A researcher

2. What does the speaker recommend?

  (A) Eating at a restaurant
  (B) Buying a gift
  (C) Staying on the path
  (D) Watching a film

3. What does the speaker say about the park?

  (A) It is brand new.
  (B) It is very large.
  (C) It needs more staff.
  (D) It opens next week.

☑ 한번 확인해 볼까요?

1. Who most likely is the speaker?
화자는 누구인 것 같은가?

  (A) A tour guide 여행 가이드
  (B) A gardener 정원사
  (C) A college instructor 대학 강사
  (D) A researcher 연구원

> **STEP 1**   Who ~ speaker를 보고 화자가 누구인지를 묻고 있음을 알 수 있습니다.
>
> **STEP 2**   Our tour ~ will begin shortly에서 화자가 관광을 안내하는 여행 가이드임을 알 수 있으므로 (A)가 정답입니다.

2. What does the speaker recommend?
화자는 무엇을 권하는가?

  (A) Eating at a restaurant 식당에서 밥을 먹는 것
  (B) Buying a gift 선물을 사는 것
  (C) Staying on the path 길에 있는 것
  (D) Watching a film 영화를 보는 것

> **STEP 1**   What ~ speaker recommend를 보고 화자가 권하는 것이 무엇인지를 묻고 있음을 알 수 있습니다.
>
> **STEP 2**   we recommend that everyone stay on the path에서 길에 있을 것을 권하고 있으므로 (C)가 정답입니다.

3. What does the speaker say about the park?
화자는 공원에 대해 무엇이라 말하는가?

  (A) It is brand new. 새것이다.
  (B) It is very large. 매우 크다.
  (C) It needs more staff. 더 많은 직원들이 필요하다.
  (D) It opens next week. 다음 주에 문을 연다.

> **STEP 1**   What ~ speaker say about ~ park를 보고 화자가 공원에 대해 무엇이라 말하는지를 묻고 있음을 알 수 있습니다.
>
> **STEP 2**   This is a big park에서 공원의 규모가 크다는 것을 알 수 있으므로 (B)가 정답입니다.

Questions 1-3 refer to the following talk.
1-3번은 다음 담화에 관한 문제입니다.

[1]Our tour of the Downing Animal Reserve will begin shortly.
Downing 동물 보호 구역의 관광이 곧 시작될 것입니다.   〕 장소

You will see many wild animal species throughout the park.
여러분은 공원 도처에 있는 많은 종류의 야생 동물들을 보시게 될 것입니다.   〕 장소 관련 세부 내용

However, I want to mention a few things first. Please do not touch any of the wildlife. Also, [2]we recommend that everyone stay on the path. [3]This is a big park, and it's easy to get lost.
하지만, 우선 몇 가지를 말씀드리고 싶습니다. 어떤 야생 동물도 만지지 말아 주세요. 또한, 모두가 길에 있으실 것을 권합니다. 이곳은 큰 공원이라, 길을 잃기 쉽습니다.   〕 청자 할 일

The tour will end at noon with lunch at our restaurant.
관광은 정오에 저희 식당에서 점심을 먹으면서 끝날 것입니다.   〕 다음에 있을 일

토익 기초 | Part 1 | Part 2 | Part 3 | Part 4 | 해커스 토익 스타트 Listening

🎧 Day 20_C2_04

질문의 키워드를 읽고 핵심 포인트를 파악한 뒤 담화를 들으며 정답을 선택하고, 빈칸을 받아써 보세요.
(음성은 두 번 들려줍니다.)

01 Where is this talk taking place?

(A) 정원에서　　　　　　　　　　　(B) 상점에서

> Thank you for visiting the Singapore ＿＿＿＿＿＿＿＿＿＿＿. Near the entrance, we have an exhibit with ＿＿＿＿＿＿＿＿＿＿＿ from this region. Each section after that features ＿＿＿＿＿＿＿＿＿＿＿＿＿＿＿＿＿. Now, let's begin the tour if there are no questions.

02 Where will the listeners move to?

(A) 검사 구역　　　　　　　　　　　(B) 포장 부서

> Welcome to the Sweet Treat factory. Here we make all of Sweet Treat's products. Let me start by ＿＿＿＿＿＿＿＿＿＿＿＿＿＿＿＿＿＿＿＿＿＿＿＿＿＿. Every day, about 10,000 candy bars are wrapped in this part of the plant. Then we'll ＿＿＿＿＿＿＿＿＿＿＿＿＿＿＿＿＿.

03 What will the listeners do on the tour?

(A) Listen to a professor　　　　　　(B) Visit a dormitory

> Thank you for visiting Hamline University. For today's tour, I will show you around this historic campus. First, we'll ＿＿＿＿＿＿＿＿＿＿＿＿＿＿＿＿＿. This is the ＿＿＿＿＿＿＿＿＿ ＿＿＿＿＿＿ in the country. Then we'll go to the concert hall. There you can listen to the school band play.

04 Where will the tour start?

(A) At a warehouse　　　　　　　　(B) At a mail room

> Welcome to the Sprint Bicycle factory, where we manufacture high quality bicycles. The tour will ＿＿＿＿＿＿＿＿＿＿＿＿＿＿＿＿＿. We ＿＿＿＿＿＿＿＿＿＿＿＿＿＿＿＿＿＿ ＿＿＿＿＿＿＿＿ in there. But first, please put on a helmet and safety glasses, and then we can head toward the facility.

05 What are the listeners asked to do?

(A) Bring their bags
(B) Wait at the lake
(C) Put trash into containers
(D) Get a park map

06 What can the listeners find in the souvenir shop?

(A) Park postcards
(B) Free drinks
(C) Nature magazines
(D) Clothing items

I'm Sue Grant, and I'll be taking you around Twin Peaks National Park. Let's start the tour at Pine Lake, the biggest lake in the park. Once we are done there, we will walk on one of our mountain trails. Please _____ _____ _____. Following the tour, everyone will get a chance to _____ _____ _____.

[07-08]

07 What is the main purpose of the talk?

(A) To discuss a policy change
(B) To raise donations
(C) To describe a tour
(D) To announce an exhibit

08 What does the speaker ask the listeners to do?

(A) Use handrails
(B) Bring a drink
(C) Look at pictures
(D) Wear good shoes

Welcome to Black Hole Cave. I'm Jenny, and _____. For your own safety, please _____ as the steps can be slippery. When we enter the cave, _____ the many interesting rocks. And please remember, food and beverages are prohibited in the caves. When we are finished, everyone can follow me back to the entrance.

정답·해석·해설 p.554

Day 20_Test

질문의 키워드를 읽고 핵심 포인트를 파악한 뒤 담화를 들으며 정답을 선택하세요.

[01 - 03]

01 What is the purpose of this talk?

(A) To announce a new office
(B) To honor an employee
(C) To talk about a new product
(D) To gather donations

02 Who is Ms. Franca?

(A) An attorney
(B) A director
(C) A receptionist
(D) A consultant

03 What will most likely happen next?

(A) An award will be presented.
(B) A speech will be made.
(C) A video will be shown.
(D) A gift will be given.

[04 - 06]

04 Who is the speaker?

(A) A university professor
(B) A travel agent
(C) A workshop leader
(D) A company president

05 What does the speaker mean when she says, "Past participants reported positive results"?

(A) Some talks should be useful.
(B) Some changes were beneficial.
(C) A group activity will be fun.
(D) A marketing method is effective.

06 According to the speaker, what will take place tomorrow?

(A) A screening
(B) A presentation
(C) A demonstration
(D) An exam

토익 기초

Part 1

Part 2

Part 3

Part 4

해커스 토익 스타트 Listening

[07-09]

07 Who most likely is the speaker?

(A) A tour guide
(B) An engineer
(C) A sales clerk
(D) A researcher

08 According to the speaker, what will the listeners learn from the video?

(A) The construction costs
(B) The structure's height
(C) The tower's age
(D) The materials used

09 What does the speaker suggest?

(A) Testing a product
(B) Printing a document
(C) Taking photographs
(D) Making reservations

[10-12]

10 Who is the speaker?

(A) A film producer
(B) A museum curator
(C) A public relations agent
(D) An actor

11 Why does the speaker say, "Visitors will certainly welcome this change"?

(A) To praise an expansion
(B) To emphasize lower fees
(C) To recognize some donations
(D) To point out some artwork

12 What will the speaker probably do next?

(A) Contact a client
(B) Go to an event
(C) Give a tour
(D) Meet with a coworker

[13-15]

13 What is the speech mostly about?

(A) Seminar activities

(B) A company opening

(C) A new product line

(D) Investment opportunities

14 What will happen at 10 A.M.?

(A) Participants will have a break.

(B) Snacks will be served.

(C) A speech will be given.

(D) A movie will be shown.

15 How can the listeners get a schedule?

(A) By stopping at a counter

(B) By visiting a Web site

(C) By talking to an employee

(D) By looking in a packet

[16-18]

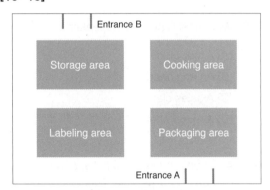

16 What is manufactured at the factory?

(A) Packaged meats

(B) Dairy products

(C) Frozen meals

(D) Snack foods

17 What are the listeners told to do?

(A) Put on some safety gear

(B) Read signs carefully

(C) Avoid touching equipment

(D) Leave drinks outside

18 Look at the graphic. Where will the listeners go first?

(A) The cooking area

(B) The packaging area

(C) The labeling area

(D) The storage area

* 받아쓰기&쉐도잉 프로그램으로 꼭 복습하세요.

정답 · 해석 · 해설 p.558

Part 4

Part Test

Part 4 Part Test에서는
지금까지 익힌 지문 유형별 빈출 어휘와
지문 유형에 따른 전략을 바탕으로
실제 토익 Part 4와 같은 구성의 한 회분을
풀어보도록 하겠습니다.

* Answer Sheet는 329페이지에 있습니다.
Part 4는 Answer Sheet의 71번~100번에 해당합니다.

무료 MP3 다운로드 및 스트리밍 바로 듣기
(HackersIngang.com)

무료MP3 바로듣기

PART 4

Directions: In this part, you will listen to several short talks by a single speaker. These talks will not be printed and will only be spoken one time. For each talk, you will be asked to answer three questions. Select the best response and mark the corresponding letter (A), (B), (C), or (D) on your answer sheet.

01 What service does the business provide?

(A) Cooking classes
(B) Job placement
(C) Graphic design
(D) Event catering

02 What will be offered next week?

(A) A free course
(B) A recipe book
(C) A price discount
(D) A guest lecture

03 How can the listeners sign up?

(A) By sending a fax
(B) By mailing in a request
(C) By making a call
(D) By going to a facility

04 What did Cathy Kim do in university?

(A) Directed a movie
(B) Started a business
(C) Created a Web site
(D) Wrote a book

05 Why does the speaker say, "Not many people could have done this"?

(A) To show admiration
(B) To indicate agreement
(C) To demonstrate confusion
(D) To express doubt

06 What will the speaker ask about?

(A) A documentary film
(B) A youth program
(C) A play
(D) A novel

07 Where is the tour taking place?

(A) At a playhouse
(B) At a cinema complex
(C) At a dance studio
(D) At a concert hall

08 What will the listeners see first?

(A) The backstage area
(B) The main theater
(C) The dressing rooms
(D) The lounge

09 What are the listeners allowed to do in the dressing rooms?

(A) Get autographs
(B) Read scripts
(C) Buy souvenirs
(D) Take photographs

10 What is the purpose of the talk?

(A) To introduce a new manager
(B) To train new workers
(C) To honor a colleague
(D) To discuss recent profits

11 Why does the speaker say, "it's sort of hard to believe"?

(A) To stress an accomplishment
(B) To challenge a decision
(C) To express some concern
(D) To indicate a mistake

12 What are the listeners asked to do?

(A) Turn in an assignment
(B) Return to work
(C) Go outside
(D) Welcome a staff member

13 Why is traffic slow on Freeway 16?

(A) An accident has occurred.
(B) A traffic light is broken.
(C) A storm is passing through.
(D) A detour has been set up.

14 According to the speaker, what will begin today?

(A) Work on a station
(B) Repairs to a freeway
(C) A city bus service
(D) A new radio show

15 What will happen on August 3?

(A) A route will be reopened.
(B) A project will be announced.
(C) A report will be released.
(D) A train will be purchased.

16 Who is the listener?

(A) A company manager
(B) A job applicant
(C) A financial consultant
(D) A sales representative

17 What should the listener bring to the meeting?

(A) A cover letter
(B) A proposal
(C) A portfolio
(D) A business contract

18 What does the woman imply when she says, "We can discuss the details over the phone"?

(A) A salary must be determined.
(B) Some job duties are unclear.
(C) A schedule is flexible.
(D) Some information is outdated.

GO ON TO THE NEXT PAGE

19 What is the announcement mostly about?

(A) An event program
(B) A new company
(C) A funding opportunity
(D) A popular product

20 Where can the listeners see displays?

(A) In the lobby
(B) In a meeting room
(C) In a hallway
(D) In the main hall

21 What is the award for?

(A) The best product design
(B) The best company name
(C) The most creative booth
(D) The most interesting film

22 Where does the announcement take place?

(A) At a bookshop
(B) At a clothing retailer
(C) At a cosmetics store
(D) At a supermarket

23 What is mentioned about Salerno products?

(A) They are available online.
(B) They are sold out.
(C) They are on sale.
(D) They are nonrefundable.

24 What will customers receive if they spend $200 or more?

(A) A computer accessory
(B) A gardening tool
(C) An event ticket
(D) A beauty product

Updated Presentation Schedule	
Time	**Topic**
10:00 A.M.	Medical devices
11:00 A.M.	Mental Health
11:50 A.M.	Lunch
1:00 P.M.	Patient Interaction

25 Who most likely is the speaker?

(A) A conference presenter
(B) A hospital administrator
(C) An event planner
(D) A college professor

26 What does the speaker ask the listener to do?

(A) Prepare a schedule
(B) Join a committee
(C) Send a document
(D) Review a program

27 Look at the graphic. What topic will the listener discuss?

(A) Medical Devices
(B) Mental Health
(C) Patient Interaction
(D) Hospital Safety

Number of Votes

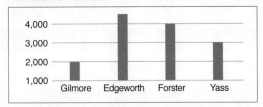

28 What did Mayor Williams do this morning?

(A) Held a conference
(B) Approved a budget
(C) Hosted a local festival
(D) Visited a construction site

29 What took place on May 10?

(A) A town parade
(B) A fundraising banquet
(C) A grand opening event
(D) A community vote

30 Look at the graphic. Which neighborhood was selected by city officials?

(A) Gilmore
(B) Edgeworth
(C) Forster
(D) Yass

정답·해석·해설 p.564

점수 환산표

아래는 별책에 수록된 실전모의고사를 위한 점수 환산표입니다. 문제 풀이 후, 정답 개수를 세어 자신의 토익 리스닝 점수를 예상해봅니다.

정답 수	리스닝 점수	정답 수	리스닝 점수	정답 수	리스닝 점수
100	495	66	305	32	135
99	495	65	300	31	130
98	495	64	295	30	125
97	495	63	290	29	120
96	490	62	285	28	115
95	485	61	280	27	110
94	480	60	275	26	105
93	475	59	270	25	100
92	470	58	265	24	95
91	465	57	260	23	90
90	460	56	255	22	85
89	455	55	250	21	80
88	450	54	245	20	75
87	445	53	240	19	70
86	435	52	235	18	65
85	430	51	230	17	60
84	425	50	225	16	55
83	415	49	220	15	50
82	410	48	215	14	45
81	400	47	210	13	40
80	395	46	205	12	35
79	390	45	200	11	30
78	385	44	195	10	25
77	375	43	190	9	20
76	370	42	185	8	15
75	365	41	180	7	10
74	355	40	175	6	5
73	350	39	170	5	5
72	340	38	165	4	5
71	335	37	160	3	5
70	330	36	155	2	5
69	325	35	150	1	5
68	315	34	145	0	5
67	310	33	140		

※ 점수 환산표는 해커스토익 사이트 유저 데이터를 근거로 제작되었으며, 주기적으로 업데이트되고 있습니다. 해커스토익 사이트(Hackers.co.kr)에서 최신 경향을 반영하여 업데이트된 점수환산기를 이용하실 수 있습니다. (토익 > 토익게시판 > 토익점수환산기)

Part Test - Answer Sheet

Listening Test

	LISTENING (Part I~IV)								
NO.	**ANSWER** A B C D	**NO.**	**ANSWER** A B C D	**NO.**	**ANSWER** A B C D	**NO.**	**ANSWER** A B C D	**NO.**	**ANSWER** A B C D
1	Ⓐ Ⓑ Ⓒ Ⓓ	21	Ⓐ Ⓑ Ⓒ	41	Ⓐ Ⓑ Ⓒ Ⓓ	61	Ⓐ Ⓑ Ⓒ Ⓓ	81	Ⓐ Ⓑ Ⓒ Ⓓ
2	Ⓐ Ⓑ Ⓒ Ⓓ	22	Ⓐ Ⓑ Ⓒ	42	Ⓐ Ⓑ Ⓒ Ⓓ	62	Ⓐ Ⓑ Ⓒ Ⓓ	82	Ⓐ Ⓑ Ⓒ Ⓓ
3	Ⓐ Ⓑ Ⓒ Ⓓ	23	Ⓐ Ⓑ Ⓒ	43	Ⓐ Ⓑ Ⓒ Ⓓ	63	Ⓐ Ⓑ Ⓒ Ⓓ	83	Ⓐ Ⓑ Ⓒ Ⓓ
4	Ⓐ Ⓑ Ⓒ Ⓓ	24	Ⓐ Ⓑ Ⓒ	44	Ⓐ Ⓑ Ⓒ Ⓓ	64	Ⓐ Ⓑ Ⓒ Ⓓ	84	Ⓐ Ⓑ Ⓒ Ⓓ
5	Ⓐ Ⓑ Ⓒ Ⓓ	25	Ⓐ Ⓑ Ⓒ	45	Ⓐ Ⓑ Ⓒ Ⓓ	65	Ⓐ Ⓑ Ⓒ Ⓓ	85	Ⓐ Ⓑ Ⓒ Ⓓ
6	Ⓐ Ⓑ Ⓒ Ⓓ	26	Ⓐ Ⓑ Ⓒ	46	Ⓐ Ⓑ Ⓒ Ⓓ	66	Ⓐ Ⓑ Ⓒ Ⓓ	86	Ⓐ Ⓑ Ⓒ Ⓓ
7	Ⓐ Ⓑ Ⓒ	27	Ⓐ Ⓑ Ⓒ	47	Ⓐ Ⓑ Ⓒ Ⓓ	67	Ⓐ Ⓑ Ⓒ Ⓓ	87	Ⓐ Ⓑ Ⓒ Ⓓ
8	Ⓐ Ⓑ Ⓒ	28	Ⓐ Ⓑ Ⓒ	48	Ⓐ Ⓑ Ⓒ Ⓓ	68	Ⓐ Ⓑ Ⓒ Ⓓ	88	Ⓐ Ⓑ Ⓒ Ⓓ
9	Ⓐ Ⓑ Ⓒ	29	Ⓐ Ⓑ Ⓒ	49	Ⓐ Ⓑ Ⓒ Ⓓ	69	Ⓐ Ⓑ Ⓒ Ⓓ	89	Ⓐ Ⓑ Ⓒ Ⓓ
10	Ⓐ Ⓑ Ⓒ	30	Ⓐ Ⓑ Ⓒ	50	Ⓐ Ⓑ Ⓒ Ⓓ	70	Ⓐ Ⓑ Ⓒ Ⓓ	90	Ⓐ Ⓑ Ⓒ Ⓓ
11	Ⓐ Ⓑ Ⓒ	31	Ⓐ Ⓑ Ⓒ	51	Ⓐ Ⓑ Ⓒ Ⓓ	71	Ⓐ Ⓑ Ⓒ Ⓓ	91	Ⓐ Ⓑ Ⓒ Ⓓ
12	Ⓐ Ⓑ Ⓒ	32	Ⓐ Ⓑ Ⓒ Ⓓ	52	Ⓐ Ⓑ Ⓒ Ⓓ	72	Ⓐ Ⓑ Ⓒ Ⓓ	92	Ⓐ Ⓑ Ⓒ Ⓓ
13	Ⓐ Ⓑ Ⓒ	33	Ⓐ Ⓑ Ⓒ Ⓓ	53	Ⓐ Ⓑ Ⓒ Ⓓ	73	Ⓐ Ⓑ Ⓒ Ⓓ	93	Ⓐ Ⓑ Ⓒ Ⓓ
14	Ⓐ Ⓑ Ⓒ	34	Ⓐ Ⓑ Ⓒ Ⓓ	54	Ⓐ Ⓑ Ⓒ Ⓓ	74	Ⓐ Ⓑ Ⓒ Ⓓ	94	Ⓐ Ⓑ Ⓒ Ⓓ
15	Ⓐ Ⓑ Ⓒ	35	Ⓐ Ⓑ Ⓒ Ⓓ	55	Ⓐ Ⓑ Ⓒ Ⓓ	75	Ⓐ Ⓑ Ⓒ Ⓓ	95	Ⓐ Ⓑ Ⓒ Ⓓ
16	Ⓐ Ⓑ Ⓒ	36	Ⓐ Ⓑ Ⓒ Ⓓ	56	Ⓐ Ⓑ Ⓒ Ⓓ	76	Ⓐ Ⓑ Ⓒ Ⓓ	96	Ⓐ Ⓑ Ⓒ Ⓓ
17	Ⓐ Ⓑ Ⓒ	37	Ⓐ Ⓑ Ⓒ Ⓓ	57	Ⓐ Ⓑ Ⓒ Ⓓ	77	Ⓐ Ⓑ Ⓒ Ⓓ	97	Ⓐ Ⓑ Ⓒ Ⓓ
18	Ⓐ Ⓑ Ⓒ	38	Ⓐ Ⓑ Ⓒ Ⓓ	58	Ⓐ Ⓑ Ⓒ Ⓓ	78	Ⓐ Ⓑ Ⓒ Ⓓ	98	Ⓐ Ⓑ Ⓒ Ⓓ
19	Ⓐ Ⓑ Ⓒ	39	Ⓐ Ⓑ Ⓒ Ⓓ	59	Ⓐ Ⓑ Ⓒ Ⓓ	79	Ⓐ Ⓑ Ⓒ Ⓓ	99	Ⓐ Ⓑ Ⓒ Ⓓ
20	Ⓐ Ⓑ Ⓒ	40	Ⓐ Ⓑ Ⓒ Ⓓ	60	Ⓐ Ⓑ Ⓒ Ⓓ	80	Ⓐ Ⓑ Ⓒ Ⓓ	100	Ⓐ Ⓑ Ⓒ Ⓓ

327만이 선택한 외국어학원
1위 해커스어학원

토익 단기졸업 달성을 위한 해커스 약점관리 프로그램

자신의 약점을 정확히 파악하고 집중적으로 보완하는 것이야말로
토익 단기졸업의 필수코스입니다.

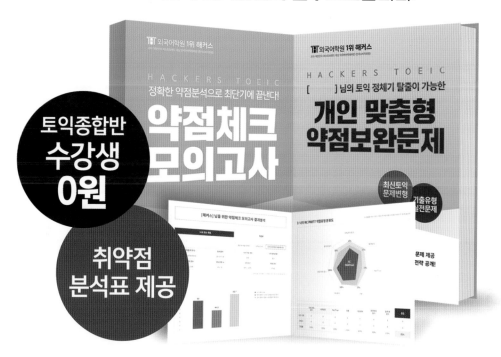

토익종합반
수강생
0원

취약점
분석표 제공

STEP 01
약점체크 모의고사 응시

*비매품

최신 토익 출제경향을 반영한
약점체크 모의고사 응시

STEP 02
토익 취약점 분석표 확인

파트별 취약점 분석표를 통해
객관적인 실력 파악

STEP 03
개인별 맞춤 보완문제 증정

최대
180제
제공

*PDF

영역별 취약 부분에 대한
보완문제로 취약점 극복

지금 바로 신청하고
토익 취약점 완벽 극복 ▶

스피킹+취업스펙 단기 완성!

외국어인강 1위
해커스 토익스피킹/오픽

실제 수강생들의 **고득점 달성 비법**

토스 세이임 선생님
강의 수강 후
만점 달성!
박*인 수강생

토스 세이임 선생님과 함께 만점 달성!
다양한 주제에 대해 자기만의 주장과 근거를 미리 생각해 놓으라는 선생님의 팁이
실전에서 도움이 되었습니다. 선생님께서 제공해 주신 템플릿도 너무 명확해서 빠르게
흡수하고 체화하여 시험을 응시할 수 있었습니다.

오픽 클라라 선생님
강의 수강 후
AL 달성
한*비 수강생

첫 시험, 2주 준비해서 AL받았어요!
공부를 어떻게 해야 할지부터 시험장에서 어떤 전략을 써야 하는지까지 세세하게
준비해갈 수 있었습니다. 특히 롤플레이 부분이 어려웠는데, 롤플레이에서 써먹을 수
있는 팁들이 도움이 됐어요.

해커스 토익스피킹 / 오픽 교재

11년 연속 토익스피킹
베스트셀러 1위

11년 연속 오픽
베스트셀러 1위

토스·오픽
고득점 비법 확인
+수강신청 하러 가기!

해커스영어 Hackers.co.kr
해커스인강 HackersIngang.com

HACKERS 토익 리스닝 기초 4주 완성

해커스
토익 스타트

Listening

David Cho

초보를 위한 토익 입문서

최신개정판

─ 정답·해석·해설 ─

해설집

해커스 어학연구소

HACKERS

해커스
토익스타트

Listening

최신개정판

초보를 위한 토익 입문서

― 정답·해석·해설 ―
해설집

해커스 어학연구소

토익 기초

Course 1 유사 발음 듣기   p.35

| 01 (A) | 02 (B) | 03 (B) | 04 (A) | 05 (A) | 06 (B) | 07 (A) | 08 (B) | 09 (B) | 10 (A) |

01 🔊 미국식 발음 → 호주식 발음 → 영국식 발음
The copy machine is broken. 복사기가 고장 났어요.

02 🔊 호주식 발음 → 영국식 발음 → 미국식 발음
They are difficult to read. 그것들은 읽기 어려워요.

03 🔊 영국식 발음 → 호주식 발음 → 미국식 발음
I don't want to leave here. 난 이곳을 떠나고 싶지 않아요.

04 🔊 호주식 발음 → 미국식 발음 → 영국식 발음
She just moved to a new department. 그녀는 새 부서로 막 이동했어요.

05 🔊 미국식 발음 → 호주식 발음 → 영국식 발음
Factory managers inspect production every day. 공장 관리자들은 매일 생산을 검사합니다.

06 🔊 호주식 발음 → 영국식 발음 → 미국식 발음
I'm filing the papers right now. 저는 지금 서류들을 철하고 있어요.

07 🔊 영국식 발음 → 호주식 발음 → 미국식 발음
I'm driving down the road. 저는 도로에서 운전 중이에요.

08 🔊 호주식 발음 → 미국식 발음 → 영국식 발음
Food is banned in the library. 도서관에서 음식은 금지되어 있어요.

09 🔊 미국식 발음 → 호주식 발음 → 영국식 발음
I'll check the user's manual. 제가 사용자 안내서를 확인하겠습니다.

10 🔊 호주식 발음 → 영국식 발음 → 미국식 발음
They bought two computers yesterday. 그들은 어제 두 대의 컴퓨터를 구입했습니다.

08 (A)　**09** (B)　**10** (A)

01 🔊 영국식 발음 → 호주식 발음 → 미국식 발음
pick up (차를) 태우다

02 🔊 호주식 발음 → 미국식 발음 → 영국식 발음
not at all 전혀

03 🔊 미국식 발음 → 호주식 발음 → 영국식 발음
for a break 휴식으로

04 🔊 호주식 발음 → 영국식 발음 → 미국식 발음
rest a while 잠시 쉬다

05 🔊 영국식 발음 → 호주식 발음 → 미국식 발음
The meeting will last about an hour. 회의는 약 한 시간 지속될 거예요.

06 🔊 호주식 발음 → 미국식 발음 → 영국식 발음
I'll take at least two. 전 적어도 두 개를 살 거예요.

07 🔊 미국식 발음 → 호주식 발음 → 영국식 발음
I'd like to hand out the brochures. 저는 팸플릿을 나눠드리고 싶어요.

08 🔊 호주식 발음 → 영국식 발음 → 미국식 발음
I have to get his signature on this contract. 저는 이 계약서에 그의 서명을 받아야 합니다.

09 🔊 영국식 발음 → 호주식 발음 → 미국식 발음
The flight was delayed because of the bad weather. 비행기는 궂은 날씨로 인해 연착되었습니다.

10 🔊 호주식 발음 → 미국식 발음 → 영국식 발음
I've worked with many different types of companies in the past twelve years.
저는 지난 12년간 아주 다양한 종류의 회사와 일했습니다.

01 (A)　02 (A)　03 (B)　04 (A)　05 (B)　06 (A)　07 (A)

01　🔊 미국식 발음 → 영국식 발음

My laptop won't start. (A) Maybe the battery's out. (B) No, I don't want to be late.	제 노트북 컴퓨터가 시작이 안 돼요. (A) 배터리가 나갔나 봐요. (B) 아뇨, 전 늦고 싶지 않아요.

> 어휘　laptop[lǽptɑ:p] 노트북 컴퓨터　battery[bǽtəri] 배터리

> 해설　질문에서 사용된 won't와 발음이 유사한 want를 사용하여 혼동을 주는 문제입니다. 노트북 컴퓨터가 시작이 되지 않는다는 말에 Maybe the battery's out(배터리가 나갔나 봐요)이라고 응답한 (A)가 정답입니다.

02　🔊 호주식 발음 → 미국식 발음

I'll send you a price list. (A) That'll be great, thank you. (B) At least twice a day.	제가 가격표를 보내드릴게요. (A) 그래주시면 좋겠어요, 감사합니다. (B) 적어도 하루 두 번이요.

> 어휘　send[send] 보내다　price list 가격표

> 해설　질문에서 사용된 list와 발음이 유사한 least를 사용하여 혼동을 주는 문제입니다. 가격표를 보내주겠다는 말에 That'll be great, thank you(그래주시면 좋겠어요, 감사합니다)라고 응답한 (A)가 정답입니다.

03　🔊 영국식 발음 → 호주식 발음

How long have you worked at our company? (A) It'll take three hours. (B) For five years.	우리 회사에서 얼마나 오래 일했나요? (A) 세 시간 걸릴 거예요. (B) 5년 동안이요.

> 어휘　work[미 wə:rk, 영 wə:k] 일하다　company[kʌ́mpəni] 회사

> 해설　질문에서 사용된 our와 발음이 유사한 hours를 사용하여 혼동을 주는 문제입니다. 회사에서 얼마나 일했느냐는 질문에 For five years(5년 동안이요)라고 응답한 (B)가 정답입니다.

04　🔊 미국식 발음 → 미국식 발음

We have a meeting at two. (A) Really? I didn't know that. (B) I enjoyed meeting you too.	우리는 두 시에 회의가 있어요. (A) 정말요? 전 몰랐어요. (B) 저도 만나서 즐거웠어요.

> 어휘　meeting[mí:tiŋ] 회의　enjoy[indʒɔ́i] 즐기다

> 해설　질문에서 사용된 two와 발음이 같은 too를 사용하여 혼동을 주는 문제입니다. 두 시에 회의가 있다는 말에 I didn't know that(전 몰랐어요)이라고 응답한 (A)가 정답입니다.

W: Excuse me, / I'm looking for a book / called
　　실례합니다　　　　　　　책을 찾고 있습니다

　Communication / by Rachael Evans.
　'커뮤니케이션'이라는　　Rachael Evans가 쓴

M: I'm sorry, / we don't have that book. I'll order it / for you.
　　죄송합니다　　　　그 책은 없네요　　　　주문해 드릴게요　손님을 위해

W: 실례합니다, Rachael Evans가 쓴 '커뮤니케이션' 이라는 책을 찾고 있습니다.
M: 죄송합니다, 그 책은 없네요. 손님을 위해 주문해 드릴게요.

남자는 무엇을 해주겠다고 하는가?

(A) 도서 할인　　　　　　　　　(B) 도서 주문

어휘　look for ~을 찾다　order[ɔ́:rdər] 주문하다

해설　남자의 말 I'll order it for you에서 주문을 해주겠다고 하였으므로 (B)가 정답입니다.

M: Hi, / I need some help / with my fax machine.
　안녕하세요　도움이 필요합니다　　　제 팩스기에

　I can't find / the on-off switch.
　못 찾겠어요　　전원 스위치를

W: Sure, / let me help you. Could you give me / the serial
　물론이죠　제가 도와드릴게요　　알려주시겠어요

　number please?
　일련번호를

M: 안녕하세요, 제 팩스기에 도움이 필요합니다. 전원 스위치를 못 찾겠어요.
W: 물론이죠, 제가 도와드릴게요. 일련번호를 알려주시겠어요?

여자는 어떤 정보를 요청하는가?

(A) 일련번호　　　　　　　　　(B) 전화번호

어휘　fax machine 팩스기　find[faind] 찾다　switch[switʃ] 스위치　serial number 일련번호

해설　여자의 말 give me the serial number에서 일련번호를 알려달라고 하였으므로 (A)가 정답입니다. number를 듣고 (B)를 선택하지 않도록 주의합니다.

On today's program, / we'll be speaking / to Gary
오늘 프로그램에서　　　우리는 이야기를 나눌 것입니다　Gary Warren과

Warren. Mr. Warren is a real estate expert. He'll
　　　　　　Mr. Warren은 부동산 전문가입니다

discuss his plans / for a new hotel / in the downtown area.
그는 계획을 이야기할 것입니다　새 호텔에 대한　　　중심가에 있는

오늘 프로그램에서 우리는 Gary Warren과 이야기를 나눌 것입니다. Mr. Warren은 부동산 전문가입니다. 그는 중심가에 있는 새 호텔에 대한 계획을 이야기할 것입니다.

Gary Warren은 누구인가?

(A) 부동산 전문가　　　　　　　　　(B) 리포터

어휘　real estate 부동산　expert[ékspə:rt] 전문가　discuss[diskʌ́s] 논의하다

해설　Mr. Warren is a real estate expert에서 Mr. Warren이 부동산 전문가임을 알 수 있으므로 (A)가 정답입니다. program, speaking 등을 듣고 (B)를 선택하지 않도록 주의합니다.

Course 1 시제 익히기   p.44

01 (A)   **02** (A)   **03** (B)   **04** (A)

---

01 🔊 호주식 발음

(A) They are eating a meal.
(B) They have eaten a meal.

(A) 그들은 식사를 하고 있다.
(B) 그들은 식사를 마쳤다.

어휘 **meal** [미 mi:l, 영 miəl] 식사

해설 (A) [○] are eating이라는 현재 진행 시제를 사용하여 식사를 하고 있는 진행 중인 동작을 묘사하였으므로 정답입니다.
(B) [×] have eaten이라는 현재 완료 시제를 사용하여 식사를 마쳤다고 잘못 묘사하였으므로 오답입니다.

---

02 🔊 미국식 발음

(A) They are preparing food.
(B) They have prepared food.

(A) 그들은 음식을 준비하고 있다.
(B) 그들은 음식을 준비했다.

어휘 **prepare food** 음식을 준비하다

해설 (A) [○] are preparing이라는 현재 진행 시제를 사용하여 음식을 준비하고 있는 진행 중인 동작을 묘사하였으므로 정답입니다.
(B) [×] have prepared라는 현재 완료 시제를 사용하여 음식을 다 준비했다고 잘못 묘사하였으므로 오답입니다.

---

03 🔊 영국식 발음

(A) She is putting on glasses.
(B) She is wearing glasses.

(A) 그녀는 안경을 쓰는 중이다.
(B) 그녀는 안경을 쓰고 있다.

어휘 **put on** 입다, 쓰다 **glasses** [미 glǽsəz, 영 glɑ́:səz] 안경

해설 (A) [×] is putting on이라는 동작을 나타내는 현재 진행 시제를 사용하여 안경을 쓰는 동작으로 잘못 묘사하였으므로 오답입니다.
(B) [○] is wearing이라는 상태를 나타내는 현재 진행 시제를 사용하여 안경을 쓰고 있는 상태를 묘사하였으므로 정답입니다.

---

04 🔊 미국식 발음

(A) The man is working on the painting.
(B) The man has painted a picture.

(A) 남자가 그림 작업을 하고 있다.
(B) 남자가 그림을 그렸다.

어휘 **painting** [péintiŋ] 그림 **picture** [píktʃər] 그림, 사진

해설 (A) [○] is working이라는 현재 진행 시제를 사용하여 그림을 그리고 있는 진행 중인 동작을 묘사하였으므로 정답입니다.
(B) [×] has painted라는 현재 완료 시제를 사용하여 그림을 다 그렸다고 잘못 묘사하였으므로 오답입니다.

Course 2 태 익히기
p.47

01 (A) **02** (B) **03** (A) **04** (A)

---

01 🔊 미국식 발음

(A) The vehicles are parked in rows.
(B) Drivers are parking the cars.

(A) 차들이 열을 지어 주차되어 있다.
(B) 운전자들은 차를 주차하고 있는 중이다.

어휘 **vehicle**[víːikl] 차, 탈것 **park**[pɑːrk] 주차하다 **in rows** 열을 지어 **driver**[dráivər] 운전자

해설 (A) [○] are parked라는 현재 수동태를 사용하여 현재 차들이 주차되어 있는 상태를 묘사하였으므로 정답입니다.
(B) [×] are parking이라는 현재 진행 시제를 사용하여 차를 주차하고 있다고 잘못 묘사하였으므로 오답입니다.

---

02 🔊 영국식 발음

(A) The window is being broken.
(B) The window is broken.

(A) 창문이 깨지고 있다.
(B) 창문이 깨져 있다.

어휘 **window**[미 wíndou, 영 wíndəu] 창문 **broken**[미 bróukən, 영 brɔ́ukən] 깨진

해설 (A) [×] is being broken이라는 현재 진행 수동태를 사용하여 창문이 현재 깨지고 있다고 잘못 묘사하였으므로 오답입니다.
(B) [○] is broken이라는 현재 수동태를 사용하여 창문이 깨져 있는 상태를 묘사하였으므로 정답입니다.

---

03 🔊 미국식 발음

(A) The grass is being cut.
(B) The grass has been cut.

(A) 잔디가 잘리고 있다.
(B) 잔디가 잘렸다.

어휘 **grass**[græs] 잔디 **cut**[kʌt] 자르다

해설 (A) [○] is being cut이라는 현재 진행 수동태를 사용하여 잔디가 잘리고 있는 현재의 동작을 묘사하였으므로 정답입니다.
(B) [×] has been cut이라는 현재 완료 수동태를 사용하여 과거에 잘려진 잔디를 현재까지 잘려져 있는 상태로 잘못 묘사하였으므로 오답입니다.

---

04 🔊 호주식 발음

(A) Books have been placed on the shelves.
(B) Books are being placed on the shelves.

(A) 책들이 책장에 놓여있다.
(B) 책들이 책장에 놓여지고 있다.

어휘 **place**[pleis] 놓다 **shelf**[ʃelf] 책장, 선반

해설 (A) [○] have been placed라는 현재 완료 수동태를 사용하여 과거에 놓여진 책들이 현재까지 놓여져 있는 상태를 묘사하였으므로 정답입니다.
(B) [×] are being placed라는 현재 진행 수동태를 사용하여 책들이 현재 놓여지고 있다고 잘못 묘사하였으므로 오답입니다.

01 (A)	**02** (A)	**03** (B)	**04** (B)	**05** (A)	**06** (B)

01 🔊 영국식 발음

(A) The car is being washed.
(B) The car has been washed.

(A) 차가 세차되고 있다.
(B) 차가 세차되었다.

어휘 **wash** [미 waːʃ, 영 wɔʃ] 닦다

해설 (A) [○] is being washed라는 현재 진행 수동태를 사용하여 차가 세차되고 있는 현재의 동작을 묘사하였으므로 정답입니다.
(B) [×] has been washed라는 현재 완료 수동태를 사용하여 차가 과거에 세차되어 현재까지 그대로 세차되어져 있는 상태로 잘못 묘사하였으므로 오답입니다.

02 🔊 미국식 발음

(A) They have cups in their hands.
(B) They are on the steps.

(A) 그들은 손에 컵을 들고 있다.
(B) 그들은 계단 위에 있다.

어휘 **step** [step] 계단

해설 (A) [○] 사람들이 손에 컵을 들고 있는 모습을 정확히 묘사하였으므로 정답입니다.
(B) [×] 사람들이 계단 위에 있지 않으므로 They are on the steps(그들은 계단 위에 있다)는 잘못된 묘사입니다.

03 🔊 호주식 발음

(A) The bus is being parked.
(B) The bus has stopped near the sidewalk.

(A) 버스가 주차되고 있다.
(B) 버스가 보도 근처에 멈춰져 있다.

어휘 **sidewalk** [미 sáidwɔ̀ːk, 영 sáidwɔːk] 보도

해설 (A) [×] is being parked라는 현재 진행 수동태를 사용하여 현재 버스가 주차되고 있다고 잘못 묘사하였으므로 오답입니다.
(B) [○] has stopped라는 현재 완료 시제를 사용하여 과거에 멈춘 버스가 현재까지 멈춰있는 상태를 묘사하였으므로 정답입니다.

04 [3번] 미국식 발음

(A) The room has been cleaned.

(B) The room is being cleaned.

(A) 방이 청소되었다.
(B) 방이 청소되고 있다.

어휘 clean[kliːn] 청소하다

해설 (A) [×] has been cleaned라는 현재 완료 수동태를 사용하여 과거에 청소된 방이 현재까지 그대로 청소되어 있는 상태로 잘못 묘사하였으므로 오답입니다.

(B) [○] is being cleaned라는 현재 진행 수동태를 사용하여 방이 청소되고 있는 현재의 동작을 묘사하였으므로 정답입니다.

05 [3번] 영국식 발음

(A) The grass is being watered.

(B) The grass has been watered.

(A) 잔디에 물이 뿌려지고 있다.
(B) 잔디에 물이 뿌려졌다.

어휘 water[미 wɔ́ːtər, 영 wɔ́ːtə] 물을 주다

해설 (A) [○] is being watered라는 현재 진행 수동태를 사용하여 물이 뿌려지고 있는 현재의 동작을 묘사하였으므로 정답입니다.

(B) [×] has been watered라는 현재 완료 수동태를 사용하여 물이 뿌려졌다고 잘못 묘사하였으므로 오답입니다.

06 [3번] 호주식 발음

(A) A worker is stacking some logs.

(B) Wood has been stacked on the ground.

(A) 작업자가 통나무들을 쌓고 있다.
(B) 나무가 땅 위에 쌓여져 있다.

어휘 stack[stæk] 쌓다   log[미 lɔːg, 영 lɔg] 통나무   wood[wud] 나무

해설 (A) [×] is stacking이라는 현재 진행 시제를 사용하여 현재 통나무를 쌓고 있다고 잘못 묘사하였으므로 오답입니다.

(B) [○] has been stacked라는 현재 완료 수동태를 사용하여 과거에 쌓인 나무가 현재까지 쌓여있는 상태를 묘사하였으므로 정답입니다.

토익 기초

Part 1

Part 2

Part 3

Part 4

해커스 토익 스타트 Listening

Part 1

3일 사람 중심 사진

Course 1 한 사람 사진					p.58
01 (A)	02 (B)	03 (A)	04 (B), (C)	05 (C), (D)	06 (A), (D)

01 🎧 미국식 발음 → 호주식 발음 → 영국식 발음

(A) He is using a tool.
(B) He is working outdoors.

(A) 그는 공구를 사용하고 있다.
(B) 그는 야외에서 일하고 있다.

어휘　use[juːz] 사용하다　tool[tuːl] 공구　work[미 wəːrk, 영 wəːk] 일하다　outdoors[미 àutdɔ́ːrz, 영 àutdɔ́ːz] 야외에서

해설　(A) [○] 남자가 공구를 사용하고 있는 모습을 정확히 묘사하였으므로 정답입니다.
　　　(B) [×] 남자가 실내에서 일하고 있으므로 working outdoors(야외에서 일하고 있다)는 잘못된 묘사입니다.

Possible Answer　He is holding a drill. 그는 드릴을 들고 있다.

02 🎧 호주식 발음 → 영국식 발음 → 미국식 발음

(A) He is turning a page.
(B) He is operating a machine.

(A) 그는 종이를 넘기고 있다.
(B) 그는 기계를 작동하고 있다.

어휘　turn[미 təːrn, 영 təːn] 넘기다　operate[미 ́ɑːpərèit, 영 ́ɔpəreit] 작동하다　machine[məʃíːn] 기계

해설　(A) [×] 남자가 복사를 하고 있으므로 turning a page(종이를 넘기고 있다)는 잘못된 묘사입니다.
　　　(B) [○] 남자가 기계를 작동하고 있는 모습을 정확히 묘사하였으므로 정답입니다.

Possible Answers　He is standing in front of a photocopier. 그는 복사기 앞에 서 있다.
　　　　　　　　　He is holding the cover of the machine. 그는 기계의 덮개를 잡고 있다.

03 🎧 영국식 발음 → 호주식 발음 → 미국식 발음

(A) She is reading a book.
(B) She is walking into a library.

(A) 그녀는 책을 읽고 있다.
(B) 그녀는 도서관으로 걸어 들어가고 있다.

어휘　library[미 láibrèri, 영 láibrəri] 도서관

해설　(A) [○] 여자가 책을 읽고 있는 모습을 정확히 묘사하였으므로 정답입니다.
　　　(B) [×] 여자가 책을 읽고 있으므로 walking into a library(도서관으로 걸어 들어가고 있다)는 잘못된 묘사입니다.

Possible Answer　She is standing near a bookshelf. 그녀는 책장 가까이에 서 있다.

04 🔊 호주식 발음 → 미국식 발음 → 영국식 발음

(A) The woman is cleaning a desk.
(B) The woman is typing on a keyboard.
(C) The woman is using a computer.
(D) The woman is opening a file cabinet.

(A) 여자가 책상을 청소하고 있다.
(B) 여자가 키보드로 타자를 치고 있다.
(C) 여자가 컴퓨터를 사용하고 있다.
(D) 여자가 파일 캐비닛을 열고 있다.

어휘 clean[kli:n] 청소하다, 치우다 type[taip] (키보드를) 치다 cabinet[미 kǽbənit, 영 kǽbinət] 캐비닛, 수납장

해설 (A) [×] 여자가 타자를 치고 있으므로 cleaning a desk(책상을 청소하고 있다)는 잘못된 묘사입니다.
(B) [○] 여자가 타자를 치고 있는 모습을 정확히 묘사하였으므로 정답입니다.
(C) [○] 여자가 컴퓨터를 사용하고 있는 모습을 정확히 묘사하였으므로 정답입니다.
(D) [×] 사진에 파일 캐비닛이 없으므로 사진에 없는 사물을 사용한 오답입니다.

Possible Answer   The woman is working at a table. 여자가 테이블에서 일을 하고 있다.

05 🔊 미국식 발음 → 호주식 발음 → 영국식 발음

(A) He is talking to a colleague.
(B) He is putting a notice on the board.
(C) He is looking at some information on the board.
(D) He is standing near a bulletin board.

(A) 그는 동료에게 이야기하고 있다.
(B) 그는 게시판에 공지를 붙이고 있다.
(C) 그는 게시판의 자료를 보고 있다.
(D) 그는 게시판 근처에 서 있다.

어휘 colleague[미 kάːliːɡ, 영 kɔ́liːɡ] 동료 notice[미 nóutis, 영 nə́utis] 공지 board[미 bɔːrd, 영 bɔːd] 게시판

해설 (A) [×] 사진에 동료가 없으므로 사진에 등장하지 않은 사람을 언급한 오답입니다.
(B) [×] 남자가 게시판을 보고 있으므로 putting a notice on the board(게시판에 공지를 붙이고 있다)는 잘못된 묘사입니다.
(C) [○] 남자가 게시판의 자료를 보고 있는 모습을 정확히 묘사하였으므로 정답입니다.
(D) [○] 남자가 게시판 근처에 서 있는 모습을 정확히 묘사하였으므로 정답입니다.

Possible Answer   He is pointing at a document. 그는 서류를 가리키고 있다.

06 🔊 호주식 발음 → 영국식 발음 → 미국식 발음

(A) The man is working in a laboratory.
(B) The man is taking a picture.
(C) The man is reading a chart.
(D) The man is looking into a microscope.

(A) 남자가 실험실에서 일하고 있다.
(B) 남자가 사진을 찍고 있다.
(C) 남자가 도표를 읽고 있다.
(D) 남자가 현미경을 들여다보고 있다.

어휘 laboratory[미 lǽbərətɔ̀ːri, 영 ləbɔ́rətəri] 실험실 take a picture 사진을 찍다 chart[미 tʃɑːrt, 영 tʃɑːt] 도표, 차트
look into 들여다보다 microscope[미 máikrəskòup, 영 máikrəskəup] 현미경

해설 (A) [○] 남자가 실험실에서 일하고 있는 모습을 정확히 묘사하였으므로 정답입니다.
(B) [×] 남자가 현미경을 들여다보고 있으므로 taking a picture(사진을 찍고 있다)는 잘못된 묘사입니다.
(C) [×] 사진에 도표가 없으므로 사진에 없는 사물을 사용한 오답입니다.
(D) [○] 남자가 현미경을 들여다보고 있는 모습을 정확히 묘사하였으므로 정답입니다.

Possible Answers   The man is wearing a lab coat. 남자가 실험복을 입고 있다.
The man is using some equipment. 남자가 몇몇 장비를 사용하고 있다.

Course 2 여러 사람 사진   p.64

01 (A) **02** (A), (B) **03** (B) **04** (A), (D) **05** (C) **06** (C)

01 🔊 호주식 발음 → 미국식 발음 → 영국식 발음

(A) They are <u>looking at</u> some documents.　　(A) 그들은 몇몇 서류들을 보고 있다.
(B) They are <u>copying</u> some papers.　　　　 (B) 그들은 몇몇 서류를 복사하고 있다.

어휘　document [미 dá:kjumənt, 영 dɔ́kjəmənt] 서류　copy [미 ká:pi, 영 kɔ́pi] 복사하다　paper [미 péipər, 영 péipə] 서류

해설　(A) [○] 사람들이 서류를 보고 있는 모습을 정확히 묘사하였으므로 정답입니다.
　　(B) [×] 사람들이 서류를 보고 있으므로 copying some papers(몇몇 서류를 복사하고 있다)는 잘못된 묘사입니다.

Possible Answer　**They are sitting at a table.** 그들은 테이블에 앉아 있다.

02 🔊 영국식 발음 → 호주식 발음 → 미국식 발음

(A) They are <u>carrying bags</u>.　　(A) 그들은 가방을 메고 있다.
(B) They are <u>facing each other</u>.　(B) 그들은 서로 마주 보고 있다.

어휘　face [feis] 마주 보다　each other 서로

해설　(A) [○] 사람들이 가방을 메고 있는 모습을 정확히 묘사하였으므로 정답입니다.
　　(B) [○] 사람들이 서로 마주 보고 있는 모습을 정확히 묘사하였으므로 정답입니다.

Possible Answer　**They are having a conversation.** 그들은 대화하고 있다.

03 🔊 호주식 발음 → 영국식 발음 → 미국식 발음

(A) Some people are <u>fixing</u> bicycles.　　(A) 몇몇 사람들이 자전거를 고치고 있다.
(B) They are <u>riding along</u> the street.　　(B) 그들은 도로를 따라 자전거를 타고 있다.

어휘　fix [fiks] 고치다　ride [raid] (탈것을) 타다　along [미 əlɔ́:ŋ, 영 əlɔ́ŋ] ~을 따라서　street [stri:t] 도로, 거리

해설　(A) [×] 사람들이 자전거를 타고 있으므로 Some people are fixing bicycles(몇몇 사람들이 자전거를 고치고 있다)는 잘못된 묘사입
　　니다.
　　(B) [○] 사람들이 도로를 따라 자전거를 타고 있는 모습을 정확히 묘사하였으므로 정답입니다.

Possible Answer　**They are wearing helmets.** 그들은 헬멧을 쓰고 있다.

04 🔊 미국식 발음 → 호주식 발음 → 영국식 발음

(A) They are <u>going up</u> the steps.
(B) They are <u>walking</u> on the street.
(C) They are <u>standing</u> by a door.
(D) They are <u>on a stairway</u>.

(A) 그들은 계단을 올라가고 있다.
(B) 그들은 거리를 걷고 있다.
(C) 그들은 문 옆에 서 있다.
(D) 그들은 계단 위에 있다.

어휘 **go up** 올라가다 **stairway** [미 stɛ́ərwèi, 영 stéəwei] 계단

해설 (A) [○] 사람들이 계단을 올라가고 있는 모습을 정확히 묘사하였으므로 정답입니다.
(B) [×] 사람들이 계단을 올라가고 있으므로 walking on the street(거리를 걷고 있다)은 잘못된 묘사입니다.
(C) [×] 사진에 문이 없으므로 사진에 없는 사물을 사용한 오답입니다.
(D) [○] 사람들이 계단 위에 있는 모습을 정확히 묘사하였으므로 정답입니다.

Possible Answer **They are inside a building.** 그들은 건물 안에 있다.

05 🔊 호주식 발음 → 미국식 발음 → 영국식 발음

(A) They are <u>entering</u> a room.
(B) A man is <u>handing out</u> documents.
(C) A man is <u>giving a presentation</u>.
(D) They are <u>raising</u> their hands.

(A) 그들은 방으로 들어가고 있다.
(B) 한 남자가 서류를 나누어주고 있다.
(C) 한 남자가 발표하고 있다.
(D) 그들은 손을 들고 있다.

어휘 **enter** [미 éntər, 영 éntə] 들어가다 **hand out** 나누어주다 **give a presentation** 발표하다 **raise** [reiz] 들다, 올리다

해설 (A) [×] 사람들이 이미 방 안에 있으므로 They are entering a room(그들은 방으로 들어가고 있다)은 잘못된 묘사입니다.
(B) [×] 사진에 서류를 나누어주고 있는 사람이 없으므로 사진에 등장하지 않은 사람을 언급한 오답입니다.
(C) [○] 한 남자가 발표하고 있는 모습을 정확히 묘사하였으므로 정답입니다.
(D) [×] 한 남자만 손을 들고 있으므로 They are raising their hands(그들은 손을 들고 있다)는 잘못된 묘사입니다.

Possible Answer **Some people are taking notes.** 몇몇 사람들이 필기를 하고 있다.

06 🔊 영국식 발음 → 호주식 발음 → 미국식 발음

(A) They are <u>picking up</u> their bags.
(B) A woman is <u>getting up</u>.
(C) The men are <u>shaking hands</u>.
(D) A man is <u>working at a computer</u>.

(A) 그들은 가방을 들어 올리고 있다.
(B) 한 여자가 일어서고 있다.
(C) 남자들이 악수하고 있다.
(D) 한 남자가 컴퓨터 앞에서 일하고 있다.

어휘 **pick up** 들어 올리다, 줍다 **get up** 일어서다 **shake hands** 악수하다

해설 (A) [×] 사진에 가방이 없으므로 사진에 없는 사물을 사용한 오답입니다.
(B) [×] 여자가 앉아 있으므로 A woman is getting up(한 여자가 일어서고 있다)은 잘못된 묘사입니다.
(C) [○] 남자들이 악수하고 있는 모습을 정확히 묘사하였으므로 정답입니다.
(D) [×] 남자들이 악수하고 있으므로 A man is working at a computer(한 남자가 컴퓨터 앞에서 일하고 있다)는 잘못된 묘사입니다.

Possible Answer **They are wearing suits.** 그들은 정장을 입고 있다.
They are sitting around a table. 그들은 테이블 주위에 앉아 있다.

01 🔊 미국식 발음

(A) He is opening a window.
(B) He is examining a document.
(C) He is posting some charts.
(D) He is stacking some papers.

(A) 그는 창문을 열고 있다.
(B) 그는 서류를 검토하고 있다.
(C) 그는 몇몇 도표들을 붙이고 있다.
(D) 그는 몇몇 서류들을 쌓고 있다.

어휘 examine[igzǽmin] 검토하다 post[poust] 붙이다 stack[stæk] 쌓다

해설 (A) [×] 남자가 서류를 검토하고 있으므로 opening a window(창문을 열고 있다)는 잘못된 묘사입니다.
(B) [○] 남자가 서류를 검토하고 있는 모습을 정확히 묘사하였으므로 정답입니다.
(C) [×] 남자가 서류를 검토하고 있으므로 posting some charts(몇몇 도표들을 붙이고 있다)는 잘못된 묘사입니다.
(D) [×] 남자가 서류를 검토하고 있으므로 stacking some papers(몇몇 서류들을 쌓고 있다)는 잘못된 묘사입니다.

Possible Answers He is in front of a computer. 그는 컴퓨터 앞에 있다.
He is sitting at a desk. 그는 책상에 앉아 있다.

02 🔊 호주식 발음

(A) Some people are walking in a park.
(B) Some people are handing out books.
(C) Some people are sitting on the grass.
(D) Some people are studying in a classroom.

(A) 몇몇 사람들이 공원에서 걷고 있다.
(B) 몇몇 사람들이 책을 나누어주고 있다.
(C) 몇몇 사람들이 잔디밭에 앉아 있다.
(D) 몇몇 사람들이 교실에서 공부하고 있다.

어휘 hand out 나누어주다 grass[미 græs, 영 grɑ:s] 잔디 classroom[미 klǽsrù:m, 영 klɑ́:sru:m] 교실

해설 (A) [×] 사람들이 잔디밭에 앉아 있으므로 walking in a park(공원에서 걷고 있다)는 잘못된 묘사입니다.
(B) [×] 사람들이 책을 보고 있으므로 handing out books(책을 나누어주고 있다)는 잘못된 묘사입니다.
(C) [○] 사람들이 잔디밭에 앉아 있는 모습을 정확히 묘사하였으므로 정답입니다.
(D) [×] 사람들이 잔디밭에 앉아 있으므로 studying in a classroom(교실에서 공부하고 있다)은 잘못된 묘사입니다.

Possible Answer Some people are looking at books. 몇몇 사람들이 책을 보고 있다.

03 🔊 영국식 발음

(A) They are repairing a machine.
(B) They are watching TV.
(C) They are organizing the desk.
(D) They are looking at the monitor.

(A) 그들은 기계를 수리하고 있다.
(B) 그들은 TV를 보고 있다.
(C) 그들은 책상을 정리하고 있다.
(D) 그들은 모니터를 보고 있다.

어휘 repair[미 ripέər, 영 ripέə] 수리하다 machine[məʃí:n] 기계 organize[미 ɔ́:rgənàiz, 영 ɔ́:gənaiz] 정리하다
monitor[미 mɑ́:nətər, 영 mɔ́nitə] 모니터

해설 (A) [×] 사람들이 모니터를 보고 있으므로 repairing a machine(기계를 수리하고 있다)은 잘못된 묘사입니다.
(B) [×] 사람들이 모니터를 보고 있으므로 watching TV(TV를 보고 있다)는 잘못된 묘사입니다.
(C) [×] 사람들이 모니터를 보고 있으므로 organizing the desk(책상을 정리하고 있다)는 잘못된 묘사입니다.
(D) [○] 사람들이 모니터를 보고 있는 모습을 정확히 묘사하였으므로 정답입니다.

Possible Answer They are working on a computer. 그들은 컴퓨터로 일을 하고 있다.

04 🎧 미국식 발음

(A) He is fixing a vehicle.
(B) He is changing a tire.
(C) He is moving a car.
(D) He is wearing safety glasses.

(A) 그는 차를 수리하고 있다.
(B) 그는 타이어를 교체하고 있다.
(C) 그는 차를 움직이고 있다.
(D) 그는 보호 안경을 쓰고 있다.

어휘 vehicle [ví:ikl] 차, 탈것 safety glasses 보호 안경

해설 (A) [○] 남자가 차를 수리하고 있는 모습을 정확히 묘사하였으므로 정답입니다.
(B) [×] 남자가 차를 수리하고 있으므로 changing a tire(타이어를 교체하고 있다)는 잘못된 묘사입니다.
(C) [×] 남자가 차를 수리하고 있으므로 moving a car(차를 움직이고 있다)는 잘못된 묘사입니다.
(D) [×] 사진에 보호 안경이 없으므로 사진에 없는 사물을 사용한 오답입니다.

Possible Answer He is examining a vehicle. 그는 차량을 살펴보고 있다.

05 🎧 미국식 발음

(A) The woman is listening to music.
(B) The woman is wearing a hat.
(C) The man is putting products into a bag.
(D) The man is taking off his jacket.

(A) 여자가 음악을 듣고 있다.
(B) 여자가 모자를 쓰고 있다.
(C) 남자가 상품들을 가방에 넣고 있다.
(D) 남자가 재킷을 벗고 있다.

어휘 hat [hæt] 모자 product [prɑ́:dʌkt] 상품 take off 벗다

해설 (A) [×] 여자가 헤드폰을 벗고 있으므로 The woman is listening to music(여자가 음악을 듣고 있다)은 잘못된 묘사입니다.
(B) [○] 여자가 모자를 쓰고 있는 모습을 정확히 묘사하였으므로 정답입니다.
(C) [×] 사진에 가방이 없으므로 사진에 없는 사물을 이용한 오답입니다.
(D) [×] 남자가 재킷을 입고 있으므로 The man is taking off his jacket(남자가 재킷을 벗고 있다)은 잘못된 묘사입니다.

Possible Answer The woman is at the counter. 여자가 계산대에 있다.

06 🎧 호주식 발음

(A) They are moving a piece of furniture.
(B) They are sitting on chairs.
(C) They are packing some boxes.
(D) They are hanging items on a rack.

(A) 그들은 가구 한 점을 나르고 있다.
(B) 그들은 의자에 앉아 있다.
(C) 그들은 몇몇 상자들을 싸고 있다.
(D) 그들은 물건들을 걸이에 걸고 있다.

어휘 furniture [미 fə́:rnitʃər, 영 fə́:nitʃə] 가구 pack [pæk] 싸다 item [áitəm] 물건, 품목 rack [ræk] 걸이

해설 (A) [○] 사람들이 가구 한 점을 나르고 있는 모습을 정확히 묘사하였으므로 정답입니다.
(B) [×] 사람들이 가구를 나르고 있으므로 sitting on chairs(의자에 앉아 있다)는 잘못된 묘사입니다.
(C) [×] 사람들이 가구를 나르고 있으므로 packing some boxes(몇몇 상자들을 싸고 있다)는 잘못된 묘사입니다.
(D) [×] 사진에 걸이가 없으므로 사진에 없는 사물을 사용한 오답입니다.

Possible Answer A man is wearing a cap. 한 남자가 모자를 쓰고 있다.

4일 사물(풍경) 중심 사진

Course 1 사물(풍경) 사진   p.72

01 (B)   **02** (B)   **03** (A)   **04** (A), (B)   **05** (C)   **06** (B)

---

01 🔊 미국식 발음 → 호주식 발음 → 영국식 발음

(A) The pillows are <u>lying</u> on the floor.
(B) The picture is <u>hanging</u> on the wall.

(A) 베개들이 바닥에 놓여 있다.
(B) 그림이 벽에 걸려 있다.

어휘 pillow[미 pílou, 영 píləu] 베개 lie[lai] 놓여 있다 floor[미 flɔːr, 영 flɔː] 바닥 picture[미 píktʃər, 영 píktʃə] 그림
hang[hæŋ] 걸려 있다

해설 (A) [×] 베개들이 침대 위에 놓여 있으므로 The pillows are lying on the floor(베개들이 바닥에 놓여 있다)는 잘못된 묘사입니다.
(B) [○] 그림이 벽에 걸려 있는 모습을 정확히 묘사하였으므로 정답입니다.

Possible Answers   The blanket is on the bed. 담요가 침대 위에 있다.
The lamps are on either side of the bed. 램프들이 침대 양쪽에 있다.

---

02 🔊 호주식 발음 → 영국식 발음 → 미국식 발음

(A) Workers are <u>building a wall</u>.
(B) The building is <u>under construction</u>.

(A) 작업자들이 벽을 짓고 있다.
(B) 건물이 공사 중이다.

어휘 build[bild] (건물을) 짓다 under construction 공사 중인

해설 (A) [×] 사진에 사람이 없으므로 사진에 등장하지 않은 사람을 언급한 오답입니다.
(B) [○] 공사 중인 건물의 상태를 정확히 묘사하였으므로 정답입니다.

Possible Answer   The structure is made of wood. 건물이 나무로 지어졌다.

---

03 🔊 영국식 발음 → 호주식 발음 → 미국식 발음

(A) The buildings <u>overlook the water</u>.
(B) Many people are <u>swimming</u>.

(A) 건물들이 물을 내려다보고 있다.
(B) 많은 사람들이 수영을 하고 있다.

어휘 overlook[미 òuvərlúk, 영 ə̀uvəlúk] 내려다보다

해설 (A) [○] 건물들이 물을 내려다보고 있는 모습을 정확히 묘사하였으므로 정답입니다.
(B) [×] 사진에 사람이 없으므로 사진에 등장하지 않은 사람을 언급한 오답입니다.

Possible Answer   Some buildings are near the water. 몇몇 건물들이 물 근처에 있다.

04 🔊 호주식 발음 → 미국식 발음 → 영국식 발음

(A) Some cars <u>are parked</u> near the buildings.
(B) The vehicles are <u>lined up</u> along the road.
(C) People are <u>entering</u> a building.
(D) A car is <u>passing through</u> an intersection.

(A) 몇몇 차들이 건물들 근처에 주차되어 있다.
(B) 차들이 길을 따라 줄지어 있다.
(C) 사람들이 건물에 들어가고 있다.
(D) 차가 교차로를 통과하고 있다.

어휘 **be lined up** 줄지어 있다 **enter**[미 éntər, 영 éntə] 들어가다 **pass**[미 pæs, 영 pɑːs] 통과하다, 지나가다 **intersection**[미 ìntərsékʃən, 영 ìntəsékʃən] 교차로

해설 (A) [○] 건물들 근처에 주차되어 있는 차들의 위치를 정확히 묘사하였으므로 정답입니다.
(B) [○] 길을 따라 줄지어 있는 차의 모습을 정확히 묘사하였으므로 정답입니다.
(C) [×] 사람들이 길을 걷고 있으므로 People are entering a building(사람들이 건물에 들어가고 있다)은 잘못된 묘사입니다.
(D) [×] 차들이 멈추어 있으므로 A car is passing through an intersection(차가 교차로를 통과하고 있다)은 잘못된 묘사입니다.

Possible Answer　**There are people walking on the sidewalk.** 보도를 걷고 있는 사람들이 있다.

05 🔊 미국식 발음 → 호주식 발음 → 영국식 발음

(A) The shelves are <u>empty</u>.
(B) The workers are <u>putting away</u> some boxes.
(C) Boxes are <u>stacked</u> on shelves.
(D) The boxes <u>have been opened</u>.

(A) 선반들이 비어 있다.
(B) 작업자들이 몇몇 상자들을 치우고 있다.
(C) 상자들이 선반에 쌓여 있다.
(D) 상자들이 열려 있다.

어휘 **shelf**[ʃelf] 선반 **empty**[émpti] 빈 **stack**[stæk] 쌓다

해설 (A) [×] 선반들이 물건들로 가득 차 있으므로 The shelves are empty(선반들이 비어 있다)는 잘못된 묘사입니다.
(B) [×] 사진에 사람이 없으므로 사진에 등장하지 않은 사람을 언급한 오답입니다.
(C) [○] 선반에 쌓여 있는 상자의 모습을 정확히 묘사하였으므로 정답입니다.
(D) [×] 상자들이 닫혀 있으므로 The boxes have been opened(상자들이 열려 있다)는 잘못된 묘사입니다.

Possible Answers　**The shelves are full of boxes.** 선반들이 상자로 가득 차 있다.
　　　　　　　　Some boxes are arranged on shelves. 몇몇 상자들이 선반에 정리되어 있다.

06 🔊 호주식 발음 → 영국식 발음 → 미국식 발음

(A) Guests are <u>sitting</u> on the sofa.
(B) A clock is <u>hanging</u> on the wall.
(C) A door is <u>being opened</u>.
(D) A counter <u>has been covered</u> with documents.

(A) 손님들이 소파에 앉아 있다.
(B) 시계가 벽에 걸려 있다.
(C) 문이 열리고 있다.
(D) 카운터가 서류들로 덮여 있다.

어휘 **guest**[gest] 손님 **clock**[미 klɑːk, 영 klɔk] 시계 **be covered with** ~로 덮여 있다 **document**[미 dáːkjumənt, 영 dɔ́kjəmənt] 서류

해설 (A) [×] 사진에 사람이 없으므로 사진에 등장하지 않은 사람을 언급한 오답입니다.
(B) [○] 시계가 벽에 걸려 있는 모습을 정확히 묘사하였으므로 정답입니다.
(C) [×] 사진에 문이 없으므로 사진에 없는 사물을 사용한 오답입니다.
(D) [×] 사진에 서류가 없으므로 사진에 없는 사물을 사용한 오답입니다.

Possible Answer　**A plant has been placed on the counter.** 식물이 카운터 위에 놓여 있다.

토익 기초

Part 1

Part 2

Part 3

Part 4

해커스 토익 스타트 Listening

01 (A), (B)   **02** (A)   **03** (A)   **04** (B)   **05** (A)   **06** (A), (C)

01 〈♪〉 호주식 발음 → 미국식 발음 → 영국식 발음

(A) The man is working on a vehicle.
(B) A tire is being replaced.

(A) 남자가 차를 수리하고 있다.
(B) 타이어가 교체되고 있다.

> 어휘 vehicle [미 víːikl, 영 víəkl] 차 replace [ripléis] 교체하다

> 해설 (A) [○] 남자가 차를 수리하고 있는 모습을 정확히 묘사하였으므로 정답입니다.
>   (B) [○] 타이어가 교체되고 있는 모습을 정확히 묘사하였으므로 정답입니다.

Possible Answer   A wheel is lying on the ground. 바퀴 한 개가 땅에 놓여 있다.

02 〈♪〉 영국식 발음 → 호주식 발음 → 미국식 발음

(A) The woman is waiting on the platform.
(B) A train is entering the station.

(A) 여자가 승강장에서 기다리고 있다.
(B) 기차가 역으로 들어오고 있다.

> 어휘 platform [미 plǽtfɔːrm, 영 plǽtfɔːm] 승강장 enter [미 éntər, 영 éntə] 들어오다

> 해설 (A) [○] 여자가 승강장에서 기다리고 있는 모습을 정확히 묘사하였으므로 정답입니다.
>   (B) [×] 사진에 기차가 없으므로 사진에 없는 사물을 사용한 오답입니다.

Possible Answer   The tracks are empty. 선로들이 비어 있다.

03 〈♪〉 호주식 발음 → 영국식 발음 → 미국식 발음

(A) He is packing a suitcase.
(B) A window is being opened.

(A) 그는 여행 가방을 싸고 있다.
(B) 창문이 열리고 있다.

> 어휘 pack [pæk] 짐을 싸다 suitcase [미 súːtkèis, 영 súːtkeis] 여행 가방

> 해설 (A) [○] 남자가 여행 가방을 싸고 있는 모습을 정확히 묘사하였으므로 정답입니다.
>   (B) [×] 사진에 창문이 없으므로 사진에 없는 사물을 사용한 오답입니다.

Possible Answer   The suitcase is on the sofa. 여행 가방이 소파 위에 있다.

🔊 미국식 발음 → 호주식 발음 → 영국식 발음

(A) People are clearing the table.
(B) Wine is being poured into a glass.
(C) A man is passing a plate.
(D) The food has been laid out.

(A) 사람들이 테이블을 치우고 있다.
(B) 와인이 잔에 따라지고 있다.
(C) 한 남자가 접시를 건네주고 있다.
(D) 음식이 놓여져 있다.

어휘 clear[미 kliər, 영 kliə] 치우다; 맑은 plate[pleit] 접시

해설 (A) [×] 사진에 테이블을 치우고 있는 사람들이 없으므로 People are clearing the table(사람들이 테이블을 치우고 있다)은 잘못된 묘사입니다.
(B) [○] 와인이 잔에 따라지고 있는 모습을 정확히 묘사하였으므로 정답입니다.
(C) [×] 남자가 와인을 따르고 있으므로 A man is passing a plate(한 남자가 접시를 건네주고 있다)는 잘못된 묘사입니다.
(D) [×] 사진에 음식이 없으므로 사진에 없는 사물을 사용한 오답입니다.

Possible Answer The women are sitting at a table. 여자들이 테이블에 앉아 있다.

05

🔊 호주식 발음 → 미국식 발음 → 영국식 발음

(A) Some people are crossing the street.
(B) A woman is parking a truck.
(C) A man is directing traffic.
(D) Some people are waiting on the sidewalk.

(A) 몇몇 사람들이 길을 건너고 있다.
(B) 한 여자가 트럭을 주차하고 있다.
(C) 한 남자가 교통정리를 하고 있다.
(D) 몇몇 사람들이 인도에서 기다리고 있다.

어휘 cross[미 krɔːs, 영 krɔs] 건너다 park[미 pɑːrk, 영 pɑːk] 주차하다 direct traffic 교통정리를 하다
sidewalk[미 sáidwɔ̀ːk, 영 sáidwɔːk] 인도

해설 (A) [○] 사람들이 길을 건너고 있는 모습을 정확히 묘사하였으므로 정답입니다.
(B) [×] 사진에 트럭이 없으므로 사진에 없는 사물을 사용한 오답입니다.
(C) [×] 사진에 교통정리를 하고 있는 남자가 없으므로 A man is directing traffic(한 남자가 교통정리를 하고 있다)은 잘못된 묘사입니다.
(D) [×] 사람들이 길을 건너고 있으므로 Some people are waiting on the sidewalk(몇몇 사람들이 인도에서 기다리고 있다)는 잘못된 묘사입니다.

Possible Answer A man is riding a bicycle. 한 남자가 자전거를 타고 있다.

🔊 영국식 발음 → 호주식 발음 → 미국식 발음

(A) The women are looking at shoes.
(B) The products are being put into a bag.
(C) Merchandise is behind the glass.
(D) Customers are paying for their purchases.

(A) 여자들이 신발을 보고 있다.
(B) 상품들이 봉투에 넣어지고 있다.
(C) 상품이 유리 뒤에 있다.
(D) 고객들이 구입물의 값을 지불하고 있다.

어휘 merchandise[미 mə́ːrtʃəndàiz, 영 mə́ːtʃəndais] 상품 customer[미 kʌ́stəmər, 영 kʌ́stəmə] 고객
purchase[미 pə́ːrtʃəs, 영 pə́ːtʃəs] 구입물; 구입하다

해설 (A) [○] 여자들이 신발을 보고 있는 모습을 정확히 묘사하였으므로 정답입니다.
(B) [×] 사진에 상품을 봉투에 넣고 있는 사람이 없으므로 The products are being put into a bag(상품들이 봉투에 넣어지고 있다)은 잘못된 묘사입니다.
(C) [○] 상품이 유리 뒤에 있는 모습을 정확히 묘사하였으므로 정답입니다.
(D) [×] 고객들이 상품을 보고 있으므로 Customers are paying for their purchases(고객들이 구입물의 값을 지불하고 있다)는 잘못된 묘사입니다.

Possible Answers The women are holding bags. 여자들이 가방을 들고 있다.
The women are shopping at a mall. 여자들이 쇼핑몰에서 쇼핑하고 있다.

토익 기초 · Part 1 · Part 2 · Part 3 · Part 4 · 해커스 토익 스타트 Listening

4일 실전 문제

p.80

01 (B) **02** (A) **03** (B) **04** (B) **05** (C) **06** (B)

01 🔊 호주식 발음

(A) The man is making a purchase.
(B) There is merchandise on the shelves.
(C) Boxes are being closed.
(D) The man is putting food in a cart.

(A) 남자가 물건을 구매하고 있다.
(B) 선반 위에 상품이 있다.
(C) 상자들이 닫히고 있다.
(D) 남자가 카트에 식품을 담고 있다.

어휘 make a purchase (물건을) 구매하다 cart[미 kɑːrt, 영 kɑːt] 카트, 손수레

해설 (A) [×] 남자가 상품을 고르고 있으므로 The man is making a purchase(남자가 물건을 구매하고 있다)는 잘못된 묘사입니다.
(B) [○] 선반 위에 있는 상품의 위치를 정확히 묘사하였으므로 정답입니다.
(C) [×] 상자들을 닫고 있는 사람이 없으므로 Boxes are being closed(상자들이 닫히고 있다)는 잘못된 묘사입니다.
(D) [×] 남자가 상품을 고르고 있으므로 The man is putting food in a cart(남자가 카트에 식품을 담고 있다)는 잘못된 묘사입니다.

Possible Answer **The man is selecting a product.** 남자가 상품을 고르고 있다.

02 🔊 미국식 발음

(A) People are crossing the road.
(B) Lines are being painted on the road.
(C) People are waiting at the traffic light.
(D) The sidewalk is being paved.

(A) 사람들이 길을 건너고 있다.
(B) 선들이 도로에 그려지고 있다.
(C) 사람들이 신호등에서 기다리고 있다.
(D) 인도가 포장되고 있다.

어휘 road[roud] 길, 도로 traffic light 신호등 pave[peiv] (길을) 포장하다

해설 (A) [○] 사람들이 길을 건너고 있는 모습을 정확히 묘사하였으므로 정답입니다.
(B) [×] 선들이 도로에 그려지고 있는 중이 아니므로 Lines are being painted on the road(선들이 도로에 그려지고 있다)는 잘못된 묘사입니다.
(C) [×] 사람들이 길을 건너고 있으므로 People are waiting at the traffic light(사람들이 신호등에서 기다리고 있다)는 잘못된 묘사입니다.
(D) [×] 인도가 포장되고 있는 중이 아니므로 The sidewalk is being paved(인도가 포장되고 있다)는 잘못된 묘사입니다.

Possible Answer **Some vehicles are driving down the street.** 몇몇 차량들이 거리를 따라 달리고 있다.

03 🔊 미국식 발음

(A) The waitress is placing food onto dishes.
(B) Dishes of food have been set on the table.
(C) Plates are stacked on the counter.
(D) The people are wearing glasses.

(A) 웨이트리스가 접시에 음식을 담고 있다.
(B) 음식이 담긴 접시들이 테이블 위에 차려져 있다.
(C) 접시들이 조리대 위에 쌓여 있다.
(D) 사람들이 안경을 쓰고 있다.

어휘 set[set] 차리다 stack[stæk] 쌓다 counter[kɑ́untər] (주방의) 조리대, 계산대

해설 (A) [×] 웨이트리스가 접시를 테이블 위에 올려놓고 있으므로 The waitress is placing food onto dishes(웨이트리스가 접시에 음식을 담고 있다)는 잘못된 묘사입니다.
(B) [○] 음식이 담긴 접시들이 테이블 위에 차려져 있는 모습을 정확히 묘사하였으므로 정답입니다.
(C) [×] 사진에 조리대가 없으므로 사진에 없는 사물을 사용한 오답입니다.
(D) [×] 사진에 안경을 쓰고 있는 사람이 없으므로 사진에 등장하지 않은 사람을 언급한 오답입니다.

Possible Answer **Some people are sitting at a table.** 몇몇 사람들이 테이블에 앉아 있다.

04

(A) Furniture is being rearranged.
(B) A carpet has been placed on the floor.
(C) Some boxes are between the chairs.
(D) Some windows are being opened.

(A) 가구가 재배열되고 있다.
(B) 카펫이 바닥에 놓여져 있다.
(C) 몇몇 상자들이 의자들 사이에 있다.
(D) 몇몇 창문들이 열리고 있다.

어휘 furniture [미 fə́:rnitʃər, 영 fə́:nitʃə] 가구 rearrange [rì:əréindʒ] 재배열하다 carpet [미 ká:rpit, 영 ká:pit] 카펫

해설 (A) [×] 가구들이 재배열되고 있는 중이 아니므로 Furniture is being rearranged(가구들이 재배열되고 있다)는 잘못된 묘사입니다.
(B) [○] 카펫이 바닥에 놓여져 있는 모습을 정확히 묘사하였으므로 정답입니다.
(C) [×] 사진에 상자들이 없으므로 사진에 없는 사물을 사용한 오답입니다.
(D) [×] 창문들이 열리고 있는 중이 아니므로 Some windows are being opened(몇몇 창문들이 열리고 있다)는 잘못된 묘사입니다.

Possible Answers Some lamps are behind the sofa. 몇몇 램프들이 소파 뒤에 있다.
A fireplace is near some windows. 벽난로가 창문 근처에 있다.

05

(A) The woman is watering some plants.
(B) Flowers are being arranged in a pot.
(C) The woman is pushing a wheelbarrow.
(D) Some trees are being planted.

(A) 여자가 몇몇 식물들에 물을 주고 있다.
(B) 꽃들이 화분에 정돈되고 있다.
(C) 여자가 수레를 밀고 있다.
(D) 몇몇 나무들이 심어지고 있다.

어휘 water [미 wɔ́:tər, 영 wɔ́:tə] 물을 주다 plant [미 plænt, 영 plɑ:nt] 식물; 심다 push [puʃ] 밀다
wheelbarrow [미 wí:lbæ̀rou, 영 wí:lbæ̀rəu] 수레

해설 (A) [×] 여자가 수레를 밀고 있으므로 The woman is watering some plants(여자가 몇몇 식물들에 물을 주고 있다)는 잘못된 묘사입니다.
(B) [×] 사진에 화분이 없으므로 사진에 없는 사물을 사용한 오답입니다.
(C) [○] 여자가 수레를 밀고 있는 모습을 정확히 묘사하였으므로 정답입니다.
(D) [×] 나무들이 심어지고 있는 중이 아니므로 Some trees are being planted(몇몇 나무들이 심어지고 있다)는 잘못된 묘사입니다.

Possible Answer Some items have been placed in a wheelbarrow. 몇몇 물건들이 수레 안에 놓여 있다.

06

(A) Buildings are being painted.
(B) There is a bridge over the water.
(C) Ships are being tied to a dock.
(D) The bridge has many vehicles on it.

(A) 건물들이 페인트칠 되고 있다.
(B) 물 위에 다리가 있다.
(C) 배들이 부두에 묶여지고 있다.
(D) 다리 위에 차들이 많이 있다.

어휘 ship [ʃip] 배 tie [tai] 묶다 dock [dɑ:k] 부두 vehicle [ví:ikl] 차

해설 (A) [×] 건물들이 페인트칠 되고 있는 중이 아니므로 Buildings are being painted(건물들이 페인트칠 되고 있다)는 잘못된 묘사입니다.
(B) [○] 물 위에 있는 다리의 모습을 정확히 묘사하였으므로 정답입니다.
(C) [×] 배들이 부두에 묶여지고 있는 중이 아니므로 Ships are being tied to a dock(배들이 부두에 묶여지고 있다)은 잘못된 묘사입니다.
(D) [×] 사진에 차가 없으므로 사진에 없는 사물을 사용한 오답입니다.

Possible Answer Boats are passing under the bridge. 배들이 다리 밑을 지나가고 있다.

01 (D)   02 (B)   03 (A)   04 (C)   05 (C)   06 (D)

01 🔊 미국식 발음

(A) He is putting away dishes.
(B) He is using the oven.
(C) He is drinking from a glass.
(D) He is chopping vegetables.

(A) 그는 접시들을 치우고 있다.
(B) 그는 오븐을 사용하고 있다.
(C) 그는 잔에 든 것을 마시고 있다.
(D) 그는 채소를 썰고 있다.

어휘 dish[diʃ] 접시 oven[ʌ́vən] 오븐 chop[tʃɑp] 썰다 vegetable[védʒətəbl] 채소

해설 (A) [×] 남자가 채소를 썰고 있으므로 putting away dishes(접시들을 치우고 있다)는 잘못된 묘사입니다.
    (B) [×] 남자가 채소를 썰고 있으므로 using the oven(오븐을 사용하고 있다)은 잘못된 묘사입니다.
    (C) [×] 남자가 채소를 썰고 있으므로 drinking from a glass(잔에 든 것을 마시고 있다)는 잘못된 묘사입니다.
    (D) [○] 남자가 채소를 썰고 있는 모습을 정확히 묘사하였으므로 정답입니다.

Possible Answer He is working in a kitchen. 그는 주방에서 일하고 있다.

02 🔊 영국식 발음

(A) They are parking their cars.
(B) They are shaking hands.
(C) They are looking at some vehicles.
(D) They are driving down the street.

(A) 그들은 차를 주차하고 있다.
(B) 그들은 악수하고 있다.
(C) 그들은 몇몇 차량들을 보고 있다.
(D) 그들은 길을 따라 운전하고 있다.

어휘 park[미 pɑːrk, 영 pɑːk] 주차하다 shake hands 악수하다 vehicle[미 víːikl, 영 víəkl] 차량 drive[draiv] 운전하다
    street[striːt] 길

해설 (A) [×] 사람들이 차 옆에 서 있으므로 parking their cars(차를 주차하고 있다)는 잘못된 묘사입니다.
    (B) [○] 사람들이 악수하고 있는 모습을 정확히 묘사하였으므로 정답입니다.
    (C) [×] 사람들이 서로 마주 보고 있으므로 looking at some vehicles(몇몇 차량들을 보고 있다)는 잘못된 묘사입니다.
    (D) [×] 사람들이 차 옆에 서 있으므로 driving down the street(길을 따라 운전하고 있다)는 잘못된 묘사입니다.

Possible Answer They are facing each other. 그들은 서로 마주 보고 있다.

03 🔊 미국식 발음

(A) The street is filled with people.
(B) Signs are being hung on posts.
(C) Shoppers are paying for purchases.
(D) Tents are being assembled.

(A) 거리가 사람들로 가득 차 있다.
(B) 표지판들이 기둥에 걸려지고 있다.
(C) 쇼핑객들이 구입한 것의 값을 지불하고 있다.
(D) 천막들이 설치되고 있다.

어휘 sign[sain] 표지판, 간판 post[poust] 기둥 tent[tent] 천막, 텐트 assemble[əsémbl] 설치하다, 조립하다

해설 (A) [○] 거리가 사람들로 가득 차 있는 모습을 정확히 묘사하였으므로 정답입니다.
    (B) [×] 걸려지고 있는 표지판이 없으므로 Signs are being hung on posts(표지판들이 기둥에 걸려지고 있다)는 잘못된 묘사입니다.
    (C) [×] 사람들이 걷고 있으므로 Shoppers are paying for purchases(쇼핑객들이 구입한 것의 값을 지불하고 있다)는 잘못된 묘사입니다.
    (D) [×] 천막들이 이미 설치되어 있으므로 Tents are being assembled(천막들이 설치되고 있다)는 잘못된 묘사입니다.

Possible Answers People are strolling along a street. 사람들이 길을 따라 걷고 있다.
            Banners are hanging from poles. 현수막들이 기둥에 걸려 있다.

04  미국식 발음

(A) She is writing in a notebook.

(B) She is reading some files.

(C) She is sitting in front of a computer.

(D) She is moving the chair.

(A) 그녀는 공책에 쓰고 있다.

(B) 그녀는 몇몇 파일들을 읽고 있다.

(C) 그녀는 컴퓨터 앞에 앉아 있다.

(D) 그녀는 의자를 옮기고 있다.

어휘 notebook[nóutbùk] 공책

해설 (A) [×] 여자가 펜을 들고만 있으므로 writing in a notebook(공책에 쓰고 있다)은 잘못된 묘사입니다.

(B) [×] 여자가 컴퓨터 근처에 앉아 있으므로 reading some files(몇몇 파일들을 읽고 있다)는 잘못된 묘사입니다.

(C) [○] 여자가 컴퓨터 앞에 앉아 있는 모습을 정확히 묘사하였으므로 정답입니다.

(D) [×] 여자가 의자에 앉아 있으므로 moving the chair(의자를 옮기고 있다)는 잘못된 묘사입니다.

Possible Answer   She is holding a pencil. 그녀는 연필을 들고 있다.

06  미국식 발음

(A) Fruit is being picked from a tree.

(B) Dishes are arranged on a table.

(C) Some produce is on display.

(D) Some boxes are being assembled.

(A) 과일이 나무에서 따지고 있다.

(B) 접시들이 테이블 위에 정리되어 있다.

(C) 몇몇 농산물이 진열되어 있다.

(D) 몇몇 상자들이 조립되고 있다.

어휘 arrange[əréindʒ] 정리하다 produce[prádjuːs] 농산물 on display 진열된 assemble[əsémbl] 조립하다

해설 (A) [×] 과일이 상자 안에 있으므로 Fruit is being picked from a tree(과일이 나무에서 따지고 있다)는 잘못된 묘사입니다.

(B) [×] 사진에 접시가 없으므로 사진에 없는 사물을 사용한 오답입니다.

(C) [○] 농산물이 진열되어 있는 모습을 정확히 묘사하였으므로 정답입니다.

(D) [×] 상자들이 조립되고 있는 중이 아니므로 Some boxes are being assembled(몇몇 상자들이 조립되고 있다)는 잘못된 묘사입니다.

Possible Answer   Some fruit has been arranged in boxes. 몇몇 과일이 상자 안에 정리되어 있다.

06  호주식 발음

(A) A man is serving a beverage.

(B) A woman is leaving the room.

(C) A man is handing out some brochures.

(D) A group is looking at some documents.

(A) 한 남자가 음료를 제공하고 있다.

(B) 한 여자가 방을 떠나고 있다.

(C) 한 남자가 몇몇 소책자들을 나눠주고 있다.

(D) 한 그룹이 몇몇 서류들을 보고 있다.

어휘 serve[미 səːrv, 영 səːv] 제공하다, (상을) 차리다 leave[liːv] 떠나다 hand out ~을 나눠주다
brochure[미 brouʃúər, 영 bróuʃə] 소책자, 팸플릿

해설 (A) [×] 음료를 제공하는 남자가 없으므로 A man is serving a beverage(한 남자가 음료를 제공하고 있다)는 잘못된 묘사입니다.

(B) [×] 사람들이 테이블에 앉아 있으므로 A woman is leaving the room(한 여자가 방을 떠나고 있다)은 잘못된 묘사입니다.

(C) [×] 소책자를 나눠주는 남자가 없으므로 A man is handing out some brochures(한 남자가 몇몇 소책자들을 나눠주고 있다)는 잘못된 묘사입니다.

(D) [○] 한 그룹이 몇몇 서류들을 보고 있는 모습을 정확히 묘사하였으므로 정답입니다.

Possible Answer   The people are seated at a table. 사람들이 테이블에 앉아 있다.

토익 기초

Part 1

Part 2

Part 3

Part 4

해커스 토익 스타트 Listening

Part 2

5일 의문사 의문문 1

Course 1 Who 의문문
p.93

01 (A) **02** (A) **03** (A) **04** (C) **05** (A) **06** (C)

---

01 🔊 미국식 발음 → 영국식 발음　호주식 발음, 영국식 발음

Who will be our new marketing director?	누가 우리의 새로운 마케팅 이사님이 될까요?
(A) Mr. Wilson, I believe.	(A) Mr. Wilson이 될 것 같아요.
(B) Near the supermarket.	(B) 슈퍼마켓 근처에서요.

어휘　director[미 diréktər, 영 dairéktə] 이사　near[미 niər, 영 niə] ~ 근처에

해설　새로운 마케팅 이사가 될 사람이 누구인지를 묻는 Who 의문문입니다.
(A) [○] Mr. Wilson이라는 사람 이름을 사용하여 응답하였으므로 정답입니다.
(B) [×] 질문에서 사용된 marketing과 발음이 일부 같은 supermarket을 사용하여 혼동을 주는 오답입니다.

Possible Answer　**It hasn't been decided yet.** 아직 결정되지 않았어요.

---

02 🔊 영국식 발음 → 미국식 발음　호주식 발음, 미국식 발음

Who reserved the conference room for this morning?	누가 오늘 아침의 회의실을 예약했나요?
(A) The legal department.	(A) 법률 부서요.
(B) At 9 o'clock.	(B) 9시에요.

어휘　reserve[미 rizə́:rv, 영 rizə́:v] 예약하다　conference room 회의실

해설　회의실을 예약한 사람이 누구인지를 묻는 Who 의문문입니다.
(A) [○] The legal department(법률 부서)라는 부서명을 사용하여 응답하였으므로 정답입니다.
(B) [×] 누구인지를 묻는 질문에 At 9 o'clock(9시에)이라는 시점으로 응답하였으므로 오답입니다.

Possible Answer　**Mr. Walden did.** Mr. Walden이 했어요.

---

03 🔊 호주식 발음 → 미국식 발음　영국식 발음, 미국식 발음

Who is installing the new computer equipment?	누가 새 컴퓨터 장비를 설치할 건가요?
(A) Del-Ray Electronics is doing it.	(A) Del-Ray Electronics사가 할 거예요.
(B) In the main work area.	(B) 주요 작업 구역에서요.
(C) That's right.	(C) 맞아요.

어휘　install[instɔ́:l] 설치하다　computer equipment 컴퓨터 장비　area[미 ɛ́əriə, 영 éəriə] 구역, 지역

해설　컴퓨터 장비를 설치할 사람이 누구인지를 묻는 Who 의문문입니다.
(A) [○] Del-Ray Electronics사라는 회사명을 사용하여 응답하였으므로 정답입니다.
(B) [×] 누구인지를 묻는 질문에 In the main work area(주요 작업 구역에서)라는 장소로 응답하였으므로 오답입니다.
(C) [×] 의문사 의문문에 Yes를 대체하는 표현인 That's right(맞아요)으로 응답하였으므로 오답입니다.

Possible Answer　**Larry from the support department.** 지원부의 Larry요.

토익기초

Part 1

Part 2

Part 3

Part 4

해커스 토익 스타트 Listening

04 🔊 영국식 발음 → 미국식 발음 호주식 발음, 미국식 발음

Who is working overtime today?	누가 오늘 초과 근무를 하나요?
(A) No, it's under the desk.	(A) 아니요, 그것은 책상 아래에 있어요.
(B) It's time to leave.	(B) 떠날 시간이에요.
(C) I told them I would.	(C) 제가 할 거라고 말했어요.

어휘 work overtime 초과 근무하다, 야근하다 leave[li:v] 떠나다

해설 초과 근무를 할 사람이 누구인지를 묻는 Who 의문문입니다.
(A) [×] 의문사 의문문에 No로 응답하였으므로 오답입니다.
(B) [×] 질문에서 사용된 overtime과 발음이 일부 같은 time을 사용하여 혼동을 주는 오답입니다.
(C) [○] I 라는 인칭 대명사를 사용하여 내가 한다고 응답하였으므로 정답입니다.

Possible Answer **Tom said he can work late.** Tom이 늦게까지 일할 수 있다고 말했어요.

05 🔊 호주식 발음 → 영국식 발음 미국식 발음, 영국시 발음

Who do you want to speak to?	누구와 통화하고 싶으세요?
(A) I'm trying to reach Richard.	(A) Richard와 연락하고 싶어요.
(B) A long speech.	(B) 긴 연설이요.
(C) I want to take a break.	(C) 휴식을 취하고 싶어요.

어휘 reach[ri:tʃ] (전화 등으로) 연락하다 speech[spi:tʃ] 연설 take a break 휴식을 취하다

해설 통화하고 싶은 사람이 누구인지를 묻는 Who 의문문입니다.
(A) [○] Richard라는 사람 이름을 사용하여 응답하였으므로 정답입니다.
(B) [×] 질문에서 사용된 speak와 발음이 유사한 speech를 사용하여 혼동을 주는 오답입니다.
(C) [×] 질문에서 사용된 want to를 사용하여 혼동을 주는 오답입니다.

Possible Answers **I need to speak with your manager.** 당신의 부장님과 이야기하고 싶어요.
Could I speak with the director, please? 이사님과 이야기할 수 있을까요?

06 🔊 미국식 발음 → 호주식 발음 영국식 발음, 호주식 발음

Who is taking care of the training session today?	누가 오늘 교육을 관리하나요?
(A) I can carry it for you.	(A) 제가 대신 들어드릴게요.
(B) We'll be in the training room.	(B) 우리는 교육장에 있을 거예요.
(C) The supervisor is.	(C) 상사가요.

어휘 take care of 관리하다, 돌보다 training session 교육 carry[kǽri] 들고 가다, 나르다 training room 교육장, 연습실
supervisor[미 súːpərvàizər, 영 súːpəvaizə] 상사, 감독관

해설 교육을 관리할 사람이 누구인지를 묻는 Who 의문문입니다.
(A) [×] 질문에서 사용된 care와 발음이 유사한 carry를 사용하여 혼동을 주는 오답입니다.
(B) [×] 질문에서 사용된 training을 사용하여 혼동을 주는 오답입니다.
(C) [○] supervisor(상사)라는 직책명을 사용하여 응답하였으므로 정답입니다.

Possible Answer **Ask Carol about that.** 그것에 대해서는 Carol에게 물어보세요.

01   미국식 발음 → 미국식 발음   영국식 발음, 호주식 발음

What color will you paint your walls?	무슨 색으로 벽을 칠할 건가요?
(A) I like those colors.	(A) 나는 그 색들이 좋아요.
(B) Something blue would be nice.	(B) 파란색이 좋을 것 같아요.

어휘   paint[peint] 칠하다   wall[wɔːl] 벽

해설   벽을 칠할 색깔을 묻는 What 의문문입니다.
     (A) [×] 질문에서 사용된 color를 사용하여 혼동을 주는 오답입니다.
     (B) [○] blue(파란색)라는 색깔로 응답하였으므로 정답입니다.

Possible Answer   **Maybe white or gray.** 아마도 흰색이나 회색이요.

02   호주식 발음 → 영국식 발음   미국식 발음, 영국식 발음

What time does your flight leave?	당신의 비행기가 몇 시에 떠나죠?
(A) I live in Seoul.	(A) 저는 서울에 살아요.
(B) Around 5 o'clock.	(B) 5시경에요.

어휘   flight[flait] 비행기, 항공(편)   leave[liːv] 떠나다, 출발하다

해설   비행기가 떠나는 시각이 몇 시인지를 묻는 What 의문문입니다.
     (A) [×] 질문에서 사용된 leave와 발음이 유사한 live를 사용하여 혼동을 주는 오답입니다.
     (B) [○] Around 5 o'clock(5시경)이라는 시각으로 응답하였으므로 정답입니다.

Possible Answers   **I'll have to check my itinerary.** 제 여행 일정표를 확인해 봐야 해요.
                     Early tomorrow morning. 내일 아침 일찍이요.

03   미국식 발음 → 영국식 발음   호주식 발음, 영국식 발음

Which restaurant are we meeting at?	어느 식당에서 만날 건가요?
(A) The one on the corner.	(A) 모퉁이에 있는 것이요.
(B) It was delicious.	(B) 그건 맛있었어요.
(C) I don't eat much meat.	(C) 저는 고기를 별로 먹지 않아요.

어휘   restaurant[미 réstərənt, 영 réstrɔnt] 식당

해설   어느 식당에서 만날지를 묻는 Which 의문문입니다.
     (A) [○] The one on the corner(모퉁이에 있는 것)라는 특정 식당으로 응답하였으므로 정답입니다.
     (B) [×] 질문에서 사용된 restaurant(식당)과 내용이 연관된 delicious(맛있는)를 사용하여 혼동을 주는 오답입니다.
     (C) [×] 질문에서 사용된 meeting과 발음이 일부 같은 meat을 사용하여 혼동을 주는 오답입니다.

Possible Answer   **The French restaurant.** 프랑스식 식당이요.

04 🔊 영국식 발음 → 호주식 발음 · 미국식 발음, 호주식 발음

·What is our budget for the project? (A) The projector is broken. (B) They're beginning in March. (C) It's about 20,000 dollars.	그 프로젝트에 대한 우리의 예산이 얼마인가요? (A) 그 프로젝터는 고장 났어요. (B) 그것들은 3월에 시작해요. (C) 약 2만 달러예요.

아휘 budget[bʌ́dʒit] 예산 projector[미 prədʒéktər, 영 prədʒéktə] 프로젝터, 영사기 broken[미 bróukən, 영 bráukən] 고장 난

해설 프로젝트 예산이 얼마인지를 묻는 What 의문문입니다.
(A) [×] 질문에서 사용된 project와 발음이 일부 같은 projector를 사용하여 혼동을 주는 오답입니다.
(B) [×] 예산을 묻는 질문에 in March(3월에)라는 시점으로 응답하였으므로 오답입니다.
(C) [○] 20,000 dollars(2만 달러)라는 금액으로 응답하였으므로 정답입니다.

Possible Answer Let me ask the project manager. 프로젝트 매니저에게 물어볼게요.

05 🔊 미국식 발음 → 미국식 발음 · 영국식 발음, 호주식 발음

What do you think I should wear? (A) She dresses well. (B) In a warehouse. (C) Casual clothing would be fine.	어떤 옷을 입는 게 좋을까요? (A) 그녀는 옷을 잘 입어요. (B) 창고에요. (C) 평상복이 좋을 거예요.

아휘 dress[dres] 입다 warehouse[wέərhàus] 창고 casual clothing 평상복

해설 어떤 옷을 입는 게 좋을지에 대한 의견을 묻는 What 의문문입니다.
(A) [×] 질문에서 사용된 wear(입다)와 내용이 연관된 dresses(입다)를 사용하여 혼동을 주는 오답입니다.
(B) [×] 질문에서 사용된 wear와 발음이 일부 같은 warehouse를 사용하여 혼동을 주는 오답입니다.
(C) [○] Casual clothing would be fine(평상복이 좋을 것이다)이라는 의견으로 응답하였으므로 정답입니다.

Possible Answers You should wear a suit and tie. 정장을 차려입어야 해요.
　　　　　　　　　Probably something comfortable. 아마 편한 옷이요.

06 🔊 미국식 발음 → 호주식 발음 · 영국식 발음, 호주식 발음

What's the weather going to be like this weekend? (A) This week or next week. (B) You will probably need your umbrella. (C) He doesn't like it.	이번 주말 날씨가 어떨까요? (A) 이번 주나 다음 주요. (B) 아마 우산이 필요할 거예요. (C) 그는 그것을 좋아하지 않아요.

아휘 weather[미 wéðər, 영 wéðə] 날씨 probably[미 prá:bəbli, 영 prɔ́bəbli] 아마 umbrella[ʌmbrélə] 우산

해설 주말 날씨를 묻는 What 의문문입니다.
(A) [×] 질문에서 사용된 weekend와 발음이 일부 같은 week를 사용하여 혼동을 주는 오답입니다.
(B) [○] You will probably need your umbrella(아마 우산이 필요할 것이다)라고 간접적으로 비가 올 것임을 나타냈으므로 정답입니다.
(C) [×] 질문에서 사용된 like를 사용하여 혼동을 주는 오답입니다.

Possible Answer It is supposed to rain. 비가 온다고 해요.

5일 실전 문제

01 (C)	02 (A)	03 (B)	04 (A)	05 (C)	06 (A)	07 (C)	08 (B)	09 (B)	10 (C)	11 (A)	12 (A)

01   🔊 미국식 발음 → 미국식 발음

What **is the total** cost?	총 비용이 얼마인가요?
(A) By credit card, please.	(A) 신용카드로 해주세요.
(B) It costs me a lot.	(B) 비용이 많이 들어요.
(C) That will be 12 dollars.	(C) 12달러입니다.

어휘 total[toutl] 총, 전체의   cost[kɔːst] 비용; (비용이 얼마) ~ 들다   credit card 신용카드

해설 총 비용이 얼마인지를 묻는 What 의문문입니다.
(A) [×] 비용을 묻는 질문에 By credit card(신용카드로)라는 방법으로 응답하였으므로 오답입니다.
(B) [×] 질문에서 사용된 cost를 사용하여 혼동을 주는 오답입니다.
(C) [○] 12 dollars(12달러)라는 금액으로 응답하였으므로 정답입니다.

Possible Answer Let me add it up. 제가 합산해 볼게요.

02   🔊 호주식 발음 → 영국식 발음

What **do you** think **of our** new office?	우리의 새 사무실에 대해 어떻게 생각하나요?
(A) It's larger than the old one.	(A) 예전 것보다 더 넓어요.
(B) I don't think so.	(B) 저는 그렇게 생각하지 않아요.
(C) They will open a new branch.	(C) 그들은 새로운 지점을 열 거예요.

어휘 branch[미 bræntʃ, 영 brɑːntʃ] 지점

해설 새 사무실에 대한 의견을 묻는 What 의문문입니다.
(A) [○] It's larger than the old one(예전 것보다 더 넓다)이라는 의견으로 응답하였으므로 정답입니다.
(B) [×] 질문에서 사용된 think를 사용하여 혼동을 주는 오답입니다.
(C) [×] 질문에서 사용된 office(사무실)와 내용이 연관된 branch(지점)를 사용하여 혼동을 주는 오답입니다.

Possible Answer It's narrow, but quite pleasant. 좁지만, 꽤 쾌적해요.

03   🔊 미국식 발음 → 호주식 발음

Which applicant **will you** hire?	어느 지원자를 고용할 건가요?
(A) An application form.	(A) 지원서요.
(B) The one with the striped tie.	(B) 줄무늬가 있는 넥타이를 한 사람이요.
(C) I'll place it higher.	(C) 제가 그것을 더 높은 곳에 둘게요.

어휘 applicant[æplikənt] 지원자   hire[haiər] 고용하다   application form 지원서   tie[tai] 넥타이

해설 어느 지원자를 고용할 것인지를 묻는 Which 의문문입니다.
(A) [×] 질문에서 사용된 applicant와 발음이 일부 같은 application을 사용하여 혼동을 주는 오답입니다.
(B) [○] The one with the striped tie(줄무늬가 있는 넥타이를 한 사람)라는 특정 사람으로 응답하였으므로 정답입니다.
(C) [×] 질문에서 사용된 hire와 발음이 같은 higher를 사용하여 혼동을 주는 오답입니다.

Possible Answers The one from Dallas. 댈러스에서 온 사람이요.
I haven't decided yet. 아직 결정하지 않았어요.

358 무료 토익 학습자료 · 취업정보 제공 Hackers.co.kr

04 🎧 미국식 발음 → 영국식 발음

What type of clothing did you buy?	어떤 종류의 옷을 구입했나요?
(A) Some white T-shirts and a jacket.	(A) 흰 티셔츠 몇 장과 재킷이요.
(B) She can type quickly.	(B) 그녀는 타자를 빨리 칠 수 있어요.
(C) At a department store.	(C) 백화점에서요.

어휘 type[taip] 종류; 타자를 치다 clothing[klóuðiŋ] 옷, 의류 quickly[kwíkli] 빨리

해설 구입한 옷의 종류가 무엇인지를 묻는 What 의문문입니다.
(A) [○] T-shirts and a jacket(티셔츠와 재킷)이라는 옷의 종류로 응답하였으므로 정답입니다.
(B) [×] 질문에서 사용된 type을 사용하여 혼동을 주는 오답입니다.
(C) [×] 질문에서 사용된 buy(사다)와 내용이 연관된 department store(백화점)를 사용하여 혼동을 주는 오답입니다.

Possible Answers **Some shirts and ties for work.** 직장에서 입을 몇 개의 셔츠와 넥타이요.
Just a few things for the beach. 해변에서 입을 몇 가지요.

05 🎧 미국식 발음 → 미국식 발음

Who left a briefcase in the meeting room?	누가 서류 가방을 회의실에 두고 갔나요?
(A) The room is really large.	(A) 그 방은 정말 커요.
(B) In the same place.	(B) 같은 장소에서요.
(C) The manager did.	(C) 부장님이요.

어휘 left[left] 남겨두었다(leave의 과거형); 왼쪽 briefcase[brí:fkèis] 서류 가방 manager[mǽnidʒər] 부장

해설 서류 가방을 두고 간 사람이 누구인지를 묻는 Who 의문문입니다.
(A) [×] 질문에서 사용된 room을 사용하여 혼동을 주는 오답입니다.
(B) [×] In the same place(같은 장소에서)라는 장소로 응답하였으므로 오답입니다.
(C) [○] manager(부장)라는 직책명을 사용하여 응답하였으므로 정답입니다.

Possible Answer **I think Mr. Morgan did.** Mr. Morgan이 그런 것 같아요.

06 🎧 영국식 발음 → 호주식 발음

Who will prepare the budget report?	누가 예산 보고서를 준비할 건가요?
(A) I'll do it tomorrow.	(A) 제가 내일 할 거예요.
(B) From the marketing report.	(B) 마케팅 보고서에서요.
(C) That's expensive.	(C) 비싸네요.

어휘 prepare[미 pripέər, 영 pripéə] 준비하다 expensive[ikspénsiv] 비싼

해설 예산 보고서를 준비할 사람이 누구인지를 묻는 Who 의문문입니다.
(A) [○] I라는 인칭 대명사를 사용하여 I'll do it tomorrow(내가 내일 할 것이다)라고 응답하였으므로 정답입니다.
(B) [×] 질문에서 사용된 report를 사용하여 혼동을 주는 오답입니다.
(C) [×] 질문에서 사용된 budget(예산)과 내용이 연관된 expensive(비싼)를 사용하여 혼동을 주는 오답입니다.

Possible Answers **Probably Tom.** 아마도 Tom이요.
The head of accounting will. 회계부장이 할 거예요.

07 🔊 호주식 발음 → 미국식 발음

What **are you** doing after lunch?	점심 식사 후에 무엇을 하세요?
(A) Chicken salad, please.	(A) 치킨 샐러드 주세요.
(B) No, I'm not hungry.	(B) 아니요, 저는 배고프지 않아요.
(C) I'm working with my supervisor.	(C) 제 상사와 일을 할 거예요.

어휘 hungry [hʌ́ŋgri] 배고픈

해설 점심 식사 후에 할 일이 무엇인지를 묻는 What 의문문입니다.

(A) [×] 질문에서 사용된 lunch(점심 식사)와 내용이 연관된 Chicken salad(치킨 샐러드)를 사용하여 혼동을 주는 오답입니다.
(B) [×] 질문에서 사용된 lunch(점심 식사)와 내용이 연관된 hungry(배고픈)를 사용하여 혼동을 주는 오답입니다.
(C) [○] I'm working(일을 할 것이다)이라고 할 일로 응답하였으므로 정답입니다.

Possible Answer   I have nothing planned. 계획한 것은 없어요.

08 🔊 영국식 발음 → 미국식 발음

What time **does the coffee shop** open?	커피숍이 몇 시에 여나요?
(A) It takes 20 minutes.	(A) 20분이 걸려요.
(B) It opens at 9 A.M.	(B) 오전 9시에 열어요.
(C) Yes, the desserts are excellent.	(C) 네, 후식이 훌륭하네요.

어휘 take [teik] (시간이) 걸리다   dessert [dizə́:rt] 후식

해설 커피숍이 문을 여는 시각을 묻는 What 의문문입니다.

(A) [×] 시각을 묻는 질문에 It takes 20 minutes(20분이 걸린다)라는 소요 시간으로 응답하였으므로 오답입니다.
(B) [○] at 9 A.M.(오전 9시에)이라는 시각으로 응답하였으므로 정답입니다.
(C) [×] 의문사 의문문에 Yes로 응답하였으므로 오답입니다.

Possible Answer   It opens in 10 minutes. 10분 후에 열어요.

09 🔊 미국식 발음 → 미국식 발음

What's the **weather** forecast for tomorrow?	내일 일기예보가 어떤가요?
(A) I wonder whether she likes it or not.	(A) 그녀가 그것을 좋아할지 아닐지 궁금해요.
(B) I heard it's going to rain.	(B) 비가 올 것이라고 들었어요.
(C) Either last week or next week.	(C) 지난주 아니면 다음 주요.

어휘 weather forecast 일기예보   wonder [wʌ́ndər] 궁금하다   whether [wéðər] ~인지 아닌지

해설 내일 날씨를 묻는 What 의문문입니다.

(A) [×] 질문에서 사용된 weather와 발음이 같은 whether를 사용하여 혼동을 주는 오답입니다.
(B) [○] it's going to rain(비가 올 것이다)이라는 날씨로 응답하였으므로 정답입니다.
(C) [×] last week or next week(지난주 아니면 다음 주)라는 시점으로 응답하였으므로 오답입니다.

Possible Answers   The newspaper said it will be sunny. 신문에서는 맑을 거라고 했어요.
The forecast is for sunny skies. 일기예보 상으로는 맑은 날이에요.

10 🔊 영국식 발음 → 호주식 발음

Who can I call about getting an Internet connection?	인터넷 연결을 하려면 누구에게 전화하면 되나요?
(A) Mine is pretty slow, too.	(A) 제 것도 꽤 느려요.
(B) I'll call him regarding the event.	(B) 제가 그 행사에 관해 그에게 전화를 할게요.
(C) Horizon Web is quite good.	(C) Horizon Web사가 꽤 잘 해요.

어휘 connection[kənékʃən] 연결 pretty[príti] 꽤 regarding[미 rigá:rdiŋ, 영 rigá:diŋ] ~에 관하여 quite[kwait] 꽤

해설 인터넷 연결을 하기 위해 전화해야 하는 사람이 누구인지를 묻는 Who 의문문입니다.
(A) [×] 질문에서 사용된 Internet connection(인터넷 연결)과 내용이 연관된 slow(느린)를 사용하여 혼동을 주는 오답입니다.
(B) [×] 질문에서 사용된 call을 사용하여 혼동을 주는 오답입니다.
(C) [○] Horizon Web사라는 회사명을 사용하여 응답하였으므로 정답입니다.

Possible Answers **Contact the technical department.** 기술 부서에 연락해 보세요.
Maybe Ms. Clark will know. 아마 Ms. Clark이 알 거예요.

11 🔊 미국식 발음 → 영국식 발음

What's the name of the restaurant?	그 식당의 이름이 무엇인가요?
(A) I don't remember.	(A) 기억이 나지 않아요.
(B) No, I'm not going to the store.	(B) 아니요, 저는 그 가게에 가지 않을 거예요.
(C) Don't forget my sandwich.	(C) 제 샌드위치를 잊지 마세요.

어휘 remember[미 rimémbər, 영 rimémbə] 기억하다 store[미 stɔːr, 영 stɔː] 가게, 상점 forget[미 fərgét, 영 fəgét] 잊다

해설 식당의 이름이 무엇인지를 묻는 What 의문문입니다.
(A) [○] I don't remember(기억이 나지 않는다)라고 간접적으로 응답하였으므로 정답입니다.
(B) [×] 의문사 의문문에 No로 응답하였으므로 오답입니다.
(C) [×] 질문에서 사용된 restaurant(식당)과 내용이 연관된 sandwich(샌드위치)를 사용하여 혼동을 주는 오답입니다.

Possible Answer **I think it's called Solemio.** Solemio라고 불리는 것 같아요.

12 🔊 미국식 발음 → 호주식 발음

Who fixed the photocopier?	누가 복사기를 고쳤나요?
(A) No one. It's still broken.	(A) 아무도요. 아직 고장 나 있어요.
(B) I can fax the documents to you right away.	(B) 제가 지금 바로 그 문서를 당신에게 팩스로 보낼 수 있어요.
(C) Let me get a copy for you.	(C) 제가 당신을 위해 복사본을 가져다줄게요.

어휘 fix[fiks] 고치다 photocopier[fóutoukàːpiər] 복사기 right away 지금 바로

해설 복사기를 고친 사람이 누구인지를 묻는 Who 의문문입니다.
(A) [○] No one을 사용하여 아무도 고치지 않았다고 응답하였으므로 정답입니다.
(B) [×] 질문에서 사용된 fixed와 발음이 유사한 fax를 사용하여 혼동을 주는 오답입니다.
(C) [×] 질문에서 사용된 photocopier와 발음이 일부 같은 copy를 사용하여 혼동을 주는 오답입니다.

Possible Answer **Mr. Smith from the technical department.** 기술부의 Mr. Smith가요.

토익 기초 Part 1 Part 2 Part 3 Part 4

해커스 토익 스타트 Listening

Course 1 Where 의문문
p.103

01 (B) **02** (A) **03** (C) **04** (C) **05** (B) **06** (C)

01 🔊 호주식 발음 → 영국식 발음 미국식 발음, 영국식 발음

Where do you want to meet tomorrow?	내일 어디서 만나길 원하세요?
(A) He is in a meeting.	(A) 그는 회의 중이에요.
(B) At the café.	(B) 카페에서요.

어휘 tomorrow[미 təmɔ́:rou, 영 təmɔ́rəu] 내일 meeting[mí:tiŋ] 회의

해설 내일 만나기를 원하는 장소가 어디인지를 묻는 Where 의문문입니다.
(A) [×] 질문에서 사용된 meet와 발음이 일부 같은 meeting을 사용하여 혼동을 주는 오답입니다.
(B) [○] At the cafe'(카페에서)라는 장소로 응답하였으므로 정답입니다.

Possible Answers **In my office.** 제 사무실에서요.
Where is most convenient for you? 어디가 가장 편한가요?

02 🔊 미국식 발음 → 미국식 발음 영국식 발음, 호주식 발음

Where does Mr. Kelvin live?	Mr. Kelvin은 어디에 살죠?
(A) In Washington, DC, I think.	(A) 워싱턴 DC에 사는 것 같아요.
(B) This month.	(B) 이번 달이요.

어휘 live[liv] 살다

해설 Mr. Kelvin이 사는 장소가 어디인지를 묻는 Where 의문문입니다.
(A) [○] In Washington, DC(워싱턴 DC에)라는 장소로 응답하였으므로 정답입니다.
(B) [×] 장소를 묻는 질문에 This month(이번 달)라는 시점으로 응답하였으므로 오답입니다.

Possible Answer **Near the park on Adams Street.** Adams가에 위치한 공원 근처에요.

03 🔊 영국식 발음 → 미국식 발음 미국식 발음, 호주식 발음

Where is the restaurant?	식당이 어디에 있나요?
(A) Yes, I'll take a rest.	(A) 네, 저는 쉴 거예요.
(B) That was an excellent meal.	(B) 훌륭한 식사였어요.
(C) Across the street.	(C) 길 건너편에요.

어휘 excellent[éksələnt] 훌륭한

해설 식당의 위치가 어디인지를 묻는 Where 의문문입니다.
(A) [×] 의문사 의문문에 Yes로 응답하였으므로 오답입니다.
(B) [×] 질문에서 사용된 restaurant(식당)과 내용이 연관된 meal(식사)을 사용하여 혼동을 주는 오답입니다.
(C) [○] Across the street(길 건너편에)라는 장소로 응답하였으므로 정답입니다.

Possible Answer **Next to the museum.** 박물관 옆에요.

Where can I get a parking pass?	어디서 주차권을 구할 수 있나요?
(A) I parked already.	(A) 이미 주차했어요.
(B) No, I can't find my car.	(B) 아니요, 제 차를 찾을 수 없어요.
(C) The office on the left.	(C) 왼쪽에 있는 사무실이요.

어휘 **get**[get] 구하다, 얻다 **park**[미 pɑ:rk, 영 pɑ:k] 주차하다

해설 주차권을 구할 수 있는 장소가 어디인지를 묻는 Where 의문문입니다.
(A) [×] 질문에서 사용된 parking과 발음이 일부 같은 parked를 사용하여 혼동을 주는 오답입니다.
(B) [×] 의문사 의문문에 No로 응답하였으므로 오답입니다.
(C) [○] The office on the left(왼쪽에 있는 사무실)라는 장소로 응답하였으므로 정답입니다.

Possible Answers　**At the main entrance.** 정문에서요.
　　　　　　　　　From the security guard. 경비원한테서요.

Where are the application forms?	지원서들이 어디에 있나요?
(A) I'll take the job.	(A) 그 일을 맡을 거예요.
(B) Ms. Gayle has some.	(B) Ms. Gayle이 조금 가지고 있어요.
(C) After lunch.	(C) 점심 이후에요.

어휘 **application form** 지원서

해설 지원서들이 있는 장소가 어디인지를 묻는 Where 의문문입니다.
(A) [×] 질문에서 사용된 application forms(지원서들)와 내용이 연관된 job(일)을 사용하여 혼동을 주는 오답입니다.
(B) [○] Ms. Gayle has some(Ms. Gayle이 조금 가지고 있다)이라고 소지하고 있는 사람 이름으로 응답하였으므로 정답입니다.
(C) [×] 장소를 묻는 질문에 After lunch(점심 이후에)라는 시점으로 응답하였으므로 오답입니다.

Possible Answers　**At the front desk.** 안내 데스크에요.
　　　　　　　　　Go to the administration office. 총무부로 가세요.

Where do you want to go for the holiday?	휴일에 어디에 가고 싶으세요?
(A) Yes, I want to go.	(A) 네, 가고 싶어요.
(B) It's closed due to the holiday.	(B) 휴일이라 문을 닫았어요.
(C) We haven't decided yet.	(C) 아직 결정하지 못했어요.

어휘 **holiday**[미 hɑ́:lədèi, 영 hɔ́lidei] 휴일 **due to** ~라서, ~ 때문에 **decide**[disáid] 결정하다 **yet**[jet] 아직

해설 휴일에 가고 싶은 장소가 어디인지를 묻는 Where 의문문입니다.
(A) [×] 의문사 의문문에 Yes로 응답하였으므로 오답입니다.
(B) [×] 질문에서 사용된 holiday를 사용하여 혼동을 주는 오답입니다.
(C) [○] We haven't decided yet(아직 결정하지 못했다)이라고 간접적으로 응답하였으므로 정답입니다.

Possible Answers　**I'd like to go to Spain.** 스페인에 가고 싶어요.
　　　　　　　　　I'm thinking about Hong Kong. 홍콩을 생각하고 있어요.

Course 2 When 의문문

p.107

01 (A) **02** (B) **03** (A) **04** (C) **05** (B) **06** (A)

---

01 🔊 호주식 발음 → 미국식 발음 미국식 발음, 영국식 발음

When is Mr. Green leaving for Berlin?	Mr. Green이 언제 베를린으로 떠나나요?
(A) At 10 A.M. on Wednesday.	(A) 수요일 오전 10시에요.
(B) I'll take four, please.	(B) 네 개 주세요.

어휘 leave[liːv] 떠나다

해설 Mr. Green이 떠나는 시점이 언제인지를 묻는 When 의문문입니다.
   (A) [○] At 10 A.M. on Wednesday(수요일 오전 10시에)라는 시점으로 응답하였으므로 정답입니다.
   (B) [×] 질문에서 사용된 for와 발음이 유사한 four를 사용하여 혼동을 주는 오답입니다.

Possible Answers **On the first of November.** 11월 1일에요.
   At the end of this week. 이번 주말에요.

---

02 🔊 미국식 발음 → 영국식 발음 호주식 발음, 영국식 발음

When did you start working at this company?	이 회사에서 언제 일하기 시작했나요?
(A) Yes, I worked as an intern.	(A) 네, 저는 인턴 사원으로 일했어요.
(B) About two weeks ago.	(B) 약 2주 전이요.

어휘 company[kʌ́mpəni] 회사 intern[미 intə́ːrn, 영 intə́ːn] 인턴 사원

해설 일을 시작한 시점이 언제인지를 묻는 When 의문문입니다.
   (A) [×] 의문사 의문문에 Yes로 응답하였으므로 오답입니다.
   (B) [○] two weeks ago(2주 전)라는 시점으로 응답하였으므로 정답입니다.

Possible Answer **I've been here for 10 years.** 전 여기서 10년간 일했어요.

---

03 🔊 영국식 발음 → 호주식 발음 미국식 발음, 호주식 발음

When will the new office be ready?	새 사무실이 언제 준비될까요?
(A) In less than a week.	(A) 일주일 안에요.
(B) I don't know him well.	(B) 저는 그를 잘 몰라요.
(C) At the new building.	(C) 새 건물에서요.

어휘 ready[rédi] 준비가 된 less than ~보다 적은

해설 사무실이 준비될 시점이 언제인지를 묻는 When 의문문입니다.
   (A) [○] In less than a week(일주일 안에)라는 시점으로 응답하였으므로 정답입니다.
   (B) [×] 질문에서 사용된 new와 발음이 유사한 know를 사용하여 혼동을 주는 오답입니다.
   (C) [×] 시점을 묻는 질문에 At the new building(새 건물에서)이라는 장소로 응답하였으므로 오답입니다.

Possible Answers **I'll have to ask the construction manager.** 건설 부장님께 여쭤봐야 해요.
   It should be done by the end of the month. 월말까지는 마쳐야 해요.

04 🔊 미국식 발음 → 미국식 발음   호주식 발음, 영국식 발음

When will Lucy call back?	Lucy가 언제 전화를 다시 하기로 했나요?
(A) I haven't called.	(A) 전화하지 못했어요.
(B) Near the entrance.	(B) 입구 근처에요.
(C) In half an hour.	(C) 30분 후에요.

어휘　call back 다시 전화를 하다　entrance[éntrəns] 입구

해설　전화를 다시 하기로 한 시점이 언제인지를 묻는 When 의문문입니다.
　　　(A) [×] 질문에서 사용된 call의 과거형인 called를 사용하여 혼동을 주는 오답입니다.
　　　(B) [×] 시점을 묻는 질문에 Near the entrance(입구 근처에)라는 장소로 응답하였으므로 오답입니다.
　　　(C) [○] In half an hour(30분 후에)라는 시점으로 응답하였으므로 정답입니다.

Possible Answer　Later today. 오늘 늦게요.

05 🔊 호주식 발음 → 미국식 발음   영국식 발음, 미국식 발음

When do you expect the construction to be completed?	공사가 언제 끝날 것으로 예상하나요?
(A) I'll meet him at the airport.	(A) 저는 공항에서 그를 만날 거예요.
(B) By the end of May.	(B) 5월 말쯤에요.
(C) Yes, he is competitive.	(C) 네, 그는 경쟁적이에요.

어휘　expect[ikspékt] 예상하다, 기대하다　construction[kənstrʌ́kʃən] 공사　complete[kəmplíːt] 끝내다, 완성시키다
　　　competitive[kəmpétətiv] 경쟁적인

해설　공사가 끝날 것으로 예상하는 시점이 언제인지를 묻는 When 의문문입니다.
　　　(A) [×] 시점을 묻는 질문에 at the airport(공항에서)라는 장소로 응답하였으므로 오답입니다.
　　　(B) [○] By the end of May(5월 말쯤)라는 시점으로 응답하였으므로 정답입니다.
　　　(C) [×] 의문사 의문문에 Yes로 응답하였으므로 오답입니다.

Possible Answer　It will be finished by the end of the year. 연말에 끝날 거예요.

06 🔊 미국식 발음 → 영국식 발음   호주식 발음, 영국식 발음

When are you interviewing the job applicants?	언제 지원자들을 면접할 건가요?
(A) Probably tomorrow afternoon.	(A) 아마도 내일 오후에요.
(B) For my new job.	(B) 새로운 일을 위해서요.
(C) About 50 dollars.	(C) 50달러 정도요.

어휘　interview[미 íntərvjùː, 영 íntəvjuː] 면접하다　applicant[ǽplikənt] 지원자

해설　지원자들을 면접할 시점이 언제인지를 묻는 When 의문문입니다.
　　　(A) [○] tomorrow afternoon(내일 오후)이라는 시점으로 응답하였으므로 정답입니다.
　　　(B) [×] 질문에서 사용된 job을 사용하여 혼동을 주는 오답입니다.
　　　(C) [×] 시점을 묻는 질문에 About 50 dollars(50달러 정도)라는 금액으로 응답하였으므로 오답입니다.

Possible Answers　Before the end of next week. 다음 주말 전에요.
　　　　　　　　I'll have to check. 확인해봐야 해요.

| 01 (B) | 02 (A) | 03 (B) | 04 (B) | 05 (C) | 06 (A) | 07 (B) | 08 (B) | 09 (C) | 10 (A) | 11 (C) | 12 (A) |

01 🔊 호주식 발음 → 영국식 발음

When **will we** get a raise?	우리 월급이 언제 오를까요?
(A) By 10 percent.	(A) 10퍼센트 정도요.
(B) At the end of the year.	(B) 연말에요.
(C) They raised their hands.	(C) 그들은 손을 들었어요.

어휘   **get a raise** 월급이 오르다   **raise**[reiz] 임금 인상; 들다

해설   월급이 오를 시점이 언제인지를 묻는 When 의문문입니다.
    (A) [×] 시점을 묻는 질문에 10 percent(10퍼센트)라는 정도로 응답하였으므로 오답입니다.
    (B) [○] At the end of the year(연말에)라는 시점으로 응답하였으므로 정답입니다.
    (C) [×] 질문에서 사용된 raise와 발음이 일부 같은 raised를 사용하여 혼동을 주는 오답입니다.

Possible Answer   **Probably next month.** 아마 다음 달일 거에요.

02 🔊 미국식 발음 → 미국식 발음

Where **can I** submit **my** résumé?	제 이력서를 어디에 제출할까요?
(A) At the human resources department.	(A) 인사부에요.
(B) Fax or mail it.	(B) 그것을 팩스나 우편으로 보내세요.
(C) To get a job.	(C) 일자리를 구하기 위해서요.

어휘   **submit**[səbmít] 제출하다   **résumé**[rézuméi] 이력서

해설   이력서를 제출할 장소가 어디인지를 묻는 Where 의문문입니다.
    (A) [○] At the human resources department(인사부에)라는 장소로 응답하였으므로 정답입니다.
    (B) [×] 장소를 묻는 질문에 Fax or mail(팩스나 우편으로 보내다)이라는 수단으로 응답하였으므로 오답입니다.
    (C) [×] 장소를 묻는 질문에 To get a job(일자리를 구하기 위해)이라는 이유로 응답하였으므로 오답입니다.

Possible Answers   **You can give it to the human resources director.** 인사부장님께 드리면 돼요.
                          Leave it with the secretary. 비서에게 남겨주세요.

03 🔊 영국식 발음 → 미국식 발음

When **did Jim** transfer **to** this branch?	Jim이 언제 이 지사로 전근했나요?
(A) In our new branch.	(A) 우리의 새로운 지사에서요.
(B) Two years ago.	(B) 2년 전에요.
(C) They opened a new one.	(C) 그들은 새로운 것을 열었어요.

어휘   **transfer**[미 trǽnsfə:r, 영 trænsfə́:] 전근하다, 이동하다   **branch**[미 bræntʃ, 영 brɑːntʃ] 지사, 지점

해설   Jim이 전근한 시점이 언제인지를 묻는 When 의문문입니다.
    (A) [×] 시점을 묻는 질문에 In our new branch(우리의 새로운 지사에서)라는 장소로 응답하였으므로 오답입니다.
    (B) [○] Two years ago(2년 전)라는 시점으로 응답하였으므로 정답입니다.
    (C) [×] 질문에서 사용된 branch(지사)와 내용이 연관된 opened(열었다)를 사용하여 혼동을 주는 오답입니다.

Possible Answers   **Just last week.** 바로 지난주에요.
                          Soon after John did. John이 전근 온 직후에요.

When **did you** fax the report **to the bank**?	보고서를 언제 팩스로 은행에 보냈나요?
(A) No, I didn't.	(A) 아니요, 저는 하지 않았어요.
(B) It was sent at 9 o'clock.	(B) 9시에 보내졌어요.
(C) He reported the news.	(C) 그가 그 소식을 보고했어요.

어휘 fax[fæks] 팩스로 보내다; 팩스 report[미 ripɔ́ːrt, 영 ripɔ́ːt] 보고서; 보고하다 send[send] 보내다

해설 보고서를 보낸 시점이 언제인지를 묻는 When 의문문입니다.
(A) [×] 의문사 의문문에 No로 응답하였으므로 오답입니다.
(B) [○] at 9 o'clock(9시에)이라는 시점으로 응답하였으므로 정답입니다.
(C) [×] 질문에서 사용된 report와 발음이 일부 같은 reported를 사용하여 혼동을 주는 오답입니다.

Possible Answer **Yesterday afternoon.** 어제 오후에요.

Where **are we** having dinner?	저녁 식사를 어디서 할 건가요?
(A) I have several.	(A) 몇 개 가지고 있어요.
(B) Salad and pizza.	(B) 샐러드와 피자요.
(C) Helen will know.	(C) Helen이 알 거예요.

어휘 several[sévərəl] 몇몇의

해설 저녁을 먹을 장소가 어디인지를 묻는 Where 의문문입니다.
(A) [×] 질문에서 사용된 having과 발음이 일부 같은 have를 사용하여 혼동을 주는 오답입니다.
(B) [×] 질문에서 사용된 dinner(저녁 식사)와 내용이 연관된 Salad and pizza(샐러드와 피자)를 사용하여 혼동을 주는 오답입니다.
(C) [○] Helen will know(Helen이 알 것이다)라고 장소를 알고 있는 사람 이름으로 응답하였으므로 정답입니다.

Possible Answers **At the place across the street.** 길 건너에 있는 곳에서요.
At a Japanese restaurant. 일식당에서요.

When **are we scheduled to** visit the factory?	우리가 언제 공장을 방문하기로 예정되어 있나요?
(A) On Friday morning.	(A) 금요일 아침에요.
(B) In the auditorium.	(B) 강당에서요.
(C) For about two days.	(C) 약 이틀 동안이요.

어휘 be schedule to ~하기로 예정되다 visit[vízit] 방문하다 factory[fǽktəri] 공장 auditorium[미 ɔ̀ːdətɔ́ːriəm, 영 ɔ̀ːditɔ́ːriəm] 강당

해설 공장을 방문할 시점이 언제인지를 묻는 When 의문문입니다.
(A) [○] On Friday morning(금요일 아침에)이라는 시점으로 응답하였으므로 정답입니다.
(B) [×] 시점을 묻는 질문에 In the auditorium(강당에서)이라는 장소로 응답하였으므로 오답입니다.
(C) [×] 시점을 묻는 질문에 For about two days(약 이틀 동안)라는 기간으로 응답하였으므로 오답입니다.

Possible Answer **Not until next week.** 다음 주나 되어서요.

07 🔊 영국식 발음 → 호주식 발음

Where **did James and Eric** have lunch **today?**	James와 Eric은 오늘 어디에서 점심을 먹었나요?
(A) I had lunch with them.	(A) 저는 그들과 함께 점심을 먹었어요.
(B) In the cafeteria.	(B) 구내 식당에서요.
(C) Maybe in one hour.	(C) 아마도 한 시간 뒤에요.

어휘   lunch[lʌntʃ] 점심   cafeteria[kæfətíəriə] 구내 식당

해설   점심을 먹은 장소가 어디인지를 묻는 Where 의문문입니다.
     (A) [×] 질문에서 사용된 lunch를 사용하여 혼동을 주는 오답입니다.
     (B) [○] In the cafeteria(구내 식당에서)라는 장소로 응답하였으므로 정답입니다.
     (C) [×] 장소를 묻는 질문에 in one hour(한 시간 뒤에)라는 시점으로 응답하였으므로 오답입니다.

Possible Answers   At that Italian restaurant. 그 이탈리아 식당에서요.
                     I don't really know. 잘 모르겠어요.

08 🔊 미국식 발음 → 미국식 발음

Where **did you** get the tour schedule?	여행 일정표를 어디에서 구했나요?
(A) No, I have one already.	(A) 아니요, 이미 하나 가지고 있어요.
(B) I got one from the tour guide.	(B) 여행 가이드한테서 하나 얻었어요.
(C) This morning at ten.	(C) 오늘 아침 10시에요.

어휘   schedule[skédʒuːl] 일정표, 일정   tour guide 여행 가이드

해설   여행 일정표를 구한 장소가 어디인지를 묻는 Where 의문문입니다.
     (A) [×] 의문사 의문문에 No로 응답하였으므로 오답입니다.
     (B) [○] I got one from the tour guide(여행 가이드한테서 하나 얻었다)라고 사람으로 응답하였으므로 정답입니다.
     (C) [×] 장소를 묻는 질문에 This morning at ten(오늘 아침 10시에)이라는 시점으로 응답하였으므로 오답입니다.

Possible Answers   At the information desk. 안내 데스크에서요.
                     From the tourism office. 여행사 사무실에서요.

09 🔊 호주식 발음 → 영국식 발음

When **is the** shipment of fabric expected to arrive?	직물 선적이 언제 도착할 예정인가요?
(A) Probably by airmail.	(A) 아마도 항공 우편으로요.
(B) Eighty-nine dollars.	(B) 89달러요.
(C) On the first of July.	(C) 7월 1일에요.

어휘   shipment[ʃípmənt] 선적   fabric[fæbrik] 직물, 천   airmail[미 έərmèil, 영 éəmeil] 항공 우편

해설   선적이 도착할 시점이 언제인지를 묻는 When 의문문입니다.
     (A) [×] 시점을 묻는 질문에 by airmail(항공 우편으로)이라는 수단으로 응답하였으므로 오답입니다.
     (B) [×] 시점을 묻는 질문에 Eighty-nine dollars(89달러)라는 금액으로 응답하였으므로 오답입니다.
     (C) [○] On the first of July(7월 1일에)라는 시점으로 응답하였으므로 정답입니다.

Possible Answer   At the beginning of next month. 다음 달 초에요.

10 🔊 미국식 발음 → 미국식 발음

Where **is the nearest** bank located?	가장 가까운 은행이 어디에 위치해 있나요?
(A) Just across Pope Street.	(A) Pope가 바로 맞은편에요.
(B) I'll meet you in front of the bank.	(B) 당신을 은행 앞에서 만날 거예요.
(C) It takes 30 minutes.	(C) 30분 걸려요.

어휘 **near**[niər] 가까운 **across**[əkrɔ́:s] ~의 맞은편에, 횡단하여 **take**[teik] (비용·시간이) 걸리다

해설 가까운 은행의 위치가 어디인지를 묻는 Where 의문문입니다.
    (A) [○] Just across the Pope street(Pope가 바로 맞은편에)이라는 위치로 응답하였으므로 정답입니다.
    (B) [×] 질문에서 사용된 bank를 사용하여 혼동을 주는 오답입니다.
    (C) [×] 장소를 묻는 질문에 It takes 30 minutes(30분 걸린다)라는 소요 시간으로 응답하였으므로 오답입니다.

Possible Answer   State Bank is just around the corner. State 은행은 모퉁이를 돌면 바로 있어요.

11 🔊 영국식 발음 → 호주식 발음

Where **are we** having **our** product launch?	우리의 제품 출시 행사를 어디에서 열 건가요?
(A) For the cosmetics line.	(A) 화장품에 대한 것이요.
(B) To increase production.	(B) 생산량을 늘리기 위해서요.
(C) We don't know yet.	(C) 저희는 아직 잘 몰라요.

어휘 **product launch** 제품 출시 행사 **cosmetic**[미 kɑːzmétik, 영 kɔzmétik] 화장품 **increase**[inkríːs] 늘리다
    production[prədʌ́kʃən] 생산량

해설 제품 출시 행사를 열 장소가 어디인지를 묻는 Where 의문문입니다.
    (A) [×] 질문에서 사용된 product(제품)와 내용이 연관된 cosmetics line(화장품)을 사용하여 혼동을 주는 오답입니다.
    (B) [×] 질문에서 사용된 product(제품)와 발음이 일부 같은 production(생산량)을 사용하여 혼동을 주는 오답입니다.
    (C) [○] We don't know yet(우리는 아직 잘 모른다)이라고 간접적으로 응답하였으므로 정답입니다.

Possible Answer   At the Davenport Hotel. Davenport 호텔에서요.

12 🔊 미국식 발음 → 호주식 발음

When **were those research** documents sent?	그 연구 문서들이 언제 보내졌나요?
(A) I faxed them to your office yesterday.	(A) 제가 어제 당신 사무실에 팩스로 보냈어요.
(B) I copied the research report.	(B) 저는 그 연구 보고서를 복사했어요.
(C) She already signed them.	(C) 그녀는 이미 그것들에 서명했어요.

어휘 **research**[미 risə́ːrtʃ, 영 risə́ːtʃ] 연구; 연구하다 **fax**[fæks] 팩스로 보내다 **copy**[미 kɑ́ːpi, 영 kɔ́pi] 복사하다

해설 문서가 보내진 시점이 언제인지를 묻는 When 의문문입니다.
    (A) [○] I faxed them to your office yesterday(내가 어제 당신 사무실에 팩스로 보냈다)라는 시점으로 응답하였으므로 정답입니다.
    (B) [×] 질문에서 사용된 research를 사용하여 혼동을 주는 오답입니다.
    (C) [×] 질문에서 사용된 documents(문서)와 내용이 연관된 signed(서명했다)를 사용하여 혼동을 주는 오답입니다.

Possible Answers   Last Friday. 지난주 금요일이에요.
                 I haven't sent them yet. 아직 그것들을 보내지 않았어요.

Course 1 How 의문문   p.113

01 (B)   **02** (B)   **03** (B)   **04** (C)   **05** (B)   **06** (A)

---

01   🔊 미국식 발음 → 미국식 발음   영국식 발음, 호주식 발음

<u>How</u> is Lee <u>getting to</u> the convention center?	Lee는 컨벤션 센터에 어떻게 도착하나요?
(A) On Friday.	(A) 금요일이에요.
(B) He's driving a car.	(B) 그는 차를 타고 갈 거예요.

어휘   **get to** ~에 도착하다

해설   이동 수단을 묻는 How 의문문입니다.

(A) [×] 이동 수단을 묻는 질문에 On Friday(금요일에)라는 시점으로 응답하였으므로 오답입니다.

(B) [○] car(차)라는 이동 수단으로 응답하였으므로 정답입니다.

Possible Answers   **Probably by shuttle.** 아마도 셔틀버스를 타고요.

                                He's taking a train. 그는 기차를 탈 거예요.

---

02   🔊 영국식 발음 → 미국식 발음   미국식 발음, 호주식 발음

<u>How</u> do I <u>turn off</u> the air conditioner?	에어컨을 어떻게 끄나요?
(A) It's hot in this room.	(A) 이 방 안은 더워요.
(B) Press the button at the bottom.	(B) 맨 아래에 있는 버튼을 누르세요.

어휘   **turn off** 끄다   **air conditioner** 에어컨   **button**[bʌtn] 버튼, 단추   **bottom**[bɑ́:təm] 맨 아래

해설   에어컨을 끄는 방법을 묻는 How 의문문입니다.

(A) [×] 질문에서 사용된 air conditioner(에어컨)와 내용이 연관된 hot(더운)을 사용하여 혼동을 주는 오답입니다.

(B) [○] Press the button(버튼을 누르세요)이라는 방법으로 응답하였으므로 정답입니다.

Possible Answer   **Let me look for the switch.** 제가 스위치를 찾아볼게요.

---

03   🔊 미국식 발음 → 미국식 발음   호주식 발음, 영국식 발음

<u>How often</u> does Sara <u>go</u> to the gym?	Sara는 얼마나 자주 체육관에 가나요?
(A) Sure, I'll go with you.	(A) 그럼요, 같이 갈게요.
(B) Every morning.	(B) 매일 아침에요.
(C) To do some exercise.	(C) 운동을 하기 위해서요.

어휘   **gym**[dʒim] 체육관   **exercise**[éksərsàiz] 운동

해설   체육관에 가는 빈도를 묻는 How 의문문입니다.

(A) [×] 의문사 의문문에 Yes를 대체하는 표현인 Sure로 응답하였으므로 오답입니다.

(B) [○] Every morning(매일 아침)이라는 빈도로 응답하였으므로 정답입니다.

(C) [×] 빈도를 묻는 질문에 To do some exercise(운동을 하기 위해서)라는 이유로 응답하였으므로 오답입니다.

Possible Answers   **Not very often.** 그렇게 자주 아니에요.

                                Once a week. 일주일에 한 번이요.

04 **호주식 발음 → 미국식 발음 영국식 발음, 미국식 발음**

<u>How many</u> brochures do you <u>need</u>?	얼마나 많은 소책자들이 필요하나요?
(A) About our products.	(A) 우리 제품들에 대해서요.
(B) Yes, you need to.	(B) 네, 그렇게 해야 해요.
(C) Just a couple.	(C) 두 개만요.

어휘   brochure[미 brouʃúər, 영 brə́uʃə] 소책자   product[prá:dʌkt] 제품, 상품   couple[kʌpl] 두 개, 두 사람

해설   소책자의 수량을 묻는 How 의문문입니다.
    (A) [×] 질문에서 사용된 brochures(소책자들)와 내용이 연관된 products(제품들)를 사용하여 혼동을 주는 오답입니다.
    (B) [×] 의문사 의문문에 Yes로 응답하였으므로 오답입니다.
    (C) [○] a couple(두 개)이라는 수량으로 응답하였으므로 정답입니다.

Possible Answers   Five, please. 다섯 개, 주세요.
                        I'll take two. 두 개 가져갈게요.

05 **미국식 발음 → 호주식 발음 영국식 발음, 호수식 빌름**

<u>How</u> did the <u>safety check</u> <u>go</u>?	안전 점검은 어떻게 되었나요?
(A) It looks dangerous.	(A) 위험해 보여요.
(B) Very well, I think.	(B) 매우 잘된 것 같아요.
(C) About three months ago.	(C) 약 세 달 전에요.

어휘   safety check 안전 점검   dangerous[déindʒərəs] 위험한   ago[미 əgóu, 영 əgə́u] ~ 전에

해설   안전 점검의 진행 상태를 묻는 How 의문문입니다.
    (A) [×] 질문에서 사용된 safety(안전)와 내용이 연관된 dangerous(위험한)를 사용하여 혼동을 주는 오답입니다.
    (B) [○] Very well(매우 잘된)이라는 상태로 응답하였으므로 정답입니다.
    (C) [×] 상태를 묻는 질문에 About three months ago(약 세 달 전에)라는 시점으로 응답하였으므로 오답입니다.

Possible Answer   A few things need repairs. 몇 가지에 수리가 필요해요.

06 **영국식 발음 → 미국식 발음 호주식 발음, 미국식 발음**

<u>How</u> do I <u>sign up</u> for the <u>conference</u>?	회의에 어떻게 등록하나요?
(A) By filling out a form.	(A) 양식을 작성해서요.
(B) Yes, about marketing methods.	(B) 네, 마케팅 방법들에 대해서요.
(C) He is a great designer.	(C) 그는 대단한 디자이너예요.

어휘   sign up 등록하다   conference[미 ká:nfərəns, 영 kɔ́nfərəns] 회의   fill out 작성하다   method[méθəd] 방법

해설   회의에 등록하는 방법을 묻는 How 의문문입니다.
    (A) [○] By filling out a form(양식을 작성해서)이라는 방법으로 응답하였으므로 정답입니다.
    (B) [×] 의문사 의문문에 Yes로 응답하였으므로 오답입니다.
    (C) [×] 질문에서 사용된 sign과 발음이 일부 유사한 designer를 사용하여 혼동을 주는 오답입니다.

Possible Answers   You can do it online. 온라인으로 할 수 있어요.
                      Visit the registration office. 등록 사무실을 방문하세요.

Course 2 Why 의문문

p.117

01 (B)　**02** (A)　**03** (C)　**04** (A)　**05** (A)　**06** (C)

---

01 [音] 미국식 발음 → 호주식 발음　영국식 발음, 호주식 발음

<u>Why</u> are you <u>going</u> to Seoul?	왜 서울에 가세요?
(A) For one week.	(A) 일주일 동안이요.
(B) To meet with clients.	(B) 고객들을 만나기 위해서요.

어휘 **week**[wi:k] 일주일, 주　**client**[kláiənt] 고객, 의뢰인

해설 서울에 가는 이유를 묻는 Why 의문문입니다.
(A) [×] 이유를 묻는 질문에 For one week(일주일 동안)라는 기간으로 응답하였으므로 오답입니다.
(B) [○] To meet with clients(고객들을 만나기 위해)라는 이유로 응답하였으므로 정답입니다.

Possible Answers　**Because there's a workshop.** 워크숍이 있기 때문이에요.
I'm visiting my family. 가족을 방문할 거예요.

---

02 [音] 미국식 발음 → 영국식 발음　호주식 발음, 영국식 발음

<u>Why</u> is it so <u>noisy</u> in the office today?	오늘 사무실이 왜 이렇게 시끄럽죠?
(A) I have no idea.	(A) 모르겠어요.
(B) Yes, a lot.	(B) 네, 무척이요.

어휘 **noisy**[nɔ́izi] 시끄러운

해설 사무실이 시끄러운 이유를 묻는 Why 의문문입니다.
(A) [○] 사무실이 시끄러운 이유를 묻는 질문에 I have no idea(모르겠다)라고 간접적으로 응답하였으므로 정답입니다.
(B) [×] 의문사 의문문에 Yes로 응답하였으므로 오답입니다.

Possible Answer　**The conference room is being renovated.** 회의실을 개조하는 중이에요.

---

03 [音] 호주식 발음 → 미국식 발음　영국식 발음, 미국식 발음

<u>Why</u> did you <u>bring</u> your computer?	왜 컴퓨터를 가져오셨나요?
(A) Yes, I did.	(A) 네, 제가 그랬어요.
(B) That's a good computer.	(B) 그것은 좋은 컴퓨터예요.
(C) We need it for the presentation.	(C) 발표를 위해 필요해요.

어휘 **bring**[briŋ] 가져오다　**presentation**[prì:zentéiʃən] 발표

해설 컴퓨터를 가져온 이유를 묻는 Why 의문문입니다.
(A) [×] 의문사 의문문에 Yes로 응답하였으므로 오답입니다.
(B) [×] 질문에서 사용된 computer를 사용하여 혼동을 주는 오답입니다.
(C) [○] We need it for the presentation(발표를 위해 필요하다)이라는 이유로 응답하였으므로 정답입니다.

Possible Answer　**The one in my office isn't working.** 제 사무실에 있는 것이 작동하지 않아요.

04 🎧 영국식 발음 → 미국식 발음   미국식 발음, 호주식 발음

Why are the lights so bright in the lab?	연구실의 전등들이 왜 이렇게 밝나요?
(A) The scientists need good lighting.	(A) 과학자들은 좋은 조명 장치가 필요해요.
(B) It's the room on the right.	(B) 오른편에 있는 방이에요.
(C) No, it's wrong.	(C) 아니요, 그것은 잘못됐어요.

어휘 light[lait] 전등, 불빛 bright[brait] 밝은 lab[læb] 연구실, 실험실 (= laboratory) lighting[láitiŋ] 조명 장치

해설 전등이 밝은 이유를 묻는 Why 의문문입니다.
(A) [○] The scientists need good lighting(과학자들은 좋은 조명 장치가 필요하다)라는 이유로 응답하였으므로 정답입니다.
(B) [×] 질문에서 사용된 lights와 발음이 유사한 right를 사용하여 혼동을 주는 오답입니다.
(C) [×] 의문사 의문문에 No로 응답하였으므로 오답입니다.

Possible Answer   Because the technician is working on some equipment. 기술자가 몇몇 장비에 작업을 하고 있기 때문이에요.

05 🎧 미국식 발음 → 미국식 발음   호주식 발음, 영국식 발음

Why did the client use a different supplier?	그 고객은 왜 다른 공급업체를 이용했나요?
(A) It was a lot cheaper.	(A) 그 회사가 훨씬 더 저렴했어요.
(B) We don't use much.	(B) 우리는 많이 사용하지 않아요.
(C) We should meet him tomorrow.	(C) 우리는 내일 그를 만나야 해요.

어휘 supplier[미 səpláiər, 영 səpláiə] 공급업체

해설 다른 공급업체를 이용한 이유를 묻는 Why 의문문입니다.
(A) [○] It was a lot cheaper(그 회사가 훨씬 더 저렴했다)라는 이유로 응답하였으므로 정답입니다.
(B) [×] 질문에서 사용된 use를 사용하여 혼동을 주는 오답입니다.
(C) [×] 이유를 묻는 질문에 tomorrow(내일)라는 시점으로 응답하였으므로 오답입니다.

Possible Answers   I'll find out. 제가 알아볼게요.
He thinks our company is too expensive. 그는 우리 회사가 너무 비싸다고 생각해요.

06 🎧 호주식 발음 → 미국식 발음   미국식 발음, 영국식 발음

Why do we have to complete so many reports?	왜 이렇게 많은 보고서들을 끝내야 하죠?
(A) She arrives at noon.	(A) 그녀는 정오에 도착해요.
(B) Yes, very competitive.	(B) 네, 매우 경쟁적이에요.
(C) Because there is a deadline on Tuesday.	(C) 화요일에 마감이 있기 때문이에요.

어휘 complete[kəmplíːt] 끝내다 competitive[kəmpétətiv] 경쟁적인 deadline[dédlàin] 마감

해설 끝내야 할 보고서가 많은 이유를 묻는 Why 의문문입니다.
(A) [×] 이유를 묻는 질문에 at noon(정오에)이라는 시점으로 응답하였으므로 오답입니다.
(B) [×] 질문에서 사용된 complete와 발음이 유사한 competitive를 사용하여 혼동을 주는 오답입니다.
(C) [○] Because there is a deadline(마감이 있기 때문에)이라는 이유로 응답하였으므로 정답입니다.

Possible Answer   The manager needs them for the conference. 부장님이 회의를 위해 그것들을 필요로 하세요.

토익 기초

Part 1

Part 2

Part 3

Part 4

해커스 토익 스타트 Listening

01 (C)	02 (A)	03 (A)	04 (A)	05 (B)	06 (A)	07 (C)	08 (B)	09 (C)	10 (A)	11 (C)	12 (B)

01 [♫] 미국식 발음 → 미국식 발음

How's the weather in Atlanta?	애틀란타의 날씨는 어떤가요?
(A) I'll go another time.	(A) 다음에 갈 거예요.
(B) For three days.	(B) 3일 동안이요.
(C) It's sunny and warm.	(C) 화창하고 따뜻해요.

> **어휘** weather[wéðər] 날씨 sunny[sʌ́ni] 화창한 warm[wɔːrm] 따뜻한

> **해설** 날씨의 상태를 묻는 How 의문문입니다.
> (A) [×] 질문에서 사용된 weather와 발음이 일부 유사한 another를 사용하여 혼동을 주는 오답입니다.
> (B) [×] 상태를 묻는 질문에 For three days(3일 동안)라는 기간으로 응답하였으므로 오답입니다.
> (C) [○] sunny and warm(화창하고 따뜻한)이라는 상태로 응답하였으므로 정답입니다.

Possible Answers   It's still cold. 아직 추워요.
                       It has been raining a lot. 비가 아주 많이 오고 있어요.

02 [♫] 호주식 발음 → 영국식 발음

Why are so many people in the store?	왜 상점에 이렇게 사람이 많죠?
(A) I don't know.	(A) 모르겠어요.
(B) Since this morning.	(B) 오늘 아침부터요.
(C) It's for two people.	(C) 2인용이에요.

> **어휘** since[sins] ~ 부터; ~ 때문에

> **해설** 상점에 사람이 많은 이유를 묻는 Why 의문문입니다.
> (A) [○] 상점에 사람이 많은 이유를 묻는 질문에 I don't know(모르겠다)라고 간접적으로 응답하였으므로 정답입니다.
> (B) [×] 이유를 묻는 질문에 Since this morning(오늘 아침부터)이라는 기간으로 응답하였으므로 오답입니다.
> (C) [×] 질문에서 사용된 people을 사용하여 혼동을 주는 오답입니다.

Possible Answer   There's a big sale. 큰 할인 행사가 있어요.

03 [♫] 미국식 발음 → 호주식 발음

How does Leo commute to work?	Leo는 어떻게 직장에 통근하나요?
(A) He drives his car.	(A) 그는 차를 운전해요.
(B) Yes, he can give you a ride.	(B) 네, 그가 당신을 태워줄 수 있어요.
(C) I prefer my work.	(C) 저는 제 일이 더 좋아요.

> **어휘** commute[kəmjúːt] 통근하다; 통근 work[미 wəːrk, 영 wəːk] 직장, 일 give ~ a ride ~를 태워주다

> **해설** 통근을 하는 이동 수단을 묻는 How 의문문입니다.
> (A) [○] He drives his car(그는 차를 운전한다)라는 이동 수단으로 응답하였으므로 정답입니다.
> (B) [×] 의문사 의문문에 Yes로 응답하였으므로 오답입니다.
> (C) [×] 질문에서 사용된 work를 사용하여 혼동을 주는 오답입니다.

Possible Answers   By taking the subway. 지하철을 타고요.
                       He rides a bicycle. 그는 자전거를 타요.

04 🔊 미국식 발음 → 영국식 발음

Why is the traffic not moving?	왜 교통이 정체되어 있나요?
(A) Maybe there was an accident.	(A) 아마 사고가 있었나 봐요.
(B) It was a good movie.	(B) 그것은 좋은 영화였어요.
(C) No thanks, I'll walk.	(C) 괜찮아요, 걸어갈게요.

어휘 traffic[træfik] 교통 accident[미 æksədənt, 영 æksidənt] 사고

해설 교통이 정체된 이유를 묻는 Why 의문문입니다.
(A) [○] there was an accident(사고가 있었다)라는 이유로 응답하였으므로 정답입니다.
(B) [×] 질문에서 사용된 moving과 발음이 일부 같은 movie를 사용하여 혼동을 주는 오답입니다.
(C) [×] 의문사 의문문에 No로 응답하였으므로 오답입니다.

Possible Answers   There is construction work ahead. 앞에 공사 작업이 있어요.
I'll listen to the traffic report and find out. 교통방송을 듣고 알아볼게요.

05 🔊 호주식 발음 → 미국식 발음

Why did Mr. Bins leave a message with the receptionist?	왜 Mr. Bins가 접수원에게 메시지를 남겼죠?
(A) On Friday at 9 o'clock.	(A) 금요일 9시에요.
(B) To make an appointment.	(B) 약속을 하기 위해서요.
(C) No, I don't need any.	(C) 아뇨, 저는 어떤 것도 필요 없어요.

어휘 leave[li:v] 남기다 receptionist[risépʃənist] 접수원 appointment[əpɔ́intmənt] 약속

해설 메시지를 남긴 이유를 묻는 Why 의문문입니다.
(A) [×] 이유를 묻는 질문에 On Friday at 9 o'clock(금요일 9시에)이라는 시점으로 응답하였으므로 오답입니다.
(B) [○] To make an appointment(약속을 하기 위해)라는 이유로 응답하였으므로 정답입니다.
(C) [×] 의문사 의문문에 No로 응답하였으므로 오답입니다.

Possible Answers   He wants you to call him. 그는 당신이 그에게 전화하길 원하거든요.
There was nobody in your office. 당신의 사무실에 아무도 없었거든요.

06 🔊 영국식 발음 → 미국식 발음

How many chairs do we need?	우리는 몇 개의 의자가 필요하죠?
(A) We only need five.	(A) 다섯 개만 필요해요.
(B) They are behind the desks.	(B) 그것들은 책상들 뒤에 있어요.
(C) Yes, this furniture is new.	(C) 네, 이 가구는 새 것이에요.

어휘 behind[biháind] ~의 뒤에 furniture[fɔ́:rnitʃər] 가구

해설 필요한 의자의 수량이 몇 개인지를 묻는 How 의문문입니다.
(A) [○] five(다섯 개)라는 수량으로 응답하였으므로 정답입니다.
(B) [×] 질문에서 사용된 chairs(의자들)와 내용이 연관된 desks(책상들)를 사용하여 혼동을 주는 오답입니다.
(C) [×] 의문사 의문문에 Yes로 응답하였으므로 오답입니다.

Possible Answer   At least ten more. 적어도 10개가 더 필요해요.

07 🔊 미국식 발음 → 미국식 발음

How do I register for the workshop?	워크숍에 어떻게 등록하나요?
(A) I signed up yesterday.	(A) 저는 어제 등록했어요.
(B) It ends at 6 P.M.	(B) 그것은 오후 6시에 끝나요.
(C) Just fill out this form.	(C) 이 양식만 작성하세요.

어휘　workshop[wɔ́ːrkʃɑ̀ːp] 워크숍　sign up 등록하다　fill out 작성하다　form[fɔːrm] 양식

해설　등록하는 방법을 묻는 How 의문문입니다.
　　(A) [×] 질문에서 사용된 workshop(워크숍)과 내용이 연관된 signed up(등록했다)을 사용하여 혼동을 주는 오답입니다.
　　(B) [×] 방법을 묻는 질문에 at 6 P.M.(오후 6시에)이라는 시점으로 응답하였으므로 오답입니다.
　　(C) [○] fill out this form(양식을 작성하라)이라는 방법으로 응답하였으므로 정답입니다.

Possible Answer　I can help you with that. 제가 그것을 도와드릴 수 있어요.

08 🔊 영국식 발음 → 호주식 발음

Why are you taking the French class?	프랑스어 수업을 왜 듣나요?
(A) Yes, it was helpful.	(A) 네, 도움이 되었어요.
(B) Because I have clients from France.	(B) 프랑스에서 오는 고객들이 있기 때문이에요.
(C) Three times a week.	(C) 일주일에 세 번이요.

어휘　client[kláiənt] 고객

해설　프랑스어 수업을 듣는 이유를 묻는 Why 의문문입니다.
　　(A) [×] 의문사 의문문에 Yes로 응답하였으므로 오답입니다.
　　(B) [○] I have clients from France(프랑스에서 오는 고객들이 있다)라는 이유로 응답하였으므로 정답입니다.
　　(C) [×] 이유를 묻는 질문에 Three times a week(일주일에 세 번)라는 빈도로 응답하였으므로 오답입니다.

Possible Answers　Just for fun. 그저 재미로요.
　　　　　　　　　To communicate with my French staff. 프랑스인 직원과 대화하기 위해서요.

09 🔊 미국식 발음 → 영국식 발음

How did you get to the warehouse so quickly?	창고에 어떻게 그렇게 빨리 갔어요?
(A) Yes, I was early.	(A) 네, 저는 일찍 왔어요.
(B) In thirty minutes.	(B) 30분 후에요.
(C) I took a different route.	(C) 저는 다른 길로 왔어요.

어휘　warehouse[wɛ́ərhàus] 창고　quickly[kwíkli] 빨리　early[미 ɔ́ːrli, 영 ɔ́ːli] 일찍　route[ruːt] 길

해설　창고에 빨리 간 방법을 묻는 How 의문문입니다.
　　(A) [×] 의문사 의문문에 Yes로 응답하였으므로 오답입니다.
　　(B) [×] 방법을 묻는 질문에 In thirty minutes(30분 후에)라는 시점으로 응답하였으므로 오답입니다.
　　(C) [○] I took a different route(나는 다른 길로 왔다)라는 방법으로 응답하였으므로 정답입니다.

Possible Answer　I left early. 일찍 나섰어요.

10 🔊 미국식 발음 → 호주식 발음

Why are shipping fees to Taiwan so high?	왜 대만으로 가는 배송비가 그렇게 비싼가요?
(A) Because it is far away.	(A) 멀기 때문이에요.
(B) It received a low grade.	(B) 그것은 낮은 등급을 받았어요.
(C) Sorry, I'm not free then.	(C) 죄송하지만, 그땐 제가 시간이 없어요.

어휘 fee[fi:] 요금 far away 멀리 떨어진 grade[greid] 등급

해설 배송비가 비싼 이유를 묻는 Why 의문문입니다.
(A) [○] Because it is far away(멀기 때문에)라는 이유로 응답하였으므로 정답입니다.
(B) [×] 질문에서 사용된 high(높은)와 내용이 연관된 low(낮은)를 사용해 혼동을 주는 오답입니다.
(C) [×] 질문에서 사용된 fees와 발음이 유사한 free를 사용하여 혼동을 주는 오답입니다.

Possible Answers **Because gas prices have risen.** 휘발유 가격이 올랐기 때문이에요.
I don't really know. 저는 정말 모르겠어요.

11 🔊 미국식 발음 → 미국식 발음

How long is Andy staying in San Francisco?	Andy는 샌프란시스코에 얼마나 오래 머무나요?
(A) I was with him last time.	(A) 지난번에 그와 함께 있었어요.
(B) Yes, I hope he'll stay longer.	(B) 네, 그가 더 오래 머물렀으면 좋겠어요.
(C) No more than two weeks.	(C) 2주 이상은 아니에요.

어휘 stay[stei] 머무르다 more than ~보다 많이

해설 머무를 기간을 묻는 How 의문문입니다.
(A) [×] 기간을 묻는 질문에 last time(지난번)이라는 시점으로 대답하였으므로 오답입니다.
(B) [×] 의문사 의문문에 Yes로 응답하였으므로 오답입니다.
(C) [○] No more than two weeks(2주 이상은 아니다)라는 기간으로 응답하였으므로 정답입니다.

Possible Answer **He said he'd call and let me know.** 그가 전화해서 제게 알려준다고 말했어요.

12 🔊 영국식 발음 → 호주식 발음

Why was the museum closed the whole week?	박물관이 왜 일주일 내내 문을 닫았나요?
(A) I'm visiting tomorrow.	(A) 내일 방문할 거예요.
(B) It was undergoing renovation.	(B) 수리 중이었어요.
(C) I'm glad the weekend is beginning.	(C) 주말이 시작되어서 기뻐요.

어휘 museum[mjuːzíːəm] 박물관, 미술관 undergo[미 ʌ̀ndərgóu, 영 ʌ̀ndəgə́u] ~을 겪다 renovation[rènəvéiʃən] 수리

해설 박물관이 문을 닫은 이유를 묻는 Why 의문문입니다.
(A) [×] 질문에서 사용된 museum(박물관)과 내용이 연관된 visiting(방문하다)을 사용하여 혼동을 주는 오답입니다.
(B) [○] It was undergoing renovation(수리 중이었다)이라는 이유로 응답하였으므로 정답입니다.
(C) [×] 질문에서 사용된 week와 발음이 일부 같은 weekend를 사용하여 혼동을 주는 오답입니다.

Possible Answers **To prepare for an exhibit.** 전시회를 준비하기 위해서요.
Because of maintenance. 보수 때문에요.

Course 1 일반 의문문

p.123

01 (A) **02** (B) **03** (A) **04** (A) **05** (A) **06** (C)

---

01 🔊 미국식 발음 → 미국식 발음 호주식 발음, 영국식 발음

Have **you** received an invitation?	초대장 받았어요?
(A) Not yet.	(A) 아직이요.
(B) We got a receipt.	(B) 영수증을 받았어요.

어휘 invitation[미 ìnvətéiʃən, 영 ìnvitéiʃən] 초대장, 초대 receipt[risíːt] 영수증

해설 초대장을 받았는지를 묻는 일반 의문문입니다.

(A) [○] 초대장을 받았는지 묻는 질문에 No가 생략된 형태로 Not yet(아직)이라고 부정의 의미로 응답하였으므로 정답입니다.

(B) [×] 질문에서 사용된 received와 발음이 일부 같은 receipt를 사용하여 혼동을 주는 오답입니다.

Possible Answer **Yes, just this morning.** 네, 바로 오늘 아침에요.

---

02 🔊 호주식 발음 → 미국식 발음 영국식 발음, 미국식 발음

Is the document on my desk?	문서가 제 책상 위에 있나요?
(A) I'll copy the papers.	(A) 제가 그 서류를 복사할게요.
(B) Yes, next to the computer.	(B) 네, 컴퓨터 옆에요.

어휘 document[미 dáːkjumənt, 영 dɔ́kjəmənt] 문서 copy[káːpi] 복사하다 paper[péipər] 서류, 종이

해설 문서가 책상 위에 있는지를 묻는 일반 의문문입니다.

(A) [×] 질문에서 사용된 document(문서)와 내용이 연관된 papers(서류)를 사용하여 혼동을 주는 오답입니다.

(B) [○] Yes로 응답한 뒤, next to the computer(컴퓨터 옆에)라고 부연 설명하였으므로 정답입니다.

Possible Answer **No, I put it in your filing cabinet.** 아니요, 제가 당신의 파일 캐비닛에 넣어 놨어요.

---

03 🔊 영국식 발음 → 호주식 발음 미국식 발음, 호주식 발음

Don't **you** need to order some boxes?	몇몇 상자들을 주문해야 하지 않나요?
(A) Yes, I have to do it this afternoon.	(A) 네, 제가 그것을 오늘 오후에 해야 해요.
(B) I ate already.	(B) 저는 이미 먹었어요.
(C) He is moving the boxes.	(C) 그는 상자들을 옮기고 있어요.

어휘 order[미 ɔ́ːrdər, 영 ɔ́ːdə] 주문하다 already[ɔːlrédi] 이미, 벌써

해설 상자를 주문해야 하는지를 묻는 일반 의문문입니다.

(A) [○] Yes로 응답한 뒤, I have to do it this afternoon(나는 그것을 오늘 오후에 해야 한다)이라고 부연 설명하였으므로 정답입니다.

(B) [×] 질문에서 사용된 order(주문하다)와 내용이 연관된 ate(먹었다)을 사용하여 혼동을 주는 오답입니다.

(C) [×] 질문에서 사용된 boxes를 사용하여 혼동을 주는 오답입니다.

Possible Answers **No, I ordered some yesterday.** 아니요, 제가 어제 몇 개 주문했어요.

I think we have enough. 제 생각엔 우리가 충분히 가지고 있는 것 같아요.

04 🔊 미국식 발음 → 미국식 발음　호주식 발음, 영국식 발음

Should I speak with Ms. Lewis about the meeting?

(A) No, she's probably busy.

(B) The meeting was long.

(C) About the agenda.

제가 Ms. Lewis와 회의에 대해서 이야기해야 하나요?

(A) 아니요, 그녀는 아마 바쁠 거예요.

(B) 회의는 길었어요.

(C) 안건에 관해서요.

어휘　probably[prάːbəbli] 아마　busy[bízi] 바쁜　agenda[ədʒéndə] 안건

해설　Ms. Lewis와 회의에 대해서 이야기해야 하는지를 묻는 일반 의문문입니다.

(A) [○] No로 응답한 뒤, she's probably busy(그녀는 아마 바쁠 것이다)라고 부연 설명하였으므로 정답입니다.

(B) [×] 질문에서 사용된 meeting을 사용하여 혼동을 주는 오답입니다.

(C) [×] 질문에서 사용된 meeting(회의)과 내용이 연관된 agenda(안건)를 사용하여 혼동을 주는 오답입니다.

Possible Answers　Yes, you probably should. 네, 그렇게 해야 할 것 같네요.

　　　　　　　　No, you should speak to Mr. Craig. 아니요, Mr. Craig와 이야기해야 해요.

05 🔊 호주식 발음 → 미국식 발음　영국식 발음, 미국식 발음

Do you think these designs are well-planned?

(A) They are very good.

(B) The budget plan.

(C) An interior decorator.

이 디자인들이 잘 설계되었다고 생각하세요?

(A) 매우 괜찮아요.

(B) 예산안이요.

(C) 실내 장식가요.

어휘　well-planned[wélplǽnd] 잘 설계된, 잘 짜여진　budget[bΛdʒit] 예산　interior decorator 실내 장식가

해설　디자인이 잘 설계되었는지를 묻는 일반 의문문입니다.

(A) [○] Yes가 생략된 형태로 They are very good(매우 괜찮다)이라고 긍정의 의미로 응답하였으므로 정답입니다.

(B) [×] 질문에서 사용된 planned와 발음이 일부 같은 plan을 사용하여 혼동을 주는 오답입니다.

(C) [×] 질문에서 사용된 designs(디자인들)와 내용이 연관된 interior decorator(실내 장식가)를 사용하여 혼동을 주는 오답입니다.

Possible Answer　I think they could be better. 그들이 더 잘했을 수 있을 것 같아요.

06 🔊 미국식 발음 → 미국식 발음　호주식 발음, 영국식 발음

Weren't we scheduled to meet at 1 P.M.?

(A) Yes, we have too many.

(B) I met him yesterday.

(C) I believe so.

우리 오후 1시에 만나기로 예정되어 있지 않았나요?

(A) 네, 우리는 너무 많이 갖고 있어요.

(B) 저는 어제 그를 만났어요.

(C) 그런 것 같아요.

어휘　be scheduled to ~하기로 예정되어 있다

해설　오후 1시에 만나기로 예정되어 있었는지를 묻는 일반 의문문입니다.

(A) [×] Yes로 응답하였으나, 약속 시간에 대한 질문과 관련이 없는 we have too many(우리는 너무 많이 갖고 있다)라고 응답하였으므로 오답입니다.

(B) [×] 질문에서 사용된 meet의 과거형인 met을 사용하여 혼동을 주는 오답입니다.

(C) [○] Yes가 생략된 형태로 I believe so(그런 것 같아요)라고 긍정의 의미로 응답하였으므로 정답입니다.

Possible Answer　I thought our appointment was at 2 P.M. 저는 약속이 오후 2시인 줄 알았어요.

토익 기초　Part 1　Part 2　Part 3　Part 4　해커스 토익 스타트 Listening

Course 2 의문사가 포함된 일반 의문문

p.127

01 (A) **02** (A) **03** (C) **04** (A) **05** (B) **06** (A)

---

01 🔊 미국식 발음 → 영국식 발음 호주식 발음, 영국식 발음

Do you know <u>why</u> Sam <u>isn't here</u> <u>yet</u>?	왜 Sam이 여기에 아직 안 왔는지 아세요?
(A) Yes, he's at the dentist's.	(A) 네, 그는 치과에 있어요.
(B) He hasn't done it yet.	(B) 그는 아직 그것을 하지 않았어요.

어휘 yet[jet] 아직 dentist[déntist] 치과 의사

해설 Sam이 오지 않은 이유를 아는지를 묻는 의문사 Why가 포함된 일반 의문문입니다.
(A) [○] Yes로 응답한 뒤, he's at the dentist's(그는 치과에 있다)라고 부연 설명하였으므로 정답입니다.
(B) [×] 질문에서 사용된 yet을 사용하여 혼동을 주는 오답입니다.

Possible Answer **Yes. He called in sick today.** 네. 그는 오늘 아파서 못 온다고 전화했어요.

---

02 🔊 호주식 발음 → 미국식 발음 영국식 발음, 미국식 발음

May I ask you <u>what</u> the <u>problem</u> <u>is</u>?	무엇이 문제인지 물어봐도 될까요?
(A) My computer won't switch on.	(A) 제 컴퓨터가 켜지지 않을 거예요.
(B) I can ask him for you.	(B) 제가 그에게 물어봐드릴 수 있어요.

어휘 problem[미 prά:bləm, 영 prɔ́bləm] 문제 switch on 스위치를 켜다

해설 문제가 무엇인지를 묻는 의문사 What이 포함된 일반 의문문입니다.
(A) [○] My computer won't switch on(내 컴퓨터가 켜지지 않을 것이다)이라는 문제로 응답하였으므로 정답입니다.
(B) [×] 질문에서 사용된 ask를 사용하여 혼동을 주는 오답입니다.

Possible Answer **We're unhappy with our meals.** 우리는 식사가 불만족스러워요.

---

03 🔊 영국식 발음 → 호주식 발음 미국식 발음, 호주식 발음

Have you heard <u>when</u> <u>you'll</u> <u>start working</u>?	언제 일을 시작하게 될지 들었어요?
(A) I walk there every day.	(A) 저는 그곳을 매일 걸어요.
(B) I finish at six.	(B) 6시에 끝나요.
(C) No, I haven't been told.	(C) 아니요, 듣지 못했어요.

어휘 finish[fíniʃ] 끝나다

해설 언제 일을 시작할지 들었는지를 묻는 의문사 When이 포함된 일반 의문문입니다.
(A) [×] 질문에서 사용된 working과 발음이 일부 유사한 walk를 사용하여 혼동을 주는 오답입니다.
(B) [×] 질문에서 사용된 start(시작하다)와 내용이 연관된 finish(끝나다)를 사용하여 혼동을 주는 오답입니다.
(C) [○] No로 응답한 뒤, I haven't been told(듣지 못했다)라고 부연 설명하였으므로 정답입니다.

Possible Answer **I begin tomorrow.** 내일 시작해요.

04 미국식 발음 → 미국식 발음   호주식 발음, 영국식 발음

Do you remember who the guest speaker is?	누가 초청 연사인지 기억나요?
(A) Let me check the program.	(A) 프로그램 표를 확인해 볼게요.
(B) We are both members.	(B) 우리는 둘 다 회원이에요.
(C) I can't hear him either.	(C) 저도 그의 말이 안 들려요.

어휘　remember[미 rimémbər, 영 rimémbə] 기억하다　guest speaker 초청 연사　program[próugræm] 프로그램 표, 계획표
member[mémbər] 회원

해설　초청 연사가 누구인지 기억하는지를 묻는 의문사 Who가 포함된 일반 의문문입니다.
(A) [○] 초청 연사가 누구인지 묻는 질문에 Let me check the program(프로그램 표를 확인해 보겠다)이라고 간접적으로 응답하였으
므로 정답입니다.
(B) [×] 질문에서 사용된 remember와 발음이 일부 같은 member를 사용하여 혼동을 주는 오답입니다.
(C) [×] 질문에서 사용된 speaker(연사)와 내용이 연관된 hear(듣다)를 사용하여 혼동을 주는 오답입니다.

Possible Answer　I believe it's Ms. Colport. Ms. Colport일 거예요.

05 호주식 발음 → 미국식 발음   미국식 발음, 영국식 발음

Do you know where I can find a ruler?	자를 어디서 찾을 수 있는지 아세요?
(A) We don't know each other.	(A) 우린 서로를 몰라요.
(B) On my desk.	(B) 제 책상 위에요.
(C) To the train station.	(C) 기차역으로요.

어휘　ruler[미 rú:lər, 영 rú:lə] 자　each other 서로

해설　자가 있는 장소가 어디인지 아는지를 묻는 의문사 Where가 포함된 일반 의문문입니다.
(A) [×] 질문에서 사용된 know를 사용하여 혼동을 주는 오답입니다.
(B) [○] On my desk(내 책상 위에)라는 위치로 응답하였으므로 정답입니다.
(C) [×] 장소를 묻는 질문에 To the train station(기차역으로)이라는 방향으로 응답하였으므로 오답입니다.

Possible Answers　Get one from the supply closet. 물품 보관실에서 하나 가져오세요.
　　　　　　　　I think the receptionist has one. 접수원이 하나 가지고 있는 것 같아요.

06 미국식 발음 → 영국식 발음   호주식 발음, 영국식 발음

Can you tell me how to use this printer?	이 프린터를 어떻게 사용하는지 알려줄 수 있어요?
(A) Yes, just press that red button.	(A) 네, 그냥 빨간 버튼을 누르면 돼요.
(B) Almost every day.	(B) 거의 매일이요.
(C) It makes color copies.	(C) 컬러 복사를 할 수 있어요.

어휘　printer[미 príntər, 영 príntə] 프린터　press[pres] 누르다

해설　프린터를 어떻게 사용하는지 방법을 묻는 의문사 How가 포함된 일반 의문문입니다.
(A) [○] Yes로 응답한 뒤, press that red button(빨간 버튼을 누르라)이라고 부연 설명하였으므로 정답입니다.
(B) [×] 방법을 묻는 질문에 every day(매일)라는 빈도로 응답하였으므로 오답입니다.
(C) [×] 질문에서 사용된 printer(프린터)와 내용이 연관된 color copies(컬러 복사)를 사용하여 혼동을 주는 오답입니다.

Possible Answer　Sure, do you need help? 물론이죠, 도와드릴까요?

01 (A)	02 (C)	03 (A)	04 (B)	05 (A)	06 (A)	07 (B)	08 (A)	09 (A)	10 (C)	11 (A)	12 (B)

01   🔊 미국식 발음 → 영국식 발음

Didn't **you** go out for dinner **last night**?	지난밤에 저녁을 먹으러 나가지 않았어요?
(A) Yes, the food was delicious.	(A) 네, 음식이 맛있었어요.
(B) It should be over there.	(B) 그것은 저쪽에 있어야 해요.
(C) Dinner is at 7:30 P.M.	(C) 저녁 식사는 7시 30분에 있어요.

어휘   **go out** 나가다, 외출하다   **delicious**[dilíʃəs] 맛있는   **over there** 저쪽에

해설   지난밤에 저녁을 먹으러 나갔는지를 묻는 일반 의문문입니다.

(A) [○] Yes로 응답한 뒤, the food was delicious(음식이 맛있었다)라고 부연 설명하였으므로 정답입니다.

(B) [×] 외식 여부를 묻는 질문과 관련이 없는 It should be over there(그것은 저쪽에 있어야 한다)라고 응답하였으므로 오답입니다.

(C) [×] 질문에서 사용된 dinner를 사용하여 혼동을 주는 오답입니다.

Possible Answer   **No, I stayed at home.** 아니요, 전 집에 있었어요.

02   🔊 호주식 발음 → 미국식 발음

Do you think **Jan has** made a decision?	Jan이 결정을 내렸다고 생각해요?
(A) I'll try to make one.	(A) 내가 하나 만들도록 노력할게요.
(B) I will help you choose.	(B) 고르는 걸 도와줄게요.
(C) She agreed to stay.	(C) 그녀는 머무르는 데 동의했어요.

어휘   **make a decision** 결정을 내리다   **choose**[tʃuːz] 고르다, 선택하다   **agree**[əgríː] 동의하다   **stay**[stei] 머무르다

해설   Jan이 결정을 내렸다고 생각하는지를 묻는 일반 의문문입니다.

(A) [×] 질문에 사용된 made의 현재형인 make를 사용하여 혼동을 주는 오답입니다.

(B) [×] 질문에 사용된 decision(결정)과 내용이 연관된 choose(고르다)를 사용하여 혼동을 주는 오답입니다.

(C) [○] Yes가 생략된 형태로 She agreed to stay(그녀는 머무르는 데 동의했다)라고 응답하였으므로 정답입니다.

Possible Answer   **No, I'll have to ask her.** 아니요, 그녀에게 물어봐야 해요.

03   🔊 미국식 발음 → 미국식 발음

Can you tell me what **today's** workshop is about?	오늘 워크숍이 무엇에 대한 것인지 말해주시겠어요?
(A) Product research.	(A) 제품 조사요.
(B) It ends at six.	(B) 6시에 끝나요.
(C) For the marketing staff.	(C) 마케팅 직원들을 위해서요.

어휘   **workshop**[wə́ːrkʃàːp] 워크숍   **product research** 제품 조사   **staff**[stæf] 직원

해설   워크숍이 무엇에 대한 것인지 말해줄 수 있는지를 묻는 의문사 What이 포함된 일반 의문문입니다.

(A) [○] Product research(제품 조사)라고 워크숍의 주제로 응답하였으므로 정답입니다.

(B) [×] 워크숍이 무엇에 대한 것인지를 묻는 질문에 It ends at six(6시에 끝난다)라는 시점으로 응답하였으므로 오답입니다.

(C) [×] 질문에서 사용된 workshop(워크숍)과 내용이 연관된 marketing(마케팅)을 사용하여 혼동을 주는 오답입니다.

Possible Answers   **Yes, it's about public relations.** 네, 그건 홍보에 대한 거예요.

                        I don't know yet. 저도 아직 몰라요.

04 🎧 영국식 발음 → 호주식 발음

Wasn't **the** other photocopier better **than this?**	다른 복사기가 이것보다 더 좋지 않았나요?
(A) Yes, that's my brother.	(A) 네, 저 사람은 제 형이에요.
(B) No, I think this one is better.	(B) 아니요, 저는 이것이 더 좋다고 생각해요.
(C) He's not very nice.	(C) 그는 별로 친절하지 않아요.

어휘 photocopier[미 fóutoukà:piər, 영 fə́utəukɔ̀piə] 복사기 better[미 bétər, 영 bétə] 더 좋은

해설 다른 복사기가 더 좋지 않은지를 묻는 일반 의문문입니다.
　　(A) [×] Yes로 응답하였으나, 복사기에 대한 의견을 묻는 질문에 my brother(나의 형)라는 사람으로 응답하였으므로 오답입니다.
　　(B) [○] No로 응답한 뒤, this one is better(이것이 더 좋다)라고 부연 설명하였으므로 정답입니다.
　　(C) [×] 질문에서 사용된 better(더 좋은)와 내용이 연관된 nice(친절한, 좋은)를 사용하여 혼동을 주는 오답입니다.

Possible Answers　I think you're right. 당신 말이 맞는 것 같아요.
　　　　　　　　　Yes, this one is too slow. 네, 이것은 너무 느리네요.

05 🎧 영국식 발음 → 미국식 발음

Do you think **you can** finish painting **the office** today?	사무실 페인트칠을 오늘 끝낼 수 있을 거라고 생각하세요?
(A) Yes, if I work faster.	(A) 네, 제가 더 빨리 일한다면요.
(B) In the sink.	(B) 싱크대에요.
(C) I prefer blue, actually.	(C) 사실, 저는 파란색을 더 좋아해요.

어휘 finish[fíniʃ] 끝내다, 마치다 sink[siŋk] 싱크대 prefer[prifə́:r] ~을 더 좋아하다 actually[ǽktʃuəli] 사실

해설 오늘 페인트칠을 끝낼 수 있을지를 묻는 일반 의문문입니다.
　　(A) [○] Yes로 응답한 뒤, if I work faster(내가 더 빨리 일한다면)라고 부연 설명하였으므로 정답입니다.
　　(B) [×] 질문에서 사용된 think와 발음이 유사한 sink를 사용하여 혼동을 주는 오답입니다.
　　(C) [×] 질문에서 사용된 painting(페인트칠)과 내용이 연관된 blue(파란색)를 사용하여 혼동을 주는 오답입니다.

Possible Answer　I will probably need an extra day. 아마 하루 더 필요할 것 같아요.

06 🎧 미국식 발음 → 호주식 발음

Do you know how often **the** shuttle leaves?	셔틀버스가 얼마나 자주 출발하는지 알아요?
(A) Yes, every half hour.	(A) 네, 30분마다요.
(B) To the airport.	(B) 공항으로요.
(C) It's free for guests.	(C) 손님들에게는 무료예요.

어휘 shuttle[ʃʌ́tl] 셔틀버스 airport[미 ɛ́ərpɔ̀:rt, 영 ɛ́əpɔ:t] 공항 guest[gest] 손님

해설 셔틀버스가 얼마나 자주 있는지 아는지를 묻는 의문사 How가 포함된 일반 의문문입니다.
　　(A) [○] Yes로 응답한 뒤, every half hour(30분마다)라는 빈도로 응답하였으므로 정답입니다.
　　(B) [×] 빈도를 묻는 질문에 To the airport(공항으로)라는 방향으로 응답하였으므로 오답입니다.
　　(C) [×] shuttle(셔틀버스)과 내용이 연관된 guests(손님들)를 사용하여 혼동을 주는 오답입니다.

Possible Answers　Usually every hour. 보통 1시간마다요.
　　　　　　　　　There's a schedule in reception. 프런트에 일정표가 있어요.

07 🔊 호주식 발음 → 영국식 발음

Has **Louise** made an appointment?	Louise가 약속을 했나요?
(A) She got appointed.	(A) 그녀가 임명되었어요.
(B) I'll find out for you.	(B) 제가 대신 알아볼게요.
(C) I made another one.	(C) 저는 다른 약속을 잡았어요.

어휘 make an appointment 약속을 하다 appoint[əpɔ́int] 임명하다 find out ~을 알아보다

해설 Louise가 약속을 했는지를 묻는 일반 의문문입니다.

(A) [×] 질문에서 사용된 appointment와 발음이 일부 같은 appointed를 사용하여 혼동을 주는 오답입니다.
(B) [○] 약속을 했는지 묻는 질문에 I'll find out for you(내가 대신 알아보겠다)라고 간접적으로 응답하였으므로 정답입니다.
(C) [×] 질문에서 사용된 made를 사용하여 혼동을 주는 오답입니다.

Possible Answer Yes, he did this morning. 네, 오늘 아침에 했어요.

08 🔊 미국식 발음 → 영국식 발음

Do you remember when I sent the fax to Jean?	제가 언제 Jean에게 팩스를 보냈는지 기억하세요?
(A) Yes, you sent it on Monday.	(A) 네, 월요일에 보냈어요.
(B) I checked the facts.	(B) 저는 그 사실들을 확인했어요.
(C) I don't know who sent it.	(C) 저는 그것을 누가 보냈는지 몰라요.

어휘 check[tʃek] 확인하다 fact[fækt] 사실

해설 팩스를 보낸 시점이 언제인지 기억하는지를 묻는 의문사 When이 포함된 일반 의문문입니다.

(A) [○] Yes로 응답한 뒤, you sent it on Monday(월요일에 보냈다)라고 부연 설명하였으므로 정답입니다.
(B) [×] 질문에서 사용된 fax와 발음이 유사한 facts를 사용하여 혼동을 주는 오답입니다.
(C) [×] 질문에서 사용된 sent를 사용하여 혼동을 주는 오답입니다.

Possible Answer I'm not sure. 잘 모르겠어요.

09 🔊 미국식 발음 → 미국식 발음

Shouldn't **you be** going to the airport?	공항에 가야 하지 않나요?
(A) My flight was canceled.	(A) 제 항공편이 취소되었어요.
(B) We were on the airplane.	(B) 우리는 비행기에 타고 있었어요.
(C) He didn't go.	(C) 그는 가지 않았어요.

어휘 airport[ɛ́ərpɔ̀:rt] 공항 flight[flait] 항공편, 비행 cancel[kǽnsəl] 취소하다

해설 공항에 가야 하지 않는지를 묻는 일반 의문문입니다.

(A) [○] No가 생략된 형태로 flight was canceled(항공편이 취소되었다)라고 응답하였으므로 정답입니다.
(B) [×] 질문에서 사용된 airport(공항)와 내용이 연관된 airplane(비행기)을 사용하여 혼동을 주는 오답입니다.
(C) [×] 질문에서 사용된 going과 발음이 일부 같은 go를 사용하여 혼동을 주는 오답입니다.

Possible Answers Yes, I'd better hurry. 네, 서두르는 것이 좋겠어요.
No, my flight is tomorrow morning. 아니요, 제 항공편은 내일 아침이에요.

10 🔊 호주식 발음 → 미국식 발음

Do you know why Mr. Evans is here?	왜 Mr. Evans가 여기 있는지 아세요?
(A) It was on Friday.	(A) 금요일이었어요.
(B) They couldn't hear anything.	(B) 그들은 아무 것도 들을 수 없었어요.
(C) To meet with the director.	(C) 이사님을 만나기 위해서요.

어휘 hear[hiər] 듣다 director[diréktər] 이사

해설 Mr. Evans가 여기 있는 이유를 아는지를 묻는 의문사 Why가 포함된 일반 의문문입니다.
　　(A) [×] 이유를 묻는 질문에 on Friday(금요일에)라는 시점으로 응답하였으므로 오답입니다.
　　(B) [×] 질문에서 사용된 here와 발음이 같은 hear를 사용하여 혼동을 주는 오답입니다.
　　(C) [○] To meet with the director(이사님을 만나기 위해)라는 이유로 응답하였으므로 정답입니다.

Possible Answers　He has a 10 o'clock appointment. 그는 10시에 약속이 있어요.
　　　　　　　　　He's attending our sales meeting this afternoon. 그는 오늘 오후에 영업 회의에 참석하거든요.

11 🔊 영국식 발음 → 미국식 발음

Do you know where Mr. Chambers lives?	Mr. Chambers가 어디에 사는지 아세요?
(A) No, I have no idea.	(A) 아니요, 모르겠어요.
(B) Yes, just a year ago.	(B) 네, 1년 전에요.
(C) I live in an apartment.	(C) 저는 아파트에 살아요.

어휘 ago[əgóu] 전에 apartment[əpá:rtmənt] 아파트

해설 Mr. Chambers가 사는 곳이 어디인지 아는지를 묻는 의문사 Where가 포함된 일반 의문문입니다.
　　(A) [○] No로 응답한 뒤, I have no idea(모르겠다)라고 부연 설명하였으므로 정답입니다.
　　(B) [×] Yes로 응답하였으나, a year ago(1년 전)라는 시점으로 응답하였으므로 오답입니다.
　　(C) [×] 질문에서 사용된 lives(살다)와 내용이 연관된 apartment(아파트)를 사용하여 혼동을 주는 오답입니다.

Possible Answer　Yes, he lives in Hong Kong. 네, 그는 홍콩에 살아요.

12 🔊 미국식 발음 → 호주식 발음

Do you know who is replacing Frank while he's at the trade fair?	Frank가 무역 박람회에 있는 동안 누가 그를 대신할지 아세요?
(A) Yes, I replaced the cartridge yesterday.	(A) 네, 제가 어제 카트리지를 교체했어요.
(B) We haven't decided yet.	(B) 우린 아직 결정하지 않았어요.
(C) At the convention center.	(C) 컨벤션 센터에서요.

어휘 replace[ripléis] ~을 대신하다 trade fair 무역 박람회 cartridge[미 ká:rtridʒ, 영 ká:tridʒ] 카트리지 decide[disáid] 결정하다
convention center 컨벤션 센터

해설 Frank의 자리를 대신할 사람이 누구인지 아는지를 묻는 의문사 Who가 포함된 일반 의문문입니다.
　　(A) [×] 질문에서 사용된 replacing과 발음이 일부 같은 replaced를 사용하여 혼동을 주는 오답입니다.
　　(B) [○] Frank를 대신할 사람이 누구인지 묻는 질문에 We haven't decided yet(우린 아직 결정하지 않았다)이라고 간접적으로 응답하였으므로 정답입니다.
　　(C) [×] 질문에서 사용된 trade fair(무역 박람회)와 내용이 연관된 convention center(컨벤션 센터)를 사용하여 혼동을 주는 오답입니다.

Possible Answer　I believe Mr. Cornwell will. Mr. Cornwell이 할 것 같아요.

Course 1 부가 의문문   p.133

01 (B)   **02** (A)   **03** (A)   **04** (C)   **05** (A)   **06** (B)

---

01 🔊 호주식 발음 → 미국식 발음   미국식 발음, 영국식 발음

Daniel <u>hasn't seen</u> the new store, <u>has he</u>?	Daniel은 새 가게를 본 적이 없어요, 그렇죠?
(A) I didn't see it.	(A) 전 못 봤어요.
(B) Yes, he was there this morning.	(B) 네, 그는 오늘 아침에 거기에 있었어요.

어휘 store[미 stɔːr, 영 stɔː] 가게

해설 Daniel이 새 가게를 보았는지를 확인하는 부가 의문문입니다.
    (A) [×] 질문에서 사용된 seen과 발음이 일부 같은 see를 사용하여 혼동을 주는 오답입니다.
    (B) [○] Yes로 응답한 뒤, he was there this morning(그는 오늘 아침에 거기에 있었다)이라고 부연 설명하였으므로 정답입니다.

Possible Answers He's coming to look at it tonight. 그는 오늘 밤에 보러올 거예요.
                                 No, he hasn't been here yet. 아니요, 그는 아직 여기에 오지 않았어요.

---

02 🔊 미국식 발음 → 미국식 발음   영국식 발음, 호주식 발음

Ms. Lee <u>delivered</u> those <u>documents</u> today, <u>didn't she</u>?	Ms. Lee가 오늘 그 서류들을 배달해 주었죠, 안그랬나요?
(A) No, she was too busy.	(A) 아니요, 그녀는 너무 바빴어요.
(B) You should use the copier.	(B) 당신은 그 복사기를 사용해야 해요.

어휘 deliver[미 dilívər, 영 dilívə] 배달하다   copier[kɑ́:piər] 복사기

해설 Ms. Lee가 서류를 배달했는지를 확인하는 부가 의문문입니다.
    (A) [○] No로 응답한 뒤, she was too busy(그녀는 너무 바빴다)라고 부연 설명하였으므로 정답입니다.
    (B) [×] 질문에서 사용된 documents(서류들)와 내용이 연관된 copier(복사기)를 사용하여 혼동을 주는 오답입니다.

Possible Answer Yes, she dropped them off this morning. 네, 그녀가 오늘 아침에 그것들을 놓고 갔어요.

---

03 🔊 영국식 발음 → 호주식 발음   미국식 발음, 호주식 발음

The <u>receptionist</u> wasn't <u>very</u> <u>friendly</u>, <u>was she</u>?	접수원이 그다지 친절하지는 않았어요, 그렇죠?
(A) She was quite rude.	(A) 그녀는 꽤 무례했어요.
(B) Ms. Carl received it last night.	(B) Ms. Carl이 지난밤에 그것을 받았어요.
(C) My friends were here for me.	(C) 제 친구들이 저를 위해 여기 있었어요.

어휘 receptionist[risépʃənist] 접수원   friendly[fréndli] 친절한, 우호적인   rude[ru:d] 무례한   receive[risíːv] 받다

해설 접수원이 불친절하다는 것에 대해 동의를 구하는 부가 의문문입니다.
    (A) [○] No가 생략된 형태로 She was quite rude(그녀는 꽤 무례했다)라고 응답하였으므로 정답입니다.
    (B) [×] 질문에서 사용된 receptionist와 발음이 일부 유사한 received를 사용하여 혼동을 주는 오답입니다.
    (C) [×] 질문에서 사용된 friendly와 발음이 일부 같은 friends를 사용하여 혼동을 주는 오답입니다.

Possible Answer I thought she was very nice. 저는 그녀가 매우 친절하다고 생각했어요.

04 미국식 발음 → 미국식 발음 호주식 발음, 영국식 발음

The supplies we ordered haven't arrived yet, have they?	우리가 주문한 물품들은 아직 도착하지 않았죠, 그렇죠?
(A) I'll place the order.	(A) 제가 주문할게요.
(B) Some printer paper.	(B) 인쇄용 종이요.
(C) Let me check the mail room.	(C) 제가 우편실을 확인해 볼게요.

어휘 supplies[səpláiz] 물품, 공급품 order[미 ɔ́:rdər, 영 ɔ́:də] 주문하다 mail room 우편실

해설 물품들이 도착했는지를 확인하는 부가 의문문입니다.

(A) [×] 질문에서 사용된 ordered와 발음이 일부 같은 order를 사용하여 혼동을 주는 오답입니다.

(B) [×] 질문에서 사용된 supplies(물품들)와 내용이 연관된 printer paper(인쇄용 종이)를 사용하여 혼동을 주는 오답입니다.

(C) [○] 물품들이 도착했는지 묻는 질문에 Let me check the mail room(우편실을 확인해 보겠다)이라고 간접적으로 응답하였으므로 정답입니다.

Possible Answer I don't believe so. 아닌 것 같아요.

05 호주식 발음 → 미국식 발음 미국식 발음, 영국식 발음

The microscope is ready to use, isn't it?	현미경은 사용할 준비가 되었어요, 안 그런가요?
(A) No, the lens has to be attached.	(A) 아니요, 렌즈가 부착되어야 해요.
(B) The laboratory assistant.	(B) 실험실 보조예요.
(C) We're not ready.	(C) 저희는 준비되지 않았어요.

어휘 microscope[미 máikrəskòup, 영 máikrəskəup] 현미경 attach[ətǽtʃ] 부착하다, 붙이다 laboratory[lǽbərətɔ̀:ri] 실험실

해설 현미경이 사용할 준비가 되었는지를 확인하는 부가 의문문입니다.

(A) [○] No로 응답한 뒤, the lens has to be attached(렌즈가 부착되어야 한다)라고 부연 설명하였으므로 정답입니다.

(B) [×] 질문에서 사용된 microscope(현미경)와 내용이 연관된 laboratory(실험실)를 사용하여 혼동을 주는 오답입니다.

(C) [×] 질문에서 사용된 ready를 사용하여 혼동을 주는 오답입니다.

Possible Answer Yes, it's on the laboratory counter. 네, 실험실 작업대 위에 있어요.

06 미국식 발음 → 미국식 발음 영국식 발음, 호주식 발음

You have time off tomorrow, don't you?	당신은 내일 휴무죠, 안 그런가요?
(A) I don't have time to work on it.	(A) 전 그 일을 할 시간이 없어요.
(B) Yes, finally.	(B) 네, 마침내요.
(C) Sorry, not today.	(C) 미안하지만, 오늘은 아니에요.

어휘 time off 휴무 finally[fáinəli] 마침내

해설 내일이 휴무인지를 확인하는 부가 의문문입니다.

(A) [×] 질문에서 사용된 time을 사용하여 혼동을 주는 오답입니다.

(B) [○] Yes로 응답한 뒤, finally(마침내요)라고 부연 설명하였으므로 정답입니다.

(C) [×] 질문에서 사용된 tomorrow(내일)와 내용이 연관된 today(오늘)를 사용하여 혼동을 주는 오답입니다.

Possible Answers No, it wasn't approved. 아니요, 승인되지 않았어요.

Yes, I need to see my doctor. 네, 의사의 진료를 받아야 해요.

Course 2 선택 의문문

p.137

01 (B) **02** (B) **03** (A) **04** (B) **05** (C) **06** (A)

---

01 🔊 미국식 발음 → 미국식 발음 영국식 발음, 호주식 발음

Should I <u>order</u> the <u>book now</u> or <u>later</u>?	그 책을 지금 주문해야 하나요, 아니면 나중에 해야 하나요?
(A) I'll book a flight.	(A) 항공편을 예약할 거예요.
(B) Order it now, please.	(B) 지금 주문해 주세요.

어휘 order[미 ɔ́:rdər, 영 ɔ́:də] 주문하다 flight[flait] 항공편, 비행

해설 책을 지금 주문해야 할지 아니면 나중에 주문해야 할지를 묻는 선택 의문문입니다.
(A) [×] 질문에서 사용된 book을 사용하여 혼동을 주는 오답입니다.
(B) [○] now(지금)를 선택하여 응답하였으므로 정답입니다.

Possible Answers Tomorrow would be fine. 내일이 좋을 것 같아요.
Do you have time now? 지금 시간 있나요?

---

02 🔊 영국식 발음 → 미국식 발음 호주식 발음, 미국식 발음

Would you like the <u>chicken</u> or the <u>beef meal</u>?	식사로 닭고기를 드시겠어요, 아니면 소고기를 드시겠어요?
(A) A table for three.	(A) 세 사람이 앉을 테이블이요.
(B) Neither. I don't eat meat.	(B) 둘 다 됐어요. 저는 고기를 먹지 않아요.

어휘 beef[bi:f] 소고기 meal[미 mi:l, 영 miəl] 식사

해설 닭고기와 소고기 중 식사로 어느 것을 원하는지를 묻는 선택 의문문입니다.
(A) [×] 질문에서 사용된 meal(식사)과 내용이 연관된 table(테이블)을 사용하여 혼동을 주는 오답입니다.
(B) [○] 둘 다 아니라고 한 뒤, I don't eat meat(고기를 먹지 않는다)라고 부연 설명하였으므로 정답입니다.

Possible Answers The beef, please. 소고기로 주세요.
Do you have vegetarian meals? 채식주의자용 식사가 있나요?

---

03 🔊 호주식 발음 → 영국식 발음 미국식 발음, 영국식 발음

Do you want to <u>take</u> the <u>stairs</u> or <u>the elevator</u>?	계단으로 가시겠어요, 아니면 엘리베이터를 타시겠어요?
(A) I don't feel like walking.	(A) 걷고 싶지 않아요.
(B) They just fixed the elevator.	(B) 그들이 방금 엘리베이터를 수리했어요.
(C) He's staring at you.	(C) 그가 당신을 빤히 쳐다보고 있어요.

어휘 stairs[미 stɛərz, 영 stɛəz] 계단 fix[fiks] 수리하다

해설 계단으로 갈지 아니면 엘리베이터를 탈 것인지를 묻는 선택 의문문입니다.
(A) [○] I don't feel like walking(걷고 싶지 않다)이라고 엘리베이터를 타는 것을 선택하여 응답하였으므로 정답입니다.
(B) [×] 질문에서 사용된 elevator를 사용하여 혼동을 주는 오답입니다.
(C) [×] 질문에서 사용된 stairs와 발음이 일부 유사한 staring을 사용하여 혼동을 주는 오답입니다.

Possible Answer The stairs are fine. 계단이 좋아요.

Do you know where the station is, or should I draw you a map?

(A) He dropped it.

(B) I know where it is.

(C) I stayed at the hotel.

역이 어디인지 아시나요, 아니면 제가 지도를 그려 드릴까요?

(A) 그가 그것을 떨어뜨렸어요.

(B) 저는 그게 어디 있는지 알아요.

(C) 저는 호텔에서 묵었어요.

어휘　station[stéiʃən] 역　draw[drɔː] 그리다　drop[drɑːp] 떨어뜨리다

해설　역의 위치를 아는지 아니면 지도를 그려줘야 하는지를 묻는 선택 의문문입니다.
(A) [×] 질문에서 사용된 draw와 발음이 유사한 drop을 사용하여 혼동을 주는 오답입니다.
(B) [○] I know where it is(그게 어디 있는지 안다)를 선택하여 응답하였으므로 정답입니다.
(C) [×] 질문에서 사용된 station과 발음이 일부 유사한 stayed를 사용하여 혼동을 주는 오답입니다.

Possible Answer　A map would be helpful. 지도가 도움이 되겠네요.

Can I pay by check or do you want cash?

(A) Yes, it's on sale.

(B) No, the price is too high.

(C) Both are fine, sir.

수표로 지불해도 되나요, 아니면 현금을 원하세요!

(A) 네, 그것은 판매 중이에요.

(B) 아니요, 가격이 너무 비싸요.

(C) 둘 다 괜찮습니다, 손님.

어휘　check[tʃek] 수표　cash[kæʃ] 현금　both[bouθ] 둘 다

해설　수표로 지불할지 아니면 현금을 원하는지를 묻는 선택 의문문입니다.
(A) [×] 질문에서 사용된 pay(지불하다)와 내용이 연관된 on sale(판매 중인)을 사용하여 혼동을 주는 오답입니다.
(B) [×] 질문에서 사용된 pay(지불하다)와 내용이 연관된 price(가격)를 사용하여 혼동을 주는 오답입니다.
(C) [○] A, B 둘 다 괜찮다는 의미의 Both are fine(둘 다 괜찮다)으로 응답하였으므로 정답입니다.

Possible Answers　We'd prefer cash. 저희는 현금을 선호해요.
We only accept cash and credit cards. 저희는 현금과 신용카드만 받습니다.

Would you like to book a morning or evening flight?

(A) Actually, I'd like an afternoon flight.

(B) A return ticket, please.

(C) It arrived last night.

아침 비행기를 예약하실래요, 아니면 저녁 비행기를 예약하실래요?

(A) 사실, 저는 오후 비행기를 원해요.

(B) 왕복표로 주세요.

(C) 그것은 어젯밤에 도착했어요.

어휘　book[buk] 예약하다　return ticket 왕복표　arrive[əráiv] 도착하다

해설　아침 비행기와 저녁 비행기 중 어느 것을 예약하고 싶은지를 묻는 선택 의문문입니다.
(A) [○] I'd like an afternoon flight(오후 비행기를 원해요)으로 제3의 선택을 하였으므로 정답입니다.
(B) [×] 질문에서 사용된 book(예약하다)과 내용이 연관된 ticket(표)를 사용하여 혼동을 주는 오답입니다.
(C) [×] 질문에서 사용된 flight(비행기)와 내용이 연관된 arrived(도착했다)를 사용하여 혼동을 주는 오답입니다.

Possible Answers　Anything before 10 A.M. 오전 10시 이전 아무거나요.
An evening flight is fine. 저녁 비행기가 좋아요.

| 01 (C) | 02 (A) | 03 (C) | 04 (C) | 05 (A) | 06 (A) | 07 (A) | 08 (C) | 09 (A) | 10 (A) | 11 (B) | 12 (A) |

01 ｛미국식 발음 → 미국식 발음

He didn't finish filing **those papers**, did he?	그는 서류 정리를 끝내지 않았어요, 그렇죠?
(A) Yes, he can.	(A) 네, 그는 할 수 있어요.
(B) I found the file.	(B) 저는 그 파일을 찾았어요.
(C) No, not yet.	(C) 아니요, 아직 하지 않았어요.

어휘　file[fail] (파일을) 정리하다; 파일　papers[péipərz] 서류　yet[jet] 아직

해설　서류 정리를 끝냈는지를 확인하는 부가 의문문입니다.
　　(A) [×] Yes로 응답하였으나, 서류 정리를 끝냈는지를 묻는 질문에 he can(그는 할 수 있다)이라고 응답하였으므로 오답입니다.
　　(B) [×] 질문에서 사용된 filing과 발음이 일부 같은 file을 사용하여 혼동을 주는 오답입니다.
　　(C) [○] No로 응답한 뒤, not yet(아직 하지 않았다)이라고 부연 설명하였으므로 정답입니다.

Possible Answers　Actually, he finished them this morning. 사실, 그는 오늘 아침에 끝냈어요.
　　　　　　　　　No, he's going to do it tomorrow morning. 아니요, 그는 내일 아침에 할 거예요.

02 ｛영국식 발음 → 호주식 발음

Will you be going alone or with **your** coworkers?	혼자 갈 건가요, 아니면 직장 동료들과 갈 건가요?
(A) Actually, I'm going with my friend.	(A) 사실, 저는 제 친구와 함께 갈 거예요.
(B) Yes, it was a nice trip.	(B) 네, 좋은 여행이었어요.
(C) About two weeks.	(C) 약 2주 정도요.

어휘　alone[미 əlóun, 영 əláun] 혼자　coworker[미 kóuwə̀:rkər, 영 kə̀uwɔ́:kə] 직장 동료　actually[ǽktʃuəli] 사실

해설　혼자 가는지 아니면 동료들과 가는지를 묻는 선택 의문문입니다.
　　(A) [○] I'm going with my friend(친구와 함께 갈 것이다)라고 제3의 선택을 하였으므로 정답입니다.
　　(B) [×] 질문에서 사용된 go(가다)와 내용이 연관된 trip(여행)을 사용하여 혼동을 주는 오답입니다.
　　(C) [×] 누구와 함께 가는지를 묻는 질문에 About two weeks(약 2주)라고 기간으로 응답하였으므로 오답입니다.

Possible Answer　I'm traveling by myself. 전 혼자 여행할 거예요.

03 ｛미국식 발음 → 영국식 발음

You haven't cleaned out **the** closet yet, have you?	당신은 아직 옷장을 치우지 않았죠, 그렇죠?
(A) There's not enough space.	(A) 충분한 공간이 없어요.
(B) The clothes are clean.	(B) 옷들이 깨끗해요.
(C) I haven't had time to.	(C) 할 시간이 없었어요.

어휘　closet[klá:zit] 옷장　space[speis] 공간

해설　옷장을 치웠는지를 확인하는 부가 의문문입니다.
　　(A) [×] 질문에서 사용된 closet(옷장)과 내용이 연관된 space(공간)를 사용하여 혼동을 주는 오답입니다.
　　(B) [×] 질문에서 사용된 closet과 발음이 유사한 clothes를 사용하여 혼동을 주는 오답입니다.
　　(C) [○] No가 생략된 형태로 I haven't had time to(할 시간이 없었다)라고 응답하였으므로 정답입니다.

Possible Answer　Can you help me clean it? 그것을 치우는 것을 도와줄 수 있나요?

04 🔊 호주식 발음 → 미국식 발음

Do you want me to fax or e-mail you those documents?	그 서류들을 팩스로 보내드릴까요, 아니면 이메일로 보내드릴까요?
(A) I sent her an e-mail.	(A) 저는 그녀에게 이메일을 보냈어요.
(B) It's 555-4533.	(B) 555-4533입니다.
(C) Whichever is easier for you.	(C) 어느 것이든 당신이 편한 것으로요.

어휘 **whichever**[wìtʃévər] 어느 것이든

해설 팩스와 이메일 중 어떤 방식으로 서류를 보낼지를 묻는 선택 의문문입니다.

(A) [×] 질문에서 사용된 e-mail을 사용하여 혼동을 주는 오답입니다.

(B) [×] 질문에서 사용된 fax(팩스로 보내다)와 내용이 연관된 전화번호를 사용하여 혼동을 주는 오답입니다.

(C) [o] A, B 둘 다 괜찮다는 의미의 Whichever is easier for you(어느 것이든 당신이 편한 것으로)로 응답하였으므로 정답입니다.

Possible Answers   **I would prefer if you fax them.** 팩스로 보내주시면 좋겠어요.
　　　　　　　　　　Send them by e-mail please. 이메일로 보내주세요.

05 🔊 영국식 발음 → 미국식 발음

The conference room has been reserved, hasn't it?	회의실이 예약되었어요, 안 그랬나요?
(A) Yes, I did it last night.	(A) 네, 제가 어젯밤에 했어요.
(B) The service department.	(B) 서비스 부서요.
(C) No, it doesn't.	(C) 아니요, 그렇지 않아요.

어휘 **conference**[미 káːnfərəns, 영 kɔ́nfərəns] 회의   **reserve**[미 rizə́ːrv, 영 rizə́ːv] 예약하다   **service department** 서비스 부서

해설 회의실이 예약되었는지를 확인하는 부가 의문문입니다.

(A) [o] Yes로 응답한 뒤, I did it last night(내가 어젯밤에 했다)이라고 부연 설명하였으므로 정답입니다.

(B) [×] 질문에서 사용된 reserved와 발음이 일부 유사한 service를 사용하여 혼동을 주는 오답입니다.

(C) [×] No로 응답하였으나, 예약이 되었는지를 묻는 질문에 it doesn't(그렇지 않다)라고 현재 시제로 응답하였으므로 오답입니다.

Possible Answer   **No, I'll do it right now.** 아니요, 지금 바로 할게요.

06 🔊 미국식 발음 → 호주식 발음

Are you training the new secretary today or tomorrow?	새로운 비서를 오늘 교육하나요, 아니면 내일 하나요?
(A) Neither. Her training hasn't been scheduled yet.	(A) 둘 다 아니에요. 그녀의 교육 일정이 아직 잡히지 않았어요.
(B) We will take the train.	(B) 저희는 기차를 탈 거예요.
(C) Yes, give it to the secretary.	(C) 네, 그것을 비서에게 주세요.

어휘 **train**[trein] 교육하다, 훈련하다   **secretary**[미 sékrətèri, 영 sékrətri] 비서

해설 오늘과 내일 중 언제 새로운 비서를 교육하는지를 묻는 선택 의문문입니다.

(A) [o] 둘 다 아니라고 한 뒤, Her training hasn't been scheduled yet(그녀의 교육 일정이 아직 잡히지 않았다)이라고 부연 설명하였으므로 정답입니다.

(B) [×] 질문에서 사용된 training과 발음이 일부 같은 train을 사용하여 혼동을 주는 오답입니다.

(C) [×] 질문에서 사용된 secretary를 사용하여 혼동을 주는 오답입니다.

Possible Answer   **I'm doing it tomorrow.** 내일 할 거예요.

07   미국식 발음 → 미국식 발음

You don't know what time the bus arrives, do you?	버스가 언제 도착하는지 모르시죠, 그렇죠?
(A) In 15 minutes.	(A) 15분 후에요.
(B) I don't need to buy a new watch.	(B) 저는 새 시계를 살 필요가 없어요.
(C) It happened yesterday afternoon.	(C) 그것은 어제 오후에 발생했어요.

어휘   arrive[əráiv] 도착하다   happen[hǽpən] 발생하다

해설   버스 도착 시간을 아는지를 확인하는 부가 의문문입니다.
    (A) [○] Yes가 생략된 형태로 In 15 minutes(15분 후에)라고 응답하였으므로 정답입니다.
    (B) [×] 질문에서 사용된 time(시간)과 내용이 연관된 watch(시계)를 사용하여 혼동을 주는 오답입니다.
    (C) [×] 질문에서 사용된 time(시간)과 내용이 연관된 yesterday(어제)를 사용하여 혼동을 주는 오답입니다.

Possible Answer   It usually gets here at about 6 o'clock. 그것은 보통 6시경에 여기 도착해요.

08   영국식 발음 → 호주식 발음

Have you bought a new car, or are you still looking around?	새로운 차를 샀나요, 아니면 아직 둘러보고 있나요?
(A) I know him.	(A) 저는 그를 알아요.
(B) Yes, I have your keys.	(B) 네, 제가 당신의 열쇠들을 가지고 있어요.
(C) I just got one yesterday.	(C) 저는 어제 막 한 대를 샀어요.

어휘   still[stil] 아직, 여전히   look around 둘러보다

해설   새 차를 샀는지 아니면 아직 둘러보고 있는지를 묻는 선택 의문문입니다.
    (A) [×] 질문에서 사용된 new와 발음이 유사한 know를 사용하여 혼동을 주는 오답입니다.
    (B) [×] 질문에서 사용된 car(차)와 내용이 연관된 keys(열쇠들)를 사용하여 혼동을 주는 오답입니다.
    (C) [○] I just got one yesterday(어제 막 한 대를 샀다)라고 새로운 차를 샀다는 의미로 응답하였으므로 정답입니다.

Possible Answer   I can't decide what to get. 무엇을 사야 할지 결정을 못 하겠어요.

09   미국식 발음 → 호주식 발음

It's too late to call the director, isn't it?	이사님께 전화하기에는 너무 늦었어요, 안 그런가요?
(A) Yes, he won't be in the office.	(A) 네, 그는 사무실에 없을 거예요.
(B) Four times, actually.	(B) 사실, 네 번이요.
(C) He directed the film.	(C) 그가 그 영화를 감독했어요.

어휘   director[diréktər] 이사   actually[ǽktʃuəli] 사실   direct[미 dirékt, 영 dairékt] 감독하다   film[film] 영화

해설   전화하기에 너무 늦었는지에 대해 동의를 구하는 부가 의문문입니다.
    (A) [○] Yes로 응답한 뒤, he won't be in the office(그는 사무실에 없을 것이다)라고 부연 설명하였으므로 정답입니다.
    (B) [×] 질문에서 사용된 late(늦은)과 내용이 연관된 times(~번, 시간)을 사용하여 혼동을 주는 오답입니다.
    (C) [×] 질문에서 사용된 director와 발음이 일부 같은 directed를 사용하여 혼동을 주는 오답입니다.

Possible Answers   I think he is working late tonight. 그는 오늘밤 늦게까지 일하시는 것 같아요.
                        He should still be here. 그는 아직 여기에 있을 거예요.

10 🔊 미국식 발음 → 영국식 발음

Should we work on the report now, or can we start next Monday? (A) I'll have more time next week. (B) It's a large project. (C) The new budget.	우리가 보고서 업무를 지금 해야 하나요, 아니면 다음 주 월요일에 시작할 수 있나요? (A) 다음 주에 시간이 더 많을 거예요. (B) 그것은 큰 프로젝트예요. (C) 새로운 예산이요.

어휘 budget[bʌ́dʒit] 예산

해설 보고서 업무를 지금 해야 할지 아니면 다음 주 월요일에 시작할 수 있는지를 묻는 선택 의문문입니다.
(A) [○] I'll have more time next week(다음 주에 시간이 더 많을 것이다)라고 다음 주 월요일에 시작하겠다는 의미로 응답하였으므로 정답입니다.
(B) [×] 질문에서 사용된 work(일하다)와 내용이 연관된 project(프로젝트)를 사용하여 혼동을 주는 오답입니다.
(C) [×] 일을 언제 해야 할지 시점을 묻는 질문과 관련이 없는 new budget(새로운 예산)이라고 응답하였으므로 오답입니다.

Possible Answer   I have some free time now. 지금 여유 시간이 좀 있어요.

11 🔊 미국식 발음 → 미국식 발음

You'll finish the presentation on time, won't you? (A) It's scheduled for 10 o'clock. (B) I'll do my best. (C) He presented the award.	당신은 발표를 제시간에 끝낼 수 있죠, 안 그런가요? (A) 그건 10시로 예정되어 있어요. (B) 최선을 다할게요. (C) 그는 상을 수여했어요.

어휘 on time 제시간에 be scheduled for ~로 예정된 do one's best 최선을 다하다 present[prizént] 수여하다, 주다

해설 발표를 제시간에 끝낼 수 있는지를 확인하는 부가 의문문입니다.
(A) [×] 질문에서 사용된 time(시간)과 내용이 연관된 10 o'clock(10시)을 사용하여 혼동을 주는 오답입니다.
(B) [○] 발표를 제시간에 끝낼 수 있는지 묻는 질문에 I'll do my best(최선을 다하겠다)라고 간접적으로 응답하였으므로 정답입니다.
(C) [×] 질문에서 사용된 presentation과 발음이 일부 같은 presented를 사용하여 혼동을 주는 오답입니다.

Possible Answer   I'll be finished by noon. 12시까지는 끝날 거예요.

12 🔊 호주식 발음 → 영국식 발음

Can you prepare the presentation, or should we do it together? (A) Do you have time to help me? (B) It's not what I prepared. (C) I bought a present.	당신이 발표를 준비하실 수 있나요, 아니면 우리가 같이 해야 하나요? (A) 저를 도와주실 시간이 있나요? (B) 그것은 제가 준비한 것이 아니에요. (C) 저는 선물을 샀어요.

어휘 prepare[미 pripɛ́ər, 영 pripéə] 준비하다 presentation[미 prìːzentéiʃən, 영 prèzəntéiʃən] 발표

해설 발표 준비를 혼자 할 수 있는지 아니면 같이 해야 하는지를 묻는 선택 의문문입니다.
(A) [○] 발표 준비를 혼자 할지 아니면 같이 할지 묻는 질문에 Do you have time to help me?(도와주실 시간이 있나요)로 간접적으로 응답하였으므로 정답입니다.
(B) [×] 질문에서 사용된 prepare의 과거형인 prepared를 사용하여 혼동을 주는 오답입니다.
(C) [×] 질문에서 사용된 presentation과 발음이 일부 같은 present를 사용하여 혼동을 주는 오답입니다.

Possible Answers   Let's do it together. 같이 합시다.
                    I can do it by myself. 저 혼자서 할 수 있어요.

토익 기초

Part 1

Part 2

Part 3

Part 4

해커스 토익 스타트 Listening

Course 1 제안·요청 의문문   p.143

01 (B) **02** (A) **03** (A) **04** (C) **05** (A) **06** (B)

---

01 🔊 영국식 발음 → 호주식 발음 미국식 발음, 호주식 발음

<u>Can you send</u> this <u>file</u> to the accountant?	이 서류를 회계사에게 보내주시겠어요?
(A) Some of the accounts.	(A) 계좌 몇 개요.
(B) Sure, I'll do it today.	(B) 물론이죠, 제가 오늘 할게요.

어휘 send[send] 보내다 accountant[əkáuntənt] 회계사 account[əkáunt] 계좌

해설 서류를 회계사에게 보내 달라고 요청하는 요청 의문문입니다.
  (A) [×] 질문에서 사용된 accountant와 발음이 일부 같은 accounts를 사용하여 혼동을 주는 오답입니다.
  (B) [○] Sure(물론이다)라는 수락의 표현으로 응답한 뒤, I'll do it today(오늘 하겠다)라고 부연 설명하였으므로 정답입니다.

Possible Answer **I already sent it to her.** 이미 그녀에게 보냈어요.

---

02 🔊 미국식 발음 → 미국식 발음 호주식 발음, 영국식 발음

<u>Why don't we meet</u> for <u>dinner</u> at 7 o'clock?	7시에 만나서 저녁 식사를 하는 게 어때요?
(A) That would be nice.	(A) 좋아요.
(B) The steak and salad, please.	(B) 스테이크와 샐러드 주세요.

어휘 steak[steik] 스테이크

해설 저녁을 함께 먹자고 제안하는 제안 의문문입니다.
  (A) [○] That would be nice(좋다)라는 수락의 표현으로 응답하였으므로 정답입니다.
  (B) [×] 질문에서 사용된 dinner(저녁 식사)와 내용이 연관된 steak and salad(스테이크와 샐러드)를 사용하여 혼동을 주는 오답입니다.

Possible Answers **I have an appointment at that time.** 그 시간에 약속이 있어요.
  Can we meet at 8 o'clock instead? 대신 8시에 만날 수 있을까요?

---

03 🔊 호주식 발음 → 미국식 발음 미국식 발음, 영국식 발음

<u>How about</u> taking a quick <u>break</u>?	잠깐 쉬는 것이 어때요?
(A) Sorry, but I'm too busy now.	(A) 죄송하지만, 지금 너무 바빠요.
(B) She can fix it.	(B) 그녀는 그것을 고칠 수 있어요.
(C) No, because it is broken.	(C) 아니요, 그것이 고장 났기 때문이에요.

어휘 break[breik] 휴식, 파손 broken[bróukən] 고장 난, 부서진

해설 잠깐 쉬자고 제안하는 제안 의문문입니다.
  (A) [○] Sorry(죄송해요)라는 거절의 표현으로 응답한 뒤, I'm too busy now(지금 너무 바쁘다)라고 부연 설명하였으므로 정답입니다.
  (B) [×] 질문에서 사용된 break(휴식, 파손)와 내용이 연관된 fix(고치다)를 사용하여 혼동을 주는 오답입니다.
  (C) [×] 질문에서 사용된 break와 발음이 유사한 broken을 사용하여 혼동을 주는 오답입니다.

Possible Answer **That sounds good.** 좋아요.

---

04 〔3�)) 미국식 발음 → 미국식 발음 영국식 발음, 호주식 발음

Would you like **to** have <u>lunch</u> together?	점심 같이 먹을래요?
(A) Yes, it was 12 dollars.	(A) 네, 그것은 12달러였어요.
(B) We'd like some menus, please.	(B) 메뉴 좀 주세요.
(C) Yes, that sounds nice.	(C) 네, 좋아요.

어휘 **menu**[ménju:] 메뉴

해설 점심을 같이 먹자고 제안하는 제안 의문문입니다.
(A) [×] 점심을 같이 먹자는 제안에 12 dollars(12달러)라는 금액으로 응답하였으므로 오답입니다.
(B) [×] 질문에서 사용된 lunch(점심)와 내용이 연관된 menus(메뉴)를 사용하여 혼동을 주는 오답입니다.
(C) [○] Yes라는 수락의 표현으로 응답한 뒤, that sounds nice(좋다)라고 부연 설명하였으므로 정답입니다.

Possible Answer **I already ate.** 전 이미 먹었어요.

05 〔3◉)) 영국식 발음 → 미국식 발음 미국식 발음, 호주식 발음

<u>Could you lend</u> me <u>your</u> umbrella?	우산 좀 빌려주시겠어요?
(A) Sorry, I gave it to Jane.	(A) 죄송해요, Jane에게 주었어요.
(B) He rents an apartment.	(B) 그는 아파트를 임대해요.
(C) It's raining outside.	(C) 밖에 비가 오고 있어요.

어휘 **lend**[lend] 빌려주다 **rent**[rent] 임대하다, 임차하다

해설 우산을 빌려달라고 요청하는 요청 의문문입니다.
(A) [○] Sorry(죄송해요)라는 거절의 표현으로 응답한 뒤, I gave it to Jane(Jane에게 주었다)이라고 부연 설명하였으므로 정답입니다.
(B) [×] 질문에서 사용된 lend와 발음이 유사한 rents를 사용하여 혼동을 주는 오답입니다.
(C) [×] 질문에서 사용된 umbrella(우산)와 내용이 연관된 raining(비가 오고 있다)을 사용하여 혼동을 주는 오답입니다.

Possible Answers **Do you need it now?** 지금 필요하세요?
Sure, here you go. 물론이요, 여기요.

06 〔3◉)) 미국식 발음 → 호주식 발음 영국식 발음, 호주식 발음

<u>Would you mail</u> this book to the head designer?	이 책을 수석 디자이너에게 우편으로 보내 주시겠어요?
(A) I booked three tickets.	(A) 저는 표 세 장을 예매했어요.
(B) Didn't we send it to her already?	(B) 그것을 이미 그녀에게 보내지 않았나요?
(C) For a clothing company.	(C) 의류 회사를 위해서요.

어휘 **mail**[meil] 우편으로 보내다 **book**[buk] 책; 예매하다, 예약하다 **clothing**[미 klóuðiŋ, 영 kláuðiŋ] 의류

해설 책을 보내달라고 요청하는 요청 의문문입니다.
(A) [×] 질문에서 사용된 book(책; 예매하다)의 과거형인 booked를 사용하여 혼동을 주는 오답입니다.
(B) [○] 책을 수석 디자이너에게 우편으로 보내달라는 요청에 Didn't we send it to her already(그것을 이미 그녀에게 보내지 않았나요)라는 관련 질문으로 응답하였으므로 정답입니다.
(C) [×] 질문에서 사용된 designer(디자이너)와 내용이 연관된 clothing(의류)을 사용하여 혼동을 주는 오답입니다.

Possible Answer **Sure, I'll do it right away.** 물론이죠, 바로 할게요.

토익기초

Part 1

Part 2

Part 3

Part 4

해커스 토익 스타트 Listening

01 (B) **02** (B) **03** (A) **04** (C) **05** (A) **06** (B)

---

01 🔊 호주식 발음 → 영국식 발음 미국식 발음, 영국식 발음

We have to <u>postpone</u> the <u>presentation</u>.	우리는 발표를 연기해야 해요.
(A) At 2 o'clock.	(A) 2시에요.
(B) Yes, good idea.	(B) 네, 좋은 생각이에요.

어휘 postpone[미 poustpóun, 영 pəustpə́un] 연기하다 presentation[미 prì:zentéiʃən, 영 prèzəntéiʃən] 발표, 프리젠테이션

해설 발표를 연기해야 한다는 의견을 전달하는 평서문입니다.
　　(A) [×] 질문에서 사용된 postpone(연기하다)과 내용이 관련된 At 2 o'clock(2시에)을 사용하여 혼동을 주는 오답입니다.
　　(B) [○] Yes, good idea(네, 좋은 생각이에요)라는 말로 동의하였으므로 정답입니다.

Possible Answers　I'll inform everyone. 제가 모두에게 알릴게요.
　　　　　　　　　　Who told you that? 누가 그렇게 말했나요?

---

02 🔊 미국식 발음 → 미국식 발음 영국식 발음, 호주식 발음

I think I <u>lost</u> my <u>briefcase</u>.	제 서류 가방을 잃어버린 것 같아요.
(A) At the convention center.	(A) 컨벤션 센터에서요.
(B) Check with the information desk.	(B) 안내 데스크에서 확인해 보세요.

어휘 briefcase[미 brí:fkèis, 영 brí:fkeis] 서류 가방 information desk 안내 데스크

해설 서류 가방을 잃어버린 것 같다는 문제점을 전달하는 평서문입니다.
　　(A) [×] 서류 가방을 잃어버린 것 같다는 말에 At the convention center(컨벤션 센터에서)라는 장소로 응답하였으므로 오답입니다.
　　(B) [○] 서류 가방을 잃어버린 것 같다는 말에 Check with the information desk(안내 데스크에서 확인해 보라)라는 해결책을 제시하였으므로 정답입니다.

Possible Answer　I saw it next to your desk. 저는 그것을 당신 책상 옆에서 봤어요.

---

03 🔊 영국식 발음 → 미국식 발음 호주식 발음, 미국식 발음

I <u>don't like taking</u> the <u>subway</u> to work.	저는 지하철로 출근하는 것을 좋아하지 않아요.
(A) Neither do I.	(A) 저도 좋아하지 않아요.
(B) It takes 30 minutes.	(B) 30분이 걸려요.
(C) She's late this morning.	(C) 그녀는 오늘 아침 늦었어요.

어휘 subway[미 sʌ́bwèi, 영 sʌ́bwei] 지하철 neither[ní:ðər] ~도 또한 아니다

해설 지하철로 출근하는 것을 좋아하지 않는다는 의견을 전달하는 평서문입니다.
　　(A) [○] Neither do I(나도 좋아하지 않는다)라는 동의의 의미로 응답하였으므로 정답입니다.
　　(B) [×] 질문에서 사용된 take를 사용하여 혼동을 주는 오답입니다.
　　(C) [×] 질문에서 사용된 work(직장)와 내용이 연관된 late(늦은)를 사용하여 혼동을 주는 오답입니다.

Possible Answer　Yes, it is so crowded. 맞아요, 정말 복잡해요.

04 🎧 호주식 발음 → 영국식 발음   미국식 발음, 영국식 발음

I heard <u>there will be a</u> concert in the park. (A) I'm very concerned about her. (B) You can park anywhere in the garage. (C) Actually, it was last night.	공원에서 콘서트가 있을 거라고 들었어요. (A) 저는 그녀가 매우 걱정돼요. (B) 차고 아무 데나 주차해도 돼요. (C) 사실, 어젯밤이었어요.

어휘 **park** [미 pɑːrk, 영 pɑːk] 공원; 주차하다   **concern** [미 kənsə́ːrn, 영 kənsə́ːn] 걱정하다   **garage** [미 gərɑ́ːʒ, 영 gǽrɑːʒ] 차고

해설 콘서트가 있을 것이라는 사실을 전달하는 평서문입니다.
   (A) [×] 질문에서 사용된 concert와 발음이 유사한 concerned를 사용하여 혼동을 주는 오답입니다.
   (B) [×] 질문에서 사용된 park를 사용하여 혼동을 주는 오답입니다.
   (C) [○] 콘서트가 있을 거라는 말에 it was last night(어젯밤이었다)이라는 말로 사실이 아님을 전달하였으므로 정답입니다.

Possible Answer   Yes, I am going there this afternoon. 네, 오늘 오후에 갈 거예요.

05 🎧 미국식 발음 → 호주식 발음   영국식 발음, 호주식 발음

The <u>movie</u> we saw yesterday <u>put me to sleep</u>. (A) I know. It was really boring. (B) It starts at 8 o'clock. (C) I enjoyed it too.	우리가 어제 본 영화는 졸렸어요. (A) 맞아요. 그건 정말 지루했어요. (B) 그것은 8시에 시작해요. (C) 저도 재미있었어요.

어휘 **put ~ to sleep** ~를 졸리게 하다, 잠들게 하다   **boring** [bɔ́ːriŋ] 지루한

해설 어제 본 영화가 졸렸다는 의견을 전달하는 평서문입니다.
   (A) [○] I know(맞다)라고 동의한 뒤, It was really boring(정말 지루했다)이라고 부연 설명하였으므로 정답입니다.
   (B) [×] 영화가 졸렸다는 의견에 at 8 o'clock(8시에)이라는 시점으로 응답하였으므로 오답입니다.
   (C) [×] I enjoyed it too(나도 재미있었다)라는 동의의 의미로 응답하였으므로 오답입니다.

Possible Answers   I thought it was OK. 저는 괜찮다고 생각했어요.
                    Yes, it was terrible. 네, 형편없었어요.

06 🎧 영국식 발음 → 미국식 발음   호주식 발음, 미국식 발음

My <u>car</u> is being <u>repaired</u>, so I <u>can't take you</u> to the <u>train station</u>. (A) A return ticket, please. (B) What happened to your car? (C) Two pairs.	제 차가 수리 중이라서, 당신을 기차역까지 데려다 줄 수 없어요. (A) 왕복표 하나 주세요. (B) 차에 무슨 일이 있었나요? (C) 두 쌍이요.

어휘 **repair** [미 ripɛ́ər, 영 ripéə] 수리하다   **return ticket** 왕복표   **pair** [pɛər] 한 쌍, 짝

해설 차가 수리 중이라 기차역까지 데려다줄 수 없다는 문제점을 전달하는 평서문입니다.
   (A) [×] 질문에서 사용된 train(기차)과 내용이 연관된 ticket(표)을 사용하여 혼동을 주는 오답입니다.
   (B) [○] 차가 수리 중이라는 말에 What happened to your car(차에 무슨 일이 있었나요)라는 관련 질문으로 응답하였으므로 정답입니다.
   (C) [×] 질문에서 사용된 repaired와 발음이 유사한 pairs를 사용하여 혼동을 주는 오답입니다.

Possible Answer   I can take the bus. 저는 버스 타고 가면 돼요.

01 (A)	02 (C)	03 (B)	04 (B)	05 (B)	06 (A)	07 (A)	08 (C)	09 (B)	10 (C)	11 (A)	12 (A)

01 [3배] 호주식 발음 → 미국식 발음

You don't look well today.	당신 오늘 안 좋아 보여요.
(A) I'm feeling a bit sick.	(A) 약간 아파요.
(B) Maybe tomorrow.	(B) 아마 내일일 거예요.
(C) Yes, we looked at it.	(C) 네, 우리는 그것을 보았어요.

어휘   look well 좋아 보이다, 건강해 보이다   a bit 약간   sick[sik] 아픈

해설   오늘 안 좋아 보인다는 의견을 전달하는 평서문입니다.
     (A) [○] I'm feeling a bit sick(약간 아프다)이라는 동의의 의미로 응답하였으므로 정답입니다.
     (B) [×] 질문에서 사용된 today(오늘)와 내용이 연관된 tomorrow(내일)를 사용하여 혼동을 주는 오답입니다.
     (C) [×] 질문에서 사용된 look의 과거형인 looked를 사용하여 혼동을 주는 오답입니다.

Possible Answer   I'm just really tired. 그저 너무 피곤해요.

02 [3배] 영국식 발음 → 미국식 발음

Could you leave the package in the lobby, please?	소포를 로비에 놔두시겠어요?
(A) Yes, I'm in the lobby.	(A) 네, 저는 로비에 있어요.
(B) OK, I'll meet her tomorrow morning.	(B) 좋아요, 내일 아침에 그녀를 만날게요.
(C) No problem.	(C) 문제없어요.

어휘   package[pǽkidʒ] 소포, 짐   lobby[lάːbi] 로비

해설   소포를 로비에 놓아달라고 요청하는 요청 의문문입니다.
     (A) [×] 질문에서 사용된 lobby를 사용하여 혼동을 주는 오답입니다.
     (B) [×] OK(좋다)라는 수락의 표현으로 응답했으나, 로비에 소포를 놔두라는 요청에 tomorrow morning(내일 아침)이라는 시점으로
         응답하였으므로 오답입니다.
     (C) [○] No problem(문제없다)이라는 수락의 표현으로 응답하였으므로 정답입니다.

Possible Answer   Sure, I'll leave it there later. 물론이죠, 나중에 거기다 놔둘게요.

03 [3배] 미국식 발음 → 미국식 발음

Why don't we meet at the bookstore later today?	오늘 늦게 서점에서 만나는 게 어때요?
(A) I already have that book.	(A) 이미 그 책을 가지고 있어요.
(B) Yes, I'll bring Jack with me.	(B) 네, Jack을 데리고 갈게요.
(C) I was later than usual.	(C) 평소보다 늦었어요.

어휘   bookstore[búkstɔ̀ːr] 서점   usual[júːʒuəl] 평소의, 보통의

해설   오늘 늦게 서점에서 만나자고 제안하는 제안 의문문입니다.
     (A) [×] 질문에서 사용된 bookstore와 발음이 일부 같은 book을 사용하여 혼동을 주는 오답입니다.
     (B) [○] Yes라는 수락의 표현으로 응답한 뒤, I'll bring Jack with me(Jack을 데리고 갈 것이다)라고 부연 설명하였으므로 정답입니다.
     (C) [×] 질문에서 사용된 later를 사용하여 혼동을 주는 오답입니다.

Possible Answer   Sorry, I don't have time. 죄송해요, 저는 시간이 없어요.

04 🔊 호주식 발음 → 영국식 발음

There was a parade **today on Main Street.**	오늘 Main가에서 퍼레이드가 있었어요.
(A) The main entrance.	(A) 정문이요.
(B) That's the second one this year.	(B) 그것은 올해 두 번째예요.
(C) Yes, just go straight ahead.	(C) 네, 그냥 앞으로 곧장 가세요.

어휘 main entrance 정문 go ahead 앞으로 나아가다

해설 퍼레이드가 있었다는 사실을 전달하는 평서문입니다.
(A) [×] 질문에서 사용된 main을 사용하여 혼동을 주는 오답입니다.
(B) [○] 퍼레이드가 있었다는 말에 That's the second one this year(올해 두 번째다)라고 부연 설명하여 응답하였으므로 정답입니다.
(C) [×] 질문에서 사용된 parade와 발음이 일부 유사한 ahead를 사용하여 혼동을 주는 오답입니다.

Possible Answer   Yes, I saw it as we drove by. 네, 우리가 차를 몰고 갈 때 봤어요.

05 🔊 미국식 발음 → 호주식 발음

The copier in out of ink.	복사기에 잉크가 떨어졌어요.
(A) We met outside.	(A) 우리는 밖에서 만났어요.
(B) I'll get a cartridge from the cabinet.	(B) 제가 캐비닛에서 카트리지를 가져올게요.
(C) At the printshop.	(C) 인쇄소에서요.

어휘 out of ~이 떨어진 cartridge[미 káːrtridʒ, 영 káːtridʒ] 카트리지 cabinet[미 kǽbənit, 영 kǽbinət] 캐비닛

해설 복사기 잉크가 떨어졌다는 문제점을 전달하는 평서문입니다.
(A) [×] 질문에서 사용된 out과 발음이 일부 같은 outside를 사용하여 혼동을 주는 오답입니다.
(B) [○] I'll get a cartridge from the cabinet(캐비닛에서 카트리지를 가져오겠다)이라는 해결책을 제시하였으므로 정답입니다.
(C) [×] 질문에서 사용된 copier(복사기)와 내용이 연관된 printshop(인쇄소)을 사용하여 혼동을 주는 오답입니다.

Possible Answer   I'll order some new cartridges. 제가 새 카트리지 몇 개를 주문할게요.

06 🔊 미국식 발음 → 영국식 발음

How about holding **the** conference **at the** hotel **near the** museum?	박물관 근처에 있는 호텔에서 회의를 여는 것이 어때요?
(A) Sounds good.	(A) 좋은 생각이에요.
(B) My room is reserved.	(B) 제 방이 예약되었어요.
(C) It's next to the city museum.	(C) 그것은 시립 박물관 옆에 있어요.

어휘 hold[hould] 열다, 개최하다 conference[káːnfərəns] 회의 museum[mjuːzíːəm] 박물관

해설 회의를 호텔에서 열자고 제안하는 제안 의문문입니다.
(A) [○] Sounds good(좋은 생각이다)이라는 수락의 표현으로 응답하였으므로 정답입니다.
(B) [×] 질문에서 사용된 hotel(호텔)과 내용이 연관된 reserved(예약되다)를 사용하여 혼동을 주는 오답입니다.
(C) [×] 호텔에서 회의를 열자는 제안에 next to the city museum(시립 박물관 옆에)이라는 장소로 응답하였으므로 오답입니다.

Possible Answers   Yes, that is a convenient location. 네, 편리한 위치네요.
I think that space is too small. 공간이 너무 협소할 것 같은데요.

These shirts **also** come in different colors.	이 셔츠는 다른 색깔들로도 나와요.
(A) Do you have a gray one?	(A) 회색도 있나요?
(B) A small one, please.	(B) 작은 걸로 주세요.
(C) It's a blue shirt.	(C) 그건 파란 셔츠예요.

어휘 come in different colors 다른 색깔들로 나오다 gray[grei] 회색

해설 셔츠가 다른 색깔들로도 나온다는 사실을 전달하는 평서문입니다.

(A) [○] 셔츠가 다른 색깔들로도 나온다는 말에 Do you have a gray one(회색도 있나요)이라는 관련 질문으로 응답하였으므로 정답입니다.

(B) [×] 셔츠가 다른 색깔들로도 나온다는 말에 small one(작은 것)이라는 크기로 응답하였으므로 오답입니다.

(C) [×] 질문에서 사용된 color(색깔)와 내용이 연관된 blue(파란색)를 사용하여 혼동을 주는 오답입니다.

Possible Answers **What colors do you have?** 어떤 색깔들이 있나요?
　　　　　　　　This color is fine with me. 저한테는 이 색이 좋은 것 같아요.

Why don't we go **to the** exhibition **this weekend?**	이번 주말에 전시회에 가는 게 어때요?
(A) They exhibited the paintings.	(A) 그들은 그림들을 전시했어요.
(B) No, my weekend was good.	(B) 아니요, 제 주말은 좋았어요.
(C) Which one do you mean?	(C) 어떤 전시회를 의미하시나요?

어휘 exhibition[미 èksəbíʃən, 영 èksibíʃən] 전시회 painting[péintiŋ] 그림

해설 전시회에 함께 가자고 제안하는 제안 의문문입니다.

(A) [×] 질문에서 사용된 exhibition과 발음이 일부 같은 exhibited를 사용하여 혼동을 주는 오답입니다.

(B) [×] 질문에서 사용된 weekend를 사용하여 혼동을 주는 오답입니다.

(C) [○] 전시회에 함께 가자는 제안에 Which one do you mean(어떤 전시회를 의미하나요)이라는 관련 질문으로 응답하였으므로 정답입니다.

Possible Answer **That's a good idea.** 좋은 생각이에요.

The new president **is the man** standing next to **the** table.	탁자 옆에 서 있는 남자가 새로 온 사장님이에요.
(A) Who's attending the dinner?	(A) 누가 저녁 식사에 참석하나요?
(B) I should go and introduce myself.	(B) 가서 제 소개를 해야겠네요.
(C) The furniture is old.	(C) 그 가구는 오래되었어요.

어휘 president[미 prézədənt, 영 prézidənt] 사장 stand[stænd] 서다 next to ~ 옆에 furniture[fə́:rnitʃər] 가구

해설 탁자 옆에 서 있는 남자가 새로 온 사장님이라는 사실을 전달하는 평서문입니다.

(A) [×] 질문에서 사용된 standing과 발음이 일부 같은 attending을 사용하여 혼동을 주는 오답입니다.

(B) [○] 탁자 옆에 서 있는 남자가 새로 온 사장님이라는 말에 I should go and introduce myself(가서 내 소개를 해야겠다)라고 부연 설명하여 응답하였으므로 정답입니다.

(C) [×] 질문에서 사용된 table(탁자)과 내용이 연관된 furniture(가구)를 사용하여 혼동을 주는 오답입니다.

Possible Answer **I'm so excited to meet him.** 그를 만난다는 것에 매우 흥분돼요.

10 🎧 미국식 발음 → 호주식 발음

Can you arrange the staff meeting for Monday morning?	월요일 아침의 직원 회의를 준비할 수 있어요?
(A) A wide range.	(A) 광범위해요.
(B) No, I haven't met him yet.	(B) 아니요, 그를 아직 안 만났어요.
(C) Let me check the schedule.	(C) 제가 일정을 확인해 볼게요.

어휘 arrange[əréindʒ] 준비하다, 계획을 세우다 staff[stæf] 직원 range[reindʒ] 범위

해설 회의를 준비해 달라고 요청하는 요청 의문문입니다.
(A) [×] 질문에서 사용된 arrange와 발음이 일부 같은 range를 사용하여 혼동을 주는 오답입니다.
(B) [×] No로 응답하였으나, 회의 준비를 요청하는 질문과 관련 없는 I haven't met him yet(그를 아직 안 만났다)으로 응답하였으므로 오답입니다.
(C) [○] 직원 회의를 준비해 달라는 요청에 Let me check the schedule(일정을 확인해 보겠다)이라고 간접적으로 응답하였으므로 정답입니다.

Possible Answer I'll do it right away. 바로 할게요.

11 🎧 미국식 발음 → 영국식 발음

I think we are going to miss our train.	우리 기차를 놓칠 것 같아요.
(A) No, we still have 40 minutes.	(A) 아니요, 아직 40분이 남았어요.
(B) I will miss him too.	(B) 저도 그가 그리울 거예요.
(C) On a business trip.	(C) 출장 중이에요.

어휘 miss[mis] 놓치다 train[trein] 기차 business trip 출장

해설 기차를 놓칠 것 같다는 의견을 전달하는 평서문입니다.
(A) [○] No, we still have 40 minutes(아니, 아직 40분이 남았다)라는 반대의 의미로 응답하였으므로 정답입니다.
(B) [×] 질문에서 사용된 miss를 사용하여 혼동을 주는 오답입니다.
(C) [×] 질문에서 사용된 train(기차)과 내용이 연관된 trip(여행)을 사용하여 혼동을 주는 오답입니다.

Possible Answers Yes, I think we will. 네, 그럴 것 같아요.
I really hope not. 정말 안 그랬으면 좋겠어요.

12 🎧 미국식 발음 → 미국식 발음

Can you take my shift at the factory tomorrow afternoon?	내일 오후 공장 근무를 저와 교대해 주실 수 있나요?
(A) I'm busy at that time.	(A) 저는 그때 바빠요.
(B) Yes, I took notes at the board meeting.	(B) 네, 저는 중역 회의에서 필기했어요.
(C) This factory was built 15 years ago.	(C) 이 공장은 15년 전에 지어졌어요.

어휘 take a shift 교대 근무하다 factory[fǽktəri] 공장 board meeting 중역 회의

해설 근무를 교대해 달라고 요청하는 요청 의문문입니다.
(A) [○] 근무를 교대해 달라는 요청에 I'm busy at that time(저는 그때 바쁘다)이라는 거절의 의미로 응답하였으므로 정답입니다.
(B) [×] 질문에서 사용된 take의 과거형인 took을 사용하여 혼동을 주는 오답입니다.
(C) [×] 질문에서 사용된 factory를 사용하여 혼동을 주는 오답입니다.

Possible Answers Sure, just let me know what time. 물론이죠, 그냥 시간만 알려주세요.
Let me check my schedule. 제 일정을 확인해 볼게요.

토익 기초

Part 1

Part 2

Part 3

Part 4

해커스 토익 스타트 Listening

01 (C)	02 (C)	03 (B)	04 (B)	05 (B)	06 (A)	07 (A)	08 (C)	09 (B)	10 (A)
11 (B)	12 (B)	13 (B)	14 (C)	15 (A)	16 (C)	17 (C)	18 (B)	19 (B)	20 (C)
21 (A)	22 (C)	23 (A)	24 (A)	25 (B)					

01 미국식 발음 → 미국식 발음

When **is he** coming?	그는 언제 오나요?
(A) Only for a week.	(A) 일주일 동안만요.
(B) To India.	(B) 인도로요.
(C) In about 30 minutes.	(C) 약 30분 후에요.

어휘 about[əbáut] 약, 대략

해설 그가 오는 시점이 언제인지를 묻는 When 의문문입니다.

(A) [×] 시점을 묻는 질문에 for a week(일주일 동안)라는 기간으로 응답하였으므로 오답입니다.

(B) [×] 시점을 묻는 질문에 To India(인도로)라는 장소로 응답하였으므로 오답입니다.

(C) [○] In about 30 minutes(약 30분 후에)라는 시점으로 응답하였으므로 정답입니다.

Possible Answer   **Sometime next week.** 다음 주 중에요.

02 호주식 발음 → 영국식 발음

How **is your new** job?	당신의 새로운 직업은 어떤가요?
(A) No, I didn't apply for it.	(A) 아니요, 저는 그것에 지원하지 않았어요.
(B) I feel quite sick.	(B) 저는 꽤 아파요.
(C) I think it's going well.	(C) 잘 되어가고 있는 것 같아요.

어휘 apply for ~에 지원하다   quite[kwait] 꽤, 다소

해설 새로운 직업이 어떤지 상태를 묻는 How 의문문입니다.

(A) [×] 의문사 의문문에 No로 응답하였으므로 오답입니다.

(B) [×] 새로운 직업이 어떤지 상태를 묻는 질문에 I feel quite sick(나는 꽤 아프다)이라는 건강 상태로 응답하였으므로 오답입니다.

(C) [○] it's going well(잘 되어가고 있다)이라는 상태를 나타내는 표현으로 응답하였으므로 정답입니다.

Possible Answer   **I'm enjoying it.** 저는 그것을 즐기고 있어요.

03 미국식 발음 → 호주식 발음

Who **is going to** speak at the presentation?	누가 프레젠테이션에서 발표하나요?
(A) Everyone was present.	(A) 모두가 참석했어요.
(B) I think Mr. Madison will.	(B) Mr. Madison이 할 것 같아요.
(C) No, I'm not going.	(C) 아니요, 저는 안 가요.

어휘 present[préznt] 참석한, 출석한

해설 발표할 사람이 누구인지를 묻는 Who 의문문입니다.

(A) [×] 질문에서 사용된 presentation과 발음이 일부 같은 present를 사용하여 혼동을 주는 오답입니다.

(B) [○] Mr. Madison이라는 사람 이름으로 응답하였으므로 정답입니다.

(C) [×] 의문사 의문문에 No로 응답하였으므로 오답입니다.

Possible Answer   **It hasn't been decided yet.** 그것은 아직 결정되지 않았어요.

04 🔊 영국식 발음 → 호주식 발음

Do you prefer taking the bus or a taxi?	버스를 타는 것이 좋나요, 아니면 택시를 타는 것이 좋나요?
(A) They missed the bus.	(A) 그들은 버스를 놓쳤어요.
(B) Could we take the subway?	(B) 우리 지하철을 탈까요?
(C) Including taxes.	(C) 세금을 포함해서요.

어휘 prefer[미 prifə́:r, 영 prifə́:] 좋아하다, 선호하다 including[inklú:diŋ] ~을 포함하여 tax[tæks] 세금

해설 버스와 택시 중 어느 것을 타는 것이 좋은지를 묻는 선택 의문문입니다.
   (A) [×] 질문에서 사용된 bus를 사용하여 혼동을 주는 오답입니다.
   (B) [○] Could we take the subway(우리 지하철을 탈까요)라는 제3의 선택을 하였으므로 정답입니다.
   (C) [×] 질문에서 사용된 taxi와 발음이 일부 같은 taxes를 사용하여 혼동을 주는 오답입니다.

Possible Answer   It doesn't matter to me. 저는 상관없어요.

05 🔊 호주식 발음 → 미국식 발음

Where's the shipment coming from?	선적품이 어디에서 오나요?
(A) Yes, it was sent yesterday.	(A) 네, 그것은 어제 보내졌어요.
(B) From Beijing, I think.	(B) 제 생각에는, 베이징에서요.
(C) She's arriving at 8 P.M.	(C) 그녀는 오후 8시에 도착할 거예요.

어휘 shipment[ʃípmənt] 선적(품) send[send] 보내다

해설 선적품이 오는 곳이 어디인지를 묻는 Where 의문문입니다.
   (A) [×] 의문사 의문문에 Yes로 응답하였으므로 오답입니다.
   (B) [○] Beijing이라는 장소로 응답하였으므로 정답입니다.
   (C) [×] 질문에서 사용된 coming(오다)과 내용이 연관된 arriving(도착하다)을 사용하여 혼동을 주는 오답입니다.

Possible Answer   I'll call the supplier and find out. 제가 공급업체에 전화해서 알아볼게요.

06 🔊 영국식 발음 → 호주식 발음

Which of these is the car you rented?	이 중에서 어느 것이 당신이 빌린 차인가요?
(A) The one with two doors.	(A) 2개의 문이 있는 거예요.
(B) These look better to me.	(B) 이것들이 저에게 더 나아 보여요.
(C) I'm planning to drive.	(C) 저는 운전할 계획이에요.

어휘 rent[rent] 빌리다 plan[plæn] 계획하다

해설 빌린 차가 어느 것인지를 묻는 Which 의문문입니다.
   (A) [○] The one with two doors(2개의 문이 있는 것)라는 특정 차로 응답하였으므로 정답입니다.
   (B) [×] 질문에서 사용된 these를 사용하여 혼동을 주는 오답입니다.
   (C) [×] 질문에서 사용된 car(차)와 내용이 연관된 drive(운전하다)를 사용하여 혼동을 주는 오답입니다.

Possible Answer   I can't remember. 저는 기억이 안 나요.

토익 기초

Part 1

Part 2

Part 3

Part 4

해커스 토익 스타트 Listening

07 🔊 미국식 발음 → 영국식 발음

Why **did you** go **to the airport so** early?	왜 공항에 그렇게 일찍 갔었나요?
(A) To do some duty-free shopping.	(A) 면세 쇼핑을 좀 하려고요.
(B) I went this morning.	(B) 저는 오늘 아침에 갔어요.
(C) A direct flight.	(C) 직항편이요.

어휘 duty-free[djùːtífríː] 면세의

해설 공항에 일찍 간 이유를 묻는 Why 의문문입니다.
　　(A) [○] To do some duty-free shopping(면세 쇼핑을 좀 하기 위해)이라는 이유로 응답하였으므로 정답입니다.
　　(B) [×] 질문에서 사용된 go(가다)의 과거형인 went(갔다)를 사용하여 혼동을 주는 오답입니다.
　　(C) [×] 질문에서 사용된 airport(공항)와 내용이 연관된 direct flight(직항편)를 사용하여 혼동을 주는 오답입니다.

Possible Answers　I needed time to exchange some money. 환전할 시간이 필요했어요.
　　　　　　　　　Because I had an early flight. 왜냐하면 이른 항공편이 있었거든요.

08 🔊 미국식 발음 → 호주식 발음

I **don't think** I'll **be able to** join **you for dinner.**	당신과 저녁 식사를 함께할 수 없을 것 같아요.
(A) We weren't able to.	(A) 저희는 할 수 없었어요.
(B) At the Japanese restaurant.	(B) 일식당에서요.
(C) That's too bad.	(C) 그것 참 안됐군요.

어휘 be able to ~할 수 있다　join[dʒɔin] 함께하다

해설 저녁 식사를 함께할 수 없을 것이라는 사실을 전달하는 평서문입니다.
　　(A) [×] 질문에서 사용된 able을 사용하여 혼동을 주는 오답입니다.
　　(B) [×] 질문에서 사용된 dinner(저녁 식사)와 내용이 연관된 Japanese restaurant(일식당)을 사용하여 혼동을 주는 오답입니다.
　　(C) [○] 저녁 식사를 함께할 수 없을 거라는 말에 That's too bad(그것 참 안됐다)라는 의견으로 응답하였으므로 정답입니다.

Possible Answers　Really? Why can't you come? 정말요? 왜 못 오시나요?
　　　　　　　　　I'm sorry to hear that. 유감이네요.

09 🔊 영국식 발음 → 미국식 발음

Could you return **these** books **to the library?**	이 책들을 도서관에 반납해주시겠어요?
(A) Yes, I booked two tickets.	(A) 네, 저는 2장의 표를 예약했어요.
(B) Sure, I'll do it after work.	(B) 물론이죠, 퇴근 후에 할게요.
(C) May I see your ID card please?	(C) 당신의 신분증을 볼 수 있을까요?

어휘 return[미 ritə́ːrn, 영 ritə́ːn] 반납하다　library[미 láibrèri, 영 láibrəri] 도서관　book[buk] 책; 예약하다　ID card 신분증

해설 책을 반납해달라고 요청하는 요청 의문문입니다.
　　(A) [×] 질문에서 사용된 book을 사용하여 혼동을 주는 오답입니다.
　　(B) [○] Sure(물론이죠)라는 수락의 표현으로 응답한 뒤, I'll do it after work(퇴근 후에 하겠다)라고 부연 설명하였으므로 정답입니다.
　　(C) [×] 질문에서 사용된 library(도서관)와 내용이 연관된 ID card(신분증)를 사용하여 혼동을 주는 오답입니다.

Possible Answer　Sure, I can do it during my break. 물론이죠, 쉬는 시간에 할 수 있어요.

10 🎧 미국식 발음 → 미국식 발음

Where's the nearest subway station?	가장 가까운 지하철역이 어디인가요?
(A) There's one across the street.	(A) 길 건너에 하나 있어요.
(B) It has three lines.	(B) 그것은 3개의 노선을 가지고 있어요.
(C) I'll meet you at the station.	(C) 역에서 만나요.

어휘 station[stéiʃən] 역 line[lain] 노선

해설 가장 가까운 지하철역이 어디인지를 묻는 Where 의문문입니다.
(A) [○] across the street(길 건너에)라는 장소로 응답하였으므로 정답입니다.
(B) [×] 질문에서 사용된 subway(지하철)와 내용이 연관된 lines(노선)를 사용하여 혼동을 주는 오답입니다.
(C) [×] 질문에서 사용된 station을 사용하여 혼동을 주는 오답입니다.

Possible Answer On Burrard Avenue. Burrard가에요.

11 🎧 호주식 발음 → 영국식 발음

You've been with the company for a long time, haven't you?	당신은 이 회사에서 오랫동안 일했죠, 안 그랬나요?
(A) It's a foreign company.	(A) 그것은 외국 기업이에요.
(B) No, only for about a year.	(B) 아니요, 약 1년 동안만이요.
(C) She will be back this afternoon.	(C) 그녀는 오늘 오후에 돌아올 거예요.

어휘 company[kʌ́mpəni] 회사, 기업 for a long time 오랫동안 be back 돌아오다

해설 회사에서 오랫동안 일했는지를 확인하는 부가 의문문입니다.
(A) [×] 질문에서 사용된 company를 사용하여 혼동을 주는 오답입니다.
(B) [○] No로 응답한 뒤, for about a year(약 1년 동안)라고 부연 설명하였으므로 정답입니다.
(C) [×] 질문에서 사용된 time(시간)과 내용이 연관된 this afternoon(오늘 오후)을 사용하여 혼동을 주는 오답입니다.

Possible Answer Yes, for more than 10 years. 네, 10년 넘게요.

12 🎧 미국식 발음 → 미국식 발음

Have you met the new financial director?	새로운 재무 이사님을 만나 봤나요?
(A) Directly to the office.	(A) 곧장 사무실로요.
(B) Yes, last week.	(B) 네, 지난주에요.
(C) No, he's quite old.	(C) 아니요, 그는 꽤 나이가 많아요.

어휘 financial[finǽnʃəl] 재무의, 재정의 director[diréktər] 이사 quite[kwait] 꽤

해설 새로운 재무 이사를 만나 보았는지를 묻는 일반 의문문입니다.
(A) [×] 질문에서 사용된 director와 발음이 일부 같은 Directly를 사용하여 혼동을 주는 오답입니다.
(B) [○] Yes로 응답한 뒤, last week(지난주)라고 부연 설명하였으므로 정답입니다.
(C) [×] 질문에서 사용된 new(새로운)와 내용이 연관된 old(나이가 많은)를 사용하여 혼동을 주는 오답입니다.

Possible Answers No, I'm meeting him for lunch today. 아니요, 저는 오늘 점심 때 그를 만날 거예요.
Yes, she seems very nice. 네, 그녀는 매우 친절한 것 같아요.

13 🔊 영국식 발음 → 미국식 발음

Do you know when the manager will finish his report?	부장님이 보고서를 언제 끝낼지 아세요?
(A) In conference room B.	(A) B 회의실에서요.
(B) By the end of the week.	(B) 주말까지요.
(C) I spoke to the director.	(C) 제가 이사님께 말씀드렸어요.

> 어휘 **manager**[미 mǽnidʒər, 영 mǽnidʒə] 부장 **report**[미 ripɔ́:rt, 영 ripɔ́:t] 보고서 **conference room** 회의실

> 해설 보고서를 끝낼 시점이 언제인지 아는지를 묻는 의문사 When이 포함된 일반 의문문입니다.
> (A) [×] 시점을 묻는 질문에 In conference room B(B 회의실에서)라는 장소로 응답하였으므로 오답입니다.
> (B) [○] By the end of the week(주말까지)라는 시점으로 응답하였으므로 정답입니다.
> (C) [×] 질문에서 사용된 manager(부장)와 내용이 연관된 director(이사)를 사용하여 혼동을 주는 오답입니다.

Possible Answer **Within a week.** 일주일 내로요.

14 🔊 호주식 발음 → 미국식 발음

When are the factory production reports due?	공장 생산 보고서의 마감 기한이 언제인가요?
(A) In the top drawer of my desk.	(A) 제 책상의 첫 번째 서랍에요.
(B) I report directly to the manager.	(B) 제가 직접 부장님께 보고해요.
(C) Thursday morning at 9 A.M.	(C) 목요일 오전 9시요.

> 어휘 **factory**[fǽktəri] 공장 **production**[prədʌ́kʃən] 생산 **due**[dju:] 마감 기한인 **drawer**[drɔ́:ər] 서랍 **directly**[diréktli] 직접

> 해설 보고서의 마감 기한 시점이 언제인지를 묻는 When 의문문입니다.
> (A) [×] 시점을 묻는 질문에 In the top drawer of my desk(내 책상의 첫 번째 서랍에)라는 장소로 응답하였으므로 오답입니다.
> (B) [×] 질문에서 사용된 report를 사용하여 혼동을 주는 오답입니다.
> (C) [○] Thursday morning at 9 A.M.(목요일 오전 9시)이라는 시점으로 응답하였으므로 정답입니다.

Possible Answers **By the end of the week.** 이번 주말까지요.
　　　　　　　　I'll ask the director and let you know. 제가 이사님께 여쭤 보고 알려드릴게요.

15 🔊 미국식 발음 → 호주식 발음

I haven't received Mark's memo yet.	저는 아직 Mark의 메모를 못 받았어요.
(A) It was about a schedule change.	(A) 그건 일정 변경에 관한 것이었어요.
(B) With the original receipt.	(B) 영수증 원본과 함께요.
(C) Yes, I wrote the memo.	(C) 네, 제가 그 메모를 썼어요.

> 어휘 **receive**[risí:v] 받다 **original**[미 ərídʒənl, 영 ərídʒinəl] 원본의 **receipt**[risí:t] 영수증

> 해설 메모를 아직 못 받았다는 문제점을 전달하는 평서문입니다.
> (A) [○] 메모를 못 받았다는 말에 It was about a schedule change(그건 일정 변경에 관한 것이었다)라고 메모에 대해 부연 설명하였으므로 정답입니다.
> (B) [×] 질문에서 사용된 received와 발음이 일부 같은 receipt를 사용하여 혼동을 주는 오답입니다.
> (C) [×] 질문에서 사용된 memo를 사용하여 혼동을 주는 오답입니다.

Possible Answer **You can read my copy.** 제 복사본을 읽으시면 돼요.

16 🔊 미국식 발음 → 미국식 발음

Are **your** friends coming **to the concert?** (A) A few days ago. (B) I'll come with you. (C) They can't make it.	당신 친구들이 콘서트에 오나요? (A) 며칠 전에요. (B) 당신과 함께 갈게요. (C) 그들은 못 와요.

어휘   make it 오다, (장소에) 이르다

해설   친구들이 콘서트에 오는지를 묻는 일반 의문문입니다.
(A) [×] 친구들이 콘서트에 오는지를 묻는 질문에 A few days ago(며칠 전에)라는 시점으로 응답하였으므로 오답입니다.
(B) [×] 질문에서 사용된 coming과 발음이 일부 같은 come을 사용하여 혼동을 주는 오답입니다.
(C) [○] No가 생략된 형태로 They can't make it(그들은 못 온다)이라고 응답하였으므로 정답입니다.

Possible Answer   **They said they're coming.** 그들은 올 거라고 말했어요.

17 🔊 영국식 발음 → 미국식 발음

Why don't we order a pizza delivery **for dinner?** (A) A table for two, please. (B) Because of the delay. (C) I'd prefer eating out.	우리 저녁 식사로 피자 배달을 시키는 게 어때요? (A) 두 사람이 앉을 테이블로 주세요. (B) 지연 때문에요. (C) 저는 밖에 나가서 먹는 게 더 좋아요.

어휘   order[미 ɔ́:rdər, 영 ɔ́:də] 시키다   delay[diléi] 지연   eat out 밖에 나가서 먹다, 외식하다

해설   저녁 식사로 피자 배달을 시키자고 제안하는 제안 의문문입니다.
(A) [×] 질문에서 사용된 dinner(저녁 식사)와 내용이 연관된 table(테이블)을 사용하여 혼동을 주는 오답입니다.
(B) [×] 질문에서 사용된 delivery와 발음이 일부 유사한 delay를 사용하여 혼동을 주는 오답입니다.
(C) [○] I'd prefer eating out(나는 밖에 나가서 먹는 게 더 좋다)이라는 거절의 의미로 응답하였으므로 정답입니다.

Possible Answer   **That's a good idea.** 그거 좋은 생각이네요.

18 🔊 호주식 발음 → 미국식 발음

What's the quickest way to **the supermarket?** (A) Yes, in the receipt. (B) Probably by bus. (C) At the marketing seminar.	슈퍼마켓으로 가는 가장 빠른 방법이 무엇인가요? (A) 네, 영수증에요. (B) 아마 버스로 가는 것일 거예요. (C) 마케팅 세미나에서요.

어휘   way to ~로 가는 방법   probably[prá:bəbli] 아마

해설   슈퍼마켓으로 가는 가장 빠른 방법이 무엇인지를 묻는 What 의문문입니다.
(A) [×] 의문사 의문문에 Yes로 응답하였으므로 오답입니다.
(B) [○] by bus(버스로)라는 방법으로 응답하였으므로 정답입니다.
(C) [×] 질문에서 사용된 supermarket과 발음이 일부 같은 marketing을 사용하여 혼동을 주는 오답입니다.

Possible Answers   **You can probably just walk.** 당신은 아마 그냥 걸어갈 수 있을 거예요.
                     It only takes 10 minutes by subway. 지하철로 10분밖에 안 걸려요.

19 🔊 미국식 발음 → 영국식 발음

Won't **you have to** leave **for the airport** early?	당신은 공항으로 일찍 출발해야 하지 않나요?
(A) Yes, he will leave it here.	(A) 네, 그는 그것을 여기에 남겨둘 거예요.
(B) No, my flight isn't until nine.	(B) 아니요, 제 항공편은 9시나 되어서야 있어요.
(C) She was quite late.	(C) 그녀는 꽤 늦었어요.

어휘 leave[liːv] 출발하다, 남겨두다   early[ə́ːrli] 일찍

해설 일찍 출발해야 하지 않는지를 묻는 일반 의문문입니다.
(A) [×] 질문에서 사용된 leave를 사용하여 혼동을 주는 오답입니다.
(B) [○] No로 응답한 뒤, flight isn't until nine(항공편은 9시나 되어서야 있다)이라고 부연 설명하였으므로 정답입니다.
(C) [×] 질문에서 사용된 early(일찍)와 내용이 연관된 late(늦은)를 사용하여 혼동을 주는 오답입니다.

Possible Answer   Yes, I need to be there by seven. 네, 거기에 7시까지 가야 해요.

20 🔊 미국식 발음 → 호주식 발음

I'd like to **make an appointment** for Friday.	금요일로 예약하고 싶어요.
(A) At the dental clinic.	(A) 치과에서요.
(B) I like them too.	(B) 저도 그것들을 좋아해요.
(C) What time would you like?	(C) 몇 시가 좋으시겠어요?

어휘 make an appointment 예약하다   dental clinic 치과

해설 예약을 해달라고 요청하는 평서문입니다.
(A) [×] 질문에서 사용된 make an appointment(예약하다)와 내용이 연관된 dental clinic(치과)을 사용하여 혼동을 주는 오답입니다.
(B) [×] 질문에서 사용된 like를 사용하여 혼동을 주는 오답입니다.
(C) [○] 예약 요청에 What time would you like(몇 시가 좋나요)라는 관련 질문으로 응답하였으므로 정답입니다.

Possible Answers   Are you available at 3 P.M.? 오후 3시에 가능하세요?
I'll schedule you for that. 그렇게 일정을 잡아드릴게요.

21 🔊 미국식 발음 → 영국식 발음

Who's **taking care of** the training schedule?	누가 교육 일정을 관리하나요?
(A) They've asked Jake to do it.	(A) 그들이 Jake에게 해달라고 요청했어요.
(B) I'm taking the train.	(B) 저는 기차를 타요.
(C) We will be careful.	(C) 조심할게요.

어휘 take care of 관리하다, 돌보다   careful[미 kéərfəl, 영 kéəfəl] 조심하는

해설 교육 일정을 관리하는 사람이 누구인지를 묻는 Who 의문문입니다.
(A) [○] Jake라는 사람 이름으로 응답하였으므로 정답입니다.
(B) [×] 질문에서 사용된 taking을 사용하여 혼동을 주는 오답입니다.
(C) [×] 질문에서 사용된 care와 발음이 일부 같은 careful을 사용하여 혼동을 주는 오답입니다.

Possible Answer   Ask someone in the human resources department. 인사부의 누군가에게 물어보세요.

22 ◁)) 미국식 발음 → 미국식 발음

Can I look at the report now, or will I need to wait until later?	제가 보고서를 지금 볼 수 있을까요, 아니면 나중까지 기다려야 할까요?
(A) On current sales figures.	(A) 현재의 판매 수치에 대해서요.
(B) She said she couldn't wait.	(B) 그녀는 기다릴 수 없다고 말했어요.
(C) Sorry, it isn't ready yet.	(C) 죄송해요, 아직 준비되지 않았어요.

어휘　report[ripɔ́:rt] 보고서　current[kə́:rənt] 현재의　ready[rédi] 준비된

해설　보고서를 지금 볼 수 있는지 아니면 나중까지 기다려야 하는지를 묻는 선택 의문문입니다.
(A) [×] 질문에서 사용된 report(보고서)와 내용이 연관된 sales figures(판매 수치)를 사용하여 혼동을 주는 오답입니다.
(B) [×] 질문에서 사용된 wait를 사용하여 혼동을 주는 오답입니다.
(C) [○] it isn't ready yet(아직 준비되지 않았다)이라고 나중까지 기다려야 한다는 것을 선택하여 응답하였으므로 정답입니다.

Possible Answers　Would 11 o'clock be OK? 11시면 괜찮을까요?
　　　　　　　　Let me go ask James. James한테 가서 물어볼게요.

23 ◁)) 호주식 발음 → 영국식 발음

We have more than 20 different flavors.	우리는 20가지가 넘는 다른 맛이 있어요.
(A) Do you have strawberry?	(A) 딸기 맛도 있나요?
(B) A little more, please.	(B) 조금 더 주세요.
(C) It's just been served.	(C) 그것은 막 나왔어요.

어휘　flavor[미 fléivər, 영 fléivə] 맛　strawberry[미 strɔ́:bèri, 영 strɔ́:bəri] 딸기

해설　20가지가 넘는 맛이 있다는 사실을 전달하는 평서문입니다.
(A) [○] 20가지가 넘는 맛이 있다는 말에 Do you have strawberry(딸기 맛도 있나요)라는 관련 질문으로 응답하였으므로 정답입니다.
(B) [×] 질문에서 사용된 more를 사용하여 혼동을 주는 오답입니다.
(C) [×] 질문에서 사용된 20 different flavors(20가지 다른 맛)와 내용이 연관된 It's just been served(그것이 막 나왔다)를 사용하여 혼동을 주는 오답입니다.

Possible Answer　Could I try the chocolate, please? 초콜릿 맛을 먹어볼 수 있을까요?

24 ◁)) 미국식 발음 → 영국식 발음

How often should I take this medicine?	제가 이 약을 얼마나 자주 먹어야 하나요?
(A) Three times a day.	(A) 하루에 세 번이요.
(B) It doesn't happen often.	(B) 그건 자주 일어나지 않아요.
(C) Just these tablets.	(C) 그냥 이 알약들이요.

어휘　often[ɔ́:fən] 자주　medicine[médəsin] 약　tablet[미 tǽblit, 영 tǽblət] 알약, 정제

해설　약을 얼마나 자주 먹어야 하는지를 묻는 How 의문문입니다.
(A) [○] Three times a day(하루에 세 번)라는 빈도로 응답하였으므로 정답입니다.
(B) [×] 질문에서 사용된 often을 사용하여 혼동을 주는 오답입니다.
(C) [×] 질문에서 사용된 medicine(약)과 내용이 연관된 tablets(알약들)를 사용하여 혼동을 주는 오답입니다.

Possible Answer　Check your prescription. 처방전을 확인하세요.

25 🔊 미국식 발음 → 호주식 발음

Why **are the windows** open?	왜 창문이 열려 있나요?
(A) He won the award.	(A) 그는 상을 탔어요.
(B) Sorry, I forgot to close them.	(B) 죄송해요, 제가 닫는 것을 잊어버렸어요.
(C) Yes, it opens soon.	(C) 네, 곧 열어요.

어휘 forget[미 fərgét, 영 fəgét] 잊다 close[미 klouz, 영 kləuz] 닫다

해설 창문이 열려 있는 이유를 묻는 Why 의문문입니다.

(A) [×] 질문에서 사용된 windows와 발음이 일부 유사한 won the를 사용하여 혼동을 주는 오답입니다.

(B) [○] forgot to close them(닫는 것을 잊어버렸다)이라는 이유로 응답하였으므로 정답입니다.

(C) [×] 의문사 의문문에 Yes로 응답하였으므로 오답입니다.

Possible Answer   **Because the air conditioner is broken.** 왜냐하면 에어컨이 고장 나서요.

Part 3

11일 회사 생활 1

토익기초

Part 1

Part 2

Part 3

Part 4

해커스 토익 스타트 Listening

Course 1 인사 업무

p.160

01 (A) **02** (A) **03** (B) **04** (A) **05** (D) **06** (C) **07** (A) **08** (B)

---

01 🔊 미국식 발음 → 호주식 발음, 영국식 발음 → 미국식 발음

Question 1 refers to the following conversation.

W: Thanks for coming / for an interview. Do you
　　　와주셔서 감사합니다　　　　　면접에

　have any questions / about the job?
　　당신은 어떤 질문들을 가지고 있나요　이 일자리에 대해 ⎤ 면접 질문

M: Actually, / does your law firm offer opportunities /
　　실제로　　　　당신의 법률 사무소는 기회들을 제공하나요

　for promotion?
　　승진을 위한 ⎤ 승진 기회

What **does the** man ask about?

(A) 승진 기회

(B) 직원 봉급

1번은 다음 대화에 관한 문제입니다.

W: 면접에 와주셔서 감사합니다. 이 일자리에 대해 질문이 있으신가요?

M: 실제로, 당신의 법률 사무소는 승진을 위한 기회들을 제공하나요?

남자는 무엇에 대해 묻는가?

(A) 승진 기회

(B) 직원 봉급

어휘 ┃ **law firm** 법률 사무소 **opportunity**[미 à:pərtjú:nəti, 영 ɔ̀pətjú:nəti] 기회 **promotion**[미 prəmóuʃən, 영 prəmə́uʃən] 승진

해설 ┃ What ~ man ask about을 보고 남자가 무엇에 대해 묻는지를 묻고 있음을 알 수 있습니다. 남자의 말 does your law firm offer opportunities for promotion에서 승진을 위한 기회를 제공하는지를 묻고 있음을 알 수 있으므로 (A)가 정답입니다.

---

02 🔊 영국식 발음 → 호주식 발음, 미국식 발음 → 미국식 발음

Question 2 refers to the following conversation.

W: I'm planning to apply / for the editor position /
　　저는 지원할 계획이에요　　　　　편집직에

　at the head office.
　　본사의 ⎤ 관심 직종

M: Are you? I didn't know / there was an opening.
　　그래요　　저는 몰랐어요　　　공석이 있는지

W: Yes, / it's for the news magazine department.
　　네　　　그것은 시사 잡지 부서를 위한 것이에요

What position **is the** woman interested in?

(A) 편집직

(B) 판매직

2번은 다음 대화에 관한 문제입니다.

W: 저는 본사의 편집직에 지원할 계획이에요.

M: 그래요? 공석이 있는지 몰랐어요.

W: 네, 시사 잡지 부서를 위한 것이에요.

여자는 어떤 직종에 관심이 있는가?

(A) 편집직

(B) 판매직

어휘 ┃ **apply for** ~에 지원하다 **editor**[미 édətər, 영 éditə] 편집자, 편집장 **head office** 본사 **opening**[미 óupəniŋ, 영 ə́upəniŋ] 공석

해설 ┃ What position ~ woman interested in을 보고 여자가 어떤 직종에 관심이 있는지를 묻고 있음을 알 수 있습니다. 여자의 말 I'm planning to apply for the editor position에서 편집직에 관심이 있음을 알 수 있으므로 (A)가 정답입니다.

Question 3 refers to the following conversation.

M: Do you know / who our new marketing director
  아시나요   누가 우리의 새로운 마케팅 부장이 될지
  will be?

  인사 이동

W: I heard / Deanna will be promoted / to that position.
  저는 들었어요   Deanna가 승진될 것이라고   그 직책으로

M: Oh, / good. She's a great leader / and will help our
  오   잘됐네요   그녀는 훌륭한 리더예요   그리고 우리 팀을 많이 도와줄 거예요
  team a lot.
  그리고 우리 팀을 많이 도와줄 거예요

  인물 설명

Who most likely is Deanna?

(A) A business consultant

(B) A marketing director

3번은 다음 대화에 관한 문제입니다.

M: 누가 우리의 새로운 마케팅 부장이 될지 아시나요?

W: Deanna가 그 직책으로 승진될 거라고 들었어요.

M: 오, 잘됐네요. 그녀는 훌륭한 리더여서 우리 팀을 많이 도와줄 거예요.

Deanna는 누구인 것 같은가?

(A) 경영 컨설턴트

(B) 마케팅 부장

어휘 promote[미 prəmóut, 영 prəmə́ut] 승진시키다 position[pəzíʃən] 직책

해설 Who ~ Deanna를 보고 Deanna가 누구인지를 묻고 있음을 알 수 있습니다. 남자의 말 Do you know who our new marketing director will be와 여자의 말 I heard Deanna will be promoted to that position에서 Deanna가 새로운 마케팅 부장임을 알 수 있으므로 (B) A marketing director가 정답입니다.

Question 4 refers to the following conversation.

M: The store is so busy / these days. We need to hire /
  가게가 너무 바빠요   요즘   우리는 고용해야 해요
  more sales staff.
  더 많은 판매 직원을

  인력 부족

W: I agree. Almost everyone is working overtime.
  맞아요   거의 모두가 초과 근무를 하고 있어요

M: I will discuss the problem / with our manager.
  제가 그 문제에 대해 이야기해 볼게요   우리의 부장님과

  추가 인력 요청

Why does the man want to hire more employees?

(A) A shop is very busy.

(B) He opened a new store.

4번은 다음 대화에 관한 문제입니다.

M: 요즘 가게가 너무 바빠요. 우리는 더 많은 판매 직원을 고용해야 해요.

W: 맞아요. 거의 모두가 초과 근무를 하고 있어요.

M: 제가 그 문제에 대해 부장님과 이야기해 볼게요.

남자는 왜 더 많은 직원을 고용하고 싶어 하는가?

(A) 가게가 매우 바쁘다.

(B) 그는 새로운 가게를 열었다.

어휘 hire[미 haiər, 영 haiə] 고용하다 sales[seilz] 판매의 overtime[미 óuvərtàim, 영 óuvətaim] 초과 근무로

해설 Why ~ man ~ hire more employees를 보고 남자가 더 많은 직원을 고용하고 싶어 하는 이유를 묻고 있음을 알 수 있습니다. 남자의 말 The store is so busy ~ We need to hire more sales staff에서 가게가 매우 바빠서 직원을 고용하고 싶어 함을 알 수 있으므로 (A) A shop is very busy가 정답입니다.

Questions 5-6 refer to the following conversation.

W: [05]We have so many guests / at the hotel / these days.
　　우리는 매우 많은 손님들이 있어요　　　　　호텔에　　　　　요즘
I think / we should hire more housekeeping
저는 생각해요　　　우리는 더 많은 객실 청소 직원들을 고용해야 한다고
employees.

　　　　　　　　　　　　　　　　　　　　　　　　　　인력 부족

M: I agree. It's so busy / during the summer. [05]We
저도 동의해요　매우 바빠요　　　　여름에
definitely need more help. Maybe we should
우리는 확실히 더 많은 종업원이 필요해요　아마도 우리는 누군가에게 말해야 해요
speak to someone / about it.
　　　　　　　　그것에 대하여

　　　　　　　　　　　　　　　　　　　　　　　　　추가 인력
　　　　　　　　　　　　　　　　　　　　　　　　　요청

W: [06]Why don't we talk to the supervisor / today?
　　상사에게 이야기하는 게 어때요　　　　　　오늘

05 What problem are the speakers discussing?

(A) The facility is dirty.
(B) The guests are complaining.
(C) The rooms are expensive.
(D) The hotel is understaffed.

06 What does the woman suggest?

(A) Speaking to a guest
(B) Hiring a new receptionist
(C) Talking to a supervisor
(D) Changing a reservation

5-6번은 다음 대화에 관한 문제입니다.

W: 요즘 우리 호텔에 매우 많은 손님들이 있어요.
　더 많은 객실 청소 직원들을 고용해야 할 것
　같아요.
M: 저도 동의해요. 여름에는 매우 바쁘거든요.
　우리는 확실히 더 많은 종업원이 필요해요.
　아마도 우리는 그것에 대해 누군가에게 말해
　야 할 거예요.
W: 오늘 상사에게 이야기하는 게 어때요?

05 화자들은 무슨 문제를 이야기하고 있는가?

(A) 시설이 더럽다.
(B) 손님들이 불평하고 있다.
(C) 객실이 비싸다.
(D) 호텔 직원이 부족하다.

06 여자는 무엇을 제안하는가?

(A) 손님에게 이야기하는 것
(B) 새로운 안내원을 고용하는 것
(C) 상사에게 이야기하는 것
(D) 예약을 변경하는 것

어휘 housekeeping employee 객실 청소 직원　supervisor [미 súːpərvàizər, 영 súːpəvaizə] 상사

해설 05 What problem ~ speakers discussing을 보고 화자들이 무슨 문제를 이야기하고 있는지를 묻고 있음을 알 수 있습니다. 여자의 말 We have so many guests at the hotel ~ we should hire more ~ employees와 남자의 말 We definitely need more help 에서 호텔에 직원이 부족함을 알 수 있으므로 (D) The hotel is understaffed가 정답입니다.

06 What ~ woman suggest를 보고 여자가 제안하는 것이 무엇인지를 묻고 있음을 알 수 있습니다. 여자의 말 Why don't we talk to the supervisor에서 상사에게 이야기하는 것을 제안하고 있음을 알 수 있으므로 (C) Talking to a supervisor가 정답입니다.

Questions 7-8 refer to the following conversation and chart.

M: 07Dale is getting a promotion. 08He's taking the
　　　Dale은 승진할 거예요

position of manager / at one of our branch offices /
그는 관리자 직을 맡을 거예요　　　　우리 지점들 중 하나의

in California.
캘리포니아에 있는

인사 이동

W: Really? I thought / he wasn't interested in relocating.
정말요　저는 생각했어요　　　그가 전근하는 것에 관심이 없다고

M: Yes. But, / uhm . . . / the company offered him
네　　그런데　　음　　　회사가 그에게 상당한 봉급을 제의했어요

a good salary.

W: I guess / the CEO was happy / with Dale's
저는 생각해요　최고 경영자가 만족스러워했다고

performance as project manager / last year.
프로젝트 관리자로서 Dale의 성과를　　　　지난해

이동 관련
설명

M: Also, / that branch needs his help. 08Its annual profit
또한　　　그 지점은 그의 도움이 필요해요

was the lowest / out of all our California offices.
그곳의 연간 이익은 가장 낮았어요　우리의 모든 캘리포니아 지점들 중

7-8번은 다음 대화와 도표에 관한 문제입니다.

M: Dale은 승진할 거예요. 그는 캘리포니아에 있는 우리 지점들 중 하나의 관리자 직을 맡을 거예요.

W: 정말요? 저는 그가 전근하는 것에 관심이 없다고 생각했어요.

M: 네. 그런데, 음... 회사가 그에게 상당한 봉급을 제의했어요.

W: 최고 경영자가 지난해 프로젝트 관리자로서 Dale의 성과를 만족스러워한 것 같군요.

M: 또한, 그 지점은 그의 도움이 필요해요. 그곳의 연간 이익은 우리의 모든 캘리포니아 지점들 중 가장 낮았어요.

Annual Profits

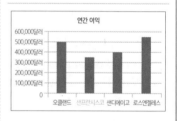

연간 이익

07 What is the conversation mainly about?

(A) A colleague's promotion
(B) A new employee
(C) A company's expansion
(D) A salary change

08 Look at the graphic. Which branch will Dale manage?

(A) Oakland
(B) San Francisco
(C) San Diego
(D) Los Angeles

07 대화는 주로 무엇에 관한 것인가?

(A) 동료의 승진
(B) 새로운 직원
(C) 회사의 확장
(D) 급여 변화

08 시각 자료를 보아라. Dale은 어느 지점을 관리할 것인가?

(A) 오클랜드
(B) 샌프란시스코
(C) 샌디에이고
(D) 로스엔젤레스

어휘　promotion [미 prəmóuʃən, 영 prəmɔ́uʃən] 승진　branch office 지점　relocate [미 rìːloukéit, 영 rìːləukéit] 전근하다

해설　07 What ~ conversation ~ about을 보고 대화가 무엇에 관한 것인지를 묻고 있음을 알 수 있습니다. 남자의 말 Dale is getting a promotion에서 동료의 승진에 대해 이야기하고 있음을 알 수 있으므로 (A) A colleague's promotion이 정답입니다.

08 Which branch ~ Dale manage를 보고 Dale이 어느 지점을 관리할 것인지를 묻고 있음을 알 수 있습니다. 남자의 말 He's taking the position of manager ~ in California와 Its annual profit was the lowest out of all our California offices에서 Dale이 캘리포니아 지점들 중 연간 이익이 가장 낮은 곳의 관리자 직을 맡을 것이라 하였고, 도표에서 연간 이익이 가장 낮은 곳이 샌프란시스코 지점임을 알 수 있으므로 (B) San Francisco가 정답입니다.

Course 2 사내 업무

p.166

01 (A) **02** (A) **03** (A) **04** (B) **05** (B) **06** (B) **07** (A) **08** (C)

---

01 🔊 미국식 발음 → 영국식 발음, 호주식 발음 → 미국식 발음

Question 1 refers to the following conversation.

M: How's your construction proposal / coming along?
　　　당신의 건설 제안서가 어떻게　　　　되어가고 있나요

W: It's done. But could you have a look at it /
　　다 됐어요　　　그런데 당신이 그것을 봐주실 수 있나요

　　before I turn it in / tomorrow?
　　제가 그것을 제출하기 전에　　　내일

M: Sure. Just leave a copy / on my desk / and
　　물론이죠　사본을 그냥 두고 가세요　　제 책상 위에

　　I'll read through it / this afternoon.
　　그리고 제가 그것을 읽을게요　　오늘 오후에

⟩ 보고서 제출 및 검토 요청

What does the man say he will do?

(A) 제안서를 읽는다.
(B) 공사 현장에 간다.

1번은 다음 대화에 관한 문제입니다.

M: 당신의 건설 제안서는 어떻게 되어가고 있나요?
W: 다 됐어요. 그런데 제가 내일 그것을 제출하기 전에 당신이 봐주실 수 있나요?
M: 물론이죠. 제 책상 위에 사본을 그냥 두고 가시면 오늘 오후에 그걸 읽어 볼게요.

남자는 무엇을 할 것이라 말하는가?

(A) 제안서를 읽는다.
(B) 공사 현장에 간다.

[어휘] construction[kənstrΛkʃən] 건설 proposal[미 prəpóuzəl, 영 prəpɔ́uzəl] 제안서 have a look at ~을 보다 turn in 제출하다

[해설] What ~ man say ~ will do를 보고 남자가 무엇을 할 것이라 말하는지를 묻고 있음을 알 수 있습니다. 남자의 말 I'll read through it this afternoon에서 남자가 오후에 제안서를 읽을 것이라 말하고 있음을 알 수 있으므로 (A)가 정답입니다.

---

02 🔊 미국식 발음 → 미국식 발음, 영국식 발음 → 호주식 발음

Question 2 refers to the following conversation.

W: There's a seminar / scheduled for Friday.
　　세미나가 있어요　　　　금요일로 예정된

　　Who's going to be the instructor?
　　누가 강사일까요

⟩ 세미나 일정

M: It will be Samantha Danes / from Rex Consulting.
　　Samantha Danes일 거예요　　　　Rex 컨설팅사에서 온

　　I think / she'll discuss Internet advertising.
　　저는 생각해요　　그녀는 인터넷 광고에 대해 이야기할 것이라고

⟩ 세미나 강사 및 주제

Who most likely is Samantha Danes?

(A) 세미나 강사
(B) 광고 이사

2번은 다음 대화에 관한 문제입니다.

W: 금요일로 예정된 세미나가 있어요. 누가 강사일까요?
M: Rex 컨설팅사에서 온 Samantha Danes일 거예요. 그녀는 인터넷 광고에 대해 이야기할 것 같아요.

Samantha Danes는 누구인 것 같은가?

(A) 세미나 강사
(B) 광고 이사

[어휘] scheduled for ~로 예정된 instructor[미 instrΛktər, 영 instrΛktə] 강사 discuss[diskΛs] 이야기하다, 논의하다

[해설] Who ~ Samantha Danes를 보고 Samantha Danes가 누구인지를 묻고 있음을 알 수 있습니다. 여자의 말 There's a seminar ~ Who's going to be the instructor와 남자의 말 It will be Samantha Danes에서 Samantha Danes가 세미나 강사임을 알 수 있으므로 (A)가 정답입니다.

03 🔊 미국식 발음 → 미국식 발음, 영국식 발음 → 호주식 발음

Question 3 refers to the following conversation.

W: Mr. Lee, / the deadline for my evaluation report /
   Mr. Lee   제 평가 보고서를 위한 마감일이

   is tomorrow. Could I get an extension?
   내일이에요   연장해주실 수 있나요

M: Sure, / but be sure / to turn in the report / by Friday.
   그럼요 하지만 확실히 하세요   그 보고서를 제출하는 것을   금요일까지

〕 보고서
  마감 연장
  요청

What does the woman need to do by Friday?

(A) Submit a report

(B) Contact a reporter

3번은 다음 대화에 관한 문제입니다.

W: Mr. Lee, 제 평가 보고서의 마감일이 내일이
에요. 연장해주실 수 있나요?

M: 그럼요, 하지만 반드시 금요일까지 그 보고서
를 제출하세요.

여자가 금요일까지 해야 하는 것은 무엇인가?

(A) 보고서를 제출한다.

(B) 기자에게 연락한다.

어휘   deadline[미 dédlàin, 영 dédlain] 마감일, 마감   evaluation[ivæljuéiʃən] 평가   extension[iksténʃən] 연장

해설   What ~ woman ~ do by Friday에서 여자가 금요일까지 해야 하는 것이 무엇인지를 묻고 있음을 알 수 있습니다. 남자의 말 be sure to turn in the report by Friday에서 여자가 금요일까지 보고서를 제출해야 함을 알 수 있으므로 (A) Submit a report가 정답입니다.

---

04 🔊 호주식 발음 → 영국식 발음, 미국식 발음 → 미국식 발음

Question 4 refers to the following conversation.

M: I heard / the training department has postponed /
   저는 들었어요   인력 개발부가 연기했다고

   the software workshop.
     소프트웨어 워크숍을

〕 워크숍
  연기

W: Yes, / it will be next Monday / instead of tomorrow.
   네   그것은 다음 주 월요일에 있을 거예요   내일 대신에

   I signed up for it, / but I can't go / because I'm
   저는 그것을 신청했어요   그러나 저는 갈 수 없어요

   busy Monday.
   월요일에 바빠서

〕 개인 일정

What is the main topic of the conversation?

(A) A software program

(B) A delayed workshop

4번은 다음 대화에 관한 문제입니다.

M: 인력 개발부가 소프트웨어 워크숍을 연기했
다고 들었어요.

W: 네, 그 워크숍은 내일 대신에 다음 주 월요일
에 있을 거예요. 저는 그것을 신청했지만, 월
요일에 바빠서 갈 수 없어요.

대화의 주제는 무엇인가?

(A) 소프트웨어 프로그램

(B) 연기된 워크숍

어휘   training department 인력 개발부   sign up 신청하다

해설   What ~ topic of ~ conversation을 보고 대화의 주제가 무엇인지를 묻고 있음을 알 수 있습니다. 남자의 말 I heard the training department has postponed ~ workshop에서 워크숍이 연기된 것에 대해 이야기하고 있음을 알 수 있으므로 (B) A delayed workshop이 정답입니다.

🔊 미국식 발음 → 호주식 발음, 영국식 발음 → 미국식 발음

Questions 5-6 refer to the following conversation.

W: Kyle, / 05could you join Gina and me / for dinner /
  Kyle   Gina와 저와 함께할 수 있나요   저녁 식사를

this evening? We'd like to discuss the sales figures /
  오늘 저녁에   우리는 매출액에 대해 이야기하고 싶어요

with you.
  당신과 함께

食사 초대

M: I'd like to, / but I have to stay late / to finish the
  저는 그러고 싶어요   하지만 늦게까지 있어야 해요

contract draft / for Ms. Walton.
  계약서 초안을 끝내기 위해   Ms. Walton의

W: 06Didn't you hear / the deadline was moved to
  듣지 못했나요   마감일이 목요일로 옮겨진 것을

Thursday? She won't present it / to the client /
              그녀는 그것을 주지 않을 거예요   고객에게

until Friday.
  금요일까지

계약서
마감일
변경

M: Oh, / 06I am so busy / that I've forgotten about it /
  오   저는 너무 바빠서   그것에 관해 잊고 있었어요

That means / I can meet you for dinner / after all.
  그것은 의미해요   제가 당신과 저녁 식사를 위해 만날 수 있어요   결국

5-6번은 다음 대화에 관한 문제입니다.

W: Kyle, Gina와 저와 오늘 저녁에 식사를 함께
  할 수 있나요? 우리는 당신과 함께 매출액에
  대해 이야기하고 싶어요.

M: 그러고 싶지만, 저는 Ms. Walton의 계약서
  초안을 끝내기 위해 늦게까지 있어야 해요.

W: 마감일이 목요일로 옮겨진 것을 듣지 못했나
  요? 그녀는 그것을 고객에게 금요일이 되어
  서야 줄 거예요.

M: 오, 제가 너무 바빠서 그것에 관해 잊고 있었
  어요. 그건 결국 제가 당신과 저녁 식사를 위
  해 만날 수 있다는 얘기네요.

05 Why does the woman invite the man to dinner?

(A) To meet a client

(B) To talk about sales

(C) To thank him for his help

(D) To introduce a colleague

06 What did the man forget about?

(A) Some sales figures

(B) A task scheduling change

(C) A meeting with his client

(D) Some meal preparations

05 여자는 왜 남자를 저녁 식사에 초대하는가?

(A) 고객과 만나기 위해

(B) 매출에 대해 이야기하기 위해

(C) 그가 도와준 것에 감사하기 위해

(D) 동료를 소개하기 위해

06 남자는 무엇에 대해 잊고 있었는가?

(A) 일부 매출액

(B) 업무 일정 변경

(C) 고객과의 회의

(D) 몇몇 식사 준비

어휘 **sales figures** 매출액 **contract**[미 kάːntrækt, 영 kɔ́ntrækt] 계약서 **draft**[미 dræft, 영 drɑ:ft] 초안 **present**[prizént] 주다
client[klaiənt] 고객 **after all** 결국 **task**[tæsk] 업무, 일

해설 05 Why ~ woman invite ~ man을 보고 여자가 남자를 초대한 이유를 묻고 있음을 알 수 있습니다. 여자의 말 could you join ~ for
dinner ~ We'd like to discuss the sales figures with you에서 매출액에 대해 이야기하기 위해 저녁 식사에 초대했음을 알 수 있
으므로 (B) To talk about sales가 정답입니다.

06 What ~ man forget about을 보고 남자가 잊고 있었던 것이 무엇인지를 묻고 있음을 알 수 있습니다. 여자의 말 Didn't you hear
the deadline was moved to Thursday와 남자의 말 I am so busy that I've forgotten about it에서 남자가 마감일이 목요일로 옮
겨진 것을 잊고 있었음을 알 수 있으므로 (B) A task scheduling change가 정답입니다.

Questions 7-8 refer to the following conversation.

W: What will be covered / at the public relations
　　무엇이 다뤄질 건가요　　　　　홍보 세미나에서

　　⁰⁷seminar / you're organizing / for tomorrow?
　　세미나　　당신이 준비하고 있는　　내일의

M: I've scheduled Ms. Daniels / to speak about
　　저는 Ms. Daniels와 일정을 잡았어요

　　community service.
　　지역 서비스에 관해 말하도록

　　｝세미나 주제

W: That sounds interesting. Maybe / I should attend.
　　그것은 흥미롭게 들리네요　　아마도　　저는 참석해야겠어요

　　Can anyone participate?
　　누구나 참가할 수 있나요

M: Sure. You can sign up for the seminar / in the
　　그럼요　　당신은 세미나를 신청할 수 있어요

　　training department. But seating is limited, /
　　인력 개발부에서　　　　그런데 자리가 한정되어 있어요

　　so ⁰⁸please register / as soon as possible.
　　그러니 등록하세요　　가능한 한 빨리

　　｝세미나 등록

7-8번은 다음 대화에 관한 문제입니다.

W: 당신이 준비하고 있는 내일 홍보 세미나에서 무엇이 다뤄질 건가요?
M: Ms. Daniels가 지역 서비스에 관해 말하도록 일정을 잡았어요.
W: 흥미롭게 들리네요. 아마도 제가 참석해야겠어요. 누구나 참가할 수 있나요?
M: 그럼요. 인력 개발부에서 세미나를 신청할 수 있어요. 그런데 자리가 한정되어 있으니, 가능한 한 빨리 등록하세요.

---

07 Who most likely is the man?

(A) A seminar organizer
(B) A community leader
(C) A service representative
(D) A guest speaker

08 What does the man ask the woman to do?

(A) Cancel a seminar
(B) Bring more seats
(C) Sign up quickly
(D) Contact Ms. Daniels

07 남자는 누구인 것 같은가?

(A) 세미나 준비자
(B) 지역 사회 리더
(C) 서비스 상담원
(D) 초청 연사

08 남자는 여자에게 무엇을 하라고 요청하는가?

(A) 세미나를 취소한다.
(B) 의자를 더 가져온다.
(C) 빨리 등록한다.
(D) Ms. Daniels에게 연락한다.

어휘 cover [미 kávər, 영 kávə] 다루다　public relations 홍보　attend [əténd] 참석하다
participate [미 pɑːrtísəpèit, 영 pɑːtísipeit] 참가하다　as soon as possible 가능한 한 빨리

해설 07 Who ~ man을 보고 남자가 누구인지를 묻고 있음을 알 수 있습니다. 여자의 말 seminar you're organizing에서 남자가 세미나를 준비하고 있음을 알 수 있으므로 (A) A seminar organizer가 정답입니다.

　　08 What ~ man ask ~ woman to do를 보고 남자가 여자에게 하라고 요청하는 것이 무엇인지를 묻고 있음을 알 수 있습니다. 남자의 말 please register as soon as possible에서 가능한 한 빨리 등록하라고 요청하고 있음을 알 수 있으므로 (C) Sign up quickly가 정답입니다.

01 (C)	02 (B)	03 (D)	04 (C)	05 (D)	06 (D)	07 (B)	08 (B)	09 (D)	10 (D)
11 (C)	12 (B)	13 (C)	14 (C)	15 (A)	16 (D)	17 (A)	18 (D)		

01
~
03

영국식 발음 → 호주식 발음

Questions 1-3 refer to the following conversation.

W: ⁰¹Are you conducting the training sessions / for the new research assistants / on Tuesday?

M: Yes, / I'm teaching one of the sessions. I'll cover / research methods and resources.

W: Oh, good. ⁰²My new assistants are attending / and that will be helpful to them. Where are the sessions going to be held?

M: In Conference Room F. ⁰³The training department is working on a schedule / now. They'll send you one / when it is finished.

01 What is the conversation mainly about?

   (A) Hiring procedures
   (B) New research
   (C) Training sessions
   (D) Work schedules

02 What does the woman mention about her new assistants?

   (A) They were sent schedules.
   (B) They will attend an event.
   (C) They are from different teams.
   (D) They have requested assistance.

03 What will the woman probably receive?

   (A) An instruction manual
   (B) A message
   (C) An electronic device
   (D) A schedule

1-3번은 다음 대화에 관한 문제입니다.

W: 화요일에 신입 연구 보조들을 위한 교육을 진행할 건가요?

M: 네, 저는 그 교육 중 하나를 가르칠 거예요. 저는 연구 방법들과 자원들을 다룰 거예요.

W: 오, 좋네요. 제 신입 보조들이 참석할 건데 그들에게 도움이 될 거예요. 어디에서 그 교육들이 열릴 건가요?

M: F 회의실에서요. 인력 개발부에서 지금 일정표를 만들고 있어요. 그게 끝나면 당신에게 한 부 보내줄 거예요.

01 대화는 주로 무엇에 관한 것인가?

   (A) 채용 절차
   (B) 새로운 연구
   (C) 교육 연수
   (D) 작업 일정

02 여자는 그녀의 신입 보조들에 대해 무엇을 언급하는가?

   (A) 그들은 일정을 받았다.
   (B) 그들은 행사에 참석할 것이다.
   (C) 그들은 서로 다른 팀에서 왔다.
   (D) 그들은 도움을 요청했다.

03 여자는 무엇을 받을 것 같은가?

   (A) 사용 안내서
   (B) 메시지
   (C) 전자 기기
   (D) 일정표

어휘 | conduct[kəndʌ́kt] 진행하다 training session 교육 assistant[əsístənt] 보조 resource[미 ríːsɔːrs, 영 rizɔ́ːs] 자원
hold[미 hould, 영 həuld] 열다 device[diváis] 기기

해설 | 01 What ~ conversation ~ about을 보고 대화가 무엇에 관한 것인지를 묻고 있음을 알 수 있습니다. 여자의 말 Are you conducting the training sessions for the new research assistants에서 신입 연구 보조들을 위한 교육에 관해 이야기하고 있음을 알 수 있으므로 (C) Training sessions가 정답입니다.

02 What ~ woman mention about ~ new assistants를 보고 여자가 신입 보조들에 대해 무엇을 언급하는지를 묻고 있음을 알 수 있습니다. 여자의 말 My new assistants are attending에서 여자의 신입 보조들이 교육에 참석할 것임을 알 수 있으므로 (B) They will attend an event가 정답입니다.

03 What ~ woman ~ receive를 보고 여자가 무엇을 받을 것인지를 묻고 있음을 알 수 있습니다. 남자의 말 The training department ~ working on a schedule ~ They'll send you one에서 인력 개발부가 여자에게 일정표를 보낼 것임을 알 수 있으므로 (D) A schedule이 정답입니다.

Questions 4-6 refer to the following conversation.

W: Brian, ⁰⁴I think / our firm should hire another sales assistant. However, ⁰⁵I'm not sure of the best way / to search for candidates.

M: Well, ⁰⁵we used a staffing agency / last time.

W: True. That would probably be a lot less stressful / for us. Could you call one / now?

M: ⁰⁶I'm just going to lunch / with a client, but I'll call / when I get back.

W: OK. Let me know / how it goes.

04 What are the speakers mainly discussing?

(A) Starting a sales project
(B) Organizing a staff meeting
(C) Hiring an employee
(D) Working overtime

05 Why does the man say, "we used a staffing agency last time"?

(A) To identify a problem
(B) To express agreement
(C) To reject a proposal
(D) To give a suggestion

06 What will the man probably do next?

(A) Contact an assistant
(B) Hold an interview
(C) Review some plans
(D) Go to a luncheon

4-6번은 다음 대화에 관한 문제입니다.

W: Brian, 우리 회사는 또 다른 판매원을 고용해야 할 것 같아요. 그런데, 후보자들을 가장 잘 찾을 수 있을 방법을 잘 모르겠어요.

M: 음, 우리는 지난 번에 채용 업체를 이용했어요.

W: 맞아요. 그게 우리에게 압박이 훨씬 덜 되겠어요. 한 군데에 지금 전화해주실 수 있나요?

M: 저는 지금 고객과 점심을 먹으러 가는데, 돌아와서 전화할게요.

W: 좋아요. 어떻게 됐는지 저에게 알려주세요.

04 화자들은 주로 무엇에 대해 이야기하고 있는가?

(A) 영업 프로젝트를 시작하는 것
(B) 직원 회의를 준비하는 것
(C) 직원을 고용하는 것
(D) 초과 근무를 하는 것

05 남자는 왜 "우리는 지난 번에 채용 업체를 이용했어요"라고 말하는가?

(A) 문제를 확인하기 위해
(B) 동의를 표현하기 위해
(C) 제의를 거절하기 위해
(D) 제안을 하기 위해

06 남자는 다음에 무엇을 할 것 같은가?

(A) 비서에게 연락한다.
(B) 면접을 본다.
(C) 몇 가지 계획을 검토한다.
(D) 오찬에 간다.

어휘 firm[fə:rm] 회사 sales assistant 판매원 staffing agency 채용 업체 client[kláiənt] 고객 luncheon[lʌ́ntʃən] 오찬

해설 04 What ~ speakers ~ discussing을 보고 화자들이 무엇에 대해 이야기하고 있는지를 묻고 있음을 알 수 있습니다. 여자의 말 I think our firm should hire another sales assistant에서 판매원을 고용하는 것에 대해 이야기하고 있음을 알 수 있으므로 (C) Hiring an employee가 정답입니다.

05 Why ~ man say, we used a staffing agency last time을 보고 남자가 자신들이 지난 번에 채용 업체를 이용했다고 말하는 이유를 묻고 있음을 알 수 있습니다. 여자의 말 I'm not sure of the best way to search for candidates에서 남자가 후보자들을 찾기 위한 방법으로 채용 업체를 이용하자는 제안을 하고 있음을 알 수 있으므로 (D) To give a suggestion이 정답입니다.

06 What ~ man ~ do next를 보고 남자가 다음에 할 일이 무엇인지를 묻고 있음을 알 수 있습니다. 남자의 말 I'm ~ going to lunch with a client에서 오찬에 갈 것임을 알 수 있으므로 (D) Go to a luncheon이 정답입니다.

Questions 7-9 refer to the following conversation with three speakers.

M1: ⁰⁷We haven't completed the research / for the company's environmental report / yet.

W: Right. And it has to be turned in / by June 12.

M2: We still need to . . . uh . . . analyze the samples / from Lake Smith.

W: Now / I'm really worried about the deadline.

M1: OK. We'll need some help. ⁰⁸Chris, can you ask our supervisor about getting an intern?

M2: ⁰⁸Sure, I'll call her today.

W: Good plan. ⁰⁹We should reserve a laboratory / as well. I'll do that / now.

7-9번은 다음 세 명의 대화에 관한 문제입니다.

M1: 우리는 회사의 환경 보고서를 위한 조사를 아직 끝마치지 못했어요.

W: 맞아요. 그리고 그것은 6월 12일까지 제출되어야 해요.

M2: 우리는 아직... 어... Smith 호수의 표본을 분석해야 해요.

W: 이제 저는 정말로 마감일이 걱정돼요.

M1: 좋아요. 우리는 도움이 필요할 거예요. Chris, 우리 상사에게 인턴을 고용하는 것에 대해 물어봐 줄 수 있나요?

M2: 물론이죠, 그녀에게 오늘 전화할게요.

M2: 맞아요, 그녀는 몇몇 직원을 데려올 거예요.

W: 좋은 계획이에요. 우리는 또한 실험실을 예약해야 해요. 제가 지금 할게요.

07 What is the problem?

(A) A document was not published.
(B) Research has not been finished.
(C) A file has been deleted.
(D) Some equipment is not working.

08 What does Chris agree to do?

(A) Apply for an internship
(B) Contact a manager
(C) Change a deadline
(D) Review a report

09 What will the woman do next?

(A) Write some reports
(B) Collect a sample
(C) Inspect some equipment
(D) Reserve a facility

07 문제는 무엇인가?

(A) 서류가 발표되지 않았다.
(B) 조사가 끝나지 않았다.
(C) 파일이 삭제되었다.
(D) 일부 장치가 작동하지 않는다.

08 Chris는 무엇을 하는 것에 동의하는가?

(A) 인턴십에 지원한다.
(B) 관리자에게 연락한다.
(C) 마감기한을 변경한다.
(D) 보고서를 검토한다.

09 여자는 다음에 무엇을 할 것인가?

(A) 보고서를 쓴다.
(B) 표본을 수집한다.
(C) 장비를 점검한다.
(D) 시설을 예약한다.

어휘 turn in ~을 제출하다 sample[sǽmpl] 표본 reserve[미 rizə́:rv, 영 rizə́:v] 예약하다
laboratory[미 lǽbərətɔ̀:ri, 영 ləbɔ́rətəri] 실험실 publish[pʌ́bliʃ] 발표하다 inspect[inspékt] 점검하다

해설 07 What ~ problem을 보고 문제가 무엇인지를 묻고 있음을 알 수 있습니다. 남자 1의 말 We haven't completed the research에서 조사를 끝마치지 못했음을 알 수 있으므로 (B) Research has not been finished가 정답입니다.

08 What ~ Chris agree to do를 보고 Chris가 무엇을 하는 것에 동의하는지를 묻고 있음을 알 수 있습니다. 남자 1의 말 Chris, can you ask our supervisor about getting an intern과 남자 2의 말 Sure, I'll call her today에서 Chris가 관리자에게 연락할 것임을 알 수 있으므로 (B) Contact a manager가 정답입니다.

09 What ~ woman do next를 보고 여자가 다음에 할 일이 무엇인지를 묻고 있음을 알 수 있습니다. 여자의 말 We should reserve a laboratory ~ I'll do that now에서 실험실을 예약할 것임을 알 수 있으므로 (D) Reserve a facility가 정답입니다.

Questions 10-12 refer to the following conversation.

M: ¹⁰Who's taking over Mr. Marshall's job / after he transfers to the Madrid office / next month?

W: It hasn't been decided yet. ¹¹The personnel director is asking people / within our branch / to apply for the position. You should speak to her / about it.

M: No, I don't know / if I should. ¹²I'm worried / that I don't have enough experience / in that field.

W: I think / you do. You are qualified / and you manage people well. It would be good / for your career.

10-12번은 다음 대화에 관한 문제입니다.

M: Mr. Marshall이 다음 달에 마드리드 사무소로 전근한 후에 누가 그의 일을 맡나요?

W: 아직 결정된 게 없어요. 인사부장이 우리 지점에 있는 사람들에게 그 직책에 지원하기를 요청하고 있어요. 그것에 대해 그녀에게 이야기해 보세요.

M: 아니요, 제가 그래야 할지 잘 모르겠어요. 저는 제가 그 분야에 충분한 경험을 가지지 못한 것이 걱정되거든요.

W: 저는 당신이 충분한 경험을 가지고 있다고 생각해요. 당신은 자격이 있고 사람들을 잘 관리해요. 그것은 당신의 경력에 도움이 될 거예요.

10 What are the speakers discussing?

(A) A new executive
(B) A candidate's résumé
(C) An application form
(D) A job position

11 What does the woman suggest?

(A) Taking a business trip
(B) Reviewing some applications
(C) Talking to the personnel director
(D) Contacting the Madrid office

12 What is the man concerned about?

(A) He isn't good at managing people.
(B) He doesn't have enough experience.
(C) He cannot find an office.
(D) His transfer request was rejected.

10 화자들은 무엇에 대해 이야기하고 있는가?

(A) 새로운 임원
(B) 지원자의 이력서
(C) 지원서
(D) 직책

11 여자는 무엇을 제안하는가?

(A) 출장을 가는 것
(B) 몇몇 지원서들을 검토하는 것
(C) 인사부장에게 이야기하는 것
(D) 마드리드 사무소에 연락하는 것

12 남자는 무엇에 대해 걱정하는가?

(A) 그는 사람들을 잘 관리하지 못한다.
(B) 그는 경험이 충분하지 않다.
(C) 그는 사무실을 찾을 수 없다.
(D) 그의 전근 요청이 거절되었다.

어휘 take over 맡다, 인수하다 transfer[trænsfə́:r] 전근하다 decide[disáid] 결정하다 personnel[pə̀:rsənél] 인사부 branch[bræntʃ] 지점 qualified[kwá:ləfàid] 자격이 있는 manage[mǽnidʒ] 관리하다 career[kəríər] 경력

해설 10 What ~ speakers discussing을 보고 화자들이 이야기하고 있는 것이 무엇인지를 묻고 있음을 알 수 있습니다. 남자의 말 Who's taking over Mr. Marshall's job ~ next month에서 Mr. Marshall이 전근한 후 그의 직책에 대해 이야기하고 있음을 알 수 있으므로 (D) A job position이 정답입니다.

11 What ~ woman suggest를 보고 여자가 제안하는 것이 무엇인지를 묻고 있음을 알 수 있습니다. 여자의 말 The personnel director is asking people ~ You should speak to her about it에서 인사부장에게 이야기하는 것을 제안하고 있음을 알 수 있으므로 (C) Talking to the personnel director가 정답입니다.

12 What ~ man concerned about을 보고 남자가 무엇에 대해 걱정하는지를 묻고 있음을 알 수 있습니다. 남자의 말 I'm worried that I don't have enough experience에서 충분한 경험이 없는 것을 걱정하고 있음을 알 수 있으므로 (B) He doesn't have enough experience가 정답입니다.

13 호주식 발음 → 미국식 발음

Questions 13-15 refer to the following conversation.

M: [13]I'm giving a presentation / on our new clothing line / tomorrow. I hope / you can come.

W: [14]I'm worried / that I may not be able to attend. I have to finish writing / that marketing report / for our team, / and it's due on Wednesday morning.

M: I don't think / that report is urgent. [15]Why don't you ask your manager / for an extension? I think / it's important / that you attend the presentation.

W: That's true. I'm almost done / with the first draft / anyway. [15]I'll talk to him right now / and see / if he can postpone the deadline.

13-15번은 다음 대화에 관한 문제입니다.

M: 저는 내일 우리의 새로운 의류 제품에 대한 발표를 할 거예요. 당신이 오면 좋겠어요.

W: 저는 참석할 수 없을 것 같아서 걱정돼요. 저희 팀을 위해 마케팅 보고서를 작성하는 것을 끝마쳐야 하고, 그것은 수요일 오전에 마감이 거든요.

M: 그 보고서는 긴급한 것 같지 않아요. 당신의 부장님에게 기간 연장을 요청하는 게 어때요? 당신이 이 발표에 참석하는 게 중요한 것 같아요.

W: 그건 사실이에요. 어쨌든 초안은 거의 끝냈어요. 지금 바로 그에게 이야기해 보고 그가 마감일을 연기해줄 수 있는지 알아볼게요.

13 Where do the speakers most likely work?

(A) At a convention center
(B) At a publishing company
(C) At a clothing firm
(D) At a department store

13 화자들은 어디에서 일하는 것 같은가?

(A) 컨벤션 센터에서
(B) 출판사에서
(C) 의류 회사에서
(D) 백화점에서

14 Why is the woman worried?

(A) Clothing line sales are down.
(B) A report contains incorrect information.
(C) She may not be able to attend an event.
(D) She forgot about an appointment.

14 여자는 왜 걱정하는가?

(A) 의류 제품 매출이 줄었다.
(B) 보고서가 부정확한 정보를 포함한다.
(C) 그녀는 행사에 참석할 수 없을지도 모른다.
(D) 그녀는 약속에 대해 잊고 있었다.

15 What will the woman most likely do next?

(A) Speak to a superior
(B) Attend a presentation
(C) Go to the retail outlet
(D) Cancel a meeting

15 여자는 다음에 무엇을 할 것 같은가?

(A) 상사에게 이야기한다.
(B) 발표에 참석한다.
(C) 소매점에 간다.
(D) 회의를 취소한다.

어휘 due[dju:] 마감의 urgent[미 ə́:rdʒənt, 영 ə́:dʒənt] 긴급한 ask for ~을 요청하다 extension[iksténʃən] 연장 first draft 초안
postpone[poustpóun] 연기하다 superior[səpíəriər] 상사

해설 13 Where ~ speakers ~ work를 보고 화자들이 일하는 곳이 어디인지를 묻고 있음을 알 수 있습니다. 남자의 말 I'm giving a presentation on our new clothing line에서 화자들이 의류 회사에서 일하고 있음을 알 수 있으므로 (C) At a clothing firm이 정답입니다.

14 Why ~ woman worried를 보고 여자가 걱정하는 이유를 묻고 있음을 알 수 있습니다. 여자의 말 I'm worried that I may not be able to attend에서 발표에 참석할 수 없을지도 모르는 것을 걱정하고 있음을 알 수 있으므로 (C) She may not be able to attend an event가 정답입니다.

15 What ~ woman ~ do next를 보고 여자가 다음에 할 일이 무엇인지를 묻고 있음을 알 수 있습니다. 남자의 말 Why don't you ask your manager for an extension과 여자의 말 I'll talk to him right now에서 부장에게 보고서 기간 연장에 대해 이야기할 것임을 알 수 있으므로 (A) Speak to a superior가 정답입니다.

토익 기초

Part 1

Part 2

Part 3

Part 4

해커스 토익 스타트 Listening

Questions 16-18 refer to the following conversation and list.

W: Hi, Finley. ¹⁶Did you hear / that Naomi Mandel was promoted / to accounting department head?
M: Yeah. She has accomplished a lot / in our company / and will be a great executive.
W: Right. Um, / ¹⁷there will be a party for her / on Friday at 6 P.M. You should come.
M: Sure. Should I notify someone / that I plan to attend?
W: Janet Lee is organizing it.
M: ¹⁸I'll call her now.
W: OK. Oh, ¹⁸she just switched offices / with Steve in Human Resources, / so make sure / you dial the right extension number. The directory hasn't been updated.

Name	Department	Office Extension
Janet Lee	Accounting	223
James Tan	Accounting	224
Bill Adams	HR	344
¹⁸Steve Marks	HR	345

16 What is the conversation mainly about?

(A) A department relocation
(B) Some policy changes
(C) Some employee evaluations
(D) A staff promotion

17 What will take place on Friday?

(A) A party
(B) A workshop
(C) A conference
(D) A competition

18 Look at the graphic. Which extension will the man call?

(A) 223
(B) 224
(C) 344
(D) 345

16-18번은 다음 대화와 목록에 관한 문제입니다.

W: 안녕하세요, Finley. Naomi Mandel이 회계 부장으로 승진했다는 것을 들었나요?
M: 네. 그녀는 우리 회사에서 많은 것을 해냈고 훌륭한 임원이 될 거예요.
W: 맞아요. 음, 금요일 오후 6시에 그녀를 위한 파티가 있을 거예요. 당신도 오셔야 해요.
M: 물론이죠. 제가 참석할 계획이라고 누군가에게 알려주어야 하나요?
W: Janet Lee가 그것을 준비하고 있어요.
M: 지금 그녀에게 전화할게요.
W: 좋아요. 오, 그녀는 마침 인사부의 Steve와 사무실을 바꿨으니, 맞는 내선 번호로 전화를 거는지 꼭 확인하세요. 인명록이 갱신되지 않았거든요.

이름	부서	사무실 내선
Janet Lee	회계부	223번
James Tan	회계부	224번
Bill Adams	인사부	344번
Steve Marks	인사부	345번

16 대화는 주로 무엇에 관한 것인가?
(A) 부서 재배치
(B) 일부 정책 변경
(C) 일부 직원 평가
(D) 직원 승진

17 금요일에 무엇이 열릴 것인가?
(A) 파티
(B) 워크숍
(C) 회의
(D) 대회

18 시각 자료를 보아라. 남자는 어느 내선으로 전화할 것인가?
(A) 223번
(B) 224번
(C) 344번
(D) 345번

어휘 accomplish[əká:mpliʃ] 해내다 executive[igzékjutiv] 임원 notify[nóutəfài] 알리다 organize[미 ɔ́:rgənàiz, 영 ɔ́:gənaiz] 준비하다 extension number 내선 번호 directory[diréktəri] 인명록

해설 16 What ~ conversation ~ about을 보고 대화가 무엇에 관한 것인지를 묻고 있음을 알 수 있습니다. 여자의 말 Did you hear ~ Naomi Mandel was promoted에서 직원 승진에 관해 이야기하고 있음을 알 수 있으므로 (D) A staff promotion이 정답입니다.

17 What ~ take place on Friday를 보고 금요일에 무엇이 열릴 것인지를 묻고 있음을 알 수 있습니다. 여자의 말 there will be a party ~ on Friday에서 금요일에 파티가 있을 것임을 알 수 있으므로 (A) A party가 정답입니다.

18 Which extension ~ man call을 보고 남자가 어느 내선으로 전화할 것인지를 묻고 있음을 알 수 있습니다. 남자의 말 I'll call her now와 여자의 말 she just switched offices with Steve in Human Resources에서 남자가 전화할 Janet Lee가 인사부의 Steve와 사무실을 바꿨다고 하였고, 목록에서 Steve의 내선이 345번이었음을 알 수 있으므로 (D) 345가 정답입니다.

Course 1 회의 p.176

01 (A) **02** (A) **03** (B) **04** (A) **05** (D) **06** (A) **07** (B) **08** (C)

---

01 🔊 미국식 발음 → 영국식 발음, 호주식 발음 → 미국식 발음

Question 1 refers to the following conversation.

M: Vivian, / do you have time / to discuss the budget /
　　Vivian　　　　　시간이 있나요　　　　예산에 대해 논의하기 위한

　　this morning?
　　오늘 오전에

W: Sorry, / but I have appointments / all morning.
　　죄송해요　　　하지만 저는 약속이 있어요　　　오전 내내

　　Why don't we meet for lunch / and discuss it then?
　　점심 식사를 위해 만나는 것이 어때요　　그리고 그것을 그때 논의하는 것이

　　논의 일정
　　잡기

What does the woman suggest?

(A) 함께 점심 먹기
(B) 예산안 수정하기

1번은 다음 대화에 관한 문제입니다.

M: Vivian, 오늘 오전에 예산에 대해 논의할 시간이 있나요?
W: 죄송하지만, 저는 오전 내내 약속이 있어요. 점심 식사를 위해 만나서 그때 논의하는 게 어때요?

여자는 무엇을 제안하는가?

(A) 함께 점심 먹기
(B) 예산안 수정하기

어휘 discuss[diskʌ́s] 논의하다 budget[bʌ́dʒit] 예산 appointment[əpɔ́intmənt] 약속

해설 What ~ woman suggest를 보고 여자가 제안하는 것이 무엇인지를 묻고 있음을 알 수 있습니다. 여자의 말 Why don't we meet for lunch에서 점심 식사를 위해 만날 것을 제안하고 있음을 알 수 있으므로 (A)가 정답입니다.

---

02 🔊 미국식 발음 → 미국식 발음, 호주식 발음 → 영국식 발음

Question 2 refers to the following conversation.

M: Wendy, / did you set up the projector / for today's
　　Wendy　　　　프로젝터를 설치했나요　　　　오늘 발표를 위해

　　presentation?
　　　발표를

W: Yes, / I did it / this morning. Everything is ready.
　　네　　그것을 했어요　　오늘 아침에　　　모든 것이 준비됐어요

M: Thanks. Oh, / and can you make 20 copies /
　　고마워요　　오　　그리고 20부를 복사할 수 있나요

　　of the agenda?
　　안건 목록의

W: Of course. I'll do it / right now.
　　물론이죠　　그것을 할게요　　지금 바로

　　회의 준비
　　점검

　　추가 준비

What are the speakers discussing?

(A) 발표 준비
(B) 회의 안건

2번은 다음 대화에 관한 문제입니다.

M: Wendy, 오늘 발표를 위해 프로젝터를 설치했나요?
W: 네, 오늘 아침에 했어요. 모든 것이 준비됐어요.
M: 고마워요. 오, 그리고 안건 목록 20부를 복사해줄 수 있나요?
W: 물론이죠. 지금 바로 할게요.

화자들은 무엇에 대해 이야기하고 있는가?

(A) 발표 준비
(B) 회의 안건

어휘 set up 설치하다 projector[미 prədʒéktər, 영 prədʒéktə] 프로젝터, 영사기 make a copy 복사하다
agenda[ədʒéndə] 안건 목록, 의제

해설 What ~ speakers discussing을 보고 화자들이 무엇에 대해 이야기하고 있는지를 묻고 있음을 알 수 있습니다. 남자의 말 did you set up the projector for today's presentation에서 발표 준비에 대해 이야기하고 있음을 알 수 있으므로 (A)가 정답입니다.

해커스 토익 스타트 Listening · Part 4 · Part 3 · Part 2 · Part 1 · 토익 기초

미국식 발음 → 호주식 발음, 영국식 발음 → 미국식 발음

Question 3 refers to the following conversation. | 3번은 다음 대화에 관한 문제입니다.

W: What's on the agenda / for tomorrow's team
안건은 무엇인가요   내일의 팀 회의를 위한
meeting?   회의 안건

M: Details / on our development project.
세부사항들이요   우리의 개발 프로젝트에 관한

W: Really? That sounds important, / but I have a dental
정말요   중요할 것 같아요   그런데 저는 치과 진료 예약이 있어요
appointment.   개인 일정

M: I'd suggest / rescheduling your appointment.
저는 제안해요   당신의 예약 일정을 변경하는 것을

W: 내일 팀 회의의 안건은 무엇인가요?
M: 우리의 개발 프로젝트에 관한 세부사항들이에요.
W: 정말요? 중요할 것 같은데, 저는 치과 진료 예약이 있어요.
M: 저는 당신의 예약 일정을 변경하는 것을 제안해요.

What **does the** man suggest?

(A) Arranging a meeting

(B) Changing an appointment

남자는 무엇을 제안하는가?

(A) 회의 일정을 잡는 것
(B) 예약을 변경하는 것

어휘 | **detail**[díːteil] 세부사항 **reschedule**[미 rìːskédʒuːl, 영 rìːʃédjuːl] 일정을 변경하다

해설 | What ~ man suggest를 보고 남자가 제안하는 것이 무엇인지를 묻고 있음을 알 수 있습니다. 남자의 말 I'd suggest rescheduling your appointment에서 예약 일정을 변경하는 것을 제안하고 있음을 알 수 있으므로 (B) Changing an appointment가 정답입니다.

미국식 발음 → 미국식 발음, 호주식 발음 → 영국식 발음

Question 4 refers to the following conversation. | 4번은 다음 대화에 관한 문제입니다.

M: I have a meeting / scheduled for Friday / with
저는 회의가 있어요   금요일로 예정된
Ms. Lee. I was wondering / if she could meet me /
Ms. Lee와   저는 궁금해요   혹시 그녀가 저를 만날 수 있는지
on Thursday / instead.   회의 일정
목요일에   대신   변경

W: Let me check her calendar. Yes, / she's free / to
제가 그녀의 일정표를 확인해 볼게요   네   그녀는 시간이 있어요
meet with you / at 3 o'clock. Would that work better?
당신과 만날   3시에   그게 더 나은가요

M: 저는 금요일에 Ms. Lee와 회의가 예정되어 있어요. 혹시 그녀가 대신 목요일에 저를 만날 수 있는지 궁금해요.
W: 제가 그녀의 일정표를 확인해 볼게요. 네, 그녀는 3시에 당신과 만날 시간이 있어요. 그게 더 나은가요?

When **will the** man **most likely** meet with Ms. Lee?

(A) On Thursday

(B) On Friday

남자는 Ms. Lee와 언제 만날 것 같은가?

(A) 목요일에
(B) 금요일에

어휘 | **wonder**[미 wʌ́ndər, 영 wʌ́ndə] 궁금하다 **calendar**[미 kǽləndər, 영 kǽləndə] 일정표, 달력

해설 | When ~ man ~ meet ~ Ms. Lee를 보고 남자가 Ms. Lee와 만날 시점을 묻고 있음을 알 수 있습니다. 남자의 말 I was wondering if she could meet me on Thursday와 여자의 말 Yes, she's free에서 남자가 Ms. Lee와 목요일에 만날 것임을 알 수 있으므로 (A) On Thursday가 정답입니다.

Questions 5-6 refer to the following conversation.

W: More people are attending / the executive meeting /
　　더 많은 사람들이 참석할 거예요　　　　　임원 회의에

　　than expected. 05I don't think / we have enough
　　예상했던 것보다　　저는 생각하지 않아요　우리가 충분한 복사본을 가지고 있다고

　　copies / of the handout.
　　유인물의

〔회의 자료 부족〕

M: That's a problem. Everyone needs to have a
　　그것이 문제네요　　　　　　　모두가 유인물을 가져야 해요

　　handout / in order to see the sales figures.
　　　　　　매출 수치를 보기 위해서

W: Do we have time / to make duplicates?
　　우리는 시간이 있나요　　　　사본을 만들

〔추가 복사〕

M: I think so. 06Go downstairs / and use the copier.
　　그런 것 같아요　아래층으로 가요　　그리고 복사기를 사용해요

　　And ask Thomas / to help you staple them together.
　　그리고 Thomas에게 요청해요 당신이 스테이플러로 그것들을 함께 고정하는 것을 도와달라고

05 What problem are the speakers discussing?

(A) Guest complaints
(B) Low sales figures
(C) A delayed meeting
(D) A lack of handouts

06 What will the woman most likely do next?

(A) Make some copies
(B) Call a company
(C) Attend a seminar
(D) Type a report

5-6번은 다음 대화에 관한 문제입니다.

W: 예상했던 것보다 더 많은 사람들이 임원 회의에 참석할 거예요. 우리가 유인물의 충분한 복사본을 가지고 있는 것 같지 않아요.
M: 그것이 문제네요. 매출 수치를 보기 위해서 모두가 유인물을 가져야 해요.
W: 사본을 만들 시간이 있나요?
M: 그런 것 같아요. 아래층으로 가서 복사기를 사용하세요. 그리고 Thomas에게 당신이 스테이플러로 그것들을 함께 고정하는 것을 도와달라고 요청하세요.

05 화자들은 어떤 문제에 대해 이야기하고 있는가?
(A) 고객 불만
(B) 낮은 매출 수치
(C) 지연된 회의
(D) 유인물의 부족

06 여자는 다음에 무엇을 할 것 같은가?
(A) 복사한다.
(B) 회사에 전화한다.
(C) 세미나에 참석한다.
(D) 보고서를 입력한다.

어휘 executive[미 igzékjutiv, 영 igzékjətiv] 임원, 이사　handout[미 hǽndàut, 영 hǽndaut] 유인물　sales figures 매출 수치
make a duplicate 사본을 만들다　staple[steipl] 스테이플러로 고정하다

해설 05 What problem ~ speakers discussing을 보고 화자들이 이야기하고 있는 문제가 무엇인지를 묻고 있음을 알 수 있습니다. 여자의 말 I don't think we have enough copies of the handout에서 유인물의 복사본이 충분하지 않다고 이야기하고 있음을 알 수 있으므로 (D) A lack of handouts가 정답입니다.

06 What ~ woman ~ do next를 보고 여자가 다음에 할 일이 무엇인지를 묻고 있음을 알 수 있습니다. 남자의 말 Go downstairs and use the copier에서 여자에게 아래층으로 가서 복사기를 사용하라고 한 것을 알 수 있으므로 (A) Make some copies가 정답입니다.

Questions 7-8 refer to the following conversation and estimate.

7-8번은 다음 대화와 견적서에 관한 문제입니다.

M: Donna, / when are we meeting / with Ms. Yang /
Donna   우리가 언제 만나나요   Ms. Yang과

about the renovations?
        보수 공사와 관련해서

회의 일정

W: Friday. But / I haven't arranged a time / yet.
금요일이요 그런데   시간을 정하지 않았어요   아직

07I wanna prepare a proposal / ahead of time.
    저는 제안서를 준비하고 싶어요   사전에

M: Good idea. Let's also provide a cost estimate /
좋은 생각이에요   비용 견적서도 제공합시다

for materials.
    자재에 대한

W: I already made one.
    이미 하나 만들었어요

회의 준비

M: Really?
    정말요

W: Yes. However, / 08I was wrong / about the price of
네   그런데   제가 틀렸어요   세 번째 항목의 비용을

the third item. It should cost the same amount /
                    그건 같은 액수의 비용이 들어야 해요

as the floor tiles.
    바닥 타일과

M: OK. I'll fix that.
알겠어요 제가 그걸 수정할게요

M: Donna, 보수 공사와 관련해서 우리가 Ms. Yang과 언제 만나나요?

W: 금요일이요. 그런데 아직 시간을 정하지 않았어요. 저는 사전에 제안서를 준비하고 싶어요.

M: 좋은 생각이에요. 자재에 대한 비용 견적서도 제공합시다.

W: 이미 하나 만들었어요.

M: 정말요?

W: 네. 그런데, 제가 세 번째 항목의 비용을 틀렸어요. 그건 바닥 타일과 같은 액수의 비용이 들어야 해요.

M: 알겠어요. 제가 그걸 수정할게요.

Material	Cost
Wood	$3,000
Lighting	$1,500
08Windows	$2,500
Floor tiles	$1,000

자재	비용
목재	3,000달러
조명	1,500달러
창유리	2,500달러
바닥 타일	1,000달러

07 What does the woman want to prepare?

(A) A schedule
(B) An offer
(C) A receipt
(D) A contract

08 Look at the graphic. Which cost is incorrect?

(A) $3,000
(B) $1,500
(C) $2,500
(D) $1,000

07 여자는 무엇을 준비하고 싶어 하는가?

(A) 일정
(B) 제안
(C) 영수증
(D) 계약서

08 시각 자료를 보아라. 어떤 비용이 틀렸는가?

(A) 3,000달러
(B) 1,500달러
(C) 2,500달러
(D) 1,000달러

어휘 renovation[rènəvéiʃən] 보수 공사 arrange[əréindʒ] 정하다 ahead of time 사전에

해설 07 What ~ woman want to prepare를 보고 여자가 준비하고 싶어 하는 것이 무엇인지를 묻는 문제임을 알 수 있습니다. 여자의 말 I wanna prepare a proposal에서 제안서를 준비하고 싶어 함을 알 수 있으므로 (B) An offer가 정답입니다.

08 Which cost ~ incorrect를 보고 어떤 비용이 틀렸는지를 묻고 있음을 알 수 있습니다. 여자의 말 I was wrong about ~ third item. It should cost ~ same ~ as the floor tiles에서 세 번째 항목의 비용이 틀렸다고 하였고, 견적서에서 세 번째 항목의 비용이 2,500달러임을 알 수 있으므로 (C) $2,500가 정답입니다.

01 (A)   **02** (A)   **03** (B)   **04** (A)   **05** (B)   **06** (B)   **07** (D)   **08** (A)

01 🔊 호주식 발음 → 영국식 발음, 미국식 발음 → 미국식 발음

Question 1 refers to the following conversation. M: Good morning. I'm calling / to set up phone service / 　　안녕하세요　　　저는 전화합니다　　전화 서비스를 설치하기 위해 　　for my new office. 　　　제 새로운 사무실을 위해 W: Of course, / sir. We offer competitive rates / 　　물론이죠　　고객님　저희는 경쟁력 있는 요금을 제공합니다 　　for small businesses. Let me tell you / about our 　　소규모 기업들을 위해　　　제가 말씀드리겠습니다 　　terms of service. 　　저희 서비스의 조건들에 대해 Why is the man calling? (A) 서비스에 대해 문의하기 위해 (B) 비용에 대해 묻기 위해	1번은 다음 대화에 관한 문제입니다. M: 안녕하세요. 제 새로운 사무실에 전화 서비스 　를 설치하기 위해 전화드립니다. W: 물론이죠, 고객님. 저희는 소규모 기업들에게 　경쟁력 있는 요금을 제공합니다. 저희 서비스 　의 조건들에 대해 말씀드리겠습니다. 남자는 왜 전화하고 있는가? (A) 서비스에 대해 문의하기 위해 (B) 비용에 대해 묻기 위해

서비스 문의

어휘　competitive [미 kəmpétətiv, 영 kəmpétitiv] 경쟁력 있는　rate [reit] 요금, 비율　term [미 tə:rm, 영 tə:m] 조건

해설　Why ~ man calling을 보고 남자가 왜 전화하고 있는지를 묻고 있음을 알 수 있습니다. 남자의 말 I'm calling to set up phone service for my new office에서 전화 서비스 설치에 대해 문의하기 위해 전화하고 있음을 알 수 있으므로 (A)가 정답입니다.

02 🔊 미국식 발음 → 영국식 발음, 호주식 발음 → 미국식 발음

Question 2 refers to the following conversation. M: The sales figures / for our new clothing line / 　　매출액이　　　　우리의 새로운 의류 제품에 대한 　　in South America / are very low. What happened? 　　남미에서　　　　매우 낮아요　　무슨 일이 있었나요 W: I don't think / the line was marketed / properly. 　　저는 생각하지 않아요　그 제품이 광고되었다고　적절히 What is the problem? (A) 매출액이 낮다. (B) 품질이 나쁘다.	2번은 다음 대화에 관한 문제입니다. M: 남미에서 우리의 새로운 의류 제품의 매출액 　이 매우 낮아요. 무슨 일이 있었나요? W: 그 제품이 적절히 광고되지 않은 것 같아요. 문제는 무엇인가? (A) 매출액이 낮다. (B) 품질이 나쁘다.

판매 부진
부진 이유

어휘　clothing line 의류 제품　market [미 má:rkit, 영 má:kit] 광고하다　properly [미 prá:pərli, 영 prɔ́pəli] 적절히, 제대로

해설　What ~ problem을 보고 문제가 무엇인지를 묻고 있음을 알 수 있습니다. 남자의 말 The sales figures ~ are very low에서 매출액이 매우 낮음을 알 수 있으므로 (A)가 정답입니다.

토익 기초 ｜ Part 1 ｜ Part 2 ｜ Part 3 ｜ Part 4 ｜ 해커스 토익 스타트 Listening

03

🔊 미국식 발음 → 미국식 발음, 영국식 발음 → 호주식 발음

Question 3 refers to the following conversation.

W: We have to renew / our office lease / this week.
　　우리는 갱신해야 해요　　우리 사무실 임대차 계약을　　이번 주에
　The owner wants to meet with you / to discuss it.
　　소유주가 당신과 만나고 싶어 해요　　그것에 대해 이야기하기 위해

> 계약 제안

M: Oh, / yes. He sent me a new contract / last week.
　오　알겠어요　그는 저에게 새 계약서를 보냈어요　　지난주에
　Can you call / and arrange an appointment /
　전화할 수 있나요　　그리고 약속을 잡아줄 수 있나요
　with him?
　그와

> 약속 요청

Why will the man meet with the owner?

(A) To see an office space
(B) To discuss a lease

3번은 다음 대화에 관한 문제입니다.

W: 이번 주에 우리 사무실의 임대차 계약을 갱신
　　해야 해요. 소유주가 그것에 대해 이야기하기
　　위해 당신과 만나고 싶어 해요.
M: 오, 알겠어요. 그는 지난주에 저에게 새 계약
　　서를 보냈어요. 전화해서 그와 약속을 잡아
　　주시겠어요?

남자는 왜 소유주와 만날 것인가?

(A) 사무실 공간을 보기 위해
(B) 임대차 계약에 대해 이야기하기 위해

어휘　renew[rinjúː] 갱신하다　lease[liːs] 임대차 계약　owner[미 óunər, 영 óunə] 소유주

해설　Why ~ man meet ~ owner를 보고 남자가 소유주와 만날 이유를 묻고 있음을 알 수 있습니다. 여자의 말 We have to renew our office lease ~ The owner wants to meet with you to discuss it에서 소유주와 임대차 계약에 대해 이야기하기 위해 만날 것임을 알 수 있으므로 (B) To discuss a lease가 정답입니다.

🔊 미국식 발음 → 호주식 발음, 영국식 발음 → 미국식 발음

Question 4 refers to the following conversation.

W: I really think / we need to come up with a new
　저는 정말로 생각해요　우리가 새로운 비즈니스 전략을 생각해내야 한다고
　business strategy. Fewer customers are visiting
　　　　　　　　　　더 적은 고객들이 우리 가게를 방문하고 있어요
　our store.

> 사업 상황

M: I'd like to conduct some market research. That
　저는 시장 조사를 좀 하고 싶어요
　might help us discover / why customers aren't
　그것은 우리가 알아내는 데 도움이 될 거예요　고객들이 왜 오지 않는지를
　coming.

> 제안사항

What does the man want to do?

(A) Conduct research
(B) Offer discounts

4번은 다음 대화에 관한 문제입니다.

W: 저는 정말로 우리가 새로운 비즈니스 전략을
　　생각해내야 한다고 생각해요. 더 적은 고객들
　　이 우리 가게를 방문하고 있어요.
M: 저는 시장 조사를 좀 하고 싶어요. 그건 고객
　　들이 왜 오지 않는지를 알아내는 데 도움이
　　될 거예요.

남자는 무엇을 하고 싶어 하는가?

(A) 조사를 한다.
(B) 할인을 제공한다.

어휘　come up with ~을 생각해내다　strategy[strǽtədʒi] 전략　conduct[kəndʌ́kt] 하다　research[미 risə́ːrtʃ, 영 risə́ːtʃ] 조사
discover[미 diskʌ́vər, 영 diskʌ́və] 알아내다, 찾다　discount[dískaunt] 할인

해설　What ~ man want to do를 보고 남자가 하고 싶어 하는 것이 무엇인지를 묻고 있음을 알 수 있습니다. 남자의 말 I'd like to conduct some market research에서 시장 조사를 하고 싶어 함을 알 수 있으므로 (A) Conduct research가 정답입니다.

Questions 5-6 refer to the following conversation.

W: 05How is the marketing campaign / for your new
　　마케팅 캠페인이 어떻게　　　　당신의 새로운 식당을 위한
restaurant / coming along?
　　되어 가나요

M: Good. 05I'm going to release the online promotions /
　　잘 되어 가요　　　　　저는 온라인 홍보를 발표할 거예요
tomorrow.
내일

W: Great. And what is your campaign focusing on?
　　좋네요　　　그리고 당신의 캠페인은 무엇에 초점을 두고 있나요

M: Mostly / our lunch and dinner menus. However, /
　　대부분　　　우리의 점심과 저녁 메뉴들이에요　　　하지만
since 06the restaurant is in the business district, /
　　　　그 식당은 상업 지구에 있기 때문에
we expect / the lunch menus will appeal / to a lot
우리는 예상해요　　　점심 메뉴가 관심을 끌 거라고
more people. So / that's our main focus.
훨씬 더 많은 사람들의 그래서　 그것이 저희의 주요한 초점이에요

사업 계획

5-6번은 다음 대화에 관한 문제입니다.

W: 당신의 새로운 식당을 위한 마케팅 캠페인이 어떻게 되어 가나요?

M: 잘 되어 가요. 저는 내일 온라인 홍보를 발표할 거예요.

W: 좋네요. 그리고 당신의 캠페인은 무엇에 초점을 두고 있나요?

M: 대부분 우리의 점심과 저녁 메뉴들이에요. 하지만, 그 식당은 상업 지구에 있기 때문에, 점심 메뉴가 훨씬 더 많은 사람들의 관심을 끌 거라고 예상해요. 그래서 그것이 저희의 주요한 초점이에요.

---

05 What is the man planning to do?

(A) Expand the menu
(B) Release a marketing campaign
(C) Provide delivery service
(D) Offer a lunch buffet

06 What does the man say about the restaurant?

(A) It is already successful.
(B) It is in a business area.
(C) It has been renovated.
(D) It has several branches.

05 남자는 무엇을 하기로 계획하고 있는가?

(A) 메뉴를 확장한다.
(B) 마케팅 캠페인을 발표한다.
(C) 배달 서비스를 제공한다.
(D) 점심 뷔페를 제공한다.

06 남자는 식당에 대해 무엇이라 말하는가?

(A) 이미 성공적이다.
(B) 상업 지역에 있다.
(C) 개조되었다.
(D) 몇몇 지점들을 가지고 있다.

어휘 **come along** 되어 가다 **release** [rilíːs] 발표하다 **focus on** ~에 초점을 두다 **business district** 상업 지구
appeal [əpíːl] 관심을 끌다, 매력적이다

해설 05 What ~ man planning to do를 보고 남자가 하기로 계획하고 있는 것이 무엇인지를 묻고 있음을 알 수 있습니다. 여자의 말 How
is the marketing campaign ~ coming along과 남자의 말 I'm going to release the online promotions tomorrow에서 남자가
마케팅 캠페인을 발표하려고 계획하고 있음을 알 수 있으므로 (B) Release a marketing campaign이 정답입니다.

06 What ~ man say about ~ restaurant을 보고 남자가 식당에 대해 무엇이라 말하는지를 묻고 있음을 알 수 있습니다. 남자의 말 the
restaurant is in the business district에서 식당이 상업 지구에 있음을 알 수 있으므로 (B) It is in a business area가 정답입니다.

토익 기초

Part 1

Part 2

Part 3

Part 4

해커스 토익 스타트 Listening

07 🔊 호주식 발음 → 미국식 발음, 미국식 발음 → 영국식 발음

Questions 7-8 refer to the following conversation.

M: First, / I'd like to discuss our production. Our factory
우선   저는 우리의 생산에 대해 이야기하고 싶어요

needs to find ways / to cut production expenses.
우리의 공장은 방법들을 찾아야 해요   생산 비용을 줄이기 위한

⁰⁷Our cosmetics are costing too much / to make.
우리의 화장품은 비용이 너무 많이 들어요   만드는 데

W: Well, / I think / we should find another packaging
음   저는 생각해요   우리는 다른 포장 공급업자를 찾아야 한다고

supplier.

M: I agree. I think we spend too much / on packaging
저도 동의해요 저는 우리가 돈을 너무 많이 쓴다고 생각해요

our products. ⁰⁸I met a supplier / at a trade fair, /
우리 제품을 포장하는 데 저는 한 공급업자를 만났어요   무역 박람회에서

and she offered good prices.
그리고 그녀는 괜찮은 가격을 제시했어요

W: Do you have her phone number? ⁰⁸I can call her /
그녀의 전화번호를 가지고 있나요   제가 그녀에게 전화해 볼게요

for you.
당신 대신

회사 상황

제안사항

---

07 Where do the speakers most likely work?

(A) At a packaging company

(B) At a convention center

(C) At a department store

(D) At a cosmetics manufacturer

08 What does the woman offer to do?

(A) Call a supplier

(B) Register for a fair

(C) Visit a factory

(D) Write a contract

7-8번은 다음 대화에 관한 문제입니다.

M: 우선, 우리의 생산에 대해 이야기하고 싶어요. 우리 공장은 생산 비용을 줄이기 위한 방법들을 찾아야 해요. 우리 화장품은 만드는 데 비용이 너무 많이 들어요.

W: 음, 저는 우리가 다른 포장 공급업자를 찾아야 한다고 생각해요.

M: 저도 동의해요. 우리는 제품 포장에 돈을 너무 많이 쓰는 것 같아요. 무역 박람회에서 한 공급업자를 만났는데, 그녀는 괜찮은 가격을 제시했어요.

W: 그녀의 전화번호를 가지고 있나요? 제가 당신 대신 그녀에게 전화해 볼게요.

07 화자들은 어디에서 일하는 것 같은가?

(A) 포장 회사에서

(B) 컨벤션 센터에서

(C) 백화점에서

(D) 화장품 제조회사에서

08 여자는 무엇을 해주겠다고 하는가?

(A) 공급업자에게 전화한다.

(B) 박람회에 등록한다.

(C) 공장을 방문한다.

(D) 계약서를 작성한다.

어휘 expense[ikspéns] 비용, 지출 cost[미 kɔːst, 영 kɔst] (비용이) 들다 packaging[pǽkidʒiŋ] 포장, 포장지 supplier[미 səpláiər, 영 səpláiə] 공급업자 offer[미 ɔ́ːfər, 영 ɔ́fə] 제시하다, 주다

해설 07 Where ~ speakers ~ work를 보고 화자들이 일하는 곳이 어디인지를 묻고 있음을 알 수 있습니다. 남자의 말 Our cosmetics are costing too much to make에서 화자들이 화장품 제조회사에서 일하고 있음을 알 수 있으므로 (D) At a cosmetics manufacturer 가 정답입니다.

08 What ~ woman offer to do를 보고 여자가 해주겠다고 하는 것이 무엇인지를 묻고 있음을 알 수 있습니다. 남자의 말 I met a supplier와 여자의 말 I can call her for you에서 여자가 공급업자에게 전화를 해주겠다고 하는 것을 알 수 있으므로 (A) Call a supplier가 정답입니다.

12일 실전 문제

p.184

| 01 (C) | 02 (B) | 03 (A) | 04 (A) | 05 (C) | 06 (A) | 07 (B) | 08 (D) | 09 (C) | 10 (B) |
| 11 (A) | 12 (D) | 13 (B) | 14 (A) | 15 (D) | 16 (D) | 17 (C) | 18 (D) | | |

01 ~ 03

호주식 발음 → 미국식 발음

Questions 1-3 refer to the following conversation.

M: 01Don't forget / we have our monthly budget meeting / today at 3 o'clock.

W: Oh, I forgot about that. I made an appointment / with my dentist / today at 1 o'clock. 02I'm worried / I might not be back in time for the meeting.

M: Why don't you postpone the appointment? Our manager said / that all team members should attend this meeting.

W: I see. 03I'll call the clinic and reschedule.

01 What are the speakers discussing?

(A) A medical examination
(B) A new manager
(C) A company meeting
(D) A monthly report

02 Why is the woman worried?

(A) She forgot about a presentation.
(B) She may be late for a meeting.
(C) She is in trouble with a manager.
(D) She can't find the budget report.

03 What will the woman most likely do next?

(A) Reschedule an appointment
(B) Speak to a supervisor
(C) Attend a meeting
(D) Copy a report

1-3번은 다음 대화에 관한 문제입니다.

M: 오늘 3시에 우리 월간 예산 회의가 있다는 것을 잊지 마세요.

W: 오, 그걸 잊고 있었어요. 오늘 1시에 치과 예약을 해놓았어요. 회의 시간에 맞추어 돌아올 수 없을까 봐 걱정돼요.

M: 예약을 미루는 건 어때요? 우리 부장님이 이번 회의에 모든 팀원들이 참석해야 한다고 하셨어요.

W: 알겠어요. 병원에 전화해서 일정을 변경할게요.

01 화자들은 무엇에 대해 이야기하고 있는가?

(A) 건강 검진
(B) 새로 온 부장
(C) 회사 회의
(D) 월례 보고서

02 여자는 왜 걱정하는가?

(A) 그녀는 발표에 대해 잊고 있었다.
(B) 그녀는 회의에 늦을지도 모른다.
(C) 그녀는 부장과 문제가 있다.
(D) 그녀는 예산 보고서를 찾을 수 없다.

03 여자는 다음에 무엇을 할 것 같은가?

(A) 예약 일정을 변경한다.
(B) 상사에게 이야기한다.
(C) 회의에 참석한다.
(D) 보고서를 복사한다.

어휘 forget[미 fərgét, 영 fəgét] 잊다 monthly[mʌ́nθli] 월간의 budget[bʌ́dʒit] 예산 make an appointment 예약을 하다
postpone[미 poustpóun, 영 pəustpʌ́un] 미루다 attend[əténd] 참석하다 clinic[klínik] 병원 medical examination 건강 검진

해설 01 What ~ speakers discussing을 보고 화자들이 이야기하고 있는 것이 무엇인지를 묻고 있음을 알 수 있습니다. 남자의 말 Don't forget we have ~ meeting에서 회의에 대해 이야기하고 있음을 알 수 있으므로 (C) A company meeting이 정답입니다.

02 Why ~ woman worried를 보고 여자가 걱정하는 이유를 묻고 있음을 알 수 있습니다. 여자의 말 I'm worried I might not be back in time for the meeting에서 회의 시간에 맞추어 돌아오지 못할 것을 걱정하고 있음을 알 수 있으므로 (B) She may be late for a meeting이 정답입니다.

03 What ~ woman ~ do next를 보고 여자가 다음에 할 일이 무엇인지를 묻고 있음을 알 수 있습니다. 여자의 말 I'll call ~ and reschedule에서 예약 일정을 변경할 것임을 알 수 있으므로 (A) Reschedule an appointment가 정답입니다.

12일 회사 생활 2 **433**

Questions 4-6 refer to the following conversation with three speakers.

W: What's happening / with the marketing plan / for our new headphones?

M1: We're almost finished. ⁰⁴The report will be ready / next week.

M2: ⁰⁴Yes. We just need a few more ways / to let customers know / about our product.

W: ⁰⁵How about sending a sample / to some magazines / for review? If a reviewer recommends our headphones, / people might buy them.

M2: That's a great idea.

M1: I agree. ⁰⁶Could you recommend any magazines / for us to contact?

W: ⁰⁶Sure. I'll send you a list / today.

04 What do the men say will happen next week?

   (A) A report will be completed.
   (B) A product will be released.
   (C) A design will be revised.
   (D) An event will be scheduled.

05 What does the woman suggest?

   (A) Printing some flyers
   (B) Marketing on social media
   (C) Contacting some publications
   (D) Advertising on television

06 What does the woman agree to do?

   (A) Provide some information
   (B) Extend a deadline
   (C) Review a design
   (D) Answer some messages

4-6번은 다음 세 명의 대화에 관한 문제입니다.

W: 우리의 새로운 헤드폰을 위한 마케팅 계획은 어떻게 되고 있나요?

M1: 거의 마무리됐어요. 그 보고서는 다음 주에 준비가 될 거예요.

M2: 맞아요. 우리는 그저 우리 상품들을 소비자들이 알 수 있게끔 할 방법이 조금 더 필요해요.

W: 몇몇 잡지에 비평을 위해 견본품을 보내는 건 어때요? 평론가들이 우리의 헤드폰을 추천한다면, 사람들이 그것들을 살 수도 있어요.

M2: 그건 정말 좋은 생각이네요.

M1: 동의해요. 우리가 연락할 수 있는 잡지들을 추천해주실 수 있나요?

W: 물론이죠. 오늘 당신에게 목록을 보낼게요.

04 남자들은 다음 주에 무슨 일이 일어날 것이라고 말하는가?

   (A) 보고서가 완성될 것이다.
   (B) 제품이 공개될 것이다.
   (C) 디자인이 수정될 것이다.
   (D) 행사가 예정될 것이다.

05 여자는 무엇을 제안하는가?

   (A) 몇몇 전단지를 출력하는 것
   (B) 소셜 미디어에서 광고하는 것
   (C) 몇몇 출판물들에 연락하는 것
   (D) 텔레비전에 광고하는 것

06 여자는 무엇을 하는 것에 동의하는가?

   (A) 몇몇 정보를 제공한다.
   (B) 마감일을 연장한다.
   (C) 디자인을 검토한다.
   (D) 몇몇 메시지에 답한다.

어휘 reviewer[rivjúːər] 평론가 recommend[rèkəménd] 추천하다 flyer[fláiər] 전단, 광고 publication[pʌbləkéiʃən] 출판(물)

해설 04 What ~ men say ~ happen next week를 보고 남자들이 다음 주에 무슨 일이 일어날 것이라고 말하는지를 묻고 있음을 알 수 있습니다. 남자 1의 말 The report will be ready next week와 남자 2의 말 Yes에서 다음 주에 보고서가 준비될 것임을 알 수 있으므로 (A) A report will be completed가 정답입니다.

05 What ~ woman suggest를 보고 여자가 무엇을 제안하는지를 묻고 있음을 알 수 있습니다. 여자의 말 How about sending a sample to some magazines에서 여자가 잡지에 견본품을 보낼 것을 제안하고 있음을 알 수 있으므로 (C) Contacting some publications가 정답입니다.

06 What ~ woman agree to do를 보고 여자가 동의하는 것이 무엇인지를 묻고 있음을 알 수 있습니다. 남자1의 말 Could you recommend any magazines for us to contact와 여자의 말 Sure. I'll send you a list에서 여자가 목록을 통해 정보를 제공하는 것에 동의함을 알 수 있으므로 (A) Provide some information이 정답입니다.

Questions 7-9 refer to the following conversation.

M: How's your preparation for our presentation going? [07]The one / we're giving tomorrow / at the marketing conference. I've finished mine.

W: It's going well / for the most part. [08]But I'm not done / finding visual materials.

M: [08]Don't worry about it. My afternoon is pretty open.

W: Oh, thanks! [09]Let me just grab my laptop from the car, / and we can look at the files together. I'll be back / in a minute.

---

07 What type of event **are the** speakers preparing for?

(A) An inspection
(B) A conference
(C) A contest
(D) A celebration

08 Why **does the** man say, "My afternoon is pretty open"?

(A) To express confidence in a design
(B) To show interest in an event
(C) To accept an appointment time
(D) To offer help with a task

09 What **will the** woman do next?

(A) Make some note cards
(B) Message a team leader
(C) Get a device
(D) Watch a demonstration

7-9번은 다음 대화에 관한 문제입니다.

M: 우리의 발표를 위한 준비가 어떻게 되어 가고 있나요? 우리가 내일 마케팅 학회에서 하는 것 말이에요. 제 것은 끝냈어요.

W: 대부분은 잘 되고 있어요. 그런데 저는 시각 자료를 찾는 것을 끝내지 못했어요.

M: 걱정하지 마세요. 제 오후는 꽤 비어있어요.

W: 오, 고마워요! 제가 차에서 노트북을 가지고 오면, 함께 파일들을 볼 수 있을 거예요. 금방 돌아올게요.

07 화자들은 어떤 종류의 행사를 준비하고 있는가?

(A) 시찰
(B) 학회
(C) 대회
(D) 축하 행사

08 남자는 왜 "제 오후는 꽤 비어있어요"라고 말하는가?

(A) 디자인에 자신감을 표현하기 위해
(B) 행사에 관심을 보이기 위해
(C) 약속 시각을 수락하기 위해
(D) 업무를 도와주는 것을 제안하기 위해

09 여자는 다음에 무엇을 할 것인가?

(A) 몇몇 메모를 만든다.
(B) 팀장에게 메시지를 보낸다.
(C) 기기를 가져온다.
(D) 시연을 본다.

어휘 preparation[prèpəréiʃən] 준비 visual material 시각 자료 interest[íntərəst] 관심, 흥미 accept[æksépt] 수락하다, 받아들이다 demonstration[dèmənstréiʃən] 시연

해설 07 What type of event ~ speakers preparing for를 보고 화자들이 어떤 종류의 행사를 준비하고 있는지를 묻고 있음을 알 수 있습니다. 남자의 말 The one we're giving ~ at the marketing conference에서 화자들이 마케팅 학회를 위한 준비를 하고 있음을 알 수 있으므로 (B) A conference가 정답입니다.

08 Why ~ man say, My afternoon is pretty open을 보고 남자가 자신의 오후가 꽤 비어있다고 말하는 이유를 묻고 있음을 알 수 있습니다. 여자의 말 But I'm not done finding visual materials와 남자의 말 Don't worry about it에서 남자가 여자의 업무를 도와주는 것을 제안하고 있음을 알 수 있으므로 (D) To offer help with a task가 정답입니다.

09 What ~ woman do next를 보고 여자가 다음에 할 일이 무엇인지를 묻고 있음을 알 수 있습니다. 여자의 말 Let me just grab my laptop from the car에서 노트북을 가져올 것이라 말하고 있음을 알 수 있으므로 (C) Get a device가 정답입니다.

Questions 10-12 refer to the following conversation.

W: ¹⁰What did you think of Eliza's TV advertisement plan / for our client? She had a really good idea.

M: ¹¹I missed her presentation. I was busy finishing an assignment / this morning. How did it go?

W: She suggested / creating a commercial / that includes James Gold. He's the most popular singer / right now. ¹⁰/¹²Her proposal will help us market our client / to young consumers.

M: That will definitely attract more teens.

10-12번은 다음 대화에 관한 문제입니다.

W: 우리 고객을 위한 Eliza의 TV광고 계획에 대해 어떻게 생각했나요? 그녀는 정말 좋은 아이디어를 가지고 있었어요.

M: 저는 그녀의 발표를 놓쳤어요. 오늘 오전에 업무를 마무리하느라 바빴어요. 어땠나요?

W: 그녀는 James Gold를 포함한 광고 제작을 제안했어요. 그는 지금 가장 인기 있는 가수예요. 그녀의 제안은 우리가 젊은 소비자들에게 우리 고객을 광고하는 데 도움을 줄 거예요.

M: 그건 분명히 더 많은 청소년들의 관심을 끌겠네요.

10 Where do the speakers most likely work?

(A) At an accounting firm
(B) At a marketing agency
(C) At a manufacturing plant
(D) At a broadcasting station

11 Why was the man unable to attend the presentation?

(A) He was completing some work.
(B) He was meeting a customer.
(C) He was out of town.
(D) He was on leave.

12 What does the woman say about Eliza's idea?

(A) It will impress a client.
(B) It will be shared later today.
(C) It will cost a lot of money.
(D) It will attract young people.

10 화자들은 어디에서 일하는 것 같은가?

(A) 회계 법인에서
(B) 마케팅 대행사에서
(C) 제조 공장에서
(D) 방송국에서

11 남자는 왜 발표에 참석할 수 없었는가?

(A) 그는 업무를 끝내고 있었다.
(B) 그는 고객과 만나고 있었다.
(C) 그는 도시를 떠나 있었다.
(D) 그는 휴가 중이었다.

12 여자는 Eliza의 아이디어에 대해 무엇이라 말하는가?

(A) 고객에게 깊은 인상을 줄 것이다.
(B) 오늘 늦게 공유될 것이다.
(C) 많은 비용이 들 것이다.
(D) 젊은 사람들의 관심을 끌 것이다.

어휘 advertisement[미 ӕdvərtáizmənt, 영 ədvə́:tismənt] 광고 miss[mis] 놓치다 presentation[prì:zentéiʃən] 발표
assignment[əsáinmənt] 업무, 과제 include[inklú:d] 포함하다 definitely[défənitli] 분명히 attract[ətrǽkt] 끌다
teen[ti:n] 청소년

해설 10 Where ~ speakers ~ work를 보고 화자들이 일하는 곳이 어디인지를 묻고 있음을 알 수 있습니다. 여자의 말 What did you think of Eliza's TV advertisement plan for our client와 Her proposal will help us market ~ to young consumers에서 화자들이 마케팅 대행사에서 일하고 있음을 알 수 있으므로 (B) At a marketing agency가 정답입니다.

11 Why ~ man unable to attend ~ presentation을 보고 남자가 발표에 참석할 수 없었던 이유를 묻고 있음을 알 수 있습니다. 남자의 말 I missed her presentation. I was busy finishing an assignment에서 업무를 마무리하느라 발표를 놓쳤음을 알 수 있으므로 (A) He was completing some work가 정답입니다.

12 What ~ woman say about Eliza's idea를 보고 여자가 Eliza의 아이디어에 대해 무엇이라 말하는지를 묻고 있음을 알 수 있습니다. 여자의 말 Her proposal will help us market ~ to young consumers에서 Eliza의 아이디어가 젊은 사람들의 관심을 끌 것이라 말하고 있음을 알 수 있으므로 (D) It will attract young people이 정답입니다.

Questions 13-15 refer to the following conversation.

M: [13]I'm working on preparations / for the investors' meeting on Friday. [14]Is it OK / if we hold it in our auditorium?

W: [14]Sure. That's probably the best location. Also, / we need to find a nearby place / that can host lunch for the attendees. We will need a place / that can hold 80 people.

M: [15]What about having food delivered? It might be cheaper and easier / to serve lunch / in the auditorium.

13-15번은 다음 대화에 관한 문제입니다.

M: 저는 금요일에 있을 투자자 회의 준비를 하고 있어요. 그 회의를 우리 강당에서 열어도 되나요?

W: 물론이죠. 아마 그곳이 제일 좋은 장소일 거예요. 또한, 우리는 참석자들에게 점심을 제공할 수 있는 가까운 장소를 찾아야 해요. 80명의 사람들을 수용할 수 있는 장소가 필요할 거예요.

M: 음식을 배달시키는 건 어때요? 강당에서 점심을 제공하는 것이 더 저렴하고 수월할 거예요.

13 What will take place on Friday?

(A) A company dinner
(B) An investors' gathering
(C) A training session
(D) An advertising workshop

14 Where will the meeting be held?

(A) In an auditorium
(B) In a hotel hall
(C) At a local university
(D) At a restaurant

15 What does the man recommend?

(A) Moving the venue
(B) Delaying the meeting
(C) Contacting investors
(D) Getting a food delivery

13 금요일에 무슨 일이 일어날 것인가?

(A) 회사 만찬
(B) 투자자 모임
(C) 교육
(D) 광고 워크숍

14 회의는 어디에서 열릴 것인가?

(A) 강당에서
(B) 호텔 홀에서
(C) 지역 대학에서
(D) 식당에서

15 남자는 무엇을 권하는가?

(A) 장소를 옮기는 것
(B) 회의를 연기하는 것
(C) 투자자들에게 연락하는 것
(D) 음식 배달을 시키는 것

어휘 preparation[prèpəréiʃən] 준비 investor[invéstər] 투자자 hold[hould] 열다, 개최하다 auditorium[ɔ̀ːdətɔ́ːriəm] 강당 probably[prɑ́ːbəbli] 아마 location[loukéiʃən] 장소 nearby[nìərbái] 가까운 host[houst] 제공하다 attendee[ətendíː] 참석자, 출석자 deliver[dilívər] 배달하다 serve[səːrv] 제공하다

해설 13 What ~ take place on Friday를 보고 금요일에 무슨 일이 일어날 것인지를 묻고 있음을 알 수 있습니다. 남자의 말 I'm working on preparations for the investors' meeting on Friday에서 금요일에 투자자 회의가 있을 것임을 알 수 있으므로 (B) An investors' gathering이 정답입니다.

14 Where ~ meeting ~ held를 보고 회의가 열릴 곳이 어디인지를 묻고 있음을 알 수 있습니다. 남자의 말 Is it OK if we hold it in our auditorium과 여자의 말 Sure에서 강당에서 회의를 열 것임을 알 수 있으므로 (A) In an auditorium이 정답입니다.

15 What ~ man recommend를 보고 남자가 권하는 것이 무엇인지를 묻고 있음을 알 수 있습니다. 남자의 말 What about having food delivered에서 음식을 배달시키는 것을 권하고 있음을 알 수 있으므로 (D) Getting a food delivery가 정답입니다.

Questions 16-18 refer to the following conversation and timeline.

M: Elena, I think / there's an issue with the timeline / for Tower Stadium.

W: What's the matter? ¹⁶I just talked with the head engineer Shelley Lowe, and she said / we got our permit on time.

M: That's true. However, / ¹⁷there's an issue / with the construction company. One of their other projects was delayed, / so they won't be able to begin our project / until the end of the month.

W: ¹⁷That's concerning. Well, / ¹⁸I've got to leave / to talk to our manager. But when I get back, / we can discuss / how to handle this.

16-18번은 다음 대화와 일정표에 관한 문제입니다.

M: Elena, Tower 경기장을 위한 일정표에 문제가 있는 것 같아요.

W: 무엇이 문제인가요? 저는 방금 대표 기술자인 Shelley Lowe와 이야기했는데, 그녀는 우리가 허가증을 제시간에 받았다고 했어요.

M: 그건 사실이에요. 그런데, 건설 회사와 문제가 있어요. 그들의 다른 프로젝트들 중 하나가 지연되어서, 우리 프로젝트를 월말 때까지 시작할 수 없을 거예요.

W: 그건 걱정이네요. 음, 저는 우리의 관리자에게 이야기하기 위해 출발해야 해요. 하지만 제가 돌아오면, 이것을 어떻게 처리할지 논의할 수 있어요.

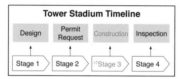

Tower Stadium Timeline

| Design | Permit Request | Construction | Inspection |
| Stage 1 | Stage 2 | ¹⁷Stage 3 | Stage 4 |

Tower 경기장 일정표

| 디자인 | 허가증 요청 | 건설 | 점검 |
| 1단계 | 2단계 | 3단계 | 4단계 |

16 Who is Shelley Lowe?

(A) A secretary
(B) A contractor
(C) An inspector
(D) An engineer

16 Shelley Lowe는 누구인가?

(A) 비서
(B) 계약자
(C) 감독관
(D) 기술자

17 Look at the graphic. Which stage are the speakers concerned about?

(A) Stage 1
(B) Stage 2
(C) Stage 3
(D) Stage 4

17 시각 자료를 보아라. 화자들은 어느 단계에 대해 걱정하는가?

(A) 1단계
(B) 2단계
(C) 3단계
(D) 4단계

18 Why does the woman have to leave?

(A) To visit a project site
(B) To deliver a form
(C) To get ready for a trip
(D) To talk with a coworker

18 여자는 왜 떠나야 하는가?

(A) 프로젝트 현장을 방문하기 위해
(B) 양식을 배달하기 위해
(C) 여행을 준비하기 위해
(D) 동료와 이야기하기 위해

어휘 timeline[táimlàin] 일정표 permit[pə́:rmit] 허가증 issue[íʃu:] 문제 handle[hǽndl] 처리하다
contractor[미 kɑ́ntræktər, 영 kəntrǽktə] 계약자

해설 16 Who ~ Shelley Lowe를 보고 Shelley Lowe가 누구인지를 묻고 있음을 알 수 있습니다. 여자의 말 I just talked with the head engineer Shelley Lowe에서 Shelley Lowe가 기술자임을 알 수 있으므로 (D) An engineer가 정답입니다.

17 Which stage ~ speakers concerned about를 보고 화자들이 걱정하고 있는 단계가 어느 것인지를 묻고 있음을 알 수 있습니다. 남자의 말 there's an issue with the construction company와 여자의 말 That's concerning에서 건설 회사와 문제가 있다고 하였고, 일정표에서 건설 단계가 3단계임을 알 수 있으므로 (C) Stage 3가 정답입니다.

18 Why ~ woman have to leave를 보고 여자가 떠나야 하는 이유를 묻고 있음을 알 수 있습니다. 여자의 말 I've got to leave to talk to our manager에서 여자가 관리자와 이야기하기 위해 떠나야 함을 알 수 있으므로 (D) To talk with a coworker가 정답입니다.

Course 1 고객 상담　　　　　　　　　　　　　　　　　　　　　　　　　p.192

01 (A)　**02** (A)　**03** (B)　**04** (B)　**05** (B)　**06** (D)　**07** (C)　**08** (B)

01　영국식 발음 → 미국식 발음, 미국식 발음 → 호주식 발음

Question 1 refers to the following conversation.	1번은 다음 대화에 관한 문제입니다.
W: My name is Kim Taylor, / and I work for Star 　　제 이름은 Kim Taylor입니다　　그리고 저는 Star 의류 회사에서 일하고 있어요 　Clothing. Can you update me / on a shipment /　　　배송 문의 　저에게 최신 정보를 알려줄 수 있나요　　　배송에 대한 　I'm waiting for? 　제가 기다리고 있는 M: Of course, / Ms. Taylor. What's the shipping　　배송번호 　물론입니다　　　Ms. Taylor　　배송번호가 어떻게 되시나요　　요청 　number?	W: 제 이름은 Kim Taylor이고, Star 의류 회사에서 일하고 있어요. 제가 기다리고 있는 배송에 대한 최신 정보를 알려주실 수 있나요? M: 물론입니다, Ms. Taylor. 배송번호가 어떻게 되시나요?
What **is the** woman calling about?	여자는 무엇에 대해 전화하고 있는가?
(A) 배송 정보 (B) 파손된 영사기	(A) 배송 정보 (B) 파손된 영사기

어휘　work for ~에서 일하다　update [미 ʌpdéit, 영 ʌpdéit] 최신 정보를 알려주다　shipment [ʃípmənt] 배송
　　　shipping number 배송번호

해설　What ~ woman calling about을 보고 여자가 무엇에 대해 전화하고 있는지를 묻고 있음을 알 수 있습니다. 여자의 말 Can you update me on a shipment I'm waiting for에서 배송 정보에 대해 전화하고 있음을 알 수 있으므로 (A)가 정답입니다.

02　미국식 발음 → 호주식 발음, 영국식 발음 → 미국식 발음

Question 2 refers to the following conversation.	2번은 다음 대화에 관한 문제입니다.
W: Rudd Tires, / this is the front desk. This is Lucy 　Rudd 타이어 회사입니다　여기는 안내 데스크입니다　저는 Lucy입니다　　고객 센터 　speaking. What may I do for you? 　　　　　　　무엇을 도와드릴까요? M: Hello. I purchased a set of truck tires / on Monday. 　안녕하세요　저는 트럭 타이어 한 세트를 구입했습니다　월요일에　　배송 문의 　When is the shipment expected to arrive? 　언제 배송물이 도착할 것으로 예상되나요	W: Rudd 타이어 회사입니다, 여기는 안내 데스크입니다. 저는 Lucy입니다. 무엇을 도와드릴까요? M: 안녕하세요. 저는 월요일에 트럭 타이어 한 세트를 구입했습니다. 배송물이 언제 도착할 것으로 예상되나요?
Who **most likely is the** woman?	여자는 누구인 것 같은가?
(A) 접수 담당자 (B) 매니저	(A) 접수 담당자 (B) 매니저

어휘　purchase [미 pɔ́:rtʃəs, 영 pɔ́:tʃəs] 구입하다　be expected to do ~하기로 예상되다　arrive [əráiv] 도착하다

해설　Who ~ woman을 보고 여자가 누구인지를 묻고 있음을 알 수 있습니다. 여자의 말 this is the front desk에서 안내 데스크에서 일하는 접수 담당자임을 알 수 있으므로 (A)가 정답입니다.

Question 3 refers to the following conversation.

W: Hello. I was supposed to receive my new watch /
  안녕하세요   저는 저의 새 시계를 받기로 되어 있었어요

  last Friday. It's Monday / and it still hasn't come.
  지난 금요일에   오늘은 월요일이에요   그리고 그것은 아직 오지 않았어요

M: Sorry about the delay, / ma'am. There was an
  지연되어서 죄송합니다   고객님   오류가 있었습니다

  error / in our processing department. It should
  저희 정보 처리 부서에   그것은 도착할 것입니다

  arrive / within a couple of days.
  이틀 이내에

배송 지연

배송 지연
이유

What is mentioned about the watch?

(A) It is currently on sale.

(B) It has not arrived yet.

3번은 다음 대화에 관한 문제입니다.

W: 안녕하세요. 저는 새 시계를 지난 금요일에 받기로 되어 있었어요. 오늘은 월요일인데 그 것이 아직 오지 않았어요.

M: 지연되어서 죄송합니다, 고객님. 저희 정보 처리 부서에 오류가 있었습니다. 시계는 이 틀 이내에 도착할 것입니다.

시계에 대해 무엇이 언급되는가?

(A) 현재 할인 중이다.

(B) 아직 도착하지 않았다.

어휘 be supposed to ~하기로 되어 있다 watch[미 wɑːtʃ, 영 wɔtʃ] 시계 processing department 정보 처리 부서 a couple of 둘의

해설 What ~ mentioned about ~ watch를 보고 시계에 대해 무엇이 언급되는지를 묻고 있음을 알 수 있습니다. 여자의 말 it still hasn't come에서 시계가 아직 도착하지 않았음을 알 수 있으므로 (B) It has not arrived yet이 정답입니다.

Question 4 refers to the following conversation.

W: Good morning. I'm trying to put together a bike /
  안녕하세요   저는 자전거를 조립하려고 하고 있습니다

  from your company. However, / a part seems to
  당신의 회사에서 산   그런데   부품 하나가 없는 것 같습니다

  be missing.

M: My apologies, / ma'am. Could you tell me /
  죄송합니다   고객님   말씀해주실 수 있나요

  which part you need?
  어떤 부품이 필요하신지

구입한
제품의
문제점

What is the purpose of the call?

(A) To place an order

(B) To report a problem

4번은 다음 대화에 관한 문제입니다.

W: 안녕하세요. 저는 당신의 회사에서 산 자전거 를 조립하려고 하고 있습니다. 그런데, 부품 하나가 없는 것 같아요.

M: 죄송합니다, 고객님. 어떤 부품이 필요하신지 말씀해주실 수 있나요?

전화의 목적은 무엇인가?

(A) 주문하기 위해

(B) 문제를 알리기 위해

어휘 put together 조립하다 bike[baik] 자전거 part[미 pɑːrt, 영 pɑːt] 부품

해설 What ~ purpose of ~ call을 보고 전화의 목적이 무엇인지를 묻고 있음을 알 수 있습니다. 여자의 말 a part seems to be missing에 서 부품 하나가 없는 것을 알리기 위해 전화했음을 알 수 있으므로 (B) To report a problem이 정답입니다.

Questions 5-6 refer to the following conversation.

W: This is Better Bags. How can I help you?
   Better Bags입니다   어떻게 도와드릴까요

M: Hello. ⁰⁵I ordered a backpack / from your store, /
   안녕하세요   저는 책가방 하나를 주문했어요   당신의 가게에서

   but don't like the color. Can I exchange it?
   그러나 색상이 마음에 들지 않아요   그것을 교환할 수 있나요

   제품 교환 요청

W: That shouldn't be an issue, sir. ⁰⁶You will first need
   그것은 문제가 되지 않습니다   고객님   당신은 우선 작성해야 합니다

   to fill out / a return slip / and mail it / along with the
           반품 전표를   그리고 그것을 우편으로 보내세요 그 상품과 함께

   product / back to us. Once we have it, / we will
   그 상품을 우리에게 다시   일단 우리가 그것을 받으면

   send another bag to you.
   다른 가방을 당신께 보내드리겠습니다

   해결 방안

05 What is the man's problem?

(A) He was charged twice.

(B) He doesn't like a purchase.

(C) He lost his receipt.

(D) He broke an item.

06 What does the man need to do?

(A) Select a replacement

(B) Make a payment

(C) Call another department

(D) Fill out a form

5-6번은 다음 대화에 관한 문제입니다.

W: Better Bags입니다. 어떻게 도와드릴까요?

M: 안녕하세요. 저는 당신의 가게에서 책가방 하나를 주문했는데, 색상이 마음에 들지 않아요. 교환할 수 있나요?

W: 그것은 문제가 되지 않습니다, 고객님. 우선 반품 전표를 작성해서 그것을 그 상품과 함께 저희에게 다시 우편으로 보내주셔야 합니다. 일단 저희가 그것을 받으면, 다른 가방을 고객님께 보내드리겠습니다.

05 남자의 문제는 무엇인가?

(A) 그는 두 번 청구를 받았다.

(B) 그는 구매품이 마음에 들지 않는다.

(C) 그는 영수증을 잃어버렸다.

(D) 그는 상품을 부쉈다.

06 남자는 무엇을 해야 하는가?

(A) 교환품을 고른다.

(B) 대금을 결제한다.

(C) 다른 부서에 연락한다.

(D) 양식을 작성한다.

어휘 backpack [미 bǽkpæk, 영 bǽkpæk] 책가방   exchange [ikstʃéindʒ] 교환하다   issue [íʃuː] 문제   fill out ~을 작성하다
return slip 반품 전표   mail [meil] 우편으로 보내다

해설 05 What ~ man's problem을 보고 남자의 문제가 무엇인지를 묻고 있음을 알 수 있습니다. 남자의 말 I ordered a backpack ~ but don't like the color에서 주문한 책가방의 색상이 마음에 들지 않는 것을 알 수 있으므로 (B) He doesn't like a purchase가 정답입니다.

06 What ~ man need to do를 보고 남자가 해야 하는 것이 무엇인지를 묻고 있음을 알 수 있습니다. 여자의 말 You will first need to fill out a return slip에서 반품 전표를 작성해야 함을 알 수 있으므로 (D) Fill out a form이 정답입니다.

Questions 7-8 refer to the following conversation.

W: This is D&P Appliances. How may I assist you?
　　　D&P 가전제품사입니다　　　　　　어떻게 도와드릴까요

M: My name is Peter Chang. 07/08The stove / I bought
　　제 이름은 Peter Chang이에요　　　스토브가　　제가 온라인으로 산

online / still has not arrived. I'd like to know /
아직 도착하지 않았어요　　　　저는 알기를 원해요

how much longer / it'll take.
얼마나 더 오래　　　그것이 걸릴지

W: I'm so sorry about the delay. My records show /
　　지연이 되어서 죄송합니다　　　　제 기록들은 보여줍니다

that you should have received it / yesterday.
　　당신은 그것을 받았어야 했다고　　　어제

Let me contact the delivery company / to see what
　　제가 배송회사에 연락할게요

happened.
무슨 일이 있었는지 알아보기 위해

배송 지연

배송 지연
사과

7-8번은 다음 대화에 관한 문제입니다.

W: D&P 가전제품사입니다. 어떻게 도와드릴까요?

M: 저는 Peter Chang이에요. 제가 온라인으로 구매한 스토브가 아직 도착하지 않았어요. 그것이 얼마나 더 오래 걸릴지 알고 싶어요.

W: 지연이 되어서 죄송합니다. 제 기록을 보면 고객님은 어제 그것을 받으셨어야 했습니다. 무슨 일이 있었는지 알아보기 위해 제가 배송회사에 연락해 보겠습니다.

07 What type of products does the company most likely sell?

(A) Vehicle parts
(B) Living room furniture
(C) Kitchen equipment
(D) Medical supplies

08 What problem does the man mention?

(A) A product was damaged.
(B) An order hasn't arrived.
(C) The wrong item was sent.
(D) The bill has an error.

07 회사는 어떤 종류의 상품들을 판매하는 것 같은가?

(A) 자동차 부품들
(B) 거실용 가구
(C) 주방용품
(D) 의약품들

08 남자는 무슨 문제를 언급하는가?

(A) 상품이 손상되었다.
(B) 주문품이 도착하지 않았다.
(C) 잘못된 상품이 보내졌다.
(D) 청구서에 오류가 있다.

어휘 assist[əsíst] 돕다　stove[미 stouv, 영 stəuv] 스토브, 가스레인지　delay[diléi] 지연　record[미 rékərd, 영 rékɔːd] 기록
delivery company 배송회사

해설 07 What type of products ~ company ~ sell을 보고 회사가 판매하는 상품 종류가 무엇인지를 묻고 있음을 알 수 있습니다. 남자의 말 The stove I bought online에서 회사가 주방용품을 판매함을 알 수 있으므로 (C) Kitchen equipment가 정답입니다.

08 What problem ~ man mention을 보고 남자가 언급하는 문제가 무엇인지를 묻고 있음을 알 수 있습니다. 남자의 말 The stove I bought online still has not arrived에서 온라인에서 구매한 스토브가 아직 도착하지 않았음을 알 수 있으므로 (B) An order hasn't arrived가 정답입니다.

01 (A) **02** (A) **03** (A) **04** (B) **05** (C) **06** (D) **07** (A) **08** (C)

01 🔊 미국식 발음 → 미국식 발음, 영국식 발음 → 호주식 발음

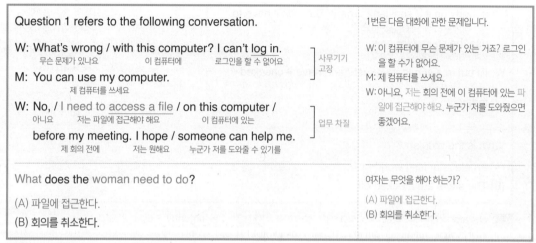

Question 1 refers to the following conversation.

W: What's wrong / with this computer? I can't log in.
　무슨 문제가 있나요　　　　이 컴퓨터에　　　　로그인을 할 수 없어요 ⎤ 사무기기
M: You can use my computer. ⎦ 고장
　　제 컴퓨터를 쓰세요
W: No, / I need to access a file / on this computer / ⎤
　아니요　저는 파일에 접근해야 해요　이 컴퓨터에 있는 ⎥ 업무 차질
　before my meeting. I hope / someone can help me. ⎦
　제 회의 전에　　저는 원해요 누군가 저를 도와줄 수 있기를

What **does the** woman need to do?

(A) 파일에 접근한다.
(B) 회의를 취소한다.

1번은 다음 대화에 관한 문제입니다.

W: 이 컴퓨터에 무슨 문제가 있는 거죠? 로그인을 할 수가 없어요.
M: 제 컴퓨터를 쓰세요.
W: 아니요, 저는 회의 전에 이 컴퓨터에 있는 파일에 접근해야 해요. 누군가 저를 도와줬으면 좋겠어요.

여자는 무엇을 해야 하는가?

(A) 파일에 접근한다.
(B) 회의를 취소한다.

어휘 **access**[ǽkses] 접근하다

해설 What ~ woman need to do를 보고 여자가 해야 하는 것이 무엇인지를 묻고 있음을 알 수 있습니다. 여자의 말 I need to access a file에서 파일에 접근해야 함을 알 수 있으므로 (A)가 정답입니다.

02 🔊 영국식 발음 → 미국식 발음, 미국식 발음 → 호주식 발음

Question 2 refers to the following conversation.

W: Hello. This is Rita. The air conditioner won't start. ⎤
　안녕하세요　저는 Rita예요　　에어컨이 작동하지 않아요 ⎥ 수리 요청
　I think / it might be broken. ⎦
　저는 생각해요　그것이 고장 난 것 같다고
M: I'll send someone down / to repair it / immediately. ⎤
　제가 누군가를 아래로 보낼게요 그것을 수리하기 위해　즉시 ⎥ 해결 방안
　It's going to be hot / this week. ⎦
　더울 거예요　이번 주에

Why **is the** woman calling?

(A) 장비를 고치기 위해
(B) 새로운 장치를 요청하기 위해

2번은 다음 대화에 관한 문제입니다.

W: 안녕하세요. 저는 Rita예요. 에어컨이 작동하지 않아요. 제 생각에는 고장 난 것 같아요.
M: 제가 그것을 즉시 수리하도록 누군가를 아래로 보낼게요. 이번 주에 더울 거예요.

여자는 왜 전화하고 있는가?

(A) 장비를 고치기 위해
(B) 새로운 장치를 요청하기 위해

어휘 **air conditioner** 에어컨 **repair**[미 ripɛ́ər, 영 ripέə] 수리하다 **immediately**[imíːdiətli] 즉시

해설 Why ~ woman calling을 보고 여자가 왜 전화하고 있는지를 묻고 있음을 알 수 있습니다. 여자의 말 The air conditioner won't start ~ it might be broken과 남자의 말 I'll send someone down to repair it에서 여자가 에어컨을 수리하기 위해 전화하고 있음을 알 수 있으므로 (A)가 정답입니다.

03 미국식 발음 → 영국식 발음, 호주식 발음 → 미국식 발음

Question 3 refers to the following conversation.	3번은 다음 대화에 관한 문제입니다.
M: Our elevator is stuck / on the third floor. There's 　　엘리베이터가 움직이지 않아요　　　　3층에서 nobody on it, / so it isn't urgent. But / we'll have to 거기에 아무도 없어요　그래서 그것은 급한 건 아니에요 하지만 use the stairs / for now. 저희는 계단을 사용해야 해요　당장 W: I'll put in a service request / and have it checked / 　　제가 서비스 요청을 할게요　　　그리고 그것이 점검되도록 할게요 today. 오늘	M: 엘리베이터가 3층에서 움직이지 않아요. 거기에는 아무도 없어서, 급한 건 아니에요. 하지만 저희는 당장 계단을 사용해야 해요. W: 제가 서비스 요청을 하고 오늘 그것이 점검되도록 할게요.
What is the problem?	문제는 무엇인가?
(A) An elevator isn't working. (B) The stairs are blocked off.	(A) 엘리베이터가 작동하지 않는다. (B) 계단이 막혀 있다.

사내 시설 고장 / 해결 방안

어휘 elevator[미 éləvèitər, 영 éliveitə] 엘리베이터 stuck[stʌk] 움직일 수 없는 urgent[미 ə́ːrdʒənt, 영 ə́ːdʒənt] 급한
stair[미 stɛər, 영 steə] 계단 put in (요청을) 하다 check[tʃek] 점검하다, 조사하다

해설 What ~ problem을 보고 문제가 무엇인지를 묻고 있음을 알 수 있습니다. 남자의 말 Our elevator is stuck on the third floor에서 엘리베이터가 움직이지 않는 것을 알 수 있으므로 (A) An elevator isn't working이 정답입니다.

04 미국식 발음 → 미국식 발음, 호주식 발음 → 영국식 발음

Question 4 refers to the following conversation.	4번은 다음 대화에 관한 문제입니다.
M: I think / something is wrong / with the Internet / in 　　저는 생각해요　뭔가 잘못되었다고　　　　인터넷이 the office. My computer won't connect to it. 사무실의　　　제 컴퓨터가 그것에 연결이 안 돼요 W: I noticed that too. It is probably disconnected. 　　저도 그것을 알아챘습니다　　그것은 아마도 연결이 끊긴 것 같아요 I'll call Larry / in the technical office / about it / 제가 Larry에게 전화할게요　기술 부서에 있는　　그것에 관해서 during lunch. 점심시간 동안에	M: 사무실의 인터넷이 뭔가 잘못된 것 같아요. 제 컴퓨터가 인터넷에 연결되지 않아요. W: 저도 그것을 알아챘어요. 아마도 연결이 끊긴 것 같아요. 제가 점심시간 동안 기술 부서의 Larry에게 그것에 관해서 전화할게요.
What will the woman do during lunch?	여자는 점심시간 동안 무엇을 할 것인가?
(A) Reconnect the Internet (B) Contact a colleague	(A) 인터넷에 다시 연결한다. (B) 동료에게 연락한다.

사무기기 고장 / 해결 방안

어휘 connect[kənékt] 연결하다 notice[미 nóutis, 영 náutis] 알아채다 disconnected[dìskənéktid] 연결이 끊긴

해설 What ~ woman do during lunch를 보고 여자가 점심시간 동안 할 일이 무엇인지를 묻고 있음을 알 수 있습니다. 여자의 말 I'll call Larry in the technical office ~ during lunch에서 점심시간 동안 기술 부서의 Larry에게 전화할 것임을 알 수 있으므로 (B) Contact a colleague가 정답입니다.

Questions 5-6 refer to the following conversation.

M: Good morning, / this is the technical department.
　안녕하세요　　　　　　　　　기술 부서입니다

　How can I help you?
　어떻게 도와드릴까요

W: Hi, / this is Irene / in accounting. ⁰⁵The fax machine /
　안녕하세요 저는 Irene이에요　회계부의　　　　　　　팩스기가

　in our office / isn't working. Could you come
　우리 사무실의　　작동하지 않아요　오셔서 확인해주실 수 있나요

　check it?

　　　　　　　　　　　　　　　　　　　　　　　사무기기
　　　　　　　　　　　　　　　　　　　　　　　고장

M: My schedule is full / this morning. I can't look at it /
　제 일정이 꽉 차 있습니다　　오늘 아침　　저는 그것을 볼 수 없습니다

　until this afternoon.
　오늘 오후까지는

W: But I need to send out an important file / soon.
　그렇지만 저는 중요한 파일을 보내야 해요　　　얼른

　⁰⁶Could you send your assistant?
　당신의 보조를 보내주실 수 있나요

　　　　　　　　　　　　　　　　　　　　　　　해결 방안

05 Why is the woman calling?

(A) To order a fax machine

(B) To ask about a schedule

(C) To request a repair

(D) To check on work progress

06 What does the woman ask the man to do?

(A) Deliver a machine

(B) Adjust a schedule

(C) File a report

(D) Send an assistant

5-6번은 다음 대화에 관한 문제입니다.

M: 안녕하세요, 기술 부서입니다. 어떻게 도와드릴까요?

W: 안녕하세요, 저는 회계부의 Irene이에요. 저희 사무실의 팩스기가 작동하지 않아요. 오셔서 확인해주실 수 있나요?

M: 오늘 아침에는 제 일정이 꽉 차 있습니다. 오늘 오후나 되어서야 볼 수 있어요.

W: 그렇지만 저는 얼른 중요한 파일을 보내야 해요. 당신의 보조를 보내주실 수 있나요?

05 여자는 왜 전화하고 있는가?

(A) 팩스기를 주문하기 위해

(B) 일정에 대해 묻기 위해

(C) 수리를 요청하기 위해

(D) 작업 진행을 확인하기 위해

06 여자는 남자에게 무엇을 하라고 요청하는가?

(A) 기계를 배달한다.

(B) 일정을 조정한다.

(C) 보고서를 정리한다.

(D) 보조를 보낸다.

어휘 technical department 기술 부서 accounting[əkáuntiŋ] 회계부 send out ~을 보내다

해설 05 Why ~ woman calling을 보고 여자가 왜 전화하고 있는지를 묻고 있음을 알 수 있습니다. 여자의 말 The fax machine ~ isn't working. Could you come check it에서 팩스기의 수리를 요청하기 위해 전화하고 있음을 알 수 있으므로 (C) To request a repair 가 정답입니다.

06 What ~ woman ask ~ man to do를 보고 여자가 남자에게 하라고 요청하는 것이 무엇인지를 묻고 있음을 알 수 있습니다. 여자의 말 Could you send your assistant에서 보조를 보내달라고 요청하고 있음을 알 수 있으므로 (D) Send an assistant가 정답입니다.

Questions 7-8 refer to the following conversation.

W: ⁰⁷The speakers in the lobby / are making an odd
로비에 있는 스피커들이   이상한 소음을 내고 있어요

noise. I think / something might be wrong /
저는 생각해요   원가 잘못되었다고

with them.
그것들이

사내 시설
고장

M: Yeah, / I heard that too. ⁰⁸I called the maintenance
맞아요   저도 그것을 들었어요   저는 유지보수 여직원에게 전화했어요

woman, / and she said / she'd look at them /
그리고 그녀는 말했어요   그녀가 그것들을 보겠다고

in an hour.
한 시간 후에

수리 시기

W: OK. Hopefully it won't take too long. Everyone
네   너무 오래 걸리지 않았으면 좋겠네요

finds it very annoying.
모두가 그것이 매우 짜증 난다고 생각해요

7-8번은 다음 대화에 관한 문제입니다.

W: 로비에 있는 스피커들이 이상한 소음을 내고 있어요. 그것들이 뭔가 잘못된 것 같아요.
M: 맞아요, 저도 들었어요. 유지보수 여직원에게 전화했는데, 그녀는 한 시간 후에 그것들을 보겠다고 말했어요.
W: 네. 너무 오래 걸리지 않았으면 좋겠네요. 모두가 그것이 매우 짜증 난다고 생각하거든요.

07 What is the problem?

(A) Some speakers are malfunctioning.
(B) A computer won't turn on.
(C) A door won't open.
(D) Some phones must be replaced.

08 What did the man do?

(A) Checked some equipment
(B) Ordered some parts
(C) Contacted a maintenance worker
(D) Made an announcement

07 문제는 무엇인가?

(A) 몇몇 스피커들이 오작동하고 있다.
(B) 컴퓨터가 켜지지 않는다.
(C) 문이 열리지 않는다.
(D) 몇몇 전화기들이 교체되어야 한다.

08 남자는 무엇을 했는가?

(A) 몇몇 장비를 확인했다.
(B) 몇몇 부품을 주문했다.
(C) 유지보수 직원에게 연락했다.
(D) 공지를 했다.

어휘 odd noise 이상한 소음 maintenance[méintənəns] 유지보수 annoying[ənɔ́iiŋ] 짜증 나는

해설 07 What ~ problem을 보고 문제가 무엇인지를 묻고 있음을 알 수 있습니다. 여자의 말 The speakers in the lobby are making an odd noise에서 스피커가 고장 났음을 알 수 있으므로 (A) Some speakers are malfunctioning이 정답입니다.

08 What ~ man do를 보고 남자가 무엇을 했는지를 묻고 있음을 알 수 있습니다. 남자의 말 I called the maintenance woman에서 남자가 유지보수 직원에게 연락했음을 알 수 있으므로 (C) Contacted a maintenance worker가 정답입니다.

01 (A)	02 (C)	03 (D)	04 (C)	05 (C)	06 (D)	07 (A)	08 (D)	09 (C)	10 (C)
11 (A)	12 (D)	13 (B)	14 (D)	15 (C)	16 (D)	17 (B)	18 (B)		

01 ~ 03 🎧 미국식 발음 → 미국식 발음

Questions 1-3 refer to the following conversation.

W: Good morning, / Mr. Castro. ⁰¹This is Helen Clint / from Zip Phones. I got your message / about the incomplete product manual / you received with your phone.

M: Yes, I think it's missing a few pages. I want to program the phone, / but I'm missing some instructions.

W: Sorry about the inconvenience. ⁰²I'll send another manual to you today / if you'd like.

M: That would be great. ⁰³Let me give you / the mailing address / I want it sent to.

1-3번은 다음 대화에 관한 문제입니다.

W: 안녕하세요, Mr. Castro. 저는 Zip Phones 사의 Helen Clint입니다. 저는 당신이 전화기와 함께 받으신 불완전한 제품 매뉴얼에 대한 메시지를 받았습니다.

M: 네, 몇 페이지가 빠진 것 같아요. 저는 전화기를 설정하고 싶은데, 설명이 일부 빠져있어요.

W: 불편을 드려 죄송합니다. 원하신다면 제가 오늘 다른 매뉴얼을 보내드리겠습니다.

M: 좋아요. 그것이 발송되길 원하는 우편 주소를 알려드릴게요.

01 What most likely is the woman's job?

(A) A phone company employee
(B) A sales consultant
(C) An instruction manual writer
(D) A retail cashier

02 What does the woman offer to do?

(A) Copy some documents
(B) Attend a program
(C) Send the man a manual
(D) Ship the man a new telephone

03 What will the man most likely do next?

(A) Send in an order form
(B) Call a supervisor
(C) Forward a bill
(D) Provide an address

01 여자의 직업은 무엇인 것 같은가?

(A) 전화기 회사 직원
(B) 판매 상담사
(C) 설명 매뉴얼 작성자
(D) 소매상 계산원

02 여자는 무엇을 해주겠다고 하는가?

(A) 몇몇 문서를 복사한다.
(B) 프로그램에 참석한다.
(C) 남자에게 매뉴얼을 보낸다.
(D) 남자에게 새 전화기를 보낸다.

03 남자는 다음에 무엇을 할 것 같은가?

(A) 주문서를 보낸다.
(B) 상사에게 전화한다.
(C) 청구서를 보낸다.
(D) 주소를 제공한다.

어휘 incomplete[ìnkəmplíːt] 불완전한 missing[mísiŋ] 빠진 program[próugræm] 설정하다 instruction[instrʌ́kʃən] 설명, 지시 inconvenience[ìnkənvíːnjəns] 불편 address[ǽdres] 주소

해설 01 What ~ woman's job을 보고 여자의 직업이 무엇인지를 묻고 있음을 알 수 있습니다. 여자의 말 This is ~ from Zip Phones에서 전화기 회사에서 일하고 있음을 알 수 있으므로 (A) A phone company employee가 정답입니다.

02 What ~ woman offer to do를 보고 여자가 해주겠다고 하는 것이 무엇인지를 묻고 있음을 알 수 있습니다. 여자의 말 I'll send another manual to you에서 매뉴얼을 보내주겠다고 하는 것을 알 수 있으므로 (C) Send the man a manual이 정답입니다.

03 What ~ man ~ do next를 보고 남자가 다음에 할 일이 무엇인지를 묻고 있음을 알 수 있습니다. 남자의 말 Let me give you the mailing address에서 우편 주소를 알려줄 것임을 알 수 있으므로 (D) Provide an address가 정답입니다.

Questions 4-6 refer to the following conversation.	4-6번은 다음 대화에 관한 문제입니다.

W: Excuse me. ⁰⁴You're in charge of office repairs, / aren't you?

M: ⁰⁴That's right. Is there an issue?

W: ⁰⁵The water dispenser / in the staff room / is leaking. **Can you fix it?**

M: Ah . . . Unfortunately not. We lease our water dispensers. We'll need to submit a request / to the rental company.

W: That's fine. Could it be fixed this weekend / while the office is closed?

M: I'm not sure. But ⁰⁶I'll call this afternoon / to find out.

W: 실례합니다. 사무실 수리를 담당하고 계시죠, 안 그러신가요?

M: 맞아요. 무슨 문제가 있나요?

W: 직원실에 있는 정수기가 새고 있어요. 그것을 고쳐주실 수 있나요?

M: 어... 유감스럽게도 그럴 수 없어요. 저희는 정수기를 임대하거든요. 대여 업체에 요청서를 내야 할 거예요.

W: 괜찮아요. 이번 주말 사무실이 닫혀 있을 동안에 그것이 수리될 수 있을까요?

M: 잘 모르겠어요. 하지만 오늘 오후에 전화해서 알아볼게요.

04 Who most likely is the man?

(A) A staff supervisor
(B) A salesperson
(C) A maintenance worker
(D) A receptionist

05 What problem does the woman mention?

(A) A technician is late.
(B) A room is unavailable.
(C) A device is broken.
(D) A fee is too high.

06 What will the man do this afternoon?

(A) Rent a vehicle
(B) Repair a computer
(C) Organize a team meeting
(D) Make a phone call

04 남자는 누구인 것 같은가?

(A) 직원 관리자
(B) 영업 사원
(C) 유지보수 직원
(D) 접수 담당자

05 여자는 무슨 문제를 언급하는가?

(A) 기술자가 늦는다.
(B) 객실이 이용 가능하지 않다.
(C) 기기가 고장 났다.
(D) 요금이 너무 비싸다.

06 남자는 오늘 오후에 무엇을 할 것인가?

(A) 차량을 대여한다.
(B) 컴퓨터를 수리한다.
(C) 팀 회의를 준비한다.
(D) 전화를 한다.

어휘 in charge of ~을 담당하는 water dispenser 정수기 leak[li:k] 새다 lease[li:s] 임대하다 submit[səbmít] 내다
rental[réntl] 대여의 supervisor[súːpərvàizər] 관리자 fee[fi:] 요금, 납부금

해설 **04** Who ~ man을 보고 남자가 누구인지를 묻고 있음을 알 수 있습니다. 여자의 말 You're in charge of office repairs와 남자의 말 That's right에서 남자가 사무실 수리를 담당하고 있음을 알 수 있으므로 (C) A maintenance worker가 정답입니다.

05 What problem ~ woman mention을 보고 여자가 언급하는 문제가 무엇인지를 묻고 있음을 알 수 있습니다. 여자의 말 The water dispenser ~ is leaking에서 정수기가 새고 있음을 알 수 있으므로 (C) A device is broken이 정답입니다.

06 What ~ man do this afternoon을 보고 남자가 오늘 오후에 할 일이 무엇인지를 묻고 있음을 알 수 있습니다. 남자의 말 I'll call this afternoon to find out에서 오늘 오후에 전화를 할 것임을 알 수 있으므로 (D) Make a phone call이 정답입니다.

Questions 7-9 refer to the following conversation with three speakers.

M1: [07]My colleague and I would like to discuss the store logo / we're designing for you, / Ms. Greer.

M2: Yes. [08]We want to use different colors / than the ones you suggested. What do you think about using red and black instead?

W: [08]That's fine. You can make those changes. But you are keeping the same shape, / right?

M2: Certainly. [09]We can make a sample / for you. We'll e-mail it to you / this week.

W: OK. Do you know what day?

M1: It'll be done / on Wednesday or Thursday.

7-9번은 다음 세 명의 대화에 관한 문제입니다.

M1: 제 동료와 저는 당신을 위해 저희가 디자인하고 있는 가게 로고에 대해 상의드리고 싶어요, Ms. Greer.

M2: 네. 저희는 제안해주셨던 것과 다른 색상을 사용하고 싶어요. 대신 빨간색과 검은색을 사용하는 것에 대해 어떻게 생각하세요?

W: 괜찮아요. 수정해도 됩니다. 그런데 같은 모양을 유지하는 것이 맞죠, 그렇죠?

M2: 물론이죠. 저희가 샘플을 만들어드릴 수 있어요. 이번 주에 이메일로 당신에게 보내드릴게요.

W: 좋습니다. 어느 요일에 될지 아시나요?

M1: 그건 수요일이나 목요일에 끝날 거예요.

---

07 What are the speakers mainly discussing?

(A) A business logo
(B) A product design
(C) A shop location
(D) A contract revision

08 What does the woman agree to do?

(A) Review a notice
(B) Buy merchandise
(C) Meet with a designer
(D) Make a change

09 What do the men say about a sample?

(A) It will not be used.
(B) It has been approved.
(C) It will be sent to a client.
(D) It has been posted online.

07 화자들은 주로 무엇에 대해 이야기하고 있는가?

(A) 사업체 로고
(B) 제품 디자인
(C) 가게 위치
(D) 계약서 수정

08 여자는 무엇을 하는 것에 동의하는가?

(A) 공고를 검토한다.
(B) 제품을 산다.
(C) 디자이너와 만난다.
(D) 변경을 한다.

09 남자들은 샘플에 대해 무엇이라 말하는가?

(A) 사용되지 않을 것이다.
(B) 승인되었다.
(C) 고객에게 보내질 것이다.
(D) 온라인에 게시되었다.

어휘 colleague[kάːliːg] 동료 shape[ʃeip] 모양, 모습 contract[kάːntrækt] 계약서 notice[nóutis] 공고
merchandise[mә́ːrtʃəndàiz] 제품 approve[əprúːv] 승인하다

해설 07 What ~ speakers ~ discussing을 보고 화자들이 이야기하고 있는 것이 무엇인지를 묻고 있음을 알 수 있습니다. 남자 1의 말 My colleague and I would like to discuss the store logo에서 가게 로고에 대해 이야기하고 있음을 알 수 있으므로 (A) A business logo가 정답입니다.

08 What ~ woman agree to do를 보고 여자가 동의하는 것이 무엇인지를 묻고 있음을 알 수 있습니다. 남자 2의 말 We want to use different colors than the ones you suggested와 여자의 말 That's fine에서 여자가 다른 색상을 사용하는 것에 동의함을 알 수 있으므로 (D) Make a change가 정답입니다.

09 What ~ men say about ~ sample을 보고 남자들이 샘플에 대해 무엇이라 말하는지를 묻고 있음을 알 수 있습니다. 남자 2의 말 We can make a sample for you. We'll e-mail it to you this week에서 샘플이 만들어져 고객인 여자에게 보내질 것임을 알 수 있으므로 (C) It will be sent to a client가 정답입니다.

Questions 10-12 refer to the following conversation.

W: ¹⁰What is wrong / with the copier? It's not working, / and I need to copy / some important files.

M: It wasn't working for me either. Maybe the repairperson can fix it tomorrow.

W: That's too late. ¹¹I need to copy these / for my client consultation / after lunch.

M: ¹²Give them to me. I'm about to leave for lunch, and there's a print shop across the street.

10 What is the conversation mainly about?

(A) A changed deadline
(B) A canceled meeting
(C) A technical issue
(D) A client's information

11 Why does the woman need to use the copier?

(A) A client meeting will take place.
(B) A report was requested.
(C) A new project will be introduced.
(D) A correction was required.

12 What does the man mean when he says, "there's a print shop across the street"?

(A) Equipment does not need to be replaced.
(B) He is worried about a competitor.
(C) Online orders are not necessary.
(D) He can make copies for the woman.

10-12번은 다음 대화에 관한 문제입니다.

W: 복사기에 무슨 문제가 있는 거죠? 작동을 하지 않는데, 저는 중요한 파일들을 복사해야 해요.

M: 제가 할 때도 작동되지 않았어요. 아마도 수리공이 내일 그걸 고칠 수 있을 것 같아요.

W: 그건 너무 늦어요. 저는 점심 이후의 고객 상담을 위해 이것들을 복사해야 해요.

M: 그것들을 제게 주세요. 저는 지금 막 점심을 먹으러 떠나려는 참인데, 길 건너편에 인쇄소가 있어요.

10 대화는 주로 무엇에 관한 것인가?

(A) 변경된 마감일
(B) 취소된 회의
(C) 기술적 문제
(D) 고객의 정보

11 여자는 왜 복사기를 사용해야 하는가?

(A) 고객과의 회의가 있을 것이다.
(B) 보고서가 요청되었다.
(C) 새로운 프로젝트가 시작될 것이다.
(D) 수정이 필요했다.

12 남자는 "길 건너편에 인쇄소가 있어요"라고 말할 때 무엇을 의도하는가?

(A) 장비가 교체될 필요가 없다.
(B) 그는 경쟁자에 대해 걱정한다.
(C) 온라인 주문이 필수적이지 않다.
(D) 그는 여자를 위해 복사를 해줄 수 있다.

어휘 copier[ká:piər] 복사기 important[impɔ́:rtənt] 중요한 either[미 í:ðər, 영 áiðə] ~도 또한 fix[fiks] 고치다 print shop 인쇄소 make a copy 복사하다

해설 10 What ~ conversation ~ about을 보고 대화가 무엇에 관한 것인지를 묻고 있음을 알 수 있습니다. 여자의 말 What is wrong with the copier ~ It's not working에서 복사기의 문제에 대해 이야기하고 있음을 알 수 있으므로 (C) A technical issue이 정답입니다.

11 Why ~ woman need to use ~ copier를 보고 여자가 복사기를 사용해야 하는 이유를 묻고 있음을 알 수 있습니다. 여자의 말 I need to copy these for my client consultation에서 고객 상담이 있을 것이기 때문에 복사를 해야 함을 알 수 있으므로 (A) A client meeting will take place가 정답입니다.

12 What ~ man mean when ~ says, there's a print shop across the street를 보고 남자가 길 건너편에 인쇄소가 있다고 말할 때 의도하는 것이 무엇인지를 묻고 있음을 알 수 있습니다. 남자의 말 Give them to me, I'm about to leave for lunch에서 남자가 여자를 위해 점심을 먹으러 갈 때 길 건너편에 있는 인쇄소에서 복사를 해줄 수 있음을 알 수 있으므로 (D) He can make copies for the woman이 정답입니다.

Questions 13-15 refer to the following conversation.

W: Hello, this is Kelly Riley. I purchased a book / from your store recently. ¹³The item was supposed to arrive yesterday, / but it never came. Do you know / what is causing the delay?

M: It appears / that your order was never shipped / from our warehouse / in Utah. They must have made a mistake.

W: Well, ¹⁴I leave for a trip / to New York / on Friday. Can you have it delivered / to my home in Texas / by then?

M: Yes, ¹⁵I will have it sent / through express mail. You will receive it / on Thursday. Sorry for the delay.

13-15번은 다음 대화에 관한 문제입니다.

W: 안녕하세요, 저는 Kelly Riley입니다. 저는 최근에 당신의 상점에서 책을 한 권 구입했어요. 그 상품은 어제 도착하기로 예정되어 있었는데, 아직도 오지 않았습니다. 무엇이 지연을 일으키고 있는지 아시나요?

M: 당신의 주문품이 유타에 있는 저희 창고로부터 선적되지 않은 것 같습니다. 그들이 분명 실수를 한 것 같네요.

W: 음, 저는 금요일에 뉴욕으로 여행을 떠나요. 텍사스에 있는 제 집으로 그때까지 보내주실 수 있으신가요?

M: 네, 제가 급행 우편으로 보내드리겠습니다. 목요일에 그것을 받으실 것입니다. 지연되어 죄송합니다.

13 What is the woman's problem?

(A) She bought a broken item.
(B) She never received a product.
(C) She did not make a payment.
(D) She wants to cancel an order.

14 Where will the woman go on Friday?

(A) To Texas
(B) To California
(C) To Utah
(D) To New York

15 What does the man offer to do?

(A) Refund a purchase
(B) Contact another department
(C) Ship a package quickly
(D) Speak with a manager

13 여자의 문제는 무엇인가?

(A) 고장 난 상품을 구매했다.
(B) 상품을 받지 못했다.
(C) 대금을 지불하지 않았다.
(D) 주문을 취소하고 싶어 한다.

14 여자는 금요일에 어디에 갈 것인가?

(A) 텍사스에
(B) 캘리포니아에
(C) 유타에
(D) 뉴욕에

15 남자는 무엇을 해주겠다고 하는가?

(A) 구매품을 환불한다.
(B) 다른 부서에 연락한다.
(C) 소포를 빨리 보낸다.
(D) 관리자와 이야기한다.

어휘 | purchase[미 pə́:rtʃəs, 영 pə́:tʃəs] 구입하다 appear[미 əpíər, 영 əpíə] ~인 것 같다 warehouse[미 wɛ́ərhàus, 영 wɛ́əhaus] 창고 mistake[mistéik] 실수 express mail 급행 우편 receive[risí:v] 받다

해설 | 13 What ~ woman's problem을 보고 여자의 문제가 무엇인지를 묻고 있음을 알 수 있습니다. 여자의 말 The item was supposed to arrive yesterday, but it never came에서 어제 도착하기로 예정된 상품이 오지 않았음을 알 수 있으므로 (B) She never received a product가 정답입니다.

14 Where ~ woman go on Friday를 보고 여자가 금요일에 갈 곳이 어디인지를 묻고 있음을 알 수 있습니다. 여자의 말 I leave for a trip to New York on Friday에서 금요일에 뉴욕에 갈 것임을 알 수 있으므로 (D) To New York이 정답입니다.

15 What ~ man offer to do를 보고 남자가 무엇을 해주겠다고 하는지를 묻고 있음을 알 수 있습니다. 남자의 말 I will have it sent through express mail에서 상품을 급행 우편으로 보내주겠다고 하는 것을 알 수 있으므로 (C) Ship a package quickly가 정답입니다.

Questions 16-18 refer to the following conversation and pie chart.

W: Hello, / Rob. ¹⁶How are the preparations / for your presentation going?

M: Well, / ¹⁷I finished making all the slides / this morning. As you requested, / the focus will be on ways / to lower our production costs.

W: Right. What have you found?

M: As you know, / our largest expense is manufacturing, / but we can't lower costs there. So ¹⁸I've looked at ways / we can reduce our second largest cost. I've included a breakdown / of all related expenses.

W: I'm sure / your analysis will be helpful.

16-18번은 다음 대화와 원 그래프에 관한 문제입니다.

W: 안녕하세요, Rob. 당신의 발표 준비는 어떻게 되어가고 있나요?

M: 음, 저는 오늘 아침에 모든 슬라이드의 제작을 마쳤어요. 요청하신 대로, 주안점은 우리의 생산 비용을 낮추는 방안이 될 거예요.

W: 맞아요. 무엇을 찾으셨나요?

M: 아시다시피, 저희의 가장 큰 지출은 제조이지만, 그곳에서 비용을 줄일 수 없어요. 그래서 저희의 두 번째로 가장 큰 지출을 절감할 수 있는 방법들을 살펴보았어요. 저는 관련된 모든 비용들에 대한 분석을 포함했어요.

W: 저는 당신의 분석이 도움이 될 거라 확신해요.

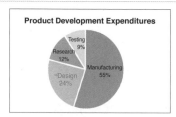

Product Development Expenditures

Testing 9%
Research 12%
Manufacturing 55%
Design 24%

제품 개발 비용

실험 9%
연구 12%
제조 55%
디자인 24%

16 What is the purpose of the conversation?

(A) To review a cost increase
(B) To schedule a meeting
(C) To propose a budget
(D) To discuss a presentation

17 What did the man do this morning?

(A) Prepared a video
(B) Made some slides
(C) Conducted an analysis
(D) Created some handouts

18 Look at the graphic. Which expense does the man say can be reduced?

(A) Research
(B) Design
(C) Manufacturing
(D) Testing

16 대화의 목적은 무엇인가?

(A) 비용 증가를 검토하기 위해
(B) 회의 일정을 잡기 위해
(C) 예산안을 제안하기 위해
(D) 발표에 대해 논의하기 위해

17 남자는 오늘 아침에 무엇을 했는가?

(A) 영상을 준비했다.
(B) 슬라이드를 만들었다.
(C) 분석을 수행했다.
(D) 유인물을 만들었다.

18 시각 자료를 보아라. 남자는 어떤 지출이 절감될 수 있다고 말하는가?

(A) 연구
(B) 디자인
(C) 제조
(D) 실험

어휘 focus[미 fóukəs, 영 fə́ukəs] 주안점 production[prədʌ́kʃən] 생산 breakdown[미 bréikdàun, 영 bréikdaun] 분석 expense[ikspéns] 비용 analysis[ənǽləsis] 분석 expenditure[미 ikspénditʃər, 영 ikspénditʃə] 지출

해설 16 What ~ purpose of ~ conversation을 보고 대화의 목적이 무엇인지를 묻고 있음을 알 수 있습니다. 여자의 말 How are ~ your presentation going에서 발표에 대해 논의하고 있음을 알 수 있으므로 (D) To discuss a presentation이 정답입니다.

17 What ~ man do this morning을 보고 남자가 오늘 아침에 무엇을 했는지를 묻고 있음을 알 수 있습니다. 남자의 말 I finished making ~ slides this morning에서 슬라이드 제작을 마쳤음을 알 수 있으므로 (B) Made some slides가 정답입니다.

18 Which expense ~ man say can ~ reduced를 보고 남자가 어느 지출이 절감될 수 있다고 말하는지를 묻고 있음을 알 수 있습니다. 남자의 말 I've looked at ways we can reduce our second largest cost에서 두 번째로 큰 지출의 비용을 줄일 수 있다고 하였고, 원 그래프에서 두 번째로 지출이 디자인임을 알 수 있으므로 (B) Design이 정답입니다.

Course 1 쇼핑 시설   p.208

01 (B) **02** (A) **03** (B) **04** (A) **05** (C) **06** (B) **07** (C) **08** (A)

---

01 🔊 영국식 발음 → 호주식 발음, 미국식 발음 → 미국식 발음

Question 1 refers to the following conversation.	1번은 다음 대화에 관한 문제입니다.

W: Hello. I'd like to purchase some vases / for my
 안녕하세요   저는 몇 개의 화병을 구매하고 싶어요
 restaurant.
 제 식당을 위한   ⎤ 제품 문의
 	
 M: We have several kinds / on display. Are you
    저희는 몇몇 종류가 있습니다   진열된
 looking for a particular kind?   ⎤ 제품 안내
 특정 종류를 찾으시나요
 	
 W: They should be small / and not too expensive.   ⎤ 제품 조건
    그것들은 작아야 합니다   그리고 너무 비싸지 않아야 해요
	W: 안녕하세요. 저는 제 식당에 놓을 화병 몇 개
	 를 구매하고 싶어요.
	 M: 몇몇 종류가 진열되어 있습니다. 찾으시는 특
	 정 종류가 있으신가요?
	 W: 작고 너무 비싸지 않은 것들이요.

Who most likely is the woman? (A) 가게 점원 (B) 식당 주인	여자는 누구인 것 같은가? (A) 가게 점원 (B) 식당 주인

어휘 purchase [미 pə́ːrtʃəs, 영 pə́ːtʃəs] 구매하다 **vase** [미 veis, 영 vɑːz] 화병 **kind** [kaind] 종류 **look for** ~을 찾다
particular [미 pərtíkjulər, 영 pətíkjələ] 특정한

해설 Who ~ woman을 보고 여자가 누구인지를 묻고 있음을 알 수 있습니다. 여자의 말 I'd like to purchase some vases for my restaurant
에서 식당 주인임을 알 수 있으므로 (B)가 정답입니다.

---

02 🔊 미국식 발음 → 호주식 발음, 영국식 발음 → 미국식 발음

Question 2 refers to the following conversation.	2번은 다음 대화에 관한 문제입니다.

W: Excuse me. I don't see a copy of *These Times* /
    실례합니다   *These Times* 한 부를 찾을 수가 없어요
 in your magazine section.   ⎤ 제품 위치 문의
       당신의 잡지 코너에서
 	
 M: Oh, / you can get newspapers / on the shelf /
    오   당신은 신문들을 구할 수 있어요   선반에서
 near the entrance.   ⎤ 제품 위치 안내
    입구 근처의
	W: 실례합니다. 당신의 잡지 코너에서 *These
	 Times* 한 부를 찾을 수가 없어요.
	 M: 오, 입구 근처의 선반에서 신문들을 구하실
	 수 있어요.

Where can the newspapers be found? (A) 입구 근처 (B) 잡지 코너	신문은 어디에서 찾을 수 있는가? (A) 입구 근처 (B) 잡지 코너

어휘 section [sékʃən] 코너, 섹션 **newspaper** [미 njúːzpèipər, 영 njúːzpèipə] 신문 **shelf** [ʃelf] 선반 **entrance** [éntrəns] 입구

해설 Where ~ newspapers ~ found를 보고 신문을 찾을 수 있는 곳이 어디인지를 묻고 있음을 알 수 있습니다. 남자의 말 you can get
newspapers on the shelf near the entrance에서 입구 근처의 선반에서 신문들을 구할 수 있음을 알 수 있으므로 (A)가 정답입니다.

토익 기초 Part 1 Part 2 Part 3 Part 4 해커스 토익 스타트 Listening

03 🔊 영국식 발음 → 미국식 발음, 미국식 발음 → 호주식 발음

Question 3 refers to the following conversation.	3번은 다음 대화에 관한 문제입니다.

W: Do you have these shoes / in a size 7? I'm buying
　이 신발을 가지고 있나요　　　 7 사이즈로　　　 저는 그것들을
them / for my daughter / and I think / they are
사주려고 합니다　 제 딸에게　　 그리고 저는 생각해요
too small.
그것들이 너무 작다고 ┘ 제품 문의

M: I believe / that's all we have, / but I can look in the
　저는 생각합니다　 그게 저희가 가진 전부라고　　　 그러나 제가 창고에 가서
warehouse / anyway.
확인해 보겠습니다　　 어쨌든 ┘ 재고 확인

W: 이 신발이 7사이즈로 있나요? 제 딸에게 이 것들을 사주려고 하는데 너무 작은 것 같아요.
M: 그게 저희가 가진 전부인 것 같습니다만, 어쨌든 창고에 가서 확인해 보겠습니다.

What **does the** woman say about the shoes?

(A) They are not in stock.
(B) They may be too small.

여자는 신발에 대해 무엇이라 말하는가?

(A) 재고가 없다.
(B) 너무 작을 것이다.

어휘　warehouse[미 wɛ́ərhàus, 영 wéəhaus] 창고　anyway[미 éniwèi, 영 éniwei] 어쨌든

해설　What ~ woman say about ~ shoes를 보고 여자가 신발에 대해 무엇이라 말하는지를 묻고 있음을 알 수 있습니다. 여자의 말 I think they are too small에서 신발이 너무 작은 것 같다고 말하는 것을 알 수 있으므로 (B) They may be too small이 정답입니다.

04 🔊 미국식 발음 → 미국식 발음, 영국식 발음 → 호주식 발음

Question 4 refers to the following conversation.	4번은 다음 대화에 관한 문제입니다.

W: Pardon me, / is the sofa in your window / for sale?
실례합니다　　　 당신의 진열대에 있는 이 소파는　　 판매 중인가요
It would look great / in my apartment.
　그것은 멋질 것 같아요　　　 제 아파트에서 ┘ 제품 문의

M: Sorry, / it isn't. But I can show you / some similar
죄송합니다　 아닙니다　 하지만 저는 보여드릴 수 있습니다　 몇몇 비슷한 소파들을
sofas / that are very comfortable and stylish.
　　　　 매우 편안하고 멋진 ┘ 다른 제품 제안

W: 실례합니다, 당신의 진열대에 있는 이 소파는 판매 중인가요? 제 아파트에 놓으면 멋질 것 같아요.
M: 죄송합니다만, 판매 중이지 않습니다. 하지만 매우 편안하고 멋진 몇몇 비슷한 소파들을 보여드릴 수 있습니다.

What **will the** man probably do next?

(A) Show some other products
(B) Give the woman a discount

남자는 다음에 무엇을 할 것 같은가?

(A) 다른 몇몇 물건들을 보여준다.
(B) 여자에게 할인을 해준다.

어휘　for sale 판매 중인　similar[미 símələr, 영 símilə] 비슷한　comfortable[미 kʌ́mftəbl, 영 kʌ́mfətəbl] 편안한　stylish[stáiliʃ] 멋진

해설　What ~ man ~ do next를 보고 남자가 다음에 할 일이 무엇인지를 묻고 있음을 알 수 있습니다. 남자의 말 I can show you some similar sofas에서 다른 소파들을 보여줄 것임을 알 수 있으므로 (A) Show some other products가 정답입니다.

Questions 5-6 refer to the following conversation.

W: Hello. ^{05/06}I'm looking for a backpack / for school.
　　안녕하세요　　저는 책가방을 찾고 있어요　　　　학교를 위한

　　Could you tell me / where they are located?
　　　　말해주실 수 있나요　　　　그것들이 어디에 있는지

　　〉제품 위치
　　　문의

M: Yes, / ⁰⁵they are in the sporting goods department.
　　네　　　　그것들은 스포츠용품 매장에 있어요

　　Just so you know, / our school supplies are also
　　　　알려드리자면　　　　저희 학용품들 또한 할인 중이에요

　　on sale / this week.
　　이번 주에

W: Oh, / really? Where can I find them?
　　오　　정말요　　제가 어디에서 그것들을 찾을 수 있나요

　　〉제품 위치
　　　안내

M: They are on display / near the checkout.
　　　그것들은 진열되어 있어요　　　계산대 근처에

05 Where most likely is the conversation taking place?

　(A) In a supermarket

　(B) In a clothing outlet

　(C) In a shopping mall

　(D) In a bookshop

06 What does the woman want to purchase?

　(A) Office supplies

　(B) A backpack

　(C) Sports equipment

　(D) A magazine

5-6번은 다음 대화에 관한 문제입니다.

W: 안녕하세요. 저는 학교 다닐 때 쓸 책가방을 찾고 있어요. 그것들이 어디에 있는지 말해주실 수 있나요?

M: 네, 그것들은 스포츠용품 매장에 있어요. 알려드리자면, 저희 학용품들 또한 이번 주에 할인 중이에요.

W: 오, 정말요? 어디에서 그것들을 찾을 수 있나요?

M: 계산대 근처에 진열되어 있어요.

05 대화는 어디에서 일어나고 있는 것 같은가?

　(A) 슈퍼마켓에서

　(B) 옷가게에서

　(C) 쇼핑몰에서

　(D) 서점에서

06 여자는 무엇을 사고 싶어 하는가?

　(A) 사무용품

　(B) 책가방

　(C) 스포츠 장비

　(D) 잡지

어휘　backpack[미 bǽkpæk, 영 bǽkpæk] 책가방　sporting goods 스포츠용품　school supplies 학용품　on sale 할인 중인
on display 진열된　checkout[미 tʃékàut, 영 tʃékaut] 계산대

해설　**05** Where ~ conversation taking place를 보고 대화가 일어나고 있는 곳이 어디인지를 묻고 있음을 알 수 있습니다. 여자의 말 I'm looking for a backpack과 남자의 말 they are in the sporting goods department에서 대화가 쇼핑몰에서 일어나고 있음을 알 수 있으므로 (C) In a shopping mall이 정답입니다.

　　06 What ~ woman want to purchase를 보고 여자가 무엇을 사고 싶어 하는지를 묻고 있음을 알 수 있습니다. 여자의 말 I'm looking for a backpack에서 책가방을 사고 싶어 함을 알 수 있으므로 (B) A backpack이 정답입니다.

Questions 7-8 refer to the following conversation.

M: Hello, / this is Bruce / from the Somerset Avenue
안녕하세요   저는 Bruce입니다   Somerset가 지점의

branch. ⁰⁷One of our customers wants to order /
저희 고객분들 중 한 분이 주문하기를 원합니다

the Victoriana table and chairs. Do you have
Victoriana 테이블과 의자를   재고를 가지고 계신가요

any in stock?

W: Yes, / we still have two sets / available.
네   저희는 아직 두 세트를 가지고 있습니다   이용 가능한

M: Great! / ⁰⁸Could you deliver one set / to our store /
좋습니다   한 세트를 배달해주실 수 있나요   저희 매장으로

as soon as possible?
가능한 한 빨리

W: No problem. I'll notify the warehouse / right away.
문제없습니다   제가 창고에 알리겠습니다   바로

제품 문의

배송 요청

7-8번은 다음 대화에 관한 문제입니다.

M: 안녕하세요, 저는 Somerset가 지점의 Bruce입니다. 저희 고객분들 중 한 분께서 Victoriana 테이블과 의자를 주문하고 싶어 하십니다. 재고가 있나요?
W: 네, 저희는 아직 이용 가능한 두 세트를 가지고 있습니다.
M: 좋습니다! 가능한 한 빨리 한 세트를 저희 매장으로 배달해주실 수 있나요?
W: 문제없습니다. 창고에 바로 알리겠습니다.

07 What is the purpose of the call?

(A) To ask about delivery fees
(B) To request directions
(C) To inquire about some products
(D) To make a reservation

08 What does the man ask the woman to do?

(A) Deliver some furniture
(B) Change a booking
(C) Make a payment
(D) Exchange a purchase

07 전화의 목적은 무엇인가?

(A) 배송료에 대해 묻기 위해
(B) 길 안내를 요청하기 위해
(C) 몇몇 상품들에 대해 문의하기 위해
(D) 예약하기 위해

08 남자는 여자에게 무엇을 하라고 요청하는가?

(A) 몇몇 가구들을 배달한다.
(B) 예약을 변경한다.
(C) 결제를 한다.
(D) 상품을 교환한다.

어휘 branch [미 bræntʃ, 영 brɑːntʃ] 지점 in stock 재고로 available [əvéiləbl] 이용 가능한 deliver [미 dilívər, 영 dilívə] 배달하다 notify [미 nóutəfài, 영 nə́utifai] 알리다 right away 바로

해설 07 What ~ purpose of ~ call을 보고 전화의 목적이 무엇인지를 묻고 있음을 알 수 있습니다. 남자의 말 One of our customers wants to order ~ table and chairs. Do you have any in stock에서 테이블과 의자의 재고에 대해 문의하고 있음을 알 수 있으므로 (C) To inquire about some products가 정답입니다.

08 What ~ man ask ~ woman to do를 보고 남자가 여자에게 무엇을 하라고 요청하는지를 묻고 있음을 알 수 있습니다. 남자의 말 Could you deliver one set에서 테이블과 의자 한 세트를 배달해달라고 요청하고 있음을 알 수 있으므로 (A) Deliver some furniture가 정답입니다.

01 (A) **02** (B) **03** (A) **04** (A) **05** (C) **06** (D) **07** (A) **08** (B)

---

01 🔊 미국식 발음 → 미국식 발음, 호주식 발음 → 영국식 발음

Question 1 refers to the following conversation.

M: What is the best way / to send money / to my
　　가장 좋은 방법이 무엇인가요　　　　　돈을 보내는

　brother? He lives overseas.
　제 남동생에게　　그는 해외에 살아요

　　　　　　　　　　　　　　　　　　　　　　송금 문의

W: That depends. Online services are fast, / but you'll
　그건 상황에 따라 다릅니다　 온라인 서비스는 빠릅니다　　그러나 당신은

　need an online account / for that. Bank transfers
　온라인 계좌가 필요할 것입니다　　그것을 위해　은행 이체는 더 느립니다

　are slower, / but they're available / to everyone.
　　　　　　그러나 그것들은 이용 가능합니다　모든 사람들에게

　　　　　　　　　　　　　　　　　　　　　　송금 방법
　　　　　　　　　　　　　　　　　　　　　　설명

How can the man send money quickly?

(A) 온라인에 계좌를 개설해서

(B) 은행 지점에 방문해서

1번은 다음 대화에 관한 문제입니다.

M: 제 남동생에게 돈을 보낼 가장 좋은 방법이
무엇인가요? 그는 해외에 살아요.
W: 그건 상황에 따라 다릅니다. 온라인 서비스가
빠르지만, 서비스를 위해 온라인 계좌가 필요
할 것입니다. 은행 이체는 더 느리지만, 모든
사람들이 이용 가능합니다.

남자는 어떻게 돈을 빠르게 보낼 수 있는가?

(A) 온라인에 계좌를 개설해서

(B) 은행 지점에 방문해서

어휘 overseas [미 ðuvərsíːz, 영 ə́uvəsíːz] 해외에　account [əkáunt] 계좌　transfer [미 trǽnsfəːr, 영 trǽnsfə́ː] 이체

해설 How ~ man send money quickly를 보고 남자가 어떻게 돈을 빠르게 보낼 수 있는지를 묻고 있음을 알 수 있습니다. 여자의 말 Online services are fast ~ you'll need an online account for that에서 빠른 온라인 서비스를 이용하기 위해 온라인 계좌를 개설해야 함을 알 수 있으므로 (A)가 정답입니다.

---

02 🔊 호주식 발음 → 미국식 발음, 미국식 발음 → 영국식 발음

Question 2 refers to the following conversation.

M: Hello. Can I help you with anything?
　안녕하세요　　　　　무엇을 도와드릴까요

W: Yes. I'm having a problem / with my van.
　네　　저는 문제가 있습니다　　　제 승합차에

　The headlights aren't turning on. Do you have
　　전조등이 켜지지 않습니다　　　　시간이 있으신가요

　time / to check it / for me?
　　　그것을 확인할　저를 위해서

　　　　　　　　　　　　　　　　　　정비 요청

Where most likely does the man work?

(A) 주차장

(B) 정비소

2번은 다음 대화에 관한 문제입니다.

M: 안녕하세요. 무엇을 도와드릴까요?
W: 네. 제 승합차에 문제가 있습니다. 전조등이
켜지지 않아요. 저를 위해 그것을 확인해주실
수 있나요?

남자는 어디에서 일하는 것 같은가?

(A) 주차장

(B) 정비소

어휘 headlight [미 hédlàit, 영 hédlait] 전조등　turn on 켜다

해설 Where ~ man work를 보고 남자가 일하는 곳이 어디인지를 묻고 있음을 알 수 있습니다. 남자의 말 Can I help you with anything과 여자의 말 I'm having a problem with my van에서 남자가 정비소에서 일하고 있음을 알 수 있으므로 (B)가 정답입니다.

03 🔊 호주식 발음 → 영국식 발음, 미국식 발음 → 미국식 발음

Question 3 refers to the following conversation.

M: Good morning. Is the office space / on Clayton
　　안녕하세요　　　　　사무 공간이　　　　Clayton로에 있는

　　Street / still available?
　　　　　여전히 이용 가능한가요

　　　　　　　　　　　　　　　　　　　　　　부동산 문의

W: Sorry, / sir, / but it was just rented / last week.
　　죄송합니다 고객님　하지만 그것은 바로 임대되었습니다　지난주에

　　However, / we do have two other vacant units /
　　　그러나　　　　　　저희는 2개의 다른 빈 장소가 있습니다

　　in the same area.
　　　같은 지역에

　　　　　　　　　　　　　　　　　　　　　　대안 제시

What most likely is the woman's job?

(A) A real estate agent

(B) An office supply salesperson

3번은 다음 대화에 관한 문제입니다.

M: 안녕하세요. Clayton로에 있는 사무 공간이 여전히 이용 가능한가요?
W: 고객님, 죄송하지만, 그것은 바로 지난주에 임대되었습니다. 그러나, 저희는 같은 지역에 있는 2개의 다른 빈 장소가 있습니다.

여자의 직업은 무엇인 것 같은가?

(A) 부동산 중개인
(B) 사무용품 판매원

어휘 space[speis] 공간　rent[rent] 임대하다　vacant[véikənt] 빈

해설 What ~ woman's job을 보고 여자의 직업이 무엇인지를 묻고 있음을 알 수 있습니다. 남자의 말 Is the office space ~ still available 과 여자의 말 it was just rented last week에서 여자가 부동산 중개인임을 알 수 있으므로 (A) A real estate agent가 정답입니다.

---

04 🔊 미국식 발음 → 영국식 발음, 호주식 발음 → 미국식 발음

Question 4 refers to the following conversation.

M: How much will it cost / to mail this package /
　　비용이 얼마나 들까요　　　　　이 소포를 보내는 데

　　to Canada / by airmail?
　　캐나다까지　　항공우편으로

　　　　　　　　　　　　　　　　　　　　　　우편 요금 문의

W: Let me check. Postal rates to Canada are high, /
　　확인해 보겠습니다　　　캐나다로 가는 우편 요금은 높습니다

　　so it will cost $28.
　　그래서 28달러의 비용이 들 것입니다

　　　　　　　　　　　　　　　　　　　　　　요금 안내

What does the man ask the woman about?

(A) A postage fee

(B) Package contents

4번은 다음 대화에 관한 문제입니다.

M: 이 소포를 캐나다까지 항공우편으로 보내는 데 비용이 얼마나 들까요?
W: 확인해 보겠습니다. 캐나다로 가는 우편 요금은 높아서, 28달러의 비용이 들 것입니다.

남자는 여자에게 무엇에 대해 묻는가?

(A) 우편 요금
(B) 소포 내용물

어휘 cost[미 kɔːst, 영 kɔst] 비용이 들다　package[pǽkidʒ] 소포　airmail[미 ɛ́ərmèil, 영 éəmeil] 항공우편　rate[reit] 요금

해설 What ~ man ask ~ woman about을 보고 남자가 여자에게 무엇에 대해 묻는지를 묻고 있음을 알 수 있습니다. 남자의 말 How much will it cost to mail this package to Canada by airmail에서 소포를 보내는 데 드는 비용을 묻고 있음을 알 수 있으므로 (A) A postage fee가 정답입니다.

05 🔊 호주식 발음 → 미국식 발음, 미국식 발음 → 영국식 발음

Questions 5-6 refer to the following conversation.

5-6번은 다음 대화에 관한 문제입니다.

M: 05I'd like to speak to someone / about closing my
저는 누군가에게 말하고 싶습니다   제 은행 계좌를 해지하는 것에 대해

bank account.

계좌 해지
신청

W: Actually, / 05Elaine Lima takes care of that, /
사실   Elaine Lima가 그것을 맡고 있습니다

and she's out for lunch. 06Can you come back /
그리고 그녀는 점심을 먹으러 나갔습니다   다시 오실 수 있으신가요

at 1 o'clock?
1시에

담당자
부재

M: 06I have a meeting / scheduled for that time.
저는 회의가 있습니다   그 시간으로 예정된

개인 일정

How late are you open?
은행은 얼마나 늦게까지 문을 여나요

W: We close / at 5 o'clock. If you can't return today, /
저희는 닫습니다   5시에   만약 당신이 오늘 못 돌아오신다면

we open at 10 A.M. / tomorrow.
저희는 오전 10시에 문을 엽니다   내일

업무 시간

M: 저는 누군가에게 제 은행 계좌를 해지하는 것
에 대해 말하고 싶습니다.

W: 사실, Elaine Lima가 그것을 맡고 있는데,
그녀는 점심을 먹으러 나갔습니다. 1시에 다
시 오실 수 있으신가요?

M: 저는 그 시간으로 예정된 회의가 있습니다.
은행은 언제까지 문을 여나요?

W: 저희는 5시에 문을 닫습니다. 만약 당신이 오
늘 돌아오지 못하신다면, 저희는 내일 오전
10시에 문을 엽니다.

05 What does the woman say about Elaine Lima?

(A) She changed her schedule.
(B) She canceled her lunch appointment.
(C) She is responsible for closing accounts.
(D) She is away on vacation.

06 Why is the man unable to return at 1 P.M.?

(A) He is leaving on a trip.
(B) He has an interview.
(C) He is visiting a friend.
(D) He has a meeting.

05 여자는 Elaine Lima에 대해 무엇이라 말하
는가?

(A) 그녀는 일정을 변경했다.
(B) 그녀는 점심 약속을 취소했다.
(C) 그녀는 계좌 해지를 담당한다.
(D) 그녀는 휴가를 갔다.

06 남자는 왜 오후 1시에 돌아올 수 없는가?

(A) 그는 여행을 떠날 것이다.
(B) 그는 면접이 있다.
(C) 그는 친구를 방문할 것이다.
(D) 그는 회의가 있다.

어휘 close a bank account 은행 계좌를 해지하다 take care of 맡다, ~을 다루다 return [미 ritə́:rn, 영 ritə́:n] 돌아오다

해설 05 What ~ woman say about Elaine Lima를 보고 여자가 Elaine Lima에 대해 무엇이라 말하는지를 묻고 있음을 알 수 있습니다. 남
자의 말 I'd like to speak to someone about closing my bank account와 여자의 말 Elaine Lima takes care of that에서 Elaine
Lima가 은행 계좌 해지를 담당하고 있음을 알 수 있으므로 (C) She is responsible for closing accounts가 정답입니다.

06 Why ~ man unable to return at 1 P.M.을 보고 남자가 오후 1시에 돌아올 수 없는 이유를 묻고 있음을 알 수 있습니다. 여자의 말
Can you come back at 1 o'clock과 남자의 말 I have a meeting scheduled for that time에서 남자가 회의 때문에 오후 1시에
다시 올 수 없음을 알 수 있으므로 (D) He has a meeting이 정답입니다.

토익 기초

Part 1

Part 2

Part 3

Part 4

해커스 토익 스타트 Listening

Questions 7-8 refer to the following conversation.

M: Hello. I left my car here earlier / because ⁰⁷I was
안녕하세요 저는 이전에 제 차를 이곳에 두고 갔습니다   문제가 있어서

having problems / with the brakes.
브레이크에

W: Oh, / yes. Our mechanic examined your vehicle.
오   네   저희 수리공이 당신의 자동차를 검사했습니다

He says / ⁰⁷your brakes need to be replaced.
그는 말했어요   당신의 브레이크가 교체되어야 한다고

M: I see. ⁰⁸How much will the work cost?
알겠습니다   작업 비용이 얼마죠

W: It will be around $400 / including the cost of parts.
400달러 정도가 될 것입니다   부품비를 포함해서

정비 결과

수리 비용

7-8번은 다음 대화에 관한 문제입니다.

M: 안녕하세요. 저는 브레이크에 문제가 있어서 이전에 제 차를 이곳에 두고 갔습니다.
W: 오, 네. 저희 수리공이 당신의 자동차를 검사했습니다. 그는 당신의 브레이크가 교체되어야 한다고 말했어요.
M: 알겠습니다. 작업 비용이 얼마죠?
W: 부품비를 포함해서 400달러 정도가 될 것입니다.

07 What is the man's problem?

(A) His vehicle requires repairs.
(B) He got into a minor accident.
(C) His parking spot is filled.
(D) He can't find his car key.

08 What does the man ask the woman about?

(A) The duration of repairs
(B) The cost of some work
(C) The fee for a rental
(D) The location of a parking area

07 남자의 문제는 무엇인가?

(A) 그의 자동차는 수리가 필요하다.
(B) 그는 경미한 사고를 당했다.
(C) 그의 주차 공간이 차 있다.
(D) 그는 자동차 열쇠를 찾을 수 없다.

08 남자는 여자에게 무엇에 대해 묻는가?

(A) 수리 기간
(B) 작업 비용
(C) 대여료
(D) 주차장의 위치

어휘 **have a problem with** ~에 문제가 있다 **brake**[breik] 브레이크 **mechanic**[məkǽnik] 수리공 **examine**[igzǽmin] 검사하다
vehicle[미 víːikl, 영 víəkl] 자동차 **replace**[ripléis] 교체하다 **part**[미 pɑːrt, 영 pɑːt] 부품

해설 **07** What ~ man's problem을 보고 남자의 문제가 무엇인지를 묻고 있음을 알 수 있습니다. 남자의 말 I was having problems with the brakes와 여자의 말 your brakes need to be replaced에서 남자의 자동차가 수리되어야 함을 알 수 있으므로 (A) His vehicle requires repairs가 정답입니다.

08 What ~ man ask ~ woman about을 보고 남자가 여자에게 무엇에 대해 묻는지를 묻고 있음을 알 수 있습니다. 남자의 말 How much will the work cost에서 작업 비용을 묻고 있음을 알 수 있으므로 (B) The cost of some work가 정답입니다.

01 (A)	02 (B)	03 (C)	04 (D)	05 (C)	06 (B)	07 (B)	08 (A)	09 (C)	10 (D)
11 (C)	12 (C)	13 (C)	14 (A)	15 (B)	16 (C)	17 (A)	18 (D)		

01 ~ 03

🔊 영국식 발음 → 호주식 발음

Questions 1-3 refer to the following conversation.

W: ⁰¹Welcome to Wagner Video Rentals. How can I help you?

M: Could you tell me / where I can locate the new comedy / with Jerry Kale?

W: Of course. ⁰¹/⁰²There's a special display / for that DVD / near the cash register.

M: Thanks. I also want to rent an older film / called *Man at Arms*.

W: We don't carry that film. But ⁰³if you'd like, / I can request a copy / from our supplier. I can call you / when it arrives.

1-3번은 다음 대화에 관한 문제입니다.

W: Wagner 비디오 대여점에 오신 것을 환영합니다. 어떻게 도와드릴까요?

M: Jerry Kale이 나온 새로운 코미디를 어디에서 찾을 수 있는지 알려주실 수 있나요?

W: 물론입니다. 계산대 근처에 그 DVD를 위한 특별 전시가 있습니다.

M: 감사합니다. 저는 *Man at Arms*라는 더 오래된 영화를 빌리고 싶어요.

W: 저희는 그 영화를 가지고 있지 않습니다. 그러나 원하신다면, 저희 공급업자에게 한 부를 요청할 수 있습니다. 그것이 도착하면 전화드릴 수 있어요.

01 Where does the woman work?

(A) At a video store
(B) At a production studio
(C) At a theater
(D) At a bookstore

01 여자는 어디에서 일하는가?

(A) 비디오 가게에서
(B) 제작 스튜디오에서
(C) 극장에서
(D) 서점에서

02 What does the woman say about a display?

(A) It is being set up.
(B) It is near a cash register.
(C) It is being replaced.
(D) It is next to a television.

02 여자는 진열에 대해 무엇이라 말하는가?

(A) 설치되고 있다.
(B) 계산대 근처에 있다.
(C) 교체되고 있다.
(D) 텔레비전 옆에 있다.

03 What does the woman offer to do?

(A) Replace a product
(B) Call a manager
(C) Place an order
(D) Lower a fee

03 여자는 무엇을 해주겠다고 하는가?

(A) 상품을 교체한다.
(B) 관리자에게 전화한다.
(C) 주문을 한다.
(D) 요금을 낮춘다.

어휘　locate[미 lóukeit, 영 ləukéit] 찾다, 위치하다　cash register 계산대　carry[kǽri] 가지고 있다　request[rikwést] 요청하다

해설　01 Where ~ woman work를 보고 여자가 일하는 곳이 어디인지를 묻고 있음을 알 수 있습니다. 여자의 말 Welcome to Wagner Video Rentals와 There's a special display for that DVD near the cash register에서 여자가 비디오 가게에서 일하고 있음을 알 수 있으므로 (A) At a video store가 정답입니다.

02 What ~ woman say about ~ display를 보고 여자가 진열에 대해 무엇이라 말하는지를 묻고 있음을 알 수 있습니다. 여자의 말 There's a special display for that DVD near the cash register에서 진열이 계산대 근처에 있음을 알 수 있으므로 (B) It is near a cash register가 정답입니다.

03 What ~ woman offer to do를 보고 여자가 무엇을 해주겠다고 하는지를 묻고 있음을 알 수 있습니다. 여자의 말 if you'd like, I can request a copy from our supplier에서 공급업자에게 주문을 해주겠다고 하는 것을 알 수 있으므로 (C) Place an order가 정답입니다.

Questions 4-6 refer to the following conversation.

W: Excuse me, / I need to withdraw some cash / from my savings account, / but ⁰⁴the bank machine out front / isn't working.

M: I can help you / with that. ⁰⁵I'll need your bank card. How much money / do you need?

W: I'd like $500, / please. Also, / can I make a credit card payment / while I'm here?

M: No problem. You can also pay your bills online. ⁰⁶I recommend checking out our Web site.

---

04 What is the problem?

(A) An office in the building is closed.
(B) A payment for a purchase wasn't sent.
(C) A bill for a utility contains an error.
(D) A machine at the bank isn't working.

05 What does the man ask for?

(A) An identification number
(B) A driver's license
(C) A bank card
(D) An application form

06 What does the man suggest the woman do?

(A) Apply online
(B) Visit a Web site
(C) File a report
(D) Pay by credit card

4-6번은 다음 대화에 관한 문제입니다.

W: 실례합니다만, 제 저축 예금 계좌에서 현금을 인출해야 하는데, 입구 바깥쪽에 있는 현금 자동 인출기가 작동하지 않습니다.
M: 그건 제가 도와드리겠습니다. 당신의 은행 카드가 필요합니다. 얼마가 필요하신가요?
W: 500달러를 원합니다. 또한, 제가 여기 있는 동안 신용카드 대금을 지불할 수 있나요?
M: 문제없습니다. 당신은 대금을 온라인으로도 지불하실 수 있습니다. 저희 웹사이트를 확인해 보시는 것을 추천합니다.

---

04 문제는 무엇인가?

(A) 건물에 있는 사무실이 문을 닫았다.
(B) 구매를 위한 대금이 보내지지 않았다.
(C) 공과금을 위한 고지서에 오류가 있다.
(D) 은행에 있는 기계가 작동하지 않는다.

05 남자는 무엇을 요청하는가?

(A) 식별 번호
(B) 운전 면허증
(C) 은행 카드
(D) 신청서

06 남자는 여자에게 무엇을 하라고 제안하는가?

(A) 온라인으로 지원한다.
(B) 웹사이트를 방문한다.
(C) 보고서를 정리한다.
(D) 신용카드로 지불한다.

어휘 withdraw[wiðdrɔ́:] 인출하다 savings account 저축 예금 (계좌) bank machine 현금 자동 인출기 credit card 신용카드 pay[pei] 지불하다 check out 확인하다

해설 04 What ~ problem을 보고 문제가 무엇인지를 묻고 있음을 알 수 있습니다. 여자의 말 the bank machine ~ isn't working에서 현금 자동 인출기가 작동하지 않음을 알 수 있으므로 (D) A machine at the bank isn't working이 정답입니다.

05 What ~ man ask for를 보고 남자가 요청하는 것이 무엇인지를 묻고 있음을 알 수 있습니다. 남자의 말 I'll need your bank card에서 은행 카드를 요청하고 있음을 알 수 있으므로 (C) A bank card가 정답입니다.

06 What ~ man suggest ~ woman do를 보고 남자가 여자에게 무엇을 하라고 제안하는지를 묻고 있음을 알 수 있습니다. 남자의 말 I recommend checking out our Web site에서 웹사이트를 확인할 것을 제안하고 있음을 알 수 있으므로 (B) Visit a Web site 가 정답입니다.

Questions 7-9 refer to the following conversation with three speakers.	7-9번은 다음 세 명의 대화에 관한 문제입니다.
M1: Hi. ⁰⁷The battery in my car / needs to be replaced.	M1: 안녕하세요. 제 차의 배터리가 교체되어야 해요.
W:　We can do that.	W:　저희가 해드릴 수 있습니다.
M1: How long will it take?	M1: 그건 얼마나 걸릴까요?
W:　⁰⁸Weekends are hectic here, / so I'm not exactly sure. What do you think, Mike?	W:　이곳은 주말에 매우 바빠서, 확실치 않아요. 어떻게 생각해요, Mike?
M2: We'd probably be able to get it done / just before we close today.	M2: 우리는 아마 오늘 문을 닫기 직전에 그것을 끝낼 수 있을 거예요.
M1: Great! I really need the car back / before tomorrow. ⁰⁹So . . . would it be possible / to pick it up by six?	M1: 좋네요! 저는 차를 내일 전에 꼭 돌려받아야 하거든요. 그럼... 6시에 그것을 가지러 오는 것이 가능할까요?
M2: ⁰⁹Yes. We should be finished / by then.	M2: 네. 그때는 끝나 있을 거예요.

07 Where is the conversation taking place?	07 대화는 어디에서 일어나고 있는가?
(A) At a parking garage	(A) 주차장에서
(B) At an auto repair shop	(B) 자동차 정비소에서
(C) At a vehicle rental agency	(C) 차량 대여 업체에서
(D) At a car dealership	(D) 자동차 대리점에서
08 What does the woman say about a business?	08 여자는 가게에 대해 무엇이라 말하는가?
(A) It is busy on weekends.	(A) 주말에 바쁘다.
(B) It has extended Saturdays hours.	(B) 토요일 운영 시간을 연장했다.
(C) It is a new business.	(C) 새로운 사업체이다.
(D) It has few employees.	(D) 직원이 거의 없다.
09 What will most likely happen at 6:00 P.M.?	09 오후 6시에 무슨 일이 일어날 것 같은가?
(A) A customer will be called.	(A) 고객에게 전화가 갈 것이다.
(B) Parts will be delivered.	(B) 부품이 배송될 것이다.
(C) Work will be completed.	(C) 작업이 끝날 것이다.
(D) A car will be dropped off.	(D) 차가 맡겨질 것이다.

어휘　replace[ripléis] 교체하다　hectic[héktik] 매우 바쁜　vehicle[미 ví:ikl, 영 víəkl] 차　drop off ~을 맡기다

해설　**07** Where ~ conversation taking place를 보고 대화가 일어나고 있는 곳이 어디인지를 묻고 있음을 알 수 있습니다. 남자 1의 말 The battery in my car needs to be replaced에서 남자 1이 차의 부품을 교체하러 자동차 정비소에 왔음을 알 수 있으므로 (B) At an auto repair shop이 정답입니다.

08 What ~ woman say about ~ business를 보고 여자가 가게에 대해 무엇이라 말하는지를 묻고 있음을 알 수 있습니다. 여자의 말 Weekends are hectic here에서 정비소가 주말에 바쁘다는 것을 알 수 있으므로 (A) It is busy on weekends가 정답입니다.

09 What ~ happen at 6:00 P.M.을 보고 오후 6시에 일어날 일이 무엇인지를 묻고 있음을 알 수 있습니다. 남자 1의 말 So ~ would it be possible to pick it up by six와 남자 2의 말 Yes. We should be finished by then에서 6시에 수리가 끝날 것임을 알 수 있으므로 (C) Work will be completed가 정답입니다.

Questions 10-12 refer to the following conversation.

W: Excuse me. ¹⁰Where can I find the watering cans?

M: ¹⁰For gardening? ¹¹They're in Aisle 5. Just one row down from here.

W: ¹¹Are you sure? I just came from Aisle 5.

M: Oh, we actually reorganized the store / last night. Sorry about that. The watering cans were moved / to Aisle 10.

W: I see. ¹²Are shovels in that section too?

M: They should be. ¹²Come with me / and I'll help you / find them.

10-12번은 다음 대화에 관한 문제입니다.

W: 실례합니다. 물뿌리개는 어디에서 찾을 수 있나요?

M: 원예를 위한 것이요? 그것들은 5번 통로에 있어요. 여기서 한 줄만 내려가시면 돼요.

W: 확실하신가요? 저는 방금 5번 통로에서 왔어요.

M: 오, 저희가 사실은 어젯밤에 가게를 다시 정리했어요. 죄송합니다. 물뿌리개는 10번 통로로 옮겨졌어요.

W: 그렇군요. 삽도 그 구역에 있나요?

M: 있을 거예요. 저를 따라오시면 찾는 것을 도와드릴게요.

10 What is the woman looking for?

(A) Camping gear
(B) Outdoor furniture
(C) Home appliances
(D) Gardening tools

10 여자는 무엇을 찾고 있는가?

(A) 캠핑 장비
(B) 실외 가구
(C) 가전제품
(D) 원예 도구

11 What does the woman mean when she says, "I just came from Aisle 5"?

(A) A row has been mislabeled.
(B) A product is no longer on sale.
(C) An item is not in an area.
(D) A sign has not been updated.

11 여자는 "저는 방금 5번 통로에서 왔어요"라고 말할 때 무엇을 의도하는가?

(A) 통로의 이름이 잘못되었다.
(B) 제품이 더 이상 판매되지 않는다.
(C) 물품이 구역에 없다.
(D) 표지판이 갱신되지 않았다.

12 What will the man probably do next?

(A) Unpack some boxes
(B) Call a manager
(C) Guide a customer
(D) Set up a display

12 남자는 다음에 무엇을 할 것 같은가?

(A) 상자들 안에 든 것을 꺼낸다.
(B) 관리자를 부른다.
(C) 고객을 안내한다.
(D) 진열을 한다.

[어휘] aisle[ail] 통로 reorganize[미 riːɔ́ːrgənàiz, 영 riːɔ́ːgənaiz] 다시 정리하다 shovel[ʃʌ́vəl] 삽 gear[giər] 장비
home appliance 가전제품 on sale 판매되는 guide[gaid] 안내하다

[해설] 10 What ~ woman looking for를 보고 여자가 무엇을 찾고 있는지를 묻고 있음을 알 수 있습니다. 여자의 말 Where can I find the watering cans와 남자의 말 For gardening에서 여자가 원예 도구인 물뿌리개를 찾고 있음을 알 수 있으므로 (D) Gardening tools 가 정답입니다.

11 What ~ woman mean when ~ says, I just came from Aisle 5를 보고 여자가 방금 5번 통로에서 왔다고 말할 때 의도하는 것이 무엇인지를 묻고 있음을 알 수 있습니다. 남자의 말 They're in Aisle 5와 여자의 말 Are you sure에서 물품이 남자가 말한 5번 통로 구역에 없다는 것을 알 수 있으므로 (C) An item is not in an area가 정답입니다.

12 What ~ man ~ do next에서 남자가 다음에 할 일이 무엇인지를 묻고 있음을 알 수 있습니다. 여자의 말 Are shovels in that section too와 남자의 말 Come with me and I'll help you find them에서 남자가 삽을 찾을 수 있는 곳으로 고객인 여자를 안내해 줄 것임을 알 수 있으므로 (C) Guide a customer가 정답입니다.

Questions 13-15 refer to the following conversation.

M: Good morning. My name is Alex Byers / and [13]I'm looking for a studio apartment / in the downtown area. Do you have anything available?

W: Yes, we do. [13]We have several units / in that area. [14]When do you need to move in?

M: [15]I have a new job / beginning in the city / in May, / so I'd like to move in / at the end of April.

W: I see. Well, we have two studios / that will be vacant / at that time.

13 Where does the woman most likely work?

(A) At a travel company
(B) At a hotel office
(C) At a rental agency
(D) At a moving company

14 What does the woman ask about?

(A) A moving schedule
(B) The location of a building
(C) A rental fee
(D) The cost of a ticket

15 What will most likely take place in May?

(A) A unit will be renovated.
(B) The man will start a job.
(C) A trip will conclude.
(D) An agreement will be signed.

13-15번은 다음 대화에 관한 문제입니다.

M: 안녕하세요. 저는 Alex Byers이고 도심 지역에 있는 원룸을 찾고 있습니다. 이용 가능한 것이 있나요?

W: 네, 있습니다. 저희는 그 지역에 몇 개 가구가 있습니다. 언제 이사 오셔야 하나요?

M: 저는 5월에 도시에서 새로운 일을 시작하기 때문에, 4월 말에 이사 오고 싶습니다.

W: 알겠습니다. 음, 그때 비는 원룸이 두 개 있네요.

13 여자는 어디에서 일하는 것 같은가?

(A) 여행사에서
(B) 호텔 사무실에서
(C) 임대 사무실에서
(D) 이삿짐 운송 회사에서

14 여자는 무엇에 대해 묻는가?

(A) 이사 일정
(B) 건물의 위치
(C) 임대료
(D) 표의 가격

15 5월에 무슨 일이 일어날 것 같은가?

(A) 한 가구가 개조될 것이다.
(B) 남자가 일을 시작할 것이다.
(C) 여행이 끝날 것이다.
(D) 합의서가 서명될 것이다.

어휘 studio apartment 원룸 downtown area 도심 지역 move in 이사 오다 vacant[véikənt] 빈

해설 13 Where ~ woman ~ work를 보고 여자가 일하는 곳이 어디인지를 묻고 있음을 알 수 있습니다. 남자의 말 I'm looking for a studio apartment와 여자의 말 We have several units in that area에서 여자가 부동산 임대 사무실에서 일하고 있음을 알 수 있으므로 (C) At a rental agency가 정답입니다.

14 What ~ woman ask about을 보고 여자가 무엇에 대해 묻는지를 묻고 있음을 알 수 있습니다. 여자의 말 When do you need to move in에서 언제 이사를 와야 하는지를 묻고 있음을 알 수 있으므로 (A) A moving schedule이 정답입니다.

15 What ~ take place in May를 보고 5월에 무슨 일이 일어날 것인지를 묻고 있음을 알 수 있습니다. 남자의 말 I have a new job beginning ~ in May에서 남자가 5월에 새로운 일을 시작할 것임을 알 수 있으므로 (B) The man will start a job이 정답입니다.

Questions 16-18 refer to the following conversation and label.

W: Hello. ¹⁶I need to mail a package / to San Francisco. It's a present / for my sister.
M: OK. ¹⁷How do you want to send it? We have two options— regular mail and express mail. **Express mail is more expensive, / but the parcel arrives in two days.**
W: Um . . . express. How much will it cost?
M: Well, / packages weighing less than five kilograms / cost $4.
W: That's less than I expected.
M: Oh, / just one thing. ¹⁸On the label, / you wrote 441, / but it's 4414. I'll correct it for you.

16-18번은 다음 대화와 라벨에 관한 문제입니다.

W: 안녕하세요. 저는 샌프란시스코로 소포를 보내야 해요. 제 여동생을 위한 선물이에요.
M: 네. 어떻게 보내고 싶으신가요? 우리는 일반 우편과 특급 우편이라는 두 가지 선택권이 있어요. 특급 우편은 더 비싸지만, 소포가 이틀 안에 도착해요.
W: 음... 특급 우편이요. 비용이 얼마나 들까요?
M: 음, 5킬로그램 이하로 무게가 나가는 소포의 비용은 4달러예요.
W: 제가 예상했던 것보다는 적네요.
M: 오, 한 가지가 있는데요. 라벨에 441이라고 적으셨는데, 그것은 4414예요. 제가 수정해 드릴게요.

Sender: Janice Williams
Weight: 4.2 kilograms
Address: 1432 Central Street
　　　　　Cleveland, OH
¹⁸**Postcode**: 441

보내는 사람: Janice Williams
무게: 4.2킬로그램
주소: 1432 Central Street
　　　Cleveland, OH
우편 번호: 441

---

16 What **does the** woman want to send?

(A) A product return
(B) A business letter
(C) A gift item
(D) A payment

17 What **does the** man ask about?

(A) Mailing preference
(B) The weight of a parcel
(C) Package contents
(D) The details of an address

18 Look at the graphic. Which information **is** incorrect?

(A) Sender
(B) Weight
(C) Address
(D) Postcode

16 여자는 무엇을 보내고 싶어 하는가?

(A) 반품
(B) 사무용 편지
(C) 선물
(D) 지불금

17 남자는 무엇에 대해 묻는가?

(A) 선호하는 발송 사항
(B) 소포의 무게
(C) 소포 내용물
(D) 주소의 세부 사항

18 시각 자료를 보아라. 어느 정보가 틀렸는가?

(A) 보내는 사람
(B) 무게
(C) 주소
(D) 우편 번호

어휘 mail [meil] (우편으로) 보내다 package [pǽkidʒ] 소포 parcel [미 pɑ́ːrsəl, 영 pɑ́ːsəl] 소포 weigh [wei] 무게가 나가다

해설 16 What ~ woman want to send를 보고 여자가 무엇을 보내고 싶어하는지를 묻고 있음을 알 수 있습니다. 여자의 말 I need to mail a package ~ It's a present for my sister에서 선물을 보내고 싶어함을 알 수 있으므로 (C) A gift item이 정답입니다.

17 What ~ man ask about을 보고 남자가 무엇에 대해 묻는지를 묻고 있음을 알 수 있습니다. 남자의 말 How do you want to send it? We have two options-regular mail and express mail에서 소포를 어떻게 보내고 싶은지를 묻고 있음을 알 수 있으므로 (A) Mailing preference가 정답입니다.

18 Which information ~ incorrect를 보고 어느 정보가 틀렸는지를 묻고 있음을 알 수 있습니다. 남자의 말 On the label, you wrote 441, but it's 4414. I'll correct it for you에서 여자가 라벨에 441이라고 적었는데 그것은 4414라고 하였고, 라벨에서 441이라고 적혀 있는 것이 우편 번호임을 알 수 있으므로 (D) Postcode가 정답입니다.

Course 1 여가   p.224

01 (A) **02** (A) **03** (B) **04** (A) **05** (C) **06** (B) **07** (C) **08** (A)

01 [음] 미국식 발음 → 미국식 발음, 호주식 발음 → 영국식 발음

Question 1 refers to the following conversation.

M: I have an extra ticket / for the show / at Brownville
   저는 한 장의 여분 티켓을 가지고 있어요   쇼를 위한   Brownville 극장에서
   Theater / tonight. Do you want to come?   ⎤ 공연 관람
   오늘 밤   가고 싶으세요   ⎦ 제안

W: I'd love to. What's the show?   ⎤ 제안 수락
   가고 싶어요   무슨 쇼예요   ⎦

What **are the** speakers discussing?

(A) 극장 쇼
(B) 티켓 가격

1번은 다음 대화에 관한 문제입니다.

M: 오늘 밤 Brownville 극장에서 하는 쇼의 여분 티켓이 한 장 있어요. 가고 싶으세요?
W: 가고 싶어요. 무슨 쇼예요?

화자들은 무엇에 대해 이야기하고 있는가?

(A) 극장 쇼
(B) 티켓 가격

어휘 extra[ékstrə] 여분의

해설 What ~ speakers discussing을 보고 화자들이 무엇에 대해 이야기하고 있는지를 묻고 있음을 알 수 있습니다. 남자의 말 I have an extra ticket for the show at Brownville Theater에서 극장 쇼에 대해 이야기하고 있음을 알 수 있으므로 (A)가 정답입니다.

02 [음] 미국식 발음 → 호주식 발음, 영국식 발음 → 미국식 발음

Question 2 refers to the following conversation.

W: Excuse me. Do you have any direct flights /
   실례합니다   직항편이 있나요   ⎤ 항공편
   to Seoul?   ⎦ 문의
   서울로 가는

M: No, / but you can fly to New York / and catch a
   아니요   그러나 당신은 뉴욕으로 갈 수 있습니다   ⎤ 대안 제시
   connecting flight.   ⎦
   그리고 연결 비행편을 탈 수 있습니다

Where **does the** woman want to go?

(A) 서울
(B) 뉴욕

2번은 다음 대화에 관한 문제입니다.

W: 실례합니다. 서울로 가는 직항편이 있나요?
M: 없습니다만, 뉴욕으로 가서 연결 비행편을 타실 수 있습니다.

여자는 어디에 가고 싶어 하는가?

(A) 서울
(B) 뉴욕

어휘 direct flight 직항편 catch[kætʃ] 타다 connecting flight 연결 비행편

해설 Where ~ woman want to go를 보고 여자가 가고 싶어 하는 곳이 어디인지를 묻고 있음을 알 수 있습니다. 여자의 말 Do you have any direct flights to Seoul에서 서울로 가고 싶어 함을 알 수 있으므로 (A)가 정답입니다.

Question 3 refers to the following conversation.

W: Hello, / I'd like to place an order / for takeout.
　안녕하세요　　　　저는 주문하고 싶어요　　　　포장을 위한

　Are you offering your lunch menu / now?
　　　　점심 메뉴를 제공하고 있나요　　　　지금

M: Yes, / we began serving it / at 11:30.
　네　　저희는 그것을 제공하기 시작했어요 11시 30분에

W: Great. Can I have the chicken sandwich, / then?
　좋네요　　　　치킨 샌드위치를 주시겠어요　　　　그러면

포장 주문

What **does the** woman want to do?

(A) Book a ticket

(B) Order a meal

3번은 다음 대화에 관한 문제입니다.

W: 안녕하세요, 저는 포장 주문을 하고 싶습니다. 지금 점심 메뉴를 제공하고 있나요?

M: 네, 저희는 11시 30분에 점심 메뉴를 제공하기 시작했어요.

W: 좋네요. 그러면, 치킨 샌드위치를 주시겠어요?

여자는 무엇을 하고 싶어 하는가?

(A) 티켓을 예약한다.

(B) 식사를 주문한다.

어휘 place an order 주문하다　takeout[미 téikàut, 영 téikaut] 포장, 가지고 가는 음식　serve[미 sə:rv, 영 sə:v] 제공하다

해설 What ~ woman want to do를 보고 여자가 무엇을 하고 싶어 하는지를 묻고 있음을 알 수 있습니다. 여자의 말 I'd like to place an order for takeout에서 식사를 포장 주문하고 싶어 함을 알 수 있으므로 (B) Order a meal이 정답입니다.

Question 4 refers to the following conversation.

M: Lisa, / this is Rob calling. I have some tickets /
　Lisa　　　저는 Rob이에요　　　저는 티켓 몇 장을 가지고 있어요

　for the rock concert / tonight. Do you want to go?
　　록 콘서트를 위한　　　오늘 밤의　　당신도 가실래요

관람 제안

W: I'm leaving / for a business trip / tomorrow
　저는 떠날 거예요　　　출장을 위해　　　내일 아침에

　morning, / so I need to get ready.
　　　　그래서 저는 준비를 해야 해요

제안 거절 이유

What **will the** woman do tomorrow?

(A) Take a trip

(B) Attend a concert

4번은 다음 대화에 관한 문제입니다.

M: Lisa, 저는 Rob이에요. 오늘 밤에 열리는 록 콘서트 티켓이 몇 장 있어요. 같이 가실래요?

W: 저는 내일 아침에 출장을 떠날 거라서, 준비를 해야 해요.

여자는 내일 무엇을 할 것인가?

(A) 여행에 간다.

(B) 콘서트에 참석한다.

어휘 business trip 출장　get ready 준비하다

해설 What ~ woman do tomorrow를 보고 여자가 내일 무엇을 할 것인지를 묻고 있음을 알 수 있습니다. 여자의 말 I'm leaving for a business trip tomorrow에서 내일 출장을 떠날 것임을 알 수 있으므로 (A) Take a trip이 정답입니다.

🔊 미국식 발음 → 호주식 발음, 영국식 발음 → 미국식 발음

Questions 5-6 refer to the following conversation.

W: ⁰⁵I'd like some information / about your cruises /
　　저는 몇몇 정보를 얻고 싶습니다　　　귀사의 유람선들에 관한
to Alaska.
알래스카로 가는

｝여행 상품 문의

M: Of course. We have three cruises / departing
　　물론입니다　　우리는 세 개의 유람선을 가지고 있습니다
every week. One of them departs / on Monday /
매주 출발하는　　　그것들 중 하나는 출발합니다　　　월요일에
and the others leave / on Saturday.
그리고 다른 것들은 떠납니다　　　토요일에

｝여행 상품 설명

W: ⁰⁶My vacation starts this weekend, / so Saturday
　　　제 휴가는 이번 주말에 시작합니다　　그래서 토요일이 가장 좋습니다
is best / for me.
　　　　저에게

｝여행 일정

05 What are the speakers discussing?

(A) Flight routes
(B) Vacation schedules
(C) Available cruises
(D) Tour destinations

06 Why does the woman prefer to leave on Saturday?

(A) It is a less expensive trip.
(B) Her vacation begins that weekend.
(C) The cruise has more stops.
(D) She has to be home by Monday.

5-6번은 다음 대화에 관한 문제입니다.

W: 알래스카로 가는 귀사의 유람선들에 관한 정보를 좀 얻고 싶습니다.
M: 물론입니다. 저희는 매주 출발하는 세 개의 유람선이 있습니다. 그것들 중 하나는 월요일에 출발하고 다른 것들은 토요일에 떠납니다.
W: 제 휴가는 이번 주말에 시작하므로, 저에게는 토요일이 가장 좋습니다.

05 화자들은 무엇에 대해 이야기하고 있는가?

(A) 비행노선
(B) 휴가 일정
(C) 이용 가능한 유람선
(D) 여행 목적지

06 여자는 왜 토요일에 떠나는 것을 선호하는가?

(A) 그것이 덜 비싼 여행이다.
(B) 그녀의 휴가가 그 주말에 시작한다.
(C) 그 유람선이 더 많은 경유지를 갖는다.
(D) 그녀는 월요일까지 집에 가야 한다.

어휘　cruise[kru:z] 유람선　depart[미 dipá:rt, 영 dipá:t] 출발하다　flight route 비행노선　destination[dèstənéiʃən] 목적지

해설　05 What ~ speakers discussing을 보고 화자들이 무엇에 대해 이야기하고 있는지를 묻고 있음을 알 수 있습니다. 여자의 말 I'd like some information about your cruises to Alaska에서 알래스카로 가는 유람선들에 대해 이야기하고 있음을 알 수 있으므로 (C) Available cruises가 정답입니다.

　　06 Why ~ woman prefer to leave on Saturday를 보고 여자가 토요일에 떠나는 것을 선호하는 이유를 묻고 있음을 알 수 있습니다. 여자의 말 My vacation starts this weekend, so Saturday is best for me에서 휴가가 이번 주말에 시작하기 때문에 토요일에 떠나는 것을 선호함을 알 수 있으므로 (B) Her vacation begins that weekend가 정답입니다.

토익기초

Part 1

Part 2

Part 3

Part 4

해커스 토익 스타트 Listening

Questions 7-8 refer to the following conversation.

M: ⁰⁷I'm <u>going to see that new play</u> / at the Galaxy
　　　저는 그 새로운 연극을 보러 갈 거예요　　　　　　Galaxy 극장에

Theater / this weekend. You should come!
　　　　　이번 주말에　　　　　당신도 오세요

W: It has been getting excellent reviews, / and ⁰⁷I really
　　　그것은 최고의 평가를 얻어 왔어요　　　　　　　그리고 저는 정말

want to see it. But ⁰⁸I'm worried about / taking
그것을 보는 것을 원해요　　　그런데 저는 걱정돼요

the subway home / at night / by myself.
집에 지하철을 타고 가는 것이　　밤에　　　혼자

M: Well, / I'm taking my car / so I can drive you home /
　　음　　저는 제 차를 탈 거예요　　그래서 당신을 집까지 태워다줄 수 있어요

after the show.
　　쇼가 끝난 후에

W: Oh, / thanks. In that case, / I'll come.
　　오　　감사해요　　그렇다면　　　　갈게요

관람 제안

관람 가능
여부

제안

7-8번은 다음 대화에 관한 문제입니다.

M: 이번 주말에 Galaxy 극장에 새로운 연극을 보러 갈 거예요. 당신도 오세요!

W: 그 연극은 최고의 평가를 받아 왔고, 저는 정말 그것을 보고 싶어요. 그런데 저는 밤에 혼자 지하철을 타고 집에 가는 게 걱정돼요.

M: 음, 저는 제 차를 탈 거라서 쇼가 끝난 후에 당신을 집까지 태워다줄 수 있어요.

W: 오, 감사해요. 그렇다면, 갈게요.

---

07 Where **does the** woman want to go?

(A) To a movie

(B) To a concert

(C) To a play

(D) To a restaurant

08 What **is the** woman concerned about?

(A) Traveling by herself at night

(B) Arriving late to the performance

(C) Finding a parking space

(D) Paying too much for a ticket

07 여자는 어디에 가고 싶어 하는가?

(A) 영화를 보러

(B) 콘서트를 보러

(C) 연극을 보러

(D) 식당에

08 여자는 무엇에 대해 걱정하는가?

(A) 밤에 그녀 혼자 이동하는 것

(B) 공연에 늦게 도착하는 것

(C) 주차장을 찾는 것

(D) 표에 너무 많은 돈을 지불하는 것

어휘 **play**[plei] 연극　**review**[rivjú:] 평가　**take**[teik] 타다　**by oneself** 혼자　**performance**[pərfɔ́:rməns] 공연
parking space 주차장

해설 **07** Where ~ woman want to go를 보고 여자가 가고 싶어 하는 곳이 어디인지를 묻고 있음을 알 수 있습니다. 남자의 말 I'm going to
see that new play와 여자의 말 I really want to see it에서 여자가 연극을 보러 가고 싶어 함을 알 수 있으므로 (C) To a play가 정
답입니다.

08 What ~ woman concerned about을 보고 여자가 무엇에 대해 걱정하는지를 묻고 있음을 알 수 있습니다. 여자의 말 I'm worried
about taking the subway home at night by myself에서 밤에 혼자 지하철을 타고 집에 가는 것에 대해 걱정하고 있음을 알 수 있
으므로 (A) Traveling by herself at night가 정답입니다.

01 (A)　**02** (A)　**03** (B)　**04** (A)　**05** (D)　**06** (B)　**07** (B)　**08** (C)

01　🔊 미국식 발음 → 영국식 발음, 호주식 발음 → 미국식 발음

Question 1 refers to the following conversation.

M: Excuse me, / ma'am. <u>Could you tell me / where</u>
　　실례합니다　　　부인　　　제게 말해줄 수 있나요
　　<u>the Columbia Building is? I'm late for an interview.</u>　　⎱ 길 묻기
　　Columbia 빌딩이 어디에 있는지　　　　저는 면접에 늦었어요

W: Of course. It's on Pendleton Avenue / right next
　　물론이죠　　　그것은 Pendleton가에 있어요　　　　　　　⎱ 길 안내
　　to the museum.
　　박물관 바로 옆에

1번은 다음 대화에 관한 문제입니다.

M: 실례합니다, 부인. Columbia 빌딩이 어디에 있는지 말해주실 수 있나요? 저는 면접에 늦었어요.

W: 물론이죠. 그것은 Pendleton가에 있는 박물관 바로 옆에 있어요.

What is the man's problem?

(A) 건물을 찾을 수 없다.
(B) 박물관 티켓을 잃어버렸다.

남자의 문제는 무엇인가?

(A) 건물을 찾을 수 없다.
(B) 박물관 티켓을 잃어버렸다.

어휘　late[leit] 늦은　interview[미 íntərvjùː, 영 íntəvjuː] 면접　next to ~ 옆에

해설　What ~ man's problem을 보고 남자의 문제가 무엇인지를 묻고 있음을 알 수 있습니다. 남자의 말 Could you tell me where the Columbia Building is? I'm late for an interview에서 건물을 찾지 못하고 있음을 알 수 있으므로 (A)가 정답입니다.

02　🔊 호주식 발음 → 영국식 발음, 미국식 발음 → 미국식 발음

Question 2 refers to the following conversation.

M: When are you planning to move / into your new
　　당신은 언제 이사할 계획인가요　　　　　당신의 새 집으로
　　house, / Erica?
　　　　　　Erica

W: Actually, / the apartment will be ready / on Saturday, /
　　사실　　　　그 아파트는 준비될 거예요　　　　　토요일에
　　but the moving company can't come until
　　　　그러나 이사업체는 일요일이 되어서야 올 수 있어요　　⎱ 이사 계획
　　Sunday.

M: I can help you <u>unpack / on Sunday</u>, / if you'd like.　⎱ 도움 제안
　　제가 당신이 짐을 푸는 것을 도와줄 수 있어요　일요일에　　당신이 원한다면

M: Erica, 당신은 언제 새 집으로 이사할 계획인가요?

W: 사실, 그 아파트는 토요일에 준비가 되는데, 이사업체는 일요일이 되어서야 온대요.

M: 당신이 원한다면, 제가 일요일에 짐을 푸는 것을 도와줄 수 있어요.

What does the man offer to do?

(A) 이사를 돕는다.
(B) 업체에 연락한다.

남자는 무엇을 해주겠다고 제안하는가?

(A) 이사를 돕는다.
(B) 업체에 연락한다.

어휘　move into 이사하다　moving company 이사업체　unpack[미 ʌ̀npǽk, 영 ʌ́npæ̀k] 짐을 풀다　not until ~가 되어서야 …하다

해설　What ~ man offer to do를 보고 남자가 해주겠다고 제안하는 것이 무엇인지를 묻고 있음을 알 수 있습니다. 남자의 말 I can help you unpack on Sunday에서 남자가 일요일에 이사를 도울 것을 제안하고 있음을 알 수 있으므로 (A)가 정답입니다.

토익기초｜Part 1｜Part 2｜Part 3｜Part 4｜해커스 토익 스타트 Listening

Question 3 refers to the following conversation.

M: I have to drive / to the conference in Atlanta /
저는 운전해서 가야 해요   애틀랜타의 회의로
   on Monday. Flights are fully booked.
   월요일에   비행기가 모두 예약되었어요
W: Oh really? I managed to get a flight / on Air
   오 정말요   저는 간신히 비행편을 구할 수 있었어요
   Concordia. You should try them.
   Air Concordia사의   그들에게 한번 알아보세요

〕교통편
  상황

〕교통편
  정보 제공

What **does the** man need to do on Monday?

(A) Make a presentation

(B) Travel to Atlanta

3번은 다음 대화에 관한 문제입니다.

M: 저는 월요일에 애틀랜타에서 열리는 회의에 운전해서 가야 해요. 비행기가 모두 예약되었거든요.
W: 오 정말요? 저는 간신히 Air Concordia사의 비행편을 구할 수 있었어요. 그들에게 한번 알아보세요.

남자는 월요일에 무엇을 해야 하는가?

(A) 발표를 한다.
(B) 애틀랜타로 여행한다.

어휘 book[buk] 예약하다 manage[mǽnidʒ] 간신히 ~하다

해설 What ~ man need to do on Monday를 보고 남자가 월요일에 해야 하는 것이 무엇인지를 묻고 있음을 알 수 있습니다. 남자의 말 I have to drive to ~ Atlanta on Monday에서 월요일에 애틀랜타로 가야 함을 알 수 있으므로 (B) Travel to Atlanta가 정답입니다.

Question 4 refers to the following conversation.

M: Is that library new? I haven't seen it / before.
   저 도서관은 새 것인가요   저는 그것을 본 적이 없어요   전에
W: Yes. They tore down the old building / and made a
   네   그들은 오래된 건물을 허물었어요   그리고 새로운 것을 지었어요
   new one. This neighborhood has changed / a lot.
            이 동네는 변했어요   많이
M: I know. I also saw a new train station and
   맞아요   저는 또한 새 기차역과 쇼핑몰을 봤어요
   shopping mall.

〕동네 변화

What **is the main** topic of **the** conversation?

(A) Neighborhood changes

(B) Building policies

4번은 다음 대화에 관한 문제입니다.

M: 저 도서관은 새 것인가요? 전에 본 적이 없어요.
W: 네. 오래된 건물을 허물고 새로운 것을 지었어요. 이 동네는 많이 변했어요.
M: 맞아요. 저는 새 기차역과 쇼핑몰도 봤어요.

대화의 주제는 무엇인가?

(A) 동네의 변화
(B) 건축 정책

어휘 tear down 허물다 neighborhood[미 néibərhùd, 영 néibəhud] 동네, 인근 train station 기차역

해설 What ~ topic of ~ conversation을 보고 대화의 주제가 무엇인지를 묻고 있음을 알 수 있습니다. 여자의 말 This neighborhood has changed a lot과 남자의 말 I also saw a new train station and shopping mall에서 동네의 변화에 대해 이야기하고 있음을 알 수 있으므로 (A) Neighborhood changes가 정답입니다.

🎧 미국식 발음 → 영국식 발음, 호주식 발음 → 미국식 발음

Questions 5-6 refer to the following conversation.

5-6번은 다음 대화에 관한 문제입니다.

M: Carol, / ⁰⁵are you free tonight? ⁰⁵/⁰⁶I have a flight /
   Carol   오늘 밤에 시간이 있나요   저는 비행기가 있어요

   at 7:30 / and was hoping / you could give me
   7시 30분에   그리고 저는 바랐어요   당신이 저를 태워줄 수 있기를

   a ride.

교통편
제공 요청

W: Actually, / ⁰⁶I have dinner plans / with a friend.
   사실   저는 저녁 식사 계획이 있어요   친구와

   But why don't you ask Dave / for a ride?
   하지만 Dave에게 요청하는 것이 어때요   태워달라고

M: I did, / and he's busy too.
   물어봤어요   그리고 그도 바빠요

W: You can take an airport shuttle. There's a stop /
   당신은 공항 버스를 탈 수 있어요   정류장이 있거든요

   right next to our office.
   우리 사무실 바로 옆에

거절 이유
및
다른 교통
수단 제안

M: Carol, 오늘 밤에 시간이 있나요? 제가 7시 30분에 비행기가 있는데 당신이 저를 태워 주셨으면 해요.

W: 사실, 친구와 저녁 식사 계획이 있어요. 하지만 Dave에게 태워달라고 요청하는 게 어때요?

M: 물어봤는데, 그도 바빠요.

W: 당신은 공항 버스를 탈 수 있어요. 우리 사무실 바로 옆에 정류장이 있거든요.

05 What will the man do tonight?

(A) Make reservations
(B) Take a train
(C) Drive his car
(D) Catch a flight

05 남자는 오늘 밤에 무엇을 할 것인가?

(A) 예약한다.
(B) 기차를 탄다.
(C) 그의 차를 운전한다.
(D) 비행기를 탄다.

06 Why is the woman unable to give the man a ride?

(A) She will be out of town.
(B) She is meeting a friend.
(C) She is going to the airport.
(D) She has to work late.

06 여자는 왜 남자를 태워줄 수 없는가?

(A) 그녀는 도시를 나가 있을 것이다.
(B) 그녀는 친구를 만날 것이다.
(C) 그녀는 공항으로 갈 것이다.
(D) 그녀는 늦게까지 일해야 한다.

어휘 give somebody a ride ~를 태워주다 ask for 요청하다 airport shuttle 공항 버스 stop [미 stɑːp, 영 stɔp] 정류장
make a reservation 예약하다 catch a flight 비행기를 타다

해설 05 What ~ man do tonight을 보고 남자가 오늘 밤에 할 일이 무엇인지를 묻고 있음을 알 수 있습니다. 남자의 말 are you free
tonight? I have a flight at 7:30에서 오늘 밤에 비행기를 탈 것임을 알 수 있으므로 (D) Catch a flight가 정답입니다.

06 Why ~ woman unable to give ~ man ~ ride를 보고 여자가 남자를 태워줄 수 없는 이유를 묻고 있음을 알 수 있습니다. 남자의 말
I ~ was hoping you could give me a ride와 여자의 말 I have dinner plans with a friend에서 여자가 친구와의 저녁 식사 때문
에 남자를 태워줄 수 없음을 알 수 있으므로 (B) She is meeting a friend가 정답입니다.

Questions 7-8 refer to the following conversation and list.

7-8번은 다음 대화와 목록에 관한 문제입니다.

M: Hi. ⁰⁷Could you give me directions / to the
안녕하세요   길을 알려주실 수 있나요

Plaza Center?
Plaza Center로 가는

〔길 묻기〕

W: It's a bit far. You'll need to take a bus.
그곳은 조금 멀어요   버스를 타셔야 할 거예요

M: I have an appointment / at 5:30. Will I be late?
저는 약속이 있어요   5시 30분에   제가 늦을까요

W: Don't worry. Several buses go there, / like the 305
걱정하지 마세요   버스 몇 대가 그곳으로 가요   305나 504와 같은

or the 504.
305나 504와 같은

〔길 안내 및
가는 방법〕

M: Oh, / there is more than one?
오   한 대 이상이 있는 건가요

W: Yes. The ⁰⁸next one is scheduled to leave / at 4:50.
네   다음 것은 떠나기로 예정되어 있어요   4시 50분에

M: 안녕하세요. Plaza Center로 가는 길을 알려주실 수 있나요?

W: 그곳은 조금 멀어요. 버스를 타셔야 할 거예요.

M: 저는 5시 30분에 약속이 있어요. 제가 늦을까요?

W: 걱정하지 마세요. 305나 504와 같은 버스 몇 대가 그곳으로 가거든요.

M: 오, 한 대 이상이 있는 건가요?

W: 네. 다음 것은 4시 50분에 떠나기로 예정되어 있어요.

Bus	Departure Time
104	3:50
305	4:10
⁰⁸456	4:50
504	5:30

버스	출발 시각
104번	3시 50분
305번	4시 10분
456번	4시 50분
504번	5시 30분

07 What does the man ask for?

(A) The address of a store
(B) Directions to a building
(C) The schedule for a meeting
(D) Information about an event

08 Look at the graphic. Which bus will the man probably take?

(A) Bus 104
(B) Bus 305
(C) Bus 456
(D) Bus 504

07 남자는 무엇을 요청하는가?

(A) 가게 주소
(B) 건물로 가는 길
(C) 회의 일정
(D) 행사 관련 정보

08 시각 자료를 보아라. 남자는 어느 버스를 탈 것 같은가?

(A) 104번 버스
(B) 305번 버스
(C) 456번 버스
(D) 504번 버스

어휘 direction[미 dirékʃən, 영 dairékʃən] 길 leave[liːv] 출발하다 departure[dipáːrtʃər] 출발 address[ǽdres] 주소

해설 07 What ~ man ask for를 보고 남자가 요청하는 것이 무엇인지를 묻고 있음을 알 수 있습니다. 남자의 말 Could you give me directions to the Plaza Center에서 건물로 가는 길 안내를 요청하고 있음을 알 수 있으므로 (B) Directions to a building이 정답입니다.

08 Which bus ~ man ~ take를 보고 남자가 어느 버스를 탈 것인지를 묻고 있음을 알 수 있습니다. 여자의 말 next one is scheduled to leave at 4:50에서 다음 것은 4시 50분에 떠날 것이라 하였고, 목록에서 4시 50분에 떠나는 버스가 456번임을 알 수 있으므로 (C) Bus 456가 정답입니다.

01 (B)	02 (A)	03 (C)	04 (A)	05 (A)	06 (C)	07 (B)	08 (D)	09 (C)	10 (B)
11 (A)	12 (A)	13 (A)	14 (B)	15 (D)	16 (B)	17 (D)	18 (C)		

01 ~ 03

🔊 미국식 발음 → 미국식 발음

Questions 1-3 refer to the following conversation.

W: 01Are you moving into your new apartment / this weekend?

M: Yes. Everything is packed / in the truck. I'm moving in / on Saturday morning.

W: 02Do you want me to help you unpack? Give me your new address / and I can come over.

M: Oh, thanks! Actually, 03I can pick you up / on the way. Your house isn't far / from my new building.

01 What are the speakers talking about?

(A) A truck rental
(B) An upcoming move
(C) A shipping company
(D) A new neighborhood

02 What does the woman offer to do?

(A) Help the man unpack
(B) Drive the man to an appointment
(C) Call the landlord
(D) Pick up lunch

03 What does the man say he will do?

(A) Find another vehicle
(B) Help pack some boxes
(C) Give the woman a ride
(D) Call the woman later

1-3번은 다음 대화에 관한 문제입니다.

W: 이번 주말에 새로운 아파트로 이사 가나요?

M: 네. 모든 것이 트럭에 포장되어 있어요. 저는 토요일 아침에 이사 가요.

W: 짐 푸는 것을 도와드릴까요? 당신의 새로운 주소를 주시면 제가 갈 수 있어요.

M: 오, 감사해요! 사실, 저는 가는 길에 당신을 태워줄 수 있어요. 당신의 집은 저의 새 건물에서 멀지 않아요.

01 화자들은 무엇에 대해 이야기하고 있는가?

(A) 트럭 대여
(B) 다가오는 이사
(C) 배송회사
(D) 새로운 동네

02 여자는 무엇을 해주겠다고 하는가?

(A) 남자가 짐 푸는 것을 돕는다.
(B) 남자를 약속 장소까지 태워준다.
(C) 집주인에게 전화한다.
(D) 점심 식사를 가져온다.

03 남자는 그가 무엇을 할 것이라 말하는가?

(A) 다른 차량을 찾는다.
(B) 몇몇 상자 포장을 돕는다.
(C) 여자에게 차를 태워준다.
(D) 여자에게 나중에 전화한다.

어휘   move into ~로 이사 가다   unpack[ʌnpǽk] 짐을 풀다   address[ǽdres] 주소   far[fɑːr] 먼   upcoming[ʌ́pkʌ̀miŋ] 다가오는   shipping company 배송회사   vehicle[víːikl] 차량

해설   01 What ~ speakers talking about을 보고 화자들이 무엇에 대해 이야기하고 있는지를 묻고 있음을 알 수 있습니다. 여자의 말 Are you moving into your new apartment this weekend에서 남자의 다가오는 이사에 대해 이야기하고 있음을 알 수 있으므로 (B) An upcoming move가 정답입니다.

02 What ~ woman offer to do를 보고 여자가 해주겠다고 하는 것이 무엇인지를 묻고 있음을 알 수 있습니다. 여자의 말 Do you want me to help you unpack에서 짐을 푸는 것을 도와주겠다고 하는 것을 알 수 있으므로 (A) Help the man unpack이 정답입니다.

03 What ~ man say ~ will do를 보고 남자가 무엇을 할 것이라 말하는지를 묻고 있음을 알 수 있습니다. 남자의 말 I can pick you up on the way에서 차를 태워주겠다고 말하는 것을 알 수 있으므로 (C) Give the woman a ride가 정답입니다.

Questions 4-6 refer to the following conversation.

M: ⁰⁴I went to see a new movie last night—the one directed by Daniel Gray.

W: You mean *Blue Rose*? How was it? I heard / it's been receiving excellent reviews.

M: The story was great / and all the actors were fantastic. ⁰⁵You should go see it / soon.

W: Well, ⁰⁶I don't think / I can go / tonight. My cousin is arriving / for a visit. So, / I have to pick her up / at the train station. I'll try to check it out / next week, / though.

---

04 Who is Daniel Gray?

(A) A director
(B) A performer
(C) A critic
(D) A journalist

05 What does the man suggest the woman do?

(A) Go see a movie
(B) Reserve show tickets
(C) Read an article
(D) Delay a trip

06 Why is the woman unavailable tonight?

(A) She is leaving on a trip.
(B) She has to work late.
(C) She is meeting a relative.
(D) She has to attend a show.

4-6번은 다음 대화에 관한 문제입니다.

M: 어젯밤에 Daniel Gray가 감독한 새로운 영화를 보러 갔었어요.

W: *Blue Rose* 말씀하시는 거죠? 어땠나요? 그 영화가 훌륭한 평가를 받고 있다고 들었어요.

M: 줄거리가 좋았고 모든 배우들이 환상적이었어요. 당신도 곧 가서 보셔야 해요.

W: 음, 오늘 밤에는 못 갈 것 같아요. 제 사촌이 방문할 거예요. 그래서, 저는 기차역에 그녀를 태우러 가야 해요. 그래도 다음 주에 확인해보도록 할게요.

04 Daniel Gray는 누구인가?

(A) 감독
(B) 연기자
(C) 비평가
(D) 기자

05 남자는 여자에게 무엇을 하라고 제안하는가?

(A) 영화를 보러 간다.
(B) 공연표를 예약한다.
(C) 기사를 읽는다.
(D) 여행을 미룬다.

06 여자는 왜 오늘 밤 시간이 없는가?

(A) 그녀는 여행을 떠날 것이다.
(B) 그녀는 늦게까지 일해야 한다.
(C) 그녀는 친척을 만날 것이다.
(D) 그녀는 공연에 참석해야 한다.

어휘 direct[미 dirékt, 영 dairékt] 감독하다 excellent[éksələnt] 훌륭한 story[stɔ́ːri] 줄거리 pick somebody up ~를 태우러 가다 reserve[rizə́ːrv] 예약하다 relative[rélətiv] 친척

해설 **04** Who ~ Daniel Gray를 보고 Daniel Gray가 누구인지를 묻고 있음을 알 수 있습니다. 남자의 말 I went to see a movie ~ directed by Daniel Gray에서 Daniel Gray가 감독임을 알 수 있으므로 (A) A director가 정답입니다.

05 What ~ man suggest ~ woman do를 보고 남자가 여자에게 무엇을 하라고 제안하는지를 묻고 있음을 알 수 있습니다. 남자의 말 You should go see it soon에서 곧 영화를 보러 갈 것을 제안하고 있음을 알 수 있으므로 (A) Go see a movie가 정답입니다.

06 Why ~ woman unavailable tonight을 보고 여자가 오늘 밤 시간이 없는 이유를 묻고 있음을 알 수 있습니다. 여자의 말 I don't think I can go tonight. My cousin is arriving ~ I have to pick her up에서 오늘 밤 사촌을 태우러 가야 하기 때문에 시간이 없음을 알 수 있으므로 (C) She is meeting a relative가 정답입니다.

🎧 미국식 발음 → 호주식 발음

Questions 7-9 refer to the following conversation.

W: Ron, ⁰⁷are you going to the marketing convention / this afternoon?

M: Yes. My manager wants me / to go.

W: ⁰⁷I would . . . ahm . . . really appreciate / if you could drive me there.

M: But I heard / ⁰⁸there was an accident / on the expressway, and it has caused a huge traffic jam.

W: That's inconvenient.

M: I know. I'm not sure / what to do now.

W: Then, let's take the train. ⁰⁹I'll reserve tickets / online.

07 What does the woman request?

(A) A schedule for a trip
(B) A ride to an event
(C) Information on tickets
(D) Directions to a center

08 What problem does the man mention?

(A) A convention was canceled.
(B) A train is running late.
(C) An event is sold out.
(D) An accident has occurred.

09 What will the woman probably do next?

(A) Board a bus
(B) Contact a manager
(C) Book some tickets
(D) Drive a car

7-9번은 다음 대화에 관한 문제입니다.

W: Ron, 오늘 오후에 마케팅 컨벤션에 가나요?
M: 네. 저희 부장님이 제가 가기를 원하세요.
W: 저는... 음... 당신이 저를 그곳까지 태워주실 수 있다면 정말 감사하겠어요.
M: 그런데 저는 고속도로에 사고가 있었고, 그것이 엄청난 교통체증을 일으켰다고 들었어요.
W: 그거 곤란하네요.
M: 맞아요. 저는 이제 어떻게 해야 할지 잘 모르겠어요.
W: 그럼, 기차를 탑시다. 제가 온라인으로 표를 예매할게요.

07 여자는 무엇을 요청하는가?

(A) 여행 일정
(B) 행사까지 태워주는 것
(C) 표에 관한 정보
(D) 센터로 가는 길

08 남자는 어떤 문제를 언급하는가?

(A) 컨벤션이 취소되었다.
(B) 기차가 늦어지고 있다.
(C) 행사가 매진되었다.
(D) 사고가 발생했다.

09 여자는 다음에 무엇을 할 것 같은가?

(A) 버스를 탄다.
(B) 부장에게 연락한다.
(C) 표를 예매한다.
(D) 차를 운전한다.

어휘 appreciate[əprí:ʃièit] 감사하다 accident[미 ǽksədənt, 영 ǽksidənt] 사고
expressway[미 ikspréswèi, 영 ikspréswei] 고속도로 huge[hju:dʒ] 엄청난 traffic jam 교통체증
inconvenient[ìnkənví:njənt] 곤란한 sold out 매진된 occur[əkə́:r] 발생하다 board[bɔ:rd] 타다

해설 07 What ~ woman request를 보고 여자가 요청하는 것이 무엇인지를 묻고 있음을 알 수 있습니다. 여자의 말 are you going to the marketing convention과 I would ~ appreciate if you could drive me there에서 마케팅 컨벤션까지 태워줄 것을 요청하고 있음을 알 수 있으므로 (B) A ride to an event가 정답입니다.

08 What problem ~ man mention을 보고 남자가 언급하는 문제가 무엇인지를 묻고 있음을 알 수 있습니다. 남자의 말 there was an accident on the expressway에서 고속도로에 사고가 있었음을 알 수 있으므로 (D) An accident has occurred가 정답입니다.

09 What ~ woman ~ do next를 보고 여자가 다음에 할 일이 무엇인지를 묻고 있음을 알 수 있습니다. 여자의 말 I'll reserve tickets에서 표를 예매할 것임을 알 수 있으므로 (C) Book some tickets가 정답입니다.

Questions 10-12 refer to the following conversation.

M: Hello, Ms. Anderson. This is Greg Lewis / from Global Travel. ¹⁰I'm returning your call / from yesterday. You asked / about the Pacific Princess cruise ship **departing on June 23.**

W: That's right. Are there any rooms available?

M: ¹¹**They're almost sold out** . . . **and none of them have a balcony / like you requested.** ¹²I'll check if there are any other cruise ships, / if you want.

W: ¹²My friend already has a ticket for that ship. Could you e-mail me information / about the cabins?

10-12번은 다음 대화에 관한 문제입니다.

M: 안녕하세요, Ms. Anderson. 저는 Global 여행사의 Greg Lewis입니다. 어제 전화주신 것에 답하기 위해 연락 드려요. 6월 23일에 떠나는 Pacific Princess 유람선에 대해 물어보셨죠?

W: 맞아요. 이용 가능한 방이 있나요?

M: 그것들은 거의 매진되었어요... 그리고 그 중 어느 것도 당신이 요청한 발코니를 가지고 있지 않아요. 원하신다면 다른 유람선이 있는지 확인해볼게요.

W: 제 친구는 이미 그 배를 위한 표가 있어요. 그 객실들에 대한 정보를 이메일로 보내주실 수 있나요?

---

10 Why does the man contact the woman?

  (A) To deal with a complaint
  (B) To respond to an inquiry
  (C) To change an itinerary
  (D) To upgrade a room

11 What does the man say about the Pacific Princess?

  (A) It is almost fully booked.
  (B) It will not depart on time.
  (C) It is offering discount.
  (D) It has spacious cabins.

12 What does the woman imply when she says, "My friend already has a ticket for that ship?"

  (A) She will not consider other ships.
  (B) She will contact another agent.
  (C) She will cancel a trip.
  (D) She will not reserve a ticket.

---

10 남자는 왜 여자에게 연락하는가?

  (A) 불만을 처리하기 위해
  (B) 질문에 답변하기 위해
  (C) 일정표를 변경하기 위해
  (D) 방을 업그레이드하기 위해

11 남자는 Pacific Princess에 대해 무엇이라 말하는가?

  (A) 거의 모두 예약되었다.
  (B) 제시간에 출발하지 못할 것이다.
  (C) 할인을 제공하고 있다.
  (D) 넓은 객실들이 있다.

12 여자는 "제 친구는 이미 그 배를 위한 표가 있어요"라고 말할 때 무엇을 암시하는가?

  (A) 그녀는 다른 배를 고려하지 않을 것이다.
  (B) 그녀는 다른 대리인에게 연락할 것이다.
  (C) 그녀는 여행을 취소할 것이다.
  (D) 그녀는 표를 예매하지 않을 것이다.

어휘　cruise ship 유람선　depart[dipá:rt] 출발하다　sold out 매진된　cabin[kǽbin] 객실　deal with 처리하다
itinerary[aitínərèri] 일정표　consider[kənsídər] 고려하다　reserve[rizə́:rv] 예매하다

해설　10 Why ~ man contact ~ woman을 보고 남자가 여자에게 연락하는 이유를 묻고 있음을 알 수 있습니다. 남자의 말 I'm returning your call ~ You asked about the ~ cruise ship에서 남자가 유람선에 대한 질문에 답변하기 위해 여자에게 연락하고 있음을 알 수 있으므로 (B) To respond to an inquiry가 정답입니다.

11 What ~ man say about ~ Pacific Princess를 보고 남자가 Pacific Princess에 대해 무엇이라 말하는지를 묻고 있음을 알 수 있습니다. 남자의 말 They're almost sold out에서 Pacific Princess가 거의 매진되었음을 알 수 있으므로 (A) It is almost fully booked가 정답입니다.

12 What ~ woman imply when ~ says, My friend already has a ticket for that ship을 보고 여자가 친구는 이미 그 배를 위한 표가 있다고 말할 때 암시하는 것이 무엇인지를 묻고 있음을 알 수 있습니다. 남자의 말 I'll check if there are any other cruise ships available, if you want와 여자의 말 Could you e-mail me information about the cabins에서 여자가 남자가 제안한 다른 배를 고려하지 않을 것임을 알 수 있으므로 (A) She will not consider other ships가 정답입니다.

Questions 13-15 refer to the following conversation with three speakers.

M: I saw you / reading a guidebook / in the staff lounge. ¹³Are you planning your vacation?
W1: I am. ¹³Claire and I are going to Australia / in November.
W2: Yeah. We have the same vacation schedules / this year.
M: That's great. Are you going to Queensland? ¹⁴I heard the beaches there / are really beautiful. You should check them out.
W2: We weren't planning to go there, / but that sounds like fun. ¹⁵What do you think, Rachel?
W1: Sure, let's do it. ¹⁵I'll look for some hotels / near beaches.

13 What is the conversation mainly about?

(A) A personal trip
(B) A refund policy
(C) A business convention
(D) A team budget

14 What does the man suggest?

(A) Traveling by train
(B) Visiting a beach
(C) Using a credit card
(D) Getting prior approval

15 What does Rachel offer to do?

(A) Purchase some luggage
(B) Book a plane ticket
(C) Contact a travel agent
(D) Research some accommodation

13-15번은 다음 세 명의 대화에 관한 문제입니다.

M: 저는 당신이 직원 휴게실에서 여행 안내 책자를 읽고 있는 것을 보았어요. 당신의 휴가를 계획하고 있나요?
W1: 그러고 있어요. Claire와 저는 11월에 호주에 가요.
W2: 맞아요. 저희는 올해 휴가 일정이 같거든요.
M: 잘됐네요. Queensland에 가시나요? 그곳의 해변은 정말 아름답다고 들었어요. 그것들을 확인해보셔야 해요.
W2: 저희는 그곳에 가려고 계획하지는 않았지만, 재미있을 것 같네요. 어떻게 생각해요, Rachel?
W1: 물론이죠, 그렇게 합시다. 제가 해변 근처의 호텔들을 찾아볼게요.

13 대화는 주로 무엇에 관한 것인가?

(A) 개인적인 여행
(B) 환불 규정
(C) 사업 회의
(D) 팀 예산

14 남자는 무엇을 제안하는가?

(A) 기차로 여행하는 것
(B) 해변을 방문하는 것
(C) 신용카드를 사용하는 것
(D) 사전 허가를 받는 것

15 Rachel은 무엇을 해주겠다고 하는가?

(A) 짐 가방을 구매한다.
(B) 항공편을 예매한다.
(C) 여행사 직원에게 연락한다.
(D) 숙소를 조사한다.

어휘 | **staff lounge** 직원 휴게실 **plan**[plæn] 계획하다 **vacation**[veikéiʃən] 휴가 **policy**[páləsi] 규정, 정책 **prior**[práiər] 사전의 **accommodation**[əkàmədéiʃən] 숙소, 시설

해설 | 13 What ~ conversation ~ about을 보고 대화가 무엇에 관한 것인지를 묻고 있음을 알 수 있습니다. 남자의 말 Are you planning a vacation과 여자 1의 말 Claire and I are going to Australia in November에서 대화가 개인적인 여행에 관한 것임을 알 수 있으므로 (A) A personal trip이 정답입니다.

14 What ~ man suggest를 보고 남자가 제안하는 것이 무엇인지를 묻고 있음을 알 수 있습니다. 남자의 말 I heard the beaches there are ~ beautiful ~ You should check them out에서 해변을 방문할 것을 제안하고 있음을 알 수 있으므로 (B) Visiting a beach가 정답입니다.

15 What ~ Rachel offer to do를 보고 Rachel이 해주겠다고 하는 것이 무엇인지를 묻고 있음을 알 수 있습니다. 여자 2의 말 What do you think, Rachel과 여자 1의 말 I'll look for some hotels near beaches에서 Rachel이 숙소를 조사할 것임을 알 수 있으므로 (D) Research some accommodation이 정답입니다.

Questions 16-18 refer to the following conversation and map.

M: Excuse me. I'm new to the city, / and I'm a bit lost.
W: ¹⁶Where are you trying to go?
M: The Weston Expo Center. ¹⁷I want to go to a car show / that's being held there.
W: Oh, that's 10 blocks / from here.
M: Can I take a bus there?
W: Ah . . . take Bus 12. ¹⁸It'll drop you off / directly across the street / from the Weston Expo Center.
M: Great! Thanks for your help.

16-18번은 다음 대화와 지도에 관한 문제입니다.

M: 실례합니다. 저는 이 도시가 처음인데, 길을 좀 잃었어요.
W: 어디로 가려 하시나요?
M: Weston 박람회장이요. 저는 그곳에서 열리고 있는 자동차 쇼에 가려고 해요.
W: 오, 그곳은 여기에서 열 블록 떨어져 있어요.
M: 거기까지 버스를 타고 갈 수 있나요?
W: 어... 12번 버스를 타세요. 당신을 Weston 박람회장 바로 길 건너에 내려줄 거예요.
M: 좋네요! 도와주셔서 감사합니다.

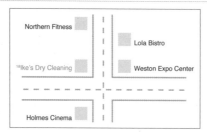

16 What does the woman ask about?

(A) The man's schedule
(B) The man's destination
(C) The time of a show
(D) The location of a bus stop

17 What does the man want to do?

(A) Visit an office
(B) Meet a colleague
(C) Go to a store
(D) Attend an event

18 Look at the graphic. Where will the man be dropped off?

(A) Northern Fitness
(B) Lola Bistro
(C) Ike's Dry Cleaning
(D) Holmes Cinema

16 여자는 무엇에 대해 묻는가?

(A) 남자의 일정
(B) 남자의 목적지
(C) 공연 시각
(D) 버스 정류장의 위치

17 남자는 무엇을 하고 싶어 하는가?

(A) 사무실을 방문한다.
(B) 동료를 만난다.
(C) 가게에 간다.
(D) 행사에 참석한다.

18 시각 자료를 보아라. 남자는 어디에 내려질 것인가?

(A) Northern 헬스클럽
(B) Lola 레스토랑
(C) Ike의 드라이클리닝점
(D) Holmes 영화관

어휘 **lost**[미 lɔ́ːst, 영 lɔst] 길을 잃은 **drop off** 내려주다 **destination**[dèstənéiʃən] 목적지 **colleague**[káːliːg] 동료
attend[əténd] 참석하다, 가다 **bistro**[bístrou:] 레스토랑, 작은 식당

해설 **16** What ~ woman ask about을 보고 여자가 무엇에 대해 묻는지를 묻고 있음을 알 수 있습니다. 여자의 말 Where are you trying to go에서 남자의 목적지에 대해 묻고 있음을 알 수 있으므로 (B) The man's destination이 정답입니다.

17 What ~ man want to do를 보고 남자가 무엇을 하고 싶어 하는지를 묻고 있음을 알 수 있습니다. 남자의 말 I want to go to a car show에서 자동차 쇼에 가고 싶어 함을 알 수 있으므로 (D) Attend an event가 정답입니다.

18 Where ~ man ~ dropped off를 보고 남자가 내려질 곳이 어디인지를 묻고 있음을 알 수 있습니다. 여자의 말 It'll drop you off ~ across the street from the Weston Expo Center에서 버스가 남자를 Weston 박람회장 길 건너에 내려줄 것이라 하였고, 지도에서 Weston 박람회장의 길 건너에 있는 곳이 Ike의 드라이클리닝점임을 알 수 있으므로 (C) Ike's Dry Cleaning이 정답입니다.

01 (A)	02 (B)	03 (C)	04 (D)	05 (C)	06 (C)	07 (B)	08 (B)	09 (D)	10 (D)
11 (C)	12 (B)	13 (C)	14 (D)	15 (B)	16 (A)	17 (B)	18 (A)	19 (B)	20 (D)
21 (A)	22 (C)	23 (A)	24 (A)	25 (D)	26 (C)	27 (B)	28 (B)	29 (A)	30 (D)
31 (D)	32 (C)	33 (B)	34 (A)	35 (C)	36 (B)	37 (B)	38 (C)	39 (C)	

01
~
03

🔊 미국식 발음 → 영국식 발음

Questions 1-3 refer to the following conversation.

M: ⁰¹Have you signed up for the workshop / Alison is conducting on Monday? She's going to speak / about new residential trends.

W: I want to go, / but ⁰²I have to hand in a construction proposal / on Tuesday morning.

M: That's the Jefferson Street project, / right? Actually, / ⁰³it's now due / on Wednesday. The project manager asked for an extension. So, / you should be able to come / to the workshop.

01 What does the man ask the woman about?

(A) Workshop attendance
(B) Construction progress
(C) Deadline extensions
(D) Residential trends

02 What does the woman need to submit?

(A) A street plan
(B) A building proposal
(C) A daily schedule
(D) A home renovation

03 Why was the due date extended?

(A) A proposal was not approved.
(B) Some workers will be unavailable.
(C) A supervisor asked for an extension.
(D) Some clients changed their minds.

1-3번은 다음 대화에 관한 문제입니다.

M: 당신은 Alison이 월요일에 진행하는 워크숍에 등록했나요? 그녀는 새로운 주거 트렌드에 대해 강연할 거예요.

W: 저도 가고 싶지만, 화요일 오전에 건설 제안서를 제출해야 해요.

M: Jefferson가 프로젝트군요, 그렇죠? 사실, 이제 그 프로젝트의 마감일은 수요일이에요. 프로젝트 관리자가 연장을 요청했거든요. 그러니, 당신은 그 워크숍에 올 수 있을 거예요.

01 남자는 여자에게 무엇에 대해 묻는가?

(A) 워크숍 참석
(B) 건설 진행 상황
(C) 마감일 연장
(D) 주거 트렌드

02 여자는 무엇을 제출해야 하는가?

(A) 도로 지도
(B) 건설 제안서
(C) 일일 일정
(D) 집 개조

03 마감일은 왜 연장되었는가?

(A) 제안서가 승인되지 않았다.
(B) 몇몇 직원들이 부재할 것이다.
(C) 관리자가 연장을 요청했다.
(D) 몇몇 고객들이 생각을 바꿨다.

어휘 sign up for ~에 등록하다 residential [rèzədénʃəl] 주거의 hand in ~을 제출하다 construction [kənstrʌ́kʃən] 건설
proposal [미 prəpóuzəl, 영 prəpáuzəl] 제안서 extension [iksténʃən] 연장

해설 01 What ~ man ask ~ woman about을 보고 남자가 여자에게 무엇에 대해 묻는지를 묻고 있음을 알 수 있습니다. 남자의 말 Have you signed up for the workshop에서 워크숍에 등록했는지를 묻고 있음을 알 수 있으므로 (A) Workshop attendance가 정답입니다.

02 What ~ woman need to submit을 보고 여자가 제출해야 하는 것이 무엇인지를 묻고 있음을 알 수 있습니다. 여자의 말 I have to hand in a construction proposal에서 여자가 건설 제안서를 제출해야 함을 알 수 있으므로 (B) A building proposal이 정답입니다.

03 Why ~ due date extended를 보고 마감일이 연장된 이유를 묻고 있음을 알 수 있습니다. 남자의 말 It's now due on Wednesday. The project manager asked for an extension에서 관리자가 연장을 요청했음을 알 수 있으므로 (C) A supervisor asked for an extension이 정답입니다.

Questions 4-6 refer to the following conversation with three speakers.

W: Hello. ⁰⁴I'm here / to interview for the research assistant job.
M1: Of course. ⁰⁵Was an appointment scheduled / in advance?
W: Yes. ⁰⁵Mr. Snyder called me last week / about the job.
    I arranged to meet him / at 10:30 A.M.
M1: OK, / just a moment. Mr. Snyder? A woman is here to see you / about a research position.
M2: Oh, / yes. I was expecting her. ⁰⁶Please come into my office / and we can talk there.

4-6번은 다음 세 명의 대화에 관한 문제입니다.

W: 안녕하세요. 저는 연구 보조원 자리를 위한 면접을 보러 왔어요.
M1: 물론이죠. 사전에 약속 일정을 잡으셨나요?
W: 네. Mr. Snyder가 지난주에 그 일자리에 관해 제게 전화 주셨어요. 오전 10시 30분에 그와 만나기로 했어요.
M1: 알겠습니다, 잠시만요. Mr. Snyder? 한 여자분이 연구원 자리를 위해 당신을 보러 와 있어요.
M2: 아, 네. 그녀를 기다리고 있었어요. 제 사무실로 들어가시면 그곳에서 얘기하죠.

04 What is the reason for the woman's visit?

(A) A presentation
(B) A survey
(C) A consultation
(D) An interview

05 What did the woman do last week?

(A) Submitted a sales report
(B) Left a voice mail
(C) Arranged an appointment
(D) Stopped by a branch

06 What will the woman probably do next?

(A) Send a message
(B) Sign a document
(C) Head to an office
(D) Wait in a lobby

04 여자는 어떤 이유로 방문을 했는가?

(A) 발표
(B) 설문
(C) 상담
(D) 면접

05 여자는 지난주에 무엇을 했는가?

(A) 영업 보고서를 제출했다.
(B) 음성 메시지를 남겼다.
(C) 약속을 정했다.
(D) 지사에 잠시 들렀다.

06 여자는 다음에 무엇을 할 것 같은가?

(A) 메시지를 보낸다.
(B) 문서에 서명을 한다.
(C) 사무실로 향한다.
(D) 로비에서 기다린다.

[어휘] assistant[əsístənt] 보조원, 조수 appointment[əpɔ́intmənt] 약속 consultation[미 kὰnsəltéiʃən, 영 kɔ̀nsəltéiʃən] 상담, 상의 submit[səbmít] 제출하다 stop by 잠시 들르다 branch[미 brænʃt, 영 braːntʃ] 지사, 분점

[해설] 04 What ~ reason for ~ woman's visit을 보고 여자가 방문한 이유를 묻고 있음을 알 수 있습니다. 여자의 말 I'm here to interview for the research assistant job에서 여자가 면접을 위해 방문을 했음을 알 수 있으므로 (D) An interview가 정답입니다.

05 What ~ woman do last week을 보고 여자가 지난주에 무엇을 했는지를 묻고 있음을 알 수 있습니다. 남자 1의 말 Was an appointment scheduled in advance와 여자의 말 Mr. Snyder called me last week ~ I arranged to meet him at 10:30 A.M.에서 여자가 지난주에 오늘 오전 10시 30분에 만나기로 약속을 정했음을 알 수 있으므로 (C) Arranged an appointment가 정답입니다.

06 What ~ woman ~ do next를 보고 여자가 다음에 할 일이 무엇인지를 묻고 있음을 알 수 있습니다. 남자 2의 말 Please come into my office에서 여자가 사무실로 향할 것임을 알 수 있으므로 (C) Head to an office가 정답입니다.

Questions 7-9 refer to the following conversation.

M: Hello. I'm looking to rent an apartment / on Lewis Avenue. Do you have anything available?

W: ⁰⁷There's a unit in the Smith Building I can recommend. It's reasonably priced / at $1,200 per month.

M: How many rooms does it have?

W: ⁰⁸Two bedrooms with one bathroom.

M: ⁰⁸Oh, two rooms would be great. I've been wanting to have a home office. Can you show me the unit / tomorrow at 9 A.M.?

W: ⁰⁹Let me call and ask the building owner. It will take a few minutes.

M: All right. I'll wait.

---

07 Why does the woman recommend a unit?

　(A) It is near a main road.

　(B) It is fairly priced.

　(C) It is in a new building.

　(D) It has several bathrooms.

08 What does the man mean when he says, "I've been wanting to have a home office"?

　(A) He wants to see more spaces.

　(B) He is pleased with a unit's size.

　(C) He is unhappy about a building's location.

　(D) He wants to change a design.

09 What will the woman do next?

　(A) Fill out a form

　(B) Copy a document

　(C) Check a price

　(D) Make a phone call

7-9번은 다음 대화에 관한 문제입니다.

M: 안녕하세요. 저는 Lewis가에 있는 아파트를 임대하려고 생각하고 있어요. 이용 가능한 곳이 있나요?

W: Smith 빌딩에 제가 추천할만한 곳이 하나 있습니다. 그곳은 한 달에 1,200달러로 적당하게 가격이 매겨졌어요.

M: 방은 몇 개나 있나요?

W: 방 두 개에 화장실이 하나 있습니다.

M: 오, 방이 두 개라면 좋네요. 저는 자택 사무실을 갖기를 원하고 있었어요. 내일 오전 9시에 그곳을 저에게 보여주실 수 있나요?

W: 건물 주인에게 전화해서 물어보겠습니다. 몇 분 걸릴 거예요.

M: 알겠습니다. 기다릴게요.

---

07 여자는 왜 한 가구를 추천하는가?

　(A) 주요 도로 근처에 있다.

　(B) 적당하게 가격이 매겨졌다.

　(C) 새로운 건물에 있다.

　(D) 화장실이 여러 개 있다.

08 남자는 "저는 자택 사무실을 갖기를 원하고 있었어요"라고 말할 때 무엇을 의도하는가?

　(A) 그는 공간들을 더 보고 싶어 한다.

　(B) 그는 집의 크기를 마음에 들어 한다.

　(C) 그는 건물의 위치에 대해 불만이다.

　(D) 그는 디자인을 바꾸고 싶어한다.

09 여자는 다음에 무엇을 할 것인가?

　(A) 양식을 작성한다.

　(B) 서류를 복사한다.

　(C) 가격을 확인한다.

　(D) 전화를 한다.

어휘　rent[rent] 임대하다　reasonably[ríːzənəbli] 적당하게　price[prais] 가격을 매기다　owner[óunər] 주인

해설　**07** Why ~ woman recommend ~ unit을 보고 여자가 한 가구를 추천하는 이유를 묻고 있음을 알 수 있습니다. 여자의 말 There's a unit ~ I can recommend ~ It's reasonably priced에서 그곳이 적당하게 가격이 매겨졌음을 알 수 있으므로 (B) It is fairly priced가 정답입니다.

08 What ~ man mean when ~ says, I've been wanting to have a home office를 보고 남자가 자택 사무실을 갖기를 원하고 있었다고 말할 때 의도하는 것이 무엇인지를 묻고 있음을 알 수 있습니다. 여자의 말 Two bedrooms with one bathroom과 남자의 말 Oh, two rooms would be great과 Can you show me the unit에서 남자가 방이 두 개인 집의 크기를 마음에 들어 함을 알 수 있으므로 (B) He is pleased with a unit's size가 정답입니다.

09 What ~ woman do next를 보고 여자가 다음에 할 일이 무엇인지를 묻고 있음을 알 수 있습니다. 여자의 말 Let me call and ask the building owner에서 건물 주인에게 전화할 것임을 알 수 있으므로 (D) Make a phone call이 정답입니다.

토익기초

Part 1

Part 2

Part 3

Part 4

해커스 토익 스타트 Listening

Questions 10-12 refer to the following conversation.

M: ¹⁰How's the marketing plan / for the accessories collection going?

W: ¹⁰Good. ¹⁰/¹¹Right now / we are doing research on consumers. After that, / we have to come up with some ideas / for selling the line in Europe.

M: Yes. We do need a strategy / that will help attract our European customers. I worked on a similar project last year. If you'd like, / ¹²I can send you the marketing plan / we did for them.

W: Oh, thank you! That would be very helpful.

10 Who most likely are the speakers?

(A) Production managers
(B) Accessory designers
(C) Customer service workers
(D) Marketing specialists

11 What is the woman currently working on?

(A) Advertising ideas
(B) Product development
(C) Consumer research
(D) Building plans

12 What does the man offer to do?

(A) Contact some customers
(B) Provide a report
(C) Conduct some research
(D) Review a plan

10-12번은 다음 대화에 관한 문제입니다.

M: 액세서리 컬렉션을 위한 마케팅 계획이 어떻게 되어 가고 있나요?

W: 좋아요. 지금 저희는 고객들에 대해 조사를 하고 있어요. 그 후에, 저희는 유럽에서 상품 라인을 판매하기 위한 몇 가지 아이디어를 생각해내야만 해요.

M: 그래요. 우리는 정말로 우리의 유럽 고객들의 이목을 끄는 데 도움이 될 전략이 필요해요. 저는 작년에 비슷한 프로젝트 업무를 했어요. 당신이 원한다면, 우리가 그들을 위해 수행했던 마케팅 계획을 보내줄 수 있습니다.

W: 오, 감사해요! 매우 유용할 것 같네요.

10 화자들은 누구인 것 같은가?

(A) 생산 관리자들
(B) 액세서리 디자이너들
(C) 고객 서비스 직원들
(D) 마케팅 전문가들

11 여자가 현재 작업하고 있는 것은 무엇인가?

(A) 광고 아이디어
(B) 상품 개발
(C) 고객 조사
(D) 건설 계획

12 남자는 무엇을 해주겠다고 하는가?

(A) 몇몇 고객들에게 연락한다.
(B) 보고서를 제공한다.
(C) 몇몇 조사를 수행한다.
(D) 계획을 검토한다.

어휘 come up with ~을 생각해내다 strategy[strǽtədʒi] 전략 attract[ətrǽkt] (이목을) 끌다

해설 10 Who ~ speakers를 보고 화자들이 누구인지를 묻고 있음을 알 수 있습니다. 남자의 말 How's the marketing plan ~ going과 여자의 말 Good ~ we are doing research on consumers에서 화자들이 마케팅 전문가들임을 알 수 있으므로 (D) Marketing specialists가 정답입니다.

11 What ~ woman currently working on을 보고 여자가 현재 작업하고 있는 것이 무엇인지를 묻고 있음을 알 수 있습니다. 여자의 말 Right now we are doing research on consumers에서 고객들에 대해 조사를 하고 있음을 알 수 있으므로 (C) Consumer research가 정답입니다.

12 What ~ man offer to do를 보고 남자가 무엇을 해주겠다고 하는지를 묻고 있음을 알 수 있습니다. 남자의 말 I can send you the marketing plan에서 마케팅 계획한 것을 보내주겠다고 하는 것을 알 수 있으므로 (B) Provide a report가 정답입니다.

Questions 13-15 refer to the following conversation.

W: ¹³/¹⁴Could you call the maintenance department / and ask someone to have a look at our color photocopier? ¹³It stopped working.

M: That's strange. What's the problem with it?

W: I'm not sure. It is making a funny noise / and the copies aren't clear. I really need to make color copies / of our new flyers.

M: OK, I'll put in a service request / right away. In the meantime, / ¹⁵why don't you use the color photocopier / in the legal department?

13 What is the problem?

(A) A flyer contains errors.
(B) A document hasn't been sent.
(C) A machine isn't working.
(D) A work schedule is incorrect.

14 What does the woman ask the man to do?

(A) Make some copies
(B) Repair a photocopier
(C) Purchase new equipment
(D) Request repairs

15 Why should the woman go to the legal department?

(A) To submit a report
(B) To use another machine
(C) To request legal assistance
(D) To inspect a photocopier

13-15번은 다음 대화에 관한 문제입니다.

W: 유지보수 부서에 전화해서 우리의 컬러 복사기를 누가 좀 봐달라고 요청해주실 수 있나요? 그것이 작동을 멈췄어요.

M: 이상하네요. 뭐가 문제죠?

W: 잘 모르겠어요. 이상한 소리를 내고 복사물이 선명하지 않아요. 저는 정말로 우리의 새로운 전단들을 컬러 복사해야만 해요.

M: 알겠어요, 제가 지금 당장 서비스 요청을 할게요. 그동안, 법무 부서에 있는 컬러 복사기를 사용하는 게 어때요?

13 문제는 무엇인가?

(A) 전단에 오류가 있다.
(B) 서류가 보내지지 않았다.
(C) 기계가 작동하지 않는다.
(D) 근무 일정표가 정확하지 않다.

14 여자는 남자에게 무엇을 하라고 요청하는가?

(A) 복사를 한다.
(B) 복사기를 수리한다.
(C) 새로운 장비를 구입한다.
(D) 수리를 요청한다.

15 여자는 왜 법무 부서로 가야 하는가?

(A) 보고서를 제출하기 위해
(B) 다른 기계를 사용하기 위해
(C) 법률적 도움을 요청하기 위해
(D) 복사기를 점검하기 위해

어휘 maintenance department 유지보수 부서 photocopier[미 fóutoukàpiər, 영 fə́utəukɔ̀piə] 복사기 funny[fʌ́ni] 이상한 noise[nɔiz] 소리 legal department 법무 부서

해설 13 What ~ problem을 보고 문제가 무엇인지를 묻고 있음을 알 수 있습니다. 여자의 말 Could you call ~ and ask someone ~ look at our color photocopier? It stopped working에서 컬러 복사기가 작동을 멈췄음을 알 수 있으므로 (C) A machine isn't working이 정답입니다.

14 What ~ woman ask ~ man to do를 보고 여자가 남자에게 무엇을 하라고 요청하는지를 묻고 있음을 알 수 있습니다. 여자의 말 Could you call ~ and ask someone ~ look at our color photocopier에서 수리를 요청해달라고 하고 있음을 알 수 있으므로 (D) Request repairs가 정답입니다.

15 Why ~ woman go to ~ legal department를 보고 여자가 법무 부서로 가야 하는 이유를 묻고 있음을 알 수 있습니다. 남자의 말 why don't you use the color photocopier in the legal department에서 법무 부서에 있는 컬러 복사기를 사용할 것을 제안하고 있음을 알 수 있으므로 (B) To use another machine이 정답입니다.

Questions 16-18 refer to the following conversation.

W: Excuse me. I'm looking for an office lamp. ¹⁶Could you tell me / where they are located?

M: Yes, ma'am. They are in aisle 8 / near the fax machines. We have several lamps on sale this week too. Those are on display / near our cash registers.

W: Oh good. Also, ¹⁷I'm interested in getting one of the Eltron desk chairs / your store advertised.

M: ¹⁷Sorry, but we sold out of those items yesterday. However, ¹⁸I can put in a special order from our supplier, / if you'd like.

16-18번은 다음 대화에 관한 문제입니다.

W: 실례합니다. 저는 사무용 전등을 찾고 있어요. 그것들이 어디에 위치해 있는지 알려주실 수 있나요?

M: 네, 손님. 그것들은 팩스기 근처의 8번 통로에 있습니다. 또한 저희는 이번 주에 몇몇 전등을 할인하고 있어요. 그것들은 계산대 근처에 진열되어 있습니다.

W: 오 좋네요. 또, 저는 당신의 상점이 광고했던 Eltron사의 책상 의자 중 하나를 구입하는 것에 관심이 있어요.

M: 죄송하지만, 그 상품들은 어제 전부 팔렸어요. 그러나, 원하신다면, 저희 공급업체에 특별 주문을 넣어드릴 수 있습니다.

16 What does the woman ask about?

(A) The location of an item
(B) The cost of a product
(C) The duration of a sale
(D) The hours of operation

16 여자는 무엇에 대해 묻는가?

(A) 상품의 위치
(B) 상품의 가격
(C) 할인 판매 기간
(D) 운영 시간

17 What items are currently unavailable?

(A) Office lamps
(B) Desk chairs
(C) Cash registers
(D) Fax machines

17 어떤 상품들이 현재 이용 가능하지 않은가?

(A) 사무용 전등
(B) 책상 의자
(C) 계산대
(D) 팩스기

18 What does the man offer to do?

(A) Place a product order
(B) Call another store
(C) Show the woman a display
(D) Deliver some furniture

18 남자는 무엇을 해주겠다고 하는가?

(A) 상품 주문을 넣는다.
(B) 다른 상점에 전화한다.
(C) 여자에게 진열품을 보여준다.
(D) 몇몇 가구를 배달한다.

어휘 look for ~을 찾다 aisle[ail] 통로 cash register 계산대 advertise[ǽdvərtàiz] 광고하다 duration[djuréiʃən] 기간 operation[à:pəréiʃən] 운영

해설 16 What ~ woman ask about을 보고 여자가 무엇에 대해 묻는지를 묻고 있음을 알 수 있습니다. 여자의 말 Could you tell me where they are located에서 상품의 위치를 묻고 있음을 알 수 있으므로 (A) The location of an item이 정답입니다.

17 What items ~ currently unavailable을 보고 어떤 상품들이 현재 이용 가능하지 않은지를 묻고 있음을 알 수 있습니다. 여자의 말 I'm interested in ~ desk chairs와 남자의 말 Sorry, but we sold out of those items yesterday에서 책상 의자가 어제 전부 팔려서 현재 이용 가능하지 않음을 알 수 있으므로 (B) Desk chairs가 정답입니다.

18 What ~ man offer to do를 보고 남자가 무엇을 해주겠다고 하는지를 묻고 있음을 알 수 있습니다. 남자의 말 I can put in a special order from our supplier에서 특별 주문을 넣어주겠다고 하는 것을 알 수 있으므로 (A) Place a product order가 정답입니다.

Questions 19-21 refer to the following conversation.

W: ¹⁹Have you read the reviews / for *Summer Sky*? **The play opened / last Thursday.**

M: ¹⁹Yeah, I read some. **The play sounds like it's worth seeing.** ²⁰How about watching it / this Saturday?

W: Actually, ²⁰tickets will be discounted on Sunday. Will you be available / then?

M: That works for me.

W: Should I reserve seats online?

M: Yeah, please do. But ²¹you should also see / if Mary from sales wants to join. **She loves watching plays.**

W: Good idea. I'll talk to her now.

19 What **did the** man read?

(A) Some flyers
(B) Some reviews
(C) An e-mail
(D) A newsletter

20 What **does the** woman mean when **she** says, "tickets will be discounted on Sunday"?

(A) She regrets a recent purchase.
(B) She wants to invite people to a performance.
(C) She shared incorrect information.
(D) She wants to see a show on another day.

21 What **does the** man suggest?

(A) Inviting a coworker
(B) Reviewing an event
(C) Reading a program
(D) Canceling a reservation

19-21번은 다음 대화에 관한 문제입니다.

W: *Summer Sky*에 대한 평론을 읽어보셨나요? 그 연극은 지난 주 목요일에 공개되었어요.

M: 네, 저는 몇 개를 읽어봤어요. 그 연극은 볼만한 가치가 있는 것 같아요. 이번 주 토요일에 그것을 보는 것이 어때요?

W: 사실, 일요일에 표가 할인될 거예요. 그때 시간이 되시나요?

M: 저는 괜찮아요.

W: 제가 온라인으로 좌석을 예매할까요?

M: 네, 그렇게 해주세요. 하지만 영업 부서의 Mary도 참여하고 싶은지 물어보셔야 해요. 그녀는 연극을 보는 것을 정말 좋아해요.

W: 좋은 생각이에요. 지금 그녀에게 이야기할게요.

19 남자는 무엇을 읽었는가?

(A) 전단지
(B) 평론
(C) 이메일
(D) 소식지

20 여자는 "표는 일요일에 할인될 거예요"라고 말할 때 무엇을 의도하는가?

(A) 그녀는 최근의 구매를 후회한다.
(B) 그녀는 공연에 사람을 초대하고 싶어한다.
(C) 그녀는 틀린 정보를 공유했다.
(D) 그녀는 공연을 다른 날에 보고 싶어한다.

21 남자는 무엇을 제안하는가?

(A) 동료를 초대하는 것
(B) 행사를 비평하는 것
(C) 프로그램을 읽는 것
(D) 예약을 취소하는 것

어휘 review[rivjú:] 평론 play[plei] 연극 discount[dískaunt] 할인 regret[rigrét] 후회하다

해설

19 What ~ man read를 보고 남자가 무엇을 읽었는지를 묻고 있음을 알 수 있습니다. 여자의 말 Have you read the reviews for *Summer Sky*와 남자의 말 Yeah, I read some에서 남자가 몇 개의 평론을 읽었음을 알 수 있으므로 (B) Some reviews가 정답입니다.

20 What ~ woman mean when ~ says, tickets will be discounted on Sunday를 보고 여자가 일요일에 표가 할인될 것이라고 말할 때 의도하는 것이 무엇인지를 묻고 있음을 알 수 있습니다. 남자의 말 How about watching it this Saturday와 여자의 말 Will you be available then에서 여자가 남자가 제안한 것과 다른 날인 일요일에 공연을 보고 싶어 함을 알 수 있으므로 (D) She wants to see a show on another day가 정답입니다.

21 What ~ man suggest를 보고 남자가 제안하는 것이 무엇인지를 묻고 있음을 알 수 있습니다. 남자의 말 you should also see if Mary from sales wants to join에서 남자가 동료를 초대할 것을 제안하고 있음을 알 수 있으므로 (A) Inviting a coworker가 정답입니다.

Questions 22-24 refer to the following conversation.

M: This is Cameron Lawson calling. ²²I ordered some golf clubs / from your Web site last Saturday / and haven't received them yet. They were supposed to arrive / this Wednesday.

W: Let me check, / Mr. Lawson. Yes, ²³there was a delay / at our warehouse / because of a network system error. However, the items were sent / and should arrive within a couple of days.

M: Could you make sure they arrive / tomorrow? I'm leaving on a golf trip / soon.

W: ²⁴I'll contact our shipping department / and see what they can do.

22 What is the man concerned about?

(A) A product may have to be returned.
(B) Payment has not been received.
(C) Some items have not arrived.
(D) A delivery may be canceled.

23 What does the woman say about a delivery?

(A) It was delayed by a system error.
(B) It was sent to the wrong address.
(C) It is not ready yet.
(D) It is expected to arrive next week.

24 What does the woman say she will do?

(A) Contact another department
(B) Send some replacements
(C) Cancel an order
(D) Provide a full refund

22-24번은 다음 대화에 관한 문제입니다.

M: 저는 Cameron Lawson입니다. 지난 토요일에 당신의 웹사이트에서 골프채 몇 개를 주문했는데 아직 그것들을 받지 못했어요. 그것들은 이번 주 수요일에 도착하기로 되어 있었습니다.

W: 제가 확인해 보겠습니다, Mr. Lawson. 네, 저희 창고에서 네트워크 시스템 오류 때문에 지연이 있었습니다. 그러나, 그 상품들은 발송되었고 이틀 내에 도착할 것입니다.

M: 그것들이 반드시 내일 도착하게 해주실 수 있으신가요? 저는 곧 골프 여행을 떠나요.

W: 저희 배송부에 연락해서 그들이 무엇을 할 수 있는지 확인하겠습니다.

22 남자는 무엇에 대해 걱정하는가?

(A) 제품이 반품되어야 할 수도 있다.
(B) 대금이 수령되지 않았다.
(C) 몇몇 상품들이 도착하지 않았다.
(D) 배달이 취소될 수도 있다.

23 여자는 배송에 대해 무엇이라 말하는가?

(A) 시스템 오류로 지연되었다.
(B) 잘못된 주소로 보내졌다.
(C) 아직 준비가 되지 않았다.
(D) 다음 주에 도착할 예정이다.

24 여자는 무엇을 할 것이라 말하는가?

(A) 다른 부서에 연락한다.
(B) 몇몇 교환품들을 보낸다.
(C) 주문을 취소한다.
(D) 전액 환불을 제공한다.

어휘 order[미 ɔ́ːrdər, 영 ɔ́ːdə] 주문하다 golf club 골프채 be supposed to ~하기로 되어 있다 arrive[əráiv] 도착하다 warehouse[wɛ́ərhàus] 창고 shipping department 배송부

해설 22 What ~ man concerned about을 보고 남자가 무엇에 대해 걱정하는지를 묻고 있음을 알 수 있습니다. 남자의 말 I ordered some golf clubs ~ and haven't received them yet에서 주문한 상품들을 아직 받지 못했음을 알 수 있으므로 (C) Some items have not arrived가 정답입니다.

23 What ~ woman say about ~ delivery를 보고 여자가 배송에 대해 무엇이라 말하는지를 묻고 있음을 알 수 있습니다. 여자의 말 there was a delay at our warehouse because of a network system error에서 시스템 오류로 지연되었음을 알 수 있으므로 (A) It was delayed by a system error가 정답입니다.

24 What ~ woman say ~ will do를 보고 여자가 무엇을 할 것이라 말하는지를 묻고 있음을 알 수 있습니다. 여자의 말 I'll contact our shipping department에서 배송부에 연락하겠다고 말하는 것을 알 수 있으므로 (A) Contact another department가 정답입니다.

Questions 25-27 refer to the following conversation with three speakers.

W: Don't forget / that ²⁵we have to set up for a meeting / this afternoon / at 2 o'clock.
M1: OK. How many people are coming? ²⁶They're our clients from Tokyo, / right?
W: Yes. We're expecting a total of 14 people.
M2: We may have to get some extra chairs.
M1: I'll be happy to do that. I'll also make sure / the projector is set up and ready.
M2: Oh, ²⁷the projector is still in the meeting room / on the third floor. Could you go get it, James?
M1: Sure. ²⁷I'll take care of it / now.

25 What is the conversation mainly about?

(A) Potential clients
(B) Equipment malfunctions
(C) Scheduling changes
(D) Meeting preparations

26 What is mentioned about the clients?

(A) They will be late.
(B) They canceled the meeting.
(C) They are from Tokyo.
(D) They will attend a trade fair.

27 Why will James go to the third floor?

(A) To retrieve some chairs
(B) To locate a device
(C) To prepare a presentation
(D) To print some documents

25-27번은 다음 세 명의 대화에 관한 문제입니다.

W: 우리가 오늘 오후 두 시에 회의 준비를 해야 한다는 것을 잊지 마세요.
M1: 알겠어요. 몇 명이 오나요? 그들은 도쿄에서 오는 우리의 고객들이죠, 그렇죠?
W: 네. 우리는 총 14명을 예상하고 있어요.
M2: 우리는 여분의 의자를 몇 개 가지고 와야 할지도 몰라요.
M1: 제가 할게요. 영사기가 설치되어서 준비되어 있는지도 확인할게요.
M2: 오, 영사기는 아직 3층 회의실에 있어요. 가서 그것을 가져와줄 수 있나요, James?
M1: 물론이죠. 제가 지금 그것을 처리할게요.

25 대화는 주로 무엇에 관한 것인가?
(A) 잠재 고객
(B) 기기 고장
(C) 일정 변경
(D) 회의 준비

26 고객들에 대해 무엇이 언급되는가?
(A) 그들은 늦을 것이다.
(B) 그들은 회의를 취소했다.
(C) 그들은 도쿄에서 온다.
(D) 그들은 무역 박람회에 참석할 것이다.

27 James는 왜 3층으로 갈 것인가?
(A) 몇몇 의자를 가져오기 위해
(B) 기기를 찾기 위해
(C) 발표를 준비하기 위해
(D) 몇몇 서류를 출력하기 위해

어휘 set up 준비하다 extra[ékstrə] 여분의 potential[pəténʃəl] 잠재의 malfunction[mælfʌ́ŋkʃən] 고장 cancel[kǽnsəl] 취소하다 trade fair 무역 박람회 locate[lóukeit] 찾다, 위치하다

해설 25 What ~ conversation ~ about을 보고 대화가 무엇에 관한 것인지를 묻고 있음을 알 수 있습니다. 여자의 말 we have to set up for a meeting에서 대화가 회의 준비에 관한 것임을 알 수 있으므로 (D) Meeting preparations가 정답입니다.

26 What ~ mentioned about ~ clients를 보고 고객들에 대해 언급되는 것이 무엇인지를 묻고 있음을 알 수 있습니다. 남자 1의 말 They're our clients from Tokyo에서 고객들이 도쿄에서 온다는 것을 알 수 있으므로 (C) They are from Tokyo가 정답입니다.

27 Why ~ James go to ~ third floor를 보고 James가 3층으로 갈 이유를 묻고 있음을 알 수 있습니다. 남자 2의 말 the projector is still in ~ the third floor ~ Could you go get it, James와 남자1의 말 I'll take care of it now에서 James가 기기를 찾기 위해 3층으로 갈 것임을 알 수 있으므로 (B) To locate a device가 정답입니다.

3에 호주식 발음 → 영국식 발음

Questions 28-30 refer to the following conversation.

M: ²⁸I heard / you moved into a new apartment / in my neighborhood last week. Do you like it?

W: It's great. The building is new / and it's right next to a park. But ²⁹it's so far / from any public transportation. It takes me 20 minutes to walk / to the nearest subway station.

M: Well, / ³⁰why don't you commute with me? I drive past your office on my way to work, / so you can ride to the office and home / every day with me. I leave at 8 o'clock.

W: Oh, ³⁰thank you! I've been worrying about my commute.

---

28 What did the woman recently do?

(A) Bought a new car
(B) Moved into a new home
(C) Got a subway pass
(D) Started a new position

29 What does the woman imply about a subway station?

(A) Its location is inconvenient.
(B) It is newly constructed.
(C) It is unreliable.
(D) Its platform is crowded.

30 How will the woman probably commute to her office?

(A) By using public transportation
(B) By going on foot
(C) By taking a bike
(D) By riding with the man

28-30번은 다음 대화에 관한 문제입니다.

M: 당신이 지난주에 우리 동네의 새로운 아파트로 이사했다고 들었어요. 마음에 드세요?

W: 아주 좋아요. 건물은 새 것이고 공원 바로 옆에 있어요. 그런데 대중교통까지는 굉장히 멀어요. 가장 가까운 지하철역까지 걸어가는데 20분이 걸려요.

M: 음, 저와 함께 통근하시는 게 어때요? 제가 당신의 사무실을 지나서 회사로 운전해 가니까, 사무실과 집으로 매일 저와 함께 차를 타고 가실 수 있어요. 저는 8시에 출발해요.

W: 오, 감사해요! 저는 통근을 걱정하고 있었거든요.

28 여자는 최근에 무엇을 했는가?

(A) 새 자동차를 샀다.
(B) 새 집으로 이사했다.
(C) 지하철 승차권을 샀다.
(D) 새로운 직책을 시작했다.

29 여자는 지하철역에 대해 무엇을 암시하는가?

(A) 위치가 불편하다.
(B) 새로 건설되었다.
(C) 신뢰할 수 없다.
(D) 승강장이 붐빈다.

30 여자는 어떻게 사무실로 통근할 것 같은가?

(A) 대중교통을 이용해서
(B) 걸어서
(C) 자전거를 타서
(D) 남자와 함께 차를 타서

어휘 **move into** ~로 이사하다 **neighborhood**[미 néibərhùd, 영 néibəhud] 동네, 인근 **public transportation** 대중교통
take[teik] (시간이) 걸리다 **commute**[kəmjúːt] 통근하다; 통근

해설 **28** What ~ woman recently do를 보고 여자가 최근에 무엇을 했는지를 묻고 있음을 알 수 있습니다. 남자의 말 I heard you moved into a new apartment in my neighborhood에서 여자가 새로운 아파트로 이사했음을 알 수 있으므로 (B) Moved into a new home이 정답입니다.

29 What ~ woman imply about ~ subway station을 보고 여자가 지하철역에 대해 암시하는 것이 무엇인지를 묻고 있음을 알 수 있습니다. 여자의 말 it's so far from any public transportation ~ It takes me 20 minutes to ~ the subway station에서 지하철역이 멀어 위치가 불편함을 알 수 있으므로 (A) Its location is inconvenient가 정답입니다.

30 How ~ woman ~ commute를 보고 여자가 어떻게 통근할 것인지를 묻고 있음을 알 수 있습니다. 남자의 말 why don't you commute with me ~ I drive past your office ~ so you can ride ~ with me와 여자의 말 thank you에서 여자가 남자의 차를 타고 함께 통근할 것임을 알 수 있으므로 (D) By riding with the man이 정답입니다.

31 🎧 미국식 발음 → 호주식 발음

Questions 31-33 refer to the following conversation and schedule.

W: Paradise Tours. This is Mary speaking. How can I help you?
M: ³¹I'd like to buy some tickets / for your tour of the Summer Palace. ³²I'm interested in the one / that leaves at 8:30 A.M. tomorrow.
W: Um, ³²that bus is fully booked. The next bus going to the palace / has seats available, though.
M: Great. I'm traveling with five other people. ³³Can we get a group rate?
W: Yes. Groups of five or more / get 10 percent off.

Paradise Tours	
Departure Time	**Destination**
8:30 A.M.	Summer Palace
9:00 A.M.	Great Wall
³²10:30 A.M.	Summer Palace
11:00 A.M.	Great Wall

31 Why is the man calling?

(A) To change some seats
(B) To confirm a booking
(C) To upgrade a service
(D) To purchase some tickets

32 Look at the graphic. What time will the man leave for his tour tomorrow?

(A) 8:30 A.M.
(B) 9:00 A.M.
(C) 10:30 A.M.
(D) 11:00 A.M.

33 What does the man ask for?

(A) A receipt
(B) A discount
(C) A refund
(D) An itinerary

31-33번은 다음 대화와 일정표에 관한 문제입니다.

W: Paradise 여행사입니다. 저는 Mary입니다. 어떻게 도와드릴까요?
M: 저는 귀사의 **이화원** 관광을 위한 표를 몇 장 사고 싶어요. 저는 내일 오전 8시 30분에 떠나는 것에 관심이 있어요.
W: 음, 그 버스는 예약이 꽉 찼어요. 하지만, 그곳으로 가는 다음 버스에는 이용 가능한 좌석이 있어요.
M: 좋아요. 저는 다른 5명과 함께 갈 거예요. 저희가 단체 요금 할인을 받을 수 있나요?
W: 네. 5명 이상의 단체는 10퍼센트 할인을 받아요.

Paradise 여행사	
출발 시각	**목적지**
오전 8시 30분	이화원
오전 9시	만리장성
오전 10시 30분	이화원
오전 11시	만리장성

31 남자는 왜 전화하고 있는가?

(A) 좌석을 변경하기 위해
(B) 예약을 확정하기 위해
(C) 서비스를 업그레이드하기 위해
(D) 표를 구매하기 위해

32 시각 자료를 보아라. 남자는 내일 몇 시에 관광을 떠날 것인가?

(A) 오전 8시 30분
(B) 오전 9시
(C) 오전 10시 30분
(D) 오전 11시

33 남자는 무엇을 요청하는가?

(A) 영수증
(B) 할인
(C) 환불
(D) 여행 일정표

어휘 travel[trǽvəl] 가다, 여행하다 rate[reit] 요금, 가격 confirm[kənfə́:rm] 확정하다 receipt[risí:t] 영수증

해설 **31** Why ~ man calling을 보고 남자가 왜 전화하고 있는지를 묻고 있음을 알 수 있습니다. 남자의 말 I'd like to buy some tickets for your tour에서 관광을 위한 표를 사기 위해 전화하고 있음을 알 수 있으므로 (D) To purchase some tickets가 정답입니다.

32 What time ~ man leave for ~ tour tomorrow를 보고 남자가 내일 몇 시에 관광을 떠날 것인지를 묻고 있음을 알 수 있습니다. 남자의 말 I'm interested ~ leaves at 8:30 A.M. tomorrow와 여자의 말 that bus is fully booked. The next bus going to the palace has seats available에서 내일 오전 8시 30분 버스는 예약이 꽉 찼으며 이화원으로 가는 다음 버스에 이용 가능한 좌석이 있다고 하였고, 일정표에서 이화원으로 가는 다음 버스는 오전 10시 30분에 있음을 알 수 있으므로 (C) 10:30 A.M.이 정답입니다.

33 What ~ man ask for를 보고 남자가 요청하는 것이 무엇인지를 묻고 있음을 알 수 있습니다. 남자의 말 Can we get a group rate에서 단체 요금 할인을 요청하고 있음을 알 수 있으므로 (B) A discount가 정답입니다.

Questions 34-36 refer to the following conversation and floor plan.

M: Hello, Ms. Whittier. It's Dan Coates calling / from Painting Pros. I know / you won't be at your house tomorrow / when I arrive, / so ³⁴I want to confirm / which room I'll be painting.

W: Yes, / ³⁴it's the one / right next to the living room.

M: OK, great. Also, / ³⁵it'd be helpful / if you could move your belongings from the space, / such as pictures or furniture.

W: Oh, I've already taken care of that. Just to remind you, though, / ³⁶I'll leave the window open / in the morning. Please don't close them.

34-36번은 다음 대화와 평면도에 관한 문제입니다.

M: 안녕하세요, Ms. Whittier. Painting Pros의 Dan Coates입니다. 내일 제가 도착하면 당신이 안 계실 것을 알기 때문에, 어느 방을 페인트칠해야 하는지 확인하고 싶습니다.

W: 네, 거실 바로 옆에 있는 것이에요.

M: 알겠습니다, 좋아요. 또, 사진이나 가구와 같은 당신의 소지품들을 그 공간에서 옮겨주시면 도움이 될 거예요.

W: 오, 저는 그것을 이미 처리했어요. 그런데 한 가지 상기시켜 드리자면, 저는 아침에 창문을 열어놓을 거예요. 그것들을 닫지 말아주세요.

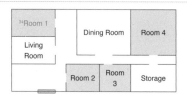

34 Look at the graphic. Which room will be painted?

(A) Room 1
(B) Room 2
(C) Room 3
(D) Room 4

35 What does the man suggest?

(A) Buying some supplies
(B) Comparing color options
(C) Removing some furniture
(D) Leaving an apartment

36 What will the woman do in the morning?

(A) Take some photos
(B) Leave a window open
(C) Make a phone call
(D) Write some instructions

34 시각 자료를 보아라. 어느 방이 페인트칠 될 것인가?

(A) 방 1
(B) 방 2
(C) 방 3
(D) 방 4

35 남자는 무엇을 제안하는가?

(A) 몇몇 물품을 사는 것
(B) 색 선택지를 비교하는 것
(C) 몇몇 가구를 치우는 것
(D) 아파트를 떠나는 것

36 여자는 아침에 무엇을 할 것인가?

(A) 몇몇 사진을 찍는다.
(B) 창문을 열어놓는다.
(C) 전화를 한다.
(D) 몇몇 설명을 적는다.

어휘 confirm [kənfə́:rm] 확인하다 belonging [bilɔ́:ŋiŋ] 소지품, 소유물 supply [səplái] 물품, 보급품 remove [rimú:v] 치우다, 내보내다 instruction [instrʌ́kʃən] 설명, 지시

해설 34 Which room ~ painted를 보고 어느 방이 페인트칠될 것인지를 묻고 있음을 알 수 있습니다. 남자의 말 I want to confirm which room I'll be painting과 여자의 말 it's the one right next to the living room에서 거실 바로 옆에 있는 것이라고 하였고, 평면도에서 거실 옆에 있는 곳이 방 1임을 알 수 있으므로 (A) Room 1이 정답입니다.

35 What ~ man suggest를 보고 남자가 제안하는 것이 무엇인지를 묻고 있음을 알 수 있습니다. 남자의 말 it'd be helpful if you could move your belongings from the space, such as ~ furniture에서 가구를 치울 것을 제안하고 있음을 알 수 있으므로 (C) Removing some furniture가 정답입니다.

36 What ~ woman do in the morning을 보고 여자가 아침에 할 일이 무엇인지를 묻고 있음을 알 수 있습니다. 여자의 말 I'll leave the window open in the morning에서 아침에 창문을 열어놓을 것임을 알 수 있으므로 (B) Leave a window open이 정답입니다.

Questions 37-39 refer to the following conversation and flow chart.

W: We need to discuss our television manufacturing process. ³⁷We just tested some sample devices, / and they had some flaws.

M: Hmm . . . That's not good. I'll repeat the tests / so we can identify / what's causing the problem.

W: Good. ³⁸/³⁹I'd like you to turn in a report on the matter / ³⁹by next Monday.

M: That doesn't give me much time. ³⁹Would it be OK to deliver the report / next Thursday?

W: All right. That should be okay.

37-39번은 다음 대화와 업무 흐름도에 관한 문제입니다.

W: 우리의 텔레비전 제조 공정에 대해 논의해야 해요. 우리는 방금 몇몇 샘플 기기들을 검사했는데, 그것들에 결함이 있었어요.

M: 음... 좋지 않네요. 무엇이 문제를 일으키고 있는지 알아보기 위해 검사를 반복할게요.

W: 좋아요. 저는 당신이 다음 주 월요일까지 그 사안에 대한 보고서를 제출해주셨으면 해요.

M: 시간이 많이 없는데요. 보고서를 다음 주 목요일에 제출해도 괜찮을까요?

W: 알겠습니다. 괜찮을 거예요.

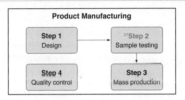

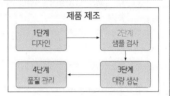

37 Look at the graphic. Which step are the speakers in?

(A) Step 1
(B) Step 2
(C) Step 3
(D) Step 4

38 What does the woman want the man to do?

(A) Explain a process
(B) Train some new personnel
(C) Submit a report
(D) Review a budget

39 What does the man ask for?

(A) Some sample devices
(B) Some more staff
(C) A different deadline
(D) An updated blueprint

37 시각 자료를 보아라. 화자들은 어느 단계에 있는가?

(A) 1단계
(B) 2단계
(C) 3단계
(D) 4단계

38 여자는 남자가 무엇을 하기를 원하는가?

(A) 공정을 설명한다.
(B) 새로운 직원들을 교육한다.
(C) 보고서를 제출한다.
(D) 예산을 검토한다.

39 남자는 무엇을 요청하는가?

(A) 몇몇 샘플 기기들
(B) 더 많은 직원들
(C) 다른 마감일
(D) 업데이트된 설계도

어휘 manufacturing[mænjufǽktʃəriŋ] 제조의 flaw[flɔː] 결함 identify[aidéntəfài] 알아보다, 확인하다 matter[mǽtər] 사안, 문제 budget[bʌ́dʒit] 예산 deadline[dédlain] 마감일 blueprint[blúprint] 설계도, 청사진

해설 37 Which step ~ speakers in을 보고 화자들이 어느 단계에 있는지를 묻고 있음을 알 수 있습니다. 여자의 말 We just tested ~ sample devices에서 방금 샘플 기기들을 검사했다고 하였고, 업무 흐름도에서 샘플 검사가 2단계임을 알 수 있으므로 (B) Step 2 가 정답입니다.

38 What ~ woman want ~ man ~ do를 보고 여자가 남자가 무엇을 하기를 원하는지를 묻고 있음을 알 수 있습니다. 여자의 말 I'd like you to turn in a report on the matter에서 남자가 보고서를 제출하기를 원함을 알 수 있으므로 (C) Submit a report가 정답입니다.

39 What ~ man ask for를 보고 남자가 요청하는 것이 무엇인지를 묻고 있음을 알 수 있습니다. 여자의 말 I'd like you to turn in a report ~ by next Monday와 남자의 말 Would it be OK to deliver ~ next Thursday에서 여자가 요청한 월요일이 아닌 다른 마감일을 요청하고 있음을 알 수 있으므로 (C) A different deadline이 정답입니다.

Part 4

16일 메시지(Message)

Course 1 음성 메시지							p.248
01 (A)	02 (B)	03 (B)	04 (A)	05 (B)	06 (D)	07 (C)	08 (A)

01 🎧 미국식 발음, 영국식 발음

Question 1 refers to the following telephone message.

Hello / Ms. Carson. This is Melanie / from Bella Salon.
안녕하세요   Ms. Carson   저는 Melanie입니다   Bella 미용실의] 청자 언급 및 전화한 사람 소개

I'm calling to remind you / about your haircut /
저는 상기시켜드리러 전화했습니다   당신의 헤어 커트에 대해 } 전화 목적

scheduled for tomorrow / at 3:30 P.M. If you can't make
내일로 예정된   오후 3시 30분에   만약 당신이 오실 수 없다면

it, / please call us / at 555-0076.
저희에게 전화 주세요   555-0076으로 } 청자 할 일

What **is** the purpose of the message?

(A) 예약을 상기시키기 위해

(B) 약속을 취소하기 위해

1번은 다음 전화 메시지에 관한 문제입니다.

안녕하세요 Ms. Carson. Bella 미용실의 Melanie입니다. 내일 오후 3시 30분에 예정된 헤어 커트에 대해 상기시켜드리러 전화했습니다. 만약 오실 수 없다면, 555-0076으로 전화 주세요.

메시지의 목적은 무엇인가?

(A) 예약을 상기시키기 위해

(B) 약속을 취소하기 위해

어휘   scheduled for ~로 예정된 tomorrow [미 təmɔ́ːrou, 영 təmɔ́rəu] 내일

해설   What ~ purpose of ~ message를 보고 메시지의 목적이 무엇인지를 묻고 있음을 알 수 있습니다. 지문의 중반 I'm calling to remind you ~ haircut scheduled for tomorrow에서 예정된 헤어 커트 일정에 대해 상기시키고 있음을 알 수 있으므로 (A)가 정답입니다.

02 🎧 영국식 발음, 미국식 발음

Question 2 refers to the following telephone message.

This message is for Daniel Moncton. It's Rachel Davis /
이 메시지는 Daniel Moncton을 위한 것입니다   저는 Rachel Davis입니다] 청자 언급 및 전화한 사람 소개

from Secondo Bakery. I'm calling to find out / if you
Secondo 제과점의   저는 알아보기 위해 전화했습니다

are free for an interview / tomorrow / at 4:30 P.M. /
당신이 면접이 가능한지   내일   오후 4시 30분에 } 전화 목적

for the baker position. Please call me back / and let
제빵사 자리를 위한   다시 전화 주세요

me know.
그리고 저에게 알려주세요 } 청자 할 일

What **does** Ms. Davis ask Mr. Moncton to do?

(A) 이메일을 보낸다.

(B) 전화한다.

2번은 다음 전화 메시지에 관한 문제입니다.

이 메시지는 Daniel Moncton을 위한 것입니다. 저는 Secondo 제과점의 Rachel Davis입니다. 내일 오후 4시 30분에 제빵사 자리를 위한 면접이 가능한지 알아보기 위해 전화드렸습니다. 다시 전화 주셔서 저에게 알려주세요.

Ms. Davis는 Mr. Moncton에게 무엇을 하라고 요청하는가?

(A) 이메일을 보낸다.

(B) 전화한다.

어휘   find out ~을 알아보다 interview [미 íntərvjùː, 영 íntəvjuː] 면접 baker [미 béikər, 영 béikə] 제빵사 call back 다시 전화 걸다

해설   What ~ Ms. Davis ask Mr. Moncton to do를 보고 Ms. Davis가 Mr. Moncton에게 하라고 요청하는 것이 무엇인지를 묻고 있음을 알 수 있습니다. 지문의 후반 Please call me back에서 다시 전화할 것을 요청하고 있음을 알 수 있으므로 (B)가 정답입니다.

미국식 발음, 영국식 발음

Question 3 refers to the following telephone message.

Good morning, / Mr. Samuels. This is Jennifer Cole /
안녕하세요   Mr. Samuels   저는 Jennifer Cole입니다

calling from Speedy Auto Center. I wanted to let you
Speedy 자동차 정비소에서 전화하는   저는 당신에게 알리길 원합니다

know / that our mechanics have found the problem /
저희 정비공들이 문제를 발견했다는 것을

with your car. It will need a new battery. Give me a
당신의 차에서   그것은 새로운 배터리가 필요할 것입니다   다시 전화주세요

call back / at 555-7824 / to let us know / if you'd like
555-7824로   알려주시기 위해

us to replace the battery.
저희가 배터리를 교체하길 원하신다면

청자 언급 및 전화한 사람 소개
전화 목적
청자 할 일

3번은 다음 전화 메시지에 관한 문제입니다.

안녕하세요, Mr. Samuels. Speedy 자동차 정비소의 Jennifer Cole입니다. 저희 정비공들이 당신의 차에서 문제를 발견했다는 것을 알려드리고자 합니다. 그것은 새 배터리가 필요합니다. 배터리를 교체하길 원하신다면 555-7824로 다시 전화 주시기 바랍니다.

Where **most likely is the** speaker?

(A) At a car rental company

(B) At an auto repair shop

화자는 어디에 있는 것 같은가?

(A) 자동차 대여 회사에

(B) 자동차 수리점에

어휘 mechanic[məkǽnik] 정비공 find[faind] 발견하다 replace[ripléis] 교체하다 auto repair shop 자동차 수리점

해설 Where ~ speaker를 보고 화자가 있는 곳이 어디인지를 묻고 있음을 알 수 있습니다. 지문의 초반 This is ~ from ~ Auto Center. I wanted to let you know ~ our mechanics ~ found the problem with your car에서 화자가 자동차 수리점 직원임을 알 수 있으므로 (B) At an auto repair shop이 정답입니다.

04

미국식 발음, 호주식 발음

Question 4 refers to the following telephone message.

Hello, / this is Rob Danson / calling from Venture Office
안녕하세요   저는 Rob Danson입니다   Venture 사무용품점에서 전화하는

Supplies. The conference room chairs / you requested /
회의실 의자들은   당신이 요청한

are currently out of stock. However, / I can put in an
현재 품절되었습니다   그러나   저는 주문할 수 있습니다

order / from our supplier. Let me know / what you
저희 공급업자로부터   저에게 알려주세요

would like to do.
어떻게 하고 싶으신지

전화한 사람 소개
전화 목적
청자 할 일

4번은 다음 전화 메시지에 관한 문제입니다.

안녕하세요, Venture 사무용품점의 Rob Danson입니다. 요청하신 회의실 의자들은 현재 품절되었습니다. 그러나, 저희 공급업자에게 주문할 수 있습니다. 어떻게 하고 싶으신지 저에게 알려주세요.

What problem **does the** speaker mention?

(A) Some items are unavailable.

(B) Some supplies were not sent.

화자는 어떤 문제를 언급하는가?

(A) 몇몇 물품들은 구할 수 없다.

(B) 몇몇 물품들이 보내지지 않았다.

어휘 conference room 회의실 out of stock 품절된 put in an order 주문하다 supplier[미 səpláiər, 영 səpláiə] 공급업자 mention[ménʃən] 언급하다 unavailable[ʌnəvéiləbl] 구할 수 없는

해설 What problem ~ speaker mention을 보고 화자가 언급하는 문제가 무엇인지를 묻고 있음을 알 수 있습니다. 지문의 중반 The conference room chairs you requested are ~ out of stock에서 청자가 요청한 물품들이 품절되었음을 알 수 있으므로 (A) Some items are unavailable이 정답입니다.

토익 기초
Part 1
Part 2
Part 3
Part 4
해커스 토익 스타트 Listening

Questions 5-6 refer to the following telephone message.

Good morning, / ⁰⁵this is Louis Carlson / calling for
안녕하세요   저는 Louis Carlson입니다   Ms. Chen에게 전화한

Ms. Chen. ⁰⁵I received your message / about the
              저는 당신의 메시지를 받았습니다   면접에 관한

interview / for your restaurant's chef position.
              레스토랑 주방장 자리를 위한

Unfortunately, / ⁰⁶I'm not available tomorrow at 9:30 A.M.
안타깝게도   저는 내일 오전 9시 30분에 시간이 되지 않습니다

I have a dental appointment / in the morning until
      저는 치과 예약이 있습니다   오전 10시까지

10 o'clock. Would it be possible / to meet with you /
                  가능한가요   당신과 만나는 것이

at 10:30 instead? If that time doesn't work for you, /
    대신 10시 30분에   만약 당신이 그 시간이 안 된다면

I'm also free in the afternoon after 1 P.M. I look forward
        저는 오후 1시 이후에도 가능합니다

to hearing back from you.
당신이 다시 연락 주시기를 기다리겠습니다

전화한 사람
소개 및
청자 언급

전화 목적

청자 할 일

5-6번은 다음 전화 메시지에 관한 문제입니다.

안녕하세요, 저는 Ms. Chen에게 전화한 Louis Carlson입니다. 레스토랑 주방장 자리의 면접에 관한 당신의 메시지를 받았습니다. 안타깝게도, 제가 내일 오전 9시 30분에 시간이 되지 않습니다. 저는 오전 10시까지 치과 예약이 있습니다. 대신 10시 30분에 만나는 것이 가능한가요? 그 시간이 안 된다면, 저는 오후 1시 이후로도 가능합니다. 다시 연락 주시기를 기다리겠습니다.

05 Who most likely is the speaker?

(A) A restaurant owner
(B) A job applicant
(C) A clinic receptionist
(D) A personnel director

06 Why is the speaker unavailable?

(A) He was invited to an interview.
(B) He has no means of transportation.
(C) He is returning from a business trip.
(D) He has a doctor's appointment.

05 화자는 누구인 것 같은가?

(A) 식당 주인
(B) 구직자
(C) 병원 접수 담당자
(D) 인사 부장

06 화자는 왜 시간이 되지 않는가?

(A) 그는 면접에 초대받았다.
(B) 그는 교통 수단이 없다.
(C) 그는 출장에서 돌아오고 있다.
(D) 그는 진료를 받으러 가야 한다.

어휘 chef[ʃef] 주방장 dental[dentl] 치과의 possible[미 pάːsəbl, 영 pɔ́səbl] 가능한 instead[instéd] 대신 free[friː] 가능한 look forward to ~하기를 기다리다 job applicant 구직자 receptionist[risépʃənist] 접수 담당자

해설 05 Who ~ speaker를 보고 화자가 누구인지를 묻고 있음을 알 수 있습니다. 지문의 초반 this is Louis Carlson과 I received your message about the interview for ~ chef position에서 화자가 주방장 자리의 면접을 볼 구직자임을 알 수 있으므로 (B) A job applicant가 정답입니다.

06 Why ~ speaker unavailable을 보고 화자가 시간이 되지 않는 이유가 무엇인지를 묻고 있음을 알 수 있습니다. 지문의 중반 I'm not available tomorrow ~ I have a dental appointment in the morning에서 화자가 내일 오전에 진료를 받으러 가야 하기 때문에 시간이 되지 않을 것임을 알 수 있으므로 (D) He has a doctor's appointment가 정답입니다.

Questions 7-8 refer to the following telephone message.

⁰⁷This message is for Peter Worthington. I received
이 메시지는 Peter Worthington을 위한 것입니다 저는 당신의 주문서를 받았습니다   청자 언급

your order form / a day ago. Unfortunately, /
              하루 전에   안타깝게도

⁰⁷the computer model / you selected / is not available /   전화 목적
  그 컴퓨터 모델은   당신이 선택한   이용 가능하지 않습니다

at the moment. However, / ⁰⁸we expect to receive
    현재   그러나   저희는 또다른 배송을 받을 것으로 예상합니다

another shipment / from our supplier / in two days.
                  저희 공급자로부터   이틀 뒤에

Once it arrives, / we will send your order / immediately.   세부 내용
  그것이 도착하면   저희는 고객님의 주문품을 보낼 것입니다   즉시

We are sorry for the inconvenience / and really
              불편을 드려 죄송합니다

appreciate your understanding.
그리고 당신의 이해에 정말 감사합니다

7-8번은 다음 전화 메시지에 관한 문제입니다.

이 메시지는 Peter Worthington을 위한 것입니다. 저는 하루 전에 당신의 주문서를 받았습니다. 안타깝게도, 선택하신 컴퓨터 모델은 현재 이용 불가능합니다. 그러나, 이틀 뒤에 저희 공급업자로부터 또다른 배송을 받을 것으로 예상합니다. 그것이 도착하면, 고객님의 주문품을 즉시 보내드리겠습니다. 불편을 드려 죄송하며 이해해 주셔서 정말 감사합니다.

07 Which product **did** Mr. Worthington order?

(A) A TV
(B) A watch
(C) A computer
(D) A printer

08 What **will** happen in two days?

(A) A shipment will arrive.
(B) A refund will be issued.
(C) An order will be canceled.
(D) A store will reopen.

07 Mr. Worthington은 어느 제품을 주문했는가?

(A) TV
(B) 손목시계
(C) 컴퓨터
(D) 프린터

08 이틀 후에 무슨 일이 일어날 것인가?

(A) 배송품이 도착할 것이다.
(B) 환불금이 지급될 것이다.
(C) 주문이 취소될 것이다.
(D) 상점이 재개장할 것이다.

어휘   **order form** 주문서 **select**[silékt] 선택하다 **at the moment** 현재 **shipment**[ʃípmənt] 배송
inconvenience[미 ìnkənví:njəns, 영 ìnkənví:niəns] 불편 **appreciate**[미 əpríːʃièit, 영 əprí:ʃieit] 감사하다
understanding[미 ʌ̀ndərstǽndiŋ, 영 ʌ̀ndəstǽndiŋ] 이해 **issue**[íʃuː] 지급하다; 문제

해설   **07** Which product ~ Mr. Worthington order를 보고 Mr. Worthington이 주문한 제품이 무엇인지를 묻고 있음을 알 수 있습니다. 지문의 초반 This message is for Peter Worthington과 the computer model you selected에서 Mr. Worthington이 컴퓨터를 주문했음을 알 수 있으므로 (C) A computer가 정답입니다.

08 What ~ happen in two days를 보고 이틀 후에 일어날 일이 무엇인지를 묻고 있음을 알 수 있습니다. 지문의 중반 we expect to receive another shipment ~ in two days에서 이틀 뒤에 배송을 받을 것임을 알 수 있으므로 (A) A shipment will arrive가 정답입니다.

Course 2 자동 응답 시스템
p.254

01 (A) **02** (A) **03** (B) **04** (B) **05** (C) **06** (D) **07** (B) **08** (A)

---

01 [♪] 영국식 발음, 미국식 발음

Question 1 refers to the following recorded message.

Thank you / for calling Sharp Fitness Center. Customers
감사합니다   Sharp 피트니스 센터에 전화 주셔서   고객들은
can now use / their membership card / at any of our
이제 사용할 수 있습니다   그들의 멤버십 카드를   저희 지점 어디에서든지
branches. All you have to do is call 555-3998 /
당신이 해야 할 모든 것은 555-3998로 전화하는 것입니다
and update your account. Also, / visit our Web site /
그리고 당신의 계정을 업데이트하는 것입니다 또한   저희 웹사이트를 방문해주세요
and register online / for free coupons.
그리고 온라인 등록을 하세요   무료 쿠폰들을 위해

회사명 및 주제

청자 할 일

What is the purpose of the message?

(A) 서비스에 대한 정보를 제공하기 위해

(B) 회원 번호를 확인하기 위해

1번은 다음 녹음 메시지에 관한 문제입니다.

Sharp 피트니스 센터에 전화 주셔서 감사합니다. 고객들은 이제 저희 지점 어디에서든지 멤버십 카드를 사용하실 수 있습니다. 555-3998로 전화 주시고 계정을 업데이트하기만 하면 됩니다. 또한, 저희 웹사이트를 방문해서 무료 쿠폰들을 얻기 위해 온라인 등록을 하시기 바랍니다.

메시지의 목적은 무엇인가?

(A) 서비스에 대한 정보를 제공하기 위해

(B) 회원 번호를 확인하기 위해

어휘 branch[미 brænt∫, 영 brɑːnt∫] 지점 account[əkáunt] 계정 register[미 rédʒistər, 영 rédʒistə] 등록하다 free[friː] 무료의

해설 What ~ purpose of ~ message를 보고 메시지의 목적이 무엇인지를 묻고 있음을 알 수 있습니다. 지문의 초반 Customers can now use their membership card at any ~ branches에서 멤버십 카드 서비스에 대한 정보를 제공하고 있음을 알 수 있으므로 (A)가 정답입니다.

---

02 [♪] 미국식 발음, 호주식 발음

Question 2 refers to the following recorded message.

Hello, / this is Fountainhead Wireless Services.
안녕하세요   Fountainhead 무선 서비스입니다
Residents of the Ridgemont area / are currently
Ridgemont 지역의 주민들은
experiencing a problem / with their Internet connection.
현재 문제를 겪고 있습니다   그들의 인터넷 연결에
We apologize for the inconvenience / and our staff is
불편을 끼쳐드려 사과드립니다   그리고 저희 직원들이
working hard / to solve the problem. This message
열심히 노력하고 있습니다   문제를 해결하기 위해
will be updated / every 30 minutes.
이 메시지는 업데이트될 것입니다   30분마다

회사명

주제 및 세부 내용

What is the problem?

(A) 서비스를 이용할 수 없다.
(B) 연결 항공편이 지연되었다.

2번은 다음 녹음 메시지에 관한 문제입니다.

안녕하세요, Fountainhead 무선 서비스입니다. Ridgemont 지역의 주민들은 현재 인터넷 연결에 문제를 겪고 있습니다. 불편을 끼쳐드려 사과드리며 저희 직원들은 문제를 해결하기 위해 열심히 노력하고 있습니다. 이 메시지는 30분마다 업데이트될 것입니다.

문제는 무엇인가?

(A) 서비스를 이용할 수 없다.
(B) 연결 항공편이 지연되었다.

어휘 resident[미 rézədənt, 영 rézidənt] 주민 currently[미 kə́ːrəntli, 영 kʌ́rəntli] 현재 connection[kənékʃən] 연결 apologize[미 əpáːlədʒàiz, 영 əpɔ́lədʒaiz] 사과하다 solve[미 saːlv, 영 sɔlv] 해결하다

해설 What ~ problem을 보고 문제가 무엇인지를 묻고 있음을 알 수 있습니다. 지문의 초반 Residents ~ are currently experiencing a problem with their Internet connection에서 주민들이 현재 인터넷 연결에 문제를 겪고 있음을 알 수 있으므로 (A)가 정답입니다.

03 🎧 미국식 발음, 영국식 발음

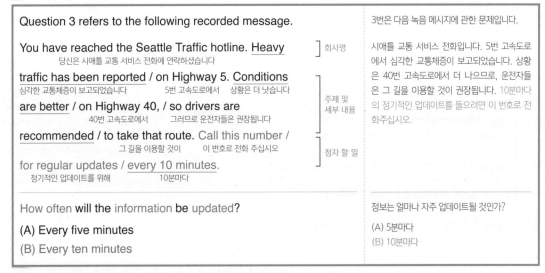

Question 3 refers to the following recorded message.

You have reached the Seattle Traffic hotline. Heavy ⟧ 회사명
당신은 시애틀 교통 서비스 전화에 연락하셨습니다

traffic has been reported / on Highway 5. Conditions
심각한 교통체증이 보고되었습니다   5번 고속도로에서   상황은 더 낫습니다

are better / on Highway 40, / so drivers are
40번 고속도로에서   그러므로 운전자들은 권장됩니다

recommended / to take that route. Call this number /
          그 길을 이용할 것이   이 번호로 전화 주십시오

for regular updates / every 10 minutes.
정기적인 업데이트를 위해   10분마다

주제 및
세부 내용

청자 할 일

How often **will the** information **be** updated?

(A) Every five minutes

(B) Every ten minutes

3번은 다음 녹음 메시지에 관한 문제입니다.

시애틀 교통 서비스 전화입니다. 5번 고속도로에서 심각한 교통체증이 보고되었습니다. 상황은 40번 고속도로에서 더 나으므로, 운전자들은 그 길을 이용할 것이 권장됩니다. 10분마다의 정기적인 업데이트를 들으려면 이 번호로 전화주십시오.

정보는 얼마나 자주 업데이트될 것인가?

(A) 5분마다
(B) 10분마다

어휘 reach [ri:tʃ] 연락하다 report [미 ripɔ́:rt, 영 ripɔ́:t] 보고하다 highway [미 háiwèi, 영 háiwei] 고속도로
condition [kəndíʃən] 상황 recommend [rèkəménd] 권장하다 route [ru:t] 길 regular [미 régjulər, 영 régjolə] 정기적인

해설 How often ~ information ~ updated를 보고 정보가 얼마나 자주 업데이트될 것인지를 묻고 있음을 알 수 있습니다. 지문의 후반 Call ~ for regular updates every 10 minutes에서 정보가 10분마다 업데이트될 것임을 알 수 있으므로 (B) Every ten minutes가 정답입니다.

04 🎧 호주식 발음, 미국식 발음

Question 4 refers to the following recorded message.

Thank you / for calling Blue Hood Taxi Services. If you ⟧ 회사명
감사합니다   Blue Hood 택시 서비스에 전화 주셔서

would like to request a taxi pick-up, / please press one.
만약 택시 픽업을 요청하고 싶으시다면   1번을 눌러주세요

If you are calling / to inquire about airport transport, /
만약 전화하셨다면   공항 교통편에 대해 문의하기 위해

press two. For any other information or questions, /
2번을 눌러주세요   어떤 다른 정보나 질문들을 위해

please stay on the line / to speak to one of our agents.
수화기를 들고 기다려주세요   우리 직원들 중 한 명과 통화하기 위해

세부 내용
및
청자 할 일

Where **most likely does the** speaker work?

(A) A car rental firm

(B) A transport company

4번은 다음 녹음 메시지에 관한 문제입니다.

Blue Hood 택시 서비스에 전화 주셔서 감사합니다. 택시 픽업을 요청하시려면, 1번을 눌러주세요. 공항 교통편에 대해 문의하려고 전화하셨다면, 2번을 누르세요. 어떤 다른 정보나 질문들을 위해서는, 저희 직원들 중 한 명과 통화하기 위해 수화기를 들고 기다려주세요.

화자들은 어디에서 일하는 것 같은가?

(A) 차량 대여 회사
(B) 운송 회사

어휘 press [pres] 누르다 inquire [미 inkwáiər, 영 inkwáiə] 문의하다, 알아보다 information [미 ìnfərméiʃən, 영 ìnfəméiʃən] 정보
stay on the line 수화기를 들고 기다리다 agent [éidʒənt] 직원

해설 Where ~ speaker work를 보고 화자가 일하는 곳이 어디인지를 묻고 있음을 알 수 있습니다. 지문의 초반 Thank you for calling Blue Hood Taxi Services와 지문의 중반 If you are calling to inquire about airport transport에서 화자가 택시 서비스를 제공하며 청자들이 공항 교통편에 관해 문의할 수 있는 운송 회사에서 일하고 있음을 알 수 있으므로 (B) A transport company가 정답입니다.

토익기초

Part 1

Part 2

Part 3

Part 4

해커스 토익 스타트 Listening

Questions 5-6 refer to the following recorded message.

⁰⁵This is the Dayton City Library. Our facility will be
　　　Dayton 시립 도서관입니다　　　저희 시설은 문을 닫을 것입니다] 회사명

closed / for renovations / beginning November 7.
　　　　수리로 인해　　　　　　 11월 7일부터

⁰⁶The library will open / to the public again /
　　　도서관은 개방할 것입니다　　　 대중에게 다시

on November 18. When the renovation is complete, /
　　　11월 18일에　　　　　　 수리가 끝나면

our hours will be from 9 A.M. to 8 P.M. Until then, /
　저희의 운영 시간은 오전 9시부터 오후 8시까지일 것입니다　　　 그때까지

feel free to use the Bayview Public Library.
　　　Bayview 공공 도서관을 자유롭게 이용하세요

We are sorry for any trouble / this may cause, /
　　어떤 문제들에 대해 죄송합니다　　　 이것이 초래할

and appreciate your patience.
　그리고 기다려주셔서 감사합니다

주제 및 세부 내용

청자 할 일

마침 인사

5-6번은 다음 녹음 메시지에 관한 문제입니다.

Dayton 시립 도서관입니다. 저희 시설은 수리로 인해 11월 7일부터 문을 닫을 것입니다. 도서관은 11월 18일에 다시 대중에게 개방할 것입니다. 수리가 끝나면, 운영 시간은 오전 9시부터 오후 8시까지가 될 것입니다. 그때까지, Bayview 공공 도서관을 자유롭게 이용하시기 바랍니다. 이것이 초래할 어떤 문제들에 대해서도 죄송하다는 말씀을 드리며, 기다려주셔서 감사합니다.

05 Who most likely is the speaker?

(A) A bookstore worker
(B) A city official
(C) A library employee
(D) A crew member

06 When will the library reopen?

(A) November 7
(B) November 8
(C) November 9
(D) November 18

05 화자는 누구인 것 같은가?

(A) 서점 직원
(B) 시 고위 관리
(C) 도서관 직원
(D) 승무원

06 도서관은 언제 다시 문을 열 것인가?

(A) 11월 7일
(B) 11월 8일
(C) 11월 9일
(D) 11월 18일

어휘 **facility** [fəsíləti] 시설 **renovation** [rènəvéiʃən] 수리 **open** [미 óupən, 영 ə́upən] 개방하다
hour [미 auər, 영 auə] 운영 시간 **cause** [kɔːz] 초래하다, 야기시키다 **official** [əfíʃəl] 고위 관리 **crew member** 승무원

해설 05 Who ~ speaker를 보고 화자가 누구인지를 묻고 있음을 알 수 있습니다. 지문의 초반 This is the Dayton City Library에서 화자가 도서관에서 일하는 직원임을 알 수 있으므로 (C) A library employee가 정답입니다.

06 When ~ library reopen을 보고 도서관이 다시 문을 열 시점이 언제인지를 묻고 있음을 알 수 있습니다. 지문의 중반 The library will open to the public again on November 18에서 도서관이 11월 18일에 다시 개방할 것임을 알 수 있으므로 (D) November 18가 정답입니다.

Questions 7-8 refer to the following recorded message.

07Thank you / for calling the Nanaimo Ferry Terminal.
감사합니다   Nanaimo 여객선 터미널에 전화 주셔서   회사명

07/08To hear a list of / today's departing and arriving
목록을 듣기 위해서   오늘의 출발하는 그리고 도착하는 여객선들의

ferries, / please press two. 07For information on our ticket
2번을 누르세요   티켓 요금에 대한 정보를 위해서

rates, / press three. To speak with an agent / about any
3번을 누르세요   직원과 이야기하기 위해서

other questions, / please stay on the line. One of our
어떤 다른 질문들에 대해   전화기를 들고 기다려주세요   저희 직원들 중 한 명이

representatives / will answer your call / as soon as
당신의 전화에 응답할 것입니다   가능한 한 빨리

possible. Once you are connected to a representative, /
일단 직원과 연결되면

you can ask about our services / or make a reservation /
당신은 저희의 서비스에 대해 문의할 수 있습니다   또는 예약할 수 있습니다

for an upcoming trip
다가오는 여행을 위해

청자 할 일
및
세부 내용

7-8번은 다음 녹음 메시지에 관한 문제입니다.

Nanaimo 여객선 터미널에 전화 주셔서 감사합니다. 오늘 출발 및 도착하는 여객선들의 목록을 듣기 위해서는, 2번을 누르세요. 티켓 요금에 대한 정보를 위해서는, 3번을 누르세요. 어떤 다른 질문들에 대해 직원과 이야기하시려면, 전화기를 들고 기다려주세요. 저희 직원들 중 한 명이 가능한 한 빨리 응답할 것입니다. 일단 직원과 연결되면, 저희 서비스에 대해 문의하거나 다가오는 여행을 위해 예약을 하실 수 있습니다.

07 What is the information mostly about?

(A) Membership benefits
(B) A transport service
(C) Scheduling changes
(D) A fare increase

08 How can the listeners get information on arrival times?

(A) By pressing two
(B) By pressing three
(C) By speaking to an agent
(D) By calling another number

07 정보는 주로 무엇에 관한 것인가?

(A) 멤버십 혜택
(B) 운송 수단 서비스
(C) 일정 변경사항들
(D) 요금 인상

08 청자들은 어떻게 도착 시각에 대한 정보를 얻을 수 있는가?

(A) 2번을 누름으로써
(B) 3번을 누름으로써
(C) 직원과 이야기함으로써
(D) 다른 번호로 전화함으로써

어휘 ferry[féri] 여객선 rate[reit] 요금 representative[rèprizéntətiv] 직원 as soon as possible 가능한 한 빨리 connect[kənékt] 연결하다 upcoming[ʌ́pkʌ̀miŋ] 다가오는 benefit[bénəfit] 혜택 transport[trǽnspɔːrt] 운송 수단, 운송 fare[fɛər] 요금 arrival[əráivəl] 도착

해설 07 What ~ information ~ about을 보고 정보가 무엇에 관한 것인지를 묻고 있음을 알 수 있습니다. 지문의 초반 Thank you for calling ~ Ferry Terminal. To hear a list of today's departing and arriving ferries ~ For information on our ticket rates, press three에서 정보가 여객선 서비스에 관한 것임을 알 수 있으므로 (B) A transport service가 정답입니다.

08 How ~ listeners get information on arrival times를 보고 청자들이 도착 시각에 대한 정보를 어떻게 얻을 수 있는지를 묻고 있음을 알 수 있습니다. 지문의 초반 To hear a list of ~ departing and arriving ferries, please press two에서 출발 및 도착하는 여객선 목록을 듣기 위해서는 2번을 눌러야 함을 알 수 있으므로 (A) By pressing two가 정답입니다.

01 (A)	02 (B)	03 (A)	04 (D)	05 (A)	06 (C)	07 (B)	08 (C)	09 (B)	10 (D)
11 (A)	12 (B)	13 (A)	14 (A)	15 (B)	16 (B)	17 (D)	18 (D)		

01 ~ 03

미국식 발음

Questions 1-3 refer to the following telephone message.

This message is for Alice Simms / from Eric Williams / at the Elegance Hotel. [01]I received your e-mail this morning regarding a reservation / and I want to respond to your request. You inquired about a suite / for two people from May 3 to 5. [02]We do have a room available, / but unfortunately / it is not the room / you requested. However, / it is quite large / and has access to our pool. [03]Please call me back at 555-2218 / to let me know / if you'd like to go ahead with the booking.

01 What is the purpose of the message?

(A) To reply to an inquiry
(B) To notify a customer of a payment
(C) To change a reservation date
(D) To cancel a booking

02 What problem does the speaker mention?

(A) A hotel is fully booked.
(B) A type of room is unavailable.
(C) A pool is closed.
(D) A trip has been delayed.

03 What does the caller ask Ms. Simms to do?

(A) Contact the hotel
(B) Delay a trip
(C) Call another facility
(D) Send a payment

1–3번은 다음 전화 메시지에 관한 문제입니다.

이 메시지는 Elegance 호텔의 Eric Williams 가 Alice Simms에게 전하는 것입니다. 오늘 아침 예약에 관한 당신의 이메일을 받았고 요청에 답변해드리고 싶습니다. 5월 3일에서 5일까지 2명을 위한 스위트룸에 대해 문의하셨죠. 이용 가능한 객실이 하나 있지만, 안타깝게도 당신이 요청했던 객실이 아닙니다. 그러나, 그 객실은 꽤 넓고 수영장을 이용할 수 있는 권한을 포함합니다. 예약을 진행할지 알려주시기 위해 555-2218로 다시 전화 주십시오.

01 메시지의 목적은 무엇인가?

(A) 문의에 답변하기 위해
(B) 고객에게 지불에 대해 알리기 위해
(C) 예약 날짜를 변경하기 위해
(D) 예약을 취소하기 위해

02 화자는 무슨 문제를 언급하는가?

(A) 호텔 예약이 꽉 찼다.
(B) 특정 종류의 객실이 이용 불가능하다.
(C) 수영장이 문을 닫았다.
(D) 여행이 연기되었다.

03 전화한 사람은 Ms. Simms에게 무엇을 하라고 요청하는가?

(A) 호텔에 연락한다.
(B) 여행을 연기한다.
(C) 다른 시설에 전화한다.
(D) 지불금을 보낸다.

어휘 quite[kwait] 꽤   access[ǽkses] (이용할 수 있는) 권한   pool[pu:l] 수영장   reply[riplái] 답변하다   inquiry[inkwáiəri] 문의   payment[péimənt] 지불, 지불금   fully[fúlli] 꽉, 완전히   contact[káːntækt] 연락하다

해설 01 What ~ purpose of ~ message를 보고 메시지의 목적이 무엇인지를 묻고 있음을 알 수 있습니다. 지문의 초반 I received your e-mail ~ regarding a reservation and I want to respond to your request에서 예약 문의 메일에 답변하고 있음을 알 수 있으므로 (A) To reply to an inquiry가 정답입니다.

02 What problem ~ speaker mention을 보고 화자가 언급하는 문제가 무엇인지를 묻고 있음을 알 수 있습니다. 지문의 중반 We do have a room available, but unfortunately it is not the room you requested에서 고객이 요청한 객실의 이용이 불가능함을 알 수 있으므로 (B) A type of room is unavailable이 정답입니다.

03 What ~ caller ask Ms. Simms to do를 보고 전화한 사람이 Ms. Simms에게 하라고 요청하는 것이 무엇인지를 묻고 있음을 알 수 있습니다. 지문의 후반 Please call me back에서 호텔 직원인 화자에게 다시 전화해달라고 요청하고 있음을 알 수 있으므로 (A) Contact the hotel이 정답입니다.

Questions 4-6 refer to the following telephone message.

Mr. Dawson, this is Mary from Discount Car Parts. I'm calling to let you know / that ⁰⁴we received your recent order / for two side mirrors. The items have been shipped to your address, / and they should arrive / in five to . . . um . . . five to seven business days. By the way, / our company partners with Vehicle Central. ⁰⁵This shop provides free installations / for all of our mirrors. ⁰⁶To qualify for this offer, / just bring your receipt to Vehicle Central. They will be happy to serve you. Thank you.

4-6번은 다음 전화 메시지에 관한 문제입니다.

Mr. Dawson, 저는 Discount 자동차 부품점의 Mary입니다. 두 개의 사이드미러에 대한 당신의 최근 주문을 접수했음을 알려드리기 위해 전화 드렸습니다. 물건들은 당신의 주소로 보내졌고, 영업일 기준으로 5일에서... 음... 7일 후에 도착할 것입니다. 그건 그렇고, 저희 회사는 Vehicle Central과 제휴를 맺고 있습니다. 이 매장은 저희의 모든 거울들에 대해 무료 설치를 제공합니다. 이 제공에 대한 자격을 얻으시려면, 영수증을 가지고 Vehicle Central에 가시기만 하면 됩니다. 그들은 기꺼이 당신을 도와줄 것입니다. 감사합니다.

04 What did the listener recently order?

(A) Some brakes
(B) Some tires
(C) Some engine parts
(D) Some mirrors

04 청자는 최근에 무엇을 주문했는가?

(A) 몇몇 브레이크들
(B) 몇몇 타이어들
(C) 몇몇 엔진 부품들
(D) 몇몇 거울들

05 According to the speaker, what does Vehicle Central provide?

(A) Free installations
(B) Rush deliveries
(C) Membership discounts
(D) Extended warranties

05 화자에 따르면, Vehicle Central은 무엇을 제공하는가?

(A) 무료 설치
(B) 신속 배달
(C) 멤버십 할인
(D) 품질 보증 연장

06 Why should the listener bring a receipt?

(A) To exchange an item
(B) To fix a mistake
(C) To receive a service
(D) To get money back

06 청자는 왜 영수증을 가져가야 하는가?

(A) 제품을 교환하기 위해
(B) 실수를 바로잡기 위해
(C) 서비스를 받기 위해
(D) 돈을 돌려받기 위해

어휘 ship[ʃip] 보내다 partner with ~와 제휴를 맺다 installation[ìnstəléiʃən] 설치 qualify for ~에 대한 자격을 얻다
serve[səːrv] 돕다 rush[rʌʃ] 신속한 delivery[dilívəri] 배달 warranty[wɔ́ːrənti] 품질 보증
exchange[ikstʃéindʒ] 교환하다

해설 04 What ~ listener recently order를 보고 청자가 최근에 주문한 것이 무엇인지를 묻고 있음을 알 수 있습니다. 지문의 초반 we received your recent order for two side mirrors에서 두 개의 사이드미러를 주문했음을 알 수 있으므로 (D) Some mirrors가 정답입니다.

05 what ~ Vehicle Central provide를 보고 Vehicle Central이 제공하는 것이 무엇인지를 묻고 있음을 알 수 있습니다. 지문의 중반 This shop provides free installations에서 무료 설치를 제공함을 알 수 있으므로 (A) Free installations가 정답입니다.

06 Why ~ listener bring ~ receipt를 보고 청자가 영수증을 가져가야 하는 이유를 묻고 있음을 알 수 있습니다. 지문의 후반 To qualify for this offer ~ bring your receipt to Vehicle Central에서 제공되는 서비스에 대한 자격을 얻기 위해 영수증을 가져가야 함을 알 수 있으므로 (C) To receive a service가 정답입니다.

토익기초

Part 1

Part 2

Part 3

Part 4

해커스 토익 스타트 Listening

Questions 7-9 refer to the following recorded message.

[07]You have reached Bilson Dry Cleaning Services. Our facility has closed for the afternoon / because one of our machines is broken. Technicians are working to resolve the issue / as quickly as possible. [08]We expect to be open again tomorrow. Because of the closure, / we cannot complete today's orders. We will provide a discount / to any customers / that were scheduled to pick up clothing today. [07/09]If you'd like to know the status of your order, / please contact us anytime. We are sorry for any problems this may cause / and appreciate your cooperation.

07 Who **most likely** are the listeners?

(A) Delivery staff
(B) Laundry service clients
(C) Equipment technicians
(D) Clothing store shoppers

08 What **will probably** happen tomorrow?

(A) A promotional event will take place.
(B) A machine will be installed.
(C) A business will reopen.
(D) A new product will be announced.

09 Why **would** customers call **the** facility?

(A) To request pick-up
(B) To inquire about order status
(C) To provide a delivery address
(D) To ask about locations

7-9번은 다음 녹음 메시지에 관한 문제입니다.

Bilson 드라이클리닝 서비스로 연락하셨습니다. 기계 중 하나가 고장이 나서 저희 시설은 오후에 문을 닫았습니다. 기술자들은 문제를 가능한 한 빨리 해결하기 위해 노력하고 있습니다. 저희는 내일 다시 문을 열 것으로 예상합니다. 이 휴업으로 인해, 저희는 오늘의 주문들을 마칠 수 없습니다. 저희는 오늘 옷을 가지러 오기로 예정되어 있었던 모든 손님들에게 할인을 제공할 것입니다. 만약 당신의 주문 상태를 알고 싶으시다면, 언제든지 연락해주세요. 이것이 초래할 어떤 문제들에 대해서도 사과드리며 협조해 주셔서 감사합니다.

07 청자들은 누구인 것 같은가?

(A) 배달 직원
(B) 세탁 서비스 고객들
(C) 장비 기술자들
(D) 의류 상점 손님들

08 내일 무슨 일이 일어날 것 같은가?

(A) 판촉 행사가 개최될 것이다.
(B) 기계가 설치될 것이다.
(C) 가게가 다시 문을 열 것이다.
(D) 새로운 제품이 발표될 것이다.

09 고객들은 왜 시설에 전화할 것인가?

(A) 픽업을 요청하기 위해
(B) 주문 상태에 대해 문의하기 위해
(C) 배달 주소를 제공하기 위해
(D) 위치에 대해 문의하기 위해

어휘 machine[məʃíːn] 기계 technician[tekníʃən] 기술자 closure[미 klóuʒər, 영 klóuʒə] 휴업, 폐쇄 complete[kəmplíːt] 마치다
provide[prəváid] 제공하다 clothing[미 klóuðiŋ, 영 klə́uðiŋ] 옷, 의류 status[stéitəs] 상태
cooperation[미 kouɑ̀ːpəréiʃən, 영 kəuɔ̀pəréiʃən] 협조 laundry[lɔ́ːndri] 세탁 equipment[ikwípmənt] 장비

해설 **07** Who ~ are the listeners를 보고 청자들이 누구인지를 묻고 있음을 알 수 있습니다. 지문의 초반 You have reached Bilson Dry Cleaning Services와 지문의 후반 If you'd like to know the status of your order ~ contact us에서 정보가 세탁 서비스를 이용하는 고객들을 위한 것임을 알 수 있으므로 (B) Laundry service clients가 정답입니다.

08 What ~ happen tomorrow를 보고 내일 무슨 일이 일어날 것인지를 묻고 있음을 알 수 있습니다. 지문의 중반 We expect to be open again tomorrow에서 가게가 내일 다시 문을 열 것임을 알 수 있으므로 (C) A business will reopen이 정답입니다.

09 Why ~ customers call ~ facility를 보고 고객들이 시설에 전화할 이유를 묻고 있음을 알 수 있습니다. 지문의 후반 If you'd like to know the status of your order, please contact us에서 고객들이 주문 상태에 대해 문의하기 위해 연락할 것임을 알 수 있으므로 (B) To inquire about order status가 정답입니다.

10 🔊 미국식 발음

Questions 10-12 refer to the following telephone message.

This message is for Sandy Tate. My name is Patrick Hall, / and I work at Digital Laboratories. I'm calling about your application / for our . . . uh . . . technical assistant job opening. ¹⁰I am sorry to inform you / that the position has been filled. However, ¹¹one of our computer analysts resigned. Your résumé indicates that you would be suitable for the position. If you're interested, we could meet next Friday to discuss everything. ¹²Please contact me at 555-4245 to set up a time that is convenient for you.

10-12번은 다음 전화 메시지에 관한 문제입니다.

이 메시지는 Sandy tate에게 전하는 것입니다. 제 이름은 Patrick Hall이고, Digital 연구소에서 일하고 있습니다. 저희의... 어... 기술 보조원 채용 공고에 대한 당신의 지원서와 관련하여 전화드렸습니다. 그 자리가 채워졌음을 알려드리게 되어 유감스럽게 생각합니다. 하지만, 저희의 컴퓨터 분석가 중 한 명이 사임했습니다. 당신의 이력서는 당신이 그 직무에 적합할 것임을 보여줍니다. 만약 관심이 있으시다면, 우리는 모든 것을 논의하기 위해 다음 주 금요일에 만날 수 있습니다. 당신에게 편한 시간을 잡기 위해 555-4245로 저에게 연락해주십시오.

10 What problem does the speaker mention?

(A) A document is missing.
(B) A meeting has been canceled.
(C) A manager is not available.
(D) An opening has been filled.

11 Why does the man say, "one of our computer analysts resigned"?

(A) To make an offer
(B) To explain a decision
(C) To indicate a problem
(D) To request assistance

12 What does the speaker ask the listener to do?

(A) Submit an application
(B) Return a call
(C) Set up a program
(D) Talk with a coworker

10 화자는 무슨 문제를 언급하는가?

(A) 서류를 잃어버렸다.
(B) 회의가 취소되었다.
(C) 관리자가 시간이 되지 않는다.
(D) 자리가 채워졌다.

11 남자는 왜 "저희의 컴퓨터 분석가 중 한 명이 사임했습니다"라고 말하는가?

(A) 제안을 하기 위해
(B) 결정을 설명하기 위해
(C) 문제를 나타내기 위해
(D) 도움을 요청하기 위해

12 화자는 청자에게 무엇을 하라고 요청하는가?

(A) 지원서를 제출한다.
(B) 다시 전화한다.
(C) 프로그램을 설치한다.
(D) 동료와 이야기한다.

어휘 application[æpləkéiʃən] 지원서 technical assistant 기술 보조원 inform[infɔ́:rm] 알리다 fill[fil] (빈자리를) 채우다 resign[rizáin] 사임하다, 물러나다 indicate[índikèit] 보여주다 suitable[súːtəbl] 적합한 convenient[kənvíːnjənt] 편리한

해설 10 What problem ~ speaker mention을 보고 화자가 언급하는 문제가 무엇인지를 묻고 있음을 알 수 있습니다. 지문의 중반 I am sorry ~ that the position has been filled에서 청자가 지원한 자리가 채워졌음을 알 수 있으므로 (D) An opening has been filled가 정답입니다.

11 Why ~ man say, one of our computer analysts resigned를 보고 남자가 자신들의 컴퓨터 분석가 중 한 명이 사임했다고 말하는 이유를 묻고 있음을 알 수 있습니다. 지문의 후반 Your résumé indicates that you would be suitable for the position에서 청자의 이력서가 청자가 직무에 적합함을 보여주기 때문에 직무를 제안하고 있음을 알 수 있으므로 (A) To make an offer가 정답입니다.

12 What ~ speaker ask ~ listener to do를 보고 화자가 청자에게 하라고 요청하는 것이 무엇인지를 묻고 있음을 알 수 있습니다. 지문의 후반 Please contact me에서 연락을 해달라고 요청하고 있음을 알 수 있으므로 (B) Return a call이 정답입니다.

Questions 13-15 refer to the following telephone message.

Good afternoon, Mr. Lee. ¹³This is Miranda Hanks / calling from Spokes Bicycle Shop. We have finished replacing the tires / on your bicycle. **There was another issue, / though.** ¹⁴I found a problem / with the brakes / on the back wheel. I recommend replacing them / as soon as possible / for safety reasons. The parts and labor together / will cost you about $60. ¹⁵Could you call us back at 555-6648 / and let us know / if you'd like to proceed with the replacement? If you call soon, / I will be able to finish everything / this afternoon. Otherwise, / you can pick it up / anytime between 9 A.M. and 6 P.M. / tomorrow. Thanks, / and I hope to hear from you soon.

13-15번은 다음 전화 메시지에 관한 문제입니다.

안녕하세요, Mr. Lee. 저는 Spokes 자전거 매장의 Miranda Hanks입니다. 저희는 귀하의 자전거 타이어 교체를 끝냈습니다. 하지만, 다른 문제가 있었습니다. 뒷바퀴의 브레이크에서 문제를 발견했습니다. 안전상의 이유로 그것들을 가능한 한 빨리 교체하시기를 권합니다. 부품과 인건비는 합쳐서 60달러쯤 들 것입니다. 교체를 진행하고 싶으시면 555-6648로 다시 전화해서 알려주시겠습니까? 빨리 전화주시면, 오늘 오후에 모든 작업을 끝마칠 수 있을 것입니다. 그렇지 않으면, 내일 오전 9시에서 오후 6시 사이에 언제든지 자전거를 가지러 오실 수 있습니다. 감사드리며, 빨리 응답해주시기 바랍니다.

13 What type of business **does the** speaker work for?

(A) A bicycle repair shop
(B) A delivery company
(C) An auto center
(D) A parts supplier

13 화자는 어떤 업종에서 일하는가?

(A) 자전거 수리점
(B) 배송 회사
(C) 자동차 센터
(D) 부품 공급업체

14 What **did the** speaker find?

(A) A defective part
(B) A better model
(C) Cheaper brakes
(D) A discount coupon

14 화자는 무엇을 발견했는가?

(A) 결함이 있는 부품
(B) 더 나은 기종
(C) 더 저렴한 브레이크
(D) 할인 쿠폰

15 How **can** Mr. Lee arrange for **a** replacement?

(A) By sending a message
(B) By calling a number
(C) By filling out a form
(D) By contacting a supplier

15 Mr. Lee는 어떻게 교체를 준비할 수 있는가?

(A) 메시지를 보냄으로써
(B) 전화를 함으로써
(C) 서류를 작성함으로써
(D) 공급업체에 연락함으로써

어휘 **issue**[íʃuː] 문제 **wheel**[wiːl] 바퀴 **safety**[séifti] 안전 **labor**[léibər] 인건 **cost**[kɔːst] (비용이) 들다
proceed with 진행하다 **replacement**[ripléismənt] 교체 **repair shop** 수리점 **delivery**[dilívəri] 배송, 택배

해설 13 What type of business ~ speaker work for를 보고 화자가 어떤 업종에서 일하는지를 묻고 있음을 알 수 있습니다. 지문의 초반 This is ~ calling from Spokes Bicycle Shop. We have finished replacing the tires on your bicycle에서 화자가 자전거 수리점에서 일하고 있음을 알 수 있으므로 (A) A bicycle repair shop이 정답입니다.

14 What ~ speaker find를 보고 화자가 발견한 것이 무엇인지를 묻고 있음을 알 수 있습니다. 지문의 중반 I found a problem with the brakes on the back wheel에서 뒷바퀴 브레이크의 결함을 발견했음을 알 수 있으므로 (A) A defective part가 정답입니다.

15 How ~ Mr. Lee arrange for ~ replacement를 보고 Mr. Lee가 어떻게 교체를 준비할 수 있는지를 묻고 있음을 알 수 있습니다. 지문의 중반 Could you call us back ~ if you'd like to proceed with the replacement에서 교체를 진행하고 싶으면 다시 전화해야 함을 알 수 있으므로 (B) By calling a number가 정답입니다.

Questions 16-18 refer to the following recorded message and list.

Thank you for contacting Tropical Travel Agency. ¹⁶We want to let customers know / about some service issues. First, ¹⁷we are unable to take any online bookings / until Monday, December 12. Our online database will not be fixed until then. Second, / please be aware / that gift cards will no longer be accepted / as a form of payment. Customers may receive automatic refunds / for the full amount of their gift cards instead. Additionally, / ¹⁸those with cards worth over $500 are eligible / for 10,000 travel credits from us. All other services will be provided / as usual.

16-18번은 다음 녹음 메시지와 목록에 관한 문제입니다.

Tropical 여행사에 연락 주셔서 감사합니다. 고객분들께 서비스상의 몇 가지 문제들을 알려드리고자 합니다. 먼저, 저희는 12월 12일 월요일이 되어서야 온라인 예약을 받을 수 있습니다. 저희의 온라인 데이터베이스는 그때가 되어서야 고쳐질 것입니다. 두 번째로, 기프트 카드는 더 이상 지불 방식으로 받아들여지지 않을 것임을 알아두십시오. 고객분들께서는 대신에 기프트 카드 전액을 자동 환불받으실 수 있습니다. 추가적으로, 500달러가 넘는 카드를 가지고 계신 분들께서는 저희로부터 10,000점의 여행 포인트를 받으실 수 있습니다. 다른 모든 서비스들은 평소처럼 제공될 것입니다.

Gift Card Type	Amount
Bronze	up to $99
Silver	up to $299
Gold	up to $499
¹⁸Platinum	more than $500

기프트 카드 종류	금액
브론즈	99달러까지
실버	299달러까지
골드	499달러까지
플래티넘	500달러 이상

16 What is the purpose of the message?

(A) To announce a software update
(B) To notify customers of issues
(C) To promote an online deal
(D) To explain a process

17 What will most likely happen on December 12?

(A) A new branch will open.
(B) Customers will receive prizes.
(C) An announcement will be made.
(D) Online bookings will be available.

18 Look at the graphic. Who is eligible for travel credits?

(A) Bronze cardholders
(B) Silver cardholders
(C) Gold cardholders
(D) Platinum cardholders

16 메시지의 목적은 무엇인가?

(A) 소프트웨어 업데이트를 공지하기 위해
(B) 고객들에게 문제를 알리기 위해
(C) 온라인 거래를 홍보하기 위해
(D) 절차를 설명하기 위해

17 12월 12일에 무슨 일이 일어날 것 같은가?

(A) 새로운 지사가 개장할 것이다.
(B) 고객들이 경품을 받을 것이다.
(C) 공지가 있을 것이다.
(D) 온라인 예약이 가능할 것이다.

18 시각 자료를 보아라. 누가 여행 포인트를 받을 수 있는가?

(A) 브론즈 카드 소지자
(B) 실버 카드 소지자
(C) 골드 카드 소지자
(D) 플래티넘 카드 소지자

어휘 aware[미 əwέər, 영 əwέə] 아는 automatic[ɔ̀:təmǽtik] 자동의 refund[미 rí:fʌnd, 영 rí:fʌnd] 환불 eligible for ~을 할 수 있는
as usual 평소처럼

해설 16 What ~ purpose of ~ message를 보고 메시지의 목적이 무엇인지를 묻고 있음을 알 수 있습니다. 지문의 초반 We ~ let customers know ~ issues에서 고객들에게 문제를 알려주고 있음을 알 수 있으므로 (B) To notify customers of issues가 정답입니다.

17 What will ~ happen on December 12를 보고 12월 12일에 무슨 일이 일어날 것인지를 묻고 있음을 알 수 있습니다. 지문의 초반 we are unable to take any online bookings until ~ December 12에서 12월 12일이 되어서야 온라인 예약을 받을 수 있음을 알 수 있으므로 (D) Online bookings will be available이 정답입니다.

18 Who ~ eligible for travel credits를 보고 누가 여행 포인트를 받을 수 있는지를 묻고 있음을 알 수 있습니다. 지문의 후반 those with cards worth over $500 are eligible for ~ travel credits에서 500달러가 넘는 카드의 소지자가 여행 포인트를 받을 수 있다고 하였고, 목록에서 500달러가 넘는 카드가 플래티넘 카드임을 알 수 있으므로 (D) Platinum cardholders가 정답입니다.

17일 공지(Announcement)

Course 1 사내 공지

p.264

01 (A) **02** (A) **03** (B) **04** (B) **05** (B) **06** (D) **07** (C) **08** (B)

---

01 호주식 발음, 미국식 발음

Question 1 refers to the following announcement.

Good morning, / everyone. I want to let you all know / ⟧ 주의 환기
안녕하세요   여러분   저는 여러분 모두에게 알리고 싶습니다
that we're releasing a new TV / on April 1. ⟧ 주제·목적
우리가 새로운 TV를 출시하는 것을   4월 1일에
We need to send information / about the product / ⟧
저희는 정보를 보내야 합니다   제품에 대한
to the media. It should include details / about the TV, / ⟧ 세부 내용
대중매체에   그것은 세부사항을 포함해야 합니다   TV에 대한
its price, / and where people can buy it.
가격   그리고 사람들이 어디에서 그것을 살 수 있는지

What is the announcement mainly about?

(A) 신제품

(B) 회사 파티

1번은 다음 공지에 관한 문제입니다.

안녕하세요, 여러분. 여러분 모두에게 우리가 4월 1일에 새로운 TV를 출시하는 것을 알려드립니다. 저희는 대중매체에 제품에 대한 정보를 보내야 합니다. 그것은 TV에 대한 세부사항, 가격, 그리고 사람들이 어디에서 그것을 살 수 있는지를 포함해야 합니다.

공지는 주로 무엇에 관한 것인가?

(A) 신제품
(B) 회사 파티

어휘 release[rilí:s] 출시하다 media[mí:diə] 대중매체 detail[dí:teil] 세부사항

해설 What ~ announcement ~ about을 보고 공지가 무엇에 관한 것인지를 묻고 있음을 알 수 있습니다. 지문의 초반 I want to let you all know ~ we're releasing a new TV에서 공지가 새로운 TV 출시에 관한 것임을 알 수 있으므로 (A)가 정답입니다.

---

02 미국식 발음, 영국식 발음

Question 2 refers to the following announcement.

A leaky pipe was discovered / in the building. ⟧ 주제
물이 새는 파이프가 발견되었습니다   건물에서
A repairperson is coming / to do repairs / between ⟧
수리공이 올 것입니다   수리하러
10 A.M. and 11 A.M. As a result, / the water will be ⟧ 세부 내용
오전 10시와 11시 사이에   그 결과   물이 나오지 않을 것입니다
turned off / for that hour. Please don't use sinks and ⟧ 청자 할 일
그 시간 동안   세면대와 화장실을 사용하지 말아주세요
toilets / during that time.
그 시간 동안

What will most likely happen between 10 A.M. and 11 A.M.?

(A) 수리공이 파이프를 고칠 것이다.

(B) 세면대가 설치될 것이다.

2번은 다음 공지에 관한 문제입니다.

건물에서 물이 새는 파이프가 발견되었습니다. 수리공이 오전 10시와 11시 사이에 수리를 하러 올 것입니다. 그 결과, 그 시간 동안 물이 나오지 않을 것입니다. 그 시간 동안 세면대와 화장실을 사용하지 말아주시기 바랍니다.

오전 10시와 11시 사이에 무슨 일이 일어날 것 같은가?

(A) 수리공이 파이프를 고칠 것이다.
(B) 세면대가 설치될 것이다.

어휘 leaky[lí:ki] 물이 새는 discover[미 diskʌ́vər, 영 diskʌ́və] 발견하다 repairperson[미 ripɛ́ərpə̀:rsn, 영 ripéəpə̀:sn] 수리공
turn off ~이 나오지 않게 하다

해설 What ~ happen between 10 A.M. and 11 A.M.을 보고 오전 10시와 11시 사이에 무슨 일이 일어날 것인지를 묻고 있음을 알 수 있습니다. 지문의 초반 A leaky pipe was discovered와 A repairperson is coming to do repairs between 10 A.M. and 11 A.M.에서 오전 10시와 11시 사이에 수리공이 파이프를 수리하러 올 것임을 알 수 있으므로 (A)가 정답입니다.

🔊 미국식 발음, 호주식 발음

Question 3 refers to the following announcement.

The company has changed / its sick day policy.
회사가 변경했습니다   병가 수칙을   ] 주제·목적

Starting next month, / staff taking sick leave / for more
다음 달부터   병가를 내는 직원은

than two days / must submit / a note from a doctor /   } 세부 내용
이틀 이상   반드시 제출해야 합니다   진단서를

to the personnel department. You may hand in
인사부에   여러분은 그 진단서를 제출하면 됩니다

the note / when you return to work. Thank you /   ] 청자 할 일
             직장에 돌아왔을 때

for your cooperation.   ] 마침 인사
협조해주셔서 감사합니다

What will happen next month?

(A) A new employee will start work.

(B) A new policy will begin.

3번은 다음 공지에 관한 문제입니다.

회사가 병가 수칙을 변경했습니다. 다음 달부터, 이틀 이상 병가를 내는 직원은 인사부에 진단서를 제출해야 합니다. 여러분은 직장에 돌아와서 그 진단서를 제출하시면 됩니다. 협조해주셔서 감사합니다.

다음 달에 무슨 일이 일어날 것인가?

(A) 새로운 직원이 일하기 시작할 것이다.

(B) 새로운 정책이 시작될 것이다.

어휘 sick day 병가 policy [미 pάləsi, 영 pɔ́ləsi] 수칙 submit [səbmít] 제출하다 a note from a doctor 진단서
cooperation [미 kouὰpəréiʃən, 영 kəuὰpəréiʃən] 협조

해설 What ~ happen next month를 보고 다음 달에 무슨 일이 일어날 것인지를 묻고 있음을 알 수 있습니다. 지문의 초반 The company has changed ~ policy. Starting next month, staff ~ must submit a note from a doctor에서 다음 달부터 변경된 병가 수칙이 시작될 것임을 알 수 있으므로 (B) A new policy will begin이 정답입니다.

---

04 🔊 영국식 발음, 미국식 발음

Question 4 refers to the following announcement.

I have an announcement to make. The office
공지사항이 있습니다   ] 주의 환기
                                                            및 주제
is being repainted / this Saturday, / so it will be closed.
사무실이 다시 페인트칠 될 것입니다 이번 주 토요일에   그래서 문을 닫을 것입니다

The office will be open again / the following day.   ] 세부 내용
사무실은 다시 문을 열 것입니다   다음 날에

Please cover your desks. Also, / remember to turn off
여러분의 책상들을 덮어주세요   또한   여러분의 컴퓨터들을 끄는 것을   } 청자 할 일

your computers / on Friday night.
기억해주세요   금요일 밤에

What will happen on Saturday?

(A) A new branch will open.

(B) An office will be painted.

4번은 다음 공지에 관한 문제입니다.

공지사항이 있습니다. 사무실이 이번 주 토요일에 다시 페인트칠 될 것이어서, 문을 닫을 것입니다. 사무실은 다음 날 다시 문을 열 것입니다. 여러분의 책상들을 덮어주시기 바랍니다. 또한, 금요일 밤에 컴퓨터를 끄는 것을 기억해주시기 바랍니다.

토요일에 무슨 일이 일어날 것인가?

(A) 새로운 지점이 문을 열 것이다.

(B) 사무실이 페인트칠 될 것이다.

어휘 repaint [rì:péint] 다시 페인트칠하다 the following day 다음 날 cover [미 kΛ́vər, 영 kΛ́və] 덮다

해설 What ~ happen on Saturday를 보고 토요일에 무슨 일이 일어날 것인지를 묻고 있음을 알 수 있습니다. 지문의 초반 The office is being repainted this Saturday에서 이번 주 토요일에 사무실이 다시 페인트칠 될 것임을 알 수 있으므로 (B) An office will be painted가 정답입니다.

Questions 5-6 refer to the following announcement.

May I have your attention, please? ⁰⁵I have some
　　주목해주시겠습니까
important announcements. The upcoming product
저는 몇 가지 중요한 공지를 가지고 있습니다　다가오는 제품 발표회가 열릴 것입니다
launch will be held / on Monday morning / at 10:30 A.M.
　발표회　　　　　　　月요일 아침에　　　　　　오전 10시 30분에

This is a major event / for the company, / so I hope /
이것은 주요 행사입니다　　　　회사를 위한　　　　그래서 저는 바랍니다
you will all attend. Next, / ⁰⁶the regional manager has
여러분 모두가 참석하기를　다음으로　지역 총괄자가 리더십 교육을 요청했습니다
requested leadership training / for all employees.
　　　　　　　　　　　　　　　　모든 직원들을 위한
This will start / next Friday / at 2 P.M. / and ⁰⁶everyone
이것은 시작할 것입니다　다음 주 금요일　오후 2시에　그리고 모두가 참석해야만 합니다
must participate. Finally, / ⁰⁵our employee appreciation
　　　　　　마지막으로　저희 직원 감사 만찬은 다음 주 토요일입니다
dinner is next Saturday. I will post / more details
　　　　　　　　　　　　　　　저는 게시하겠습니다
about the event / tomorrow.
행사에 관한 더 자세한 사항들을　내일

주의 환기

주제·목적

세부 내용

5-6번은 다음 공지에 관한 문제입니다.

주목해주시겠어요? 몇 가지 중요한 공지가 있습니다. 다가오는 제품 발표회가 월요일 오전 10시 30분에 열릴 것입니다. 이것은 회사의 주요 행사이니, 여러분 모두가 참석해주시기 바랍니다. 다음으로, 지역 총괄자가 모든 직원들을 위한 리더십 교육을 요청했습니다. 이것은 다음 주 금요일 오후 2시에 시작할 것이고 모두가 참석해야 합니다. 마지막으로, 저희 직원 감사 만찬이 다음 주 토요일입니다. 행사에 관한 더 자세한 사항들은 내일 게시하겠습니다.

---

05 What is the purpose of the talk?

(A) To increase productivity

(B) To discuss company activities

(C) To announce a shift change

(D) To explain a new product

06 What is mentioned about the training session?

(A) It has been canceled.

(B) It will be held on Monday.

(C) It will be scheduled soon.

(D) It must be attended by all staff.

---

05 담화의 목적은 무엇인가?

(A) 생산성을 증가시키기 위해

(B) 회사 활동들에 대해 이야기하기 위해

(C) 근무 시간 변경을 알리기 위해

(D) 신상품을 설명하기 위해

06 교육에 대해 무엇이 언급되는가?

(A) 취소되었다.

(B) 월요일에 열릴 것이다.

(C) 곧 일정이 잡힐 것이다.

(D) 모든 직원들이 참석해야 한다.

어휘 attention[əténʃən] 주목 important[미 impɔ́ːrtənt, 영 impɔ́ːtənt] 중요한 upcoming[ʌ́pkʌ̀miŋ] 다가오는
launch[lɔːntʃ] 발표회, 개시 regional[ríːdʒənl] 지역의 request[rikwést] 요청하다
participate[미 pɑːrtísəpèit, 영 pɑːtísipeit] 참석하다

해설 **05** What ~ purpose of ~ talk를 보고 담화의 목적이 무엇인지를 묻고 있음을 알 수 있습니다. 지문의 초반 I have some important announcements. The upcoming product launch will be held와 지문의 후반 our employee appreciation dinner is next Saturday에서 곧 있을 회사 제품 발표회와 직원 감사 만찬에 대해 이야기하고 있음을 알 수 있으므로 (B) To discuss company activities가 정답입니다.

06 What ~ mentioned about ~ training session을 보고 교육에 대해 언급되는 것이 무엇인지를 묻고 있음을 알 수 있습니다. 지문의 중반 the regional manager has requested ~ training for all employees와 지문의 후반 everyone must participate에서 모든 직원들이 교육에 참석해야 함을 알 수 있으므로 (D) It must be attended by all staff가 정답입니다.

Questions 7-8 refer to the following announcement and map.

I'd like to make an announcement / to all office staff. ⟧ 주의 환기
　　공지를 하고 합니다　　　　　　모든 사무실 직원들에게

I'm pleased to inform you / that we will relocate to the
　여러분에게 알리게 되어 기쁩니다　　　　저희가 새로운 건물로 이전할 것임을 ⟧ 주제·목적

new building / next Monday. The moving company
　　　　　　다음 주 월요일에

will transfer everything / on Saturday, / and ⁰⁷the IT
이삿짐센터는 모든 것을 옮길 것입니다　　　토요일에

team will set up the computers and other equipment /
그리고 IT팀은 컴퓨터와 다른 장비를 설치할 것입니다 ⟧ 세부 내용

on Sunday. You will be issued security passes /
　일요일에　　　　여러분은 보안 출입증을 지급받을 것입니다

later today / that will allow you to access the building.
　오늘 늦게　　　　여러분이 그 건물에 들어갈 수 있도록 할

⁰⁸All employees should use the entrance / on Doris
　모든 직원들은 입구를 이용해야 합니다　　　　　Doris가에 있는 ⟧ 청자 할 일

Street / next to the parking lot. Thank you.
　　주차장 옆의　　　　　감사합니다

7-8번은 다음 공지와 지도에 관한 문제입니다.

모든 사무실 직원들에게 공지를 하고자 합니다. 저희가 다음 주 월요일에 새로운 건물로 이전할 것임을 알리게 되어 기쁩니다. 이삿짐센터가 토요일에 모든 것을 옮기고, IT팀이 일요일에 컴퓨터와 다른 장비들을 설치할 것입니다. 여러분은 그 건물에 들어갈 수 있도록 해줄 보안 출입증을 오늘 늦게 지급받을 것입니다. 모든 직원들은 Doris가에 있는 주차장 옆 입구를 이용해야 합니다. 감사합니다.

```
                Doris Street
┌──────────────────────────────────┐
│ ┌──────┐      ⁰⁸┌──────┐          │
│ │Entrance│     │Entrance│          │
│ │   A    │     │   B    │  ┌─────┐ │
│ └──────┘       └──────┘   │Parking│
│    ┌──────────┐           │ Lot  │ │
│    │Elevators │           └─────┘ │
│ ┌──────┐      ┌──────┐            │
│ │Entrance│    │Entrance│          │
│ │   C    │    │   D    │          │
│ └──────┘      └──────┘            │
└──────────────────────────────────┘
                Carol Street
```

07 What will the IT team do on the weekend?

(A) Upgrade software
(B) Repair devices
(C) Install equipment
(D) Relocate computers

08 Look at the graphic. What entrance should employees use?

(A) Entrance A
(B) Entrance B
(C) Entrance C
(D) Entrance D

07 IT팀은 주말에 무엇을 할 것인가?

(A) 소프트웨어를 업그레이드한다.
(B) 기기를 수리한다.
(C) 장비를 설치한다.
(D) 컴퓨터를 재배치한다.

08 시각 자료를 보아라. 직원들은 어떤 입구를 이용해야 하는가?

(A) 입구 A
(B) 입구 B
(C) 입구 C
(D) 입구 D

어휘 **relocate** [미 rìːloukéit, 영 rìːləukéit] 이전하다　**transfer** [미 trǽnsfɚːr, 영 trǽnsfɔ́ː] 옮기다　**set up** ~을 설치하다
issue [íʃuː] 지급하다　**pass** [미 pæs, 영 pɑːs] 출입증　**access** [ǽkses] 들어가다

해설 07 What ~ IT team do on ~ weekend를 보고 IT팀이 주말에 무엇을 할 것인지를 묻고 있음을 알 수 있습니다. 지문의 중반 the IT team will set up ~ equipment on Sunday에서 IT팀이 주말에 장비를 설치할 것임을 알 수 있으므로 (C) Install equipment가 정답입니다.

08 What entrance ~ employees use를 보고 직원들이 어떤 입구를 이용해야 하는지를 묻고 있음을 알 수 있습니다. 지문의 후반 All employees should use the entrance on Doris Street next to the parking lot에서 직원들이 Doris가에 있는 주차장 옆 입구를 이용해야 한다고 하였고, 지도에서 Doris가에 있는 주차장 옆 입구는 B임을 알 수 있으므로 (B) Entrance B가 정답입니다.

토익 기초

Part 1

Part 2

Part 3

Part 4

해커스 토익 스타트 Listening

01 🔊 미국식 발음, 영국식 발음

Question 1 refers to the following announcement.

May I have your attention? For today only, / Thrifty
    주목해주시겠습니까   오늘 동안만

] 주의 환기

Clothes is offering some special discounts. All jeans
Thrifty 옷가게가 몇몇 특별한 할인을 제공합니다   모든 청바지는

are 15 percent off / their regular price. Plus, / sports
15퍼센트 할인됩니다   그것들의 정가에서   또한

] 주제·목적

jackets are also 10 percent off. Be sure to take
스포츠 재킷 또한 10퍼센트 할인됩니다   꼭 이용하세요

advantage of / these great prices / today!
       이런 엄청난 가격을   오늘

] 마침 인사

What is the announcement mainly about?

(A) 환불 정책 변경

(B) 특별 할인 행사

1번은 다음 공지에 관한 문제입니다.

주목해주시겠습니까? 오늘 동안만, Thrifty 옷가게가 특별 할인을 제공합니다. 모든 청바지는 정가에서 15퍼센트 할인됩니다. 또한, 스포츠 재킷도 10퍼센트 할인됩니다. 오늘 이 엄청난 가격을 꼭 이용하세요!

공지는 주로 무엇에 관한 것인가?

(A) 환불 정책 변경
(B) 특별 할인 행사

> **어휘** regular[미 régjulər, 영 régjələ] 정기적인   take advantage of 이용하다

> **해설** What ~ announcement ~ about을 보고 공지가 무엇에 관한 것인지를 묻고 있음을 알 수 있습니다. 지문의 초반 Thrifty Clothes is offering ~ special discounts ~ All jeans are 15 percent off their regular price에서 특별 할인 행사에 대해 이야기하고 있음을 알 수 있으므로 (B)가 정답입니다.

02 🔊 미국식 발음, 호주식 발음

Question 2 refers to the following announcement.

Good afternoon, / customers. All passengers / traveling
   안녕하세요   고객 여러분   모든 승객분들은

] 주의 환기 및 청자 언급

on flight 23 to Montreal / should go to gate 1 / now.
몬트리올행 23 항공편으로 여행하는   1번 탑승구로 가야 합니다   지금

Passengers are currently boarding / and the plane is
     승객들은 현재 탑승하고 있습니다   그리고 비행기는 준비하고 있습니다

preparing / to depart. Also, / the flight to Hudson has
       이륙하기 위해   또한   허드슨행 항공편은 취소되었습니다

] 주제·목적

been canceled / due to heavy rain / in that city.
       폭우로 인해   그 도시의

Have a pleasant trip.
즐거운 여행 되시기 바랍니다

] 마침 인사

Why was the flight to Hudson canceled?

(A) 공항이 문을 닫았다.

(B) 날씨가 좋지 않다.

2번은 다음 공지에 관한 문제입니다.

안녕하세요, 고객 여러분. 몬트리올행 23 항공편으로 여행하시는 모든 승객분들은 지금 1번 탑승구로 가시기 바랍니다. 승객들이 현재 탑승하고 있으며 비행기는 이륙 준비 중입니다. 또한, 허드슨행 항공편이 그 도시의 폭우로 인해 취소되었습니다. 즐거운 여행 되시기 바랍니다.

허드슨행 항공편은 왜 취소되었는가?

(A) 공항이 문을 닫았다.
(B) 날씨가 좋지 않다.

> **어휘** passenger[미 pǽsəndʒər, 영 pǽsəndʒə] 승객   gate[geit] 탑승구   board[미 bɔːrd, 영 bɔːd] 탑승하다

> **해설** Why ~ flight to Hudson canceled를 보고 허드슨행 항공편이 취소된 이유를 묻고 있음을 알 수 있습니다. 지문의 후반 the flight to Hudson has been canceled due to heavy rain에서 폭우로 인해 취소되었음을 알 수 있으므로 (B)가 정답입니다.

03 🔊) 영국식 발음, 미국식 발음

Question 3 refers to the following announcement.

Thank you all / for attending this year's conference.   ] 주의 환기 및
여러분 모두 감사합니다   올해의 회의에 참석해주셔서   ] 장소 언급

Dr. Carla Cline is going to give today's first talk.
       Dr. Carla Cline이 오늘의 첫 번째 연설을 할 것입니다

Following her speech, / we will have a break. I'd also   ] 주제·목적 및
     그녀의 연설 후에   우리는 휴식을 가질 것입니다   ] 세부 내용

like to announce / that Dr. Cline's book is on sale / in the
저는 또한 알려드리고 싶습니다   Dr. Cline의 책이 판매 중이라고

lobby. I recommend you purchase one.
로비에서   저는 여러분들이 한 권 구매하시는 것을 추천합니다

What **does the** speaker suggest?

(A) Buying a book

(B) Registering for an event

3번은 다음 공지에 관한 문제입니다.

여러분 모두 올해의 회의에 참석해주셔서 감사합니다. Dr. Carla Cline이 오늘의 첫 연설을 할 것입니다. 그녀의 연설 후에, 우리는 휴식을 가질 것입니다. 또한 Dr. Cline의 책이 로비에서 판매 중임을 알려드립니다. 저는 여러분이 한 권 구매하시는 것을 추천해드립니다.

화자는 무엇을 제안하는가?

(A) 책을 사는 것

(B) 행사에 등록하는 것

어휘   **attend**[əténd] 참석하다   **conference**[미 kάːnfərəns, 영 kɔ́nfərəns] 회의   **following**[미 fάːlouiŋ, 영 fɔ́louiŋ] ~ 후에
on sale 판매 중인

해설   What ~ speaker suggest를 보고 화자가 제안하는 것이 무엇인지를 묻고 있음을 알 수 있습니다. 지문의 후반 I'd ~ like to announce ~ book is on sale과 I recommend you purchase one에서 책을 구매하는 것을 제안하고 있음을 알 수 있으므로 (A) Buying a book 이 정답입니다.

---

04 🔊) 호주식 발음, 미국식 발음

Question 4 refers to the following announcement.

Hello, / everyone. Tonight, / singer Alex Kuzak will give   ] 장소 언급
안녕하세요   여러분   오늘   가수 Alex Kuzak가 그의 첫 공연을 할 것입니다

his first performance. However, / we have a few
                하지만   우리는 몇 가지   ] 주제·목적

reminders / before the show begins / in five minutes.
상기시켜드릴 것이 있습니다   공연이 시작되기 전에   5분 후에

Flash photography is not allowed, / because it disturbs   ]
       플래시 촬영은 허용되지 않습니다   왜냐하면 그것은 공연하는 사람들을 방해합니다

the performers. Also, / cell phones should be turned off /   ] 청자 할 일
           또한   휴대전화는 꺼져야 합니다

for the concert. Now, / sit back and enjoy yourselves.   ] 마침 인사
   콘서트를 위해서   이제   다시 앉으시고 즐기시기 바랍니다

What **will** happen in five minutes?

(A) There will be a break.

(B) The show will begin.

4번은 다음 공지에 관한 문제입니다.

여러분, 안녕하세요. 오늘, 가수 Alex Kuzak가 그의 첫 공연을 할 것입니다. 하지만, 5분 후에 공연이 시작되기 전에 몇 가지 상기시켜드릴 것이 있습니다. 공연하는 사람들을 방해하기 때문에, 플래시 촬영은 허용되지 않습니다. 또한, 콘서트를 위해 휴대전화를 꺼주시기 바랍니다. 이제, 다시 앉으셔서 즐기시기 바랍니다.

5분 후에 무슨 일이 일어날 것인가?

(A) 휴식 시간이 있을 것이다.

(B) 공연이 시작될 것이다.

어휘   **performance**[미 pərfɔ́ːrməns, 영 pəfɔ́ːməns] 공연   **reminder**[미 rimáindər, 영 rimáində] 상기
disturb[미 distə́ːrb, 영 distə́ːb] 방해하다   **turn off** (기계 등을) 끄다

해설   What ~ happen in five minutes를 보고 5분 후에 일어날 일이 무엇인지를 묻고 있음을 알 수 있습니다. 지문의 중반 the show begins in five minutes에서 5분 후에 공연이 시작될 것임을 알 수 있으므로 (B) The show will begin이 정답입니다.

토익 기초 · Part 1 · Part 2 · Part 3 · Part 4

해커스 토익 스타트 Listening

Questions 5-6 refer to the following announcement.

⁰⁵Welcome to the Capital Gallery. Please note / that our
Capital 미술관에 오신 것을 환영합니다   주목해 주세요

newest exhibit of East Asian art / is now open. You may
우리의 최신 동아시아 미술 전시회가   지금 열립니다

visit the display / on the second floor. ⁰⁶If you'd like
여러분들은 전시에 방문할 수 있습니다   2층에 있는

more information / on this special exhibition, / come to
만약 여러분이 더 많은 정보를 원한다면   이 특별 전시에 대해

the front desk / for a brochure. Please enjoy your visit.
안내 데스크로 오세요   소책자를 가지러   방문을 즐기시기 바랍니다

장소 언급
주제·목적

세부 내용

마침 인사

5-6번은 다음 공지에 관한 문제입니다.

Capital 미술관에 오신 것을 환영합니다. 최신 동아시아 미술 전시회가 지금 열리는 것에 주목해주시기 바랍니다. 여러분은 2층에 있는 전시에 방문하실 수 있습니다. 만약 이 특별 전시에 대해 더 많은 정보를 원하시면, 소책자를 가지러 안내 데스크로 오십시오. 방문을 즐기시기 바랍니다.

05 What is the main purpose of the announcement?

(A) To provide exhibit details
(B) To inform listeners of rules
(C) To describe artwork
(D) To introduce an artist

06 What can the listeners get at the front desk?

(A) A catalog
(B) A pamphlet
(C) A snack
(D) A schedule

05 공지의 주된 목적은 무엇인가?

(A) 전시회의 세부사항을 제공하기 위해
(B) 청자들에게 규정을 알려주기 위해
(C) 미술품을 설명하기 위해
(D) 예술가를 소개하기 위해

06 청자들은 안내 데스크에서 무엇을 얻을 수 있는가?

(A) 카탈로그
(B) 소책자
(C) 간식
(D) 일정표

어휘 note[미 nout, 영 nəut] 주목하다 exhibit[igzíbit] 전시회 display[displéi] 전시 brochure[미 brouʃúər, 영 bróuʃə] 소책자 describe[diskráib] 설명하다 introduce[ìntrədjú:s] 소개하다

해설 05 What ~ purpose of ~ announcement를 보고 공지의 목적이 무엇인지를 묻고 있음을 알 수 있습니다. 지문의 초반 Welcome to the Capital Gallery. Please note that our newest exhibit ~ is now open에서 전시회에 대한 세부사항을 이야기하고 있음을 알 수 있으므로 (A) To provide exhibit details가 정답입니다.

06 What ~ listeners get at ~ front desk를 보고 청자들이 안내 데스크에서 얻을 수 있는 것이 무엇인지를 묻고 있음을 알 수 있습니다. 지문의 중반 If you'd like more information ~ come to the front desk for a brochure에서 안내 데스크에서 소책자를 얻을 수 있음을 알 수 있으므로 (B) A pamphlet이 정답입니다.

Questions 7-8 refer to the following announcement.

7-8번은 다음 공지에 관한 문제입니다.

07Tonight's film presentation of *Animal Games* / will
오늘 밤의 *Animal Games*의 영화 발표회가   시작될 것입니다

begin / shortly. But first, / I'd like to announce / that
곧   그러나 우선   저는 알려드리고 싶습니다

08the movie's famous director, / Mark Glove, / is going to
이 영화의 유명한 감독인   Mark Glove가

give a talk / after the film. Mr. Glove has won many
이야기를 들려줄 것입니다 영화가 끝난 후   Mr. Glove는 많은 상을 받아왔습니다

awards / over the years / for his work. He is here / to
수년 동안   그의 작품으로   그는 여기에 왔습니다

discuss the meaning / behind *Animal Games*. Audience
의미를 이야기하기 위해   *Animal Games* 뒤에 있는

members will be allowed / to ask questions / during
청중들은 허락될 것입니다   질문할 수 있도록   그 시간 동안

that time. We hope / you enjoy the movie!
저희는 바랍니다   당신이 영화를 즐기시기를

장소 언급

주제·목적
및
세부 내용

마침 인사

오늘 밤 *Animal Games*의 영화 발표회가 곧 시작될 것입니다. 그러나 우선, 이 영화의 유명한 감독인 Mark Glove가 영화가 끝난 후에 이야기를 들려줄 것을 알려드립니다. Mr. Glove는 그의 작품으로 수년간 많은 상을 받아왔습니다. 그는 여기서 *Animal Games*의 뒤에 숨겨진 의미를 이야기할 것입니다. 청중들은 그 시간 동안 질문을 하실 수 있습니다. 영화를 즐기시기 바랍니다!

07 Where is the announcement being made?

(A) At a movie screening
(B) At a film company
(C) At an awards show
(D) At a live performance

08 Who is Mark Glove?

(A) A ceremony host
(B) A film director
(C) An event planner
(D) A movie critic

07 공지는 어디에서 이루어지고 있는가?

(A) 영화 상영회에서
(B) 영화사에서
(C) 시상식에서
(D) 라이브 공연에서

08 Mark Glove는 누구인가?

(A) 행사 진행자
(B) 영화 감독
(C) 행사 기획자
(D) 영화 평론가

어휘 announce[ənáuns] 알려주다 director[미 diréktər, 영 dairéktə] 감독 meaning[míːniŋ] 의미 audience[ɔ́ːdiəns] 청중 allow[əláu] 허락하다 screening[skríːniŋ] 상영회 critic[krítik] 평론가

해설 07 Where ~ announcement ~ made를 보고 공지가 이루어지고 있는 곳이 어디인지를 묻고 있음을 알 수 있습니다. 지문의 초반 Tonight's film presentation ~ will begin shortly에서 공지가 영화 발표회에서 이루어지고 있음을 알 수 있으므로 (A) At a movie screening이 정답입니다.

08 Who ~ Mark Glove를 보고 Mark Glove가 누구인지를 묻고 있음을 알 수 있습니다. 지문의 초반 the movie's famous director, Mark Glove에서 Mark Glove가 유명한 영화 감독임을 알 수 있으므로 (B) A film director가 정답입니다.

01 (A)	**02** (D)	**03** (B)	**04** (A)	**05** (C)	**06** (C)	**07** (D)	**08** (B)	**09** (A)	**10** (A)
11 (A)	**12** (C)	**13** (A)	**14** (B)	**15** (C)	**16** (C)	**17** (B)	**18** (D)		

01 ~ 03

🎧 미국식 발음

Questions 1-3 refer to the following announcement.

Can everyone gather around quickly? [01]I have a short announcement. The sidewalk / in front of our office / is going to be replaced / next month. In order to prepare for the construction, / I'd like to give a few instructions. First, / [02]please use the side door / until the project is finished. I don't want anyone to get in the workers' way. Also, / [03]keep the front door closed / at all times / to keep dust from coming into the building. If you have questions, / speak to me or another member of management.

01 What is the announcement mainly about?

(A) Construction work
(B) Door installation
(C) Staff schedules
(D) Event preparations

02 What does the speaker ask the listeners to do?

(A) Stay away from the windows
(B) Take shorter breaks
(C) Be friendly to workers
(D) Use another entrance

03 Why should the door remain closed?

(A) To reduce noise
(B) To keep the office clean
(C) To keep the building cool
(D) To prevent an accident

1-3번은 다음 공지에 관한 문제입니다.

모두 빨리 모여주시겠습니까? 간단한 공지사항이 있습니다. 우리 사무실 앞에 있는 인도가 다음 달에 교체될 것입니다. 이 공사를 준비하기 위해, 몇 가지 지시사항을 전달하고자 합니다. 첫째로, 이 프로젝트가 끝날 때까지 옆문을 이용해주시기 바랍니다. 아무도 작업자들에게 방해가 되지 않길 바랍니다. 또한, 건물로 들어오는 먼지를 막기 위해 정문은 항상 닫아주시기 바랍니다. 질문이 있으시면, 저 또는 관리부 직원에게 말씀해주시기 바랍니다.

01 공지는 주로 무엇에 관한 것인가?

(A) 건설 공사
(B) 문 설치
(C) 직원 일정
(D) 행사 준비

02 화자는 청자들에게 무엇을 하라고 요청하는가?

(A) 창문에서 떨어져 있는다.
(B) 더 짧은 휴식을 취한다.
(C) 작업자들에게 친절하게 대한다.
(D) 다른 입구를 이용한다.

03 문은 왜 닫혀있어야 하는가?

(A) 소음을 줄이기 위해
(B) 사무실을 깨끗하게 유지하기 위해
(C) 건물을 시원하게 유지하기 위해
(D) 사고를 방지하기 위해

어휘 gather[ɡǽðər] 모이다 sidewalk[sáidwɔ̀ːk] 인도 in front of 앞에 in order to ~하기 위해 at all times 항상 management[mǽnidʒmənt] 관리부 friendly[fréndli] 친절한 entrance[éntrəns] 입구

해설 01 What ~ announcement ~ about을 보고 공지가 무엇에 관한 것인지를 묻고 있음을 알 수 있습니다. 지문의 초반 I have ~ announcement. The sidewalk ~ is going to be replaced에서 공지가 인도 공사에 관한 것임을 알 수 있으므로 (A) Construction work가 정답입니다.

02 What ~ speaker ask listeners to do를 보고 화자가 청자들에게 무엇을 하라고 요청하는지를 묻고 있음을 알 수 있습니다. 지문의 중반 please use the side door에서 옆문을 이용하라고 말하는 것을 알 수 있으므로 (D) Use another entrance가 정답입니다.

03 Why should ~ door remain closed를 보고 문이 닫혀있어야 하는 이유를 묻고 있음을 알 수 있습니다. 지문의 후반 keep the front door closed ~ to keep dust from coming into the building에서 건물로 들어오는 먼지를 막기 위해 문이 닫혀있어야 함을 알 수 있으므로 (B) To keep the office clean이 정답입니다.

Questions 4-6 refer to the following announcement.

04Welcome to the 16th Annual Dentistry Convention. I have a quick announcement to make. The event's keynote speaker—Martin O'Leary—will not arrive / on time. His train from Dublin / was late to depart. 05I'm still trying to determine / when he might get here. It's hard to say. But most likely, / he won't make it / before 3 P.M. So, / we begin with Sarah Greenfield. 06Her talk will start / in 15 minutes in Hall B. Participants should head there / soon. Thank you / for your attention.

제16회 치과학 연례 회의에 오신 것을 환영합니다. 빠르게 공지할 사항이 있습니다. 이 행사의 기조 연설자인 Martin O'Leary가 제시간에 도착하지 않을 것입니다. 더블린에서 오는 그의 기차가 출발이 늦어졌습니다. 저는 그가 언제 이곳에 도착할지 알아내기 위해 계속해서 노력하고 있습니다. 그것은 말씀드리기가 어렵습니다. 하지만 아마도, 그는 오후 3시 전에는 오지 못할 것입니다. 그래서, 저희는 Sarah Greenfield와 함께 시작하겠습니다. 그녀의 연설은 15분 후에 B홀에서 시작될 것입니다. 참석자분들은 곧 그곳으로 가주셔야 합니다. 주목해주셔서 감사합니다.

04 Where most likely are the listeners?

(A) At a convention center
(B) At a dental clinic
(C) At a trade fair
(D) At a train station

05 What does the woman imply when she says, "It's hard to say"?

(A) She cannot explain a delay.
(B) She cannot contact a speaker.
(C) She cannot confirm a time.
(D) She cannot send a schedule.

06 What will some listeners most likely do next?

(A) Participate in a survey
(B) Request a ticket refund
(C) Go to a hall
(D) Look at a schedule

04 청자들은 어디에 있는 것 같은가?

(A) 회의장에
(B) 치과에
(C) 무역 박람회에
(D) 기차역에

05 여자는 "그것은 말씀드리기가 어렵습니다"라고 말할 때 무엇을 암시하는가?

(A) 그녀는 지연을 설명할 수 없다.
(B) 그녀는 연설자에게 연락할 수 없다.
(C) 그녀는 시간을 확인할 수 없다.
(D) 그녀는 일정표를 보낼 수 없다.

06 몇몇 청자들은 다음에 무엇을 할 것 같은가?

(A) 설문조사에 참여한다.
(B) 표 환불을 요청한다.
(C) 홀로 간다.
(D) 일정을 확인한다.

어휘 dentistry[déntistri] 치과학 keynote speaker 기조 연설자 on time 제시간에 depart[미 dipá:rt, 영 dipá:t] 출발하다
determine[미 ditə́:rmin, 영 ditə́:min] 알아내다 make it 오다 participant[미 pɑ:rtísəpənt, 영 pɑ:tísipənt] 참석자
head[hed] 가다 confirm[kənfə́:rm] 확인하다

해설 04 Where ~ listeners를 보고 청자들이 있는 곳이 어디인지를 묻고 있음을 알 수 있습니다. 지문의 초반 Welcome to the 16th Annual Dentistry Convention에서 치과학 연례 회의에 온 것을 알 수 있으므로 (A) At a convention center가 정답입니다.

05 What ~ woman imply when ~ says, It's hard to say를 보고 여자가 그것은 말씀드리기가 어렵다고 말할 때 암시하는 것이 무엇인지를 묻고 있음을 알 수 있습니다. 지문의 중반 I'm still trying to determine when he might get here에서 연설자가 언제 도착할지 확인할 수 없다는 것을 알 수 있으므로 (C) She cannot confirm a time이 정답입니다.

06 What ~ some listeners~ do next를 보고 몇몇 청자들이 다음에 할 일이 무엇인지를 묻고 있음을 알 수 있습니다. 지문의 후반 Her talk will start ~ in Hall B와 Participants should head there soon에서 참석자들이 B홀로 가야 함을 알 수 있으므로 (C) Go to a hall이 정답입니다.

Questions 7-9 refer to the following announcement.

Before we return to work, / I'm going to make one final announcement. Next Saturday, / ⁰⁷we'll be holding our annual company picnic. The event will be at Reinhart Park. It's a really beautiful place / and quite close to our office. Food and beverages will be provided / to all employees. Also, / ⁰⁸various gifts will be given away / in the afternoon. ⁰⁹Before you leave today, / please arrange to meet with your team members / so that you can tell them about this event. OK. That's all for now.

07 What is the purpose of the announcement?

(A) To confirm a relocation
(B) To describe a sale
(C) To explain a policy
(D) To discuss a retreat

08 According to the speaker, what will be provided to employees?

(A) Maps
(B) Gifts
(C) Handbooks
(D) Coupons

09 What should the listeners do before they leave today?

(A) Organize meetings
(B) Visit some sites
(C) Confirm a schedule
(D) Contact some clients

7-9번은 다음 공지에 관한 문제입니다.

우리가 업무로 복귀하기 전에, 마지막 공지를 하나 하겠습니다. 다음 주 토요일에, 우리는 연례 회사 야유회를 개최할 것입니다. 그 행사는 Reinhart 공원에서 열릴 것입니다. 그곳은 정말 아름다운 장소이며 우리 사무실과도 꽤 가깝습니다. 모든 직원들에게 음식과 음료가 제공될 것입니다. 또한, 오후에는 다양한 선물들이 나누어질 것입니다. 오늘 여러분이 떠나기 전에, 이 행사에 관해 이야기해 줄 수 있도록 여러분의 팀원들과 만날 자리를 마련하시길 바랍니다. 좋습니다. 지금은 이게 전부입니다.

07 공지의 목적은 무엇인가?

(A) 이전을 확정하기 위해
(B) 매출을 설명하기 위해
(C) 정책을 설명하기 위해
(D) 야유회에 대해 이야기하기 위해

08 화자에 따르면, 직원들에게 무엇이 제공될 것인가?

(A) 지도들
(B) 선물들
(C) 안내서들
(D) 쿠폰들

09 청자들은 오늘 그들이 떠나기 전에 무엇을 해야 하는가?

(A) 회의를 마련한다.
(B) 몇몇 장소를 방문한다.
(C) 일정을 확인한다.
(D) 몇몇 고객들에게 연락한다.

어휘 hold[hould] 개최하다 beverage[bévəridʒ] 음료 various[vέəriəs] 다양한 give away ~을 나누어주다
arrange[əréindʒ] 마련하다, 준비하다

해설 07 What ~ purpose of ~ announcement를 보고 공지의 목적이 무엇인지를 묻고 있음을 알 수 있습니다. 지문의 초반 we'll be holding ~ company picnic에서 회사 야유회에 대해 이야기하고 있음을 알 수 있으므로 (D) To discuss a retreat이 정답입니다.

08 what ~ provided to employees를 보고 직원들에게 무엇이 제공될 것인지를 묻고 있음을 알 수 있습니다. 지문의 중반 various gifts will be given away에서 선물들이 나누어질 것임을 알 수 있으므로 (B) Gifts가 정답입니다.

09 What ~ listeners do before they leave today를 보고 청자들이 오늘 떠나기 전에 무엇을 해야 하는지를 묻고 있음을 알 수 있습니다. 지문의 후반 Before you leave today, please arrange to meet with your team members에서 청자들이 회의를 마련해야 함을 알 수 있으므로 (A) Organize meetings가 정답입니다.

Questions 10-12 refer to the following announcement.

May I have your attention please? ¹⁰As an owner of Sleep Easy, / I'm very proud to announce a special offer / on all bed sets for Sleep Easy Loyalty Club members. Starting next Monday, members can purchase mattresses at 40 percent off, / or pillows at 30 percent off. All of these products / come with a one-year warranty. Just ¹¹visit our Web site and complete the registration form / to enroll in the club. ¹²You will want to take advantage of this deal! But keep in mind, / it ends / on June 15. So, / talk with any of our friendly salespeople / to get more information.

10-12번은 다음 공지에 관한 문제입니다.

주목해주시겠어요? Sleep Easy의 사장으로서, Sleep Easy Loyalty 클럽 회원들을 위한 모든 침구 세트에 대한 특별 할인을 알리게 되어 무척 기쁩니다. 다음 주 월요일부터, 회원들은 매트리스를 40퍼센트, 또는 베개를 30퍼센트 할인된 가격으로 구매하실 수 있습니다. 이 모든 제품들은 1년간의 품질 보증서가 함께 제공됩니다. 클럽에 가입하기 위해 저희 웹사이트를 방문하셔서 신청서를 작성하세요. 여러분은 이 거래의 기회를 활용하고 싶으실 겁니다! 하지만 기억하세요, 이것은 6월 15일에 끝날 것입니다. 그러니 더 많은 정보를 얻기 위해 저희의 친절한 판매원에게 이야기해주세요.

10 Where is the announcement most likely being made?

(A) At a furniture store
(B) At a photo studio
(C) At a hotel
(D) At a factory

10 공지는 어디에서 이루어지고 있는 것 같은가?

(A) 가구점에서
(B) 사진관에서
(C) 호텔에서
(D) 공장에서

11 What are the listeners asked to do online?

(A) Fill out a form
(B) Make a purchase
(C) Read a review
(D) Look at a map

11 청자들은 온라인에서 무엇을 하도록 요청받는가?

(A) 양식을 작성한다.
(B) 구매를 한다.
(C) 후기를 읽는다.
(D) 지도를 본다.

12 What will happen on June 15?

(A) A business will close.
(B) A product will be released.
(C) A promotion will end.
(D) A Web site will be updated.

12 6월 15일에 무슨 일이 일어날 것인가?

(A) 가게가 문을 닫을 것이다.
(B) 상품이 공개될 것이다.
(C) 판촉 행사가 끝날 것이다.
(D) 웹사이트가 갱신될 것이다.

어휘 owner[미 óunər, 영 óunə] 사장, 소유자 proud[praud] 기쁜, 자랑스러운 offer[미 ɔ́ːfər, 영 ɔ́fə] 할인 pillow[미 pílou, 영 píləu] 베개 warranty[미 wɔ́ːrənti, 영 wɔ́rənti] 품질 보증서 registration form 신청서 take advantage of 기회를 활용하다 salespeople[séilzpìːpl] 판매원 promotion[미 prəmóuʃən, 영 prəmə́uʃən] 판촉 행사, 프로모션

해설 10 Where ~ announcement ~ made를 보고 공지가 이루어지고 있는 곳이 어디인지를 묻고 있음을 알 수 있습니다. 지문의 초반 As an owner of Sleep Easy, I'm very proud to announce a special offer on all bed sets에서 Sleep Easy가 **침구 세트를 파는 곳**임을 알 수 있으므로 (A) At a furniture store가 정답입니다.

11 What ~ listeners asked to do online을 보고 청자들이 온라인에서 하도록 요청받는 것이 무엇인지를 묻고 있음을 알 수 있습니다. 지문의 중반 visit our Web site and complete the registration form에서 웹사이트에 방문해 신청서를 작성하라고 요청하고 있음을 알 수 있으므로 (A) Fill out a form이 정답입니다.

12 What ~ happen on June 15을 보고 6월 15일에 무슨 일이 일어날 것인지를 묻고 있음을 알 수 있습니다. 지문의 후반 You will want to take advantage of this deal! But ~ it ends on June 15에서 판촉 행사가 6월 15일에 끝날 것임을 알 수 있으므로 (C) A promotion will end가 정답입니다.

Questions 13-15 refer to the following announcement.

¹³I want to discuss some changes / to our office policies. Beginning May 14, / management would like everyone to sign in / when they arrive at work. They hope / signing in will stop people from showing up late. Next, / our break policy has been changed. ¹⁴Employees can now take an hour and a half / for lunch. This extra 30 minutes / will give you the chance / to enjoy your break more. ¹⁵Please contact Julie in personnel / if you would like more details / about these changes.

13 What is the talk mainly about?

(A) Workplace policies
(B) Issues with management
(C) Upcoming projects
(D) New benefit plans

14 What are the listeners now able to do?

(A) Request additional leave
(B) Take longer breaks
(C) Work flexible hours
(D) Receive bonuses

15 What is mentioned about Julie?

(A) She is away on vacation.
(B) She wants higher pay.
(C) She works in the personnel department.
(D) She has volunteered.

13-15번은 다음 공지에 관한 문제입니다.

저는 여러분과 저희 사무실 방침의 몇몇 변화에 대해 이야기하고 싶습니다. 5월 14일부터, 경영진은 모든 사람들이 회사에 도착했을 때 출근 시간을 기록하기를 원합니다. 그들은 출근 시간 기록이 사람들이 늦게 나타나는 것을 방지할 것이라 기대합니다. 다음으로, 우리 휴식 수칙이 변경되었습니다. 직원들은 이제 점심시간으로 1시간 30분을 가질 수 있습니다. 이 추가 30분은 여러분의 휴식을 더 즐길 수 있는 기회를 줄 것입니다. 이 변화에 대한 더 많은 세부사항을 알고 싶으시면 인사부의 Julie에게 연락주시기 바랍니다.

13 담화는 주로 무엇에 관한 것인가?

(A) 직장 방침
(B) 관리의 문제점
(C) 곧 있을 프로젝트들
(D) 새로운 복지 계획들

14 청자들은 이제 무엇을 할 수 있는가?

(A) 추가적인 휴가를 요청한다.
(B) 더 긴 휴식을 취한다.
(C) 탄력적 근무 시간 동안 일한다.
(D) 보너스를 받는다.

15 Julie에 대해 무엇이 언급되는가?

(A) 그녀는 휴가 중이다.
(B) 그녀는 더 높은 봉급을 원한다.
(C) 그녀는 인사부에서 일한다.
(D) 그녀는 자원봉사를 했다.

어휘 management[mǽnidʒmənt] 경영진 sign in 출근 시간을 기록하다 show up 나타나다
personnel[미 pə̀:rsənél, 영 pə̀:sənél] 인사부 operation[à:pəréiʃən] 운영 volunteer[và:ləntíər] 자원봉사하다, 자원하다

해설 13 What ~ talk ~ about을 보고 담화가 무엇에 관한 것인지를 묻고 있음을 알 수 있습니다. 지문의 초반 I want to discuss some changes to our offices policies에서 사무실 방침의 변화에 대해 이야기하고 있음을 알 수 있으므로 (A) Workplace policies가 정답입니다.

14 What ~ listeners ~ able to do를 보고 청자들이 무엇을 할 수 있는지를 묻고 있음을 알 수 있습니다. 지문의 중반 Employees can now take an hour and a half ~ This extra 30 minutes will give you the chance to enjoy your break more에서 직원들이 점심시간으로 1시간 30분을 가질 수 있으며 이 추가 30분이 휴식을 더 즐길 수 있는 기회를 줄 것임을 알 수 있으므로 (B) Take longer breaks가 정답입니다.

15 What ~ mentioned about Julie를 보고 Julie에 대해 언급되는 것이 무엇인지를 묻고 있음을 알 수 있습니다. 지문의 후반 Please contact Julie in personnel에서 Julie가 인사부에서 일하는 것을 알 수 있으므로 (C) She works in the personnel department가 정답입니다.

Questions 16-18 refer to the following announcement and departure board.

Attention, / travelers. Due to a technical issue, / ¹⁶Flight 567 has been delayed / until tomorrow morning. It will now depart / at 11:25 A.M. tomorrow. ¹⁷Travelers / who don't want to take the flight / can receive a complete refund. Just head to the main ticketing booth / to talk with a ticketing agent. ¹⁸Those / who plan to wait for the flight / are free to relax / in the airport lounge. It is located right beside Gate 23. Thank you / for your understanding.

Departure Board	
Destination	Departure time
Paris	10:10 A.M.
Lisbon	10:50 A.M.
¹⁶Berlin	11:25 A.M.
Florence	11:45 A.M.

16 Look at the graphic. What is Flight 567's destination?

(A) Paris
(B) Lisbon
(C) Berlin
(D) Florence

17 According to the speaker, what can some listeners receive?

(A) A voucher
(B) A refund
(C) A new ticket
(D) A free meal

18 According to the speaker, what can the listeners do?

(A) Go to an information desk
(B) Eat at a restaurant
(C) Request a discount
(D) Visit a lounge

16-18번은 다음 공지와 도착 안내판에 관한 문제입니다.

여행객들은 주목해주십시오. 기계적인 문제로 인해, 항공 567편이 내일 아침까지 지연되었습니다. 그것은 이제 내일 오전 11시 25분에 출발할 것입니다. 그 비행편을 타는 것을 원하지 않는 여행객들은 완전한 환불을 받으실 수 있습니다. 그저 매표 직원과 이야기하기 위해 주 매표소로 가시면 됩니다. 비행편을 기다릴 계획인 분들은 공항 라운지에서 자유롭게 휴식을 취하실 수 있습니다. 그것은 23번 출구 바로 옆에 위치해 있습니다. 이해해 주셔서 감사합니다.

도착 안내판	
목적지	출발 시간
파리	오전 10시 10분
리스본	오전 10시 50분
베를린	오전 11시 25분
플로렌스	오전 11시 45분

16 시각 자료를 보아라. 항공 567편의 목적지는 어디인가?

(A) 파리
(B) 리스본
(C) 베를린
(D) 플로렌스

17 화자에 따르면, 몇몇 청자들은 무엇을 받을 수 있는가?

(A) 상품권
(B) 환불
(C) 새로운 표
(D) 무료 식사

18 화자에 따르면, 청자들은 무엇을 할 수 있는가?

(A) 안내소로 간다.
(B) 식당에서 식사한다.
(C) 할인을 요청한다.
(D) 라운지를 방문한다.

어휘 delay[diléi] 지연시키다, 지체하다 depart[미 dipá:rt, 영 dipá:t] 출발하다 ticketing booth 매표소 beside[bisáid] ~의 옆에
destination[dèstənéiʃən] 목적지

해설 16 What ~ Flight 567's destination을 보고 항공 567편의 도착지가 어디인지를 묻고 있음을 알 수 있습니다. 지문의 초반 Flight 567 has been delayed until tomorrow morning. It will now depart at 11:25 A.M. tomorrow에서 항공 567편이 내일 오전 11시 25분에 출발할 것이라고 하였고, 도착 안내판에서 11시 25분에 출발하는 항공편의 목적지가 베를린임을 알 수 있으므로 (C) Berlin이 정답입니다.

17 what ~ listeners receive를 보고 청자들이 받을 것이 무엇인지를 묻고 있음을 알 수 있습니다. 지문의 초반 Travelers who don't want to take the flight can receive a complete refund에서 항공편을 타는 것을 원하지 않는 여행객들은 완전한 환불을 받을 수 있음을 알 수 있으므로 (B) A refund가 정답입니다.

18 What can ~ listeners do를 보고 화자가 청자들이 할 수 있는 것이 무엇인지를 묻고 있음을 알 수 있습니다. 지문의 후반 Those who plan to wait ~ are free to relax in the airport lounge에서 기다릴 계획인 사람들은 공항 라운지를 방문할 수 있음을 알 수 있으므로 (D) Visit a lounge가 정답입니다.

토익 기초

Part 1

Part 2

Part 3

Part 4

해커스 토익 스타트 Listening

Course 1 광고

p.280

01 (A) **02** (B) **03** (B) **04** (A) **05** (B) **06** (C) **07** (B) **08** (D)

---

01 🔊 미국식 발음, 호주식 발음

Question 1 refers to the following advertisement.

Would you like to spend less time / preparing dinner?] 호기심 유발
당신은 더 적은 시간을 보내고 싶으십니까   저녁을 준비하는 데

Well, / Quick Eats can help! We specialize in / delicious
그렇다면, Quick Eats가 도와드릴 수 있습니다 우리는 전문으로 합니다   맛있고

and affordable frozen meals. Our dinners take only
맛있고 가격이 적당한 냉동 식품을   우리의 저녁은 단지 10분이 걸립니다

10 minutes / to cook. They are perfect / for people with
요리하는 데   그것들은 완벽합니다

busy schedules. Try our frozen meals / today!
바쁜 일정을 가진 사람들에게 저희의 냉동 식품을 드셔 보세요   오늘

| 광고 상품 |
| 상품 특징 |

What is being advertised?

(A) 식료품

(B) 새로운 식당

1번은 다음 광고에 관한 문제입니다.

저녁을 준비하는 시간을 줄이고 싶으신가요? 그렇다면, Quick Eats가 도와드릴 수 있습니다! 저희는 맛있고 가격이 적당한 냉동 식품을 전문으로 합니다. 저희의 저녁은 요리하는 데 10분밖에 걸리지 않습니다. 그것들은 바쁜 일정을 가진 분들께 완벽합니다. 오늘 저희의 냉동 식품을 드셔 보세요!

무엇이 광고되고 있는가?

(A) 식료품
(B) 새로운 식당

어휘 specialize[미 spéʃəlàiz, 영 spéʃəlaiz] 전문으로 하다 delicious[dilíʃəs] 맛있는
affordable[미 əfɔ́ːrdəbl, 영 əfɔ́ːdəbl] 가격이 적당한 frozen[미 frouzn, 영 frɔ́uzn] 냉동의 cook[kuk] 요리하다

해설 What ~ advertised를 보고 광고되고 있는 것이 무엇인지를 묻고 있음을 알 수 있습니다. 지문의 중반 We specialize in ~ frozen meals에서 냉동 식품이 광고되고 있음을 알 수 있으므로 (A)가 정답입니다.

---

02 🔊 영국식 발음, 미국식 발음

Question 2 refers to the following advertisement.

Do you have trouble finding clothes / that fit well?] 호기심 유발
당신은 옷을 찾는 것이 어려우신가요   잘 맞는

Come visit Sally's Closet! Our knowledgeable staff will
Sally's Closet에 오셔서 방문하세요   우리의 전문적인 직원이 도와줄 거예요

help you / find an amazing outfit. Plus, / right now /
놀라운 옷을 찾는 것을   또한   지금

every purchase comes with a free belt. So / come
모든 구매에 무료 벨트를 제공합니다   그러니

down to Sally's Closet / today!
Sally's Closet에 들르세요   오늘

| 광고 상품 |
| 상품 특징 |

What can the listeners receive with a purchase?

(A) 상품권

(B) 무료 액세서리

2번은 다음 광고에 관한 문제입니다.

잘 맞는 옷을 찾는 것이 어려우신가요? Sally's Closet을 방문해 보세요! 저희의 전문적인 직원이 놀라운 옷을 찾는 것을 도울 것입니다. 또한, 지금 모든 구매에 무료 벨트를 제공합니다. 그러니 오늘 Sally's Closet에 들르세요!

청자들은 구매와 함께 무엇을 받을 수 있는가?

(A) 상품권
(B) 무료 액세서리

어휘 have trouble -ing ~이 어렵다 fit[fit] 잘 맞다 knowledgeable[미 nɑ́ːlidʒəbl, 영 nɔ́lidʒebl] 전문적인
outfit[미 áutfit, 영 áutfit] 옷 purchase[미 pə́ːrtʃəs, 영 pə́ːtʃəs] 구매

해설 What ~ listeners receive with ~ purchase를 보고 청자들이 구매와 함께 받을 수 있는 것이 무엇인지를 묻고 있음을 알 수 있습니다. 지문의 후반 every purchase comes with a free belt에서 모든 구매에 무료 벨트를 제공함을 알 수 있으므로 (B)가 정답입니다.

Question 3 refers to the following advertisement.

Do you need someone / to take care of your yard work?] 호기심 유발
당신은 누군가가 필요한가요   당신의 정원 일을 돌봐줄

True Lawns is here / to serve you! We are known /] 광고 상품
True Lawns가 여기 있습니다 당신에게 제공하기 위해 우리는 알려져 있습니다

as the city's best lawn care company. We do
도시 최고의 잔디 관리 회사로

everything / from cleaning up leaves / to planting grass.] 상품 특징
우리는 모든 것을 합니다   낙엽 청소부터   잔디를 심는 것까지

To book an appointment for our services, / contact us /] 상품 관련 추가 정보
우리의 서비스를 예약하기 위해   우리에게 연락하세요

at 555-8365.
555-8365로

According to the advertisement, what service does the company provide?

(A) Hair styling

(B) Yard work

3번은 다음 광고에 관한 문제입니다.

정원 일을 돌봐줄 누군가가 필요하신가요? 당신에게 서비스를 제공하기 위해 True Lawns가 여기 있습니다! 저희는 도시 최고의 잔디 관리 회사로 알려져 있습니다. 저희는 낙엽 청소부터 잔디를 심는 것까지 모든 것을 합니다. 저희의 서비스를 예약하시려면, 555-8365로 연락해주시기 바랍니다.

광고에 따르면, 회사는 어떤 서비스를 제공하는가?

(A) 머리 손질
(B) 정원 일

어휘 take care of ~을 돌봐주다 yard [미 ja:rd, 영 ja:d] 정원 lawn [lɔːn] 잔디 serve [미 sə:rv, 영 sə:v] (상품·서비스를) 제공하다

해설 what service ~ company provide를 보고 회사가 어떤 서비스를 제공하는지를 묻고 있음을 알 수 있습니다. 지문의 초반 Do you need someone to take care of your yard work? True Lawns is here to serve you에서 정원 일을 해주는 서비스를 제공함을 알 수 있으므로 (B) Yard work가 정답입니다.

Question 4 refers to the following advertisement.

Are you tired of / expensive travel packages? If so, /] 호기심 유발
싫증났나요   비싼 여행 패키지들에   만약 그렇다면   ] 광고 상품

Boston Travel is the right place / for you. We offer
보스턴 여행사가 알맞은 곳입니다   당신에게

great service / throughout the year. Right now, / we
우리는 좋은 서비스를 제공합니다 일년 내내   지금

have a promotion / for trips to Rome. You can take a] 상품 특징
우리는 프로모션을 하고 있습니다 로마로의 여행을 위한   당신은 그곳에서

five-day trip there / for only $400. Read our pamphlet /
5일 동안의 여행을 할 수 있습니다 오직 400달러로   우리의 소책자를 읽으세요   ] 상품 관련 추가 정보

for more information.
더 많은 정보를 위해

According to the advertisement, where can the listeners travel for $400?

(A) To Rome

(B) To Boston

4번은 다음 광고에 관한 문제입니다.

비싼 여행 패키지들에 싫증나셨나요? 만약 그렇다면, 보스턴 여행사가 당신에게 알맞은 곳입니다. 저희는 일년 내내 좋은 서비스를 제공합니다. 지금, 저희는 로마 여행 프로모션을 하고 있습니다. 당신은 오직 400달러로 그곳에서 5일 동안 여행하실 수 있습니다. 더 많은 정보를 원하시면 저희 소책자를 읽어주세요.

광고에 따르면, 청자들은 400달러로 어디에 여행갈 수 있는가?

(A) 로마에
(B) 보스턴에

어휘 expensive [ikspénsiv] 비싼 throughout [θruːáut] ~ 내내 pamphlet [pǽmflət] 소책자

해설 where ~ listeners travel for $400를 보고 청자들이 400달러로 여행갈 수 있는 곳이 어디인지를 묻고 있음을 알 수 있습니다. 지문의 후반 we have a promotion for trips to Rome. You can take a ~ trip there for only $400에서 400달러로 로마 여행을 갈 수 있음을 알 수 있으므로 (A) To Rome이 정답입니다.

Questions 5-6 refer to the following advertisement.

If you plan to move into a new home / soon, / contact
만약 당신이 새로운 집으로 이사할 계획이라면   곧
Speedy Boxers. ⁰⁵We are experts / at packing for houses
Speedy Boxers에 연락하세요 우리는 전문가들입니다 집 또는 아파트의 짐을 싸는 것에 있어서
or apartments / to make your move easier. Speedy
당신의 이사를 더 쉽게 만들기 위한
Boxers promises / to take good care of your items.
Speedy Boxers는 약속합니다   당신의 물품들을 잘 관리하는 것을
Why waste your time packing? We can do it for you!
왜 당신의 시간을 짐 싸는 데 낭비하나요   저희가 대신 그것을 해드릴 수 있습니다
⁰⁶If you call us today, / you will get a 10 percent discount.
만약 당신이 오늘 전화한다면   당신은 10퍼센트 할인을 받을 거예요

호기심 유발 및 광고 상품

상품 특징

청자 할 일

05 What is being advertised?

(A) A rental agency
(B) A packing service
(C) A shopping outlet
(D) A painting company

06 Why should the listeners call today?

(A) To subscribe for a service
(B) To ask about business hours
(C) To receive a special offer
(D) To get a free item

5-6번은 다음 광고에 관한 문제입니다.

만약 당신이 곧 새로운 집으로 이사할 계획이라면, Speedy Boxers에 연락하세요. 저희는 당신의 이사를 더 쉽게 만들기 위해 집이나 아파트의 짐을 싸는 데 있어서 전문가들입니다. Speedy Boxers는 당신의 물품들을 잘 관리할 것을 약속드립니다. 왜 당신의 시간을 짐 싸는 데 낭비하시나요? 저희가 대신 그것을 해드릴 수 있습니다! 오늘 전화를 주시면, 10퍼센트 할인을 받으실 것입니다.

05 무엇이 광고되고 있는가?

(A) 임대 업체
(B) 이삿짐 포장 서비스
(C) 쇼핑 아웃렛
(D) 페인트칠 회사

06 청자들은 왜 오늘 전화해야 하는가?

(A) 서비스를 신청하기 위해
(B) 영업 시간에 대해 문의하기 위해
(C) 특별 할인을 받기 위해
(D) 무료 제품을 받기 위해

어휘 expert[미 ékspərt, 영 ékspəːt] 전문가 pack[pæk] 싸다 take care of ~을 관리하다 waste[weist] 낭비하다
discount[dískaunt] 할인 advertise[ǽdvərtàiz] 광고하다 rental[rentl] 임대의 subscribe[səbskráib] 신청하다
receive[risíːv] 받다

해설 05 What ~ advertised를 보고 광고되고 있는 것이 무엇인지를 묻고 있음을 알 수 있습니다. 지문의 초반 We are experts at packing for houses or apartments to make your move easier에서 이삿짐 포장 서비스를 광고하고 있음을 알 수 있으므로 (B) A packing service가 정답입니다.

06 Why ~ listeners call today를 보고 청자들이 오늘 전화할 이유를 묻고 있음을 알 수 있습니다. 지문의 후반 If you call us today, you will get a ~ discount에서 오늘 전화하면 할인을 받을 수 있음을 알 수 있으므로 (C) To receive a special offer가 정답입니다.

Questions 7-8 refer to the following advertisement.

⁰⁷Known for / its great selection of stylish athletic shoes, /
　알려진　　　　　엄선된 멋진 운동화로

Track Star is located downtown / across from Edwards
　Track Star는 시내에 위치합니다　　　　　Edwards 공원의 건너편에

Gardens. Right now, / we are having our annual sale /
　　　　지금　　　　　저희는 연간 세일을 하고 있어요

on running shoes. Plus, / we're offering customers /
　운동화에 대해　　　또한　　　고객분들에게 제공하고 있습니다

a variety of gifts / depending on the amount / they
　다양한 사은품을　　　　금액에 따라

purchase. And / as an added bonus, / ⁰⁸we're giving out
구매하시는　　그리고　　추가 경품으로　　　　　50달러 상품권을

$50 vouchers / to customers / who spend $500 or more /
드리고 있습니다　　　고객들에게　　　500달러 이상을 쓰시는

on merchandise. These deals last / until June 30, /
　　상품에　　　이 거래들은 계속됩니다　　6월 30일까지

so stop by Track Star / today.
그러므로 Track Star에 방문하세요　　오늘

광고 상품	
상품 특징	
청자 할 일	

07 What does Track Star sell?

(A) Camping gear
(B) Footwear
(C) Energy drinks
(D) Sports jerseys

08 What will customers who spend over $500 receive?

(A) A free item
(B) A membership card
(C) A discount
(D) A voucher

7-8번은 다음 광고에 관한 문제입니다.

엄선된 멋진 운동화로 알려진 Track Star는 시내의 Edwards 공원 건너편에 위치합니다. 지금, 저희는 운동화 연간 세일을 하고 있습니다. 또한, 구매하시는 금액에 따라 고객분들에게 다양한 사은품을 제공하고 있습니다. 그리고 추가 경품으로, 상품에 500달러 이상을 쓰시는 고객분들에게는 50달러 상품권을 드리고 있습니다. 이 거래들은 6월 30일까지 계속되므로, 오늘 Track Star에 방문해주세요.

07 Track Star는 무엇을 판매하는가?
　(A) 캠핑 장비
　(B) 신발
　(C) 에너지 음료
　(D) 운동용 셔츠

08 500달러 이상 지출한 고객은 무엇을 받을 것인가?
　(A) 무료 제품
　(B) 회원 카드
　(C) 할인
　(D) 상품권

토익 기초

Part 1

Part 2

Part 3

Part 4

해커스 토익 스타트 Listening

어휘 stylish[stáiliʃ] 멋진 athletic[æθlétik] 운동의 added bonus 추가 경품 voucher[미 váutʃər, 영 váutʃə] 상품권
merchandise[미 mə́ːrtʃəndàiz, 영 mə́ːtʃəndais] 상품 last[미 læst, 영 lɑːst] 계속되다 gear[giər] 장비
footwear[fútwὲər] 신발

해설 07 What ~ Track Star sell을 보고 Track Star가 판매하는 것이 무엇인지를 묻고 있음을 알 수 있습니다. 지문의 초반 Known for its ~ athletic shoes, Track Star에서 운동화를 판매함을 알 수 있으므로 (B) Footwear가 정답입니다.

08 What ~ customers who spend over $500 receive를 보고 500달러 이상 지출한 고객이 받을 것이 무엇인지를 묻고 있음을 알 수 있습니다. 지문의 후반 we're giving out $50 vouchers to customers who spend $500 or more on merchandise에서 상품에 500달러 이상을 쓰는 고객에게는 상품권을 주고 있음을 알 수 있으므로 (D) A voucher가 정답입니다.

Course 2 라디오 방송

p.286

01 (B)	02 (A)	03 (B)	04 (A)	05 (B)	06 (C)	07 (D)	08 (B)

01 ﹝﹞ 미국식 발음, 영국식 발음

Question 1 refers to the following broadcast.

I am happy to welcome Nancy Gross / this evening.
저는 Nancy Gross를 맞이하게 되어 기뻐요   오늘 저녁에

[초대 손님 소개]

Ms. Gross is a very popular designer. Her clothing is
Ms. Gross는 매우 인기 있는 디자이너예요   그녀의 옷은 판매됩니다

sold / in stores and malls / around the world. She will
상점과 쇼핑몰에서   전 세계   그녀는

talk to us tonight / about her long career.
오늘 밤 우리에게 이야기할 거예요   그녀의 오랜 경력에 대해

[주제 및 세부 내용]

Who is Ms. Gross?

(A) 상점 주인

(B) 디자이너

1번은 다음 방송에 관한 문제입니다.

오늘 저녁 Nancy Gross를 맞이하게 되어 기쁩니다. Ms. Gross는 매우 인기 있는 디자이너입니다. 그녀의 옷은 전 세계 상점과 쇼핑몰에서 판매됩니다. 그녀는 오늘 밤 그녀의 오랜 경력에 대해 이야기할 것입니다.

Ms. Gross는 누구인가?

(A) 상점 주인
(B) 디자이너

어휘 popular[미 pá:pjulər, 영 pɔ́pjələ] 인기 있는 around the world 전 세계에 career[미 kəríər, 영 kəríə] 경력

해설 Who ~ Ms. Gross를 보고 Ms. Gross가 누구인지를 묻고 있음을 알 수 있습니다. 지문의 초반 Ms. Gross is ~ designer에서 Ms. Gross가 디자이너임을 알 수 있으므로 (B)가 정답입니다.

02 ﹝﹞ 호주식 발음, 미국식 발음

Question 2 refers to the following radio broadcast.

Mr. Mike Hitch will be joining us / later today. He's a
Mr. Mike Hitch는 우리와 함께할 거예요   오늘 오후에

[초대 손님 소개]

researcher / at the Carlton Policy Organization.
그는 연구원이에요   Carlton 정책 기구의

He studies / how the government influences the national
그는 연구해요   정부가 어떻게 국가 경제에 영향을 미치는지

economy. Mr. Hitch is here / to discuss his views /
Mr. Hitch는 이곳에 왔어요   그의 견해를 이야기하기 위해

[주제 및 세부 내용]

on the new business laws.
새로운 상법들에 대한

Why was Mr. Hitch invited on the show?

(A) 그의 생각을 이야기하기 위해

(B) 사업체들에게 팁을 주기 위해

2번은 다음 라디오 방송에 관한 문제입니다.

Mr. Mike Hitch가 오늘 오후에 저희와 함께해 주실 겁니다. 그는 Carlton 정책 기구의 연구원입니다. 그는 정부가 어떻게 국가 경제에 영향을 미치는지를 연구합니다. Mr. Hitch는 새로운 상법들에 대한 그의 견해를 이야기하기 위해 이곳에 왔습니다.

Mr. Hitch는 왜 쇼에 초대되었는가?

(A) 그의 생각을 이야기하기 위해
(B) 사업체들에게 팁을 주기 위해

어휘 researcher[미 risə́:rtʃər, 영 risə́:tʃə] 연구원 policy[미 pá:ləsi, 영 pɔ́ləsi] 정책
organization[미 ɔ̀:rgənizéiʃən, 영 ɔ̀:gənaizéiʃən] 기구 influence[ínfluəns] 영향을 미치다 view[vju:] 견해

해설 Why ~ Mr. Hitch invited를 보고 Mr. Hitch가 초대된 이유를 묻고 있음을 알 수 있습니다. 지문의 후반 Mr. Hitch is here to discuss his views on the new business laws에서 Mr. Hitch가 새로운 상법들에 대한 그의 견해를 이야기하기 위해 초대되었음을 알 수 있으므로 (A)가 정답입니다.

03 🔊 영국식 발음, 미국식 발음

Question 3 refers to the following broadcast.

Later this morning, / artist Jade Stone will be with us.
오늘 오전 늦게   예술가 Jade Stone이 우리와 함께할 거예요   ] 초대 손님 소개

She is going to discuss / her most recent exhibit, / The
그녀는 이야기할 거예요   그녀의 가장 최근의 전시회에 대해

Sands of Time. After the interview, / the phone lines
The Sands of Time   인터뷰 후에   } 주제 및 세부 내용

will be open to listeners. Feel free to call us /
청취자들에게 전화 연결이 열릴 거예요   우리에게 편하게 전화하세요

with your questions.
당신의 질문들과 함께

What will the interview be about?

(A) A popular movie

(B) An art exhibit

3번은 다음 방송에 관한 문제입니다.

오늘 오전 늦게, 예술가 Jade Stone이 우리와 함께할 것입니다. 그녀는 가장 최근의 전시회인 *The Sands of Time*에 대해 이야기할 것입니다. 인터뷰 후에, 청취자들에게 전화 연결을 해보겠습니다. 질문을 가지고 편하게 전화 주시기 바랍니다.

인터뷰는 무엇에 관한 것일 것인가?

(A) 인기 있는 영화

(B) 예술 전시회

어휘 discuss [diskʌ́s] 이야기하다   recent [ríːsnt] 최근의   exhibit [igzíbit] 전시회

해설 What ~ interview ~ about을 보고 인터뷰가 무엇에 관한 것인지를 묻고 있음을 알 수 있습니다. 지문의 초반 artist Jade Stone will be with us. She is going to discuss her most recent exhibit에서 예술가의 최근 전시회에 대해 이야기할 것임을 알 수 있으므로 (B) An art exhibit이 정답입니다.

04 🔊 미국식 발음, 영국식 발음

Question 4 refers to the following radio broadcast.

Thanks for tuning in to *City Entertainment*. This is your
*City Entertainment*를 청취해주셔서 감사합니다   저는 여러분의 진행자   ] 프로그램 및 화자 소개

host, / Christine Chang. I'm excited / to be speaking
Christine Chang입니다   저는 흥분됩니다

with Steve Florence, / programmer of many popular
Steve Florence와 이야기하게 되어서   많은 인기 있는 비디오 게임들의 프로그래머인   ] 초대 손님 소개

video games. He's here / to promote his latest
그는 여기 있어요   그의 최근의 베스트셀러 비디오 게임들을   ] 주제 및 세부 내용

best-selling video games / including Space Team.
홍보하기 위해   Space Team을 포함하는

Thanks for coming, / Mr. Florence.
와주셔서 감사합니다   Mr. Florence   ] 초대 손님 맞이

Who is Mr. Florence?

(A) A game programmer

(B) A radio interviewer

4번은 다음 라디오 방송에 관한 문제입니다.

*City Entertainment*를 청취해주셔서 감사합니다. 저는 진행자인 Christine Chang입니다. 저는 많은 인기 있는 비디오 게임들의 프로그래머인 Steve Florence와 이야기하게 되어 흥분됩니다. 그는 Space Team을 포함한 최근의 베스트셀러 비디오 게임들을 홍보하기 위해 여기 있습니다. Mr. Florence, 와주셔서 감사합니다.

Mr. Florence는 누구인가?

(A) 게임 프로그래머

(B) 라디오 인터뷰 진행자

어휘 tune in to ~을 청취하다   host [미 houst, 영 həust] 진행자   promote [미 prəmóut, 영 prəmə́ut] 홍보하다
including [inklúːdiŋ] 포함하는

해설 Who ~ Mr. Florence를 보고 Mr. Florence가 누구인지를 묻고 있음을 알 수 있습니다. 지문의 중반 Steve Florence, programmer of ~ video games에서 Steve Florence가 비디오 게임 프로그래머임을 알 수 있으므로 (A) A game programmer가 정답입니다.

Questions 5-6 refer to the following broadcast.

This is *Fashion Corner* / on 109 FM / with Ray Colton.
이것은 *Fashion Corner*입니다   109 FM의   Ray Colton과 함께하는

This afternoon, / I'm happy to welcome ⁰⁵Diane Blend, /
오늘 오후에   저는 Diane Blend를 환영할 수 있어서 기쁩니다

a well-known stylist / in Los Angeles. ⁰⁶Last week, /
유명한 스타일리스트인   로스앤젤레스에서   지난주에

Ms. Blend published / the first edition of her style
Ms. Blend는 출간했어요   그녀의 스타일 잡지의 초판

magazine, / *Simple Look*. She is here today / to talk a
*Simple Look*을   그녀는 오늘 여기 있어요   약간 이야기하기 위해

little bit / about her passion for fashion. Ms. Blend, / can
그녀의 패션에 대한 열정에 대해   Ms. Blend

you tell us / about your new magazine?
말해주시겠어요   당신의 새로운 잡지에 대해

> 프로그램 및 화자 소개
> 초대 손님 소개 및 세부 내용
> 주제
> 초대 손님 맞이

5-6번은 다음 방송에 관한 문제입니다.

Ray Colton과 함께하는 109 FM *Fashion Corner*입니다. 오늘 오후에, 저는 로스앤젤레스의 유명한 스타일리스트인 Diane Blend를 환영하게 되어 기쁩니다. 지난주에, Ms. Blend는 그녀의 스타일 잡지인 *Simple Look*의 초판을 출간했습니다. 그녀는 오늘 패션에 대한 그녀의 열정에 대해 이야기하기 위해 이곳에 왔습니다. Ms. Blend, 당신의 새 잡지에 대해 말해주시겠어요?

05 What is mentioned about Ms. Blend?

(A) She owns a clothing store.
(B) She works as a stylist.
(C) She is the host of *Fashion Corner*.
(D) She will give a live performance.

06 What did Ms. Blend recently do?

(A) Released a clothing collection
(B) Attended a fashion show
(C) Launched a magazine
(D) Moved to Los Angeles

05 Ms. Blend에 대해 무엇이 언급되는가?

(A) 그녀는 의류 상점을 소유하고 있다.
(B) 그녀는 스타일리스트로 일한다.
(C) 그녀는 *Fashion Corner*의 진행자이다.
(D) 그녀는 라이브 공연을 할 것이다.

06 Ms. Blend는 최근에 무엇을 했는가?

(A) 의류 컬렉션을 발표했다.
(B) 패션쇼에 참석했다.
(C) 잡지를 출간했다.
(D) 로스앤젤레스로 이사했다.

어휘 **well-known**[미 wèlnóun, 영 wèlnáun] 유명한 **publish**[pʌ́bliʃ] 출간하다 **edition**[idíʃən] 판 **passion**[pǽʃən] 열정 **release**[rilíːs] 발표하다

해설 **05** What ~ mentioned about Ms. Blend를 보고 Ms. Blend에 대해 언급되는 것이 무엇인지를 묻고 있음을 알 수 있습니다. 지문의 초반 Diane Blend, a well-known stylist에서 Diane Blend가 유명한 스타일리스트임을 알 수 있으므로 (B) She works as a stylist가 정답입니다.

06 What ~ Ms. Blend recently do를 보고 Ms. Blend가 최근에 무엇을 했는지를 묻고 있음을 알 수 있습니다. 지문의 중반 Last week, Ms. Blend published ~ magazine에서 Ms. Blend가 지난주에 잡지를 출간했음을 알 수 있으므로 (C) Launched a magazine이 정답입니다.

Questions 7-8 refer to the following broadcast.

⁰⁷This is Matt Pike / with *Sports Time* on 98.8 FM. I'm
저는 Matt Pike입니다   98.8 FM *Sports Time*의] 프로그램 및 화자 소개

happy to introduce Larry Smith, / a Hall of Fame athlete.
저는 Larry Smith를 소개하게 되어 기뻐요   명예의 전당에 오른 운동선수인] 초대 손님 소개

Mr. Smith retired from professional basketball / three
Mr. Smith는 프로 농구에서 은퇴했습니다

years ago / after winning a national title. He's here
3년 전에   국내 경기에서 우승한 후   그는 오늘 여기 있어요

today / to talk about his future / as a head coach.
그의 미래에 대해 이야기하기 위해   수석 코치로서의

Following the interview, / we'll open the phone lines /
인터뷰 후에   우리는 전화를 연결할 거예요

for people to call in. ⁰⁸Listeners can ask questions /
전화를 하는 여러분에게   청취자들은 질문을 할 수 있어요

about Mr. Smith's time / playing with the Red Birds.
Mr. Smith의 활동 시절에 대해   Red Birds에서의

Thank you for joining us today, / Mr. Smith.
우리와 오늘 함께해주셔서 감사합니다   Mr. Smith] 초대 손님 맞이

(주제 및 세부 내용)

7-8번은 다음 방송에 관한 문제입니다.

저는 98.8 FM *Sports Time*의 Matt Pike입니다. 명예의 전당에 오른 운동선수인 Larry Smith를 소개하게 되어서 기쁩니다. Mr. Smith는 국내 경기에서 우승한 후 3년 전 프로 농구에서 은퇴했습니다. 그는 오늘 수석 코치로서의 그의 미래에 대해 이야기하기 위해 이 자리에 나왔습니다. 인터뷰 후에, 우리는 여러분과 전화 연결을 할 것입니다. 청취자들은 Mr. Smith가 Red Birds에서 활동하던 시절에 대해 질문할 수 있습니다. Mr. Smith, 오늘 저희와 함께해주셔서 감사합니다.

07 Who is Matt Pike?

(A) A basketball coach
(B) A sports trainer
(C) A news announcer
(D) A radio broadcaster

08 What will the listeners most likely ask Larry Smith about?

(A) His personal diet
(B) His career
(C) His new book
(D) His company

07 Matt Pike는 누구인가?

(A) 농구 코치
(B) 운동 트레이너
(C) 뉴스 아나운서
(D) 라디오 방송인

08 청자들은 Larry Smith에 대해 무엇을 물어볼 것 같은가?

(A) 그의 개인 식단
(B) 그의 경력
(C) 그의 새로운 책
(D) 그의 회사

어휘 hall of fame 명예의 전당 athlete[ǽθliːt] 운동선수 retire[미 ritáiər, 영 ritáiə] 은퇴하다 professional[prəféʃənl] 프로의
following[미 fáːlouiŋ, 영 fɔ́ləuiŋ] ~ 후에 personal[pə́ːrsənl] 개인적인

해설 **07** Who ~ Matt Pike를 보고 Matt Pike가 누구인지를 묻고 있음을 알 수 있습니다. 지문의 초반 This is Matt Pike with *Sports Time* on 98.8 FM에서 Matt Pike가 라디오 방송인임을 알 수 있으므로 (D) A radio broadcaster가 정답입니다.

08 What ~ listeners ~ ask Larry Smith about을 보고 청자들이 Larry Smith에 대해 물어볼 것이 무엇인지를 묻고 있음을 알 수 있습니다. 지문의 후반 Listeners can ask questions about Mr. Smith's time playing with the Red Birds에서 청취자들이 Mr. Smith가 Red Birds에서 활동하던 시절에 대해 질문할 것임을 알 수 있으므로 (B) His career가 정답입니다.

01 (C)	**02** (B)	**03** (A)	**04** (C)	**05** (B)	**06** (B)	**07** (C)	**08** (D)	**09** (A)	**10** (A)
11 (B)	**12** (D)	**13** (B)	**14** (D)	**15** (C)	**16** (B)	**17** (C)	**18** (A)		

01
~
03
🔊 미국식 발음

Questions 1-3 refer to the following broadcast.

Welcome back to *Art in Focus* / with Diane Short. My guest today is a famous painter–Brandon Muller. ⁰¹Mr. Muller is known for his unique watercolor painting style. ⁰²During our break, / numerous listeners called in. They want to hear / how Mr. Muller developed this style. So, / he's going to comment on that topic. ⁰³He'll also explain / why he decided to move to Chicago / to study art / when he was a student. Now, / let's return to Brandon Muller.

1-3번은 다음 방송에 관한 문제입니다.

Diane Short의 *Art in Focus*에 돌아오신 것을 환영합니다. 오늘 저의 게스트는 유명한 화가인 Brandon Muller입니다. Mr. Muller는 그의 독특한 수채화법으로 알려져 있습니다. 광고가 나가는 동안, 수많은 청취자분들께서 전화해주셨습니다. 그들은 어떻게 Mr. Muller가 이 기법을 발전시켰는지를 듣고 싶어 합니다. 그래서, 그는 그 주제에 대해 언급할 것입니다. 그는 또한 그가 학생이었을 때 미술을 공부하기 위해 시카고로 이사하기로 결정했던 이유를 설명할 것입니다. 이제, Brandon Muller에게로 돌아갑시다.

01 What is Brandon Muller known for?

(A) His photography
(B) His filming technique
(C) His painting style
(D) His book

01 Brandon Muller는 무엇으로 알려져 있는가?

(A) 그의 사진
(B) 그의 촬영 기법
(C) 그의 화풍
(D) 그의 책

02 What did some listeners do during the break?

(A) E-mailed some questions
(B) Made phone calls
(C) Visited a Web site
(D) Bought some tickets

02 광고가 나가는 동안 일부 청자들은 무엇을 했는가?

(A) 이메일로 질문을 보냈다.
(B) 전화를 했다.
(C) 웹사이트를 방문했다.
(D) 표를 샀다.

03 What does the speaker say about Brandon Muller?

(A) He relocated to study.
(B) He will exhibit his work.
(C) He received a major prize.
(D) He teaches art courses.

03 화자는 Brandon Muller에 대해 무엇을 말하는가?

(A) 그는 공부를 하기 위해 이사했다.
(B) 그는 작품을 전시할 것이다.
(C) 그는 주요 상을 받았다.
(D) 그는 미술 강의를 한다.

어휘   **be known for** ~으로 알려져 있다   **watercolor painting** 수채화   **numerous**[njúːmərəs] 수많은   **develop**[divéləp] 발전시키다

해설   01 What ~ Brandon Muller known for를 보고 Brandon Muller가 무엇으로 알려져 있는지를 묻고 있음을 알 수 있습니다. 지문의 초반 Mr. Muller is known for his unique watercolor painting style에서 Mr. Muller가 그의 독특한 수채화법으로 알려져 있다는 것을 알 수 있으므로 (C) His painting style이 정답입니다.

02 What ~ some listeners do during ~ break를 보고 광고가 나가는 동안 일부 청자들이 무엇을 했는지를 묻고 있음을 알 수 있습니다. 지문의 중반 During our break, numerous listeners called in에서 광고가 나가는 동안 청자들이 전화를 했음을 알 수 있으므로 (B) Made phone calls가 정답입니다.

03 What ~ speaker say about Brandon Muller를 보고 화자가 Brandon Muller에 대해 말하는 것이 무엇인지를 묻고 있음을 알 수 있습니다. 지문의 후반 He'll also explain why he decided to move to Chicago to study art에서 그가 미술을 공부하기 위해 이사했음을 알 수 있으므로 (A) He relocated to study가 정답입니다.

Questions 4-6 refer to the following advertisement.

4-6번은 다음 광고에 관한 문제입니다.

04Does your kitchen need renovations? If so, / call Lambert Interiors for an estimate! We install cabinets and flooring, / and we even paint walls! Our staff are experts in the field / and can help you with almost any project. Right now, / 05we are offering a 20 percent discount / on kitchen renovations / costing $500 or more. But hurry, / as this special offer only lasts for one week. 06Call us at 555-0779 / to schedule a consultation with one of our staff.

당신의 부엌에 수리가 필요하신가요? 만약 그렇다면, 견적을 위해 Lambert 인테리어에 전화하세요! 저희는 수납장과 바닥재를 설치하고, 심지어 벽에 페인트칠도 합니다! 저희 직원들은 이 분야에서 전문가이며 거의 모든 작업에서 당신을 도울 수 있습니다. 지금, 저희는 500달러 이상 비용이 드는 부엌 수리들에 대해서 20퍼센트 할인을 제공하고 있습니다. 그렇지만 서두르세요, 이 특별 할인은 일주일 동안만 계속되기 때문입니다. 저희 직원 중 한 명과 상담 일정을 잡기 위해 555-0779로 전화하세요.

04 What is being advertised?

(A) A furniture store
(B) An appliance brand
(C) A renovation service
(D) An art gallery

04 무엇이 광고되고 있는가?

(A) 가구 상점
(B) 가정용 기기 브랜드
(C) 수리 서비스
(D) 미술관

05 How can customers receive a discount?

(A) By using a coupon
(B) By spending over a specific amount
(C) By ordering appliances
(D) By registering for membership

05 고객들은 어떻게 할인을 받을 수 있는가?

(A) 쿠폰을 사용함으로써
(B) 일정 금액 이상을 소비함으로써
(C) 기기들을 주문함으로써
(D) 회원으로 가입함으로써

06 Why should the listeners make a call?

(A) To make a purchase
(B) To arrange a consultation
(C) To request a delivery
(D) To inquire about products

06 청자들은 왜 전화해야 하는가?

(A) 구매하기 위해
(B) 상담 일정을 잡기 위해
(C) 배송을 요청하기 위해
(D) 제품에 대해 문의하기 위해

어휘 renovation[rènəvéiʃən] 수리 estimate[éstəmət] 견적 flooring[flɔ́ːriŋ] 바닥재 field[fiːld] 분야
consultation[kàːnsəltéiʃən] 상담 amount[əmáunt] 금액

해설 04 What ~ advertised를 보고 광고되고 있는 것이 무엇인지를 묻고 있음을 알 수 있습니다. 지문의 초반 Does your kitchen need renovations? If so, call에서 수리 서비스를 광고하고 있음을 알 수 있으므로 (C) A renovation service가 정답입니다.

05 How ~ customers receive ~ discount를 보고 고객들이 어떻게 할인을 받을 수 있는지를 묻고 있음을 알 수 있습니다. 지문의 중반 we are offering a ~ discount on kitchen renovations costing $500 or more에서 500달러 이상을 소비하면 할인을 받을 수 있음을 알 수 있으므로 (B) By spending over a specific amount가 정답입니다.

06 Why ~ listeners make a call을 보고 청자들이 전화할 이유를 묻고 있음을 알 수 있습니다. 지문의 후반 Call us ~ to schedule a consultation에서 청자들이 상담 일정을 잡기 위해 전화할 것임을 알 수 있으므로 (B) To arrange a consultation이 정답입니다.

Questions 7-9 refer to the following advertisement.

The best way to start your workday / is to ⁰⁷stop at Winston's Café. At Winston's, / you can get a wide range of drinks, / as well as a variety of delicious pastries. ⁰⁸Pastries are popular, / though. You should stop by Winston's / early. What's more, / ⁰⁹anyone who downloads our mobile application will receive a free coffee. Just show the cashier / the application's main page. So, / what are you waiting for? Visit us / today!

07 What type of business is being advertised?

(A) A bakery
(B) A hotel
(C) A coffee shop
(D) A grocery store

08 What does the speaker mean when he says, "You should stop by Winston's early"?

(A) A promotion is about to expire.
(B) Some merchandise just arrived.
(C) An event will end at noon.
(D) Some items sell out fast.

09 What must the listeners do to receive a free coffee?

(A) Install an application
(B) Purchase an item
(C) Apply for a membership
(D) Post a review

7-9번은 다음 광고에 관한 문제입니다.

당신의 일과를 시작하는 가장 좋은 방법은 Winston's 카페에 들르는 것입니다. Winston's에서 당신은 다양한 종류의 맛있는 페이스트리뿐만 아니라 다양한 음료를 받으실 수 있습니다. 하지만, 페이스트리는 인기가 많습니다. 당신은 Winston's에 일찍 들르셔야 할 것입니다. 더욱이, 우리의 모바일 애플리케이션을 다운로드하신 분은 누구나 무료 커피를 받으실 것입니다. 그저 점원에게 애플리케이션의 메인 페이지를 보여주세요. 그러니, 무엇을 기다리고 있으신가요? 오늘 저희를 방문하세요!

07 어떤 업종이 광고되고 있는가?

(A) 제과점
(B) 호텔
(C) 커피숍
(D) 식료품점

08 화자는 "당신은 Winston's에 일찍 들르셔야 할 것입니다"라고 말할 때 무엇을 의도하는가?

(A) 프로모션이 곧 만료된다.
(B) 몇몇 상품이 방금 도착했다.
(C) 행사가 정오에 끝날 것이다.
(D) 몇몇 제품이 빠르게 매진된다.

09 청자들은 무료 커피를 받기 위해 무엇을 해야 하는가?

(A) 애플리케이션을 설치한다.
(B) 제품을 구매한다.
(C) 회원권을 신청한다.
(D) 비평을 게시한다.

[어휘] **workday**[미 wə́:rkdèi, 영 wə́:kdei] 일과 **a wide range of** 다양한 **stop by** 들르다 **cashier**[미 kæʃíər, 영 kæʃíə] 점원, 계산원 **expire**[미 ikspáiər, 영 ikspáiə] (유효기간 등이) 만료하다 **apply for** 신청하다

[해설] **07** What type of business ~ advertised를 보고 광고되고 있는 업종이 무엇인지를 묻고 있음을 알 수 있습니다. 지문의 초반 stop at Winston's Cafe에서 카페에 들르라고 하였으므로 (C) A coffee shop이 정답입니다.

08 What ~ speaker mean when ~ says, You should stop by Winston's early를 보고 화자가 당신은 Winston's에 일찍 들르셔야 할 것이라고 말할 때 의도하는 것이 무엇인지를 묻고 있음을 알 수 있습니다. 지문의 중반 Pastries are popular, though에서 페이스트리가 인기가 많아 빠르게 매진된다는 의도임을 알 수 있으므로 (D) Some items sell out fast가 정답입니다.

09 What ~ listeners do to receive ~ free coffee를 보고 청자들이 무료 커피를 받기 위해 해야 하는 것이 무엇인지를 묻고 있음을 알 수 있습니다. 지문의 후반 anyone who downloads our mobile application will receive a free coffee에서 모바일 애플리케이션을 설치한 사람이 무료 커피를 받을 것을 알 수 있으므로 (A) Install an application이 정답입니다.

Questions 10-12 refer to the following broadcast.

[10]Thanks for tuning in to WABN. This is your host, Marilyn Fletcher. Tim Isley, the famous actor and comedian, / joins us today. [11/12]Mr. Isley is here to talk about his new movie / that comes out on August 5. [12]In it, / he plays a New York policeman / who is searching for a dangerous criminal. We will learn about / how he prepared for this role. He'll also discuss / some of his future film projects. Mr. Isley is even expected to win a Reel Award / for his performance. Stay tuned for our interview / coming up next.

10-12번은 다음 방송에 관한 문제입니다.

WABN을 청취해주셔서 감사합니다. 저는 여러분의 진행자, Marilyn Fletcher입니다. 유명한 배우이자 코미디언인 Tim Isley가 오늘 우리와 함께합니다. Mr. Isley는 8월 5일에 개봉하는 새로운 영화에 대해 이야기하기 위해 이 자리에 나왔습니다. 영화에서, 그는 위험한 범인을 찾는 뉴욕 경찰관을 연기합니다. 우리는 그가 이 역할을 어떻게 준비했는지를 알게 될 것입니다. 그는 또한 그의 향후의 몇몇 영화 프로젝트들에 대해서도 이야기할 것입니다. Mr. Isley는 그의 연기로 Reel 상을 받을 것으로도 예상됩니다. 다음에 있을 저희 인터뷰를 위해 채널을 고정해주시기 바랍니다.

10 Who is the speaker?

(A) A radio host
(B) An actor
(C) A spokesperson
(D) A scriptwriter

11 When will the movie be released?

(A) On August 4
(B) On August 5
(C) On August 6
(D) On August 7

12 What is mentioned about Mr. Isley?

(A) He plays an instrument.
(B) He has many hobbies.
(C) He lives in New York City.
(D) He appears in an upcoming film.

10 화자는 누구인가?

(A) 라디오 진행자
(B) 배우
(C) 대변인
(D) 대본 작가

11 영화는 언제 개봉될 것인가?

(A) 8월 4일에
(B) 8월 5일에
(C) 8월 6일에
(D) 8월 7일에

12 Mr. Isley에 대해 무엇이 언급되는가?

(A) 그는 악기를 연주한다.
(B) 그는 많은 취미를 가지고 있다.
(C) 그는 뉴욕시에 산다.
(D) 그는 곧 있을 영화에 출연한다.

어휘 search[미 sə:rtʃ, 영 sə:tʃ] 찾다 criminal[미 krímənl, 영 krímínəl] 범인 role[미 roul, 영 rəul] 역할 appear[əpíər] 출연하다, 나오다

해설 10 Who ~ speaker를 보고 화자가 누구인지를 묻고 있음을 알 수 있습니다. 지문의 초반 Thanks for tuning in to WABN. This is your host, Marilyn Fletcher에서 화자가 라디오 진행자임을 알 수 있으므로 (A) A radio host가 정답입니다.

11 When ~ movie ~ released를 보고 영화가 개봉될 시점이 언제인지를 묻고 있음을 알 수 있습니다. 지문의 중반 Mr. Isley is here to talk about ~ movie that comes out on August 5에서 Mr. Isley의 영화가 8월 5일에 개봉함을 알 수 있으므로 (B) On August 5가 정답입니다.

12 What ~ mentioned about Mr. Isley를 보고 Mr. Isley에 대해 언급되는 것이 무엇인지를 묻고 있음을 알 수 있습니다. 지문의 중반 Mr. Isley is here to talk about his new movie ~ In it, he plays a New York policeman에서 Mr. Isley가 그의 새 영화에서 뉴욕 경찰관을 연기함을 알 수 있으므로 (D) He appears in an upcoming film이 정답입니다.

Questions 13-15 refer to the following radio advertisement.

Planning your vacation doesn't have to be difficult and time consuming. Just contact Global Voyages! We specialize in making travel arrangements. ¹³Our customers use our services / because they know / that their satisfaction is always guaranteed! That's how confident we are / in our services. But don't just take my word for it. ¹⁴Go to www.globalvoyages.com / to see comments from past customers. And while you're there, / read about all of our November deals. ¹⁵We are offering a discounted package / to a different travel destination each week, / including Brazil, Mexico, Jamaica, and Puerto Rico. ¹⁵This week's destination is Jamaica.

13 According to the speaker, why do customers use the services of Global Voyages?

(A) It has friendly staff.
(B) It guarantees satisfaction.
(C) It allows group bookings.
(D) It has years of experience.

14 What is available online?

(A) Registration forms
(B) Confirmation codes
(C) Pictures
(D) Comments

15 Which destination can be booked at a discount this week?

(A) Brazil
(B) Mexico
(C) Jamaica
(D) Puerto Rico

13-15번은 다음 라디오 광고에 관한 문제입니다.

당신의 휴가를 계획하는 것은 어렵고 시간이 많이 걸릴 필요가 없습니다. Global Voyages에 연락만 주세요! 저희는 여행 준비를 전문으로 합니다. 저희 고객들은 그들의 만족이 항상 보장된다는 것을 알기 때문에 저희 서비스를 이용합니다! 그것은 저희가 저희의 서비스에 대해 얼마나 확신하는지를 보여줍니다. 하지만 제 말만 믿지는 마세요. www.globalvoyages.com으로 가서 이전 고객들의 의견들을 보세요. 그리고 거기에 있는 동안, 저희의 모든 11월 거래를 읽어 보세요. 저희는 브라질, 멕시코, 자메이카, 그리고 푸에르토리코를 포함하여 매주 다른 여행지로의 할인 패키지 상품을 제공하고 있습니다. 이번 주의 목적지는 자메이카입니다.

13 화자에 따르면, 고객들은 왜 Global Voyages의 서비스를 이용하는가?

(A) 친절한 직원을 두고 있다.
(B) 만족을 보장한다.
(C) 단체 예약이 가능하다.
(D) 수년간의 경험을 가지고 있다.

14 온라인에서 무엇을 구할 수 있는가?

(A) 신청서
(B) 확인 코드
(C) 사진
(D) 의견

15 어느 목적지가 이번 주에 할인되어 예약될 수 있는가?

(A) 브라질
(B) 멕시코
(C) 자메이카
(D) 푸에르토리코

어휘 time consuming 시간이 많이 걸리는 specialize in ~을 전문으로 하다 arrangement[əréindʒmənt] 준비, 계획
satisfaction[sæ̀tisfǽkʃən] 만족 guarantee[gæ̀rəntíː] 보장하다 confident[ká:nfədənt] 확신하는
take one's word ~의 말을 믿다

해설 13 why ~ customers use ~ services of Global Voyages를 보고 고객들이 Global Voyages의 서비스를 이용하는 이유를 묻고 있음을 알 수 있습니다. 지문의 초반 Our customers use our services because ~ satisfaction is always guaranteed에서 고객들이 그들의 만족이 보장되기 때문에 Global Voyages의 서비스를 이용함을 알 수 있으므로 (B) It guarantees satisfaction이 정답입니다.

14 What ~ available online을 보고 온라인에서 무엇을 구할 수 있는지를 묻고 있음을 알 수 있습니다. 지문의 중반 Go to www.globalvoyages.com to see comments에서 웹사이트에서 의견을 볼 수 있음을 알 수 있으므로 (D) Comments가 정답입니다.

15 Which destination ~ booked at ~ discount this week를 보고 어느 목적지가 이번 주에 할인되어 예약될 수 있는지를 묻고 있음을 알 수 있습니다. 지문의 후반 We are offering a discounted package ~ each week와 This week's destination is Jamaica에서 이번 주 할인 패키지 상품의 목적지가 자메이카임을 알 수 있으므로 (C) Jamaica가 정답입니다.

Questions 16-18 refer to the following broadcast and list.

Welcome to *California Now*. I'm your host, / Mario Sanchez. ¹⁶Today, / I'll be talking with Dr. Wendell Jackson / about the rising cost of education. ¹⁷We're going to focus on the study he recently published / on tuition fees. Then, / later in the program, / ¹⁸listeners will be encouraged / to call in to provide their own personal stories / related to the issue. Okay, / Dr. Jackson, / why don't you begin by telling us / about your research?

16-18번은 다음 방송과 목록에 관한 문제입니다.

California Now에 환영합니다. 저는 진행자 Mario Sanchez입니다. 오늘, 저는 Dr. Wendell Jackson과 증가하는 교육비에 대해 이야기할 것입니다. 우리는 그가 최근 등록금에 관해 발표한 연구에 초점을 맞출 것입니다. 그러고 나서, 프로그램 후반부에, 청자들께서는 그 주제와 관련하여 그들의 개인적인 이야기를 제공하기 위해 전화를 걸도록 권장될 것입니다. 좋습니다, Dr. Jackson, 당신의 연구에 대해 이야기하는 것으로 시작하면 어떨까요?

California Now Guest List			
Tuesday	¹⁶Wednesday	Thursday	Friday
Dr. James Singh	Dr. Wendell Jackson	Mayor Serena Fraser	Janice Quinn

California Now 초대 손님 목록			
화요일	수요일	목요일	금요일
Dr. James Singh	Dr. Wendell Jackson	Serena Fraser 시장	Janice Quinn

16 Look at the graphic. What day is it today?

(A) Tuesday
(B) Wednesday
(C) Thursday
(D) Friday

16 시각 자료를 보아라. 오늘은 무슨 요일인가?

(A) 화요일
(B) 수요일
(C) 목요일
(D) 금요일

17 According to the speaker, what will be discussed?

(A) A proposed bill
(B) An upcoming meeting
(C) A recent study
(D) A past vote

17 화자에 따르면, 무엇이 논의될 것인가?

(A) 제안된 법안
(B) 다가오는 회의
(C) 최근 연구
(D) 과거의 투표

18 Why should the listeners call in?

(A) To share their experiences
(B) To ask questions
(C) To make suggestions
(D) To take part in a survey

18 청자들은 왜 전화해야 하는가?

(A) 그들의 경험을 공유하기 위해
(B) 질문을 하기 위해
(C) 제안을 하기 위해
(D) 설문조사에 참여하기 위해

어휘 host[houst] 진행자; 개최하다 focus on 초점을 맞추다 publish[pʌbliʃ] 발표하다, 출판하다 tuition fee 등록금 personal[pə́rsənl] 개인적인 bill[bil] 법안, 증권

해설 16 What day ~ today를 보고 오늘이 무슨 요일인지를 묻고 있음을 알 수 있습니다. 지문의 초반 Today, I'll be talking with Dr. Wendell Jackson에서 오늘 진행자가 Dr. Wendell Jackson과 이야기할 것이라고 하였고, 목록에서 Dr. Wendell Jackson이 수요일에 초대됨을 알 수 있으므로 (B) Wednesday가 정답입니다.

17 what ~ be discussed를 보고 논의될 것이 무엇인지를 묻고 있음을 알 수 있습니다. 지문의 중반 We're going to focus on the study ~ recently published에서 화자가 최근 발표한 연구를 논의할 것임을 알 수 있으므로 (C) A recent study가 정답입니다.

18 Why ~ listeners call in을 보고 청자들이 전화해야 하는 이유를 묻고 있음을 알 수 있습니다. 지문의 후반 listeners will be encouraged to call in to provide their own personal stories related to the issue에서 청자들이 주제와 관련하여 그들의 경험을 공유하기 위해 전화하는 것이 권장됨을 알 수 있으므로 (A) To share their experiences가 정답입니다.

Course 1 교통방송 및 일기예보	p.296
01 (A) **02** (B) **03** (B) **04** (A) **05** (C) **06** (D) **07** (B) **08** (D)	

---

01 🔊 미국식 발음, 영국식 발음

Question 1 refers to the following report.

We will have heavy winds / throughout the day.
강한 바람이 불 것입니다   하루 종일

The wind is blowing snow around / and making it hard /
바람이 눈을 날리게 하고 있습니다   그리고 힘들게 만들고 있습니다

for people to see. So please drive / with caution.
사람들이 보는 것을   그러니 운전하세요   조심해서

⟩ 주제 및 세부 내용

Now, / here is Rudy Oats / with more music.
이제   여기에 Rudy Oats가 있습니다   음악과 함께

⟩ 다음 방송

According to the report, why should the listeners drive carefully?

(A) 앞을 보기가 어려워서

(B) 도로가 젖어서

1번은 다음 보도에 관한 문제입니다.

하루 종일 강한 바람이 불겠습니다. 바람이 눈을 날리게 하고 있고 그것은 사람들이 앞을 보기 힘들게 만들고 있습니다. 그러니 조심해서 운전하세요. 이제 Rudy Oats가 음악과 함께 합니다.

보도에 따르면, 청자들은 왜 조심해서 운전해야 하는가?

(A) 앞을 보기가 어려워서
(B) 도로가 젖어서

어휘 throughout the day 하루 종일 blow[미 blou, 영 bləu] 날리다 caution[kɔ́ːʃən] 조심, 주의 carefully[kɛ́ərfəli] 조심해서

해설 why ~ listeners drive carefully를 보고 청자들이 조심해서 운전해야 하는 이유를 묻고 있음을 알 수 있습니다. 지문의 중반 The wind is ~ making it hard for people to see. So please drive with caution에서 앞을 보기 힘들기 때문에 조심해서 운전하라고 했음을 알 수 있으므로 (A)가 정답입니다.

---

02 🔊 호주식 발음, 미국식 발음

Question 2 refers to the following broadcast.

This is Radio JAMS / with the hourly traffic report.
라디오 JAMS입니다   매 시각 교통방송과 함께하는

⟩ 프로그램 소개

Highway 44 is closed today / because it is being
44번 고속도로는 오늘 폐쇄되었습니다   왜냐하면 그것은 재포장되고 있기 때문입니다

repaved. This has caused major delays. To avoid
            이것은 극심한 정체를 일으켰습니다

the heavy traffic, / take Freeway 2. Tune in every hour /
심한 교통체증을 피하기 위해 2번 고속도로를 이용하세요   매시간 청취하세요

for more updates.
더 많은 업데이트들을 위해

⟩ 주제 및 세부 내용

What does the speaker suggest?

(A) 교통 질서를 따른다.

(B) 다른 길을 이용한다.

2번은 다음 방송에 관한 문제입니다.

라디오 JAMS의 매 시각 교통방송입니다. 44번 고속도로는 재포장되고 있기 때문에 오늘 폐쇄되었습니다. 이것은 극심한 정체를 일으켰습니다. 심한 교통체증을 피하기 위해서 2번 고속도로를 이용하십시오. 더 많은 업데이트들을 위해 매시간 청취해주시기 바랍니다.

화자는 무엇을 제안하는가?

(A) 교통 질서를 따른다.
(B) 다른 길을 이용한다.

어휘 hourly[미 áuərli, 영 áuəli] 매 시각 highway[미 háiwèi, 영 háiwei] 고속도로 repave[ripéiv] 재포장하다
freeway[미 fríːwèi, 영 fríːwei] 고속도로 tune[미 tjuːn, 영 tʃuːn] 청취하다

해설 What ~ speaker suggest를 보고 화자가 제안하는 것이 무엇인지를 묻고 있음을 알 수 있습니다. 지문의 후반 To avoid the heavy traffic, take Freeway 2에서 심한 교통체증을 피하기 위해 다른 고속도로를 이용하도록 제안하고 있음을 알 수 있으므로 (B)가 정답입니다.

03 🔊 영국식 발음, 미국식 발음

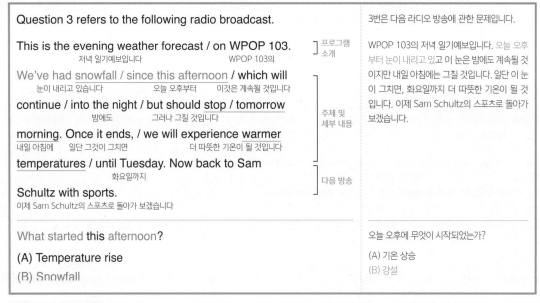

Question 3 refers to the following radio broadcast.

This is the evening weather forecast / on WPOP 103.
　　　　　저녁 일기예보입니다　　　　　　　　　WPOP 103의
　　　　　　　　　　　　　　　　　　　　　　　　　　　　] 프로그램
　　　　　　　　　　　　　　　　　　　　　　　　　　　　　소개

We've had snowfall / since this afternoon / which will
　눈이 내리고 있습니다　　오늘 오후부터　　이것은 계속될 것입니다

continue / into the night / but should stop / tomorrow
　　　밤에도　　　　　그러나 그칠 것입니다　　　　　　　　　] 주제 및
　　　　　　　　　　　　　　　　　　　　　　　　　　　　　　　세부 내용

morning. Once it ends, / we will experience warmer
내일 아침에　　일단 그것이 그치면　　　더 따뜻한 기온이 될 것입니다

temperatures / until Tuesday. Now back to Sam
　　　　　　　　　　화요일까지　　　　　　　　　　　　　　] 다음 방송

Schultz with sports.
이제 Sam Schultz의 스포츠로 돌아가 보겠습니다

What started **this** afternoon?

(A) Temperature rise

(B) Snowfall

3번은 다음 라디오 방송에 관한 문제입니다.

WPOP 103의 저녁 일기예보입니다. 오늘 오후부터 눈이 내리고 있고 이 눈은 밤에도 계속될 것이지만 내일 아침에는 그칠 것입니다. 일단 이 눈이 그치면, 화요일까지 더 따뜻한 기온이 될 것입니다. 이제 Sam Schultz의 스포츠로 돌아가 보겠습니다.

오늘 오후에 무엇이 시작되었는가?

(A) 기온 상승
(B) 강설

> 어휘 forecast[미 fɔ́ːrkæst, 영 fɔ́ːkɑːst] 예보 snowfall[미 snóufɔ̀ːl, 영 snə́ufɔːl] 눈, 강설 once[wʌns] 일단 ~하면
> temperature[미 témpərətʃər, 영 témprətʃə] 기온

> 해설 What started ~ afternoon을 보고 오늘 오후에 시작된 것이 무엇인지를 묻고 있음을 알 수 있습니다. 지문의 초반 We've had snowfall since this afternoon에서 오늘 오후부터 눈이 내리고 있음을 알 수 있으므로 (B) Snowfall이 정답입니다.

04 🔊 미국식 발음, 호주식 발음

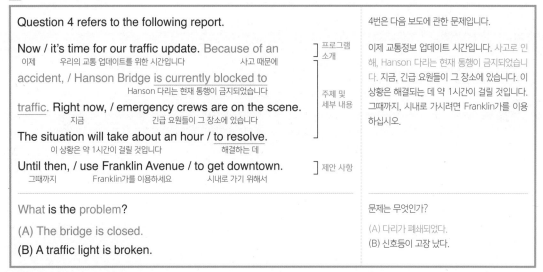

Question 4 refers to the following report.

Now / it's time for our traffic update. Because of an
이제　　　우리의 교통 업데이트를 위한 시간입니다　　　사고 때문에
　　　　　　　　　　　　　　　　　　　　　　　　　　] 프로그램
　　　　　　　　　　　　　　　　　　　　　　　　　　　소개

accident, / Hanson Bridge is currently blocked to
　　　　　　Hanson 다리는 현재 통행이 금지되었습니다
　　　　　　　　　　　　　　　　　　　　　　　　　　] 주제 및
　　　　　　　　　　　　　　　　　　　　　　　　　　　세부 내용

traffic. Right now, / emergency crews are on the scene.
　　　　지금　　　　　긴급 요원들이 그 장소에 있습니다

The situation will take about an hour / to resolve.
　이 상황은 약 1시간이 걸릴 것입니다　　　　해결하는 데

Until then, / use Franklin Avenue / to get downtown.] 제안 사항
그때까지　　　Franklin가를 이용하세요　　시내로 가기 위해서

What **is** the problem?

(A) The bridge is closed.

(B) A traffic light is broken.

4번은 다음 보도에 관한 문제입니다.

이제 교통정보 업데이트 시간입니다. 사고로 인해, Hanson 다리는 현재 통행이 금지되었습니다. 지금, 긴급 요원들이 그 장소에 있습니다. 이 상황은 해결되는 데 약 1시간이 걸릴 것입니다. 그때까지, 시내로 가시려면 Franklin가를 이용하십시오.

문제는 무엇인가?

(A) 다리가 폐쇄되었다.
(B) 신호등이 고장 났다.

> 어휘 accident[미 ǽksədənt, 영 ǽksidənt] 사고 crew[kruː] 요원 scene[siːn] 장소 situation[미 sìtʃuéiʃən, 영 sìtjuéiʃən] 상황
> resolve[미 rizáːlv, 영 rizɔ́lv] 해결하다

> 해설 What ~ problem을 보고 문제가 무엇인지를 묻고 있음을 알 수 있습니다. 지문의 초반 Because of an accident, ~ Bridge is currently blocked to traffic에서 사고로 인해 다리의 통행이 금지되었음을 알 수 있으므로 (A) The bridge is closed가 정답입니다.

Questions 5-6 refer to the following report.

You're listening to / KBAS Radio's traffic report. Due to
당신은 듣고 있습니다   KBAS 라디오의 교통방송을
프로그램 소개

the parade this evening, / Steven Road is completely
오늘 저녁 퍼레이드 때문에   Steven로는 교통이 완전히 차단되었습니다
주제 및 세부 내용

blocked off to traffic. This has caused light congestion /
                    이것은 가벼운 혼잡을 야기하였습니다

in the area. ⁰⁵Drivers are recommended / to head to
그 지역에   운전자들은 권장됩니다   1번 고속도로로 가실 것이
제안 사항

Highway 1 / to cross the river. ⁰⁶Steven Road is
              강을 건너기 위해   Steven로는

expected to reopen / by 9 P.M. tonight. However, /
재개방될 것으로 예상됩니다   오늘 밤 9시에   하지만
세부 내용

traffic is normal / in the rest of the city.
교통량은 평소와 같습니다   도시의 나머지 부분에서는

5-6번은 다음 보도에 관한 문제입니다.

KBAS 라디오의 교통방송을 듣고 계십니다. 오늘 저녁 퍼레이드로 인해, Steven로는 교통이 완전히 차단되었습니다. 이것은 그 지역에 가벼운 혼잡을 야기하였습니다. 운전자들은 강을 건너기 위해 1번 고속도로로 가실 것이 권장됩니다. Steven로는 오늘 밤 9시에 재개방될 것으로 예상됩니다. 하지만, 도시의 나머지 부분에서 교통량은 평소와 같습니다.

05 What does the speaker recommend?

(A) Leaving early
(B) Avoiding a bridge
(C) Taking another route
(D) Driving carefully

06 What will happen at 9 P.M.?

(A) A report will be given.
(B) A parade will start.
(C) A project will begin.
(D) A road will open.

05 화자는 무엇을 권하는가?

(A) 일찍 떠나는 것
(B) 다리를 피하는 것
(C) 다른 도로를 이용하는 것
(D) 조심히 운전하는 것

06 오후 9시에 무슨 일이 일어날 것인가?

(A) 보도가 있을 것이다.
(B) 퍼레이드가 시작될 것이다.
(C) 프로젝트가 시작될 것이다.
(D) 도로가 개방될 것이다.

어휘 parade[pəréid] 퍼레이드 completely[kəmplíːtli] 완벽하게 block off 차단하다 congestion[kəndʒéstʃən] 혼잡
head[hed] 가다 expect[ikspékt] 예상하다 reopen[미 riːóupən, 영 riːɔ́upən] 재개방되다
normal[미 nɔ́ːrməl, 영 nɔ́ːməl] 평소의, 보통의 rest[rest] 나머지 avoid[əvɔ́id] 피하다

해설 05 What ~ speaker recommend를 보고 화자가 권하는 것이 무엇인지를 묻고 있음을 알 수 있습니다. 지문의 중반 Drivers are recommended to head to Highway 1 to cross the river에서 운전자들에게 다른 도로로 갈 것을 권하고 있음을 알 수 있으므로 (C) Taking another route가 정답입니다.

06 What ~ happen at 9 P.M.을 보고 오후 9시에 무슨 일이 일어날 것인지를 묻고 있음을 알 수 있습니다. 지문의 후반 Steven Road is expected to reopen by 9 P.M. tonight에서 Steven로가 오늘 밤 9시에 재개방될 것임을 알 수 있으므로 (D) A road will open이 정답입니다.

Questions 7-8 refer to the following broadcast.		7-8번은 다음 방송에 관한 문제입니다.

⁰⁷I'm Charles Miner, / and this is Radio FLASH's weather
저는 Charles Miner입니다   그리고 이것은 Radio FLASH의 일기예보입니다 ⎫ 프로그램
forecast. Expect unusually high heat and humidity /   ⎬ 소개
                평소와 달리 높은 온도와 습도를 예상하십시오
today. Because of the extreme weather, / people are
오늘   극심한 날씨 때문에
advised to stay indoors. The temperature is not going   ⎫ 주제 및
사람들은 실내에 머무르도록 권해집니다   온도는 떨어지지 않을 것입니다 ⎬ 세부 내용
to drop / for another couple of days. By this weekend, /
          앞으로 이틀 동안   이번 주말에
however, / we will have some showers. Until then, /
그러나   약간의 소나기가 내릴 것입니다   그때까지   ⎤ 제안 사항
keep out of the sun. ⁰⁸Now, / stay tuned / for more
햇빛을 피하세요   이제   주파수를 고정하세요 더 많은 음악을 위해   ⎤ 다음 방송
music / after a brief commercial break.
          짧은 광고 시간 후에

저는 Charles Miner이고, 이것은 Radio FLASH의 일기예보입니다. 오늘은 평소와 달리 높은 온도와 습도를 예상하십시오. 극심한 날씨로 인해, 사람들은 실내에 머무르도록 권해집니다. 온도는 앞으로 이틀 동안 떨어지지 않을 것입니다. 그러나, 이번 주말에, 약간의 소나기가 내릴 것입니다. 그때까지, 햇빛을 피하십시오. 이제, 짧은 광고 후에 있을 더 많은 음악을 위해 주파수를 고정해주세요.

07 Who is the speaker?

(A) A talk show host

(B) A weather reporter

(C) A local musician

(D) A famous actor

08 What will the listeners probably hear next?

(A) A news program

(B) A traffic update

(C) A sports report

(D) An advertisement

07 화자는 누구인가?

(A) 토크쇼 진행자
(B) 일기예보 리포터
(C) 지역 음악가
(D) 유명한 배우

08 청자들은 다음에 무엇을 들을 것 같은가?

(A) 뉴스 프로그램
(B) 교통방송
(C) 스포츠 보도
(D) 광고

어휘 unusually[미 ʌ̀njúːʒuəli, 영 ʌnjúːʒuəli] 평소와 달리 humidity[미 hjuːmídəti, 영 hjuːmíditi] 습도 extreme[ikstríːm] 극심한
advise[미 ædváiz, 영 ədváiz] 권하다, 충고하다 indoors[미 indɔ́ːrz, 영 ìndɔ́ːz] 실내에 shower[미 ʃáuər, 영 ʃáuə] 소나기
keep out of ~을 피하다 brief[briːf] 짧은, 간단한 commercial break 광고 시간

해설 07 Who ~ speaker를 보고 화자가 누구인지를 묻고 있음을 알 수 있습니다. 지문의 초반 I'm Charles Miner, and this is Radio FLASH's weather forecast에서 화자가 일기예보 리포터임을 알 수 있으므로 (B) A weather reporter가 정답입니다.

08 What ~ listeners ~ hear next를 보고 청자들이 다음에 들을 것이 무엇인지를 묻고 있음을 알 수 있습니다. 지문의 후반 Now, stay tuned for more music after a brief commercial break에서 청자들이 짧은 광고를 들을 것임을 알 수 있으므로 (D) An advertisement가 정답입니다.

토익 기초

Part 1

Part 2

Part 3

Part 4

해커스 토익 스타트 Listening

01 🔊 호주식 발음, 미국식 발음

Question 1 refers to the following news report.

This is the evening news. The Galloway Museum will
저녁 뉴스입니다
　　　　　　　　　　　　　　　　　　　　　　　　　] 프로그램
　　　　　　　　　　　　　　　　　　　　　　　　　　소개

finish its construction next week / and open on
Galloway 박물관이 다음 주에 공사를 끝낼 것입니다　그리고 8월 13일에 열 것입니다
　　　　　　　　　　　　　　　　　　　　　　　　　] 주제·목적

August 13. **The museum will have two stories /**
　　　　　　　　이 박물관은 2개의 층을 가질 것입니다

and will display hundreds of historical pieces.
　　　그리고 수백 개의 역사적인 물품들을 전시할 것입니다
　　　　　　　　　　　　　　　　　　　　　　　　　] 세부 내용

What is the report mainly about?

(A) 전시회 정보

(B) 새로운 박물관

1번은 다음 뉴스 보도에 관한 문제입니다.

저녁 뉴스입니다. Galloway 박물관이 다음 주에 공사를 끝내고 8월 13일에 문을 열 것입니다. 이 박물관은 2개의 층을 가질 것이고 수백 개의 역사적인 물품들을 전시할 것입니다.

보도는 주로 무엇에 관한 것인가?

(A) 전시회 정보
(B) 새로운 박물관

어휘 **museum**[mjuːzíːəm] 박물관　**construction**[kənstrʌ́kʃən] 공사　**story**[stɔ́ːri] 층　**display**[displéi] 전시하다
historical[미 histɔ́ːrikəl, 영 histɔ́rikəl] 역사적인

해설 What ~ report ~ about을 보고 보도가 무엇에 관한 것인지를 묻고 있음을 알 수 있습니다. 지문의 초반 The Galloway Museum will finish its construction ~ and open on August 13에서 박물관의 공사와 개장에 대해 이야기하고 있음을 알 수 있으므로 (B)가 정답입니다.

02 🔊 영국식 발음, 미국식 발음

Question 2 refers to the following report.

Plans have been approved / for a new water system /
계획들이 승인되었습니다　　　　　새로운 상수도 시설을 위한
　　　　　　　　　　　　　　　　　　　　　　　　] 주제·목적

in parts of Grover Town. The system will provide clean
　　Grover시 곳곳에　　　　이 시설은 깨끗한 물을 제공할 것입니다

water / to six local neighborhoods. The town mayor will
　　　여섯 개의 인근 지역에　　　시장이 우리와 함께할 것입니다

join us / for an interview / later tonight. He will answer
　　　　인터뷰를 위해　　　늦은 저녁에　그는 질문들에 답할 것입니다
　　　　　　　　　　　　　　　　　　　　　　　　] 세부 내용

questions / about the project / then.
　　그 프로젝트에 대한　　　그때

What is being installed?

(A) 신호등

(B) 상수도 시설

2번은 다음 보도에 관한 문제입니다.

Grover시 곳곳의 새로운 상수도 시설에 대한 계획들이 승인되었습니다. 이 시설은 여섯 개의 인근 지역에 깨끗한 물을 제공할 것입니다. 시장은 늦은 저녁에 인터뷰를 위해 우리와 함께할 것입니다. 그는 그때 그 프로젝트에 대한 질문들에 답할 것입니다.

무엇이 설치될 것인가?

(A) 신호등
(B) 상수도 시설

어휘 **plan**[plæn] 계획　**approve**[əprúːv] 승인하다　**local**[미 lóukəl, 영 lɔ́ukəl] 지역　**neighborhood**[미 néibərhùd, 영 néibəhud] 인근
mayor[미 meiər, 영 meə] 시장

해설 What ~ installed를 보고 설치될 것이 무엇인지를 묻고 있음을 알 수 있습니다. 지문의 초반 Plans have been approved for a new water system에서 새로운 상수도 시설이 설치될 것임을 알 수 있으므로 (B)가 정답입니다.

Question 3 refers to the following news report.

In local news, / experts are claiming / that Chicago
지역 뉴스를 전해드립니다   전문가들은 주장하고 있습니다
residents create too much waste. To solve this
시카고 주민들이 너무 많은 쓰레기를 만든다고   이 문제를 해결하기 위해
problem, / the city is trying to create a new recycling
                    시는 새로운 재활용 프로그램을 만들고자 노력하는 중입니다
program. The program will educate residents / on how
                    그 프로그램은 주민들을 교육할 것입니다
recycling can save the city money / and improve the
재활용이 어떻게 도시의 재산을 아낄 수 있는지에 대해   그리고 환경을 개선시키는지
environment.

주제·목적

세부 내용

How does the city plan to solve the problem?

(A) By creating a program

(B) By raising money

3번은 다음 뉴스 보도에 관한 문제입니다.

지역 뉴스를 전해드립니다. 전문가들은 시카고 주민들이 너무 많은 쓰레기를 만들어낸다고 주장하고 있습니다. 이 문제를 해결하기 위해, 시는 새로운 재활용 프로그램을 만들고자 노력하고 있습니다. 이 프로그램은 주민들에게 재활용이 어떻게 도시의 재산을 아끼고 환경을 개선시킬 수 있는지에 대해 교육할 것입니다.

도시는 어떻게 문제를 해결하려고 계획하는가?

(A) 프로그램을 만듦으로써
(B) 돈을 모음으로써

어휘 claim[kleim] 주장하다   resident[미 rézədənt, 영 rézidənt] 주민   recycle[rì:sáikl] 재활용하다
educate[미 édʒukèit, 영 édjukeit] 교육하다   improve[imprú:v] 개선하다

해설 How ~ city plan to solve ~ problem을 보고 도시가 어떻게 문제를 해결하려고 계획하는지를 묻고 있음을 알 수 있습니다. 지문의 중반 To solve this problem, the city is trying to create a new recycling program에서 시가 새로운 재활용 프로그램을 만들어 문제를 해결하려고 함을 알 수 있으므로 (A) By creating a program이 정답입니다.

Question 4 refers to the following news report.

In today's news, / work on the city's first subway line is
오늘의 뉴스를 전해드립니다   시의 첫 지하철 노선에 대한 작업이 끝났습니다
complete. This comes after nearly four years of
                 이것은 거의 4년의 공사 기간 후에 왔습니다
construction / and over $500 million in costs.
                 그리고 500만 달러 이상의 비용이 들었습니다
The subway line will allow / residents in Daytonville /
그 지하철 노선은 허락할 것입니다   Daytonville의 주민들이
to travel / to 12 destinations in the city. The subway is
이동할 수 있도록   도시 안의 12개의 목적지로   그 지하철은 예정되어 있습니다
scheduled / to officially open / on June 3.
            공식적으로 개통될 것으로   6월 3일에

주제·목적

세부 내용

What is the report mainly about?

(A) A transportation system

(B) A construction company

4번은 다음 뉴스 보도에 관한 문제입니다.

오늘의 뉴스를 전해드립니다. 시의 첫 지하철 노선 작업이 끝났습니다. 공사 기간은 거의 4년이 걸렸고 500만 달러 이상의 비용이 들었습니다. 그 지하철 노선은 Daytonville 주민들이 도시 안의 12개의 목적지로 이동할 수 있도록 할 것입니다. 지하철은 6월 3일에 공식적으로 개통될 것으로 예정되어 있습니다.

보도는 주로 무엇에 관한 것인가?

(A) 교통 체계
(B) 건설 회사

어휘 complete[kəmplí:t] 끝난   nearly[미 níərli, 영 níəli] 거의   destination[미 dèstənéiʃən, 영 dèstinéiʃən] 목적지
officially[əfíʃəli] 공식적으로

해설 What ~ report ~ about을 보고 보도가 무엇에 관한 것인지를 묻고 있음을 알 수 있습니다. 지문의 초반 work on the city's first subway line is complete에서 보도가 지하철 노선 작업에 관한 것임을 알 수 있으므로 (A) A transportation system이 정답입니다.

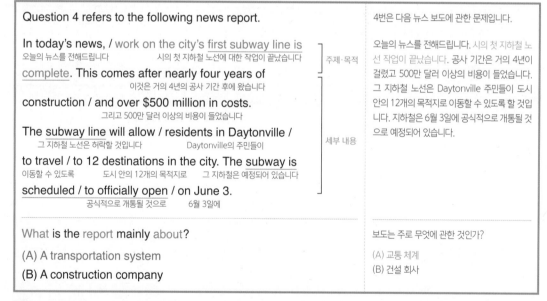

토익 기초

Part 1

Part 2

Part 3

Part 4

해커스 토익 스타트 Listening

Questions 5-6 refer to the following news report.

In an effort to improve energy efficiency, / the city
에너지 효율을 증진시키기 위한 노력으로

government is requiring local buildings / to undergo
시 정부는 지역 건물들에게 요구하고 있습니다   점검을 받을 것을

inspections. ⁰⁵Owners of buildings / within the city /
건물 소유주들은   도시 안에 있는

are asked to make an appointment / for inspection.
약속을 잡도록 요청되었습니다   점검을 위한

City engineers will check the buildings / and provide
시 기술자들은 건물들을 검사할 것입니다

a list of necessary improvements. Building owners
그리고 필요한 개선사항들의 목록을 제공할 것입니다   건물 소유주들은 1년을 가질 것입니다

will have one year / to make all the listed repairs.
목록에 있는 모든 수리들을 하기 위해

⁰⁶For further information / about the inspections, /
추가 정보를 원하시면   점검에 대한

owners may call 555-0239.
소유주들은 552-0239로 전화할 수 있습니다

주제·목적

세부 내용

5-6번은 다음 뉴스 보도에 관한 문제입니다.

에너지 효율을 증진시키기 위한 노력으로, 시 정부는 지역 건물들이 점검을 받을 것을 요구하고 있습니다. 시 안에 있는 건물 소유주들은 점검을 위한 약속을 잡도록 요청됩니다. 시의 기술자들은 건물들을 검사하고 필요한 개선사항들의 목록을 제공할 것입니다. 건물 소유주들은 목록에 있는 모든 수리들을 하기 위해 1년을 가질 것입니다. 점검에 대한 추가 정보를 원하시면, 소유주들은 555-0239로 전화 주시기 바랍니다.

---

05 What are building owners being asked to do?

    (A) Relocate some offices

    (B) Schedule an inspection

    (C) Make recommendations

    (D) Submit to training

06 How can the listeners get more information?

    (A) By contacting building owners

    (B) By listening to a later report

    (C) By checking with authorities

    (D) By calling a phone number

05 건물 소유주들은 무엇을 하도록 요청받고 있는가?

    (A) 몇몇 사무실을 이전한다.

    (B) 점검 일정을 잡는다.

    (C) 추천을 한다.

    (D) 교육을 받는다.

06 청자들은 어떻게 추가 정보를 얻을 수 있는가?

    (A) 건물 소유주들에게 연락함으로써

    (B) 이후의 보도를 들음으로써

    (C) 당국에 확인함으로써

    (D) 전화를 함으로써

어휘   effort[미 éfərt, 영 éfət] 노력   efficiency[ifíʃənsi] 효율   government[미 gʌ́vərnmənt, 영 gʌ́vənmənt] 정부
require[미 rikwáiər, 영 rikwáiə] 요구하다   undergo[미 ʌ̀ndərgóu, 영 ʌ̀ndəgóu] 받다   inspection[inspékʃən] 점검
owner[미 óunər, 영 óunə] 소유주   make an appointment 약속을 잡다   improvement[imprúːvmənt] 개선
further[미 fə́ːrðər, 영 fə́ːðə] 추가의

해설   **05** What ~ building owners ~ asked to do를 보고 건물 소유주들이 요청받고 있는 것이 무엇인지를 묻고 있음을 알 수 있습니다. 지문의 초반 Owners of buildings ~ are asked to make an appointment for inspection에서 건물 소유주들이 점검을 위한 약속을 잡도록 요청받고 있음을 알 수 있으므로 (B) Schedule an inspection이 정답입니다.

    06 How can ~ listeners get more information을 보고 청자들이 추가 정보를 얻기 위해 어떻게 해야 하는지를 묻고 있음을 알 수 있습니다. 지문의 후반 For further information about the inspections, owners may call에서 추가 정보를 원하는 소유주들은 전화를 해야 함을 알 수 있으므로 (D) By calling a phone number가 정답입니다.

Questions 7-8 refer to the following report.

⁰⁷In business news, / Plex Corporation announced /
경제 뉴스를 전해드립니다   Plex사가 발표했습니다

that it will move its manufacturing plant / to Thailand.
그것의 제조 공장을 옮기겠다고   태국으로

주제·목적

⁰⁸The purpose of the move / is to reduce company
그 이전의 목적은   회사의 경비를 줄이기 위한 것입니다

expenses, / as the cost of labor is lower / in Thailand.
               인건비가 더 낮기 때문에   태국의

Experts believe / it will save the company over $50
전문가들은 생각합니다   그것은 회사가 5천만 달러 이상을 절약하게 할 것이라고

million / per year. CEO Susan said / the relocation
         매년   최고 경영자 Susan은 말했습니다

is the only way / Plex can compete / in the industry.
이전이 유일한 방법이라고   Plex사가 경쟁할 수 있는   이 업계에서

However, / the closing of factories here / will result in
하지만   이곳의 공장 폐쇄는

the loss of 5,000 jobs. The new factory will open /
5천 개의 일자리 상실을 낳을 것입니다   새 공장은 문을 열 것입니다

next year.
내년에

세부 내용

7-8번은 다음 보도에 관한 문제입니다.

경제 뉴스를 전해드립니다. Plex사가 제조 공장을 태국으로 옮기겠다고 발표했습니다. 이 이전의 목적은 태국의 인건비가 더 낮기 때문에 회사의 경비를 줄이기 위한 것입니다. 전문가들은 그것이 회사가 매년 5천만 달러 이상을 절약하게 할 것이라고 생각합니다. 최고 경영자 Susan은 이전이 Plex사가 업계에서 경쟁할 수 있는 유일한 방법이라고 말했습니다. 하지만, 이곳의 공장 폐쇄는 5천 개의 일자리 상실을 야기할 것입니다. 새 공장은 내년에 문을 열 것입니다.

07 Who most likely is speaking?

(A) A researcher

(B) A businessperson

(C) A company owner

(D) A reporter

08 Why is the company opening a factory in Thailand?

(A) To expand business

(B) To sell in new markets

(C) To save money

(D) To avoid taxes

07 누가 말하고 있는 것 같은가?

(A) 연구원

(B) 사업가

(C) 회사 소유주

(D) 리포터

08 회사는 왜 태국에 공장을 열 것인가?

(A) 사업을 확장하기 위해

(B) 새로운 시장에서 영업하기 위해

(C) 돈을 절약하기 위해

(D) 세금을 피하기 위해

어휘 corporation[미 kɔ̀ːrpəréiʃən, 영 kɔ̀ːpəréiʃən] –사(社) manufacturing[mæ̀njufǽktʃəriŋ] 제조의
plant[미 plænt, 영 plɑːnt] 공장 cost of labor 인건비 expert[미 ékspəːrt, 영 ékspəːt] 전문가
relocation[미 rìːloukéiʃən, 영 rìːləukéiʃən] 이전 compete[kəmpíːt] 경쟁하다 industry[índəstri] 업계, 산업

해설 07 Who ~ speaking을 보고 말하고 있는 사람이 누구인지를 묻고 있음을 알 수 있습니다. 지문의 초반 In business news에서 화자가 경제 뉴스의 리포터임을 알 수 있으므로 (D) A reporter가 정답입니다.

08 Why ~ company opening ~ factory in Thailand를 보고 회사가 태국에 공장을 열 이유를 묻고 있음을 알 수 있습니다. 지문의 초반 The purpose of the move is to reduce company expenses, as the cost of labor is lower in Thailand에서 이전의 목적이 회사의 경비를 줄이기 위한 것임을 알 수 있으므로 (C) To save money가 정답입니다.

01 (D)	02 (C)	03 (A)	04 (A)	05 (A)	06 (C)	07 (A)	08 (C)	09 (D)	10 (C)
11 (B)	12 (B)	13 (B)	14 (A)	15 (D)	16 (C)	17 (B)	18 (C)		

01
~
03 👧 미국식 발음

Questions 1-3 refer to the following news report.

In local news, / Mayor Flint announced / that ⁰¹the construction of the East Avenue Bridge has temporarily stopped / due to the cold weather. Construction crews are expected / to resume work / once the temperature rises. He also said / that ⁰²he has increased the budget / for this project. This is because the design has been changed, / and additional materials are needed. The new design / now includes additional lighting. ⁰³The mayor finished his announcement / by saying / that the structure would be fully operational / by the end of August.

01 What is under construction?

(A) A highway
(B) A subway station
(C) A public library
(D) A bridge

02 What did Mayor Flint do?

(A) Toured a building
(B) Visited a worksite
(C) Increased a budget
(D) Hired a company

03 What does the speaker say about the structure?

(A) It will be completed in August.
(B) It will cost less than expected.
(C) It will require some inspections.
(D) It will be named soon.

1-3번은 다음 뉴스 보도에 관한 문제입니다.

지역 뉴스를 전해드립니다. Flint 시장이 추운 날씨로 인해 East가 다리의 건설이 일시적으로 중단되었다고 발표했습니다. 건설 작업반은 기온이 오르는 대로 작업을 재개할 것으로 예상됩니다. 그는 또한 이번 프로젝트에 대한 예산을 늘렸다고 말했습니다. 이것은 설계가 바뀌어서, 추가적인 자재들이 필요하기 때문입니다. 새로운 디자인은 이제 추가적인 조명을 포함합니다. Flint 시장은 건축물이 8월 말까지는 완전히 사용할 준비가 될 것이라고 말하는 것으로 그의 발표를 마무리했습니다.

01 무엇이 공사 중인가?

(A) 고속도로
(B) 지하철역
(C) 공공 도서관
(D) 다리

02 Flint 시장은 무엇을 했는가?

(A) 건물을 순회했다.
(B) 작업 현장을 방문했다.
(C) 예산을 늘렸다.
(D) 회사를 고용했다.

03 화자는 구조물에 대해 무엇을 말하는가?

(A) 8월에 완공될 것이다.
(B) 예상보다 더 적은 비용이 들 것이다.
(C) 검사가 필요할 것이다.
(D) 곧 이름이 지어질 것이다.

어휘 construction[kənstrʌ́kʃən] 건설, 공사 crew[kruː] 인부 resume[rizúːm] 재개하다 additional[ədíʃənl] 추가적인
operational[àːpəréiʃənl] 사용할 준비가 된

해설 01 What ~ under construction을 보고 무엇이 공사 중인지를 묻고 있음을 알 수 있습니다. 지문의 초반 the construction of the East Avenue Bridge에서 다리가 건설 중임을 알 수 있으므로 (D) A bridge가 정답입니다.

02 What ~ Mayor Flint do를 보고 Flint 시장이 무엇을 했는지를 묻고 있음을 알 수 있습니다. 지문의 중반 he has increased the budget for this project에서 프로젝트에 대한 예산을 늘렸음을 알 수 있으므로 (C) Increased a budget이 정답입니다.

03 What ~ speaker say about ~ structure를 보고 화자가 건축물에 대해 말하는 것이 무엇인지를 묻고 있음을 알 수 있습니다. 지문의 후반 The mayor finished his announcement by saying that the structure would be fully operational by the end of August에서 시장이 건축물이 8월 말까지는 완전히 사용할 준비가 될 것이라고 말했음을 알 수 있으므로 (A) It will be completed in August가 정답입니다.

Questions 4-6 refer to the following radio broadcast.

You're listening to the KWRP weather forecast. The heavy rain that started yesterday / continues today. ⁰⁴Weather conditions have caused traffic problems / and numerous car accidents / on local highways and streets. Local police chief Andy Barns asks / that residents stay indoors, / for their own safety, / until the weather improves. Forecasters say that flooding is now expected / throughout the city. ⁰⁵All local schools are closed today / and will possibly remain so / tomorrow. The rain is expected to end by Friday. ⁰⁶Visit our Web site / for updates about the storm.

4-6번은 다음 라디오 방송에 관한 문제입니다.

KWRP의 일기예보를 듣고 계십니다. 어제부터 시작된 폭우가 오늘도 이어집니다. 기상 상태는 지역 고속도로와 도로에 교통 문제들과 많은 자동차 사고를 야기했습니다. 지방 경찰서장 Andy Barns는 주민들이 그들의 안전을 위해, 날씨가 나아질 때까지 실내에 있을 것을 요청합니다. 기상 통보관은 현재 도시 전체에 걸쳐 홍수가 예상된다고 말합니다. 모든 지역 학교들이 오늘 문을 닫았고 아마 내일도 그대로 유지될 것입니다. 비는 금요일에 그칠 것으로 예상됩니다. 폭풍에 관한 최신 정보를 위해 저희 웹사이트를 방문하십시오.

04 According to the report, what **have** recent weather conditions caused?

(A) Traffic accidents
(B) Flight cancellations
(C) Bridge damage
(D) Office closures

05 What **is** mentioned about local schools?

(A) They are not open today.
(B) They are being renovated.
(C) They are all flooded.
(D) They are located downtown.

06 What **does the** speaker suggest **the** listeners do?

(A) Use public transportation
(B) Take an alternative route
(C) Get information online
(D) Contact a government office

04 보도에 따르면, 최근의 기상 상태는 무엇을 야기했는가?

(A) 교통 사고
(B) 비행편 취소
(C) 다리 파손
(D) 사무실 폐쇄

05 지역 학교들에 대해 무엇이 언급되는가?

(A) 오늘 문을 닫았다.
(B) 수리되고 있다.
(C) 모두 침수되었다.
(D) 시내에 위치한다.

06 화자는 청자들에게 무엇을 하도록 제안하는가?

(A) 대중교통을 이용한다.
(B) 대체 경로를 선택한다.
(C) 온라인에서 정보를 얻는다.
(D) 관공서에 연락한다.

> **어휘** forecast[미 fɔ́ːrkæst, 영 fɔ́ːkɑːst] 예보　heavy rain 폭우　cause[kɔːz] 야기하다
> numerous[미 njúːmərəs, 영 njúːmərəs] 많은　resident[미 rézədənt, 영 rézidənt] 주민
> forecaster[미 fɔ́ːrkæstər, 영 fɔ́ːkɑːstə] 기상 통보관　flooding[flʌ́diŋ] 홍수　government office 관공서

> **해설** 04 what ~ recent weather conditions caused를 보고 최근의 기상 상태가 야기한 것이 무엇인지를 묻고 있음을 알 수 있습니다. 지문의 초반 Weather conditions have caused ~ car accidents에서 교통 사고를 야기했음을 알 수 있으므로 (A) Traffic accidents가 정답입니다.
>
> 05 What ~ mentioned about local schools를 보고 지역 학교들에 대해 언급되는 것이 무엇인지를 묻고 있음을 알 수 있습니다. 지문의 후반 All local schools are closed today에서 모든 지역 학교들이 오늘 문을 닫았음을 알 수 있으므로 (A) They are not open today가 정답입니다.
>
> 06 What ~ speaker suggest listeners do를 보고 화자가 청자들에게 하도록 제안하는 것이 무엇인지를 묻고 있음을 알 수 있습니다. 지문의 후반 Visit our Web site for updates about the storm에서 웹사이트를 방문해 폭풍에 관한 정보를 얻도록 제안하고 있음을 알 수 있으므로 (C) Get information online이 정답입니다.

Questions 7-9 refer to the following news report.

You're listening to *Business Live* / on *Economics Daily*. Social media firm In-Group is in negotiations / to purchase photo-sharing Web site MyPic. [07]The companies published a press release / yesterday. According to the press release, / In-Group will gain ownership of MyPic / and offer MyPic's services to its customers. However, / [08]executives still need to authorize the deal, / and some experts are against this takeover. [09]They are concerned that / it will greatly increase the size of In-Group, / giving it too much control / over the social media market.

07 What **was** published yesterday?

(A) A press release
(B) A job posting
(C) A quarterly report
(D) An online editorial

08 What **does the** speaker say about **the** deal?

(A) It will decrease sales.
(B) It involves three businesses.
(C) It will be reviewed by directors.
(D) It is widely supported.

09 What **are** some experts concerned about?

(A) The demand for a product
(B) The quality of a service
(C) The cost of a proposal
(D) The size of a company

7-9번은 다음 뉴스 보도에 관한 문제입니다.

여러분은 *Economics Daily*의 *Business Live*를 듣고 계십니다. 소셜 미디어 회사 In-Group이 사진 공유 웹사이트 MyPic을 인수하기 위해 협상 중입니다. 이 회사들은 어제 보도 자료를 발표했습니다. 보도 자료에 따르면, In-Group은 MyPic에 대한 소유권을 얻고 MyPic의 서비스를 그들 고객에게 제공할 것입니다. 하지만, 아직 경영진들이 그 합의를 승인해야 하고, 일부 전문가들은 이번 인수에 반대하고 있습니다. 그들은 그것이 In-Group의 규모를 훨씬 커지게 만들어, 소셜 미디어 시장에 대한 과도한 지배력을 주게 될 것을 우려합니다.

07 어제 무엇이 발표되었는가?

(A) 보도 자료
(B) 구인 광고
(C) 분기별 보고서
(D) 온라인 사설

08 화자는 합의에 대해 무엇이라 말하는가?

(A) 매출을 감소시킬 것이다.
(B) 3개의 사업체들을 포함한다.
(C) 임원들에 의해 검토될 것이다.
(D) 폭넓게 지지받고 있다.

09 일부 전문가들은 무엇에 대해 우려하는가?

(A) 상품의 수요
(B) 서비스의 품질
(C) 계획의 비용
(D) 회사의 규모

어휘 negotiation[미 nigòuʃiéiʃən, 영 nəgòuʃiéiʃən] 협상 purchase[미 pə́ːrtʃəs, 영 pə́ːtʃəs] 인수하다 press release 보도 자료 ownership[미 óunərʃìp, 영 óunəʃip] 소유권 executive[igzékjutiv] 경영진 authorize[미 ɔ́ːθəràiz, 영 ɔ́ːθəraiz] 승인하다 against[əgénst] ~에 반대하여 takeover[미 téikòuvər, 영 téikə̀uvə] 인수

해설 07 What ~ published yesterday를 보고 어제 발표된 것이 무엇인지를 묻고 있음을 알 수 있습니다. 지문의 초반 The companies published a press release yesterday에서 회사들이 어제 보도 자료를 발표했음을 알 수 있으므로 (A) A press release가 정답입니다.

08 What ~ speaker say about ~ deal을 보고 화자가 합의에 대해 무엇이라 말하는지를 묻고 있음을 알 수 있습니다. 지문의 중반 executives still need to authorize the deal에서 경영진들이 합의를 승인해야 함을 알 수 있으므로 (C) It will be reviewed by directors가 정답입니다.

09 What ~ some experts concerned about을 보고 일부 전문가들이 무엇에 대해 우려하는지를 묻고 있음을 알 수 있습니다. 지문의 후반 They are concerned ~ it will greatly increase the size of In-Group에서 회사의 규모가 커질 것을 우려하고 있음을 알 수 있으므로 (D) The size of a company가 정답입니다.

Questions 10-12 refer to the following broadcast.

You're listening to the WXMP traffic report. Traffic around the city is moving smoothly, / except for minor congestion / around the Heights Bridge. [10]Due to scheduled repairs, / this route is closed / for the week. [11]City crews are working hard / to replace the bridge pavement. [12]Once repairs are finished on May 3, / the bridge will reopen to traffic. Until then, / it is best to avoid driving in the area, / so try the Conway Tunnel instead. Stay tuned for our weather report, / coming up next.

10-12번은 다음 방송에 관한 문제입니다.

WXMP의 교통방송을 듣고 계십니다. 도시 주변의 교통은 Heights 다리 주변의 가벼운 혼잡을 제외하고는 원활하게 움직이고 있습니다. 예정된 보수 공사로 인해, 이 길은 이번 주 동안 폐쇄됩니다. 시 작업반은 다리의 포장 도로를 교체하기 위해 열심히 작업하고 있습니다. 5월 3일에 공사가 완료되면, 다리는 다시 개통될 것입니다. 그때까지, 그 지역을 운전하는 것을 피하는 것이 최선이므로, Conway 터널을 대신 이용하시기 바랍니다. 다음에 있을 일기예보를 위해 주파수를 고정해주십시오.

10 What is the problem?

(A) There is an accident.
(B) A tunnel needs repairs.
(C) A route is closed.
(D) There is a lot of traffic.

11 What is mentioned about the bridge?

(A) It was built long ago.
(B) Its pavement is being replaced.
(C) It was recently opened.
(D) Its lanes are always congested.

12 What will happen on May 3?

(A) A storm will end.
(B) A bridge will reopen.
(C) Roadwork will begin.
(D) There will be an event.

10 문제는 무엇인가?

(A) 사고가 있다.
(B) 터널에 수리가 필요하다.
(C) 길이 폐쇄된다.
(D) 교통량이 많다.

11 다리에 대해 무엇이 언급되는가?

(A) 오래 전에 지어졌다.
(B) 포장 도로가 교체되고 있다.
(C) 최근에 개통되었다.
(D) 차로들이 항상 혼잡하다.

12 5월 3일에 무슨 일이 일어날 것인가?

(A) 폭풍우가 그칠 것이다.
(B) 다리가 재개통될 것이다.
(C) 도로 작업이 시작될 것이다.
(D) 행사가 있을 것이다.

어휘 traffic[trǽfik] 교통 smoothly[smúːðli] 원활하게 except for ~을 제외하고 minor[máinər] 가벼운
congestion[kəndʒéstʃən] 혼잡

해설 10 What ~ problem을 보고 문제가 무엇인지를 묻고 있음을 알 수 있습니다. 지문의 중반 Due to scheduled repairs, this route is closed for the week에서 보수 공사로 인해 길이 폐쇄됨을 알 수 있으므로 (C) A route is closed가 정답입니다.

11 What ~ mentioned about ~ bridge를 보고 다리에 대해 언급되는 것이 무엇인지를 묻고 있음을 알 수 있습니다. 지문의 중반 City crews are working hard to replace the bridge pavement에서 다리의 포장 도로가 교체되고 있음을 알 수 있으므로 (B) Its pavement is being replaced가 정답입니다.

12 What ~ happen on May 3를 보고 5월 3일에 무슨 일이 일어날 것인지를 묻고 있음을 알 수 있습니다. 지문의 중반 Once repairs are finished on May 3, the bridge will reopen to traffic에서 5월 3일에 다리가 다시 개통될 것임을 알 수 있으므로 (B) A bridge will reopen이 정답입니다.

Questions 13-15 refer to the following news report.

And now for Radio PRIME's afternoon report. A new study shows / that citizens produce a lot of pollution / driving to work. Right now, / the average commuter uses 100 gallons of gas / per month. [13/14]To reduce these pollution levels, / the city wants to invest additional money / in public transportation. [15]By increasing the number of city buses, / experts believe that more people will use the services. This should result in fewer drivers, / which will reduce pollution. [15]The local government plans to buy 100 more buses / for this purpose.

13 What is the subject of the report?

(A) The need for better roads
(B) Plans for decreasing pollution
(C) The future of public buses
(D) Causes of high gas prices

14 Why does the city want to invest in public transport?

(A) To lower pollution levels
(B) To respond to demand
(C) To create jobs
(D) To increase city profits

15 How does the city plan to reduce the number of drivers?

(A) By increasing insurance
(B) By raising fuel costs
(C) By lowering fares
(D) By adding buses

13-15번은 다음 뉴스 보도에 관한 문제입니다.

이제 Radio PRIME의 오후 보도입니다. 새로운 연구는 시민들이 직장에 운전해서 갈 때 많은 오염 물질을 만들어낸다는 것을 보여줍니다. 지금, 일반적인 통근자들은 한 달에 100갤런의 가스를 사용합니다. 이 오염 수준을 줄이기 위해서, 시는 대중교통에 추가적인 비용을 투자하기를 원합니다. 도시 버스의 수를 늘림으로써, 전문가들은 더 많은 사람들이 그 서비스를 이용할 것이라고 생각합니다. 그 결과 더 적은 운전자들이 있을 것이고, 그것은 오염을 줄일 것입니다. 지방 정부는 이 목적으로 100대의 버스를 더 구입할 계획입니다.

13 보도의 주제는 무엇인가?

(A) 더 좋은 도로의 필요성
(B) 오염을 줄이기 위한 계획
(C) 대중 버스들의 미래
(D) 높은 가스비의 원인

14 시는 왜 대중교통에 투자하고 싶어 하는가?

(A) 오염 수준을 낮추기 위해
(B) 요구에 부응하기 위해
(C) 일자리를 만들기 위해
(D) 시의 수익을 증가시키기 위해

15 시는 어떻게 운전자 수를 줄이도록 계획하는가?

(A) 보험료를 올림으로써
(B) 연료비를 올림으로써
(C) 요금을 낮춤으로써
(D) 버스들을 추가함으로써

어휘 citizen[미 sítəzən, 영 sítizən] 시민 produce[prədjúːs] 만들다 pollution[pəlúːʃən] 오염 물질, 오염
average[ǽvəridʒ] 일반적인 commuter[미 kəmjúːtər, 영 kəmjúːtə] 통근자 invest[invést] 투자하다
additional[ədíʃənl] 추가적인 public transportation 대중교통 reduce[ridjúːs] 줄이다

해설 13 What ~ subject of ~ report를 보고 보도의 주제가 무엇인지를 묻고 있음을 알 수 있습니다. 지문의 중반 To reduce these pollution levels, the city wants to invest additional money in public transportation에서 보도가 오염 수준을 줄이기 위한 시의 계획에 관한 것임을 알 수 있으므로 (B) Plans for decreasing pollution이 정답입니다.

14 Why ~ city want to invest in public transport를 보고 시가 대중교통에 투자하고 싶어 하는 이유를 묻고 있음을 알 수 있습니다. 지문의 중반 To reduce these pollution levels, the city wants to invest additional money in public transportation에서 시가 오염 수준을 줄이기 위해 대중교통에 투자하기를 원하는 것을 알 수 있으므로 (A) To lower pollution levels가 정답입니다.

15 How ~ city plan to reduce ~ number of drivers를 보고 시가 어떻게 운전자 수를 줄이도록 계획하는지를 묻고 있음을 알 수 있습니다. 지문의 중반 By increasing the number of city buses ~ This should result in fewer drivers와 지문의 후반 The local goverment plans to buy 100 more buses for this purpose에서 시가 100대의 버스를 더 구입함으로써 운전자 수를 줄일 계획임을 알 수 있으므로 (D) By adding buses가 정답입니다.

Questions 16-18 refer to the following broadcast and weather forecast.

In entertainment news, / ¹⁶violinist Wilbur Fawkes announced / that he would retire for health reasons. His final performance will be at an outdoor charity concert / in Seattle's Hillside Park / next week. ¹⁷This fundraiser has been postponed / to Saturday / because of a high possibility of rain / on the original event date. Mr. Fawkes also confirmed / that his concert in San Francisco has been canceled. ¹⁸If you purchased tickets for the show, / you should visit www.fawkestours.com / to get your money back.

16-18번은 다음 방송과 일기 예보에 관한 문제입니다.

연예 소식에서, 바이올리니스트 Wilbur Fawkes가 그가 건강상의 이유로 은퇴할 것임을 발표했습니다. 그의 마지막 공연은 다음 주 시애틀의 Hillside 공원에서의 야외 자선 콘서트가 될 것입니다. 이 모금 행사는 기존 행사 날의 높은 강우 가능성으로 인해 토요일로 연기되었습니다. Mr. Fawkes는 또한 샌프란시스코에서의 그의 콘서트가 취소되었음을 확정했습니다. 만약 그 쇼의 표를 구입하셨다면, 돈을 돌려받기 위해 www.fawkestours.com을 방문하셔야 합니다.

Thursday	¹⁷Friday	Saturday	Sunday

목요일	금요일	토요일	일요일

16 What is mentioned about Wilbur Fawkes?

(A) He announced a new album.
(B) He recently joined a band.
(C) He plans to retire.
(D) He started an organization.

17 Look at the graphic. Which day was the fundraiser originally scheduled for?

(A) Thursday
(B) Friday
(C) Saturday
(D) Sunday

18 What does the speaker suggest that people with tickets do?

(A) Confirm a date
(B) Reserve a seat
(C) Visit a Web site
(D) Call a promoter

16 Wilbur Fawkes에 대해 무엇이 언급되는가?

(A) 그는 새로운 앨범을 발표했다.
(B) 그는 최근에 밴드에 합류했다.
(C) 그는 은퇴할 계획이다.
(D) 그는 단체를 설립했다.

17 시각 자료를 보아라. 모금 행사가 본래 예정된 날은 언제인가?

(A) 목요일
(B) 금요일
(C) 토요일
(D) 일요일

18 화자는 표를 구매한 사람들이 무엇을 하도록 제안하는가?

(A) 날짜를 확정한다.
(B) 자리를 예약한다.
(C) 웹사이트를 방문한다.
(D) 기획사에 전화한다.

어휘 **retire**[미 ritáiər, 영 ritáiə] 은퇴하다 **outdoor**[미 áutdɔːr, 영 áutdɔ:] 야외의 **charity**[tʃǽrəti] 자선의
fundraiser[미 fʌ́ndrèizər, 영 fʌ́ndrèizə] 모금 행사 **postpone**[미 poustpóun, 영 poustpə́un] 연기하다
purchase[미 pə́:rtʃəs, 영 pə́:tʃəs] 구입하다

해설 **16** What ~ mentioned about Wilbur Fawkes를 보고 Wilbur Fawkes에 대해 무엇이 언급되는지를 묻고 있음을 알 수 있습니다. violinist Wilbur Fawkes announced that he would retire에서 Wilbur Fawkes가 은퇴할 것임을 알 수 있으므로 (C) He plans to retire가 정답입니다.

17 Which day ~ fundraiser ~ scheduled for를 보고 모금 행사가 예정된 날이 언제였는지를 묻고 있음을 알 수 있습니다. This fundraiser has been postponed ~ because of a high possibility of rain on the original event date에서 기존 행사 날의 높은 강우 가능성으로 인해 모금 행사가 연기되었다고 하였고, 일기 예보에서 비가 올 것으로 예보된 날이 금요일임을 알 수 있으므로 (B) Friday가 정답입니다.

18 What ~ speaker suggest ~ people with tickets do를 보고 화자가 표를 구매한 사람들이 무엇을 하도록 제안하는지를 묻고 있음을 알 수 있습니다. If you purchased tickets for the show, you should visit www.fawkestours.com에서 만약 표를 구입했다면 웹사이트에 방문하라고 제안하고 있음을 알 수 있으므로 (C) Visit a Web site가 정답입니다.

Course 1 행사 연설							p.312
01 (A)	**02** (B)	**03** (A)	**04** (B)	**05** (D)	**06** (B)	**07** (B)	**08** (A)

01 🔊 미국식 발음, 영국식 발음

Question 1 refers to the following talk.

Hello / and welcome to the CEO Awards Ceremony. ⌉장소
안녕하세요   그리고 최고 경영자 시상식에 오신 것을 환영합니다

Today / we are presenting awards / to the country's
오늘   우리는 상을 수여할 것입니다   주제·목적

most successful corporate managers. We are
국가의 가장 성공적인 기업 경영자들에게

celebrating these people / for their hard work and   세부 내용
우리는 그들을 기념하고 있습니다   그들의 노고와 헌신에 대해

dedication. Nancy Swanson, / a local business owner, /   다음에 있을 일
              Nancy Swanson이   지역 기업 소유주인

would now like to say a few words.
              이제 간단한 연설을 하겠습니다

What **will** happen next?

(A) 기업가가 이야기한다.

(B) 상이 주어진다.

1번은 다음 담화에 관한 문제입니다.

안녕하세요, 최고 경영자 시상식에 오신 것을 환영합니다. 오늘 저희는 국가의 가장 성공적인 기업 경영자들에게 상을 수여할 것입니다. 저희는 그들의 노고와 헌신을 기념합니다. 지역 기업 소유주인 Nancy Swanson이 이제 간단한 연설을 하겠습니다.

다음에 무슨 일이 일어날 것인가?

(A) 기업가가 이야기한다.
(B) 상이 주어진다.

어휘 | **present**[prizént] 수여하다 **successful**[səksésfəl] 성공적인 **corporate**[미 kɔ́:rpərət, 영 kɔ́:pərət] 기업의
dedication[dèdikéiʃən] 헌신

해설 | What ~ happen next를 보고 다음에 일어날 일이 무엇인지를 묻고 있음을 알 수 있습니다. 지문의 후반 a local business owner, would now like to say a few words에서 기업가가 연설을 할 것임을 알 수 있으므로 (A)가 정답입니다.

02 🔊 호주식 발음, 미국식 발음

Question 2 refers to the following introduction.

I would like everyone to meet Mary Gould, / our new
저는 모든 사람이 Mary Gould를 만나게 하고 싶습니다   우리의 새로운 이사인   주제·목적

director. Ms. Gould has worked / as a manager / in the
            Ms. Gould는 일해왔습니다   관리자로서

publishing field / for the last 12 years. She will bring /   세부 내용
출판 분야에서   지난 12년 동안   그녀는 가져다줄 것입니다

a lot of experience and knowledge / to our company.
많은 경험과 지식을   우리 회사에

Now, / let's all give Ms. Gould a warm welcome.   다음에 있을 일
이제   모두 Ms. Gould에게 따뜻한 환영을 해줍시다

What **is the** purpose of **the** speech?

(A) 직원의 은퇴를 알리기 위해

(B) 직원을 소개하기 위해

2번은 다음 소개에 관한 문제입니다.

우리의 새로운 이사인 Mary Gould를 모든 분들께 소개해드립니다. Ms. Gould는 지난 12년 동안 출판 분야에서 관리자로 일해왔습니다. 그녀는 우리 회사에 많은 경험과 지식을 가져다줄 것입니다. 이제, 모두 Ms. Gould에게 따뜻한 환영을 해줍시다.

연설의 목적은 무엇인가?

(A) 직원의 은퇴를 알리기 위해
(B) 직원을 소개하기 위해

어휘 | **director**[미 diréktər, 영 dairéktə] 이사 **field**[fi:ld] 분야 **a lot of** 많은 **knowledge**[미 nɑ́:lidʒ, 영 nɔ́lidʒ] 지식

해설 | What ~ purpose of ~ speech에서 연설의 목적이 무엇인지를 묻고 있음을 알 수 있습니다. 지문의 초반 I would like everyone to meet Mary Gould, our new director에서 연설이 새로운 이사를 소개하기 위한 것임을 알 수 있으므로 (B)가 정답입니다.

Question 3 refers to the following speech.

Thank you for attending this workshop / on office
이번 워크숍에 참석해주셔서 감사합니다

장소

communication. Today's topic is healthy interactions /
사무실 커뮤니케이션에 대한   오늘의 주제는 건강한 상호작용입니다

with coworkers. Specifically, / we'll discuss the types of
동료들과의   특히   우리는 대화의 종류에 대해 이야기할 것입니다

주제 및
세부 내용

conversations / you should avoid. Before we begin, /
여러분들이 피해야 하는   우리가 시작하기 전에

I'm going to give out name tags. Please put them on /
저는 이름표를 나누어줄 것입니다   그것들을 달아주세요

다음에
있을 일

to help me remember everyone's name.
제가 모든 사람들의 이름을 기억하는 것을 도울 수 있게

What **are the** listeners asked to do?

(A) Wear name tags

(B) Register for a workshop

3번은 다음 연설에 관한 문제입니다.

사무실 커뮤니케이션에 대한 워크숍에 참석해 주셔서 감사합니다. 오늘의 주제는 동료들과의 건강한 상호작용입니다. 특히, 우리는 여러분이 피해야 할 대화의 종류에 대해 이야기를 나눌 것입니다. 시작하기 전에, 이름표를 나누어드리겠습니다. 제가 모든 분들의 이름을 기억할 수 있도록 그것들을 달아주세요.

청자들은 무엇을 하도록 요청받는가?

(A) 이름표를 착용한다.
(B) 워크숍에 등록한다.

어휘 interaction[ìntərǽkʃən] 상호작용 specifically[미 spisífikəli, 영 spəsífikəli] 특히 avoid[əvɔ́id] 피하다

해설 What ~ listeners asked to do를 보고 청자들이 하도록 요청받는 것이 무엇인지를 묻고 있음을 알 수 있습니다. 지문의 후반 I'm going to give out name tags. Please put them on에서 청자들이 이름표를 달도록 요청받고 있음을 알 수 있으므로 (A) Wear name tags 가 정답입니다.

Question 4 refers to the following talk.

Thanks for coming / to our employee appreciation
와주셔서 감사합니다   우리의 직원 감사 만찬에

장소

dinner. Without you, / our company's success
여러분 없이   우리 회사의 성공은 가능하지 않았을 것입니다

wouldn't have been possible. I would also like to give
저는 또한 감사드리고 싶습니다

주제·목적

thanks / to Michael Drum / for organizing this event.
Michael Drum에게   이 행사를 준비해준 것에 대해

We will have dinner / shortly. In the meantime, /
우리는 저녁 식사를 할 것입니다   곧   그동안

cocktails will be served.
칵테일이 제공될 것입니다

다음에
있을 일

Where **is the** speech most likely being given?

(A) At a product launch

(B) At a staff gathering

4번은 다음 담화에 관한 문제입니다.

우리 직원 감사 만찬에 와주셔서 감사합니다. 여러분 없이는, 우리 회사의 성공이 가능하지 않았을 것입니다. 또한 이 행사를 준비해준 것에 대해 Michael Drum에게 감사드리고 싶습니다. 우리는 곧 저녁 식사를 할 것입니다. 그동안, 칵테일이 제공될 것입니다.

연설은 어디에서 이루어지고 있는 것 같은가?

(A) 제품 출시회에서
(B) 직원 모임에서

어휘 employee[implɔ́ii:] 직원 appreciation[əprì:ʃiéiʃən] 감사 success[səksés] 성공
organize[미 ɔ́:rgənàiz, 영 ɔ́:gənaiz] 준비하다 in the meantime 그동안 serve[미 səːrv, 영 səːv] 제공하다

해설 Where ~ speech ~ given을 보고 연설이 이루어지고 있는 곳이 어디인지를 묻고 있음을 알 수 있습니다. 지문의 초반 Thanks for coming to our employee appreciation dinner에서 연설이 직원 감사 만찬에서 이루어지고 있음을 알 수 있으므로 (B) At a staff gathering이 정답입니다.

Questions 5-6 refer to the following talk.

[화자]
[주제·목적]

05I'm Dan Evans, / an expert clothing designer. 06I'm
저는 Dan Evans입니다   전문 의상 디자이너인

here to explain / how to keep up with fashion trends.
저는 설명하기 위해 여기 있습니다   어떻게 패션 트렌드를 따라갈 것인지

[세부 내용]

In a moment, / I'm going to give out catalogs / showing
곧   저는 카탈로그를 나누어드릴 것입니다

recent clothing lines. I want you all to discuss / what
최근의 의류 제품을 보여주는   저는 여러분 모두가 토론하기를 원합니다

you like about the outfits / with those sitting next to you.
여러분들이 그 옷들에 대해 무엇이 마음에 드는지   여러분 옆에 앉으신 분들과

[다음에 있을 일]

But first, / let me play a brief video / about a successful
그러나 먼저   제가 짧은 비디오 한 편을 상영하겠습니다   성공한 패션 디자이너에 관한

fashion designer.

5-6번은 다음 담화에 관한 문제입니다.

저는 전문 의상 디자이너인 Dan Evans라고 합니다. 저는 패션 트렌드를 어떻게 따라갈 것인지에 대해 설명하기 위해 이곳에 왔습니다. 곧, 최신 의류 제품을 보여주는 카탈로그를 나누어 드릴 것입니다. 여러분 모두 옆에 앉으신 분들과 그 옷들에 대해 무엇이 마음에 드는지 이야기 나누시길 바랍니다. 그러나 먼저, 성공한 패션 디자이너에 관한 짧은 비디오 한 편을 상영하겠습니다.

05 What is mentioned about Dan Evans?

(A) He directs movies.
(B) He owns a company.
(C) He needs a job.
(D) He specializes in fashion.

06 What is the workshop about?

(A) Job opportunities
(B) Clothing industry trends
(C) Affordable stores
(D) Famous designers

05 Dan Evans에 대해 무엇이 언급되는가?

(A) 그는 영화를 감독한다.
(B) 그는 회사를 소유하고 있다.
(C) 그는 일자리가 필요하다.
(D) 그는 패션을 전문으로 한다.

06 워크숍은 무엇에 관한 것인가?

(A) 일자리 기회
(B) 의류 산업 트렌드
(C) 저렴한 가게
(D) 유명한 디자이너

어휘 expert[미 ékspərt, 영 ékspəːt] 전문의 explain[ikspléin] 설명하다 keep up with ~을 따라가다 trend[trend] 트렌드, 유행
in a moment 곧 give out 나누어주다 recent[ríːsnt] 최근의 outfit[미 áutfit, 영 áutfit] 옷 brief[briːf] 짧은

해설 05 What ~ mentioned about Dan Evans를 보고 Dan Evans에 대해 언급되는 것이 무엇인지를 묻고 있음을 알 수 있습니다. 지문의 초반 I'm Dan Evans, an expert clothing designer에서 Dan Evans가 전문 의상 디자이너임을 알 수 있으므로 (D) He specializes in fashion이 정답입니다.

06 What ~ workshop about을 보고 워크숍이 무엇에 관한 것인지를 묻고 있음을 알 수 있습니다. 지문의 초반 I'm here to explain ~ fashion trends에서 워크숍이 패션 트렌드에 관한 것임을 알 수 있으므로 (B) Clothing industry trends가 정답입니다.

Questions 7-8 refer to the following introduction.

Good morning / and thanks for meeting / on such short
안녕하세요　　그리고 회의에 오셔서 감사합니다　　급한 공지에
notice. I'd like to introduce Andrew Glade. Mr. Glade
저는 Andrew Glade를 소개하고 싶습니다
has been hired / to fill our accountant position.
Mr. Glade는 고용되었습니다　　우리의 회계사 자리를 채우기 위해
07He previously worked / at True Investment / as a
그는 이전에 일했었습니다　　True 투자사에서
financial advisor. Mr. Glade has much experience /
재정 자문가로서　　Mr. Glade는 많은 경험을 가지고 있습니다
and is excited to join our team. Before we return to
그리고 우리 팀에 합류하게 되어서 들떠 있습니다　　우리가 업무로 돌아가기 전에
work, / 08he would like to give a short speech. Let's all
그는 짧은 연설을 할 것입니다
give him a warm welcome.
모두 그에게 따뜻한 환영을 해줍시다

장소 / 주제 및 세부 내용 / 다음에 있을 일

7-8번은 다음 소개에 관한 문제입니다.

안녕하세요, 급한 공지에도 회의에 와주셔서 감사드립니다. 저는 Andrew Glade를 소개하고자 합니다. Mr. Glade는 우리의 회계사 자리를 채우기 위해 고용되었습니다. 그는 이전에 True 투자사에서 재정 자문가로 일했습니다. Mr. Glade는 많은 경험이 있고 우리 팀에 합류하게 되어서 들떠 있습니다. 업무로 돌아가기 전에, 그가 짧은 연설을 할 것입니다. 모두 그에게 따뜻한 환영을 해줍시다.

07 Where did Mr. Glade previously work?

(A) At a marketing firm
(B) At an investment company
(C) At a publishing house
(D) At an art museum

08 What will Mr. Glade probably do next?

(A) Give a talk
(B) Announce a project
(C) Introduce a product
(D) Take a break

07 Mr. Glade는 이전에 어디에서 근무했는가?
(A) 마케팅 회사에서
(B) 투자 회사에서
(C) 출판사에서
(D) 미술관에서

08 Mr. Glade는 다음에 무엇을 할 것 같은가?
(A) 연설한다.
(B) 프로젝트를 발표한다.
(C) 제품을 소개한다.
(D) 휴식을 취한다.

어휘 notice [미 nóutis, 영 nə́utis] 공지 hire [미 haiər, 영 haiə] 고용하다 fill [fil] 채우다 accountant [əkáuntənt] 회계사 position [pəzíʃən] 자리 previously [prí:viəsli] 이전에 financial [fainǽnʃəl] 재정적인 advisor [미 ədváizər, 영 ədváizə] 자문가

해설 07 Where ~ Mr. Glade previously work를 보고 Mr. Glade가 이전에 근무했던 곳이 어디인지를 묻고 있음을 알 수 있습니다. 지문의 중반 He previously worked at True Investment에서 그가 이전에 투자 회사에서 일했음을 알 수 있으므로 (B) At an investment company가 정답입니다.

08 What ~ Mr. Glade ~ do next를 보고 Mr. Glade가 다음에 할 일이 무엇인지를 묻고 있음을 알 수 있습니다. 지문의 후반 he would like to give a short speech에서 Mr. Glade가 연설을 할 것임을 알 수 있으므로 (A) Give a talk가 정답입니다.

01 🔊 미국식 발음, 영국식 발음

Question 1 refers to the following talk.

Thank you for visiting / the Singapore Flower Garden.　　] 장소
방문해주셔서 감사합니다　　　　　　Singapore 꽃 정원에

Near the entrance, / we have an exhibit / with all of the
입구 근처에서　　　　　　우리는 전시하고 있습니다　　　모든 꽃들을

flowers / from this region. Each section after that /
　　　　　　이 지역에서 나온　　　　그 뒤의 각 구역은

features plants / from a different country. Now, / let's
　　식물들을 포함합니다　　　다른 나라에서 온　　　이제

begin the tour / if there are no questions.
관람을 시작하겠습니다　　　만약 질문이 없으시다면

장소 관련
세부 내용

다음에
있을 일

Where **is this** talk taking place?

(A) 정원에서

(B) 상점에서

1번은 다음 담화에 관한 문제입니다.

Singapore 꽃 정원에 방문해주셔서 감사드립니다. 입구 근처에서는, 이 지역에서 나온 모든 꽃들을 전시하고 있습니다. 그 뒤의 각 구역은 다른 나라에서 온 식물들을 포함합니다. 이제, 질문이 없으시면 관람을 시작하겠습니다.

담화는 어디에서 일어나고 있는가?

(A) 정원에서
(B) 상점에서

어휘　**visit**[vízit] 방문하다　**entrance**[éntrəns] 입구　**exhibit**[igzíbit] 전시　**region**[rí:dʒən] 지역
feature[미 fí:tʃər, 영 fí:tʃə] 포함하다

해설　Where ~ talk taking place를 보고 담화가 일어나고 있는 곳이 어디인지를 묻고 있음을 알 수 있습니다. 지문의 초반 Thank you for visiting the Singapore Flower Garden에서 담화가 정원에서 일어나고 있음을 알 수 있으므로 (A)가 정답입니다.

02 🔊 미국식 발음, 호주식 발음

Question 2 refers to the following talk.

Welcome to the Sweet Treat factory. Here / we make　　] 장소
Sweet Treat 공장에 오신 것을 환영합니다　　　　여기서

all of Sweet Treat's products. Let me start / by showing
우리는 모든 Sweet Treat의 제품을 만듭니다　　제가 시작할게요

you the packaging department. Every day, / about
여러분께 포장 부서를 보여줌으로써　　　　매일

10,000 candy bars are wrapped / in this part of the plant.
약 10,000개의 막대사탕들이 포장됩니다　　　　공장의 이곳에서

Then / we'll move on / to the inspection area.
그럼　　우리는 이동할 거예요　　검사 구역으로

장소 관련
세부 내용

다음에
있을 일

Where **will the** listeners move to?

(A) 검사 구역

(B) 포장 부서

2번은 다음 담화에 관한 문제입니다.

Sweet Treat 공장에 오신 것을 환영합니다. 여기서 저희는 모든 Sweet Treat의 제품을 만듭니다. 여러분께 포장 부서를 보여드리면서 시작하겠습니다. 매일, 약 10,000개의 막대사탕들이 공장의 이곳에서 포장됩니다. 그럼 우리는 검사 구역으로 이동하겠습니다.

청자들은 어디로 이동할 것인가?

(A) 검사 구역
(B) 포장 부서

어휘　**department**[미 dipá:rtmənt, 영 dipá:tmənt] 부서　**wrap**[ræp] 포장하다　**plant**[미 plænt, 영 plɑ:nt] 공장
inspection[inspékʃən] 검사

해설　Where ~ listeners move to를 보고 청자들이 어디로 이동할 것인지를 묻고 있음을 알 수 있습니다. 지문의 후반 we'll move on to the inspection area에서 청자들이 검사 구역으로 이동할 것임을 알 수 있으므로 (A)가 정답입니다.

Question 3 refers to the following talk.

Thank you for visiting Hamline University. For today's
Hamline 대학을 방문해주셔서 감사합니다   오늘의 견학에서

tour, / I will show you around / this historic campus.
저는 여러분께 안내할 거예요   이 역사적인 캠퍼스를

First, / we'll see the student residence. This is the oldest
먼저   우리는 학생들의 거주지를 구경할 것입니다   이것은 가장 오래된

dormitory / in the country. Then / we'll go to the concert
기숙사입니다   국내에서   그리고 나서   우리는 콘서트 홀로 갈 것입니다

hall. There / you can listen to the school band play.
거기에서   여러분은 학교 밴드의 공연을 들을 수 있습니다

장소 및
장소 관련
세부 내용

일정 관련
세부 내용

3번은 다음 담화에 관한 문제입니다.

Hamline 대학을 방문해주셔서 감사합니다. 오늘의 견학에서, 저는 여러분께 이 역사적인 캠퍼스를 안내해드릴 것입니다. 먼저, 우리는 학생들의 거주지를 구경할 것입니다. 이것은 국내에서 가장 오래된 기숙사입니다. 그리고 나서 우리는 콘서트 홀에 갈 것입니다. 거기에서 여러분은 학교 밴드의 공연을 들을 수 있습니다.

What will the listeners do on the tour?

(A) Listen to a professor

(B) Visit a dormitory

청자들은 견학 중에 무엇을 할 것인가?

(A) 수업을 듣는다.

(B) 기숙사에 방문한다.

어휘 historic [미 histɔ́:rik, 영 histɔ́rik] 역사적인 residence [미 rézədəns, 영 rézidəns] 거주지
dormitory [미 dɔ́:rmətɔ̀:ri, 영 dɔ́:mitəri] 기숙사 hall [hɔːl] 홀

해설 What ~ listeners do on ~ tour를 보고 청자들이 견학 중에 무엇을 할 것인지를 묻고 있음을 알 수 있습니다. 지문의 중반 First, we'll see the student residence에서 청자들이 학생들의 거주지를 구경할 것임을 알 수 있으므로 (B) Visit a dormitory가 정답입니다.

Question 4 refers to the following talk.

Welcome to the Sprint Bicycle factory, / where we
Sprint 자전거 공장에 오신 것을 환영합니다

manufacture high quality bicycles. The tour will begin /
우리가 품질 좋은 자전거를 제조하는   견학은 시작될 것입니다

at our main warehouse. We store / most of our finished
우리의 메인 창고에서   우리는 보관합니다   대부분의 우리의 완제품들을

products / in there. But first, / please put on a helmet
그곳에서   그러나 먼저   헬멧과 보안경을 써주세요

and safety glasses, / and then we can head / toward
그리고 그 다음에 우리는 갈 수 있습니다

the facility.
그 시설 쪽으로

장소 및
장소 관련
세부 내용

일정 관련
세부 내용

청자 할 일

4번은 다음 담화에 관한 문제입니다.

품질 좋은 자전거를 제조하는 Sprint 자전거 공장에 오신 것을 환영합니다. 견학은 저희의 메인 창고에서 시작될 것입니다. 저희는 대부분의 완제품들을 그곳에서 보관합니다. 그러나 먼저, 헬멧과 보안경을 써주시기 바라며, 그 다음에 우리는 그 시설 쪽으로 갈 수 있습니다.

Where will the tour start?

(A) At a warehouse

(B) At a mail room

견학은 어디에서 시작될 것인가?

(A) 창고에서

(B) 우편실에서

어휘 manufacture [미 mæ̀njufǽktʃər, 영 mæ̀njəfǽktʃə] 제조하다 quality [미 kwɑ́:ləti, 영 kwɔ́ləti] 품질
warehouse [미 wɛ́ərhàus, 영 wéəhaus] 창고 toward [미 tɔ́:rd, 영 təwɔ́:d] ~ 쪽으로

해설 Where ~ tour start를 보고 견학이 시작될 곳이 어디인지를 묻고 있음을 알 수 있습니다. 지문의 중반 The tour will begin at our main warehouse에서 견학이 창고에서 시작될 것임을 알 수 있으므로 (A) At a warehouse가 정답입니다.

토익 기초
Part 1
Part 2
Part 3
Part 4
해커스 토익 스타트 Listening

Questions 5-6 refer to the following talk.

I'm Sue Grant, / and I'll be taking you around / Twin
저는 Sue Grant입니다   그리고 저는 여러분을 모시고 갈 것입니다

청자 및
장소

Peaks National Park. Let's start the tour / at Pine Lake, /
Twin Peaks 국립 공원에   관광을 시작하겠습니다   Pine 호수에서

일정 관련
세부 내용

the biggest lake in the park. Once we are done there, /
이 공원에서 제일 큰 호수인   일단 우리가 거기서 끝나게 되면

we will walk on / one of our mountain trails. 05Please
우리는 걸을 것입니다   저희의 등산로 중의 한 곳을

청자 할 일

dispose of your trash / in the containers provided.
여러분의 쓰레기를 처리해주시기 바랍니다   제공된 용기에

Following the tour, / 06everyone will get a chance / to
관광 후에   모두가 기회를 가질 것입니다

일정 관련
세부 내용

buy shirts and hats / in the souvenir shop.
셔츠와 모자를 구입할   기념품 상점에서

---

05 What are the listeners asked to do?

(A) Bring their bags
(B) Wait at the lake
(C) Put trash into containers
(D) Get a park map

06 What can the listeners find in the souvenir shop?

(A) Park postcards
(B) Free drinks
(C) Nature magazines
(D) Clothing items

5-6번은 다음 담화에 관한 문제입니다.

저는 Sue Grant이고, 여러분을 Twin Peaks 국립 공원으로 모실 것입니다. 이 공원에서 제일 큰 호수인 Pine 호수에서 관광을 시작하겠습니다. 일단 우리가 거기서 관광을 끝내고 나면, 등산로 중 한 곳을 걸을 것입니다. 쓰레기는 제공된 용기에 처리해주시기 바랍니다. 관광 후에는, 모두가 기념품 상점에서 셔츠와 모자를 구입할 기회를 가질 것입니다.

05 청자들은 무엇을 하라고 요청받는가?

(A) 그들의 가방을 가져온다.
(B) 호수에서 기다린다.
(C) 쓰레기를 용기에 넣는다.
(D) 공원 지도를 받는다.

06 청자들은 기념품 상점에서 무엇을 찾을 수 있는가?

(A) 공원 엽서
(B) 무료 음료
(C) 자연 잡지
(D) 의류 제품

어휘 national[næʃənl] 국립의 lake[leik] 호수 trail[treil] 길 dispose of 처리하다
container[미 kəntéinər, 영 kəntéinə] 용기 souvenir[미 sùːvəníər, 영 sùːvəníə] 기념품

해설 05 What ~ listeners asked to do를 보고 청자들이 하라고 요청받는 것이 무엇인지를 묻고 있음을 알 수 있습니다. 지문의 중반 Please dispose of your trash in the containers provided에서 쓰레기를 제공된 용기에 처리할 것을 요청받고 있음을 알 수 있으므로 (C) Put trash into containers가 정답입니다.

06 What can ~ find in ~ souvenir shop에서 기념품 상점에서 찾을 수 있는 것이 무엇인지를 묻고 있음을 알 수 있습니다. 지문의 후반 everyone will get a chance to buy shirts and hats in the souvenir shop에서 기념품 상점에서 셔츠와 모자를 구입할 수 있음을 알 수 있으므로 (D) Clothing items가 정답입니다.

Questions 7-8 refer to the following talk.

07Welcome to Black Hole Cave. I'm Jenny, / and I'll be Black Hole 동굴에 오신 것을 환영합니다 저는 Jenny입니다 그리고 저는 여러분의	장소 및 화자
your tour guide. For your own safety, / 08please use the 가이드가 될 것입니다 여러분의 안전을 위해 난간을 사용해주세요	
handrails / as the steps can be slippery. 07When we 계단이 미끄러울 수 있기 때문에	
enter the cave, / you are free to take pictures / of the 우리가 동굴에 들어갈 때 여러분은 사진을 자유롭게 찍을 수 있습니다	청자 할 일
many interesting rocks. And please remember, / 많은 흥미로운 바위들의 그리고 기억해주세요	
food and beverages are prohibited / in the caves. 음식과 음료는 금지되어 있습니다 동굴 안에서	
When we are finished, / everyone can follow me / back 우리가 끝났을 때 모두가 저를 따라와주세요	일정 관련 세부 내용
to the entrance. 입구로 돌아가기 위해	

7-8번은 다음 담화에 관한 문제입니다.

Black Hole 동굴에 오신 것을 환영합니다. 저는 여러분의 가이드인 Jenny입니다. 여러분의 안전을 위해, 계단이 미끄러울 수 있으니 난간을 사용해주시기 바랍니다. 동굴 안으로 들어갈 때는, 많은 흥미로운 바위들의 사진을 자유롭게 찍으실 수 있습니다. 그리고 기억해주세요, 음식과 음료는 동굴 안에서 금지되어 있습니다. 관광이 끝나면, 입구로 돌아가기 위해 모두 저를 따라와주세요.

07 What is the main purpose of the talk?

(A) To discuss a policy change

(B) To raise donations

(C) To describe a tour

(D) To announce an exhibit

08 What does the speaker ask the listeners to do?

(A) Use handrails

(B) Bring a drink

(C) Look at pictures

(D) Wear good shoes

07 담화의 주된 목적은 무엇인가?

(A) 정책 변경에 대해 이야기하기 위해

(B) 기부금을 모으기 위해

(C) 관광을 설명하기 위해

(D) 전시회를 알리기 위해

08 화자는 청자들에게 무엇을 하라고 요청하는가?

(A) 난간을 사용한다.

(B) 음료를 가져온다.

(C) 그림들을 본다.

(D) 좋은 신발을 신는다.

어휘 cave[keiv] 동굴 safety[séifti] 안전 handrail[미 hǽndrèil, 영 hǽndreil] 난간 slippery[slípəri] 미끄러운
interesting[미 íntərəstiŋ, 영 íntrəstiŋ] 흥미로운 beverage[bévəridʒ] 음료 prohibit[미 prouhíbit, 영 prəhíbit] 금지하다
follow[미 fáːlou, 영 fɔ́lou] 따라가다 donation[dounéiʃən] 기부금

해설 07 What ~ purpose of ~ talk를 보고 담화의 목적이 무엇인지를 묻고 있음을 알 수 있습니다. 지문의 초반 Welcome to Black Hole
Cave와 지문의 중반 When we enter the cave, you are free to take pictures of ~ rocks에서 관광에 대해 설명하고 있음을 알 수 있으므로 (C) To describe a tour가 정답입니다.

08 What ~ speaker ask ~ listeners to do를 보고 화자가 청자들에게 하라고 요청하는 것이 무엇인지를 묻고 있음을 알 수 있습니다.
지문의 초반 please use the handrails에서 난간을 사용하라고 요청하고 있음을 알 수 있으므로 (A) Use handrails가 정답입니다.

| 01 (B) | 02 (A) | 03 (B) | 04 (C) | 05 (A) | 06 (B) | 07 (A) | 08 (C) | 09 (C) | 10 (B) |
| 11 (A) | 12 (C) | 13 (A) | 14 (C) | 15 (A) | 16 (D) | 17 (C) | 18 (B) | | |

01 ~ 03

🔈 미국식 발음

Questions 1-3 refer to the following introduction.

Hello, / everyone. ⁰¹We are here today / to show our appreciation / to Anna Franca. **She is retiring / after working at Milton Law / for the past 20 years. During that time, /** ⁰²Ms. Franca became one of our strongest lawyers. **She was always willing to help others, / and she will be missed.** ⁰³Ms. Franca is going to say a few words / about her time / with the firm. **So, / let's all welcome her / with a big round of applause.**

1-3번은 다음 소개에 관한 문제입니다.

안녕하세요, 여러분. 우리는 오늘 Anna Franca 에게 감사를 표하기 위해 이곳에 왔습니다. 그녀 는 Milton 법률 사무소에서 지난 20년 동안 일 한 후 은퇴합니다. 그 시간 동안, Ms. Franca는 우리의 가장 실력 있는 변호사 중 한 명이 되었 습니다. 그녀는 항상 기꺼이 다른 사람들을 돕고 자 했고, 우리는 그녀를 그리워할 것입니다. Ms. Franca는 회사에서 있었던 그녀의 시간에 대해 짧게 이야기할 것입니다. 그러니, 우리 모두 그녀 를 큰 박수로 환영합시다.

01 What is the purpose of this talk?

(A) To announce a new office
(B) To honor an employee
(C) To talk about a new product
(D) To gather donations

02 Who is Ms. Franca?

(A) An attorney
(B) A director
(C) A receptionist
(D) A consultant

03 What will most likely happen next?

(A) An award will be presented.
(B) A speech will be made.
(C) A video will be shown.
(D) A gift will be given.

01 담화의 목적은 무엇인가?

(A) 새로운 사무실을 발표하기 위해
(B) 직원에게 감사하기 위해
(C) 신상품에 대해 이야기하기 위해
(D) 기부금을 모으기 위해

02 Ms. Franca는 누구인가?

(A) 변호사
(B) 임원
(C) 접수원
(D) 상담가

03 다음에 무슨 일이 일어날 것 같은가?

(A) 상이 수여될 것이다.
(B) 연설이 있을 것이다.
(C) 비디오가 보여질 것이다.
(D) 선물이 주어질 것이다.

어휘 **show**[ʃou] 표하다, 보여주다 **retire**[ritáiər] 은퇴하다 **law**[lɔː] 법률 **during**[djúəriŋ] ~ 동안 **lawyer**[lɔ́ːjər] 변호사 **always**[ɔ́ːlweiz] 항상 **willing to** 기꺼이 ~하다 **miss**[mis] 그리워하다 **applause**[əplɔ́ːz] 박수 **gather**[ɡǽðər] 모으다

해설 01 What ~ purpose of ~ talk를 보고 담화의 목적이 무엇인지를 묻고 있음을 알 수 있습니다. 지문의 초반 We are here ~ to show our appreciation to Anna Franca에서 담화가 직원에게 감사를 표하기 위한 것임을 알 수 있으므로 (B) To honor an employee 가 정답입니다.

02 Who ~ Ms. Franca를 보고 Ms. Franca가 누구인지를 묻고 있음을 알 수 있습니다. 지문의 중반 Ms. Franca became one of our strongest lawyers에서 Ms. Franca가 변호사임을 알 수 있으므로 (A) An attorney가 정답입니다.

03 What ~ happen next를 보고 다음에 일어날 일이 무엇인지를 묻고 있음을 알 수 있습니다. 지문의 후반 Ms. Franca is going to say a few words about her time with the firm에서 Ms. Franca가 회사에서의 시간에 대해 연설할 것임을 알 수 있으므로 (B) A speech will be made가 정답입니다.

04 🔊 영국식 발음

Questions 4-6 refer to the following speech.

Welcome to our global business etiquette workshop. [04]I'm Florence Penn, / your leader / for this two-day training seminar. For today, / we will be starting / with a series of lectures. [05]I hope / you will find the lectures informative. <u>Past participants reported positive results</u>. These talks will allow you / to learn about manners and customs / in different countries. Then, / [06]a special presentation will be given tomorrow / by the head of our overseas sales department. If there are no questions, / we will begin.

04 Who is the speaker?

(A) A university professor
(B) A travel agent
(C) A workshop leader
(D) A company president

05 What does the speaker mean when she says, "Past participants reported positive results"?

(A) Some talks should be useful.
(B) Some changes were beneficial.
(C) A group activity will be fun.
(D) A marketing method is effective.

06 According to the speaker, what will take place tomorrow?

(A) A screening
(B) A presentation
(C) A demonstration
(D) An exam

4-6번은 다음 연설에 관한 문제입니다.

저희 글로벌 비즈니스 에티켓 워크숍에 오신 것을 환영합니다. 저는 Florence Penn이고, 이번 2일 교육 세미나 동안 여러분의 지도자입니다. 오늘, 우리는 일련의 강의들부터 시작할 것입니다. 저는 여러분에게 이 강의들이 유익하기를 바랍니다. 과거 참가자들은 좋은 결과를 보고했습니다. 이 강의들은 여러분이 다른 국가들에서의 예절과 관습에 대해 배우도록 할 것입니다. 그 다음, 저희 해외영업부 부장님의 특별 발표가 내일 있을 것입니다. 질문이 없으시면, 시작하겠습니다.

04 화자는 누구인가?
(A) 대학 교수
(B) 여행사 직원
(C) 워크숍 지도자
(D) 기업 회장

05 화자는 "과거 참가자들은 좋은 결과를 보고했습니다"라고 말할 때 무엇을 의도하는가?
(A) 몇몇 강의가 유용할 것이다.
(B) 몇몇 변화가 유익했다.
(C) 팀 활동이 재미 있을 것이다.
(D) 마케팅 방법이 효과적이다.

06 화자에 따르면, 내일 무슨 일이 일어날 것인가?
(A) 영화 상영
(B) 발표
(C) 시연
(D) 시험

어휘 informative[미 infɔ́:rmətiv, 영 infɔ́:mətiv] 유익한 participant[미 pɑ:rtísəpənt, 영 pɑ:tísəpənt] 참가자
custom[kʌ́stəm] 관습 overseas[미 òuvərsí:z, 영 óuvəsí:z] 해외의 method[méθəd] 방법

해설 04 Who ~ speaker를 보고 화자가 누구인지를 묻고 있음을 알 수 있습니다. 지문의 초반 I'm Florence Penn, your leader for this ~ training seminar에서 화자가 이번 교육 세미나의 지도자임을 알 수 있으므로 (C) A workshop leader가 정답입니다.

05 What ~ speaker mean when ~ says, Past participants reported positive results를 보고 화자가 과거 참가자들은 좋은 결과를 보고했다고 말할 때 의도하는 것이 무엇인지를 묻고 있음을 알 수 있습니다. 지문의 중반 I hope you will find the lectures informative에서 과거 참가자들이 좋은 결과를 보고한 것처럼 강의들이 유익하기를 기대함을 알 수 있으므로 정답은 (A) Some talks should be useful이 정답입니다.

06 what ~ take place tomorrow를 보고 내일 무슨 일이 일어날 것인지를 묻고 있음을 알 수 있습니다. 지문의 후반 a special presentation will be given tomorrow에서 내일 특별 발표가 있을 것임을 알 수 있으므로 (B) A presentation이 정답입니다.

Questions 7-9 refer to the following talk.

I would like to welcome everyone / to Burns Tower. [07]I will explain the history of the structure / during the tour. We will begin / by watching a short film / about the construction of the tower. [08]As you will learn from the video, / it is over 200 years old. Then we will walk up to the top of the tower. Once we reach the top, / [09]you may take pictures / with your friends and family. OK, / if everyone has an entrance ticket, / let's go inside.

7-9번은 다음 담화에 관한 문제입니다.

Burns 타워에 오신 여러분 모두를 환영합니다. 저는 관광하는 동안 이 건축물의 역사를 설명할 것입니다. 우리는 이 타워의 건축에 대한 짧은 영화를 보면서 시작할 것입니다. 비디오에서 알 수 있듯이, 이 타워는 만들어진 지 200년이 넘었습니다. 그 다음에 우리는 이 타워의 꼭대기까지 걸어 올라갈 것입니다. 꼭대기에 도착하면, 여러분의 친구 및 가족들과 사진을 찍으실 수 있습니다. 자, 모두 입장권을 가지고 있으시면, 안으로 들어가 봅시다.

07 Who most likely is the speaker?

(A) A tour guide
(B) An engineer
(C) A sales clerk
(D) A researcher

07 화자는 누구인 것 같은가?

(A) 관광 가이드
(B) 기술자
(C) 판매 점원
(D) 연구원

08 According to the speaker, what will the listeners learn from the video?

(A) The construction costs
(B) The structure's height
(C) The tower's age
(D) The materials used

08 화자에 따르면, 청자들은 비디오로부터 무엇을 알 수 있을 것인가?

(A) 건설 비용
(B) 건축물의 높이
(C) 타워의 연식
(D) 사용된 자재

09 What does the speaker suggest?

(A) Testing a product
(B) Printing a document
(C) Taking photographs
(D) Making reservations

09 화자는 무엇을 제안하는가?

(A) 제품을 시험하는 것
(B) 서류를 출력하는 것
(C) 사진을 찍는 것
(D) 예약을 하는 것

어휘 history[hístəri] 역사 structure[미 strʌ́ktʃər, 영 strʌ́ktʃə] 건축물 construction[kənstrʌ́kʃən] 건축 양식, 건설
engineer[èndʒiníər] 기술자 clerk[klə:rk] 점원 researcher[risə́:rtʃər] 연구원 height[hait] 높이 material[mətíəriəl] 자재

해설 07 Who ~ speaker를 보고 화자가 누구인지를 묻고 있음을 알 수 있습니다. 지문의 초반 I will explain ~ the structure during the tour에서 화자가 관광 가이드임을 알 수 있으므로 (A) A tour guide가 정답입니다.

08 what ~ listeners learn from ~ video를 보고 청자들이 비디오로부터 알 수 있는 것이 무엇인지를 묻고 있음을 알 수 있습니다. 지문의 중반 As you will learn from the video, it is over 200 years old에서 청자들이 비디오로부터 타워가 만들어진 지 200년이 넘었음을 알게 될 것임을 알 수 있으므로 (C) The tower's age가 정답입니다.

09 What ~ speaker suggest를 보고 화자가 제안하는 것이 무엇인지를 묻고 있음을 알 수 있습니다. 지문의 후반 you may take pictures with your friends and family에서 친구 및 가족과 사진을 찍을 것을 제안하고 있음을 알 수 있으므로 (C) Taking photographs가 정답입니다.

Questions 10-12 refer to the following talk.

[10]My name is Richard Robinson, / curator of the Swift Museum. I'm pleased to welcome you / to the reopening of the facility / today. Thanks to the many donations we've received, / we were able to renovate our building. [11]We're particularly excited / about our . . . uh . . . our new modern art wing. With it, there are now 16 exhibition halls / in total in the museum. <u>Visitors will certainly welcome this change</u>. Now, / [12]I'll lead you all inside / and give a brief tour.

10 Who is the speaker?

　(A) A film producer
　(B) A museum curator
　(C) A public relations agent
　(D) An actor

11 Why does the speaker say, "Visitors will certainly welcome this change"?

　(A) To praise an expansion
　(B) To emphasize lower fees
　(C) To recognize some donations
　(D) To point out some artwork

12 What will the speaker probably do next?

　(A) Contact a client
　(B) Go to an event
　(C) Give a tour
　(D) Meet with a coworker

10-12번은 다음 담화에 관한 문제입니다.

제 이름은 Richard Robinson이고, Swift 박물관의 큐레이터입니다. 오늘 시설의 재개관에 오신 여러분을 환영하게 되어 기쁩니다. 많은 기부를 받은 덕에, 저희의 건물을 개조할 수 있었습니다. 저희는 특히... 음... 저희의 새로운 현대 미술 부속 건물에 들떠 있습니다. 이것과 함께, 박물관에는 이제 16개의 전시회장이 있습니다. 방문객들은 확실히 이 변화를 반길 것입니다. 이제, 제가 여러분 모두를 내부로 모시고 가서 간단히 안내를 해드리겠습니다.

10 화자는 누구인가?

　(A) 영화 제작자
　(B) 박물관 큐레이터
　(C) 홍보 직원
　(D) 배우

11 남자는 왜 "방문객들은 확실히 이 변화를 반길 것입니다"라고 말하는가?

　(A) 확장을 칭찬하기 위해
　(B) 더 낮은 요금을 강조하기 위해
　(C) 몇몇 기부에 감사하기 위해
　(D) 몇몇 작품을 언급하기 위해

12 화자는 다음에 무엇을 할 것 같은가?

　(A) 고객에게 연락한다.
　(B) 행사에 간다.
　(C) 안내를 한다.
　(D) 동료와 만난다.

어휘　facility[fəsíləti] 시설　donation[dounéiʃən] 기부　renovate[rénəvèit] 개조하다　particularly[pərtíkjulərli] 특히
wing[wiŋ] 부속 건물　give a tour 안내하다　public relations 홍보　coworker[kóuwə̀ːrkər] 동료

해설　10 Who ~ speaker를 보고 화자가 누구인지를 묻고 있음을 알 수 있습니다. 지문의 초반 My name is Richard Robinson, curator of the Swift Museum에서 화자가 박물관 큐레이터임을 알 수 있으므로 (B) A museum curator가 정답입니다.

11 Why ~ speaker say, Visitors will certainly welcome this change를 보고 화자가 방문객들은 확실히 이 변화를 반길 것이라고 말하는 이유를 묻고 있음을 알 수 있습니다. 지문의 후반 We're particularly excited about ~ our new modern art wing ~ there are now 16 halls ~ in the museum에서 방문객들이 반길 박물관의 확장을 칭찬하고 있음을 알 수 있으므로 (A) To praise an expansion이 정답입니다.

12 What ~ speaker ~ do next를 보고 화자가 다음에 할 일이 무엇인지를 묻고 있음을 알 수 있습니다. 지문의 후반 I'll lead you all inside and give a brief tour에서 내부를 안내할 것임을 알 수 있으므로 (C) Give a tour가 정답입니다.

Questions 13-15 refer to the following speech.

Hello and [13]thank you all / for attending this seminar. **We are going to discuss some techniques / that will help you succeed in marketing.** [13]We will begin / with a basic introduction and questions / at 9 A.M. If you want to know anything / about the seminar, / that is the time to ask. [14]Then at 10 A.M., / we will hear a talk / from Kari Dent. She is a leading advertising consultant and businessperson. But before we start, / [15]I would like everyone to go to the counter. You can check in there / and pick up a schedule.

13-15번은 다음 연설에 관한 문제입니다.

안녕하세요, 이 세미나에 참석해주셔서 여러분 모두에게 감사드립니다. 우리는 여러분이 마케팅에서 성공하도록 도와줄 몇 가지 기술에 관해 이야기할 것입니다. 우리는 오전 9시에 기본적인 소개와 질문들로 시작할 것입니다. 여러분이 이 세미나에 대해 무엇이든 알고 싶다면, 그때가 물어볼 시간입니다. 그 다음 오전 10시에는, Kari Dent의 강의를 들을 것입니다. 그녀는 선두적인 광고 고문이며 사업가입니다. 하지만 시작하기 전에, 저는 모두가 카운터에 가시길 바랍니다. 여러분은 거기서 체크인을 하고 일정표를 가져오실 수 있습니다.

---

13 What **is the** speech **mostly** about?

  (A) Seminar activities
  (B) A company opening
  (C) A new product line
  (D) Investment opportunities

14 What **will** happen at 10 A.M.?

  (A) Participants will have a break.
  (B) Snacks will be served.
  (C) A speech will be given.
  (D) A movie will be shown.

15 How **can the** listeners get **a** schedule?

  (A) By stopping at a counter
  (B) By visiting a Web site
  (C) By talking to an employee
  (D) By looking in a packet

13 연설은 주로 무엇에 관한 것인가?

  (A) 세미나 활동
  (B) 회사 개업
  (C) 신제품 라인
  (D) 투자 기회

14 오전 10시에 무슨 일이 일어날 것인가?

  (A) 참가자들은 휴식을 가질 것이다.
  (B) 간식이 제공될 것이다.
  (C) 연설이 있을 것이다.
  (D) 영화가 상영될 것이다.

15 청자들은 어떻게 일정표를 받을 수 있는가?

  (A) 카운터에 들름으로써
  (B) 웹사이트에 방문함으로써
  (C) 직원에게 이야기함으로써
  (D) 책자 안을 봄으로써

어휘 technique[tekníːk] 기술 succeed[səksíːd] 성공하다 introduction[ìntrədʌ́kʃən] 소개 leading[líːdiŋ] 선두적인 advertising[ǽdvərtàiziŋ] 광고의 consultant[kənsʌ́ltənt] 고문 businessperson[bíznispə̀ːrsn] 사업가 investment[invéstmənt] 투자 participant[pɑːrtísəpənt] 참가자 packet[pǽkit] 책자

해설 13 What ~ speech ~ about을 보고 연설이 무엇에 관한 것인지를 묻고 있음을 알 수 있습니다. 지문의 초반 thank you all for attending this seminar와 We will begin with ~ introduction and questions에서 연설이 세미나에서 있을 활동들에 관한 것임을 알 수 있으므로 (A) Seminar activities가 정답입니다.

14 What ~ happen at 10 A.M.을 보고 오전 10시에 일어날 일이 무엇인지를 묻고 있음을 알 수 있습니다. 지문의 중반 Then at 10 A.M., we will hear a talk from Kari Dent에서 오전 10시에 강의를 들을 것임을 알 수 있으므로 (C) A speech will be given이 정답입니다.

15 How ~ listeners get ~ schedule을 보고 청자들이 일정표를 어떻게 가져올 수 있는지를 묻고 있음을 알 수 있습니다. 지문의 후반 I would like everyone to go to the counter. You can ~ pick up a schedule에서 카운터에서 일정표를 가져올 수 있음을 알 수 있으므로 (A) By stopping at a counter가 정답입니다.

Questions 16-18 refer to the following talk and map.

Thank you for coming / to Oswald Incorporated. Today, [16]you'll be viewing our main factory. Here, Oswald's snacks–crackers and potato chips–go through the manufacturing process. Afterwards, they're shipped / and sold to our consumers. As we walk around, / [17]please do not touch any of the machines. Some of them are dangerous, / and we wanna avoid injuries. Now [18]let me show you / on this map / what our first stop will be. It's the work area / directly in front of Entrance A. OK, let's begin.

16-18번은 다음 담화와 지도에 관한 문제입니다.

Oswald사에 와주셔서 감사합니다. 오늘, 여러분은 저희의 메인 공장을 볼 것입니다. 이곳에서, Oswald의 과자인 크래커와 감자칩이 제조 공정을 거칩니다. 그 후에, 그것들은 운송되어 소비자들에게 판매됩니다. 둘러보실 때, 어떤 기계도 만지지 마십시오. 일부 기계들은 위험하고, 저희는 상해를 방지하고자 합니다. 이제 이 지도상에서 우리가 첫 번째로 들를 장소가 어느 곳일지를 보여드리겠습니다. 그곳은 입구 A 바로 앞에 있는 작업 구역입니다. 자, 시작해 봅시다.

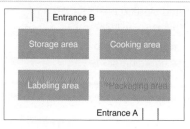

16 What is manufactured at the factory?

(A) Packaged meats
(B) Dairy products
(C) Frozen meals
(D) Snack foods

17 What are the listeners told to do?

(A) Put on some safety gear
(B) Read signs carefully
(C) Avoid touching equipment
(D) Leave drinks outside

18 Look at the graphic. Where will the listeners go first?

(A) The cooking area
(B) The packaging area
(C) The labeling area
(D) The storage area

16 공장에서 무엇이 제조되는가?

(A) 포장된 육류
(B) 유제품
(C) 냉동 식품
(D) 과자

17 청자들은 무엇을 하도록 당부받는가?

(A) 안전 장비를 착용한다.
(B) 표지판을 주의 깊게 읽는다.
(C) 장비를 만지는 것을 피한다.
(D) 음료를 밖에 둔다.

18 시각 자료를 보아라. 청자들은 첫 번째로 어디에 갈 것인가?

(A) 조리 구역
(B) 포장 구역
(C) 라벨 붙이기 구역
(D) 저장 구역

어휘 go through ~을 거치다 manufacturing[mǽnjufǽktʃəriŋ] 제조의 process[미 prάːses, 영 prə́uses] 공정
ship[ʃip] 운송하다 walk around 둘러보다 injury[índʒəri] 상해 entrance[éntrəns] 입구 dairy product 유제품

해설 16 What ~ manufactured at ~ factory를 보고 공장에서 제조되는 것이 무엇인지를 묻고 있음을 알 수 있습니다. 지문의 초반 you'll be viewing ~ factory. Here, Oswald's snacks ~ go through the manufacturing process에서 공장에서 과자가 제조되는 것을 알 수 있으므로 (D) Snack foods가 정답입니다.

17 What ~ listeners told to do를 보고 청자들이 무엇을 당부받는지를 묻고 있음을 알 수 있습니다. 지문의 중반 please do not touch ~ machines에서 기계를 만지지 말라고 당부받고 있음을 알 수 있으므로 (C) Avoid touching equipment가 정답입니다.

18 Where ~ listeners go first를 보고 청자들이 첫 번째로 갈 곳이 어디인지를 묻고 있음을 알 수 있습니다. 지문의 후반 let me show you ~ our first stop ~ It's the work area directly in front of Entrance A에서 첫 번째로 들를 장소가 입구 A 바로 앞에 있는 작업 구역이라 하였고, 지도에서 입구 A 바로 앞에 있는 곳은 포장 구역임을 알 수 있으므로 (B) The packaging area가 정답입니다.

01 (A)	02 (A)	03 (C)	04 (A)	05 (A)	06 (C)	07 (A)	08 (B)	09 (D)	10 (C)
11 (A)	12 (D)	13 (A)	14 (A)	15 (A)	16 (B)	17 (C)	18 (C)	19 (A)	20 (D)
21 (A)	22 (D)	23 (C)	24 (A)	25 (C)	26 (C)	27 (B)	28 (A)	29 (D)	30 (C)

01 🔊 영국식 발음

~

03

Questions 1-3 refer to the following advertisement.

Are you tired of / making the same food every day? If so, / come to Delicious Kitchen. ⁰¹Our expert instructors specialize in 20 different types of cuisine. They will teach you to make everything / from French to Japanese food. ⁰²And starting next week, / we have a free class / for beginners. This class will show you the skills you need / to prepare simple dishes. ⁰³In order to register / for normal courses, / contact our class coordinator / at 555-2311. You can also learn which classes are available / this month!

01 What service does the business provide?

(A) Cooking classes
(B) Job placement
(C) Graphic design
(D) Event catering

02 What will be offered next week?

(A) A free course
(B) A recipe book
(C) A price discount
(D) A guest lecture

03 How can the listeners sign up?

(A) By sending a fax
(B) By mailing in a request
(C) By making a call
(D) By going to a facility

1-3번은 다음 광고에 관한 문제입니다.

매일 똑같은 음식을 만드는 것에 싫증나셨나요? 만약 그렇다면, Delicious Kitchen으로 오세요. 저희 전문 강사들은 20가지 다른 종류의 요리를 전문으로 합니다. 그들은 당신에게 프랑스 음식부터 일본 음식까지 모든 음식을 만드는 것을 가르쳐줄 것입니다. 그리고 다음 주부터, 초보자들을 위한 무료 수업이 있습니다. 이 수업은 당신이 간단한 요리들을 준비하는 데 필요한 기술들을 보여줄 것입니다. 정규 수업들에 등록하기 위해서는, 555-2311로 저희 수업 코디네이터에게 연락하세요. 당신은 또한 이번 달에 어떤 수업이 가능한지도 알 수 있습니다!

01 업체는 어떤 서비스를 제공하는가?

(A) 요리 수업
(B) 직업 소개
(C) 그래픽 디자인
(D) 행사 음식 공급

02 다음 주에 무엇이 제공될 것인가?

(A) 무료 수업
(B) 요리책
(C) 가격 할인
(D) 초청 강연

03 청자들은 어떻게 등록할 수 있는가?

(A) 팩스를 보냄으로써
(B) 요청서를 보냄으로써
(C) 전화를 함으로써
(D) 시설에 감으로써

어휘 expert[미 ékspəːrt, 영 ékspəːt] 전문의 instructor[미 instrʌ́ktər, 영 instrʌ́ktə] 강사 specialize in ~을 전문으로 하다 cuisine[kwizíːn] 요리 register[미 rédʒistər, 영 rédʒistə] 등록하다 job placement 직업 소개 catering[kéitəriŋ] 음식 공급

해설 01 What service ~ business provide를 보고 업체가 제공하는 서비스가 무엇인지를 묻고 있음을 알 수 있습니다. 지문의 초반 Our expert instructors specialize in ~ cuisine에서 요리 수업을 제공함을 알 수 있으므로 (A) Cooking classes가 정답입니다.

02 What ~ offered next week를 보고 다음 주에 제공될 것이 무엇인지를 묻고 있음을 알 수 있습니다. 지문의 중반 And starting next week, we have a free class에서 다음 주에 무료 수업이 있을 것임을 알 수 있으므로 (A) A free course가 정답입니다.

03 How ~ listeners sign up을 보고 청자들이 어떻게 등록할 수 있는지를 묻고 있음을 알 수 있습니다. 지문의 후반 In order to register ~ contact our class coordinator at 555-2311에서 등록하기 위해 전화를 해야 함을 알 수 있으므로 (C) By making a call이 정답입니다.

Questions 4-6 refer to the following broadcast.

This is *Screen Chat* / on WRB 99.8. I'm your host, / Alice White. It's a pleasure / to welcome Cathy Kim / today. ⁰⁴Ms. Kim directed her first film / during her senior year of university. **Since then**, / ⁰⁵she has contributed to multiple successful movies. <u>Not many people could have done this</u>. **But before we get into that**, / ⁰⁶I'd like to ask Ms. Kim about the play / that she is currently working on, / as it's her first ever.

WRB 99.8의 *Screen Chat*입니다. 저는 여러분의 진행자, Alice White입니다. 오늘 Cathy Kim을 환영하게 되어 기쁩니다. Ms. Kim은 대학교 4학년 때 그녀의 첫 영화를 감독했습니다. 그때부터, 그녀는 다수의 성공적인 영화들에 기여해왔습니다. 이렇게 할 수 있는 사람은 많지 않을 것입니다. 하지만 이것을 다루기 전에, 저는 Ms. Kim에게 그녀가 현재 작업하고 있는 연극에 대해 질문하고 싶은데, 그것은 그녀의 생애 첫 연극이기 때문입니다.

04 What **did** Cathy Kim do in university?

(A) Directed a movie
(B) Started a business
(C) Created a Web site
(D) Wrote a book

04 Cathy Kim은 대학에서 무엇을 했는가?

(A) 영화를 감독했다.
(B) 사업을 시작했다.
(C) 웹사이트를 만들었다.
(D) 책을 집필했다.

05 Why **does the** speaker say, "Not many people could have done this"?

(A) To show admiration
(B) To indicate agreement
(C) To demonstrate confusion
(D) To express doubt

05 화자는 왜 "이렇게 할 수 있는 사람은 많지 않을 것입니다"라고 말하는가?

(A) 존경을 드러내기 위해
(B) 동의를 나타내기 위해
(C) 당혹함을 보여주기 위해
(D) 의심을 표현하기 위해

06 What will **the** speaker ask about?

(A) A documentary film
(B) A youth program
(C) A play
(D) A novel

06 화자는 무엇에 대해 질문할 것인가?

(A) 다큐멘터리 영화
(B) 청소년 프로그램
(C) 연극
(D) 소설

어휘 **direct**[dirékt] 감독하다 **contribute to** ~에 기여하다 **multiple**[mʌltəpl] 다수의, 많은 **admiration**[ædməréiʃən] 존경, 감탄
doubt[daut] 의심, 의혹

해설 **04** What ~ Cathy Kim do in university를 보고 Cathy Kim이 대학에서 무엇을 했는지를 묻고 있음을 알 수 있습니다. 지문의 초반 Ms. Kim directed her first film during ~ university에서 Cathy Kim이 대학에서 그녀의 첫 영화를 감독했음을 알 수 있으므로 (A) Directed a movie가 정답입니다.

05 Why ~ speaker say, Not many people could have done this를 보고 화자가 이렇게 할 수 있는 사람은 많지 않을 것이라고 말한 이유를 묻고 있음을 알 수 있습니다. 지문의 중반 she has contributed to multiple successful movies에서 다수의 성공적인 영화들에 기여해왔기 때문에 존경을 드러내고 있음을 알 수 있으므로 (A) To show admiration이 정답입니다.

06 What will ~ speaker ask about을 보고 화자가 질문할 것이 무엇인지를 묻고 있음을 알 수 있습니다. 지문의 후반 I'd like to ask Ms. Kim about the play에서 연극에 대해 질문할 것임을 알 수 있으므로 (C) A play가 정답입니다.

Questions 7-9 refer to the following talk.

Hello / and ⁰⁷thank you for joining us / for our tour of the Grandview Playhouse. This facility was built in 1880 / and is still used today. ⁰⁸The main theater is the first room / we will see this afternoon. We recommend that you take this chance to walk on the stage / and through the seating areas / located on the second level. Then / ⁰⁹we will head to the performers' dressing rooms. There, / you can have pictures taken of yourself / dressed in costumes / that actual actors and actresses have worn. You will then be able to look around / on your own / until 4 P.M.

7-9번은 다음 담화에 관한 문제입니다.

안녕하세요, Grandview 극장 견학을 저희와 함께해주셔서 감사합니다. 이 시설은 1880년에 지어졌고 오늘날에도 여전히 이용되고 있습니다. 메인 극장은 우리가 오늘 오후에 볼 첫 번째 공간입니다. 이 기회를 빌어 여러분이 무대 위를 걸어보고 2층에 위치한 좌석 구역을 가로질러 지나가볼 것을 추천드립니다. 그러고 나서 우리는 연기자들의 의상실로 향할 것입니다. 거기서 여러분은 실제 남자 배우 및 여자 배우들이 입었던 의상들을 입은 자신의 사진을 찍을 수 있습니다. 이후로 여러분은 오후 4시까지 혼자서 주위를 둘러볼 수 있을 것입니다.

07 Where is the tour taking place?

(A) At a playhouse
(B) At a cinema complex
(C) At a dance studio
(D) At a concert hall

07 견학은 어디에서 일어나고 있는가?

(A) 극장에서
(B) 영화관에서
(C) 댄스 스튜디오에서
(D) 콘서트 홀에서

08 What will the listeners see first?

(A) The backstage area
(B) The main theater
(C) The dressing rooms
(D) The lounge

08 청자들은 처음에 무엇을 볼 것인가?

(A) 무대 뒤 구역
(B) 메인 극장
(C) 의상실
(D) 라운지

09 What are the listeners allowed to do in the dressing rooms?

(A) Get autographs
(B) Read scripts
(C) Buy souvenirs
(D) Take photographs

09 청자들은 의상실에서 무엇을 하는 것이 허용되는가?

(A) 사인을 받는다.
(B) 대본을 읽는다.
(C) 기념품을 산다.
(D) 사진을 찍는다.

어휘 facility[fəsíləti] 시설 theater[θíːətər] 극장 level[lévəl] 층 head[hed] 향하다 costume[kɑ́ːstjuːm] 의상
actual[ǽktʃuəl] 실제의 autograph[ɔ́ːtəgræf] 사인 souvenir[sùːvəníər] 기념품

해설 07 Where ~ tour taking place를 보고 견학이 일어나고 있는 곳이 어디인지를 묻고 있음을 알 수 있습니다. 지문의 초반 thank you for joining ~ tour of ~ Playhouse에서 극장 견학을 하고 있음을 알 수 있으므로 (A) At a playhouse가 정답입니다.

08 What ~ listeners see first를 보고 청자들이 처음에 볼 것이 무엇인지를 묻고 있음을 알 수 있습니다. 지문의 초반 The main theater is the first room we will see this afternoon에서 청자들이 첫 번째로 메인 극장을 볼 것임을 알 수 있으므로 (B) The main theater 가 정답입니다.

09 What ~ listeners allowed to do in ~ dressing rooms를 보고 청자들이 의상실에서 하도록 허용되는 것이 무엇인지를 묻고 있음을 알 수 있습니다. 지문의 중반 we will head to ~ dressing rooms. There, you can have pictures taken of yourself에서 청자들이 사진을 찍는 것이 허용됨을 알 수 있으므로 (D) Take photographs가 정답입니다.

토익기초

Part 1

Part 2

Part 3

Part 4

해커스 토익 스타트 Listening

Questions 10-12 refer to the following talk.

[10]We are all gathered here today / to say farewell to Mindy Stephen. **After working as a member of our team / for the past 20 years, /** [10]Ms. Stephen is retiring. [11]She first started working at Software Solutions / as an accountant and was promoted to regional manager / after only two years. Given how long that type of career growth usually takes, it's sort of hard to believe. **Since then, /** Ms. Stephen has been a wonderful leader. Although she's leaving us today, / we will always remember her fondly. Now, / [12]please join me in welcoming Ms. Stephen.

10-12번은 다음 담화에 관한 문제입니다.

우리 모두는 오늘 Mindy Stephen에게 작별 인사를 하기 위해 이곳에 모였습니다. 지난 20년 동안 우리 팀의 구성원으로서 근무한 후, Ms. Stephen은 은퇴합니다. 그녀는 Software Solutions에서 회계사로 처음 일을 시작했고 불과 2년 만에 지역 관리자로 승진했습니다. 이런 유형의 경력 발전이 보통 얼마나 걸리는지를 고려하면, 이것은 다소 믿기 어렵습니다. 그때 이후로, Ms. Stephen은 훌륭한 지도자였습니다. 그녀가 오늘 우리를 떠나지만, 우리는 항상 그녀를 애정 깊게 기억할 것입니다. 이제, Ms. Stephen에게 박수를 보내주시기 바랍니다.

10 What is the purpose of the talk?

(A) To introduce a new manager
(B) To train new workers
(C) To honor a colleague
(D) To discuss recent profits

11 Why does the speaker say, "it's sort of hard to believe"?

(A) To stress an accomplishment
(B) To challenge a decision
(C) To express some concern
(D) To indicate a mistake

12 What are the listeners asked to do?

(A) Turn in an assignment
(B) Return to work
(C) Go outside
(D) Welcome a staff member

10 담화의 목적은 무엇인가?

(A) 새로운 관리자를 소개하기 위해
(B) 새로운 직원들을 교육하기 위해
(C) 동료에게 감사하기 위해
(D) 최근 수익에 대해 이야기하기 위해

11 화자는 왜 "이것은 다소 믿기 어렵습니다"라고 하는가?

(A) 업적을 강조하기 위해
(B) 결정에 이의를 제기하기 위해
(C) 걱정을 표현하기 위해
(D) 실수를 가리키기 위해

12 청자들은 무엇을 하도록 요청받는가?

(A) 과제를 제출한다.
(B) 업무로 복귀한다.
(C) 밖으로 나간다.
(D) 직원을 환영한다.

어휘 gather[gǽðər] 모이다 farewell[fὲərwél] 작별인사 retire[ritáiər] 은퇴하다 promote[prəmóut] 승진하다
regional[rí:dʒənl] 지역의 although[ɔ:lðóu] ~이라 해도 leave[li:v] 떠나다 stress[stres] 강조하다
assignment[əsáinmənt] 과제

해설 10 What ~ purpose of ~ talk를 보고 담화의 목적이 무엇인지를 묻고 있음을 알 수 있습니다. 지문의 초반 We are all gathered here ~ to say farewell to Mindy Stephen과 Ms. Stephen is retiring에서 담화가 은퇴하는 직원에게 감사하기 위한 것임을 알 수 있으므로 (C) To honor a colleague가 정답입니다.

11 Why ~ speaker say, it's sort of hard to believe를 보고 화자가 이것은 다소 믿기 어렵다고 말하는 이유를 묻고 있음을 알 수 있습니다. 지문의 중반 She first started working ~ as an accountant and was promoted to regional manager after only two years. Given how long that ~ career growth usually takes에서 불과 2년 만에 관리자로 승진한 업적을 강조하려는 것임을 알 수 있으므로 (A) To stress an accomplishment가 정답입니다.

12 What ~ listeners asked to do를 보고 청자들이 무엇을 하도록 요청받는지를 묻고 있음을 알 수 있습니다. 지문의 후반 please join me in welcoming Ms. Stephen에서 청자들이 Ms. Stephen을 환영할 것을 요청받고 있음을 알 수 있으므로 (D) Welcome a staff member가 정답입니다.

Questions 13-15 refer to the following radio broadcast.

It is July 2, / and this is Fred Charles / with BUZZ Radio's 8 A.M. traffic report. ¹³Due to an accident, / Freeway 16 is experiencing heavy traffic / this morning. The freeway has been reduced / from four lanes to one. Emergency crews are currently at the scene. Anyone driving north / may want to consider taking Highway 1 instead. Also, / remember / that ¹⁴renovation on the train station begins today. As a result, / ¹⁵University Avenue will be closed / for this month. It is expected / to reopen on August 3. Now, / stay tuned for our sports report / with Jamie Jones.

13-15번은 다음 라디오 방송에 관한 문제입니다.

오늘은 7월 2일이고, 저는 오전 8시 BUZZ 라디오 교통방송의 Fred Charles입니다. 사고로 인해, 16번 고속도로는 오늘 아침 심각한 교통체증을 겪고 있습니다. 고속도로는 4개의 차선에서 1개의 차선으로 줄여졌습니다. 긴급 요원들이 현재 그 장소에 있습니다. 북쪽으로 운전해 가시는 분들은 대신 1번 고속도로를 타시는 것을 고려하시길 바랍니다. 또한, 기차역의 보수 공사가 오늘 시작한다는 것을 기억해주십시오. 그로 인해, University가는 이번 달 동안 폐쇄될 것입니다. 그것은 8월 3일에 재개방될 것으로 예상됩니다. 이제, Jamie Jones의 스포츠 뉴스에 주파수를 고정해주세요.

13 Why is traffic slow on Freeway 16?

(A) An accident has occurred.
(B) A traffic light is broken.
(C) A storm is passing through.
(D) A detour has been set up.

14 According to the speaker, what will begin today?

(A) Work on a station
(B) Repairs to a freeway
(C) A city bus service
(D) A new radio show

15 What will happen on August 3?

(A) A route will be reopened.
(B) A project will be announced.
(C) A report will be released.
(D) A train will be purchased.

13 16번 고속도로의 교통은 왜 느린가?

(A) 사고가 발생했다.
(B) 신호등이 고장 났다.
(C) 폭풍이 지나가고 있다.
(D) 우회로가 마련되었다.

14 화자에 따르면, 오늘 무엇이 시작될 것인가?

(A) 기차역 작업
(B) 고속도로 수리
(C) 시내 버스 서비스
(D) 새로운 라디오 쇼

15 8월 3일에 무슨 일이 일어날 것인가?

(A) 길이 재개방될 것이다.
(B) 프로젝트가 발표될 것이다.
(C) 보고서가 공개될 것이다.
(D) 기차가 구매될 것이다.

어휘 accident[미 ǽksədənt, 영 ǽksidənt] 사고 freeway[미 frí:wèi, 영 frí:wei] 고속도로 reduce[ridjú:s] 줄이다 lane[lein] 차선, 도로 emergency[미 imə́:rdʒənsi, 영 imə́:dʒənsi] 긴급의 crew[kru:] 요원 scene[si:n] 장소 consider[미 kənsídər, 영 kənsídə] 고려하다

해설 13 Why ~ traffic slow on Freeway 16을 보고 16번 고속도로의 교통이 느린 이유를 묻고 있음을 알 수 있습니다. 지문의 초반 Due to an accident, Freeway 16 is experiencing heavy traffic this morning에서 교통이 느린 이유는 사고가 발생했기 때문임을 알 수 있으므로 (A) An accident has occurred가 정답입니다.

14 what ~ begin today를 보고 오늘 시작될 것이 무엇인지를 묻고 있음을 알 수 있습니다. 지문의 중반 renovation on the train station begins today에서 기차역의 보수 공사가 오늘 시작될 것임을 알 수 있으므로 (A) Work on a station이 정답입니다.

15 What ~ happen on August 3을 보고 8월 3일에 무슨 일이 일어날 것인지를 묻고 있음을 알 수 있습니다. 지문의 후반 University Avenue will be closed ~ It is expected to reopen on August 3에서 8월 3일에 University가가 재개방될 것임을 알 수 있으므로 (A) A route will be reopened가 정답입니다.

Questions 16-18 refer to the following telephone message.

This is Paula Smith / from Gray Advertising / calling for Geoff Foster. ¹⁶We received your application / for the photographer position, / and ¹⁷we want you to come in / for an interview. Please bring a portfolio / that includes samples of your work. We're especially interested in the magazine campaign / mentioned in your résumé. ¹⁸We would like to have the interview / on April 4 at 9:00 A.M., / but only if that's convenient for you. We can discuss the details / over the phone. Please call me back / at 555-9993.

16 Who is the listener?

(A) A company manager
(B) A job applicant
(C) A financial consultant
(D) A sales representative

17 What should the listener bring to the meeting?

(A) A cover letter
(B) A proposal
(C) A portfolio
(D) A business contract

18 What does the speaker imply when she says, "We can discuss the details over the phone"?

(A) A salary must be determined.
(B) Some job duties are unclear.
(C) A schedule is flexible.
(D) Some information is outdated.

16-18번은 다음 전화 메시지에 관한 문제입니다.

저는 Gray 광고사의 Paula Smith이고 Geoff Foster에게 전화드립니다. 저희는 사진사 자리에 대한 당신의 지원서를 받았으며, 당신이 인터뷰를 위해 와주시기를 바랍니다. 당신의 작업물 견본을 포함한 포트폴리오를 지참해주십시오. 저희는 특히 당신의 이력서에 언급된 잡지 광고에 관심이 있습니다. 저희는 4월 4일 오전 9시에 인터뷰를 하고 싶지만, 이는 당신에게 편리할 경우에만 해당합니다. 우리는 세부 사항을 전화로 논의할 수 있습니다. 555-9993으로 다시 전화해주십시오.

16 청자는 누구인가?

(A) 회사 관리자
(B) 구직자
(C) 재정 고문
(D) 판매 대리인

17 청자는 만남에 무엇을 가지고 가야 하는가?

(A) 자기소개서
(B) 제안서
(C) 포트폴리오
(D) 사업 계약서

18 화자는 "우리는 세부 사항을 전화로 논의할 수 있습니다"라고 말할 때 무엇을 암시하는가?

(A) 급여가 결정되어야 한다.
(B) 몇몇 직업 업무가 불확실하다.
(C) 일정이 유동적이다.
(D) 몇몇 정보가 구식이다.

어휘 application[æ̀pləkéiʃən] 지원서 representative[rèprizéntətiv] 대리인 cover letter 자기소개서 salary[sǽləri] 급여, 월급 duty[djú:ti] 업무, 의무 outdated[autdeitid] 구식인

해설 16 Who ~ listener를 보고 청자가 누구인지를 묻고 있음을 알 수 있습니다. 지문의 초반 We received your application for the photographer position에서 청자가 사진사 자리에 지원서를 보낸 구직자임을 알 수 있으므로 (B) A job applicant가 정답입니다.

17 What ~ listener bring to ~ meeting을 보고 청자가 만남에 가지고 가야 하는 것이 무엇인지를 묻고 있음을 알 수 있습니다. 지문의 중반 we want you to come in for an interview. Please bring a portfolio에서 인터뷰에 포트폴리오를 가지고 오라고 했음을 알 수 있으므로 (C) A portfolio가 정답입니다.

18 What ~ speaker imply when ~ says, We can discuss the details over the phone을 보고 화자가 세부 사항을 전화로 논의할 수 있다고 말할 때 암시하는 것이 무엇인지를 묻고 있음을 알 수 있습니다. 지문의 후반 We would like to have the interview on April 4 ~ but only if that's convenient for you에서 4월 4일에 인터뷰를 하고 싶지만 전화로 논의가 가능하므로 일정이 유동적임을 알 수 있으므로 (C) A schedule is flexible이 정답입니다.

19 ~ 21

Questions 19-21 refer to the following announcement.

Good morning / and ¹⁹welcome to this year's Energy Saving conference. Over the next week, / we will focus on the future of wind power. ¹⁹The conference will include daily speeches / from industry leaders, / as well as group discussions. There will also be exhibits / of the latest wind-based products. ²⁰These displays will be in the main hall / throughout the event. On Wednesday, / a new film on the economic effects of new energy sources will be shown. As a final note, / ²¹I'd like to announce / that we will be giving an award to the best product design / at the end of the week. So be sure to submit your product / before Thursday.

19 What is the announcement mostly about?

(A) An event program
(B) A new company
(C) A funding opportunity
(D) A popular product

20 Where can the listeners see displays?

(A) In the lobby
(B) In a meeting room
(C) In a hallway
(D) In the main hall

21 What is the award for?

(A) The best product design
(B) The best company name
(C) The most creative booth
(D) The most interesting film

19-21번은 다음 공지에 관한 문제입니다.

안녕하세요, 올해의 에너지 절약 회의에 오신 것을 환영합니다. 다음 주 동안, 우리는 풍력의 미래에 집중할 것입니다. 이 회의는 그룹 토론뿐만 아니라, 매일 업계 선두자들의 연설을 포함할 것입니다. 또한 풍력에 기반한 최신 제품들의 전시가 있을 것입니다. 이 전시들은 행사 내내 메인 홀에서 있을 것입니다. 수요일에는, 새로운 에너지 자원의 경제적인 효과들에 대한 최신 영화가 상영될 것입니다. 마지막으로, 저희는 이번 주말에 최고의 상품 디자인에 대한 상을 수여할 것임을 알려드립니다. 그러니 여러분의 상품을 목요일 전에 반드시 제출해주시기 바랍니다.

19 공지는 주로 무엇에 관한 것인가?

(A) 행사 프로그램
(B) 새로운 회사
(C) 재정 지원 기회
(D) 인기 있는 상품

20 청자들은 어디에서 전시들을 볼 수 있는가?

(A) 로비에서
(B) 회의실에서
(C) 복도에서
(D) 메인 홀에서

21 상은 무엇을 위한 것인가?

(A) 최고의 상품 디자인
(B) 최고의 회사 이름
(C) 가장 창의적인 부스
(D) 가장 흥미로운 영화

어휘 focus on ~에 집중하다 industry[índəstri] 업계 exhibit[igzíbit] 전시 display[displéi] 전시 economic[미 èkəná:mik, 영 i:kənɔ́mik] 경제적인 effect[ifékt] 효과 submit[səbmít] 제출하다 opportunity[à:pərtjú:nəti] 기회 creative[kriéitiv] 창의적인

해설 19 What ~ announcement ~ about을 보고 공지가 무엇에 관한 것인지를 묻고 있음을 알 수 있습니다. 지문의 초반 welcome to ~ conference와 The conference will include daily speeches ~ as well as group discussions에서 회의의 행사 프로그램에 대해 말하고 있음을 알 수 있으므로 (A) An event program이 정답입니다.

20 Where ~ listeners see displays를 보고 청자들이 전시들을 볼 수 있는 곳이 어디인지를 묻고 있음을 알 수 있습니다. 지문의 중반 These displays will be in the main hall에서 전시들이 메인 홀에서 있을 것임을 알 수 있으므로 (D) In the main hall이 정답입니다.

21 What ~ award for를 보고 상이 무엇을 위한 것인지를 묻고 있음을 알 수 있습니다. 지문의 후반 I'd like to annouce that we will be giving an award to the best product design에서 최고의 상품 디자인에 상이 수여될 것임을 알 수 있으므로 (A) The best product design이 정답입니다.

Questions 22-24 refer to the following announcement.

²²Attention / Fresh Mart customers. While you are doing your grocery shopping today, / why not pick up some pasta? ²³All Salerno products are being offered / at 30 percent off their regular price / today. This brand is used by chefs in the finest restaurants! And remember, / ²⁴each week we offer a different gift / to customers who spend $200 or more. This week, / you can get your choice / of a wireless mouse or keyboard. If you have any questions, / please speak to one of our friendly staff members.

22 Where **does the** announcement take place?

(A) At a bookshop
(B) At a clothing retailer
(C) At a cosmetics store
(D) At a supermarket

23 What **is** mentioned about Salerno products?

(A) They are available online.
(B) They are sold out.
(C) They are on sale.
(D) They are nonrefundable.

24 What **will** customers receive if they spend $200 or more?

(A) A computer accessory
(B) A gardening tool
(C) An event ticket
(D) A beauty product

22-24번은 다음 공지에 관한 문제입니다.

Fresh 마트 고객님들, 주목해주세요. 오늘 장을 보시는 동안, 파스타를 사 가는 건 어떠신가요? 오늘 모든 Salerno 제품들이 정가에서 30% 할인된 가격으로 제공되고 있습니다. 이 브랜드는 고급 식당의 요리사들이 사용하고 있습니다! 그리고 주마다 200달러 이상을 쓰신 고객님들에게 다른 선물을 제공한다는 점을 기억해주십시오. 이번 주에는, 무선 마우스와 키보드 사이의 선택권을 가지실 수 있습니다. 궁금한 점이 있으시다면, 저희의 친절한 직원 중 한 명과 이야기해주십시오.

22 공지는 어디에서 일어나는가?

(A) 서점에서
(B) 의류 소매점에서
(C) 화장품 가게에서
(D) 슈퍼마켓에서

23 Salerno 제품들에 대해 무엇이 언급되는가?

(A) 온라인에서 구할 수 있다.
(B) 품절되었다.
(C) 할인 중이다.
(D) 환불되지 않는다.

24 고객들은 200달러 또는 그 이상을 쓰면 무엇을 받을 것인가?

(A) 컴퓨터 부속품
(B) 원예 도구
(C) 행사 티켓
(D) 미용 제품

어휘 regular price 정가 wireless [wáiərlis] 무선의 cosmetic [미 kazmétik, 영 kɔzmétik] 화장품
nonrefundable [미 nànrifʌndəbl, 영 nɔ̀nrifʌndəbl] 환불되지 않는 accessory [æksésəri] 부속품

해설 22 Where ~ announcement take place를 보고 공지가 일어나는 곳이 어디인지를 묻고 있음을 알 수 있습니다. 지문의 초반 Attention Fresh Mart customers에서 공지가 슈퍼마켓에서 일어나고 있음을 알 수 있으므로 (D) At a supermarket이 정답입니다.

23 What ~ mentioned about Salerno products를 보고 Salerno 제품들에 대해 언급되는 것이 무엇인지를 묻고 있음을 알 수 있습니다. 지문의 초반 All Salerno products are being offered at 30 percent off their regular price today에서 모든 Salerno 제품들이 할인 중임을 알 수 있으므로 (C) They are on sale이 정답입니다.

24 What ~ customers receive if they spend $200 or more를 보고 고객들이 200달러 또는 그 이상을 쓰면 받을 것이 무엇인지를 묻고 있음을 알 수 있습니다. 지문의 후반 each week we offer ~ gifts to customers who spend $200 or more. This week, you can get ~ a wireless mouse or keyboard에서 200달러 이상을 쓴 고객들은 컴퓨터 부속품을 받을 것임을 알 수 있으므로 (A) A computer accessory가 정답입니다.

Questions 25-27 refer to the following telephone message and schedule.

I'm calling / for Dr. Jamie Newman. My name is Lina Pointer, / and [25]I'm one of the organizers / of the Highland Medical Conference / that will be held on September 21. [26]We received your e-mail regarding the topic / you have chosen for your presentation. However, / [26]you forgot to include a one-page summary of the content / for the conference program. Please send this / right away. Also, / there has been a change / to the schedule. You were originally the first speaker / of the day, / but [27]we would like you to speak / right before the lunch break instead. Please call me at 555-7959 / if you have any questions.

25-27번은 다음 전화 메시지와 일정에 관한 문제입니다.

Jamie Newman 박사님께 연락드립니다. 제 이름은 Lina Pointer이고, 9월 21일에 열릴 Highland 의학 회의의 주최자 중 한 명입니다. 저희는 당신이 발표를 위해 고르신 주제와 관련한 이메일을 받았습니다. 하지만, 당신은 회의 차례표를 위한 한 장 분량의 내용 요약을 포함하는 것을 잊으셨습니다. 지금 바로 이것을 보내주십시오. 또한, 일정에 변경사항이 있었습니다. 당신은 원래 그날의 첫 번째 발표자였으나, 저희는 당신이 대신에 점심시간 바로 전에 발표를 해주셨으면 합니다. 질문이 있으시면 555-7959로 저에게 연락해주십시오.

Updated Presentation Schedule	
Time	**Topic**
10:00 A.M.	Medical devices
11:00 A.M.	[27]Mental Health
11:50 A.M.	Lunch
1:00 P.M.	Patient Interaction

업데이트된 발표 일정	
시간	주제
오전 10시	의료 장비
오전 11시	정신 건강
오전 11시 50분	점심 식사
오후 1시	환자 상호 작용

25 Who most likely is the speaker?

(A) A conference presenter
(B) A hospital administrator
(C) An event planner
(D) A college professor

26 What does the speaker ask the listener to do?

(A) Prepare a schedule
(B) Join a committee
(C) Send a document
(D) Review a program

27 Look at the graphic. What topic will the listener discuss?

(A) Medical Devices
(B) Mental Health
(C) Patient Interaction
(D) Hospital Safety

25 화자는 누구인 것 같은가?

(A) 회의 발표자
(B) 병원 관리자
(C) 행사 기획자
(D) 대학 교수

26 화자는 청자에게 무엇을 하라고 요청하는가?

(A) 일정을 준비한다.
(B) 위원회에 가입한다.
(C) 서류를 보낸다.
(D) 차례표를 검토한다.

27 시각 자료를 보아라. 청자는 어떤 주제를 논의할 것인가?

(A) 의료 장비
(B) 정신 건강
(C) 환자 상호 작용
(D) 병원 안전

어휘 organizer[ɔ́:rɡənàizər] 주최자 summary[sʌ́məri] 요약 content[kɑ́:ntent] 내용 originally[ərídʒənəli] 원래

해설 **25** Who ~ speaker를 보고 화자가 누구인지를 묻고 있음을 알 수 있습니다. 지문의 초반 I'm one of the organizers of the ~ Conference에서 화자가 회의의 주최자임을 알 수 있으므로 (C) An event planner가 정답입니다.

26 What ~ speaker ask ~ listener to do를 보고 화자가 청자에게 하라고 요청하는 것이 무엇인지를 묻고 있음을 알 수 있습니다. 지문의 중반 We received your e-mail과 you forgot to include a one-page summary ~ Please send this right away에서 서류를 보낼 것을 요청하고 있음을 알 수 있으므로 (C) Send a document가 정답입니다.

27 What topic ~ listener discuss를 보고 청자가 논의할 주제가 어떤 것인지를 묻고 있음을 알 수 있습니다. 지문의 후반 we would like you to speak right before the lunch break에서 점심시간 바로 전에 발표를 해달라고 하였고, 일정에서 점심시간 바로 전 발표의 주제가 정신 건강임을 알 수 있으므로 (B) Mental Health가 정답입니다.

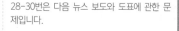
Questions 28-30 refer to the following news report and chart.

You're listening to *News Hour* / on WMZ. [28]Mayor Williams held a press conference / earlier this morning. There, / he gave further details / about the planned construction of a park / in Blayney. The mayor mentioned / that many members of the community are in favor of the park / as it will provide necessary green space. He also said that / [29]on May 10 of this year, / Blayney residents voted to determine / where the park should be located. However, / the most preferred neighborhood was rejected / by the city council / because it is very expensive / to build in. [30]The second most popular neighborhood was chosen / as a result.

28-30번은 다음 뉴스 보도와 도표에 관한 문제입니다.

여러분은 WMZ의 *News Hour*를 듣고 계십니다. Williams 시장은 오늘 이른 오전에 기자 회견을 열었습니다. 거기에서, 그는 Blayney에 계획된 공원 조성에 대해 더욱 자세한 내용을 전달했습니다. 시장은 공원이 필수적인 녹지 공간을 제공할 것이기 때문에 지역 사회의 많은 구성원들이 공원에 찬성한다고 말했습니다. 그는 또한 올해 5월 10일에, Blayney의 주민들이 공원이 위치해야 할 장소를 결정하기 위해 투표를 했다고 말했습니다. 하지만, 가장 선호를 받은 지역은 조성하는 데 비용이 매우 많이 들기 때문에 시 의회에 의해 거절되었습니다. 그 결과 두 번째로 인기 있는 지역이 선택되었습니다.

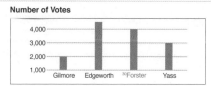

Number of Votes

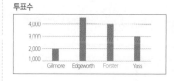

투표수

28 What did Mayor Williams do this morning?

(A) Held a conference
(B) Approved a budget
(C) Hosted a local festival
(D) Visited a construction site

29 What took place on May 10?

(A) A town parade
(B) A fundraising banquet
(C) A grand opening event
(D) A community vote

30 Look at the graphic. Which neighborhood was selected by city officials?

(A) Gilmore
(B) Edgeworth
(C) Forster
(D) Yass

28 Williams 시장은 오늘 오전에 무엇을 했는가?

(A) 회견을 열었다.
(B) 예산을 승인했다.
(C) 지역 축제를 개최했다.
(D) 건설 현장을 방문했다.

29 5월 10일에 무슨 일이 일어났는가?

(A) 도시 행진
(B) 모금 연회
(C) 개점 행사
(D) 지역 사회 투표

30 시각 자료를 보아라. 어느 지역이 시 공무원들에 의해 선택되었는가?

(A) Gilmore
(B) Edgeworth
(C) Forster
(D) Yass

어휘 **press conference** 기자 회견 **community**[kəmjúːnəti] 지역 사회 **in favor of** ~을 선호하다 **green space** 녹지 공간 **vote**[미 vout, 영 vəut] 투표하다, 투표 **reject**[ridʒékt] 거절하다 **council**[káunsəl] 의회

해설 28 What ~ Mayor Williams do this morning을 보고 Williams 시장이 오늘 오전에 무엇을 했는지를 묻고 있음을 알 수 있습니다. 지문의 초반 Mayor Williams held a press conference earlier this morning에서 Williams 시장이 오늘 오전에 기자 회견을 열었음을 알 수 있으므로 (A) Held a conference가 정답입니다.

29 What took place on May 10를 보고 5월 10일에 무슨 일이 일어났는지를 묻고 있음을 알 수 있습니다. 지문의 중반 on May 10 ~ Blayney residents voted에서 5월 10일에 투표가 있었음을 알 수 있으므로 (D) A community vote가 정답입니다.

30 Which neighborhood ~ selected by city officials를 보고 시 공무원들에 의해 선택된 지역이 어디인지를 묻고 있음을 알 수 있습니다. 지문의 후반 The second most popular neighborhood was chosen에서 두 번째로 인기 있는 지역이 선택되었다고 하였고, 도표에서 두 번째로 인기 있는 지역이 Forster임을 알 수 있으므로 (C) Forster가 정답입니다.

초보를 위한 토익 입문서

해커스 토익 스타트 Listening LC

최신개정판

개정 4판 10쇄 발행 2024년 9월 2일

개정 4판 1쇄 발행 2020년 1월 2일

지은이	David Cho
펴낸곳	㈜해커스 어학연구소
펴낸이	해커스 어학연구소 출판팀
주소	서울특별시 서초구 강남대로61길 23 ㈜해커스 어학연구소
고객센터	02-537-5000
교재 관련 문의	publishing@hackers.com
동영상강의	HackersIngang.com
ISBN	978-89-6542-338-6 (13740)
Serial Number	04-10-01

영어 전문 포털, 해커스토익
Hackers.co.kr
해커스토익

· 본 교재 **진단고사 무료 해석&해설**
· 매월 **무료 적중예상특강** 및 실시간 토익시험 정답확인&해설강의 등 다양한 무료 학습 콘텐츠

외국어인강 1위, 해커스인강
HackersIngang.com
해커스인강

· 듣기가 쉬워지는 **무료 받아쓰기&쉐도잉 프로그램**
· 들으면서 외우는 **무료 단어암기장** 및 단어암기 MP3
· 최신 출제경향이 반영된 **무료 온라인 실전모의고사**
· 토익 스타강사가 쉽게 설명해주는 **본 교재 인강**

[외국어인강 1위] 헤럴드 선정 2018 대학생 선호브랜드 대상 '대학생이 선정한 외국어인강' 부문 1위

해커스 토익스타트

Listening

최신개정판

토익 실전모의고사

해커스 어학연구소

LISTENING TEST

In this section, you must demonstrate your ability to understand spoken English. This section is divided into four parts and will take approximately 45 minutes to complete. Do not mark the answers in your test book. Use the answer sheet that is provided separately.

PART 1

Directions: For each question, you will listen to four short statements about a picture in your test book. These statements will not be printed and will only be spoken one time. Select the statement that best describes what is happening in the picture and mark the corresponding letter (A), (B), (C) or (D) on the answer sheet.

Sample Answer

The statement that best describes the picture is (B), "The man is sitting at the desk." So, you should mark letter (B) on the answer sheet.

1.

2.

GO ON TO THE NEXT PAGE ➡

3.

4.

5.

6.

GO ON TO THE NEXT PAGE ➡

PART 2

Directions: For each question, you will listen to a statement or question followed by three possible responses spoken in English. They will not be printed and will only be spoken one time. Select the best response and mark the corresponding letter (A), (B), or (C) on your answer sheet.

07. Mark your answer on your answer sheet.

08. Mark your answer on your answer sheet.

09. Mark your answer on your answer sheet.

10. Mark your answer on your answer sheet.

11. Mark your answer on your answer sheet.

12. Mark your answer on your answer sheet.

13. Mark your answer on your answer sheet.

14. Mark your answer on your answer sheet.

15. Mark your answer on your answer sheet.

16. Mark your answer on your answer sheet.

17. Mark your answer on your answer sheet.

18. Mark your answer on your answer sheet.

19. Mark your answer on your answer sheet.

20. Mark your answer on your answer sheet.

21. Mark your answer on your answer sheet.

22. Mark your answer on your answer sheet.

23. Mark your answer on your answer sheet.

24. Mark your answer on your answer sheet.

25. Mark your answer on your answer sheet.

26. Mark your answer on your answer sheet.

27. Mark your answer on your answer sheet.

28. Mark your answer on your answer sheet.

29. Mark your answer on your answer sheet.

30. Mark your answer on your answer sheet.

31. Mark your answer on your answer sheet.

Directions: In this part, you will listen to several conversations between two or more speakers. These conversations will not be printed and will only be spoken one time. For each conversation, you will be asked to answer three questions. Select the best response and mark the corresponding letter (A), (B), (C), or (D) on your answer sheet.

32. Where does the conversation most likely take place?

(A) At a supply store
(B) At a private residence
(C) At a corporate office
(D) At a resort hotel

33. What is the man currently doing?

(A) Getting ready to leave
(B) Preparing some food
(C) Renovating a kitchen
(D) Clearing out a space

34. What will the woman do next?

(A) Begin work in a bedroom
(B) Finish preparing a meal
(C) Unload tools from a vehicle
(D) Change design plans

35. What is the conversation mainly about?

(A) A damaged package
(B) A business contract
(C) A new product
(D) A delivery service

36. What does the man suggest?

(A) Signing for a delivery
(B) Taking items to a location
(C) Meeting with a client
(D) Calling back later

37. Why does the woman say, "I have a doctor's appointment at 4 P.M."?

(A) She will offer advice.
(B) She has a solution.
(C) She will make a proposal.
(D) She has a concern.

38. According to the man, what is located on Davenport Avenue?

(A) A real estate office
(B) An empty property
(C) A tour agency
(D) An accounting firm

39. What problem does the woman mention?

(A) She is unavailable tomorrow.
(B) She is not finished with a contract.
(C) A space is no longer occupied.
(D) A realtor cannot be reached.

40. What does the woman suggest the man do?

(A) Pick up a building key
(B) Speak with a colleague
(C) Sign a real estate lease
(D) Send a down payment

41. What are the speakers mainly discussing?

(A) Building a facility
(B) Organizing an event
(C) Meeting with a supplier
(D) Moving to another location

42. What does the woman ask Mark to do?

(A) Talk with a supervisor
(B) Give a presentation
(C) Conduct an inspection
(D) Manage a warehouse

43. What does the woman say about the estimates?

(A) They are made each year.
(B) They will be similar.
(C) They are for a factory.
(D) They will be reviewed later.

GO ON TO THE NEXT PAGE

44. Why is the man calling?

(A) To ask about a special rebate
(B) To complain about a product
(C) To change a service
(D) To arrange an appointment

45. How did the man learn about the movie package?

(A) By listening to a radio commercial
(B) By visiting a Web site
(C) By reviewing a brochure
(D) By reading a business flyer

46. What does the woman offer to do?

(A) Sign the man up for a service
(B) Give the man a special gift
(C) Make a reservation over the phone
(D) Send out a qualified technician

---

47. What do the men ask the woman to do?

(A) Finalize a product design
(B) Hand in some receipts
(C) Assist with some reports
(D) Speak to a consulting company

48. What will the woman most likely do next?

(A) Attend a meeting
(B) Deliver a document
(C) Copy a report
(D) Complete a survey form

49. Why will the woman speak with a team leader?

(A) To discuss a previous assignment
(B) To provide feedback on a project
(C) To seek approval for a request
(D) To inquire about a position

---

50 Where does the man most likely work?

(A) An insurance firm
(B) A travel agency
(C) A software company
(D) An airport help desk

51. What are the speakers mainly discussing?

(A) Travel cost reimbursements
(B) Trip arrangements
(C) Conference invitations
(D) Insurance options

52. What does the man request?

(A) Information about travelers
(B) Details about an arrival time
(C) Tickets for a flight
(D) Directions to a conference venue

---

53. What did the woman do yesterday?

(A) Arranged a client meeting
(B) Sent some messages
(C) Made a reservation
(D) Contacted a business partner

54. What does the woman mean when she says, "there are no parking spaces there"?

(A) An option may not be possible.
(B) A restaurant has changed locations.
(C) A company car will be available.
(D) A reservation has not been confirmed.

55. What does the man suggest about taking a taxi?

(A) It will be costly.
(B) It is the best choice.
(C) It is the company's new policy.
(D) It will be unnecessary.

---

56. What type of business does the woman most likely work for?

(A) An auto manufacturer
(B) A makeup producer
(C) A clothing distributor
(D) A telecommunications provider

57. Why is Mr. Pierce unavailable?

(A) He is giving someone an office tour.
(B) He is busy with a conference call.
(C) He has not yet returned from a lunch break.
(D) He is interviewing another candidate.

58. What does the woman inquire about?

(A) The length of a wait
(B) The location of an office
(C) The time of an appointment
(D) The purpose of a conference

---

59. Where do the speakers most likely work?

(A) At a construction firm
(B) At a gardening store
(C) At a flower shop
(D) At a yard care company

60. What does the man say about the employees?

(A) They arrived an hour behind schedule.
(B) They often finish their work early.
(C) They usually perform their duties well.
(D) They received improper instructions.

61. What does the man want to offer Ms. Kingsley?

(A) A reduced rate
(B) A complimentary gift
(C) A membership incentive
(D) A partial refund

	Off-Road	Rain	Snow
Tiger	✓✓✓		
Grand Prix	✓✓✓	✓✓✓	
Goldenstone		✓✓✓	✓✓✓
Muddy Day		✓✓✓	

62. Look at the graphic. Which tire model will the woman most likely purchase?

(A) Tiger
(B) Grand Prix
(C) Goldenstone
(D) Muddy Day

63. What does the man say the woman can receive?

(A) A free oil change
(B) A gift coupon
(C) A reduced price
(D) A loyalty card

64. Who is the woman going to meet?

(A) A coworker
(B) An instructor
(C) A customer
(D) A tenant

GO ON TO THE NEXT PAGE

Item	Quantity
Pen	30
Clipboard	12
Notebook	15
Microphone	4

Workshop Registration Form	
Name:	Select Time:
	8:00 a.m. —
E-mail:	10:00 a.m. —
	12:00 p.m. —
Phone Number:	2:00 p.m. —

65. What did the man do for the woman?

(A) Moved some boxes
(B) Reviewed a document
(C) Ordered some supplies
(D) Confirmed a delivery

66. What event will happen at the office today?

(A) A training seminar
(B) A shareholders meeting
(C) A group interview
(D) A farewell party

67. Look at the graphic. Which item has already been packed?

(A) Pen
(B) Clipboard
(C) Notebook
(D) Microphone

68. What does the man say about the presenters?

(A) They teach online classes.
(B) They are college professors.
(C) They design corporate Web sites.
(D) They are company employees.

69. According to the man, why was a deadline extended?

(A) Employees requested a new date.
(B) A network system had an issue.
(C) A venue was unavailable.
(D) Demand was greater than expected.

70. Look at the graphic. What time will the woman choose?

(A) 8:00 A.M.
(B) 10:00 A.M.
(C) 12:00 P.M.
(D) 2:00 P.M.

Directions: In this part, you will listen to several short talks by a single speaker. These talks will not be printed and will only be spoken one time. For each talk, you will be asked to answer three questions. Select the best response and mark the corresponding letter (A), (B), (C), or (D) on your answer sheet.

71. What is the announcement mainly about?

(A) A publicity campaign
(B) An awards ceremony
(C) A magazine article
(D) A recent nomination

72. According to the speaker, what will happen after this summer?

(A) A recipient will be chosen.
(B) A writer will be recognized.
(C) A series of stories will be printed.
(D) A publication will be downsized.

73. What does the speaker thank the listeners for?

(A) Arranging an event
(B) Offering some suggestions
(C) Doing quality work
(D) Making financial contributions

74. Who most likely are the listeners?

(A) Government officials
(B) Computer programmers
(C) Building renovators
(D) Office workers

75. What will happen on Thursday?

(A) A building inspection
(B) Employee evaluations
(C) Factory construction
(D) A lobby renovation

76. What does the speaker instruct the listeners to do?

(A) Use a side entrance
(B) Present an identification card
(C) Speak with a security guard
(D) Check a work schedule

77. What type of business does the speaker most likely work for?

(A) A music venue
(B) A recording studio
(C) A radio station
(D) A hotel lounge

78. What does the speaker imply when he says, "we know this band has many fans"?

(A) Tickets will sell quickly.
(B) A bigger hall is necessary.
(C) Another concert may be held soon.
(D) A show will be postponed.

79. According to the speaker, what is available online?

(A) Accommodation details
(B) Past performances
(C) Album prices
(D) Event information

80. Who is Laura Lane?

(A) A private contractor
(B) A corporate president
(C) A state official
(D) A training instructor

81. What is required for a construction project?

(A) A presentation must be given.
(B) A deadline must be met.
(C) A facility must be inspected.
(D) A site must be selected.

82. Why will the special session be held?

(A) To discuss some complaints
(B) To revise a transportation budget
(C) To finalize a pending election
(D) To vote on a new proposal

GO ON TO THE NEXT PAGE

83. Why is the speaker calling?

(A) To inquire about a warranty
(B) To propose a contract extension
(C) To request an update
(D) To discuss a device

84. What does the speaker mean when she says, "Our competitor will release a product then as well"?

(A) An event cannot be postponed.
(B) A deadline will be extended.
(C) A design cannot be changed.
(D) A rival's device will be similar.

85. What most likely is the listener currently doing?

(A) Conducting a press conference
(B) Having a meal
(C) Attending a meeting
(D) Teaching a design workshop

---

86. What did the business recently do?

(A) Merged with a competitor
(B) Expanded its operations
(C) Modified its name
(D) Renegotiated a contract

87. Why was the consulting firm hired?

(A) To create a marketing campaign
(B) To provide legal advice
(C) To develop a new slogan
(D) To analyze consumer opinions

88. What will most likely happen next?

(A) Launch dates will be established.
(B) Printed materials will be handed out.
(C) Company names will be discussed.
(D) Research data will be collected.

---

89. What is the purpose of the event?

(A) To promote an organization
(B) To honor volunteers
(C) To remove trash
(D) To plant trees

90. What does the speaker say about the wrapping material?

(A) It is made of plastic.
(B) It should be thrown away.
(C) It is lying on the ground.
(D) It should be cut in half.

91. According to the speaker, what can the listeners do if they finish early?

(A) Walk around the grounds
(B) Prepare for another task
(C) Assist other volunteers
(D) Wait for instructions

---

92. What will happen on May 11?

(A) A contract will be signed.
(B) A company will relocate.
(C) A branch will open.
(D) A presentation will be given.

93. What does the speaker mean when she says, "he is experiencing health problems"?

(A) A project must be canceled.
(B) An applicant has been rejected.
(C) A manager should be contacted.
(D) A position needs to be filled.

94. Why will the speaker visit Chicago?

(A) To inspect an office
(B) To attend a conference
(C) To meet with a client
(D) To conduct a workshop

Floor	Room Type
2nd Floor	Economy
3rd Floor	Standard
4th Floor	Junior Suite
5th Floor	Executive Suite

95. Who most likely is the speaker?

(A) A receptionist
(B) A travel agent
(C) A conference organizer
(D) A personal assistant

96. Look at the graphic. Which floor is the available room on?

(A) The second floor
(B) The third floor
(C) The fourth floor
(D) The fifth floor

97. Why is the hotel almost fully booked for May 28?

(A) A tour group is arriving.
(B) A convention is taking place.
(C) A room discount is being offered.
(D) A seasonal promotion is ending.

Fine Point Tailoring

Order # 0828

Item	Price
Gown (Custom-made)	$2,300
Blouse	$600
Veil	$300
Gloves (Custom-made)	$200
Total	**$3,400**

98. What is the problem?

(A) A gown has been damaged.
(B) A document is missing.
(C) An employee sent the wrong order.
(D) A customer was overcharged.

99. What does the speaker say the listener should do?

(A) Visit a shop
(B) Pick out a new dress
(C) Approve a design change
(D) Fill out an order form

100. Look at the graphic. Which price will be reduced?

(A) $2,300
(B) $600
(C) $300
(D) $200

토익 실전모의고사 정답·해석·해설

p. 2

PART 1	1 (D)	2 (B)	3 (C)	4 (B)	5 (C)		6 (C)			
PART 2	7 (C)	8 (C)	9 (A)	10 (A)	11 (C)		12 (B)	13 (C)	14 (B)	15 (C)	16 (A)
	17 (B)	18 (B)	19 (C)	20 (C)	21 (A)		22 (B)	23 (A)	24 (B)	25 (C)	26 (B)
	27 (C)	28 (B)	29 (B)	30 (C)	31 (A)					
PART 3	32 (B)	33 (D)	34 (A)	35 (D)	36 (B)		37 (D)	38 (B)	39 (A)	40 (B)	41 (A)
	42 (A)	43 (D)	44 (C)	45 (B)	46 (A)		47 (C)	48 (A)	49 (C)	50 (B)	51 (B)
	52 (A)	53 (C)	54 (A)	55 (B)	56 (B)		57 (B)	58 (A)	59 (D)	60 (C)	61 (A)
	62 (C)	63 (C)	64 (B)	65 (A)	66 (B)		67 (C)	68 (B)	69 (D)	70 (A)	
PART 4	71 (D)	72 (A)	73 (C)	74 (D)	75 (D)		76 (A)	77 (A)	78 (A)	79 (D)	80 (C)
	81 (B)	82 (D)	83 (D)	84 (A)	85 (B)		86 (C)	87 (D)	88 (B)	89 (D)	90 (B)
	91 (C)	92 (C)	93 (D)	94 (B)	95 (A)		96 (B)	97 (B)	98 (B)	99 (A)	100 (B)

PART 1

1

🔊 미국식 발음

(A) She is holding a tray of food.
(B) She is emptying a container.
(C) She is paying at a cash register.
(D) She is reaching for an item.

(A) 그녀는 음식을 담은 쟁반을 들고 있다.
(B) 그녀는 용기를 비우고 있다.
(C) 그녀는 계산대에서 지불하고 있다.
(D) 그녀는 물건을 향해 손을 뻗고 있다.

(A) [×] 사진에 음식을 담은 쟁반이 없으므로 사진에 없는 사물을 사용한 오답입니다.
(B) [×] 여자가 용기를 들고 있으므로 emptying a container(용기를 비우고 있다)는 잘못된 묘사입니다.
(C) [×] 여자가 물건을 향해 손을 뻗고 있으므로 paying at a cash register(계산대에서 지불하고 있다)는 잘못된 묘사입니다.
(D) [○] 여자가 물건을 향해 손을 뻗고 있는 모습을 정확히 묘사하였으므로 정답입니다.

어휘 tray[trei] 쟁반 empty[émpti] 비우다; 빈 cash register 계산대 reach for ~을 향해 손을 뻗다

2

🔊 호주식 발음

(A) A group is taking their seats around a table.
(B) One of the women is holding a phone.
(C) A man is viewing a projection screen.
(D) One of the women is passing out some reports.

(A) 한 그룹이 탁자 주위에 있는 자리에 앉고 있다.
(B) 여자들 중 한 명이 전화기를 들고 있다.
(C) 한 남자가 영상 화면을 보고 있다.
(D) 여자들 중 한 명이 보고서를 나눠주고 있다.

(A) [×] 사람들이 이미 탁자 주위에 있는 자리에 앉아 있으므로 A group is taking their seats around a table(한 그룹이 탁자 주위에 있는 자리에 앉고 있다)은 잘못된 묘사입니다.
(B) [○] 여자가 전화기를 들고 있는 모습을 정확히 묘사하였으므로 정답입니다.
(C) [×] 사진에 영상 화면이 없으므로 사진에 없는 사물을 사용한 오답입니다.
(D) [×] 사진에 보고서를 나눠주는 여자가 없으므로 One of the women is passing out some reports(여자들 중 한 명이 보고서를 나눠주고 있다)는 잘못된 묘사입니다.

어휘 projection[prədʒékʃən] (투사된) 영상 pass out ~을 나눠주다

3

🔊 미국식 발음

(A) Furniture is being taken apart.
(B) Cars have been parked in a garage.
(C) The back doors of a vehicle have been left open.
(D) Blankets have been stacked inside the truck.

(A) 가구가 해체되고 있다.
(B) 차들이 차고에 주차되어 있다.
(C) 차의 뒷문이 열린 채로 있다.
(D) 담요들이 트럭 안에 쌓여 있다.

(A) [×] 가구들이 해체되고 있는 중이 아니므로 Furniture is being taken apart(가구가 해체되고 있다)는 잘못된 묘사입니다.
(B) [×] 차들이 야외에 주차되어 있으므로 Cars have been parked in a garage(차들이 차고에 주차되어 있다)는 잘못된 묘사입니다.
(C) [○] 뒷문이 열려 있는 차의 모습을 정확히 묘사하였으므로 정답입니다.
(D) [×] 담요들이 트럭 밖에 있으므로 Blankets have been stacked inside the truck(담요들이 트럭 안에 쌓여 있다)은 잘못된 묘사입니다.

어휘 furniture[fə́:rnitʃər] 가구 take apart 해체하다, 분리하다 garage[gərá:ʒ] 차고 stack[stæk] 쌓다, 쌓아올리다; 더미

4

🔊 영국식 발음

(A) The woman is taking off her jacket.
(B) The woman is sitting in an outdoor area.
(C) The woman is picking up a bag.
(D) The woman is putting away a laptop.

(A) 여자가 재킷을 벗고 있다.
(B) 여자가 야외 지역에 앉아 있다.
(C) 여자가 가방을 들어 올리고 있다.
(D) 여자가 노트북 컴퓨터를 치우고 있다.

(A) [×] 여자가 이미 재킷을 벗었으므로 taking off her jacket(재킷을 벗고 있다)은 잘못된 묘사입니다.
(B) [○] 여자가 야외 지역에 앉아 있는 모습을 정확히 묘사하였으므로 정답입니다.
(C) [×] 여자가 노트북 컴퓨터를 하고 있으므로 picking up a bag(가방을 들어 올리고 있다)은 잘못된 묘사입니다.
(D) [×] 여자가 노트북 컴퓨터를 하고 있으므로 putting away a laptop(노트북 컴퓨터를 치우고 있다)은 잘못된 묘사입니다.

어휘 outdoor[미 áutdɔ̀:r, 영 áutdɔ̀:] 야외의

5

🔊 미국식 발음

(A) A paint bucket is being carried.
(B) A light is being hung from the ceiling.
(C) They're wearing helmets.
(D) They're standing on top of stepladders.

(A) 페인트 양동이가 옮겨지고 있다.
(B) 전등이 천장에 걸리고 있다.
(C) 그들은 헬멧을 쓰고 있다.
(D) 그들은 발판 사다리 꼭대기에 서 있다.

(A) [×] 사람들이 페인트칠을 하고 있으므로 A paint bucket is being carried(페인트 양동이가 옮겨지고 있다)는 잘못된 묘사입니다.
(B) [×] 사진에 전등이 없으므로 사진에 없는 사물을 사용한 오답입니다.
(C) [○] 사람들이 헬멧을 쓴 모습을 정확히 묘사하였으므로 정답입니다.
(D) [×] 사진에 발판 사다리 꼭대기에 서 있는 사람들이 없으므로 They're standing on top of stepladders(그들은 발판 사다리 꼭대기에 서 있다)는 잘못된 묘사입니다.

어휘 bucket[bʌ́kit] 양동이 ceiling[sí:liŋ] 천장 stepladder[stéplæ̀dər] 발판 사다리

6

(A) A train has stopped at the station.
(B) A barricade is blocking traffic on the
    street.
(C) A railway has been built near some
    buildings.
(D) Subway cars are being repaired.

(A) 열차가 역에 서 있다.
(B) 장애물이 도로의 교통을 방해하고 있다.
(C) 철도가 몇몇 건물 옆에 지어져 있다.
(D) 지하철이 수리되고 있다.

(A) [×] 열차가 선로에 있으므로 A train has stopped at the station(열차가 역에 서 있다)은 잘못된 묘사입니다.
(B) [×] 사진에 장애물이 없으므로 사진에 없는 사물을 사용한 오답입니다.
(C) [○] 철도가 건물 옆에 지어져 있는 모습을 정확히 묘사하였으므로 정답입니다.
(D) [×] 지하철이 수리되고 있는 중이 아니므로 Subway cars are being repaired(지하철이 수리되고 있다)는 잘못된 묘
    사입니다.

어휘 barricade[미 bǽrəkèid, 영 bǽrikeid] 장애물   railway[미 réilwèi, 영 réilwei] 철도   subway car 지하철

PART 2

7 🔊 영국식 발음 → 미국식 발음

Where do you usually exercise on weekdays?

(A) In the evenings.
(B) Yes, it's the right size.
(C) At the gym across Nickland Street.

주중에 보통 어디에서 운동을 하나요?

(A) 매일 저녁에요.
(B) 네, 그게 맞는 사이즈예요.
(C) Nickland가 맞은편에 있는 체육관에서요.

주중에 운동을 하는 장소가 어디인지를 묻는 Where 의문문입니다.
(A) [×] 장소를 묻는 질문에 In the evenings(매일 저녁에)라는 시점으로 응답하였으므로 오답입니다.
(B) [×] 질문에서 사용된 exercise와 발음이 일부 같은 size를 사용하여 혼동을 주는 오답입니다.
(C) [○] At the gym across Nickland Street(Nickland가 맞은편에 있는 체육관에서)라는 장소로 응답하였으므로 정답입니다.

어휘 across[əkrɔ́ːs] ~의 맞은편에, 횡단하여

8 🔊 호주식 발음 → 미국식 발음

Would you like a cold drink?

(A) A beverage manufacturor.
(B) They just called.
(C) I'm all right for now, thanks.

시원한 음료를 드릴까요?

(A) 음료 제조업자요.
(B) 그들이 방금 전화했어요.
(C) 지금은 괜찮아요, 감사합니다.

시원한 음료를 마시라고 제안하는 제안 의문문입니다.
(A) [×] 질문에서 사용된 drink(음료)와 내용이 연관된 beverage(음료)를 사용하여 혼동을 주는 오답입니다.
(B) [×] 질문에서 사용된 cold와 발음이 유사한 called를 사용하여 혼동을 주는 오답입니다.
(C) [○] 시원한 음료를 준다는 제안에 I'm all right for now(지금은 괜찮다)라는 거절의 의미로 응답하였으므로 정답입니다.

어휘 beverage[bévəridʒ] 음료 manufacturer[mæ̀njufǽktʃərər] 제조업자, 제조 회사

9 🔊 영국식 발음 → 호주식 발음

Are you eager to relocate to Dallas?

(A) Yes, I'm originally from there.
(B) Are you taking one too?
(C) Please move these boxes.

댈러스로 이동하고 싶나요?

(A) 네, 저는 원래 그곳 출신이거든요.
(B) 당신도 하나 들으시나요?
(C) 이 상자들을 옮겨주세요.

댈러스로 이동하고 싶은지를 묻는 일반 의문문입니다.
(A) [○] Yes라고 응답한 뒤, I'm originally from there(원래 그곳 출신이다)라고 부연 설명하였으므로 정답입니다.
(B) [×] 질문에서 사용된 Are you를 사용하여 혼동을 주는 오답입니다.
(C) [×] 질문에서 사용된 relocate(이동하다)와 내용이 연관된 move(옮기다)를 사용하여 혼동을 주는 오답입니다.

어휘 be eager to ~하고 싶어 하다 relocate[미 riːloukéit, 영 riːloukéit] 이동하다, 이전하다

10 🔊 미국식 발음 → 미국식 발음

When are the architects supposed to arrive at the office?

(A) They'll be here at 3 o'clock.
(B) Thank you for the blueprints.
(C) Actually, we're not supposed to yet.

건축가들이 언제 사무실에 도착하기로 되어 있나요?

(A) 그들은 3시에 여기로 올 거예요.
(B) 청사진들에 대해 감사드립니다.
(C) 사실, 우리는 아직 하지 않기로 되어 있어요.

건축가들이 사무실에 도착하기로 한 시점이 언제인지를 묻는 When 의문문입니다.
(A) [○] They'll be here at 3 o'clock(그들은 3시에 여기로 올 것이다)이라는 시간으로 응답하였으므로 정답입니다.
(B) [×] 질문에서 사용된 architects(건축가들)와 내용이 연관된 blueprints(청사진들)를 사용하여 혼동을 주는 오답입니다.
(C) [×] 질문에서 사용된 supposed to를 사용하여 혼동을 주는 오답입니다.

어휘 architect[ɑ́ːrkətèkt] 건축가 be supposed to ~하기로 되어 있다 blueprint[blúːprìnt] 청사진, 계획

11

미국식 발음 → 영국식 발음

Could you scan and copy this document for me?

(A) I couldn't make it.
(B) Oh, next to the scanner.
(C) No problem.

저를 위해 이 문서를 스캔하고 복사해주시겠어요?

(A) 저는 갈 수 없었어요.
(B) 오, 스캐너 옆이에요.
(C) 물론이죠.

문서의 스캔과 복사를 요청하는 요청 의문문입니다.
(A) [×] 질문에서 사용된 could의 부정형인 couldn't를 사용하여 혼동을 주는 오답입니다.
(B) [×] 질문에서 사용된 scan과 발음이 일부 같은 scanner를 사용하여 혼동을 주는 오답입니다.
(C) [O] No problem(물론이다)이라는 수락의 표현으로 응답하였으므로 정답입니다.

어휘 make it 가다, 제시간에 도착하다

12

호주식 발음 → 영국식 발음

How far is the bus terminal from here?

(A) The taxi was quicker.
(B) Over a kilometer.
(C) Here is your ticket.

여기에서 버스 터미널은 얼마나 멀리 있나요?

(A) 그 택시는 더 빨랐어요.
(B) 1킬로미터가 넘어요.
(C) 여기 당신의 승차권이 있어요.

버스 터미널까지의 거리를 묻는 How 의문문입니다.
(A) [×] 질문에서 사용된 bus(버스)와 내용이 연관된 taxi(택시)를 사용하여 혼동을 주는 오답입니다.
(B) [O] Over a kilometer(1킬로미터가 넘는다)라는 거리로 응답하였으므로 정답입니다.
(C) [×] 질문에서 사용된 bus terminal(버스 터미널)과 내용이 연관된 ticket(승차권)을 사용하여 혼동을 주는 오답입니다.

어휘 ticket[tíkit] 승차권

13

미국식 발음 → 미국식 발음

This editorial needs to be revised within the hour.

(A) Fifteen minutes ago.
(B) It's in the revised version.
(C) Have Kendra work on it.

이 사설은 1시간 이내에 수정되어야 해요.

(A) 15분 전에요.
(B) 그건 수정판 안에 있어요.
(C) Kendra가 그것을 하게 하세요.

사설이 수정되어야 한다는 문제점을 전달하는 평서문입니다.
(A) [×] 질문에서 사용된 the hour(1시간)와 내용이 연관된 Fifteen minutes(15분)를 사용하여 혼동을 주는 오답입니다.
(B) [×] 질문에서 사용된 revised를 사용하여 혼동을 주는 오답입니다.
(C) [O] Have Kendra work on it(Kendra가 그것을 하게 하라)이라는 해결책을 제시하였으므로 정답입니다.

어휘 editorial[èdətɔ́ːriəl] 사설; 편집의 revise[riváiz] 수정하다

14

영국식 발음 → 호주식 발음

Why did Mr. Miles travel to Manila?

(A) Taipei was my first destination.
(B) To meet with a client.
(C) For three nights, please.

Mr. Miles는 왜 마닐라로 여행했나요?

(A) 타이베이는 제 첫 번째 도착지였어요.
(B) 고객과 만나기 위해서요.
(C) 3박으로 해주세요.

Mr. Miles가 마닐라로 여행 간 이유를 묻는 Why 의문문입니다.
(A) [×] 질문에서 사용된 Manila(마닐라)와 내용이 연관된 destination(도착지)을 사용하여 혼동을 주는 오답입니다.
(B) [O] To meet with a client(고객과 만나기 위해)라는 이유로 응답하였으므로 정답입니다.
(C) [×] 질문에서 사용된 travel(여행하다)과 내용이 연관된 three nights(3박)를 사용하여 혼동을 주는 오답입니다.

어휘 destination[미 dèstənéiʃən, 영 dèstinéiʃən] 도착지, 목적지

15

🔊 영국식 발음 → 호주식 발음

Your winery recently expanded, right?

(A) No, I haven't tasted any yet.
(B) They're quite expensive.
(C) Yes, we doubled our output.

당신의 포도주 양조장은 최근에 확장했어요, 그렇죠?

(A) 아니요, 저는 아직 아무것도 시식하지 않았어요.
(B) 그것들은 꽤 비싸요.
(C) 네, 우리는 생산량을 두 배로 만들었어요.

포도주 양조장이 최근에 확장되었는지를 묻는 부가 의문문입니다.
(A) [×] 질문에서 사용된 winery(포도주 양조장)와 내용이 연관된 tasted(시식했다)를 사용하여 혼동을 주는 오답입니다.
(B) [×] 질문에서 사용된 expanded와 발음이 일부 유사한 expensive를 사용하여 혼동을 주는 오답입니다.
(C) [o] Yes로 응답한 뒤, we doubled our output(우리는 생산량을 두 배로 만들었다)이라고 부연 설명하였으므로 정답입니다.

어휘 winery[wáinəri] 포도주 양조장 expand[ikspǽnd] 확장하다 double[dʌbl] 두 배로 만들다
output[미 áutpùt, 영 áutput] 생산량, 생산

16

🔊 미국식 발음 → 미국식 발음

I ordered a different appetizer.

(A) I'll get you the correct one right away.
(B) The meal was satisfying.
(C) Here's the package you ordered.

저는 다른 전채요리를 주문했어요.

(A) 제가 맞는 것을 바로 가져다 드리겠습니다.
(B) 식사는 만족스러웠어요.
(C) 여기 당신이 주문한 소포가 있어요.

다른 전채요리를 주문했다는 문제점을 전달하는 평서문입니다.
(A) [o] 다른 전채요리를 주문했다는 말에 I'll get you the correct one right away(맞는 것을 바로 가져다주겠다)라는 해
결책을 제시하였으므로 정답입니다.
(B) [×] 질문에서 사용된 appetizer(전채요리)와 내용이 연관된 meal(식사)을 사용하여 혼동을 주는 오답입니다.
(C) [×] 질문에 사용된 ordered를 사용하여 혼동을 주는 오답입니다.

어휘 appetizer[ǽpətàizər] 전채요리 satisfying[sǽtisfàiiŋ] 만족스러운

17

🔊 미국식 발음 → 영국식 발음

When can we expect to receive the building permit?

(A) Our address is 312 Nicks Avenue.
(B) It will take two weeks to process.
(C) It was a well-planned reception.

우리가 언제 건물 허가증을 받을 수 있다고 예상하나요?

(A) 우리 주소는 Nicks가 312번지예요.
(B) 처리하는 데 2주가 걸릴 거예요.
(C) 잘 계획된 피로연이었어요.

건물 허가증을 받을 수 있는 시점이 언제인지를 묻는 When 의문문입니다.
(A) [×] 질문에서 사용된 building(건물)과 내용이 연관된 address(주소)를 사용하여 혼동을 주는 오답입니다.
(B) [o] It will take two weeks(2주가 걸릴 것이다)라는 시점으로 응답하였으므로 정답입니다.
(C) [×] 질문에서 사용된 receive와 발음이 일부 유사한 reception을 사용하여 혼동을 주는 오답입니다.

어휘 permit[pə́rmit] 허가증, 허가; 허락하다 process[미 práses, 영 prɔ́uses] 처리하다; 과정 reception[risépʃən] 피로연

18

🔊 미국식 발음 → 영국식 발음

Where did you place the surplus merchandise?

(A) Is this merchandise on sale?
(B) In the warehouse.
(C) After inventory is taken.

나머지 상품들은 어디에 두었나요?

(A) 이 상품은 할인 중인가요?
(B) 창고 안에요.
(C) 재고품이 없어진 후에요.

나머지 상품들을 둔 곳이 어디인지를 묻는 Where 의문문입니다.
(A) [×] 질문에서 사용된 merchandise를 사용하여 혼동을 주는 오답입니다.
(B) [o] In the warehouse(창고 안에)라는 위치로 응답하였으므로 정답입니다.
(C) [×] 질문에서 사용된 merchandise(상품)와 내용이 연관된 inventory(재고품)를 사용하여 혼동을 주는 오답입니다.

어휘 surplus[sə́rplʌs] 나머지의; 잔여 merchandise[미 mə́ːrtʃəndàiz, 영 mə́ːtʃəndaiz] 상품 on sale 할인 중인
warehouse[미 wɛ́ərhàus, 영 wɛ́əhaus] 창고 inventory[미 ínvəntɔ̀ːri, 영 ínvəntri] 재고품, 재고품 목록

19

🔊 호주식 발음 → 미국식 발음

Do you want an economy seat, or would you like to sit in first class?

(A) Yes, once the economy recovers.
(B) The seating area near the gate.
(C) I'll pay for the upgrade.

일반석을 원하세요, 아니면 일등석에 앉고 싶으세요?

(A) 네, 경제가 회복되면요.
(B) 문 근처에 있는 좌석 구역이요.
(C) 업그레이드 비용을 낼게요.

일반석과 일등석 중 어느 좌석에 앉을 것인지를 묻는 선택 의문문입니다.
(A) [×] 질문에서 사용된 economy를 사용하여 혼동을 주는 오답입니다.
(B) [×] 질문에서 사용된 seat와 발음이 일부 같은 seating을 사용하여 혼동을 주는 오답입니다.
(C) [○] 일반석에 앉을지 아니면 일등석에 앉을지를 묻는 질문에 I'll pay for the upgrade(업그레이드 비용을 내겠다)라고 간접적으로 응답하였으므로 정답입니다.

어휘 economy seat 일반석 first class 일등석

20

🔊 영국식 발음 → 호주식 발음

Who has been named the new regional manager?

(A) Everyone should grab a name tag.
(B) One of the local branches.
(C) Nobody as of now.

새로운 지역 관리자로 누가 지명되었나요?

(A) 모두 명찰을 잡으세요.
(B) 지방 지점들 중에 하나예요.
(C) 현재로서는 아무도 없어요.

새로운 지역 관리자로 지명된 사람이 누구인지를 묻는 Who 의문문입니다.
(A) [×] 질문에서 사용된 named와 발음이 일부 같은 name을 사용하여 혼동을 주는 오답입니다.
(B) [×] 질문에서 사용된 regional manager(지역 관리자)와 내용이 연관된 local branches(지방 지점들)를 사용하여 혼동을 주는 오답입니다.
(C) [○] Nobody를 사용하여 아무도 없다고 응답하였으므로 정답입니다.

어휘 name[neim] 지명하다; 이름, 명성 regional[ríːdʒənl] 지역의 as of now 현재로서는

21

🔊 미국식 발음 → 호주식 발음

Why can't Jamie help organize the fundraising banquet?

(A) You'll have to ask her.
(B) Her desk is very organized.
(C) That was extremely helpful.

왜 Jamie가 모금 연회 준비를 도울 수 없나요?

(A) 당신이 그녀에게 물어봐야 할 거예요.
(B) 그녀의 책상은 잘 정리되어 있어요.
(C) 그것은 매우 도움이 되었어요.

Jamie가 모금 연회 준비를 도울 수 없는 이유를 묻는 Why 의문문입니다.
(A) [○] Jamie가 모금 연회 준비를 도울 수 없는 이유를 묻는 질문에 You'll have to ask her(그녀에게 물어봐야 할 것이다)라고 간접적으로 응답하였으므로 정답입니다.
(B) [×] 질문에서 사용된 organize와 발음이 일부 같은 organized를 사용하여 혼동을 주는 오답입니다.
(C) [×] 질문에서 사용된 help와 발음이 일부 같은 helpful을 사용하여 혼동을 주는 오답입니다.

어휘 organize[미 ɔ́ːrgənàiz, 영 ɔ́ːgənaiz] 준비하다, 정리하다 extremely[ikstríːmli] 매우, 극단적으로

22

🔊 미국식 발음 → 미국식 발음

The swimming pool at this hotel is very impressive.

(A) Sure, but after I go for a swim.
(B) I haven't had a chance to see it yet.
(C) A room for two guests, please.

이 호텔의 수영장은 매우 멋져요.

(A) 물론이죠, 그런데 제가 수영하러 가고 난 후에요.
(B) 저는 아직 그것을 볼 기회가 없었어요.
(C) 손님 두 명을 위한 객실을 주세요.

호텔의 수영장이 매우 멋지다는 의견을 전달하는 평서문입니다.
(A) [×] 질문에서 사용된 swimming과 발음이 일부 같은 swim을 사용하여 혼동을 주는 오답입니다.
(B) [○] 수영장이 매우 멋지다는 말에 I haven't had a chance to see it yet(아직 그것을 볼 기회가 없었다)이라는 의견으로 응답하였으므로 정답입니다.
(C) [×] 질문에서 사용된 hotel(호텔)과 내용이 연관된 room(객실)을 사용하여 혼동을 주는 오답입니다.

23

🎧 호주식 발음 → 미국식 발음

Which of these flyers were you responsible for designing?

(A) The one with red text.
(B) One of my favorite designers.
(C) Yes, these are for you.

이 전단지들 중 어느 것이 당신이 디자인을 담당한 것인가요?

(A) 빨간색 글자로 되어 있는 것이요.
(B) 제가 가장 좋아하는 디자이너들 중 한 명이요.
(C) 네, 이것들은 당신을 위한 거예요.

어느 전단지가 청자가 디자인을 담당한 것인지를 묻는 Which 의문문입니다.
(A) [O] The one with red text(빨간색 글자로 되어 있는 것)라는 특정 전단지로 응답하였으므로 정답입니다.
(B) [×] 질문에서 사용된 designing과 발음이 일부 같은 designers를 사용하여 혼동을 주는 오답입니다.
(C) [×] 질문에서 사용된 these를 사용하여 혼동을 주는 오답입니다.

어휘 flyer[미 fláiər, 영 fláiə] 전단지, 광고지

24

🎧 미국식 발음 → 미국식 발음

Do you want to work overtime today, or is tomorrow more convenient?

(A) Sometime last week.
(B) Let's stay late this evening.
(C) It's a very convenient system.

오늘 초과 근무를 하시겠어요, 아니면 내일이 더 편하신가요?

(A) 지난주 언젠가요.
(B) 오늘 저녁에 늦게까지 남아요.
(C) 그것은 매우 편리한 시스템이에요.

오늘 초과 근무와 내일 근무 중 어떤 근무를 할 것인지를 묻는 선택 의문문입니다.
(A) [×] 질문에서 사용된 today(오늘)와 내용이 연관된 last week(지난주)를 사용하여 혼동을 주는 오답입니다.
(B) [O] Let's stay late this evening(오늘 저녁에 늦게까지 남자)이라고 오늘 초과 근무를 하겠다는 의미로 응답하였으므로 정답입니다.
(C) [×] 질문에서 사용된 convenient를 사용하여 혼동을 주는 오답입니다

어휘 overtime[óuvərtàim] 초과 근무   convenient[kənvíːnjənt] 편리한

25

🎧 미국식 발음 → 영국식 발음

How many units are vacant in the Plume Apartment Complex?

(A) We had a wonderful vacation, thanks.
(B) I used to live there.
(C) I think it's fully occupied.

Plume 아파트 단지 내에 몇 개의 가구들이 비어있죠?

(A) 우리는 멋진 휴가를 보냈어요, 고마워요.
(B) 저는 그곳에 살았었어요.
(C) 그곳은 모두 차 있는 것 같아요.

비어있는 가구들의 수를 묻는 How 의문문입니다.
(A) [×] 질문에서 사용된 vacant와 발음이 일부 유사한 vacation을 사용하여 혼동을 주는 오답입니다.
(B) [×] 질문에서 사용된 Apartment Complex(아파트 단지)와 내용이 연관된 live(살다)를 사용하여 혼동을 주는 오답입니다.
(C) [O] it's fully occupied(그곳은 모두 찼다)라고 빈방이 없다는 의미로 응답하였으므로 정답입니다.

어휘 vacant[véikənt] 빈   occupy[미 ákjupài, 영 ɔ́kjəpai] 채우다, 차지하다

26

🎧 영국식 발음 → 호주식 발음

Isn't the doctor's office at the end of the hallway?

(A) An appointment will be scheduled.
(B) No, it's actually on the other floor.
(C) Only the hallway will be carpeted.

진료실이 복도 끝에 있지 않나요?

(A) 예약 일정이 잡힐 거예요.
(B) 아니요, 사실 다른 층에 있어요.
(C) 복도에만 카펫이 깔릴 거예요.

진료실이 복도 끝에 있는지를 묻는 일반 의문문입니다.
(A) [×] 질문에서 사용된 doctor's office(진료실)와 내용이 연관된 appointment(예약)를 사용하여 혼동을 주는 오답입니다.
(B) [O] No로 응답한 뒤, it's actually on the other floor(사실 다른 층에 있다)라고 부연 설명하였으므로 정답입니다.
(C) [×] 질문에서 사용된 hallway를 사용하여 혼동을 주는 오답입니다.

어휘 carpet[미 ká:rpit, 영 ká:pit] 카펫을 깔다; 카펫

27

🔊 미국식 발음 → 미국식 발음

Cynthia was able to give you a ride home after the concert, wasn't she?

(A) Who drove you to the exhibition?
(B) The performance went very well.
(C) I ended up taking a bus instead.

Cynthia는 콘서트 후에 당신을 집까지 태워줄 수 있었 죠, 안 그랬나요?

(A) 누가 당신을 전시회까지 태워주었나요?
(B) 그 공연은 매우 좋았어요.
(C) 저는 결국 대신 버스를 탔어요.

Cynthia가 콘서트 후에 집까지 태워주었는지를 확인하는 부가 의문문입니다.
(A) [×] 질문에서 사용된 give a ride(태워주다)와 내용이 연관된 drove(태워주었다)를 사용하여 혼동을 주는 오답입니다.
(B) [×] 질문에서 사용된 concert(콘서트)와 내용이 연관된 performance(공연)를 사용하여 혼동을 주는 오답입니다.
(C) [○] No가 생략된 형태로 I ended up taking a bus instead(결국 대신 버스를 탔다)라고 응답하였으므로 정답입니다.

어휘 give a ride 태워주다   end up 결국 ~하다

28

🔊 호주식 발음 → 영국식 발음

What's wrong with the business contract that I wrote?

(A) We'll contact them on the road.
(B) Two spelling errors need to be fixed.
(C) We went to the wrong store.

제가 작성한 사업 계약서에 어떤 문제가 있는 건가요?

(A) 우리가 그들에게 이동 중에 연락할게요.
(B) 두 개의 철자 오류가 고쳐져야 해요.
(C) 우리는 잘못된 가게에 갔었어요.

계약서의 문제가 무엇인지를 묻는 What 의문문입니다.
(A) [×] 질문에서 사용된 contract와 발음이 유사한 contact를 사용하여 혼동을 주는 오답입니다.
(B) [○] Two spelling errors need to be fixed(두 개의 철자 오류가 고쳐져야 한다)라는 문제점으로 응답하였으므로 정답입니다.
(C) [×] 질문에서 사용된 wrong을 사용하여 혼동을 주는 오답입니다.

어휘 on the road 이동 중인   spelling error 철자 오류

29

🔊 미국식 발음 → 영국식 발음

Should we start offering loyalty discounts to current members?

(A) We can offer you something else.
(B) That might be a good way to retain customers.
(C) Sorry, the product has been discontinued.

현재 회원들에게 충성 할인을 제공하기 시작해야 할까요?

(A) 저희는 당신에게 다른 것을 드릴 수 있습니다.
(B) 그것은 고객을 유지하는 좋은 방법 같아요.
(C) 죄송합니다. 그 제품은 생산이 중단되었습니다.

회원들에게 충성 할인을 제공해야 하는지를 묻는 조동사 의문문입니다.
(A) [×] 질문에서 사용된 offering과 발음이 일부 같은 offer를 사용하여 혼동을 주는 오답입니다.
(B) [○] Yes가 생략된 형태로 That might be a good way to retain customers(그것은 고객을 유지하는 좋은 방법 같다)라는 의견으로 응답하였으므로 정답입니다.
(C) [×] 질문에서 사용된 discounts와 발음이 일부 유사한 discontinued를 사용하여 혼동을 주는 오답입니다.

어휘 loyalty[lɔ́iəlti] 충성, 성실   retain[ritéin] 유지하다, 보유하다   discontinue[dìskəntínju:] 생산을 중단하다

30

🔊 미국식 발음 → 미국식 발음

I'm deciding whether I'm going to refund this set of speakers.

(A) The warranty expired in December.
(B) Don't worry. The weather's going to be nice.
(C) What don't you like about them?

저는 이 스피커 세트를 환불할지 결정하는 중이에요.

(A) 보증서는 12월에 만료되었어요.
(B) 걱정하지 마세요. 날씨가 좋아질 거예요.
(C) 그것들에 대해 어떤 점이 좋지 않으신가요?

스피커 세트를 환불할지 결정하고 있다는 의견을 전달하는 평서문입니다.
(A) [×] 질문에서 사용된 refund(환불하다)와 내용이 연관된 warranty(보증서)를 사용하여 혼동을 주는 오답입니다.
(B) [×] 질문에서 사용된 whether와 발음이 같은 weather를 사용하여 혼동을 주는 오답입니다.
(C) [○] 스피커 세트를 환불할지 결정하는 중이라는 말에 What don't you like about them(그것들에 대해 어떤 점이 좋지 않나요)이라는 질문으로 응답하였으므로 정답입니다.

어휘 refund[rifʌ́nd] 환불하다; 환불   warranty[wɔ́:rənti] 보증서, 보증   expire[ikspáiər] 만료되다

31

호주식 발음 → 미국식 발음

Did the accountant request expense reports **from staff?**

(A) Only from those who went on the business trip last month.

(B) No, the reporter never got in touch with me.

(C) Well, the estimate was a bit high.

회계사가 직원에게서 지출 내역서들을 요청했나요?

(A) 지난달에 출장을 다녀온 사람들로부터만이요.

(B) 아니요, 그 기자는 저와 한 번도 연락하지 않았어요.

(C) 음, 그 추정치는 꽤 높았어요.

회계사가 지출 내역서를 요청했는지를 묻는 일반 의문문입니다.

(A) [○] No가 생략된 형태로 Only from those who went on the business trip last month(지난달에 출장을 다녀온 사람들로부터만이다)라고 부연 설명하였으므로 정답입니다.

(B) [×] 질문에서 사용된 reports와 발음이 일부 같은 reporter를 사용하여 혼동을 주는 오답입니다.

(C) [×] 질문에서 사용된 expense(지출)와 내용이 연관된 estimate(추정치)를 사용하여 혼동을 주는 오답입니다.

어휘 accountant[əkáuntənt] 회계사 expense report 지출 내역서 business trip 출장 estimate[éstəmət] 추정치, 견적

PART 3

Questions 32-34 refer to the following conversation. | 32-34번은 다음 대화에 관한 문제입니다.

🎧 미국식 발음 → 미국식 발음

W: ³²/³⁴I've finished painting your living room, Mr. Thompson. Would you like me to paint your kitchen or the bedroom next?

M: Well, ³²/³³I'm still removing the furniture and appliances from the kitchen. It will take another 30 minutes to get that room ready.

W: OK. In that case, ³⁴I'll start with the bedroom now. The space isn't very large, so I'll most likely finish it by this afternoon.

W: ³²/³⁴저는 당신의 거실 페인트칠을 끝냈어요, Mr. Thompson. 제가 다음으로 주방을 페인트칠하기를 원하시나요, 아니면 침실을 하기를 원하시나요?

M: 음, ³²/³³저는 아직 주방에서 가구와 전기 제품들을 치우는 중이에요. 그 방이 준비되려면 30분이 더 걸릴 거예요.

W: 알겠어요. 그렇다면, ³⁴지금 침실부터 시작할게요. 공간이 많이 크지 않아서, 오늘 오후까지 끝낼 수 있을 것 같아요.

어휘 remove[rimúːv] 치우다, 제거하다　appliance[əpláiəns] 전기 제품, 장비

---

32 Where does the conversation most likely take place? | 대화는 어디에서 일어나는 것 같은가?

(A) At a supply store
(B) At a private residence
(C) At a corporate office
(D) At a resort hotel

(A) 사무용품점에서
(B) 개인 주택에서
(C) 회사 사무실에서
(D) 관광호텔에서

Where ~ conversation ~ take place를 보고 대화가 일어나는 곳이 어디인지를 묻고 있음을 알 수 있습니다. 여자의 말 I've finished painting your living room과 남자의 말 I'm still removing the furniture and appliances from the kitchen에서 대화가 개인 주택에서 일어나고 있음을 알 수 있으므로 (B) At a private residence가 정답입니다.

어휘 supply store 사무용품점　residence[rézədəns] 주택　corporate[kɔ́ːrpərət] 회사의, 법인의

---

33 What is the man currently doing? | 남자는 현재 무엇을 하고 있는가?

(A) Getting ready to leave
(B) Preparing some food
(C) Renovating a kitchen
(D) Clearing out a space

(A) 떠날 준비를 하는 것
(B) 몇몇 음식을 준비하는 것
(C) 주방을 수리하는 것
(D) 공간을 비우는 것

What ~ man currently doing을 보고 남자가 현재 무엇을 하고 있는지를 묻고 있음을 알 수 있습니다. 남자의 말 I'm still removing the furniture and appliances from the kitchen에서 남자가 주방에서 가구와 전기 제품들을 치우고 있음을 알 수 있으므로 (D) Clearing out a space가 정답입니다.

어휘 renovate[rénəvèit] 수리하다　clear out ~을 비우다

---

34 What will the woman do next? | 여자는 다음에 무엇을 할 것인가?

(A) Begin work in a bedroom
(B) Finish preparing a meal
(C) Unload tools from a vehicle
(D) Change design plans

(A) 침실에서 일을 시작한다.
(B) 식사 준비를 마친다.
(C) 차에서 도구들을 내린다.
(D) 디자인 계획을 변경한다.

What ~ woman do next를 보고 여자가 다음에 할 일이 무엇인지를 묻고 있음을 알 수 있습니다. 여자의 말 I've finished painting your living room과 I'll start with the bedroom now에서 여자가 거실 페인트칠을 끝내고 이제 침실에서 일을 시작할 것임을 알 수 있으므로 (A) Begin work in a bedroom이 정답입니다.

③ 영국식 발음 → 호주식 발음

W: Hello. ³⁵I'm calling about sending product samples to a client in Hanoi.

M: OK. When do you want the items to arrive?

W: By August 20. Can your shipping firm deliver the package before then?

M: Yes. It takes about four days to ship packages to Vietnam. ³⁶/³⁷I recommend bringing your items to our downtown drop-off building this afternoon so that they get there in time.

W: This afternoon? Hmm . . . ³⁷I have a doctor's appointment at 4 P.M.

M: As long as you can bring the package before 6 P.M. this evening, I'm sure there won't be a problem.

W: 안녕하세요. ³⁵하노이에 있는 고객에게 제품 견본을 보내는 것에 관해 전화드립니다.

M: 네. 물건이 언제 도착하기를 원하시나요?

W: 8월 20일까지요. 당신의 운송 회사에서 그전까지 소포를 배달할 수 있나요?

M: 네. 베트남으로 소포를 보내는 것은 4일 정도 걸려요. 그것들이 늦지 않게 그곳에 도착하도록 하기 위해 ³⁶/³⁷오늘 오후에 당신의 물건들을 시내에 있는 저희 배달품 전달 건물에 가져오시는 것을 권해 드립니다.

W: 오늘 오후요? 음... ³⁷저는 오후 4시에 의사와의 진료 약속이 있어요.

M: 오늘 저녁 6시까지만 소포를 가지고 올 수 있으시다면, 저는 문제가 없을 거라고 확신해요.

어휘 shipping firm 운송 회사 deliver[미 dilívər, 영 dilívə] 배달하다 in time 늦지 않게

35 What is the conversation mainly about?

(A) A damaged package
(B) A business contract
(C) A new product
(D) A delivery service

대화는 주로 무엇에 관한 것인가?

(A) 손상된 소포
(B) 사업 계약
(C) 새로운 제품
(D) 배달 서비스

What ~ conversation ~ about을 보고 대화가 무엇에 관한 것인지를 묻고 있음을 알 수 있습니다. 여자의 말 I'm calling about sending product samples to ~ Hanoi에서 하노이에 제품 견본을 보내기 위해 전화했음을 알 수 있으므로 (D) A delivery service가 정답입니다.

어휘 damaged[dǽmidʒd] 손상된 contract[kántrækt] 계약

36 What does the man suggest?

(A) Signing for a delivery
(B) Taking items to a location
(C) Meeting with a client
(D) Calling back later

남자는 무엇을 제안하는가?

(A) 배달물을 수령했다고 서명하는 것
(B) 한 장소로 물건을 가져가는 것
(C) 고객과 만나는 것
(D) 나중에 다시 전화하는 것

What ~ man suggest를 보고 남자가 제안하는 것이 무엇인지를 묻고 있음을 알 수 있습니다. 남자의 말 I recommend bringing your items to ~ drop-off building this afternoon에서 물건을 배달품 전달 건물로 가져올 것을 제안하고 있음을 알 수 있으므로 (B) Taking items to a location이 정답입니다.

어휘 sign for 서명하다 location[loukéiʃən] 장소

37 Why does the woman say, "I have a doctor's appointment at 4 P.M."?

(A) She will offer advice.
(B) She has a solution.
(C) She will make a proposal.
(D) She has a concern.

여자는 왜 "저는 오후 4시에 의사와의 진료 약속이 있어요"라고 말하는가?

(A) 그녀는 조언을 할 것이다.
(B) 그녀는 해결책을 가지고 있다.
(C) 그녀는 제안을 할 것이다.
(D) 그녀는 걱정이 있다.

Why ~ woman say, I have a doctor's appointment at 4 P.M.을 보고 여자가 오후 4시에 의사와의 진료 약속이 있다고 말하는 이유를 묻고 있음을 알 수 있습니다. 남자의 말 I recommend bringing your items ~ this afternoon에서 남자가 오후에 물건들을 가져올 것을 권하였는데 여자가 오후 4시에 의사와의 진료 약속이 있어서 걱정하고 있음을 알 수 있으므로 (D) She has a concern이 정답입니다.

어휘 make a proposal 제안하다 concern[kənsə́:rn] 걱정

🔊 미국식 발음 → 미국식 발음

M: Do you think you could show ³⁸the empty apartment that we have for rent on Davenport Avenue tomorrow afternoon? Someone just called inquiring about it.

W: Actually, ³⁹my schedule is fully booked tomorrow. I am supposed to give tours of several business spaces to representatives from Goldmann Accounting.

M: Well, do you know if anyone else might be able to show the unit? I'd do it myself, but I've got other appointments as well.

W: So far as I know, ⁴⁰Jeremiah doesn't have any other obligations at that time. We were just discussing our schedules about an hour ago. ⁴⁰Why don't you see if he can do it?

M: ³⁸Davenport가에 임대용으로 우리가 보유하고 있는 빈 아파트를 당신이 내일 오후에 보여줄 수 있을 것 같나요? 누군가 방금 그것에 대해 문의하는 전화를 했어요.

W: 사실, ³⁹제 일정은 내일 꽉 차 있어요. 저는 몇몇 상업 공간들을 Goldmann 회계 법인의 대표자들에게 안내하도록 되어있거든요.

M: 음, 다른 누군가가 그 가구를 보여줄 수 있는지 알고 싶나요? 제가 하고 싶지만, 저도 다른 약속들이 있어요.

W: 지금까지 제가 알기로는, ⁴⁰Jeremiah가 그 시간에 다른 책무가 없어요. 우리는 마침 약 1시간 전에 우리의 일정을 논의하고 있었어요. ⁴⁰그가 할 수 있는지 보는 게 어때요?

어휘 inquire[inkwáiər] 문의하다 obligation[àbləɡéiʃən] 책무

38

According to the man, what is located on Davenport Avenue?

(A) A real estate office
(B) An empty property
(C) A tour agency
(D) An accounting firm

남자에 따르면, Davenport가에 무엇이 위치하고 있는가?

(A) 부동산 사무실
(B) 비어 있는 부동산
(C) 여행 대행사
(D) 회계 사무소

what ~ located on Davenport Avenue를 보고 Davenport가에 무엇이 위치하고 있는지를 묻고 있음을 알 수 있습니다. 남자의 말 the empty apartment that we have ~ on Davenport Avenue에서 Davenport가에 빈 아파트가 있음을 알 수 있으므로 (B) An empty property가 정답입니다.

어휘 locate[lóukeit] 위치시키다, 찾아내다 real estate 부동산 property[prápərti] 부동산, 재산

39

What problem does the woman mention?

(A) She is unavailable tomorrow.
(B) She is not finished with a contract.
(C) A space is no longer occupied.
(D) A realtor cannot be reached.

여자는 무슨 문제를 언급하는가?

(A) 그녀는 내일 시간이 없다.
(B) 그녀는 계약서를 끝내지 않았다.
(C) 공간이 더는 사용되고 있지 않다.
(D) 부동산업자에게 연락이 되지 않는다.

What problem ~ woman mention을 보고 여자가 언급하는 문제가 무엇인지를 묻고 있음을 알 수 있습니다. 여자의 말 my schedule is fully booked tomorrow에서 여자의 일정이 꽉 차 있어서 내일 시간이 없음을 알 수 있으므로 (A) She is unavailable tomorrow가 정답입니다.

어휘 occupy[미 ákjupài, 영 ɔkjupài] 사용하다, 거주하다 realtor[ríːəltər] 부동산업자 reach[riːtʃ] 연락하다

40

What does the woman suggest the man do?

(A) Pick up a building key
(B) Speak with a colleague
(C) Sign a real estate lease
(D) Send a down payment

여자는 남자에게 무엇을 하라고 제안하는가?

(A) 건물 열쇠를 찾아온다.
(B) 동료와 이야기한다.
(C) 부동산 임대차 계약에 서명한다.
(D) 계약금을 보낸다.

What ~ woman suggest ~ man do를 보고 여자가 남자에게 무엇을 하라고 제안하는지를 묻고 있음을 알 수 있습니다. 여자의 말 Jeremiah doesn't have any other obligations at that time과 Why don't you see if he can do it에서 남자에게 동료와 이야기할 것을 제안하고 있음을 알 수 있으므로 (B) Speak with a colleague가 정답입니다.

어휘 lease[liːs] 임대차 계약 down payment (할부금의) 계약금, 첫 불입금

Questions 41-43 refer to the following conversation with three speakers.

41~43번은 다음 세 명의 대화에 관한 문제입니다.

[🔊] 호주식 발음 → 영국식 발음 → 미국식 발음

M1: ⁴¹What do you think about building another storage facility?

W: I think it's a good idea. With all the orders we're receiving, our current warehouse doesn't have enough space.

M2: Right. And our sales department predicts even more orders this year.

W: In that case, ⁴²Mark, will you speak with the warehouse manager to find out an appropriate building size?

M1: Sure, I'll get started on that right now.

M2: I'll contact a few local construction companies for some estimates.

W: Great. ⁴³Let's look over the estimates when we meet again on Friday.

M1: ⁴¹창고 시설을 하나 더 짓는 것에 대해 어떻게 생각해요?

W: 좋은 생각인 것 같아요. 우리가 받고 있는 모든 주문들로 봐서는, 현재 우리 창고에는 충분한 공간이 없어요.

M2: 맞아요. 그리고 판매 부서는 올해 더 많은 주문을 예상하고 있어요.

W: 그렇다면, ⁴²Mark, 창고 관리자와 이야기해서 적절한 건물 규모를 알아보시겠어요?

M1: 물론이죠, 지금 당장 그것을 시작할게요.

M2: 저는 견적서를 위해 이 지역의 몇몇 건설 회사들에게 연락을 할게요.

W: 좋아요. ⁴³금요일에 우리가 다시 만나면 견적서들을 검토하도록 해요.

어휘 storage facility 창고 시설 current[미 kə́:rənt, 영 kʌ́rənt] 현재의, 지금의 predict[pridíkt] 예상하다
appropriate[미 əpróupriət, 영 əpróupriət] 적절한 estimate[미 éstəmət, 영 éstimət] 견적서 look over ~을 검토하다

---

41 What are the speakers mainly discussing?

(A) Building a facility
(B) Organizing an event
(C) Meeting with a supplier
(D) Moving to another location

화자들은 주로 무엇에 대해 이야기하고 있는가?

(A) 시설을 짓는 것
(B) 행사를 기획하는 것
(C) 공급업체와 만나는 것
(D) 다른 장소로 이동하는 것

What ~ speakers ~ discussing을 보고 화자들이 무엇에 대해 이야기하고 있는지를 묻고 있음을 알 수 있습니다. 남자 1의 말 What do you think about building another storage facility에서 창고 시설을 짓는 것에 대해 이야기하고 있음을 알 수 있으므로 (A) Building a facility가 정답입니다.

---

42 What does the woman ask Mark to do?

(A) Talk with a supervisor
(B) Give a presentation
(C) Conduct an inspection
(D) Manage a warehouse

여자는 Mark에게 무엇을 하라고 요청하는가?

(A) 관리자와 이야기한다.
(B) 발표를 한다.
(C) 점검을 실시한다.
(D) 창고를 관리한다.

What ~ woman ask Mark to do를 보고 여자가 Mark에게 하라고 요청하는 것이 무엇인지를 묻고 있음을 알 수 있습니다. 여자의 말 Mark, will you speak with the warehouse manager에서 창고 관리자와 이야기할 것을 요청하고 있음을 알 수 있으므로 (A) Talk with a supervisor가 정답입니다.

어휘 inspection[inspékʃən] 점검

---

43 What does the woman say about the estimates?

(A) They are made each year.
(B) They will be similar.
(C) They are for a factory.
(D) They will be reviewed later.

여자는 견적서에 대해 무엇이라 말하는가?

(A) 매년 작성된다.
(B) 비슷할 것이다.
(C) 공장을 위한 것이다.
(D) 나중에 검토될 것이다.

What ~ woman say about ~ estimates를 보고 여자가 견적서에 대해 무엇이라 말하는지를 묻고 있음을 알 수 있습니다. 여자의 말 Let's look over the estimates ~ on Friday에서 금요일에 견적서를 검토할 것임을 알 수 있으므로 (D) They will be reviewed later가 정답입니다.

🎧 미국식 발음 → 영국식 발음

M: Hello. My name is Carlton Olsen, and I recently signed up for your cable television service. However, ⁴⁴I'm considering modifying the service package that I originally selected.

W: Certainly, sir. I can help you with that. What modifications are you thinking about making?

M: ⁴⁵According to your Web site, you offer a movie package with four premium film channels at a reduced rate. I'd be interested in that deal if it's still valid.

W: That's correct. Customers get our Premium Movie Package half off for an entire year when they sign up for the service in June. With your permission, ⁴⁶I can register you for it over the phone.

M: 안녕하세요. 제 이름은 Carlton Olsen이고, 최근에 귀사의 유선 방송 서비스에 등록했습니다. 그런데, ⁴⁴저는 제가 원래 선택했던 서비스 패키지를 변경하는 것을 생각하고 있습니다.

W: 알겠습니다. 고객님. 제가 그것에 대해 당신을 도와드릴 수 있습니다. 어떤 변경을 하려고 생각 중이신가요?

M: ⁴⁵웹사이트에 따르면, 귀사는 할인된 가격에 4개의 프리미엄 영화 채널을 포함한 영화 패키지를 제공하네요. 그것이 아직 유효하다면 저는 그 계약에 관심이 있습니다.

W: 맞습니다. 고객분들은 6월에 그 서비스에 가입하면 프리미엄 영화 패키지를 1년간 반값으로 할인받습니다. 괜찮으시다면, ⁴⁶제가 유선상으로 당신을 그것에 등록시켜드릴 수 있습니다.

어휘 modify[mάdəfài] 변경하다 reduced[ridjú:st] 할인된 valid[vǽlid] 유효한 sign up 가입하다, 등록하다
with your permission 괜찮으시다면

44

Why is the man calling?

(A) To ask about a special rebate
(B) To complain about a product
(C) To change a service
(D) To arrange an appointment

남자는 왜 전화하고 있는가?

(A) 특별 환불을 요청하기 위해
(B) 제품에 대해 항의하기 위해
(C) 서비스를 변경하기 위해
(D) 약속을 정하기 위해

Why ~ man calling을 보고 남자가 왜 전화하고 있는지를 묻고 있음을 알 수 있습니다. 남자의 말 I'm considering modifying the service package에서 서비스 패키지를 변경하기 위해 전화하고 있음을 알 수 있으므로 (C) To change a service가 정답입니다.

어휘 rebate[rí:beit] 환불; 환불하다 arrange[əréindʒ] 정하다, 준비하다

45

How did the man learn about the movie package?

(A) By listening to a radio commercial
(B) By visiting a Web site
(C) By reviewing a brochure
(D) By reading a business flyer

남자는 영화 패키지에 대해 어떻게 알았는가?

(A) 라디오 광고 방송을 들음으로써
(B) 웹사이트를 방문함으로써
(C) 소책자를 검토함으로써
(D) 사업 전단을 읽음으로써

How ~ man learn about ~ movie package를 보고 남자가 영화 패키지에 대해 어떻게 알았는지를 묻고 있음을 알 수 있습니다. 남자의 말 According to your Web site, you offer a movie package에서 웹사이트를 통해 영화 패키지를 제공한다는 것을 알았음을 알 수 있으므로 (B) By visiting a Web site가 정답입니다.

어휘 commercial[kəmə́:rʃəl] 광고 방송; 상업적인 flyer[flaiər] 전단

46

What does the woman offer to do?

(A) Sign the man up for a service
(B) Give the man a special gift
(C) Make a reservation over the phone
(D) Send out a qualified technician

여자는 무엇을 해주겠다고 하는가?

(A) 남자를 서비스에 가입시킨다.
(B) 남자에게 특별한 선물을 준다.
(C) 유선상으로 예약을 한다.
(D) 자격이 있는 기술자를 보낸다.

What ~ woman offer to do를 보고 여자가 해주겠다고 하는 것이 무엇인지를 묻고 있음을 알 수 있습니다. 여자의 말 I can register you for it에서 남자에게 서비스에 등록시켜줄 수 있다고 함을 알 수 있으므로 (A) Sign the man up for a service가 정답입니다.

어휘 qualified[kwάləfàid] 자격이 있는

Questions 47-49 refer to the following conversation with three speakers.

47-49번은 다음 세 명의 대화에 관한 문제입니다.

🔊 호주식 발음 → 미국식 발음 → 미국식 발음

M1: Maria, I'm wondering ⁴⁷if you could help us with the data analysis reports.

M2: They're due tomorrow afternoon, and we're worried they won't be done.

W: ⁴⁸I'm on my way to a meeting. But I should be able to help out afterwards.

M1: Great. Do you know when the meeting will end?

W: It should only last about 45 minutes. One thing, though. ⁴⁹I'll have to ask my team leader for permission. I'll let you know after the meeting.

M2: OK. We're going to get started on the reports.

M1: Maria, ⁴⁷당신이 오늘 데이터 분석 보고서에 대해서 저희를 도와줄 수 있을지 궁금해요.

M2: 그것들은 내일 오후까지 하기로 되어있고, 저희는 그것들이 완료되지 않을 것이 걱정이에요.

W: ⁴⁸저는 회의에 가는 중이에요. 하지만 제가 그 후에 도와드릴 수 있을 거예요.

M1: 잘됐네요. 회의가 언제 끝날지 아시나요?

W: 그건 45분 정도만 계속될 거예요. 하지만 한 가지, ⁴⁹저는 저희 팀장님께 허락을 요청해야 해요. 회의 이후에 알려드릴게요.

M2: 알겠어요. 저희는 보고서를 시작할게요.

어휘 afterward[ǽftərwərd] 그 후에

---

47 What do the men ask the woman to do?

(A) Finalize a product design
(B) Hand in some receipts
(C) Assist with some reports
(D) Speak to a consulting company

남자들은 여자에게 무엇을 하라고 요청하는가?

(A) 제품 디자인을 마무리 짓는다.
(B) 몇몇 영수증을 제출한다.
(C) 몇몇 보고서에 대해 도와준다.
(D) 컨설팅 회사와 이야기한다.

What ~ men ask ~ woman to do를 보고 남자들이 여자에게 요청하는 것이 무엇인지를 묻고 있음을 알 수 있습니다. 남자 1의 말 if you could help us with the data analysis reports에서 보고서에 대해서 도와줄 것을 요청하고 있음을 알 수 있으므로 (C) Assist with some reports가 정답입니다.

어휘 finalize[fáinəlàiz] 마무리 짓다   hand in 제출하다

---

48 What will the woman most likely do next?

(A) Attend a meeting
(B) Deliver a document
(C) Copy a report
(D) Complete a survey form

여자는 다음에 무엇을 할 것 같은가?

(A) 회의에 참석한다.
(B) 문서를 전달한다.
(C) 보고서를 복사한다.
(D) 설문 조사 양식을 완성한다.

What ~ woman ~ do next를 보고 여자가 다음에 할 일이 무엇인지를 묻고 있음을 알 수 있습니다. 여자의 말 I'm on my way to a meeting에서 여자가 회의에 참석할 것임을 알 수 있으므로 (A) Attend a meeting이 정답입니다.

어휘 attend[əténd] 참석하다

---

49 Why will the woman speak with a team leader?

(A) To discuss a previous assignment
(B) To provide feedback on a project
(C) To seek approval for a request
(D) To inquire about a position

여자는 왜 팀장과 이야기할 것인가?

(A) 이전 과제에 대해 논의하기 위해
(B) 프로젝트에 대한 의견을 제공하기 위해
(C) 요청에 대한 승인을 구하기 위해
(D) 일자리에 대해 문의하기 위해

Why ~ woman speak with ~ team leader를 보고 여자가 팀장과 이야기할 이유를 묻고 있음을 알 수 있습니다. 여자의 말 I'll have to ask my team leader for permission에서 팀장에게 허락을 요청하기 위해 이야기할 것임을 알 수 있으므로 (C) To seek approval for a request가 정답입니다.

어휘 assignment[əsáinmənt] 과제, 업무   seek[si:k] 구하다, 찾다   approval[əprú:vəl] 승인

🎧 미국식 발음 → 영국식 발음

M: ⁵⁰/⁵¹Thanks for contacting Perfect Travel. **My name is Jamal. How can I help you?**

W: I'm a receptionist at Ventura Prudential, and ⁵¹three of our executives would like to attend an insurance industry conference in Perth between May 18 and 20. I'm wondering ⁵¹if your agency can take care of their flight and accommodation arrangements.

M: We would be happy to do that. But first, ⁵²I'll need to know the full names and passport information of the travelers. Once I have those details, we can discuss their flight and accommodation options.

W: One moment. I can give all that information to you now, if you like. I have it here on file.

M: ⁵⁰/⁵¹Perfect 여행사에 연락해주셔서 감사합니다. 제 이름은 Jamal입니다. 어떻게 도와드릴까요?

W: 저는 Ventura Prudential사의 접수원이고, ⁵¹저희 임원들 중 세 분이 5월 18일과 20일 사이에 퍼스에서 있을 보험 산업 회의에 참가하고 싶어 하십니다. 저는 ⁵¹당신의 대행사가 그분들의 항공편과 숙소 준비를 처리해주실 수 있는지 궁금합니다.

M: 기꺼이 그것을 해드리겠습니다. 그러나 먼저, ⁵²저는 여행자들의 성명과 여권 정보를 알아야 합니다. 일단 그 세부사항들을 받고 나서, 그들의 항공편과 숙박 선택권들에 대해서 논의할 수 있습니다.

W: 잠시만요. 당신이 원하신다면, 그 모든 정보를 지금 드릴 수 있습니다. 저는 그것을 여기 파일에 가지고 있습니다.

어휘　receptionist[risépʃənist] 접수원　executive[미 igzékjutiv, 영 igzékjətiv] 임원　take care of ~을 처리하다
accommodation[미 əkὰmədéiʃən, 영 əkɔ̀mədéiʃən] 숙소, 숙박

50　Where **does the** man **most likely** work?

(A) An insurance firm
(B) A travel agency
(C) A software company
(D) An airport help desk

남자는 어디에서 일하는 것 같은가?

(A) 보험 회사
(B) 여행사
(C) 소프트웨어 회사
(D) 공항 안내 데스크

Where ~ man ~ work를 보고 남자가 일하는 곳이 어디인지를 묻고 있음을 알 수 있습니다. 남자의 말 Thanks for contacting Perfect Travel에서 남자가 여행사에서 일함을 알 수 있으므로 (B) A travel agency가 정답입니다.

51　What **are the** speakers **mainly** discussing?

(A) Travel cost reimbursements
(B) Trip arrangements
(C) Conference invitations
(D) Insurance options

화자들은 주로 무엇에 대해 이야기하고 있는가?

(A) 여행 비용 상환
(B) 출장 준비
(C) 회의 초대장
(D) 보험 선택권

What ~ speakers ~ discussing을 보고 화자들이 무엇에 대해 이야기하고 있는지를 묻고 있음을 알 수 있습니다. 남자의 말 Thanks for contacting Perfect Travel과 여자의 말 three of our executives would like to attend ~ conference와 if your agency can take care of their flight and accommodation arrangements에서 임원들의 회의 참석을 위한 출장 준비에 대해 이야기하고 있음을 알 수 있으므로 (B) Trip arrangements가 정답입니다.

어휘　reimbursement[rìːimbə́ːrsmənt] 상환, 변제

52　What **does the** man request?

(A) Information about travelers
(B) Details about an arrival time
(C) Tickets for a flight
(D) Directions to a conference venue

남자는 무엇을 요청하는가?

(A) 여행자들에 대한 정보
(B) 도착 시각에 대한 세부사항
(C) 비행을 위한 표
(D) 회의 장소로 가는 길

What ~ man request를 보고 남자가 요청하는 것이 무엇인지를 묻고 있음을 알 수 있습니다. 남자의 말 I'll need to know the full names and passport information of the travelers에서 여행자들의 성명과 여권 정보를 요청하고 있음을 알 수 있으므로 (A) Information about travelers가 정답입니다.

🔊 미국식 발음 → 호주식 발음

W: Let's discuss the client meeting next week.
M: Well, the preparations for our presentation are all done. ⁵³Have you booked the conference room?
W: ⁵³I took care of it yesterday. We just have to figure out which restaurant to take the clients to.
M: ⁵⁴Why don't we go to Alfredo's?
W: Hmm . . . ⁵⁴there are no parking spaces there.
M: Well, ⁵⁵we could take a taxi instead of driving the clients there. That seems like our most convenient option, since the restaurant is close to our office.

W: 다음 주 고객 회의에 대해 논의합시다.
M: 음, 우리의 발표에 대한 준비는 모두 끝났어요. ⁵³회의실을 예약하셨나요?
W: ⁵³저는 어제 그것을 처리했어요. 우리는 그저 고객들을 어느 식당으로 데려갈 것인지만 생각해내면 돼요.
M: ⁵⁴Alfredo's에 가는 게 어때요?
W: 음... ⁵⁴그곳엔 주차 공간이 없어요.
M: 음, ⁵⁵우리는 고객들을 차에 태우고 가는 것 대신에 택시를 탈 수 있어요. 그 식당은 우리 사무실과 가까우니, 그것이 가장 편리한 선택지로 보여요.

어휘 book[buk] 예약하다 conference room 회의실 take care of 처리하다 convenient[kənví:njənt] 편리한

53
What did the woman do yesterday?

(A) Arranged a client meeting
(B) Sent some messages
(C) Made a reservation
(D) Contacted a business partner

여자는 어제 무엇을 했는가?

(A) 고객 회의를 주선했다.
(B) 몇몇 메시지를 보냈다.
(C) 예약을 했다.
(D) 동업자에게 연락했다.

What ~ woman do yesterday를 보고 여자가 어제 무엇을 했는지를 묻고 있음을 알 수 있습니다. 남자의 말 Have you booked the conference room과 여자의 말 I took care of it yesterday에서 여자가 회의실 예약을 했음을 알 수 있으므로 (C) Made a reservation이 정답입니다.

어휘 arrange[əréindʒ] 주선하다, 마련하다 business partner 동업자

54
What does the woman mean when she says, "there are no parking spaces there"?

(A) An option may not be possible.
(B) A restaurant has changed locations.
(C) A company car will be available.
(D) A reservation has not been confirmed.

여자는 "그곳엔 주차 공간이 없어요"라고 말할 때 무엇을 의도하는가?

(A) 선택지가 가능하지 않을 수도 있다.
(B) 식당이 위치를 옮겼다.
(C) 회사 차량이 이용 가능할 것이다.
(D) 예약이 확정되지 않았다.

What ~ woman mean when ~ says, there are no parking spaces there를 보고 여자가 그곳엔 주차 공간이 없다고 말할 때 의도하는 것이 무엇인지를 묻고 있음을 알 수 있습니다. 남자의 말 Why don't we go to Alfredo's에서 남자가 제안한 Alfredo's엔 주차 공간이 없기 때문에 그 선택지가 가능하지 않을 수도 있음을 알 수 있으므로 (A) An option may not be possible이 정답입니다.

어휘 option[미 άpʃən, 영 ɔ́pʃən] 선택지

55
What does the man suggest about taking a taxi?

(A) It will be costly.
(B) It is the best choice.
(C) It is the company's new policy.
(D) It will be unnecessary.

남자는 택시를 타는 것에 대해 무엇을 암시하는가?

(A) 많은 비용이 들 것이다.
(B) 가장 좋은 선택이다.
(C) 회사의 새로운 방침이다.
(D) 필요하지 않을 것이다.

What ~ man suggest about taking ~ taxi를 보고 남자가 택시를 타는 것에 대해 암시하는 것이 무엇인지를 묻고 있음을 알 수 있습니다. 남자의 말 we could take a taxi ~ That seems like our most convenient option에서 택시를 타는 것이 가장 좋은 선택임을 알 수 있으므로 (B) It is the best choice가 정답입니다.

어휘 costly[미 kɔ́:stli, 영 kɔ́stli] 많은 비용이 드는 policy[미 pάləsi, 영 pɔ́ləsi] 방침, 정책

🎧 미국식 발음 → 미국식 발음

W: Hello. My name is Maria Bolivar, and ⁵⁶I'm here on behalf of cosmetic manufacturer Moonbeam. I have an appointment to meet with your purchasing director, Derek Pierce. We're supposed to go over the details of a supply agreement between our firms.

M: Yes, Mr. Pierce is expecting you. However, ⁵⁷he's still finishing up a conference call with some staff from one of our foreign branches. Please take a seat until he is available.

W: I see. But ⁵⁸do you know how long he will be? I have a very tight schedule this afternoon.

M: He should be ready to see you in just a few minutes.

W: 안녕하세요. 제 이름은 Maria Bolivar이고, ⁵⁶화장품 제조회사 Moonbeam을 대표하여 이곳에 왔습니다. 저는 구매 담당자인 Derek Pierce와 만나기로 한 약속이 있습니다. 우리는 회사 간의 공급 계약에 대한 세부사항들을 검토하기로 되어 있습니다.

M: 네, Mr. Pierce는 당신을 기다리고 있습니다. 그런데, ⁵⁷그는 아직 저희 해외 지사 중 한 곳의 직원들과 전화 회의를 마치는 중입니다. 그가 시간이 가능할 때까지 자리에 앉아 계세요.

W: 그렇군요. 그런데 ⁵⁸그가 얼마나 걸릴지 아시나요? 저는 오늘 오후 일정이 매우 꽉 차 있습니다.

M: 그는 몇 분 이내에 당신을 만날 준비가 될 것입니다.

어휘　on behalf of ~을 대표하여　manufacturer[mæ̀njufǽktʃərər] 제조회사　go over 검토하다　agreement[əgríːmənt] 계약, 동의
conference call 전화 회의

---

56 What type of business **does the** woman **most likely** work for?

(A) An auto manufacturer
(B) A makeup producer
(C) A clothing distributor
(D) A telecommunications provider

여자는 어떤 업종에서 일하는 것 같은가?

(A) 자동차 제조업체
(B) 화장품 생산회사
(C) 의류 유통회사
(D) 전자 통신 제공 기관

What type of business ~ woman ~ work for를 보고 여자가 일하는 업종이 무엇인지를 묻고 있음을 알 수 있습니다. 여자의 말 I'm here on behalf of cosmetic manufacturer Moonbeam에서 여자가 화장품 제조회사에서 일하고 있음을 알 수 있으므로 (B) A makeup producer가 정답입니다.

어휘　makeup[méikʌ̀p] 화장품, 분장, 조립　distributor[distríbjutər] 유통회사　telecommunication[tèləkəmjùːnikéiʃən] 전자 통신
provider[prəváidər] 제공 기관, 제공자

---

57 Why is Mr. Pierce unavailable?

(A) He is giving someone an office tour.
(B) He is busy with a conference call.
(C) He has not yet returned from a lunch break.
(D) He is interviewing another candidate.

Mr. Pierce는 왜 만날 수 없는가?

(A) 그는 누군가에게 사무실 견학을 시켜주고 있다.
(B) 그는 전화 회의로 바쁘다.
(C) 그는 점심시간 후 아직 돌아오지 않았다.
(D) 그는 또 다른 지원자와 면접을 보고 있다.

Why ~ Mr. Pierce unavailable을 보고 Mr. Pierce가 만날 수 없는 이유를 묻고 있음을 알 수 있습니다. 남자의 말 he's still finishing up a conference call에서 Mr. Pierce가 아직 전화 회의를 하고 있음을 알 수 있으므로 (B) He is busy with a conference call이 정답입니다.

어휘　unavailable[ʌ̀nəvéiləbl] 만날 수 없는, 이용할 수 없는　candidate[kǽndidèit] 지원자, 후보자

---

58 What **does the** woman inquire about?

(A) The length of a wait
(B) The location of an office
(C) The time of an appointment
(D) The purpose of a conference

여자는 무엇에 대해 문의하는가?

(A) 대기 시간
(B) 사무실 위치
(C) 약속 시각
(D) 회의 목적

What ~ woman inquire about을 보고 여자가 문의하는 것이 무엇인지를 묻고 있음을 알 수 있습니다. 여자의 말 do you know how long he will be에서 남자의 회의가 얼마나 걸리는지를 묻고 있음을 알 수 있으므로 (A) The length of a wait가 정답입니다.

영국식 발음 → 호주식 발음

W: A regular customer of ours, Ms. Kingsley, called a few minutes ago. Apparently, she's dissatisfied with the way ⁵⁹one of our employees mowed her lawn. According to her, our worker failed to cut a long patch of grass along the edge of her yard.

M: Oh, really? It must have been a mistake because ⁶⁰our employees typically do a very thorough job. Either way, let's address the situation by sending someone over to Ms. Kingsley's home to finish cutting the grass. ⁶¹We can also offer to take 10 percent off her next bill.

W: OK. I'll call her and explain what we're going to do. I'm sure she'll appreciate the quick response and discount.

W: 우리의 단골손님인 Ms. Kingsley가 몇 분 전에 전화를 했어요. 보아하니, 그녀는 ⁵⁹우리의 직원 중 한 명이 그녀의 잔디를 벤 방식에 불만스러워 했어요. 그녀에 의하면, 우리 직원이 그녀의 정원 가장자리를 따라 있는 잔디의 긴 부분을 깎지 못했어요.

M: 오, 정말요? ⁶⁰우리 직원들은 대체로 매우 빈틈없는 일을 하기 때문에 그건 실수였던 것이 분명해요. 어느 쪽이든, 잔디 깎는 것을 끝내도록 Ms. Kingsley의 집으로 누군가를 보내 이 상황을 처리하도록 해요. ⁶¹우리는 그녀의 다음 청구서에서 10퍼센트 할인을 해주는 것도 제안할 수 있어요.

W: 알겠어요. 제가 그녀에게 전화해서 우리가 할 일을 설명할게요. 그녀는 분명히 빠른 대응과 할인을 고맙게 생각할 거예요.

어휘　apparently[əpǽrəntli] 보아하니　dissatisfied[미 dìssǽtisfàid, 영 dìssǽtisfaid] 불만스러운
mow[미 mou, 영 məu] (풀·보리) 등을 베다　lawn[lɔːn] 잔디　yard[미 jɑːrd, 영 jɑːd] 정원　typically[típikəli] 대체로, 전형적으로
thorough[미 θə́ːrou, 영 θʌ́rə] 빈틈없는, 철저한　appreciate[미 əpríːʃièit, 영 əpríːʃieit] 고맙게 생각하다

59 Where do the speakers most likely work?

(A) At a construction firm
(B) At a gardening store
(C) At a flower shop
(D) At a yard care company

화자들은 어디에서 일하는 것 같은가?

(A) 건설 회사에서
(B) 원예 가게에서
(C) 꽃집에서
(D) 정원 관리 회사에서

Where ~ speakers ~ work를 보고 화자들이 일하는 곳이 어디인지를 묻고 있음을 알 수 있습니다. 여자의 말 one of our employees mowed her lawn에서 화자들이 정원을 관리하는 회사에서 일함을 알 수 있으므로 (D) At a yard care company가 정답입니다.

60 What does the man say about the employees?

(A) They arrived an hour behind schedule.
(B) They often finish their work early.
(C) They usually perform their duties well.
(D) They received improper instructions.

남자는 직원들에 대해 무엇이라 말하는가?

(A) 그들은 일정보다 1시간 늦게 도착했다.
(B) 그들은 종종 작업을 일찍 끝낸다.
(C) 그들은 보통 직무를 잘 수행한다.
(D) 그들은 부적절한 교육을 받았다.

What ~ man say about ~ employees를 보고 남자가 직원들에 대해 말하는 것이 무엇인지를 묻고 있음을 알 수 있습니다. 남자의 말 our employees typically do a very thorough job에서 직원들이 대체로 매우 빈틈없는 일을 한다는 것을 알 수 있으므로 (C) They usually perform their duties well이 정답입니다.

어휘　duty[djúːti] 직무　improper[imprápər] 부적절한

61 What does the man want to offer Ms. Kingsley?

(A) A reduced rate
(B) A complimentary gift
(C) A membership incentive
(D) A partial refund

남자는 Ms. Kingsley에게 무엇을 제안하고 싶어 하는가?

(A) 할인된 요금
(B) 무료 선물
(C) 회원 우대책
(D) 부분적인 환불

What ~ man want to offer Ms. Kingsley를 보고 남자가 Ms. Kingsley에게 제안하고 싶어 하는 것이 무엇인지를 묻고 있음을 알 수 있습니다. 남자의 말 We can also offer to take 10 percent off her next bill에서 다음 청구서에서 10퍼센트 할인을 해주는 것을 제안하고 싶어 함을 알 수 있으므로 (A) A reduced rate가 정답입니다.

어휘　complimentary[kàmpləméntəri] 무료의　incentive[inséntiv] 우대책, 장려금　partial[páːrʃəl] 부분적인

토익 실전모의고사

정답·해석·해설

해커스 토익 스타트 Listening

Questions 62-64 refer to the following conversation and chart.

🔊 미국식 발음 → 미국식 발음

W: Excuse me. ⁶²I'm looking for new winter tires. I heard that there will be more heavy snowfalls than usual this winter.

M: ⁶²We have a model that will be perfect for you. Also, it's lucky you came in today. It's our 20th anniversary, so ⁶³we're offering customers a special 5 percent discount storewide.

W: Great! Um, ⁶⁴I have to meet with my professor at 2 P.M. Can you install them before then?

M: That won't be a problem. It will only take 45 minutes.

W: 실례합니다. ⁶²저는 새로운 겨울용 타이어를 찾고 있어요. 이번 겨울에 평소보다 더 많은 폭설이 있을 것이라고 들었어요.

M: ⁶²저희는 당신에게 완벽한 모델이 있어요. 또한, 오늘 오셔서 운이 좋으시네요. 저희의 20주년 기념일이라서, ⁶³고객들에게 점포 전체 특별 5파센트 할인을 제공하고 있어요.

W: 좋네요! 음, ⁶⁴저는 오후 2시에 교수님과 만나야 해요. 그것들을 그전까지 설치해주실 수 있나요?

M: 문제없어요. 그건 45분밖에 걸리지 않을 거예요.

어휘 anniversary[æ̀nəvə́ːrsəri] 기념일 storewide[stɔ́ːrwàid] 점포 전체의 install[instɔ́ːl] 설치하다

	Off-Road	Rain	Snow
Tiger	✓✓✓		
Grand Prix	✓✓✓	✓✓✓	
⁶²Goldenstone		✓✓✓	✓✓✓
Muddy Day		✓✓✓	

	오프로드	비	눈
Tiger	✓✓✓		
Grand Prix	✓✓✓	✓✓✓	
⁶²Goldenstone		✓✓✓	✓✓✓
Muddy Day		✓✓✓	

62

Look at the graphic. Which tire model will the woman most likely purchase?

(A) Tiger
(B) Grand Prix
(C) Goldenstone
(D) Muddy Day

시각 자료를 보아라. 여자는 어느 타이어 모델을 구매할 것 같은가?

(A) Tiger
(B) Grand Prix
(C) Goldenstone
(D) Muddy Day

Which tire model ~ woman ~ purchase를 보고 여자가 어느 타이어 모델을 구매할 것인지를 묻고 있음을 알 수 있습니다. 여자의 말 I'm looking for ~ winter tires. I heard that there will be more ~ snowfalls ~ this winter와 남자의 말 We have a model that will be perfect for you에서 이번 겨울에 더 많은 폭설이 있을 것이라는 여자에게 완벽할 타이어 모델이 있다고 하였고, 표에서 눈을 위한 타이어 모델이 Goldenstone임을 알 수 있으므로 (C) Goldenstone이 정답입니다.

63

What does the man say the woman can receive?

(A) A free oil change
(B) A gift coupon
(C) A reduced price
(D) A loyalty card

남자는 여자가 무엇을 받을 수 있다고 하는가?

(A) 무료 엔진 오일 교환
(B) 경품권
(C) 할인된 가격
(D) 고객 카드

What ~ woman can receive를 보고 여자가 무엇을 받을 수 있는지를 묻고 있음을 알 수 있습니다. 남자의 말 we're offering ~ special 5 percent discount storewide에서 여자가 할인을 받을 수 있음을 알 수 있으므로 (C) A reduced price가 정답입니다.

64

Who is the woman going to meet?

(A) A coworker
(B) An instructor
(C) A customer
(D) A tenant

여자는 누구를 만날 것인가?

(A) 직장 동료
(B) 대학 전임 강사
(C) 고객
(D) 세입자

Who ~ woman going to meet를 보고 여자가 누구를 만날 것인지를 묻고 있음을 알 수 있습니다. 여자의 말 I have to meet with my professor에서 교수를 만날 것임을 알 수 있으므로 (B) An instructor가 정답입니다.

어휘 tenant[ténənt] 세입자, 임차인

영국식 발음 → 호주식 발음

W: Carlos, 65thanks for carrying these boxes up from the lobby. I really appreciate it.

M: No problem. Is there some kind of event at the office today?

W: Yeah, 66there's an important meeting this afternoon. All of the company's shareholders are expected to attend.

M: I see. Well, can I do anything else to help you prepare?

W: Actually, yes. Here's a list of what I need. 67The first and second things on the list are in the supply closet, and the last is in the equipment room. I already packed the other one.

M: I'll get right on it.

W: Thanks a lot.

W: Carlos, 65이 상자들을 로비에서부터 들고 올라와줘서 고마워요. 정말 감사하게 생각해요.

M: 괜찮아요. 오늘 사무실에서 행사 같은 게 있나요?

W: 네. 66오늘 오후에 중요한 회의가 있어요. 회사의 모든 주주들이 참석할 것으로 예상돼요.

M: 그렇군요. 음, 당신이 준비하는 것을 제가 도울 수 있는 다른 일이 있을까요?

W: 사실, 있어요. 이게 제가 필요한 것들의 목록이에요. 67목록에 있는 첫 번째와 두 번째 물건은 비품실에 있고, 마지막은 기기실에 있어요. 다른 하나는 제가 이미 포장했고요.

M: 지금 바로 그걸 준비할게요.

W: 정말 감사해요.

어휘 shareholder[미 ʃέərhòuldər, 영 ʃéəhəuldə] 주주 supply closet 비품실 equipment room 기기실 pack[pæk] 포장하다

Item	Quantity
Pen	30
Clipboard	1?
67Notebook	15
Microphone	4

물품	수량
펜	30개
클립보드	1?개
67공책	15개
마이크	4개

---

65 What did the man do for the woman?

(A) Moved some boxes
(B) Reviewed a document
(C) Ordered some supplies
(D) Confirmed a delivery

남자는 여자를 위해 무엇을 했는가?

(A) 몇몇 상자들을 옮겼다.
(B) 서류를 검토했다.
(C) 몇몇 물품들을 주문했다.
(D) 배달을 확인했다.

What ~ man do for ~ woman을 보고 남자가 여자를 위해 한 것이 무엇인지를 묻고 있음을 알 수 있습니다. 여자의 말 thanks for carrying ~ boxes up에서 남자가 상자를 옮겼음을 알 수 있으므로 (A) Moved some boxes가 정답입니다.

---

66 What event will happen at the office today?

(A) A training seminar
(B) A shareholders meeting
(C) A group interview
(D) A farewell party

오늘 사무실에서 무슨 행사가 일어날 것인가?

(A) 교육 세미나
(B) 주주 회의
(C) 단체 면접
(D) 송별회

What event ~ happen at ~ office today를 보고 오늘 사무실에서 일어날 행사가 무엇인지를 묻고 있음을 알 수 있습니다. 여자의 말 there's ~ meeting this afternoon. All ~ shareholders are expected to attend에서 오늘 오후에 주주들이 참석하는 회의가 있을 것임을 알 수 있으므로 (B) A shareholders meeting이 정답입니다.

어휘 farewell party 송별회

---

67 Look at the graphic. Which item has already been packed?

(A) Pen
(B) Clipboard
(C) Notebook
(D) Microphone

시각 자료를 보아라. 어느 물품이 이미 포장되었는가?

(A) 펜
(B) 클립보드
(C) 공책
(D) 마이크

Which item ~ already ~ packed를 보고 어느 물품이 이미 포장되었는지를 묻고 있음을 알 수 있습니다. 여자의 말 The first and second things ~ are in the supply closet, and the last is in the equipment room. I already packed the other one에서 첫 번째와 두 번째 물건은 비품실에, 마지막 물건은 기기실에 있으며 나머지 것은 이미 포장했다고 하였고, 목록에서 첫 번째, 두 번째, 마지막을 제외한 물품은 공책임을 알 수 있으므로 (C) Notebook이 정답입니다.

해커스 토익 실전모의고사

정답·해석·해설

해커스 토익 스타트 Listening

🎧 미국식 발음 → 미국식 발음

W: Hi, Henry. I was just talking to William. He mentioned that you are taking a class this weekend.

M: Right. The company has arranged some workshops on online marketing. ⁶⁸All of the presenters are professors from the state university.

W: That sounds interesting. Hmm . . . Maybe I'll go as well. Is it on Saturday or Sunday?

M: Saturday. Registration ends on Friday at noon. The original deadline was Thursday, but ⁶⁹it was extended because more employees wanted to participate than expected. There are two workshops in the morning, and two in the afternoon.

W: ⁷⁰I've got a meeting with a client at 10:00 A.M., so I'll have to sign up for an early one.

W: 안녕하세요, Henry. 저는 막 William과 이야기하고 있었어요. 그는 당신이 이번 주말에 수업을 듣는다고 하던데요.

M: 맞아요. 회사에서 온라인 마케팅에 대한 몇몇 워크숍을 마련했어요. ⁶⁸모든 발표자들은 주립 대학의 교수들이에요.

W: 흥미롭게 들리네요. 음... 아마 저도 갈 거예요. 토요일인가요 아니면 일요일인가요?

M: 토요일이에요. 등록은 금요일 정오에 마감돼요. 원래 마감기한은 목요일이었는데, ⁶⁹예상보다 더 많은 직원들이 참석하고 싶어 해서 연장됐어요. 오전에 두 개, 오후에 두 개의 워크숍이 있어요.

W: ⁷⁰저는 오전 10시에 고객과 회의가 있으니, 더 이른 것을 신청해야겠네요.

어휘 registration[rèdʒistréiʃən] 등록　extend[iksténd] 연장하다　participate[pɑːrtísəpèit] 참석하다　sign up for ~을 신청하다

Workshop Registration Form	
Name:	Select Time:
	⁷⁰8:00 A.M.　—
E-mail:	10:00 A.M.　—
	12:00 P.M.　—
Phone Number:	2:00 P.M.　—

워크숍 등록 양식	
이름:	시간 선택:
	⁷⁰오전 8시　—
이메일:	오전 10시　—
	오후 12시　—
전화 번호:	오후 2시　—

68 What does the man say about the presenters?

(A) They teach online classes.
(B) They are college professors.
(C) They design corporate Web sites.
(D) They are company employees.

남자는 발표자들에 대해 무엇이라 말하는가?

(A) 그들은 온라인 수업을 강의한다.
(B) 그들은 대학 교수들이다.
(C) 그들은 기업의 웹사이트를 설계한다.
(D) 그들은 회사 직원들이다.

What ~ man say about ~ presenters를 보고 남자가 발표자들에 대해 무엇이라 말하는지를 묻고 있음을 알 수 있습니다. 남자의 말 All ~ presenters are professors from the state university에서 모든 발표자들이 주립 대학의 교수임을 알 수 있으므로 (B) They are college professors가 정답입니다.

69 According to the man, why was a deadline extended?

(A) Employees requested a new date.
(B) A network system had an issue.
(C) A venue was unavailable.
(D) Demand was greater than expected.

남자에 따르면, 마감기한은 왜 연장되었는가?

(A) 직원들이 새로운 날짜를 요청했다.
(B) 네트워크 시스템에 문제가 있었다.
(C) 장소가 이용 가능하지 않았다.
(D) 수요가 예상보다 많았다.

why ~ deadline extended를 보고 마감기한이 연장된 이유를 묻고 있음을 알 수 있습니다. 남자의 말 it was extended because more employees wanted to participate than expected에서 수요가 예상보다 많았음을 알 수 있으므로 (D) Demand was greater than expected가 정답입니다.

70 Look at the graphic. What time will the woman choose?

(A) 8:00 A.M.
(B) 10:00 A.M.
(C) 12:00 P.M.
(D) 2:00 P.M.

시각 자료를 보아라. 여자는 몇 시를 선택할 것인가?

(A) 오전 8시
(B) 오전 10시
(C) 오후 12시
(D) 오후 2시

What time ~ woman choose를 보고 여자가 몇 시를 선택할 것인지를 묻고 있음을 알 수 있습니다. 여자의 말 I've got a meeting ~ at 10:00 A.M., so I'll have to sign up for an early one에서 오전 10시보다 더 이른 시간의 워크숍을 신청하겠다고 하였고, 양식에서 오전 10시보다 이른 워크숍은 오전 8시임을 알 수 있으므로 (A) 8:00 A.M.이 정답입니다.

PART 4

Questions 71-73 refer to the following announcement.

71-73번은 다음 공지에 관한 문제입니다.

미국식 발음

Excuse me, everyone. I'd like your attention for a brief announcement. 71I just found out that our magazine has been nominated for a major award! The American Periodical Association named us as one of three nominees for the Business Magazine of the Year Award. This is an incredible honor, and it will no doubt bring the magazine positive publicity. And although 72the winner won't be declared until later this summer, 73I want to thank you all. We wouldn't have received this recognition without the exceptional work that our staff do on a daily basis.

실례합니다, 여러분. 간단한 공지를 위해 주목해주시기 바랍니다. 71저는 우리의 잡지가 중요한 상에 후보로 지명되었다는 것을 방금 알게 되었습니다! 미국 잡지 협회는 우리를 올해의 경제 잡지상의 세 후보 중 하나로 지명했습니다. 이것은 엄청난 영광이고, 의심할 여지 없이 잡지에 긍정적인 명성을 줄 것입니다. 그리고 비록 72수상작은 올해 여름 이후가 되어서야 결정될 것이지만, 73저는 여러분 모두에게 감사를 표하고 싶습니다. 우리 직원들이 매일 하는 뛰어난 작업 없이는 이러한 인정을 받지 못했을 것입니다.

어휘 **periodical**[pìəriádikəl] 잡지, 정기 간행물 **nominee**[nàməní:] 후보, 지명된 사람 **incredible**[inkrédəbl] 엄청난 **publicity**[pʌblísəti] 명성, 홍보 **declare**[diklέər] 결정하다 **recognition**[rèkəgníʃən] 인정 **exceptional**[iksépʃənl] 뛰어난, 특별한 **on a daily basis** 매일

---

71 What is the announcement mainly about?

(A) A publicity campaign
(B) An awards ceremony
(C) A magazine article
(D) A recent nomination

공지는 주로 무엇에 관한 것인가?

(A) 홍보 활동
(B) 시상식
(C) 잡지 기사
(D) 최근의 지명

What ~ announcement ~ about을 보고 공지가 무엇에 관한 것인지를 묻고 있음을 알 수 있습니다. 지문의 초반 I just found out that our magazine has been nominated for a major award에서 공지가 최근에 잡지가 중요한 상의 후보로 지명된 것에 관한 것임을 알 수 있으므로 (D) A recent nomination이 정답입니다.

---

72 According to the speaker, what will happen after this summer?

(A) A recipient will be chosen.
(B) A writer will be recognized.
(C) A series of stories will be printed.
(D) A publication will be downsized.

화자에 따르면, 올해 여름 이후에 무슨 일이 일어날 것인가?

(A) 수상자가 정해질 것이다.
(B) 작가가 알려질 것이다.
(C) 일련의 이야기들이 인쇄될 것이다.
(D) 출판물이 축소될 것이다.

what ~ happen after this summer를 보고 올해 여름 이후에 일어날 일이 무엇인지를 묻고 있음을 알 수 있습니다. 지문의 후반 the winner won't be declared until later this summer에서 올해 여름 이후에 수상작이 결정될 것임을 알 수 있으므로 (A) A recipient will be chosen이 정답입니다.

어휘 **recipient**[risípiənt] 수상자 **recognize**[rékəgnàiz] 알다 **a series of** 일련의 **publication**[pʌ̀bləkéiʃən] 출판물 **downsize**[dáunsàiz] 축소하다

---

73 What does the speaker thank the listeners for?

(A) Arranging an event
(B) Offering some suggestions
(C) Doing quality work
(D) Making financial contributions

화자는 청자들에게 무엇을 고마워하는가?

(A) 행사를 준비한 것
(B) 몇몇 제안을 한 것
(C) 훌륭한 작업을 한 것
(D) 재정적인 공헌을 한 것

What ~ speaker thank ~ listeners for를 보고 화자가 청자들에게 고마워하는 것이 무엇인지를 묻고 있음을 알 수 있습니다. 지문의 후반 I want to thank you all. We wouldn't have received this recognition without the exceptional work that our staff do에서 청자들이 뛰어난 작업을 한 것에 대해 고마워함을 알 수 있으므로 (C) Doing quality work가 정답입니다.

어휘 **quality**[kwáləti] 훌륭한, 양질의 **contribution**[kàntrəbjú:ʃən] 공헌

[호주식 발음]

[74]I want to remind everyone about the upcoming renovations to our office building. Uh . . . [75]this Thursday, a construction crew will be installing a new window in the lobby. It'll be larger than the three other windows combined. [76]Please note that the main entrance will be blocked off until this project is complete. You should use the door at the side of the building. Thank you all for your cooperation.

[74]곧 있을 우리 사무실 건물의 보수공사를 모두에게 상기시켜드리고자 합니다. 어... [75]이번 주 목요일에, 건설 작업반이 로비에 새로운 창문을 설치할 것입니다. 그것은 다른 창문 3개가 합쳐진 것보다 더 클 것입니다. [76]이 작업이 마무리될 때까지 정문이 차단될 것임을 유의해주십시오. 여러분은 건물의 측면에 있는 문을 이용하셔야 합니다. 여러분 모두의 협조에 감사드립니다.

어휘 upcoming[ʌ́pkʌ̀miŋ] 곧 있을   install[instɔ́ːl] 설치하다   block off 차단하다   cooperation[미 kouὰpəréiʃən, 영 kəuɔ̀pəréiʃən] 협조

74

Who most likely are the listeners?

(A) Government officials
(B) Computer programmers
(C) Building renovators
(D) Office workers

청자들은 누구일 것 같은가?

(A) 정부 공무원
(B) 컴퓨터 프로그래머
(C) 건물 수리자
(D) 사무실 직원

Who ~ listeners를 보고 청자들이 누구인지를 묻고 있음을 알 수 있습니다. 지문의 초반 I want to remind everyone about ~ renovations to our office building에서 청자들이 사무실 직원임을 알 수 있으므로 (D) Office workers가 정답입니다.

75

What will happen on Thursday?

(A) A building inspection
(B) Employee evaluations
(C) Factory construction
(D) A lobby renovation

목요일에 무슨 일이 일어날 것인가?

(A) 건물 점검
(B) 직원 평가
(C) 공장 건설
(D) 로비 보수공사

What ~ happen on Thursday를 보고 목요일에 무슨 일이 일어날 것인지를 묻고 있음을 알 수 있습니다. 지문의 초반 this Thursday, a construction crew will be installing a ~ window in the lobby에서 목요일에 로비가 보수 공사될 것임을 알 수 있으므로 (D) A lobby renovation이 정답입니다.

어휘 inspection[inspékʃən] 점검   evaluation[ivæ̀ljuéiʃən] 평가

76

What does the speaker instruct the listeners to do?

(A) Use a side entrance
(B) Present an identification card
(C) Speak with a security guard
(D) Check a work schedule

화자는 청자들에게 무엇을 하라고 지시하는가?

(A) 측면의 입구를 이용한다.
(B) 신분증을 보여준다.
(C) 경비원과 이야기한다.
(D) 업무 일정을 확인한다.

What ~ speaker instruct ~ listeners ~ do에서 화자가 청자들에게 무엇을 하라고 지시하는지를 묻고 있음을 알 수 있습니다. 지문의 중반 Please note that the main entrance will be blocked off ~ You should use the door at the side of the building에서 건물의 측면에 있는 문을 이용할 것을 지시하고 있음을 알 수 있으므로 (A) Use a side entrance가 정답입니다.

어휘 present[prizént] 보여주다, 제시하다

🎧 미국식 발음

Thank you for contacting Riverside Lounge. ⁷⁷We are pleased to announce that our concert calendar for October has been filled. Throughout the month, ⁷⁷we will be featuring live concerts with over 20 musical groups. Among the performers is British rock band Sugar Tree, who will be performing on our main stage on Saturday, October 14. ⁷⁸Ticket sales for this show open tomorrow morning, and we know this band has many fans. ⁷⁹To learn more about the Sugar Tree concert or any of our future performances, check out our Web site at www. riversidelounge.com.

Riverside Lounge에 연락해주셔서 감사합니다. ⁷⁷저희는 10월의 콘서트 일정이 가득 채워졌음을 알려드리게 되어 기쁩니다. 그달 내내, ⁷⁷저희는 20여 개 이상의 음악 그룹의 라이브 콘서트를 특집으로 할 것입니다. 연주자 중에는 영국 록밴드 Sugar Tree가 있는데, 그들은 10월 14일 토요일에 저희의 메인 무대에서 공연을 할 것입니다. ⁷⁸이 공연을 위한 티켓 판매는 내일 아침에 열릴 것이며, 우리는 이 밴드가 많은 팬들이 있다는 것을 알죠. ⁷⁹Sugar Tree 콘서트 또는 저희의 향후 공연에 대해 더 알아보시려면, 저희의 웹사이트 www.riversidelounge.com을 확인하십시오.

어휘 feature[fíːtʃər] ~을 특집으로 하다

---

77 What type of business does the speaker most likely work for?

(A) A music venue
(B) A recording studio
(C) A radio station
(D) A hotel lounge

화자는 어떤 업종에서 일하는 것 같은가?

(A) 음악 공연장
(B) 녹음 스튜디오
(C) 라디오 방송국
(D) 호텔 라운지

What type of business ~ speaker ~ work for를 보고 화자가 일하는 업종이 무엇인지를 묻고 있음을 알 수 있습니다. 지문의 초반 We ~ announce that our concert calendar ~ has been filled와 we will be featuring live concerts with ~ musical groups에서 화자가 음악 공연장에서 일하고 있음을 알 수 있으므로 (A) A music venue가 정답입니다.

어휘 venue[vénjuː] 공연장, 장소

---

78 What does the speaker imply when he says, "we know this band has many fans"?

(A) Tickets will sell quickly.
(B) A bigger hall is necessary.
(C) Another concert may be held soon.
(D) A show will be postponed.

화자는 "우리는 이 밴드가 많은 팬들이 있다는 것을 알죠"라고 말할 때 무엇을 의도하는가?

(A) 티켓이 빨리 팔릴 것이다.
(B) 보다 큰 홀이 필요하다.
(C) 또 다른 공연이 금방 열릴 수 있다.
(D) 공연이 지연될 것이다.

What ~ speaker imply when ~ says, we know this band has many fans를 보고 이 밴드가 많은 팬들이 있다는 것을 안다고 말할 때 의도하는 것이 무엇인지를 묻고 있음을 알 수 있습니다. 지문의 중반 Tickets sales ~ open tomorrow morning에서 티켓 판매가 내일 아침에 열릴 것이며 밴드가 많은 팬들이 있기 때문에 티켓이 빨리 팔릴 것임을 알 수 있으므로 (A) Tickets will sell quickly가 정답입니다.

---

79 According to the speaker, what is available online?

(A) Accommodation details
(B) Past performances
(C) Album prices
(D) Event information

화자에 따르면, 무엇이 온라인에서 이용 가능한가?

(A) 숙소 세부사항들
(B) 과거 공연들
(C) 앨범 가격들
(D) 행사 정보

what ~ available online을 보고 온라인에서 이용 가능한 것이 무엇인지를 묻고 있음을 알 수 있습니다. 지문의 후반 To learn more about ~ concert or ~ future performances, check out our Web site에서 콘서트나 향후 공연에 대해 더 알아보기 위해 웹사이트를 확인해야 함을 알 수 있으므로 (D) Event information이 정답입니다.

⌂ 호주식 발음

After months of discussions with state officials and private contractors, ⁸⁰Governor Laura Lane has drafted a proposal to build a new commuter train line in South Carolina. The governor's plan includes erecting major train stations in both Columbia and Charleston. At least four smaller stations would also be built between the two cities. But ⁸¹in order to receive funding, the project must be passed by the state legislature before March 1. Consequently, Governor Lane has called for a special legislative session to be held three weeks from today. ⁸²During the session, officials will vote on whether to move forward with the plan.

주 공무원 및 민간 하청업자들과 몇 개월의 논의 후에, ⁸⁰주지사 Laura Lane은 사우스캐롤라이나에 새로운 통근자 열차 노선을 짓기 위한 제안서 초안을 작성했습니다. 주지사의 계획은 컬럼비아와 찰스턴 두 곳 모두에 주요 기차역을 짓는 것을 포함합니다. 최소한 4개의 더 작은 역들도 두 도시 사이에 지어질 것입니다. 그러나 ⁸¹자금을 받기 위해, 이 프로젝트는 3월 1일 전에 주의회에 의해 통과되어야만 합니다. 따라서, 주지사 Lane은 오늘로부터 3주 뒤에 열릴 특별 입법 회의를 소집했습니다. ⁸²회의 동안, 공무원들은 이 계획을 진행할 것인지에 대해 투표할 것입니다.

어휘　draft[미 dræft, 영 drɑːft] 초안을 작성하다　proposal[미 prəpóuzəl, 영 prəpáuzəl] 제안서　commuter[미 kəmjúːtər, 영 kəmjúːtə] 통근자
erect[irékt] 짓다, 건설하다　funding[fʌ́ndiŋ] 자금　state legislature 주의회
consequently[미 kάnsəkwèntli, 영 kɔ́nsikwəntli] 따라서, 결과적으로　call[kɔːl] 소집하다, 부르다
legislative[미 lédʒislèitiv, 영 lédʒislətiv] 입법의, 법률을 제정하는

80　Who is Laura Lane?　　　　　Laura Lane은 누구인가?

(A) A private contractor
(B) A corporate president
(C) A state official
(D) A training instructor

(A) 민간 하청업자
(B) 기업 회장
(C) 주 공무원
(D) 훈련 교사

Who ~ Laura Lane을 보고 Laura Lane이 누구인지를 묻고 있음을 알 수 있습니다. 지문의 초반 Governor Laura Lane에서 Laura Lane이 주지사임을 알 수 있으므로 (C) A state official이 정답입니다.

81　What is required for a construction project?　　　　　건설 프로젝트에 요구되는 것은 무엇인가?

(A) A presentation must be given.
(B) A deadline must be met.
(C) A facility must be inspected.
(D) A site must be selected.

(A) 발표가 되어야 한다.
(B) 마감기한이 맞춰져야 한다.
(C) 시설이 점검되어야 한다.
(D) 장소가 선택되어야 한다.

What ~ required for ~ construction project를 보고 건설 프로젝트에 무엇이 요구되는지를 묻고 있음을 알 수 있습니다. 지문의 후반 in order to receive funding, the project must be passed ~ before March 1에서 마감기한이 맞춰져야 함을 알 수 있으므로 (B) A deadline must be met이 정답입니다.

어휘　inspect[inspékt] 점검하다　site[sait] 위치, 장소

82　Why will the special session be held?　　　　　특별 회의는 왜 열릴 것인가?

(A) To discuss some complaints
(B) To revise a transportation budget
(C) To finalize a pending election
(D) To vote on a new proposal

(A) 몇몇 불평사항들을 논의하기 위해
(B) 교통 예산안을 개정하기 위해
(C) 미결정된 선거를 마무리짓기 위해
(D) 새로운 제안서에 투표하기 위해

Why ~ special session ~ held를 보고 특별 회의가 열릴 이유가 무엇인지를 묻고 있음을 알 수 있습니다. 지문의 후반 During the session, officials will vote on whether to move forward with the plan에서 회의 동안 공무원들이 제안서에 대해 투표할 것임을 알 수 있으므로 (D) To vote on a new proposal이 정답입니다.

어휘　budget[bʌ́dʒit] 예산안, 예산　finalize[fáinəláiz] 마무리짓다　pending[péndiŋ] 미결정의, 절박한

🎧 영국식 발음

Hello, Mr. Park. It's Hayley Hanson from the development department. [83]I'm calling to let you know that my team has discovered a design flaw with our EX3 tablet. The plastic backing cracked in the course of a durability test, and I feel this is due to the shape of the case. [84]We should improve the design before the product launch next month. Our competitor will release a product then as well. So, I'd like to discuss the matter with you today, if possible. [85]Please contact me when you return from lunch so that we can arrange a meeting for later today.

안녕하세요, Mr. Park. 개발부서의 Hayley Hanson입니다. [83]저희 팀이 우리의 EX3 태블릿의 디자인 결함을 발견했다는 것을 알려드리고자 전화드립니다. 플라스틱 뒤판이 내구성 테스트 동안 갈라졌고, 저는 이것이 용기의 모양 때문인 것 같습니다. [84]우리는 제품이 다음 달 출시 되기 전에 디자인을 개선해야 합니다. 우리의 경쟁자도 그 때 제품을 출시할 것입니다. 그래서, 저는 가능하다면 오늘 당신과 이 문제를 논의하고 싶습니다. 우리가 오늘 늦게 있을 회의를 준비할 수 있도록 [85]점심 식사에서 돌아오시면 제게 연락 주시기 바랍니다.

어휘 flaw[flɔː] 결함　in the course of ~ 동안　durability[djùərəbíləti] 내구성

83
Why is the speaker calling?

(A) To inquire about a warranty
(B) To propose a contract extension
(C) To request an update
(D) To discuss a device

화자는 왜 전화하고 있는가?

(A) 보증서에 대해 문의하기 위해
(B) 계약 연장을 제안하기 위해
(C) 갱신을 요청하기 위해
(D) 기기에 대해 논의하기 위해

Why ~ speaker calling을 보고 화자가 왜 전화하고 있는지를 묻고 있음을 알 수 있습니다. 지문의 초반 I'm calling to let you know that my team has discovered a design flaw with our ~ tablet에서 기기에 대해 논의하기 위해 전화하고 있음을 알 수 있으므로 (D) To discuss a device가 정답입니다.

어휘 inquire[inkwáiər] 문의하다　warranty[wɔ́ːrənti] 보증서, 보증

84
What does the speaker mean when she says, "Our competitor will release a product then as well"?

(A) An event cannot be postponed.
(B) A deadline will be extended.
(C) A design cannot be changed.
(D) A rival's device will be similar.

화자는 "우리의 경쟁자도 그 때 제품을 출시할 것입니다"라고 말할 때 무엇을 의도하는가?

(A) 행사가 지연될 수 없다.
(B) 마감기한이 연장될 것이다.
(C) 디자인이 변경될 수 없다.
(D) 경쟁자의 기기가 비슷할 것이다.

What ~ speaker mean when ~ says, Our competitor will release a product then as well을 보고 화자가 자신들의 경쟁자도 그 때 제품을 출시할 것이라고 말할 때 의도하는 것이 무엇인지를 묻고 있음을 알 수 있습니다. 지문의 중반 We should improve the design before the product launch next month에서 경쟁자도 다음 달에 제품을 출시할 것이기 때문에 디자인을 개선하는 일이 지연될 수 없다는 것을 알 수 있으므로 (A) An event cannot be postponed가 정답입니다.

어휘 event[ivént] 행사, 사건　postpone[poustpóun] 지연하다　extend[iksténd] 연장하다

85
What most likely is the listener currently doing?

(A) Conducting a press conference
(B) Having a meal
(C) Attending a meeting
(D) Teaching a design workshop

청자는 현재 무엇을 하고 있는 것 같은가?

(A) 기자 회견을 하는 것
(B) 식사를 하는 것
(C) 회의에 참석하는 것
(D) 디자인 워크숍을 가르치는 것

What ~ listener currently doing을 보고 청자가 현재 하고 있는 것이 무엇인지를 묻고 있음을 알 수 있습니다. 지문의 후반 Please contact me when you return from lunch에서 청자가 현재 점심 식사를 하고 있음을 알 수 있으므로 (B) Having a meal이 정답입니다.

어휘 press conference 기자 회견

호주식 발음

Our firm will be undergoing a complete rebranding. In addition to 86recently changing our name from Home and Commercial Cleaning Services to Express Cleaners, we will be creating a new logo and corporate slogan. This decision is 87the result of extensive market research, which was conducted by an independent consulting firm that we commissioned. According to the research, consumers are generally satisfied with our services, but they believe our existing name and symbol fail to stand out from our competitors. 88I'd now like to distribute printouts to everyone which show the three new logos we're thinking about using. Once you've had an opportunity to consider them all, I'd like to hear your initial impressions.

우리 회사는 완전한 브랜드 이미지 쇄신을 겪게 될 것입니다. 86최근에 우리 이름을 Home and Commercial Cleaning Service에서 Express Cleaners로 바꾼 것에 덧붙여, 우리는 새로운 로고와 회사 표어를 만들 것입니다. 이 결정은 87광범위한 시장 조사의 결과인데, 이는 우리가 의뢰한 독립적인 컨설팅 회사에 의해 실행되었습니다. 조사에 따르면, 소비자들은 일반적으로 우리의 서비스에 만족하지만, 우리의 기존 이름과 심볼이 경쟁사들로부터 두드러지는 데에는 실패했다고 생각합니다. 88저는 이제 우리가 사용하려고 생각 중인 세 가지의 새로운 로고들을 보여주는 출력물들을 모두에게 나눠드리려고 합니다. 여러분이 그것들을 전부 검토할 기회를 가지고 나면, 저는 여러분의 첫 인상을 듣고 싶습니다.

어휘 rebrand[riːbrǽnd] 브랜드 이미지를 쇄신하다 extensive[iksténsiv] 광범위한 commission[kəmíʃən] 의뢰하다, 위임하다
satisfy[미 sǽtisfài, 영 sǽtisfai] 만족하다 existing[igzístiŋ] 기존의, 현재 사용되는 stand out 두드러지다
distribute[distríbjuːt] 나눠주다, 배포하다 printout[미 príntàut, 영 príntaut] 출력물 impression[impréʃən] 인상, 느낌

---

86 What did the business recently do?

(A) Merged with a competitor
(B) Expanded its operations
(C) Modified its name
(D) Renegotiated a contract

기업은 최근에 무엇을 했는가?

(A) 경쟁업체와 합병했다.
(B) 사업을 확장했다.
(C) 이름을 변경했다.
(D) 계약을 재협상했다.

What ~ business recently do를 보고 기업이 최근에 무엇을 했는지를 묻고 있음을 알 수 있습니다. 지문의 초반 recently changing our name에서 최근에 회사 이름을 바꿨음을 알 수 있으므로 (C) Modified its name이 정답입니다.

어휘 merge[məːrdʒ] 합병하다 operation[àpəréiʃən] 사업, 운영 modify[mádəfài] 변경하다 renegotiate[rìːnigóuʃièit] 재협상하다

---

87 Why was the consulting firm hired?

(A) To create a marketing campaign
(B) To provide legal advice
(C) To develop a new slogan
(D) To analyze consumer opinions

컨설팅 회사는 왜 고용되었는가?

(A) 마케팅 캠페인을 제작하기 위해
(B) 법률 상담을 제공하기 위해
(C) 새로운 표어를 개발하기 위해
(D) 소비자 의견을 분석하기 위해

Why ~ consulting firm hired를 보고 컨설팅 회사가 고용된 이유를 묻고 있음을 알 수 있습니다. 지문의 중반 the result of extensive market research, which was conducted by ~ consulting firm that we commissioned에서 광범위한 시장 조사를 하기 위해 컨설팅 회사가 고용되었음을 알 수 있으므로 (D) To analyze consumer opinions가 정답입니다.

---

88 What will most likely happen next?

(A) Launch dates will be established.
(B) Printed materials will be handed out.
(C) Company names will be discussed.
(D) Research data will be collected.

다음에 무슨 일이 일어날 것 같은가?

(A) 출시일이 정해질 것이다.
(B) 인쇄물이 나눠질 것이다.
(C) 회사 이름들이 논의될 것이다.
(D) 조사 자료들이 수집될 것이다.

What ~ happen next를 보고 다음에 일어날 일이 무엇인지를 묻고 있음을 알 수 있습니다. 지문의 후반 I'd now like to distribute printouts에서 화자가 출력물들을 나눠줄 것임을 알 수 있으므로 (B) Printed materials will be handed out이 정답입니다.

🎧 미국식 발음

It's great to see so many volunteers here at Barlow City Park. ⁸⁹For today's activity, we'll be planting young pine trees **near Henry Pond**. But before we begin, I want to explain how to plant the trees. First, dig a 30-centimeter hole in the ground. This is an important step because the tree will not grow properly if the hole is deeper than that. Second, ⁹⁰remove and discard the material wrapped around the tree roots **and then place the** bottom of the plant in the hole. Finally, fill the hole back up with the excess soil. As a reminder, ⁹¹if you manage to complete your work before everyone else, we ask that you please help the people around you.

이곳 Barlow 도시공원에서 이렇게 많은 봉사자를 만나게 되어 기쁩니다. ⁸⁹오늘의 활동으로, 우리는 Henry 연못 근처에 소나무 모종들을 심을 것입니다. 그런데 시작하기 전에, 나무들을 어떻게 심는지 설명드리고 싶습니다. 먼저, 땅에 30cm 구멍을 파십시오. 만약 구멍이 그것보다 깊다면 그 나무는 제대로 자라지 못할 것이므로 이것은 중요한 단계입니다. 두 번째로, ⁹⁰나무 뿌리 주변에 포장되어 있는 물질을 제거해서 버린 다음에 나무의 밑동을 구멍 안에 두십시오. 마지막으로, 여분의 흙으로 뒷받침하여 구멍을 채워주십시오. 상기시켜드리자면, ⁹¹당신이 다른 사람들보다 먼저 작업을 마치면, 주변에 있는 사람들을 도와주시기를 요청드립니다.

어휘　properly[prάpərli] 제대로, 적당히　discard[diskά:rd] 버리다　back up 뒷받침하다, ～을 지원하다
　　　excess[ékses] 여분의; 초과

89 What is the purpose of the event?　켐시의 목적은 무엇인가?

(A) To promote an organization
(B) To honor volunteers
(C) To remove trash
(D) To plant trees

(A) 단체를 홍보하기 위해
(B) 봉사자들에게 경의를 표하기 위해
(C) 쓰레기를 버리기 위해
(D) 나무들을 심기 위해

What ~ purpose of ~ event를 보고 행사의 목적이 무엇인지를 묻고 있음을 알 수 있습니다. 지문의 초반 For today's activity, we'll be planting young pine trees에서 행사가 나무들을 심기 위한 것임을 알 수 있으므로 (D) To plant trees가 정답입니다.

어휘　honor[άnər] 경의를 표하다

90 What does the speaker say about the wrapping material?　화자는 포장 물질에 대해 무엇이라 말하는가?

(A) It is made of plastic.
(B) It should be thrown away.
(C) It is lying on the ground.
(D) It should be cut in half.

(A) 플라스틱으로 만들어졌다.
(B) 버려져야 한다.
(C) 땅에 놓여 있다.
(D) 반으로 잘려야 한다.

What ~ speaker say about ~ wrapping material을 보고 화자가 포장 물질에 대해 말하는 것이 무엇인지를 묻고 있음을 알 수 있습니다. 지문의 중반 remove and discard the material wrapped around the tree roots에서 나무 뿌리 주변에 포장되어 있는 물질이 버려져야 함을 알 수 있으므로 (B) It should be thrown away가 정답입니다.

어휘　throw away 버리다

91 According to the speaker, what can the listeners do if they finish early?　화자에 따르면, 청자들은 일찍 마치면 무엇을 할 수 있는가?

(A) Walk around the grounds
(B) Prepare for another task
(C) Assist other volunteers
(D) Wait for instructions

(A) 구내 주변을 걷는다.
(B) 다른 일을 준비한다.
(C) 다른 봉사자들을 돕는다.
(D) 지시를 기다린다.

what ~ listeners do if they finish early를 보고 청자들이 일찍 마치면 할 수 있는 것이 무엇인지를 묻고 있음을 알 수 있습니다. 지문의 후반 if you ~ complete your work before everyone else, we ask ~ help the people around you에서 다른 사람들보다 먼저 작업을 마치면 주변에 있는 사람들을 도울 수 있음을 알 수 있으므로 (C) Assist other volunteers가 정답입니다.

🎧 미국식 발음

One last thing before we end today's meeting . . . As most of you know, ⁹²our second office in San Diego will begin operations on May 11. This will hopefully lead to many new clients for our law firm. However, we have run into a last-minute problem. ⁹³Brad Lee was selected to be the manager, but he is experiencing health problems. Obviously, this surprised everyone. ⁹³If you have anyone in your department that you would like to recommend, please send me an e-mail. ⁹⁴I have to travel to Chicago this week for a legal convention, but I will look over your suggestions when I return.

오늘의 회의를 끝내기 마지막으로 한 가지... 여러분 대부분이 아시다시피, ⁹²샌디에이고에 있는 저희의 두 번째 사무실이 5월 11일에 개업할 것입니다. 이것이 우리 법률 사무소를 위한 많은 새로운 고객들로 이어지기를 바랍니다. 하지만, 우리는 마지막 순간의 문제가 생겼습니다. ⁹³Brad Lee가 관리자로 선택되었는데, 그는 건강 문제를 겪고 있습니다. 분명히, 이것은 모두를 놀라게 했습니다. ⁹³여러분들의 부서에 추천하고자 하는 사람이 있다면, 제게 이메일을 보내주십시오. ⁹⁴저는 이번 주에 법률 회의를 위해 시카고로 가야 하지만, 돌아와서 여러분들의 제안을 살펴보겠습니다.

어휘 lead to ~로 이어지다   last-minute 마지막 순간의

---

92 What will happen on May 11?

(A) A contract will be signed.
(B) A company will relocate.
(C) A branch will open.
(D) A presentation will be given.

5월 11일에 무슨 일이 일어날 것인가?

(A) 계약서가 서명될 것이다.
(B) 회사가 이전할 것이다.
(C) 지점이 개장할 것이다.
(D) 발표가 있을 것이다.

What ~ happen on May 11을 보고 5월 11일에 무슨 일이 일어날 것인지를 묻고 있음을 알 수 있습니다. 지문의 초반 our second office ~ will begin operations on May 11에서 5월 11일에 지점이 개장할 것임을 알 수 있으므로 (C) A branch will open이 정답입니다.

어휘 contract[미 kάntrækt, 영 kɔ́ntrækt] 계약서   relocate[riːlóukeit] 이전하다   branch[미 brǽntʃ, 영 braːntʃ] 지점

---

93 What does the speaker mean when she says, "he is experiencing health problems"?

(A) A project must be canceled.
(B) An applicant has been rejected.
(C) A manager should be contacted.
(D) A position needs to be filled.

화자가 "그는 건강 문제를 겪고 있습니다"라고 말할 때 무엇을 의도하는가?

(A) 프로젝트가 취소되어야 한다.
(B) 지원자가 불합격되었다.
(C) 관리자가 연락되어야 한다.
(D) 자리가 채워져야 한다.

What ~ speaker mean when ~ says, he is experiencing health problems를 보고 화자가 그는 건강 문제를 겪고 있다고 말할 때 의도하는 것이 무엇인지를 묻고 있음을 알 수 있습니다. 지문의 중반 Brad Lee was selected to be the manager, but과 If you have anyone ~ that you would like to recommend ~ send me an e-mail에서 관리자로 선택되었던 Brad Lee가 건강 문제를 겪고 있으며 추천하고 싶은 사람이 있다면 이메일을 보내라고 했기 때문에 자리가 채워져야 함을 알 수 있으므로 (D) A position needs to be filled가 정답입니다.

---

94 Why will the speaker visit Chicago?

(A) To inspect an office
(B) To attend a conference
(C) To meet with a client
(D) To conduct a workshop

화자는 왜 시카고를 방문할 것인가?

(A) 사무실을 점검하기 위해
(B) 회의에 참석하기 위해
(C) 고객과 만나기 위해
(D) 워크숍을 하기 위해

Why ~ speaker visit Chicago를 보고 화자가 시카고를 방문하는 이유가 무엇인지를 묻고 있음을 알 수 있습니다. 지문의 후반 I have to travel to Chicago ~ for a legal convention에서 회의에 참석하기 위해 시카고를 방문함을 알 수 있으므로 (B) To attend a conference가 정답입니다.

어휘 inpect[inspékt] 점검하다   conduct[kάndʌkt] (특정 활동을) 하다

🔊 영국식 발음

Hello, Mr. Garcia. ⁹⁵This is Joanna Walker from The Winter Hotel. I'm calling regarding the voice mail that you left with us. Fortunately, ⁹⁵we will be able to accommodate your request for a room on the night of Saturday, May 28. However, you asked for a . . . um . . . for a suite, but they are all booked. ⁹⁶We do have one standard room available. Please confirm whether this is acceptable. If it is, you should contact me at 555-2452 with your credit card number as soon as possible. ⁹⁷We're almost fully booked on May 28 because a large convention is being held in the city.

안녕하세요, Mr. Garcia. ⁹⁵저는 Winter 호텔의 Joanna Walker입니다. 당신이 저희에게 남기신 음성 메시지와 관련하여 전화드립니다. 다행히도, ⁹⁵저희는 당신이 5월 28일 토요일 밤으로 요청하신 객실을 제공할 수 있을 것입니다. 그런데, 당신은... 음... 스위트룸을 요청하셨지만, 그것들은 모두 예약되었습니다. ⁹⁶저희에게 이용 가능한 스탠다드룸은 하나 있습니다. 이것이 괜찮으신지 아닌지 확인해주십시오. 만약 괜찮으시다면, 당신의 신용카드 번호와 함께 555-2452로 최대한 빨리 제게 연락해주셔야 합니다. 도시에서 ⁹⁷대규모 회의가 열리기 때문에 저희는 5월 28일에 예약이 거의 다 찼습니다.

어휘   accommodate[미 əkúmədèit, 영 əkɔ́mədeit] (공간을) 제공하다   confirm[미 kənfə́:rm, 영 kənfə́:m] 확인하다

Floor	Room Type
2nd Floor	Economy
⁹⁶3rd Floor	Standard
4th Floor	Junior Suite
5th Floor	Executive Suite

층	객실 종류
2층	이코노미
⁹⁶3층	스탠다드
4층	준 스위트
5층	고급 스위트

95 Who most likely is the speaker?

(A) A receptionist
(B) A travel agent
(C) A conference organizer
(D) A personal assistant

화자는 누구일 것 같은가?

(A) 접수 담당자
(B) 여행사 직원
(C) 회의 주최자
(D) 개인 비서

Who ~ speaker를 보고 화자가 누구인지를 묻고 있음을 알 수 있습니다. 지문의 초반 This is ~ from The Winter Hotel과 we will ~ accommodate ~ room에서 화자가 호텔 접수원임을 알 수 있으므로 (A) A receptionist가 정답입니다.

96 Look at the graphic. Which floor is the available room on?

(A) The second floor
(B) The third floor
(C) The fourth floor
(D) The fifth floor

시각 자료를 보아라. 이용 가능한 방은 어느 층에 있는가?

(A) 2층
(B) 3층
(C) 4층
(D) 5층

Which floor ~ available room on을 보고 이용 가능한 방이 어느 층에 있는지를 묻고 있음을 알 수 있습니다. 지문의 중반 We do have one standard room available에서 이용 가능한 스탠다드룸이 하나 있다고 하였고, 목록에서 스탠다드룸이 3층에 있음을 알 수 있으므로 (B) The third floor가 정답입니다.

어휘   executive[igzékjutiv] 고급의

97 Why is the hotel almost fully booked for May 28?

(A) A tour group is arriving.
(B) A convention is taking place.
(C) A room discount is being offered.
(D) A seasonal promotion is ending.

호텔은 왜 5월 28일에 예약이 거의 다 차는가?

(A) 단체 여행객이 도착할 것이다.
(B) 회의가 개최될 것이다.
(C) 객실 할인이 제공되고 있다.
(D) 계절 한정 판매 행사가 끝날 것이다.

Why ~ hotel almost fully booked for May 28를 보고 호텔이 5월 28일에 예약이 거의 다 찬 이유를 묻고 있음을 알 수 있습니다. 지문의 후반 We're almost fully booked on May 28 because a large convention is being held에서 5월 28일에 대규모 회의가 열리기 때문에 예약이 거의 다 찼음을 알 수 있으므로 (B) A convention is taking place가 정답입니다.

🔊 미국식 발음

Good morning, Ms. Jansen. This is Patricia Williams from Fine Point Tailoring. I'm calling regarding the measurements that were taken during your last visit. Unfortunately, ⁹⁸an employee misplaced the form on which they were written. We have looked everywhere but haven't been able to find it. ⁹⁹I need you to come back to our shop so that we can measure you again. To make up for the error, ¹⁰⁰you will receive a 10 percent discount on the blouse you ordered. You may reach me at 555-2871 with any questions or concerns.

안녕하세요, Ms. Jansen, 저는 Fine Point Tailoring의 Patricia Williams입니다. 고객님의 지난 방문 때 측정된 치수와 관련하여 전화드립니다. 유감스럽게도, ⁹⁸한 직원이 그것들이 적혀있는 양식을 둔 곳을 잊어버렸습니다. 저희는 모든 곳을 찾아보았으나 그것을 찾을 수가 없었습니다. 저희가 고객님의 치수를 다시 측정할 수 있도록 ⁹⁹저희 가게를 재방문해주셔야 합니다. 실수에 대해 보상해드리기 위해, ¹⁰⁰고객님께서 주문하신 블라우스에 10퍼센트 할인을 받으실 것입니다. 문의 사항이나 문제가 있으시면 555-2871로 저에게 연락하시면 됩니다.

어휘 measurement[méʒərmənt] 치수   misplace[mispléis] 둔 곳을 잊다

Fine Point Tailoring	
Order # 0828	
Item	**Price**
Gown (Custom-made)	$2,300
Blouse	¹⁰⁰$600
Veil	$300
Gloves (Custom-made)	$200
Total	**$3,400**

Fine Point Tailoring	
주문 # 0828	
품목	**가격**
가운 (맞춤)	2,300달러
블라우스	¹⁰⁰600달러
면사포	300달러
장갑 (맞춤)	200달러
합계	**3,400달러**

98
What is the problem?

(A) A gown has been damaged.
(B) A document is missing.
(C) An employee sent the wrong order.
(D) A customer was overcharged.

문제는 무엇인가?

(A) 가운이 손상되었다.
(B) 문서가 없어졌다.
(C) 직원이 잘못된 주문을 발송했다.
(D) 손님에게 과잉 청구되었다.

What ~ problem을 보고 문제가 무엇인지를 묻고 있음을 알 수 있습니다. 지문의 중반 an employee misplaced the form에서 직원이 양식을 잊어버렸음을 알 수 있으므로 (B) A document is missing이 정답입니다.

어휘 overcharge[òuvərtʃá:rdʒ] 과잉 청구하다

99
What does the speaker say the listener should do?

(A) Visit a shop
(B) Pick out a new dress
(C) Approve a design change
(D) Fill out an order form

화자는 청자가 무엇을 해야 한다고 말하는가?

(A) 가게를 방문한다.
(B) 새로운 드레스를 고른다.
(C) 디자인 변경을 승인한다.
(D) 주문서를 작성한다.

What ~ speaker say ~ listener should do를 보고 화자가 청자에게 해야 한다고 말하는 것이 무엇인지를 묻고 있음을 알 수 있습니다. 지문의 중반 I need you to come back to our shop에서 가게를 재방문해야 한다고 말하고 있음을 알 수 있으므로 (A) Visit a shop이 정답입니다.

100
Look at the graphic. Which price will be reduced?

(A) $2,300
(B) $600
(C) $300
(D) $200

시각 자료를 보아라. 어느 가격이 할인될 것인가?

(A) 2,300달러
(B) 600달러
(C) 300달러
(D) 200달러

Which price ~ reduced를 보고 어느 가격이 할인될 것인지를 묻고 있음을 알 수 있습니다. 지문의 후반 you will receive a 10 percent discount on the blouse you ordered에서 블라우스에 10퍼센트 할인을 받을 것이라 하였고, 주문서에서 블라우스가 600달러임을 알 수 있으므로 (B) $600가 정답입니다.

LISTENING TEST

LISTENING (Part I~IV)

No.	Answer	No.	Answer	No.	Answer	No.	Answer	No.	Answer
1	Ⓐ Ⓑ Ⓒ Ⓓ	21	Ⓐ Ⓑ Ⓒ	41	Ⓐ Ⓑ Ⓒ Ⓓ	61	Ⓐ Ⓑ Ⓒ Ⓓ	81	Ⓐ Ⓑ Ⓒ Ⓓ
2	Ⓐ Ⓑ Ⓒ Ⓓ	22	Ⓐ Ⓑ Ⓒ	42	Ⓐ Ⓑ Ⓒ Ⓓ	62	Ⓐ Ⓑ Ⓒ Ⓓ	82	Ⓐ Ⓑ Ⓒ Ⓓ
3	Ⓐ Ⓑ Ⓒ Ⓓ	23	Ⓐ Ⓑ Ⓒ	43	Ⓐ Ⓑ Ⓒ Ⓓ	63	Ⓐ Ⓑ Ⓒ Ⓓ	83	Ⓐ Ⓑ Ⓒ Ⓓ
4	Ⓐ Ⓑ Ⓒ Ⓓ	24	Ⓐ Ⓑ Ⓒ	44	Ⓐ Ⓑ Ⓒ Ⓓ	64	Ⓐ Ⓑ Ⓒ Ⓓ	84	Ⓐ Ⓑ Ⓒ Ⓓ
5	Ⓐ Ⓑ Ⓒ Ⓓ	25	Ⓐ Ⓑ Ⓒ	45	Ⓐ Ⓑ Ⓒ Ⓓ	65	Ⓐ Ⓑ Ⓒ Ⓓ	85	Ⓐ Ⓑ Ⓒ Ⓓ
6	Ⓐ Ⓑ Ⓒ Ⓓ	26	Ⓐ Ⓑ Ⓒ	46	Ⓐ Ⓑ Ⓒ Ⓓ	66	Ⓐ Ⓑ Ⓒ Ⓓ	86	Ⓐ Ⓑ Ⓒ Ⓓ
7	Ⓐ Ⓑ Ⓒ	27	Ⓐ Ⓑ Ⓒ	47	Ⓐ Ⓑ Ⓒ Ⓓ	67	Ⓐ Ⓑ Ⓒ Ⓓ	87	Ⓐ Ⓑ Ⓒ Ⓓ
8	Ⓐ Ⓑ Ⓒ	28	Ⓐ Ⓑ Ⓒ	48	Ⓐ Ⓑ Ⓒ Ⓓ	68	Ⓐ Ⓑ Ⓒ Ⓓ	88	Ⓐ Ⓑ Ⓒ Ⓓ
9	Ⓐ Ⓑ Ⓒ	29	Ⓐ Ⓑ Ⓒ	49	Ⓐ Ⓑ Ⓒ Ⓓ	69	Ⓐ Ⓑ Ⓒ Ⓓ	89	Ⓐ Ⓑ Ⓒ Ⓓ
10	Ⓐ Ⓑ Ⓒ	30	Ⓐ Ⓑ Ⓒ	50	Ⓐ Ⓑ Ⓒ Ⓓ	70	Ⓐ Ⓑ Ⓒ Ⓓ	90	Ⓐ Ⓑ Ⓒ Ⓓ
11	Ⓐ Ⓑ Ⓒ	31	Ⓐ Ⓑ Ⓒ	51	Ⓐ Ⓑ Ⓒ Ⓓ	71	Ⓐ Ⓑ Ⓒ Ⓓ	91	Ⓐ Ⓑ Ⓒ Ⓓ
12	Ⓐ Ⓑ Ⓒ	32	Ⓐ Ⓑ Ⓒ Ⓓ	52	Ⓐ Ⓑ Ⓒ Ⓓ	72	Ⓐ Ⓑ Ⓒ Ⓓ	92	Ⓐ Ⓑ Ⓒ Ⓓ
13	Ⓐ Ⓑ Ⓒ	33	Ⓐ Ⓑ Ⓒ Ⓓ	53	Ⓐ Ⓑ Ⓒ Ⓓ	73	Ⓐ Ⓑ Ⓒ Ⓓ	93	Ⓐ Ⓑ Ⓒ Ⓓ
14	Ⓐ Ⓑ Ⓒ	34	Ⓐ Ⓑ Ⓒ Ⓓ	54	Ⓐ Ⓑ Ⓒ Ⓓ	74	Ⓐ Ⓑ Ⓒ Ⓓ	94	Ⓐ Ⓑ Ⓒ Ⓓ
15	Ⓐ Ⓑ Ⓒ	35	Ⓐ Ⓑ Ⓒ Ⓓ	55	Ⓐ Ⓑ Ⓒ Ⓓ	75	Ⓐ Ⓑ Ⓒ Ⓓ	95	Ⓐ Ⓑ Ⓒ Ⓓ
16	Ⓐ Ⓑ Ⓒ	36	Ⓐ Ⓑ Ⓒ Ⓓ	56	Ⓐ Ⓑ Ⓒ Ⓓ	76	Ⓐ Ⓑ Ⓒ Ⓓ	96	Ⓐ Ⓑ Ⓒ Ⓓ
17	Ⓐ Ⓑ Ⓒ	37	Ⓐ Ⓑ Ⓒ Ⓓ	57	Ⓐ Ⓑ Ⓒ Ⓓ	77	Ⓐ Ⓑ Ⓒ Ⓓ	97	Ⓐ Ⓑ Ⓒ Ⓓ
18	Ⓐ Ⓑ Ⓒ	38	Ⓐ Ⓑ Ⓒ Ⓓ	58	Ⓐ Ⓑ Ⓒ Ⓓ	78	Ⓐ Ⓑ Ⓒ Ⓓ	98	Ⓐ Ⓑ Ⓒ Ⓓ
19	Ⓐ Ⓑ Ⓒ	39	Ⓐ Ⓑ Ⓒ Ⓓ	59	Ⓐ Ⓑ Ⓒ Ⓓ	79	Ⓐ Ⓑ Ⓒ Ⓓ	99	Ⓐ Ⓑ Ⓒ Ⓓ
20	Ⓐ Ⓑ Ⓒ	40	Ⓐ Ⓑ Ⓒ Ⓓ	60	Ⓐ Ⓑ Ⓒ Ⓓ	80	Ⓐ Ⓑ Ⓒ Ⓓ	100	Ⓐ Ⓑ Ⓒ Ⓓ